D1723105

Forschungsinstitut der Friedrich-Ebert-Stiftung
Reihe: Politik- und Gesellschaftsgeschichte, Band 31
Herausgegeben von Dieter Dowe und Michael Schneider

Siegfried Heimann/Franz Walter

Religiöse Sozialisten und Freidenker in der Weimarer Republik

Solidargemeinschaft und Milieu:
Sozialistische Kultur- und Freizeitorganisationen in der
Weimarer Republik, Band 4
Im Auftrage der Historischen Kommission zu Berlin
herausgegeben und eingeleitet von Peter Lösche

Verlag J. H.W. Dietz Nachf.

Solidargemeinschaft und Milieu: Sozialistische Kultur- und Freizeitorganisationen in der Weimarer Republik
im Auftrage der Historischen Kommission zu Berlin herausgegeben und eingeleitet von Peter Lösche

Band 1:
Walter, Franz
Sozialistische Akademiker- und Intellektuellenorganisationen in der Weimarer Republik
Bonn 1990
ISBN 3-8012-4009-6

Band 2:
Walter, Franz/Denecke, Viola/Regin, Cornelia
Sozialistische Gesundheits- und Lebensreformverbände
Bonn 1991
ISBN 3-8012-4010-X

Band 3:
Klenke, Dietmar/Lilje, Peter/Walter, Franz
Arbeitersänger und Volksbühnen in der Weimarer Republik
Bonn 1992
ISBN 3-8012-4011-8

Band 4:
Heimann, Siegfried/Walter, Franz
Religiöse Sozialisten und Freidenker in der Weimarer Republik
Bonn 1993
ISBN 3-8012-4012-6

ISBN 3-8012-4012-6
ISSN 0941-7621
Forschungsinstitut der Friedrich-Ebert-Stiftung
Godesberger Allee 149, D-5300 Bonn 2

Inhalt

II. *Der Bund der freien Schulgesellschaften*
von Franz Walter

III. *Anhang*

Die Spannbreite der Solidargemeinschaft. Zur Einführung

Ein ehrgeiziges Projekt kommt mit der Veröffentlichung des 4. Bandes der Publikationsreihe „Solidargemeinschaft und Milieu: Sozialistische Kultur- und Freizeitorganisationen in der Weimarer Republik" an sein Ende. Insgesamt sind elf Organisationen nach dem gleichen Darstellungs-, Frage- und Interpretationsraster untersucht worden, so daß die jetzt vorliegenden über 1.200 Seiten auch so etwas wie ein Handbuch exemplarischer sozialdemokratischer Kulturorganisationen in der Weimarer Republik darstellen. Die ebenfalls in dem von der DFG geförderten Projekt untersuchten katholischen Arbeiterorganisationen werden ihre Darstellung in einem hoffentlich im kommenden Jahr im Verlag J.H.W. Dietz Nachf. erscheinenden Buch finden.

Insgesamt sind aus den Forschungen neue Erkenntnisse gewonnen worden, die ohne den Gang in die zeitgenössischen Quellen und ohne die Analyse der einzelnen Organisationen in ihren vielfältigen Verästelungen, Verzweigungen und Veränderungen nicht möglich gewesen wären. Obwohl immer vermutet, ist uns im Forschungsprozeß doch konkret und nachdrücklich klar geworden, daß mit allgemeingültigen Aussagen und Abstraktionen zur Organisationsentwicklung, zur Programmatik oder zur Praxis von sozialdemokratischen Kulturvereinigungen sehr vorsichtig zu verfahren ist. Zugespitzt formuliert: Eigentlich haben wir es bei unseren Fallstudien immer mit Sonderfällen zu tun gehabt.

Dennoch können einige allgemeine Schlußfolgerungen vorsichtig gezogen werden: Entgegen dem gängigen, sehr stark noch von Robert Michels geprägten Bild in der Literatur haben wir festgestellt, daß ein „ehernes Gesetz der Oligarchie", daß Zentralisierung, Bürokratisierung und Professionalisierung sich gerade nicht notwendig historisch durchgesetzt haben, im Gegenteil. Es sind vielmehr nach Größe der Verbände und nach Art ihrer Gründung (autonom oder durch die SPD) verschiedene Organisationstypen zu unterscheiden. Die Organisationswirklichkeit in den Verbänden war sehr viel pluraler, offener, stärker von Konkurrenz und Konflikten geprägt, als häufig angenommen. Autokratische Führungsstrukturen sind noch am ehesten in kleineren, organisationsschwachen und mitgliederarmen Verbänden zu finden gewesen. In größeren Vereinen gab es mindestens auf der Funktionärsebene konkurrierende Eliten, die sich etwa regional oder programmatisch-ideologisch konstituierten.

Aufgrund der durchgängig historischen Retrospektive bis in die Jahrzehnte des Kaiserreichs hat sich ferner ergeben, daß im sozialdemokratischen Lager erst in der Weimarer Republik und nicht unmittelbar vor dem Ersten Weltkrieg der Höhepunkt der Organisationsentwicklung und -ausdifferenzierung erreicht worden ist (und zwar zumeist in den Jahren relativer Stabilität der Republik, 1926–1929).

In diesem Zusammenhang ist auch der modernisierungstheoretische Ansatz nachdrücklich in Frage gestellt worden, nach dem der Niedergang der Arbeiterkulturbewegung angesichts der zunehmenden Herausforderung nicht zuletzt durch die neuen kommerziellen Freizeitmedien bereits 1923 einsetzte. Wir konnten vielmehr zeigen, daß sozialdemokratische Kulturorganisationen aufgrund der Hyperinflation 1922/23 (wie andere Vereine auch) in die Krise gerieten, sich anschließend aber nicht nur erholten, sondern sich ausdifferenzierten und erst darauf den Gipfelpunkt ihrer Mitgliederentwicklung erreichten. Und wiederum waren es ökonomische Gründe, die Anfang der 30er Jahre den Niedergang der Kulturorganisationen mit sich brachten, wenn dann auch in den letzten Monaten der Republik – veranlaßt von Hoffnungen, die Weltwirtschaftskrise könne überwunden werden und der Ansturm der Nationalsozialisten sei abgewehrt – neue Vitalität in den Arbeiterorganisationen aufkeimte.

In der Einzelanalyse hat sich ferner gezeigt, daß jene in der Forschung benutzten Kategorien zur Kennzeichnung programmatischer Positionen, nämlich „links" oder „rechts", „radikal" oder „reformistisch", wenig tauglich waren. Vielmehr gab es viele Zwischenpositionen, nicht schwarz oder weiß, sondern viele Grautöne, aber auch andere Farben, zeitlich, regional und lokal je spezifisch ausgeprägt.

Auch die gern gewählte Metapher von der fortschreitenden Verbürgerlichung der sozialdemokratischen Arbeiterorganisationen zu Zeiten der Weimarer Republik ist durch die empirischen Studien des Forschungsprojektes eindeutig widerlegt worden. Allein durch den Systemwechsel von 1918 geriet das sozialdemokratische Vereinswesen nicht in das Lager des Bürgertums, weder soziologisch noch ideologisch. Das sozialdemokratische Milieu glitt nicht nach rechts, wurde nicht Teil einer umfassenden bürgerlichen Kultur, sondern mobilisierte weiterhin Distanz und Abwehr gegenüber anderen Lagern, nach der Inflationskrise vielfach stärker und aggressiver noch als in der Wilhelminischen Ära.

Die Spannbreite der sozialdemokratischen Solidargemeinschaft wird im vorliegenden Band deutlich, sie reicht von den Religiösen Sozialisten zu den z.T. militant auftretenden freidenkerischen Sozialisten. So erwartet man eine Organisation Religiöser Sozialisten zunächst nicht in jenem Organisationsnetzwerk, das die SPD umgab, verstand diese Partei sich doch als marxistisch. Und zum Marxismus gehörte bekanntlich nicht nur die Kritik der Religion, sondern angestrebt wurde eine Gesellschaft, die Religion überflüssig machte, in der diese „aufgehoben" wurde. Die Religiösen Sozialisten waren sich darin einig, daß sie den Marxismus als Methode der Gesellschaftsanalyse akzeptierten, ihn als „Weltanschauung" aber ablehnten. Im übrigen gab es in der religiös-sozialistischen Bewegung kein gemeinsames Verständnis darüber, was „religiöser Sozialismus" eigentlich sein sollte.

Der „Bund der religiösen Sozialisten Deutschlands" ist 1926 gegründet worden und faßte in verschiedenen kleinen Gruppen und regionalen Vereinigungen arbeitende religiöse Sozialisten zusammen. Doch traten nicht alle, die sich als religiöse Sozialisten begriffen, dem Bund bei. Dazu gehörten der „Neuwerk-Kreis", die „Vereinigung für sozialistische Lebensgestaltung", die „Vereinigung für Religion und Völkerfrieden" sowie der „Berliner Kreis" um Paul Tillich, dem es um die theologische Vertiefung der religiös-sozialistischen Ideen ging.

Der „Bund der religiösen Sozialisten Deutschlands" war dabei stets nur ein Dachverband der einzelnen Landesverbände, er blieb eher Konföderation, als daß er zu einer Föderation wurde. Man konnte sich zu keinem Zeitpunkt auf ein gemeinsames Programm einigen. Vielmehr war die religiös-sozialistische Bewegung regional höchst unterschiedlich, wurzelte in den verschiedenen Traditionen der protestantischen Landeskirchen und in den regional verschiedenen Ausprägungen der Arbeiterbewegung. So war Baden mit seinen demokratischen Traditionen und der Industriearbeiterschaft in Industriestädten wie Mannheim, Karlsruhe und Pforzheim eine Hochburg der Religiösen Sozialisten. In Württemberg hingegen vermochten die Religiösen Sozialisten, wohl nicht zuletzt wegen des Einflusses vieler Sekten, nie so recht Wurzeln zu schlagen. In Thüringen hingegen waren die Religiösen Sozialisten durch die Bemühungen des Eisenacher Pfarrers Emil Fuchs, der von der Deutschen Demokratischen Partei zur SPD übergetreten war, erfolgreich. In Norddeutschland und Berlin war die Kluft zwischen Arbeiterschaft und Kirche so groß, daß die Religiösen Sozialisten – mit Ausnahme einzelner Gemeinden – Schwierigkeiten hatten, überhaupt Fuß zu fassen.

Generell galt, daß die Religiösen Sozialisten sich um Kirchenreform bemühten, die Errichtung einer Volkskirche forderten. Sie nahmen an den Kirchenwahlen teil, waren aber hier nicht sonderlich erfolgreich. Zur stärksten Gruppe wurden seit Anfang der 30er Jahre in den Synoden und Landeskirchentagen die nationalsozialistisch ausgerichteten „Deutschen Christen", unterstützt von einer Vielzahl von Pfarrern, die sich offen zur NSDAP bekannten. Die Religiösen Sozialisten hingegen hielten nachdrücklich an der Republik fest.

Programmatisches Selbstverständnis und organisatorische Praxis wiesen beim „Bund der religiösen Sozialisten" Besonderheiten auf, die nicht nur für die Zeit der Weimarer Republik beispielhaft waren:
– Der Bund war „interkonfessionell". Zwar war die Mehrheit der Mitglieder protestantisch, doch arbeiteten auch Katholiken mit. Für engstirnigen Konfessionalismus gab es keinen Platz.
– Der Bund war „interreligiös". Die meisten Mitglieder waren Christen, aber es gab auch Juden. Völkischer Nationalismus und Antisemitismus wurden von den Religiösen Sozialisten bekämpft.
– Schließlich war der Bund „interfraktionell": Man ließ sich möglichst nicht in die Grabenkämpfe zwischen Sozialdemokraten und Kommunisten hineinziehen.
Hier gab es Traditionen, an die nach 1945 angeknüpft werden konnte.

Der „Bund der religiösen Sozialisten" war keine typische sozialdemokratische Milieuorganisation, wohl aber eine sozialdemokratische Vorfeldorganisation besonderer Art. Wortführer waren Pfarrer und Lehrer, was das öffentliche Image des Bundes prägte. Aber zur Mitgliedschaft gehörten auch Arbeiter und Handwerker. Dabei litt der Bund unter einer Art doppelter Isolierung. Die Religiösen Sozialisten waren sowohl in Kirchenkreisen wie unter sozialdemokratischen Funktionären nicht wohlgelitten, ja von den sozialdemokratischen Freidenkern kamen z.T. bösartige Angriffe.

In den freidenkerischen Kontext gehört der „Bund der freien Schulgesellschaften". Diese Organisation war aus der schulpolitischen Situation heraus entstanden, wie sie sich vor dem Hintergrund der politischen Konstellationen vor allem in Preußen nach Verabschiedung der Weimarer Reichsverfassung und zu Beginn der Weimarer Republik darstellte. Der Bund gehörte zu den freidenkerischen Gruppierungen in der Weimarer Republik, die mit der Gründung von weltlichen Schulen ihre konfessionskritischen Ziele zu realisieren gedachten. Innerorganisatorisch und programmatisch war dieser Verband in seiner Geschichte hin und her gerissen zwischen einer militant-rigiden freidenkerisch-sozialistischen Richtung und jenen, die eine weltanschaulich neutrale republikanische Einheitsschule zu schaffen gedachten. Nach 1925 hatte sich die zuerst genannte Gruppierung durchgesetzt: Ihre weltliche Schule war im Grunde nichts anderes als eine rote Konfessionsschule, der ebenfalls Toleranz, Pluralismus und Liberalität abgingen. Heilsvisionen von der Erlösung der gesamten Menschheit dominierten hier wie dort.

Der „Bund der freien Schulgesellschaften" verkörperte wie kaum eine andere Organisation nachgerade mustergültig das sozialdemokratische Milieu im ganzen, war Ausdruck der Stärken und Schwächen der sozialdemokratischen Solidargemeinschaft. Hier machten die überzeugten Freidenker und Marxisten mit, häufig Facharbeiter, die der Partei und den Gewerkschaften sowie anderen sozialdemokratischen Organisationen angehörten. Die weltliche Schule war eine Station sozialdemokratischer Erziehung und Organisationspraxis, die bei den Kinderfreunden begann, über Jugendweihe, Sozialistische Arbeiterjugend und Arbeitersport in die Partei mündete. In der weltlichen Schule hatte die sozialdemokratische Aktivitas eine Art Insel errichtet, auf der der Sozialismus antizipiert wurde – Integration nach innen fand statt.

Zugleich waren weltliche Schule und der „Bund freier Schulgesellschaften" jedoch isoliert, nicht nur vom Bürgertum, sondern auch von der Mehrheit der Arbeiterschaft. Denn 99% der proletarischen Eltern schickten ihre Kinder auf Konfessions- und Simultanschulen. Infolgedessen fielen in der konkreten Schulpraxis sozialdemokratische Elite und Basis auseinander. Damit ist aber die Ambivalenz sozialdemokratischer Solidargemeinschaft in der Weimarer Republik thematisiert: Integration nach innen, zugleich aber Abkapselung von der Gesellschaft.

Auch an dieser Stelle danken Herausgeber und Autoren wiederum Herrn Prof. Dr. Ernst Schraepler, der das Manuskript für die Historische Kommission begutachtet und uns wertvolle Hinweise gegeben hat. Dieser Dank erreicht Herrn Prof. Dr. Dr. h. c. Wilhelm Treue nicht mehr, der im vergangenen Jahr verstorben ist: Eine seiner letzten Arbeiten war die kritische Begutachtung dieses Buches. Dank gebührt abermals Peter Runge, der mit großer Sorgfalt das Register angefertigt hat. Dr. Dieter Dowe hat mit Sachverstand, Umsicht und Energie diesen Band betreut und lektoriert – auch ihm sei herzlich gedankt. Schließlich gilt mein Dank als Herausgeber dem Hauptautor der vier Bände, Franz Walter. Er hat als Mitarbeiter des Forschungsprojektes begonnen und wurde bald zur tragenden Säule des ganzen Unternehmens. Diskussionen mit ihm waren nicht nur anregend, sie bewahrten uns auch davor, ausgetretene Wege gängiger Interpretationen weiterzugehen, und sie eröffneten immer wieder unkonventionelle Pfade, von denen sich neue Sichtweisen ergaben.

Göttingen, Februar 1993   Peter Lösche

Der Bund der religiösen Sozialisten Deutschlands (BRSD): Selbstverständnis, organisatorische Entwicklung und praktische Politik

von Siegfried Heimann

1. Überblick

Der im Jahre 1926 gegründete „Bund der religiösen Sozialisten Deutschlands" (BRSD) wollte die in verschiedenen kleinen Gruppen und regionalen Vereinigungen zusammenarbeitenden religiösen Sozialisten der Weimarer Republik organisatorisch zusammenfassen. Der BRSD war und blieb aber bis 1933 stets nur ein Teil der religiös-sozialistischen Bewegung, deren Vorgeschichte in die Zeit vor dem 1. Weltkrieg zurückreicht. Nach den Erfahrungen des Weltkrieges und der Novemberrevolution – und beeinflußt durch die Schweizer Religiös-Sozialen – entstanden jedoch erst nach 1918 Vereine, Gruppen und Bünde von wenigen evangelischen Pfarrern und (meist protestantischen) Arbeitern und Angestellten, die die im Umbruch befindlichen evangelischen Landeskirchen zu einer „Volkskirche" verändern wollten und in den sozialistischen Arbeiterparteien – die meisten in der SPD, wenige auch in der KPD – als gleichberechtigte Mitglieder mitarbeiten wollten. Die ersten religiös-sozialistischen Bünde bildeten sich in Berlin, im Rheinland und in Baden, später kamen auch die Pfalz, Thüringen und Württemberg als weitere, wenn auch weniger gewichtige „Hochburgen" der religiös-sozialistischen Bewegung hinzu. In einigen Ländern der Weimarer Republik aber waren religiöse Sozialisten nur vereinzelt zu finden.

Die religiös-sozialistische Bewegung war so von Anfang an – und sie blieb es bis 1933 – regional sehr unterschiedlich, wofür vor allem die historisch verschieden gewachsenen Traditionen der protestantischen Landeskirchen und die regional verschiedenen Prägungen der sozialistischen Arbeiterbewegung verantwortlich waren. Der Versuch, die vielen Gruppen überregional in einer Organisation zusammenzuführen, war erst 1924 teilweise erfolgreich: Bei einer Konferenz in Meersburg wurde die „Arbeitsgemeinschaft religiöser Sozialisten" gegründet, aus der 1926 der „Bund der religiösen Sozialisten Deutschlands" (BRSD) hervorging. Die Vorsitzenden waren (bis 1931) Erwin Eckert aus Mannheim und (bis 1933) Bernhard Göring aus Berlin. Trotz aller Bemühungen besonders von Erwin Eckert, den Bund „durchzuorganisieren", war der BRSD aber stets nur ein Dachverband der einzelnen Landesverbände, deren organisatorische Stärke und theoretisch-programmatische Ausprägung sehr unterschiedlich blieben, weshalb der BRSD auch nie ein gemeinsames Programm verabschieden konnte. „Richtlinien" verpflichteten die Mitglieder allerdings auf einige verbindliche Grundsätze, zu denen auch das Bekenntnis zur sozialistischen Arbeiterbewegung gehörte. Die Mitgliedschaft in einer „nichtsozialistischen" Partei sollte unmöglich sein, eine Verpflichtung zur Mitgliedschaft nur in der SPD aber unterblieb ausdrücklich, obwohl die Mitglieder in ihrer großen Mehrheit Sozialdemokraten waren. Das Bekenntnis zum Marxismus war erwünscht, schloß aber – nach heftigen kontroversen Diskussionen – die Kritik am – als wissenschaftliche Methode begriffenen – Marxismus nicht aus.

Trotz des nur losen Verbundes, den der BRSD stets nur darstellte, ging eine Reihe von religiös-sozialistischen Gruppen den Weg zu einem überregionalen Zusammenschluß nicht mit. Der „Neuwerk-Kreis" und die „Vereinigungen für sozialistische Lebensgestaltung" verstanden die religiös-sozialistische Bewegung weniger als eine festgefügte politische Organisation, sondern als „Lebensgemeinschaft", die ohne Statut und Programm auskommen müsse. Andere Gruppen – wie der „Berliner Kreis" um Paul Tillich – sahen sich als „Theorie-Kreis", dem es um die theoretisch-theologische Vertiefung der religiös-sozialistischen Ideen ging, oder – wie die „Vereinigung der Freunde für Religion und Völkerfrieden" – als politische Organisation, die ihre Unabhängigkeit bewahren wollte, um die Zusammenarbeit mit anderen politisch Gleichgesinnten nicht zu gefährden. Die Ablehnung, sich dem BRSD organisatorisch anzuschließen, schloß freilich die kontrovers-freundschaftliche Diskussion auf Tagungen und Konferenzen und in einer Fülle von religiös-sozialistischen Zeitschriften und Zeitungen nicht aus.

Der Streit um die programmatische Ausrichtung des BRSD führte zwar Ende der zwanziger Jahre zu heftigen Kontroversen, aber nur wenige Mitglieder verließen die Organisation. Der Versuch, mit der Gründung eines „Bundes Evangelischer Sozialisten" ein Auffangbecken für austrittswillige Mitglieder zu schaffen, scheiterte völlig. Der Übertritt des langjährigen Vorsitzenden Erwin Eckert in die KPD erschütterte zwar im Herbst 1931 den BRSD sehr stark, die Gefahr einer Spaltung aber war nie gegeben, zumal Erwin Eckert mit seinem anschließenden Austritt auch aus dem BRSD selbst enge Weggefährten sehr enttäuschte. Auch nach 1931 blieb das „interfraktionelle" Selbstverständnis der religiösen Sozialisten erhalten, aus dem heraus sie – trotz der Skepsis der SPD und der Ablehnung der KPD – weiter zwischen Sozialdemokratie und kommunistischer Bewegung vermitteln wollten.

Die tagespolitischen Aktivitäten der religiösen Sozialisten – von der Diskussion über die „Fürstenenteignung" im Jahre 1926 über die Frage des Panzerkreuzerbaus 1928 bis hin zur „Tolerierungspolitik" der SPD zu Beginn der dreißiger Jahre – zeigten sie auf der Seite der politischen Linken in der Weimarer Republik, was vor allem aus ihrem – religiös begründeten – Eintreten für soziale Gerechtigkeit und für pazifistische Ziele resultierte. Von Anfang an setzten sich die religiösen Sozialisten mit der immer stärker werdenden Nazi-Bewegung und den seit 1930 bei Kirchenwahlen erfolgreichen „Deutschen Christen" offensiv und mutig auseinander und kritisierten die Komplizenschaft der mehrheitlich deutschnational gesinnten evangelischen Landeskirchen mit dem Nazismus.[*] Hauptfeld der politischen Praxis der religiösen

---

[*] Die religiösen Sozialisten kennzeichneten die nazistische Bewegung unterschiedlich: Sie nannten sie meist faschistisch, oft nazistisch und selten nationalsozialistisch. Der Verfasser wird, außer in wörtlichen Zitaten, im folgenden Text – und eingedenk der Diskussion nach 1945 um die Begriffe Faschismus und Nationalsozialismus – stets von nazistischer Bewegung, von Nazi-Bewegung und von Nazismus sprechen.

Sozialisten von 1918 an war die Kirchenpolitik, wobei die Erfolge – regional sehr unterschiedlich – sich auf steigenden Wähleranhang und wenige Mandate – nicht überall – in den Landessynoden beschränkten. Das programmatische Ziel, die bestehenden Landeskirchen in wahre „Volkskirchen" zu verändern, blieb ein Wunschtraum.

Die Wählerzahlen bei Kirchenwahlen gaben allerdings einen Hinweis auf die wachsende Stärke der religiös-sozialistischen Bewegung: Zwischen 1925/26 und 1930/31 stieg die Zahl der Wähler von religiös-sozialistischen Listen von rund 65–70.000 auf 120–130.000. Die Zahl der Mitglieder – schwierig bestimmbar – schwankte gegen Ende der zwanziger Jahre zwischen 10.000 und 30.000. Die soziale Struktur der Mitgliederschaft zeigte, daß der BRSD keinesfalls nur eine „Pastorenorganisation" war. Protestantische Pastoren waren zwar neben Lehrern überall an führender Stelle zu finden, die meisten Mitglieder aber waren Arbeiter – meist Facharbeiter und Handwerker – und Angestellte, die in Süddeutschland vor allem meist auch aktiv in der SPD tätig waren.

Der „Bund der religiösen Sozialisten Deutschlands" war auch aus diesem Grunde als sozialdemokratische Vorfeldorganisation Teil der sozialistischen Kulturbewegung, sein spezifisch religiös-sozialistisches Selbstverständnis stieß jedoch auch in der Sozialdemokratie auf große Vorbehalte.

2. Selbstverständnis und Programmatik der religiösen Sozialisten

a) *Selbstverständnis*

Das Selbstverständnis der religiösen Sozialisten während der Weimarer Republik war wesentlich von der Auseinandersetzung um die soziale Frage geprägt, die in der zweiten Hälfte des 19. Jahrhunderts auch von den protestantischen Kirchen Antworten verlangte. Die patriarchalisch-konservativen Vorstellungen der evangelischen Kirchen, die aus einer orthodox-kirchenfrommen, dem Bündnis von Thron und Altar besonders verpflichteten „positiven" Theologie resultierten, stießen zwar schon bald bei einer Minderheit liberaler Theologen und Pastoren, die auch gegenüber sozialen Reformen aufgeschlossen waren, auf Vorbehalte. Beiden theologischen Richtungen gemeinsam aber war die Frontstellung gegen die entstehende „materialistische" und „gottlose" sozialistische Arbeiterbewegung, die Versuche des Brückenschlags zu den kirchenfernen Arbeiterinnen und Arbeitern vor dem Ersten Weltkrieg nur ausnahmsweise gelingen ließ und auch nach 1918 sehr erschwerte. Dennoch sahen nicht wenige spätere religiöse Sozialisten in der liberalen Theologie zunächst eine überzeugende Alternative, die sie auch den Weg zum politischen Liberalismus finden ließ. Das erklärt, warum unmittelbar nach dem Ende des Ersten Weltkrieges so viele später führende religiöse Sozialisten zunächst ihre Entscheidung zum politischen Engagement mit dem Eintritt in die Deutsche Demokratische Partei verbanden. Der Weltkrieg bedeutete allerdings für viele Pfarrer und Theologen auch eine existentielle Erschütterung, die für die meisten späteren religiösen Sozialisten ein aktives Eintreten für pazifistische Ziele zur Folge hatte. Das Ende des Weltkrieges und die revolutionäre Nachkriegszeit verunsicherten darüber hinaus aber viele Pfarrer und Theologen, wie auch immer die politische Orientierung zuvor gewesen war und danach sein sollte. Die Auflösung des Bündnisses von Thron und Altar veränderte nicht nur die – regional unterschiedliche – Situation in allen Landeskirchen, sondern auch den Status der Pfarrer: „Die schützende, aber auch gefährlich isolierende Decke der staatlich-kirchlichen Konventionen über die gesellschaftliche Führungsstellung des Pfarrerstandes war weggerissen."[1]

Einige wenige Pfarrer und Theologen zogen aus dieser Verunsicherung, die sie an eine Pflicht der „Wiedergutmachung" gegenüber dem von den Kirchen alleingelassenen Volk mahnte, die Konsequenz, sich zur sozialistischen Arbeiterbewegung zu bekennen oder sich ihr – nach anfänglichem Zögern – sogar anzuschließen. Das Bekenntnis zu sozialistischen Ideen ließ sie teilweise auch die Tradition des „offenen Pietismus" von Christoph Blumhardt wiederentdecken, der sich schon im Jahre 1899 der württembergischen Sozialdemokratie angeschlossen hatte. Die Wiederentdeckung geschah freilich meist über den Umweg der Begegnung mit den Schweizer Religiös-Sozialen um Leonhard Ragaz, die der religiös-sozialistischen Bewegung während der Weimarer Republik viele Anregungen vermittelte und ihr auch den Blick auf die internationale religiös-sozialistische Bewegung freimachte.

Die Entscheidung für die sozialistische Arbeiterbewegung hieß vor allem, sich zur Sozialdemokratie zu bekennen. Von Anfang an aber gehörte es zum programmatischen Selbstverständnis der religiös-sozialistischen Bewegung, die „Fraktionierung" der Arbeiterbewegung in einen sozialdemokratischen und einen kommunistischen Zweig als Mangel zu empfinden, den es – nicht zuletzt durch die Tätigkeit der religiös-sozialistischen Bewegung – zu überwinden gelte. Dieses „interfraktionelle" Verständnis resultierte nicht nur aus der Tatsache, daß religiöse Sozialisten in beiden Parteien Mitglied waren, sondern auch aus dem selbstbewußt formulierten Ziel, in beiden Parteien eine „missionarische" Aufgabe zu erfüllen. Obwohl aufgrund der feindseligen Haltung der Freidenker-Bewegung und der skeptischen und ablehnenden Distanz beider Arbeiterparteien die religiös-sozialistische Bewegung in der Sozialdemokratie nur mühsam und in der kommunistischen Bewegung überhaupt nicht ihren Platz finden konnte, waren die religiösen Sozialisten dennoch nicht bereit, sich lediglich anzupassen, um überhaupt geduldet zu werden. Sie wollten „Pfahl im Fleische" beider Parteien sein, wodurch sie die „Mission" zu erfüllen hofften, „den schauderhaften sozialistischen Bruderkrieg zu überwinden".[2] Diese – sicherlich illusionäre – Hoffnung formulierten sie freilich nicht, weil sie den beide Parteien trennenden, tiefen Graben nicht sehen wollten, sondern weil viele von ihnen gegenüber dem „empirischen Sozialismus" sozialdemokratischer und kommunistischer Provenienz gleichermaßen

---

1 *Karl Wilhelm Dahm*, Pfarrer und Politik. Soziale Position und politische Mentalität des deutschen evangelischen Pfarrerstandes zwischen 1918 und 1933, Köln/Opladen 1956, S. 56.

2 So formulierte es noch 1931 Leonhard Ragaz. Vgl. seinen programmatischen Aufsatz in: Reich Gottes – Marxismus – Nationalsozialismus. Ein Bekenntnis religiöser Sozialisten, Tübingen 1931, S. 62.

Vorbehalte hatten. Sie wollten den „ökonomischen Sozialismus [der SPD und der KPD] [...] vertiefen zum ethischen und religiösen Sozialismus".[3] Den Optimismus einiger religiöser Sozialisten, daß dadurch auch die „Missionsaufgabe" zu erfüllen sei, „die Verbindung von Christentum und Sozialismus zu einer neuen Einheit" herzustellen, teilten allerdings nicht alle religiösen Sozialisten.[4] Kritiker einer organisatorisch verfestigten religiös-sozialistischen Bewegung sahen in diesem Ziel sogar eine naive Gleichsetzung von Sozialismus und Christentum. Die Gleichsetzung war nicht gewollt, Mißverständnisse aber waren dennoch nicht ausgeschlossen. Leonhard Ragaz, dessen Lehre vom Reich Gottes in der religiös-sozialistischen Bewegung eine wachsende Zahl von Anhängern fand, mußte daher seine „Reich Gottes-Lehre" immer wieder vor populistischen Vereinfachungen in Schutz nehmen.

Dennoch einte letztlich alle religiösen Sozialisten die Vorstellung einer in den Kirchen und in der sozialistischen Arbeiterbewegung zu erfüllenden „Erziehungsaufgabe". Der Zustand der Landeskirchen und die verschieden geringe Bereitschaft in den sozialistischen Parteien, die religiös-sozialistische Bewegung zu akzeptieren, bestimmten dabei die regional unterschiedlich geprägten programmatischen Aussagen über das Maß, mit dem als „Kirchenpartei" auf die Veränderung der (protestantischen) Landeskirchen hingearbeitet werden sollte oder als „religiös-sozialistische Arbeitsgemeinschaft" die theoretische Diskussion und die praktische Politik in den Arbeiterparteien mit beeinflußt werden sollte. Durch ihre praktische Mitarbeit wollten die religiösen Sozialisten den Landeskirchen und den sozialistischen Arbeiterparteien ihre jeweiligen Defizite vor Augen führen und mit ihren programmatischen Aussagen eine Alternative aufzeigen. Dabei gab es freilich auch in der organisierten religiös-sozialistischen Bewegung große Vorbehalte gegenüber einem fest umrissenen Begriff eines „religiösen Sozialismus". Zu diesen Vorbehalten hatte nicht zuletzt auch die Auseinandersetzung mit der von Karl Barth geprägten Dialektischen Theologie beigetragen, die trotz – oder gerade wegen – der daraus resultierenden Frontstellung zwischen religiösen Sozialisten und dialektischen Theologen nicht ohne Wirkung blieb. Vor allem aber gab es in der religiös-sozialistischen Bewegung kein gemeinsames Verständnis darüber, was „religiöser Sozialismus" eigentlich sei. Die Vielzahl programmatischer Positionen in der religiös-sozialistischen Bewegung resultierte allerdings nicht nur aus den von den Wortführern in der Programmdiskussion vertretenen theologischen Richtungen, sondern auch aus den sehr verschiedenen Erfahrungen, die die religiösen Sozialisten in den Landeskirchen und in den regional sehr unterschiedlich geprägten sozialistischen Arbeiterparteien machen mußten.

Nicht zuletzt deshalb kam es in der religiös-sozialistischen Bewegung immer wieder zu einem – oft sehr kontrovers geführten – Streit über zu enge programmatische Festschreibungen. Diese Auseinandersetzungen bestimmten auch die Diskussion über die Bedeutung des Marxismus für die religiös-sozialistische Programmatik, obwohl

---

3 Vgl. *Otto Koch* in: Blätter für religiösen Sozialismus 5, 1921.
4 Vgl. *Heinrich Dietrich*, Der Volkskirchenbund als Partei, in: Christliches Volksblatt 7, 1922.

sich alle religiösen Sozialisten darin einig waren, im Marxismus keine „Weltanschauung" zu sehen, sondern eine „Methode" der Gesellschaftsanalyse.

Deshalb mußte auch der Versuch einer programmatischen „Vereinheitlichung", den Erwin Eckert zwischen 1924 und 1928 immer wieder unternahm, scheitern. Die Verpflichtung des „Bundes der religiösen Sozialisten Deutschlands" auf ein „marxistisches" Programm war schon deshalb nicht möglich, weil die daraus folgende Ausgrenzung von „Nichtmarxisten" von der Mehrheit der religiösen Sozialisten nicht gewollt wurde. Sie war aber auch nicht möglich, weil die von Erwin Eckert zu einem Programmvorschlag vereinten „Versatzstücke" marxistischer Theorie weit unter dem erreichten Stand der religiös-sozialistischen Diskussion über den Marxismus geblieben waren. Diese Diskussion aber war für die meisten religiösen Sozialisten nicht nur Mittel zum Zweck, die Anerkennung als gleichberechtigte Mitglieder in den „marxistischen" Arbeiterparteien zu erreichen, sie diente vor allem der Verständigung über gemeinsame, aber auch weiterhin unterschiedlich gesehene theoretische Grundlagen der religiös-sozialistischen Bewegung. Die Diskussion von unterschiedlichen Positionen war den meisten religiösen Sozialisten im BRSD wichtiger als ein einheitliches Programm. Die verschiedenen programmatischen Positionen im BRSD waren freilich auch nicht festgefügt und die Grenzen blieben fließend. So kann auch deshalb nicht davon gesprochen werden, daß sich eine programmatische Richtung im BRSD gegenüber einer anderen erfolgreich durchzusetzen vermochte: Die im BRSD vereinte religiös-sozialistische Bewegung war weder – wie Erwin Eckert glauben machen wollte – auf dem Weg zu einem einheitlichen marxistischen Selbstverständnis, das mit seinem Ausscheiden aus dem BRSD zum Schaden der Bewegung aufgegeben wurde, noch bedeutete das Scheitern Eckerts als Programmatiker den „Sieg Blumhardts über Marx", wie Leonhard Ragaz 1932 erhofft hatte.[5]

Das programmatische Selbstverständnis der religiös-sozialistischen Bewegung, auch der im BRSD vereinten religiösen Sozialisten, wies viele Facetten auf, die nicht in ein festgeschriebenes „Programm" zu pressen waren. In der Auseinandersetzung der religiösen Sozialisten mit der Dialektischen Theologie und mit dem Marxismus, mit der Sozialdemokratie, mit den Freidenkern, mit der kommunistischen Bewegung und nicht zuletzt mit dem Nazismus wird dieses facettenreiche programmatische Selbstverständnis dennoch deutlich.

b) *Programme der religiösen Sozialisten*

Erste programmatische Aussagen

Die meisten religiös-sozialistischen Gruppen, die nach 1918 örtlich oder regional entstanden waren, meldeten sich auch mit programmatischen Aussagen zu Wort. In Aufrufen wollten sie die – oft erstaunte – Öffentlichkeit darauf aufmerksam machen, daß es (meist protestantische) Christen gab, die nicht nur eine andere Kirche woll-

---

5 *Leonhard Ragaz*, Mein Weg, Bd. 2, Zürich 1952, S. 222.

ten, sondern die sich auch zu einer – nur selten klar umrissenen – Idee des Sozialismus bekannten.

In *Baden* entsprach es dem Selbstverständnis des dort schon 1919 entstandenen „Volkskirchenbundes", daß das Anfang Februar 1920 nach kontroverser Diskussion verabschiedete „Programm" vor allem den Charakter eines kirchenpolitischen „Aktionsprogrammes" besaß. Es formulierte, wie und warum die bestehende Landeskirche radikal verändert werden sollte: Die politische Revolution von 1918 wurde als Chance auch für die Kirche gesehen, da sie das „Christentum frei gemacht" habe. Die Kirche sollte endlich auch die „Sache aller Unterdrückten" vertreten, nicht zuletzt durch den Einbezug des „sozialistischen Ideals". Im Völkerleben sollte die Kirche jedem „engherzigen Nationalismus entgegentreten" und sich in Deutschland „keiner politischen Partei" verschreiben, was gegen die deutschnationale Orientierung der Landeskirche zielte.[6]

Die „Richtlinien" des auch schon 1919 gegründeten *Kölner* „Bundes religiöser Sozialisten" trugen trotz der nüchternen Überschrift eher den Charakter eines öffentlichen Glaubensbekenntnisses von Gleichgesinnten, die „sozialistisch gesinnt und zugleich überzeugte Christen" sein wollten. Es ging ihnen weniger (oder gar nicht) um Kirchenpolitik, sondern um Grundsätze für eine Lebensgemeinschaft. Das Bekenntnis zum Sozialismus beinhaltete die Ablehnung der vom „Mammonsgeist" durchtränkten „Profit- und Konkurrenzwirtschaft", das gesamte Wirtschaftsleben sollte deshalb „im Sinne der Brüderlichkeit und Versöhnung umgestaltet" werden. Wichtiger als diese sehr schwammigen Aussagen zu einer zukünftigen sozialistischen Gesellschaft aber war – auch für das Selbstverständnis des späteren überregionalen Bundes der religiösen Sozialisten – das ausdrückliche Bekenntnis zur „religiösen Mannigfaltigkeit" in der entstehenden religiös-sozialistischen Gruppe: Es sollte keine Verpflichtung auf nur *eine* Religion (das zielte auf die Mitarbeit von Juden) oder nur *eine* Konfession (das zielte auf die Mitarbeit von Katholiken) geben.[7]

Ähnlich, aber in einigen Sätzen noch allgemeiner, waren die „Richtlinien" des *Berliner* Bundes religiöser Sozialisten formuliert, die im Mai 1922 endgültig beschlossen worden waren. Mit Kompromißformeln wurden die unterschiedlichen Vorstellungen der im Bund vereinten Berliner Gruppen zur „Kirchenpolitik" ebenso in programmatische Sätze gezwängt wie die Differenzen zwischen der Kölner Gruppe und der Mehrheit der Berliner Gruppen über den Charakter des Bundes als politische Organisation: Der Bund wollte „eine Gesinnungsgemeinschaft und ein Kampftrupp" sein. In einer im gleichen Jahr veröffentlichten Denkschrift des Berliner Bundes religiöser Sozialisten wurde auch der große Unterschied in den kirchenpolitischen Zielen zwi-

---

6 Der Wortlaut des „Programms" in: *Heinrich Dietrich*, Wie es zum Bund der religiösen Sozialisten kam (= Schriften der religiösen Sozialisten, Nr. 2), Karlsruhe o.J., S. 23 ff. Zur Vorgeschichte und zur Diskussion über das Programm vgl. weiter unten die Darstellung über die Entwicklung in Baden im Kapitel 4.

7 Der Wortlaut der Kölner „Richtlinien" und der „Erläuterung" in: *Heinrich Dietrich*, a.a.O., S. 63 ff. Zur Entstehung der Kölner Gruppe vgl. weiter unten die Darstellung über die Entwicklung im Rheinland im Kapitel 4.

schen süd- und norddeutschen religiösen Sozialisten deutlich. Die Denkschrift – die sich an die verfassunggebende preußische Kirchenversammlung richtete – forderte die Versammlung auf, „das Recht auf Bildung einzelner freier proletarischer Gemeinden innerhalb der neuen Volkskirche" verfassungsmäßig zu verankern. Sie sollten sich ihre Geistlichen frei wählen und neue kultische Formen entwickeln. Dieser kirchenpolitische Akzent wurde zwar nicht von allen Berliner religiösen Sozialisten gebilligt, die Forderung nach „freien proletarischen Gemeinden" spiegelte dennoch die andere landeskirchliche Ausgangssituation, vor allem aber die viel größeren Schwierigkeiten von norddeutschen religiösen Sozialisten, sich den kirchenfernen Arbeiterinnen und Arbeitern zu nähern.[8]

Die religiös-sozialistische Bewegung in *Thüringen* konnte sich erst viel später als in Baden organisatorisch konsolidieren, dafür glichen aber die „Sätze der religiösen Sozialisten Eisenachs" aus dem Jahre 1924 und das unter dem Titel „Was wollen die religiösen Sozialisten" im Jahre 1925 beschlossene Programm der thüringischen religiösen Sozialisten bereits sehr viel mehr programmatischen Grundsätzen einer religiös-sozialistischen Organisation, die politisch tätig sein wollte. Zugleich dokumentierten beide Texte auch die eigene Prägung der thüringischen religiös-sozialistischen Bewegung. Mit ihrem Programm traten die thüringischen religiösen Sozialisten für eine vom Evangelium bestimmte Gesellschaftsordnung ein und kritisierten deshalb radikal die bestehende kapitalistische Ordnung. Sie wollten aber kein eigenständiges gesellschaftspolitisches Programm formulieren, sondern bestanden auf der Mitarbeit in der sozialistischen Bewegung, in der sie allerdings keinesfalls nur einen geduldeten Platz beanspruchten. Es galt ihrer Meinung nach, die sozialistische Bewegung und die Kirche zu erneuern. Das meinte, auf der einen Seite die offensive Auseinandersetzung mit den Freidenkern zu suchen und auf der anderen Seite die Forderung nach einer radikalen Kirchenreform einzulösen. Selbstbewußt forderten sie auch „eine Erneuerung und Vertiefung sozialistischer Gesinnung", die einerseits durch eine Anwendung der Erkenntnisse von Karl Marx, andererseits aber auch durch eine Absage an die „unfruchtbare Verneinung der Religion" erreicht werden könne, denn: „Erst ein Proletariat, das auch seine religiöse Selbständigkeit errungen hat, wird die Gesellschaft erneuern können".[9]

Alles in allem: Die programmatischen Aussagen der religiösen Sozialisten in den ersten Nachkriegsjahren dienten zunächst vor allem dem Ziel, mögliche Mitstreiter überhaupt auf die Existenz von religiös-sozialistischen Gruppen aufmerksam zu machen. Die formulierten Grundsätze wurden allerdings zwischen 1918 und 1925 zunehmend eindeutiger. Die anfänglich sehr verschwommenen Vorstellungen vom Sozia-

---

8 Der Wortlaut der Berliner „Richtlinien" in: Der Religiöse Sozialist 6, 1922. Die „Denkschrift" wurde veröffentlicht: Denkschrift des Bundes religiöser Sozialisten (Abteilung Neukölln) über die kirchliche Lage der Gegenwart. Mit einem Geleitwort von Paul Piechowski, Berlin 1922. Vgl. auch weiter unten die Darstellung über die Entwicklung in Berlin im Kapitel 4.

9 Zum Wortlaut des Programms und zur kontroversen Diskussion darüber vgl. *Reinhard Creutzburg*, Zur Entwicklung der religiös-sozialistischen Bewegung in Thüringen 1918-1933, Halle/Wittenberg 1979. (unveröffentlichte Diplomarbeit), S. 23 ff. und Anhang IV. Vgl. auch weiter unten die Darstellung über die Entwicklung in Thüringen im Kapitel 4.

lismus waren durch den Bezug auf die sozialistischen Arbeiterparteien verständlicher geworden. Kontroversen über programmatische Festschreibungen hatten allerdings meist Kompromißformulierungen zur Folge, die alle in einer – mehr oder weniger festgefügten – religiös-sozialistischen Organisation mitarbeitenden religiösen Sozialisten mittragen konnten. Weitergehende, die Kontroversen einseitig zugunsten einer Gruppierung zuspitzende Programmentwürfe wurden dagegen – wie Erwin Eckert in Baden erfahren mußte – von der Mehrheit der jeweiligen Gruppen stets abgelehnt.

Programmatische Kontroversen und der Zwang zum Kompromiß im BRSD

Der langjährige Vorsitzende des 1926 gegründeten „Bundes der religiösen Sozialisten Deutschlands" (BRSD) Erwin Eckert hatte schon als führender Vertreter der badischen religiösen Sozialisten seit 1922 versucht, die Programmdiskussion durch eigene Vorschläge voranzubringen. Mit seinem „Entwurf zu einem Programm der Evangelischen Sozialisten Süddeutschlands" wollte er allerdings nicht nur zum Nachdenken über „grundsätzliche Fragen" anregen, er wollte vor allem die badischen religiösen Sozialisten verbindlich auf ein Programm verpflichten und damit die Geschlossenheit und die „Schlagkraft" des badischen Volkskirchenbundes als politische Organisation erhöhen. Seine radikalen – und sofort auf Widerspruch und Ablehnung stoßenden – Programmformulierungen zielten deshalb auch mehr auf Abgrenzung von anderen theoretischen Positionen, die Eckerts Meinung nach nichts in einer religiös-sozialistischen Bewegung zu suchen hatten, als auf eine programmatische Zusammenfassung des in der religiös-sozialistischen Bewegung erreichten Diskussionsstandes über Grundsätze und Ziele eines religiösen Sozialismus.[10]

Nicht zuletzt deshalb scheiterte Eckert nicht nur in Baden, sondern später auch im BRSD mit allen seinen Programmvorschlägen. Sie belebten immer wieder die Diskussion über das Selbstverständnis der religiösen Sozialisten, aber sie wurden nie – wie Erwin Eckert es gewünscht hatte – „Programm" des BRSD.

Anfang 1926 hatte Erwin Eckert erneut mit einer Artikelfolge im „Sonntagsblatt des arbeitenden Volkes" – sie trug die Überschrift „Klarheit" – versucht, allen Mitgliedern der inzwischen gegründeten Arbeitsgemeinschaft religiöser Sozialisten das „Gerippe zu einem Aktionsprogramm des religiösen Sozialismus" vorzustellen. Ziel der damit wiederum von ihm angestoßenen Programmdiskussion war – so hoffte Eckert – die „vollkommene und deutliche Lösung unserer Bewegung von allen bürgerlichen Kreisen", damit die religiösen Sozialisten endlich auch von der sozialistischen Arbeiterbewegung als „Bewegung des revolutionären Proletariats auf dem Gebiet des religiösen und kirchlichen Lebens" anerkannt wurden.[11]

---

10 Der Wortlaut des Entwurfs in: Christliches Volksblatt 24, 1923, zur Kontroverse vgl. ebda. 28, 30, 34 und 44, 1923. Vgl. auch weiter unten die Darstellung über die Entwicklung in Baden im Kapitel 4.
11 Vgl. den Wortlaut in: Sonntagsblatt des arbeitenden Volkes (im folgenden: SaV 3-7, 1926, die Zitate in: 3, 1926.

Die Mischung aus pathetischen Bekenntnis – „unser Glaube ist so fest wie Stahl [...] und so stark, daß wir alles um den Glauben willen ertragen und alles erreichen" – und der Formulierung von organisationspolitischen Gegenwartsaufgaben – die „Bewegung braucht Geld" – verdeutlichte ein weiteres Mal die Funktion, die Eckert einem Programm beimaß: Es sollte als Instrument der organisatorischen Vereinheitlichung dienen.

Die meisten der an einer Programmdiskussion interessierten religiösen Sozialisten aber nahmen die – oft zugespitzten – Formulierungen Eckerts als programmatische Festschreibungen ernst und formulierten ihren Widerspruch. Da Eckert das Ausmaß der theoretischen Differenzen eher herunterspielte, andererseits aber sogar mit dem Ausschluß Widersprechender drohte, entstand daraus wiederum ein heftiger Streit, der einige Mitglieder wie Eberhard Lempp aus Württemberg sogar um den Bestand des BRSD fürchten ließ. Der Streit endete erst auf der Mannheimer Tagung der religiösen Sozialisten im August 1928 mit einer neuerlichen Niederlage Eckerts.

Schon 1926 hatte Erwin Eckert im „Sonntagsblatt" behauptet, daß sich nach der Diskussion über seine Programmvorschläge inzwischen alle religiösen Sozialisten zum Marxismus und zum Klassenkampf bekennen würden, mit Ausnahme einer „Jenaer Gruppe" um die Professoren Hans Müller und Karl Ludwig Schmidt, „die es für unmöglich erklären, daß ein religiöser Sozialist Marxist und Klassenkämpfer sein kann".[12]

Nun hatte sich Hans Müller in der Tat vom marxistischen Freidenker zum jeden Klassenkampf ablehnenden gläubigen Christen gewandelt, der im thüringischen Bund religiöser Sozialisten stets nur eine, wenn auch geachtete Außenseiterrolle spielte – zumal er 1929 aus der SPD ausgetreten war.[13] Aber es war keineswegs so, daß allein die „Jenaer Gruppe" den Thesen Eckerts widersprach. Dazu gehörte vor allem auch der Landesvorsitzende des thüringischen Bundes religiöser Sozialisten, Emil Fuchs, der zwar in dem mit persönlichen Anwürfen geführten Streit zwischen Erwin Eckert und Hans Müller zu vermitteln versuchte, in der Sache aber eher Müller Recht gab als Eckert. Fuchs übernahm sogar einen zentralen Satz der Müllerschen Kritik, wenn er schrieb: „Ich bin mit ihm der Überzeugung, daß alle Gewalt nur zerstört – so wenig der Weltfrieden durch den Krieg geschaffen wird, so wenig der Sozialismus durch den Klassenkampf." Seine Stellungnahme zu Eckert fiel ebenso eindeutig aus: Nicht dessen theoretisch-theologische Position beeindruckte ihn, sondern dessen aufopferungsvolle Kämpfernatur. „Eckert – Meersburg rechne ich zu den wertvollen Kräften des religiösen Sozialismus nicht, weil ich mit ihm einer Meinung wäre. Ich

---

12 Vgl. SaV 11, 1926.
13 Zum Widerspruch Hans Müllers vgl. seine Beiträge in: Monatsblatt der sozialen Arbeitsgemeinschaft evangelischer Männer und Frauen Thüringens (im folgenden: Monatsblatt) 5 und 6, 1926. Zur linksradikalen Vergangenheit Müllers vgl. auch: *Dirk Müller*, Idealismus und Revolution, Berlin 1975. Zur Stellung Müllers in Thüringen vgl. weiter unten die Darstellung über Thüringen im Kapitel 4.

stehe Müller wesentlich näher als ihm. Aber er gehört zu denen, die die große Tragik, Not und Schwere dieser ganzen Entwicklung erkennen [...]"[14]

Nach 1926 war es deshalb vor allem Emil Fuchs, der mit seinen programmatischen Beiträgen in Zeitschriften und auf Tagungen die Programmdiskussion der religiösen Sozialisten mitbestimmte, wobei er ein weiteres Mal auch zwischen Müller und Eckert zu vermitteln versuchte. Erwin Eckert hatte 1927 seine programmatischen Überlegungen in einer Broschüre mit dem Titel „Was wollen die religiösen Sozialisten" zusammengefaßt, und er hoffte, daß dieser Text auf der Mannheimer Tagung des BRSD im Jahre 1928 in der Form eines religiös-sozialistischen Manifestes zum verbindlichen Programm des BRSD erklärt werde. In dem „Manifest-Entwurf" bekannte sich Eckert erneut zum „Klassenkampf, den die religiösen Sozialisten in allen Abschnitten und Auswirkungen restlos mitkämpfen in bewußter Verantwortung vor Gott".[15] Besonders gegen diese Festlegung wandte sich erneut Hans Müller in seiner – auch als Programmschrift gedachten – Broschüre über „Grundprobleme des religiösen Sozialismus".[16] Emil Fuchs nahm ausdrücklich zu beiden – programmatisch gemeinten – Schriften Stellung und sprach beiden Texten die Qualität ab, als Programme *der* religiösen Sozialisten anerkannt zu werden. Beide Autoren seien „hervorragende Mitglieder des Bundes" und die Schriften seien Ausdruck der „Spannung" im Bunde, die den Bund gerade ausmache. Beide Positionen müßten Raum im Bunde haben. In der Sache freilich gab er erneut viel mehr Hans Müller recht als Erwin Eckert. Er hatte zwar Verständnis für Eckert, da ihn sein „leidenschaftlicher Zorn" zu Worten hinreiße, die nicht so gemeint seien. Fuchs betonte aber zugleich, daß „der religiöse Sozialismus in Eckerts Haltung und Anschauung nicht stehenbleiben kann". Mit einem Literaturhinweis machte er deutlich, daß seine Vermittlerposition auch von einem anderen religiös-sozialistischen Selbstverständnis bestimmt war. Er verwies auf Hendrik de Mans Buch „Zur Psychologie des Sozialismus", um zu erklären, in welcher Weise er über Marx hinausgehen wolle, um sein Verständnis von Sozialismus auch religiös zu begründen.[17]

Leonhard Ragaz, Hendrik de Man und Emil Fuchs hatten auch gemeinsam die Idee zu einer Konferenz, auf der eine „Elite der Führer des Sozialismus" eine „neue politische Orientierung, das Verhältnis zur Weltanschauung und zur Kultur diskutieren sollte". In Vorgesprächen mit Otto Sinzheimer und Gustav Radbruch Anfang 1928 verabredeten die drei schließlich die sozialistische Tagung in Heppenheim im

---

14 Vgl. *Emil Fuchs*, Marxismus und religiöser Sozialismus, in: Monatsblatt 6, 1926. Vgl. auch Emil Fuchs in seinem programmatischen Beitrag für die Meersburger Tagung der religiösen Sozialisten 1926. Fuchs konnte die Rede nicht selbst halten, sie wurde verlesen. Zum Wortlaut vgl. Neuwerk 1926/27, S. 285 ff. Zur Diskussion darüber vgl. weiter unten die Darstellung über den BRSD im Kapitel 4.

15 Vgl. zum Wortlaut und zum Ergebnis der Diskussion über den „Manifest-Entwurf": SaV 41, 1928. Vgl. auch weiter unten die Darstellung des BRSD im Kapitel 4.

16 Vgl. zum Wortlaut: Monatsblatt 5/6, 1928.

17 Vgl. *Emil Fuchs*, Der Bund der religiösen Sozialisten, in SaV 1, 1928. Die eigenständige programmatische Position von Fuchs wird nur bei Reinhard Creutzburg ausführlich gewürdigt, ohne daß Creutzburg allerdings klarmacht, daß Fuchs implizit auch mit seiner Position ein Votum gegen Eckert, wenn auch nicht als Person ausspricht.

Mai 1928. Die Bedeutung der Heppenheimer Tagung für die programmatische Diskussion im Bund religiöser Sozialisten war allerdings zweifellos geringer, als die Anreger der Tagung es gewünscht hatten.[18] Übersehen wird dabei oft, daß Emil Fuchs eines der Hauptreferate hielt, in dem er noch einmal sein Verständnis vom religiösen Sozialismus zusammenfaßte. Mit dem Thema seines Referats, „Sozialismus und persönliche Lebensgestaltung", wollte er bereits klar machen, daß sein Verständnis vom Sozialismus viel mit dem Denken und Fühlen des Einzelnen zu tun habe, daß Sozialismus deshalb „nicht nur eine neue Wirtschaftsordnung", sondern eine „neue Gesellschaftsordnung" sei. Seine Rede ließ die Umrisse eines „ethischen Sozialismus" erkennen, der sich deutlich unterschied von der bloßen Anpassung an eine SPD-Programmatik der Weimarer Republik, wie sie in Eckerts „Manifest-Entwurf" ablesbar war. Sein Ideal eines „Erziehungssozialismus" war nicht dem Ziel der Eroberung politischer Macht entgegengesetzt, sondern er versuchte vielmehr, beide programmatische Positionen miteinander zu versöhnen, ohne freilich damit in der Sozialdemokratie der Weimarer Republik, in die er ja als religiöser Sozialist hineinwirken wollte, große Resonanz zu finden. Seine Absicht aber, die jeweiligen Defizite der programmatischen Positionen in der SPD und bei den religiösen Sozialisten auszugleichen, um für die sozialistische Bewegung überhaupt wieder mehr Schlagkraft zu gewinnen, erklärte auch sein Verhalten im Konflikt zwischen Hans Müller und Erwin Eckert. Es war nicht nur der Wunsch nach Kompromissen, um Schaden von der Organisation des Bundes abzuwenden, es war die Absicht, den religiösen Sozialisten eine programmatische Zielsetzung zu vermitteln, die sich weder der verbalradikalen Programmatik der Weimarer Sozialdemokratie lediglich anpaßte, noch vor lauter theoretischen Skrupeln jegliches politisches Handeln vergaß. Ein Teil der religiösen Sozialisten, nicht zuletzt die Württemberger – wenn auch mit anderer Akzentsetzung –, folgten ihm auf diesem Weg, die extremen programmatischen Positionen waren damit im Bund jeweils zum Scheitern verurteilt.[19]

Erwin Eckert mußte deshalb auch zur Kenntnis nehmen, daß die 1928 in Mannheim versammelten Delegierten des BRSD es ablehnten, seinen Programmentwurf zu verabschieden. Auch sein Versuch, mit Hilfe von einigen wenigen kurzen „Richtlinien" den BRSD auf verbindliche Grundsätze festzulegen – sie enthielten ein Bekenntnis zum Klassenkampf und ein Verbot „antimarxistischer Propaganda" innerhalb des Bundes –, gelang erst, als die umstrittenen Formulierungen durch eine Kompromißformel entschärft worden waren, mit der alle Mitglieder leben konnten. Nachdem allerdings alle längeren Programmentwürfe immer wieder verworfen worden waren, waren die „Richtlinien" immerhin der einzige, wenn auch sehr kurze, programmatische Text, der vom „Bund der religiösen Sozialisten Deutschlands" weitgehend einmütig gebilligt worden war.

---

18 Zur Vorgeschichte, zum Verlauf und zur Kritik der Heppenheimer Tagung vgl. *Leonhard Ragaz*, Mein Weg, Bd. 2, Zürich 1952, S. 184 f. Vgl. auch weiter unten die Darstellung über den BRSD im Kapitel 4.

19 Vgl. das Protokoll der Tagung: Sozialismus aus dem Glauben. Verhandlungen der sozialistischen Tagung in Heppenheim Pfingsten 1928, Zürich/Leipzig 1929, bes. S. 180 ff.

Mit den „Richtlinien" verpflichteten sich die im BRSD organisierten religiösen Sozialisten, „im und mit dem revolutionären Proletariat um die sozialistische Neuordnung" zu kämpfen. Jede Denunziation des nach den Erkenntnissen von Marx vom Proletariat geführten Klassenkampfes müsse unterbleiben, aber das schloß nicht aus – wie die Kompromißformel lautete –, daß die religiösen Sozialisten „die Erkenntnisse der marxistischen Forschungs- und Arbeitsmethode studieren, kritisieren und an ihrer Ergänzung und Vertiefung arbeiten" dürfen. Darüber hinaus wollten sie „gegen die antisozialistische Grundhaltung [...] der bestehenden Kirchen" und für eine „Ordnung der Gerechtigkeit und der brüderlichen Gemeinschaft" eintreten.

Es war klar, daß die Berufung auf Marx und auf den Marxismus vor allem der sozialistischen Arbeiterbewegung als Erkennungsmerkmal dienen sollte, da diese sich – SPD und KPD gleichermaßen – als „marxistische" Arbeiterparteien bekannten. Die offene und kritische Diskussion über den Marxismus aber ließ sich die Mehrheit der religiösen Sozialisten deshalb nicht verbieten.[20]

Die Lehre vom Reich Gottes und religiöser Sozialismus als neue Religion

Die Kritik an einer zu engen – dogmatischen – Festschreibung der religiös-sozialistischen Programmatik wurde seit 1927/28 vor allem von den württembergischen religiösen Sozialisten vorgetragen. Diese hatten erst Mitte der zwanziger Jahre einen Landesverband gebildet und blieben – besonders im Vergleich mit dem benachbarten Baden – organisatorisch schwach, hatten aber seit 1927 mit dem Pfarrer Eberhard Lempp aus Esslingen einen Mitstreiter gewonnen, der es schnell verstand, eine eigenständige programmatische Position zu formulieren und damit auch auf die gesamte religiös-sozialistische Bewegung Einfluß zu nehmen. Die württembergischen religiösen Sozialisten pflegten besonders die Erinnerung an den ersten sozialdemokratischen Pfarrer in Württemberg, an Christoph Blumhardt, und nicht zuletzt deshalb fühlte sich auch der Schweizer Religiös-Soziale Leonhard Ragaz unter den württembergischen religiösen Sozialisten besonders wohl. Er war regelmäßiger Gast auf den seit 1928 immer wieder veranstalteten „Blumhardt-Wochen".[21]

Die vehemente Ablehnung allzu formelhafter programmatischer Festschreibungen hinderte Eberhard Lempp und seine Anhänger freilich nicht daran, Kompromissen meist zuzustimmen. Sie waren auch nicht „antimarxistisch": noch Anfang 1933 sprach der württembergische Landesvorsitzende Gotthilf Schenkel von sich als „einem Marxisten". Aber nicht zuletzt Leonhard Ragaz – und mit ihm auch Eberhard

---

20 Die Diskussion über die „Richtlinien" hatte eine Vorgeschichte: Die „Richtlinien" wurden bereits 1927 vom Landesverband Preußen beschlossen, nach heftigen Protesten aber auf einer „Führertagung" im April 1928 „entschärft". Vgl. unter anderem SaV 48, 1927. Der in Mannheim verabschiedete Text im Wortlaut in: SaV 33, 1928. Vgl. auch die Darstellung der kontroversen Diskussion darüber im Kapitel 4.
21 Vgl. dazu weiter unten die Darstellung über die württembergischen religiösen Sozialisten im Kapitel 4.

Lempp – gingen einer Diskussion über Marx und den Marxismus nie aus dem Wege und sie ließen sich auch nicht ihren eigenen Blick auf den Marxismus verstellen. So wollte Ragaz auch „Marx von Blumhardt aus neu denken", da der Marxismus in ein „falsches Strombett" gelangt sei, in das des Freidenkertums, und deshalb „seine religiöse Kraft [...] versandet sei.[22]

In der Frage, wie sich die religiösen Sozialisten zu Gewalt in der Gesellschaft verhalten sollten, sahen Eberhard Lempp und Leonhard Ragaz allerdings ein prinzipielles Problem, wo sie keinen Kompromiß dulden wollten. Eberhard Lempp sah deshalb auch im Jahre 1928 im Zusammenhang mit dem Streit um die „Richtlinien" die religiös-sozialistische Bewegung „am Scheidewege", wenn sie in dieser Frage keine klaren Aussagen mache. Er forderte: „Darum weg mit allen Gewaltmethoden und allem menschlichen Machtstreben, weg mit allen dogmatischen Prinzipien und allen Festlegungen auf bestimmte Lehrmeinungen." Alle religiösen Sozialisten müßten sich – wie Eberhard Lempp 1932 formulierte – eindeutig zum Pazifismus bekennen, zu einem „gewaltlosen, dennoch aktiv für Frieden eintretenden Pazifismus".[23]

Bereits mit dieser pazifistischen Akzentsetzung kam die eigenständige programmatische Position der württembergischen religiösen Sozialisten zum Ausdruck, die freilich von vielen anderen religiösen Sozialisten geteilt wurde. Mit dem wachsenden, wenn auch umstritten bleibenden Einfluß dieser programmatischen Position im gesamten BRSD gelang es auch Leonhard Ragaz, für seine „Lehre vom Reich Gottes" mehr und mehr Anhänger zu finden. Ragaz war als anerkannter Sprecher der internationalen religiös-sozialistischen Bewegung auf vielen Tagungen der deutschen religiösen Sozialisten anwesend, und in allen religiös-sozialistischen Zeitungen und Zeitschriften waren Aufsätze von ihm zu finden. Einige dieser Beiträge besaßen den Charakter von Programmschriften, da sie der Klärung der alle religiösen Sozialisten interessierenden Frage gewidmet waren, was unter religiösem Sozialismus eigentlich zu verstehen sei. Ähnlich wie viele andere religiöse Sozialisten hatte Ragaz gegenüber dem – wie er meinte – eher zufällig entstandenen Begriff große Vorbehalte, zumal er auch sehr mißverständlich sei. Es ginge dabei weder um „Sozialismus mit etwas religiösem Anstrich" noch um „Christentum mit etwas sozialem Anstrich".[24]

Ein weiteres Mißverständnis mußte Ragaz ebenfalls immer wieder auszuräumen versuchen. Seine – in schroffer Frontstellung zur Dialektischen Theologie formulierte – „Lehre vom Reich Gottes" dürfe nicht mit einem – wie auch immer gearteten – Bild von der sozialistischen Gesellschaft verwechselt werden. Das „Reich Gottes" könne deshalb auch nicht durch die politische Arbeit religiöser Sozialisten verwirklicht werden. Es sei – durchaus im Sinne der Dialektischen Theologie – „das Andere". Aber: Eben nicht im Jenseits, sondern im Diesseits. Im Vaterunser heiße es schließ-

---

22 Vgl. dazu *Gotthilf Schenkel* in: Der Religiöse Sozialist 3, 1933 und den Bericht über die Blumhardt-Woche 1932 in: Monatsblatt 6/7, 1932.

23 Vgl. *Eberhard Lempp*, Der religiöse Sozialismus am Scheidewege, in: Neuwerk 1927/28, S. 460 ff., das Zitat S. 467, und den Bericht über die Blumhardt-Woche 1932 in: Der Religiöse Sozialist 6/7, 1932 und in: Zeitschrift für Religion und Sozialismus 1932, S. 180 ff.

24 Vgl. *Leonhard Ragaz*, Was ist religiöser Sozialismus, in: Zeitschrift für Religion und Sozialismus 1, 1929.

lich: „Dein Reich komme" und nicht „Laß uns in Dein Reich kommen". Das „Kommen" ist allein Gottes Sache, wohl aber könnten sich die Menschen darauf vorbereiten. Das mache „christliche Politik" möglich, die für Ragaz allerdings nur als sozialistische Politik vorstellbar war. Ragaz akzeptierte deshalb auch nicht die schroffe Trennung von Gott und Welt, wie sie nicht zuletzt von der Dialektischen Theologie gesetzt wurde. Er begründete damit zugleich auch seinen Optimismus, in dieser Welt etwas erreichen zu können, wodurch Politik keine „Nebensache" mehr sein mußte und die politische Tätigkeit der Menschen einen wichtigen Stellenwert erhielt. Zentraler biblischer Text war für Ragaz die Bergpredigt, wodurch – einschließlich möglicher Mißverständnisse – das soziale Engagement der religiösen Sozialisten programmatisch ebenso begründet wurde wie die religiös-sozialistische Kirchenpolitik, die die Kirche als Institution in Frage stellte, die Gemeinde jedoch in den Mittelpunkt rückte.[25]

Mit dieser Begründung eines religiös-sozialistischen Selbstverständnisses hatte Leonhard Ragaz natürlich – und er wurde auch so verstanden – einen Anspruch an die sozialistische Arbeiterbewegung formuliert, der mit der Forderung nach „Neutralität" in Weltanschauungsfragen nur schwer zu vereinbaren war. Anfang 1932 hieß es im „Religiösen Sozialisten" unter bewußter Anspielung auf die sozialistische Tradition: „Der Sozialismus wird nur erneuert, wird nur siegen, wenn er sich vermählt mit der Botschaft vom Reich Gottes. Darum geht der Kampf. Wenn auch diese Zeit noch trübe ist, wir sind das Bauvolk der kommenden Welt, wir sind der Sämann, wir sind das Feld."[26]

Mit diesem Anspruch, mit Hilfe einer neuen Theologie vom Reich Gottes die „verflachten" Vorstellungen vom Sozialismus zu erneuern und zu vertiefen, mußten Ragaz und seine Anhänger auch in der Sozialdemokratie, die den religiösen Sozialisten einen, wenn auch umstritten bleibenden Platz in der Partei eingeräumt hatte, auf Widerspruch stoßen. Das galt freilich noch mehr für die Überlegungen von Paul Tillich und seinen Freunden, die letztlich nicht bei einer neuen Theologie stehen bleiben, sondern sogar einen neuen Religionsbegriff konstituieren wollten.

Paul Tillich und sein „Berliner Kreis" formulierten eine programmatische Position, die von den im BRSD organisierten religiösen Sozialisten stets mit Skepsis oder gar Ablehnung zur Kenntnis genommen wurde, die aber dennoch für die gesamte religiös-sozialistische Bewegung eine große Bedeutung hatte. Das Anfang 1933 veröffentlichte Buch von Paul Tillich, „Die sozialistische Entscheidung", war (und ist) eine der wichtigsten programmatischen Schriften der religiösen Sozialisten, obwohl es – schon aufgrund des Erscheinungstermins und der geringen Verbreitung – eher ein Vermächtnis der religiös-sozialistischen Bewegung der Weimarer Republik darstellt.

---

25 Vgl. dazu: *Leonhard Ragaz*, Von der Schweizerischen Religiös-Sozialen Bewegung zur Dialektischen Theologie, in: Reich Gottes – Marxismus – Nationalsozialismus. Ein Bekenntnis religiöser Sozialisten, Tübingen 1931. Vgl. auch: Leonhard Ragaz – Religiöser Sozialist, Pazifist, Theologe und Pädagoge, hrsg. vom Leonhard Ragaz-Institut, Darmstadt 1986, und *Silvia Herkenrath*, Politik und Gottesreich. Kommentare zur Weltpolitik der Jahre 1918 bis 1945 von Leonhard Ragaz, Zürich 1977.
26 Vgl. „Wofür der Kampf?" in: Der Religiöse Sozialist 1, 1932.

Aber da der Autor nicht nur ein letztes Mal vor der Nazidiktatur versuchte, den „Sozialismus aus dem Glauben" zu begründen, sondern auch alle vorangehenden – die religiös-sozialistische Bewegung programmatisch allerdings nie verpflichtenden – Versuche kritisch zusammenfassen wollte, konnten sich viele religiöse Sozialisten darin eher als in der Vielzahl von „Aktionsprogrammen" wiederentdecken. Das gelang Paul Tillich, gerade weil er und sein Kreis sich von den in tagespolitischen Auseinandersetzungen und innerorganisatorischen Konflikten sich aufreibenden religiösen Sozialisten im BRSD distanzierten und deshalb auch als „akademisch-intellektuelle" Außenseiter der religiös-sozialistischen Bewegung galten.[27]

Bereits im Oktober 1931 hatte Paul Tillich in Berlin nach kritischen Diskussionen mit Eduard Heimann und Adolf Löwe zu seinem Verständnis vom religiösen Sozialismus einen Vortrag gehalten, den er im Jahre 1932 zu einem Buch erweiterte, das vor allem die programmatischen Vorstellungen des „Berliner Kreises" theoretisch begründen sollte. Aber die Kritik Tillichs an der Barthschen Theologie und der positive Bezug auf Marx fanden ebenso die mehrheitliche Zustimmung der Mitglieder des BRSD wie seine kritische Auseinandersetzung mit dem sozialistischen Reformismus und mit dem revolutionären Kommunismus. Dennoch wäre es falsch, Tillich als den Theoretiker des religiösen Sozialismus zu bezeichnen. Er sah im religiösen Sozialismus den „Versuch, den im Sozialismus wirkenden Glauben bewußt zu machen, seinen inneren Widerspruch aufzudecken und zu einer symbolträchtigen Lösung zu führen", und sprach damit – auch explizit – nur für den „Berliner Kreis". Der im „Berliner Kreis" erarbeitete Begriff vom religiösen Sozialismus unterscheide sich – wie Paul Tillich ausdrücklich betonte – „von der Grundauffassung des Bundes religiöser Sozialisten [...] dadurch, daß er die praktische Bedeutung von Kirche und sozialistischer Bewegung gegenüber der grundsätzlichen Klärung des Verhältnisses von Religion und Sozialismus in den Hintergrund treten läßt. Er ist profaner, kirchlich weniger interessiert als der innerkirchliche Sozialismus naturgemäß sein muß." Damit wiederholte Tillich die oft – und nicht immer so wohlwollend – formulierte Distanz zum Bund der religiösen Sozialisten. Aber der „Berliner Kreis" lehnte nicht nur die Vorstellung von einer straffen religiös-sozialistischen Organisation ab und zeigte wenig Verständnis für die kirchenpolitische und parteipolitische Alltagspraxis des BRSD. Er wollte letztlich auch mit seinem Begriff vom religiösen Sozialismus eine „neue Religion".[28]

---

27 Vgl. zum „Berliner Kreis" weiter unten die Darstellung im Kapitel 6. Die – zu Unrecht vergessene – Schrift Tillichs wurde 1948 von August Rathmann neu herausgegeben: Vgl. *Paul Tillich*, Die sozialistische Entscheidung, Offenbach 1948. Die Hinweise auf die Vorgeschichte der Herausgabe Anfang 1933 stammen aus der Einleitung des Herausgebers. Zu den in dem Buch zusammengefaßten programmatischen Schriften des „Berliner Kreises" zählen unter anderem: *Paul Tillich* (zusammen mit *Carl Wegener*), Der Sozialismus als Kirchenfrage und Leitsätze, Berlin 1919; ders., Grundlinien des religiösen Sozialismus, in: Blätter für religiösen Sozialismus 8-10, 1923; ders., Religiöser Sozialismus, in: Neue Blätter für den Sozialismus 1930, S. 396 ff., und, als Zusammenfassung mehrerer Schriften: *Eduard Heimann*, Kapitalismus und Sozialismus. Reden und Aufsätze zur wirtschaftlichen und geistigen Lage, Potsdam 1931.

28 Vgl. zu den Zitaten: Die sozialistische Entscheidung, a.a.O., S. 65 und auch: *Heinz Dietrich Wendland*, Der religiöse Sozialismus bei Paul Tillich, in: Marxismusstudium, Bd. 4, Tübingen 1963, S. 163 ff., bes. S. 166 f.

28

Mit dem Versuch, den Begriff des religiösen Sozialismus als „neue Religion" zu fassen, näherte sich Tillich der Auffassung von Martin Buber, der ebenfalls wie Tillich dagegen stritt, die Vorstellung eines religiösen Sozialismus lediglich als eine Addition zweier – auch unabhängig voneinander – existierender Begriffe: Religion und Sozialismus, zu sehen.[29] Für Tillich wie für Buber stand deshalb, wenn es galt, den Begriff des religiösen Sozialismus zu denken, die „Glaubensentscheidung" am Anfang – die Entscheidung für einen Glauben freilich, wie er weder in der katholischen und in der protestantischen Kirche noch im gläubig-orthodoxen Judentum vorhanden war. Darüber hinaus war die große Mehrheit des Proletariats, das für diese „neue Religion" gewonnen werden sollte, überhaupt glaubenslos. Die Konsequenz aus diesem Begriff vom religiösen Sozialismus konnte deshalb nur sein, für eine solche „neue Religion" in der sozialistischen Arbeiterbewegung zu missionieren. Dazu waren freilich die meisten religiösen Sozialisten, vor allem aber die im BRSD organisierten religiösen Sozialisten, nicht bereit, ganz abgesehen von den Schwierigkeiten, in der SPD und in der KPD für eine „neue Religion" missionarisch tätig zu sein. Die im BRSD organisierten religiösen Sozialisten wollten als protestantische und katholische Christen oder als Juden religiöse Sozialisten sein. Mehr als alle organisationspolitischen Differenzen und mehr als alle Vorbehalte gegenüber dem „Intellektuellen-Kreis" um Paul Tillich trennte dieses andere Selbstverständnis den „Berliner Kreis" vom BRSD.

Deshalb waren auch diese Versuche von Paul Tillich und Martin Buber, einen positiven Begriff vom religiösen Sozialismus für alle religiösen Sozialisten überzeugend zu formulieren, zum Scheitern verurteilt. Die pragmatische Praxis, letztlich jedem religiösen Sozialisten die Entscheidung über „seinen" religiösen Sozialismus zu überlassen und die religiös-sozialistische Bewegung als eine Summe der Sozialisten, die religiös sind, der Religiösen, die Sozialisten sind, zu begreifen, entsprang der Einsicht, daß ein alle überzeugender positiver Begriff vom religiösen Sozialismus offenbar nicht zu finden war. Um die von einem gemeinsamen programmatischen Selbstverständnis ausgehende „Vereinheitlichung" einer politischen Bewegung – und der Bund der religiösen Sozialisten wollte keine spirituelle Sekte, sondern eine politisch einflußnehmende Organisation sein – zu erreichen, mußte es genügen, immer wieder zu sagen, was religiöser Sozialismus nicht ist. Aber auch da waren die Meinungen innerhalb der religiös-sozialistischen Bewegung so verschieden, daß es aus gutem Grund kein Programm *der* religiös-sozialistischen Bewegung gab.

---

29 Vgl. *Martin Buber*, Drei Sätze eines religiösen Sozialisten, Nachdruck aus: Neue Wege 1928, in: Christ und Sozialist 1, 1978.

c) *Religiöse Sozialisten zwischen Dialektischer Theologie und Marxismus*

Religiöse Sozialisten und Dialektische Theologie

Die Wirkung der Dialektischen Theologie – und das meint vor allem die Wirkung der Theologie von Karl Barth – auf die theoretisch-programmatische Begründung der religiös-sozialistischen Bewegung wie auch auf deren organisatorische Entwicklung war sehr groß.[30] Von der Tambacher Konferenz im Jahre 1919 an, wo Karl Barth sein Donnerwetter auf die versammelten religiösen Sozialisten niedergehen ließ, die von ihm vergeblich eine Anleitung zum praktischen Handeln erwartet hatten, mußten sich die religiösen Sozialisten immer wieder mit dem – später oft denunziatorisch wiederholten – Wort Barths vom „Bindestrich-Christentum" auseinandersetzen. Unter den im thüringischen Tambach Anwesenden hatte der Vortrag von Karl Barth über „Der Christ in der Gesellschaft" eine „allgemeine Ratlosigkeit" hinterlassen, und noch 1929 konstatierte der thüringische Pfarrer Kohlstock, daß die „Dialektische Theologie" seit dieser Zeit dem Strom der religiös-sozialistischen Bewegung „wie ein Felsblock" im Wege gelegen habe.[31]

Die – nach dem hoffnungsvollen Anfang im Jahre 1919 – so überraschend späte Gründung eines „Bundes der religiösen Sozialisten" Mitte der zwanziger Jahre war mitverursacht durch die Verunsicherung über den richtigen Weg von religiösen Sozialisten, die sich politisch engagieren wollten. Diese Verunsicherung hatte Karl Barth zwar nicht ausgelöst, sondern nur an die Oberfläche geholt und bewußt gemacht, die Folgen aber waren nicht nur für die organisatorische Konsolidierung der religiös-sozialistischen Bewegung fatal. Die wenigen religiös-sozialistischen Pfarrer und Theologen nach 1918 hätten nämlich gegen die übermächtige Phalanx deutschnationaler Pfarrer und Professoren in allen Landeskirchen der Verstärkung aus den Reihen der nachwachsenden jungen Pfarrergeneration dringend bedurft. Die große Mehrheit der von der Dialektischen Theologie beeinflußten und einen neuen – theologischen – Anfang wagenden jungen Pfarrergeneration aber mißverstand die Barthsche Herausforderung gegenüber der herkömmlichen Theologie als eine Aufforderung zum praktisch-politischen Nichtstun. Der Vorwurf der religiösen Sozialisten lautete sogar, daß diese Wirkung nicht einmal ein Mißverständnis gewesen sei, sondern eine Konse-

---

30 Im folgenden geht es nicht um eine Darstellung der Dialektischen Theologie und auch nicht um eine Darstellung der theologischen Auseinandersetzung der religiösen Sozialisten mit der Dialektischen Theologie. Es geht darum, die Wirkung der Dialektischen Theologie auf die religiös-sozialistische Bewegung und auf einzelne religiöse Sozialisten zu beschreiben und es geht um eine kritische Würdigung der Folgen dieser Wirkung. Dabei sind verklärende Rückblicke von „Barthianern" wenig hilfreich, da sie dazu neigen, die politischen Differenzen zwischen religiösen Sozialisten und Anhängern der Dialektischen Theologie kaum zur Kenntnis zu nehmen. Vgl. unter anderem *Friedrich-Wilhelm Marquardt*, Theologie und Sozialismus, München 1985, und *Peter Winzler*, Widerstehende Theologie. Karl Barth 1920-35, Stuttgart 1982. Zur Biographie von Karl Barth vgl. *Eberhard Busch*, Karl Barths Lebenslauf, München 1986.

31 Vgl. zur „Ratlosigkeit" *Markus Mattmüller*, Der Religiöse Sozialist einst und jetzt, in: Christ und Sozialist 2,1981, Zu Pfarrer Kohlstock, der nach der Mannheimer Tagung 1928 über den großen Eindruck berichtete, den Leonhard Ragaz auf die Teilnehmer gemacht habe, vgl. Monatsblatt 1, 1929.

quenz der Dialektischen Theologie selbst. Aber Mißverständnis oder nicht, die Folge war – wie Leonhard Ragaz im Rückblick bitter resümierte –, daß die religiös-sozialistische Bewegung durch die Dialektische Theologie „gewaltig zur Seite gedrängt [...]. Sie verlor die Katheder fast ganz und die Kanzeln zum großen Teil. Die Dialektiker wurden Mode. Man verstand zwar ihre Predigten nicht, aber man verstand, daß sie den Kapitalismus und Militarismus in Ruhe ließen."[32]

Leonhard Ragaz bezog sich damit auf die Schweizer Religiös-Soziale Bewegung und überschätzte zweifellos auch die Zahl der religiösen Sozialisten auf den Kathedern und Kanzeln. Er hatte aber zu Recht die Möglichkeit des unpolitischen Heraushaltens aus den Niederungen der tagespolitischen Auseinandersetzungen denunziert, die die Dialektische Theologie den von ihr beeinflußten Pfarrern und Theologen bot. Karl Barth hatte durchaus die politische Wirkung seiner Theologie gesehen, wenn er später schrieb, er habe den „deutschen Religiös-Sozialen [...] gründlich das Konzept verdorben". Seine Anhänger sahen es auch nicht als Vorwurf an, „daß wir den ‚religiösen Sozialismus' in seiner Entfaltung gehemmt und schließlich getötet hätten", da viele „von den jungen Pfarrern dankbar [waren], daß sie vor einem falschen Wege bewahrt blieben". Zwar war auch diese Gewichtung der Folgen stark übertrieben, dennoch kann kein Zweifel bestehen, daß die Dialektische Theologie für alle religiösen Sozialisten, die ihre praktisch-politische Arbeit theologisch begründen wollten, eine nur schwer zu überwindende Hürde bedeutete.[33]

Es war deshalb auch eher ein Armutszeugnis, wenn der Praktiker Erwin Eckert voller Ärger über die Arroganz der Dialektischen Theologen jeden Einfluß der Barthschen Theologie und seiner „Verhimmler und Epigonen" auf die religiös-sozialistische Bewegung bestritt. Mit seinem Versuch, aus der Not eine Tugend zu machen: „Andere sollen theologisieren [...] wir tasten und stammeln, sind voller Unsicherheit [...]" gestand er selbst ein, wie auch er sich von der Dialektischen Theologie herausgefordert fühlte.[34] Die aus Eckerts Worten sprechende Verbitterung wurde von vielen religiösen Sozialisten geteilt, zumal von jenen, die sich – wie Leonhard Ragaz – auf gemeinsame Anfänge berufen konnten. Sie hatten zusammen gegen die kirchliche Orthodoxie zu Felde ziehen wollen und Leonhard Ragaz mußte feststellen, daß viele theologische Stellungnahmen von Barth und seinen Anhängern viel eher gegen die religiös-sozialistische Bewegung zielten und selbst wieder das Dogma einer „neuen Orthodoxie mit all ihrem Zubehör" enthielten. Sie wollten die Kirche als Kirche in Frage stellen und der Gemeinde zu ihrem Recht verhelfen, und die „Dialektiker" restaurierten statt dessen die Kirche und redeten einem neuen Klerikalismus

32 Vgl. *Leonhard Ragaz*, Mein Weg, Bd. 2, Zürich 1952, S. 190.
33 Vgl. zu den Anhängern Barths: *Georg Merz*, Wege und Wanderungen. Erinnerungen, München 1961, S. 241 f. Auch Merz betont damit die Bedeutung der Tambacher Konferenz, um so unverständlicher wirken Urteile wie die von *Ernst-August Suck*, Der religiöse Sozialismus in der Weimarer Republik, Marburg 1953 (Diss. phil.), S. 53, der die negativen Folgen nicht sehen will, oder von *Renate Breipohl*, Religiöser Sozialismus und bürgerliches Geschichtsbewußtsein zur Zeit der Weimarer Republik, Zürich 1971, S. 14, die die Wirkung Barths für gering hält.
34 Vgl. *Erwin Eckert*, Von der Theologie des religiösen Sozialismus, in: SaV 27, 1925.

das Wort. Vor allem beklagten alle religiösen Sozialisten, die von der „Reich-Gottes-Lehre" Blumhardts beeinflußt waren, daß die von den „Dialektikern" propagierte „schroffe Trennung von Gott und Welt" die Politik zur Nebensache erkläre und dem Pessimismus in bezug auf „alles menschliche Tun und Erwarten" Vorschub leiste.[35]

Dieser Pessimismus lähmte aber nicht nur das politische Engagement einiger Pfarrer, deren anfängliche Begeisterung für die religiös-sozialistische Sache bald der Resignation gewichen war, er machte auch das Bekenntnis zur sozialistischen Arbeiterbewegung fragwürdig. Karl Barth forderte seine Anhänger auf, Sozialisten zu bleiben, zugleich dekretierte er aber, worum es dabei nicht gehen darf. „[...] geht uns doch mit Eurem Achtstundentag, mit Euren Lohnerhöhungen und, wenn Ihr wollt, mit dem ganzen Zukunftsstaat [...]" Damit forderte er natürlich zur radikalen Frage auf, ob das denn genügen könne oder ob nicht noch mehr dazu gehöre, wenn vom Sozialismus die Rede ist. Aber mit dieser beeindruckenden Radikalität des Fragens offenbarte er auch seine geringe Bereitschaft, irgendwelche Gedanken an den Weg zum Ziel des Sozialismus verschwenden zu wollen. Damit wollte er natürlich auch nicht ein Zitat von Bernstein – „Der Weg ist alles, das Ziel ist nichts" – nur umkehren. Er wandte sich gleichermaßen gegen die „bürgerlichen Wege" der deutschen Mehrheitssozialdemokratie wie auch „des russischen Sowjet-Sozialismus": „Der Weg, der mitten hindurchführt zwischen den Profit-Sozialisten [gemeint war die SPD] und den Krach-Sozialisten [gemeint war die KPD] ist heute unerhört schmal." Mit dieser Absage an alle Richtungen der sozialistischen Arbeiterbewegung konnte Barth den religiösen Sozialisten, die sich zur Mitarbeit in der Sozialdemokratie – einige wenige auch in der Kommunistischen Partei – entschieden hatten, wenig Hilfestellung bieten.[36]

Daraus resultierte eine Frontstellung zwischen religiösen Sozialisten und „Dialektikern", die nicht zuletzt bei dem darunter leidenden Leonhard Ragaz zu harschen Urteilen über die Dialektische Theologie führte. In einer Predigt zu Weihnachten 1934 nannte er diese den „Faschismus in der theologischen Form". Den ihr verpflichteten Theologen sei „das Stöhnen der Konzentrationslager und das Grauen der Schlachtfelder Erbauung, weil es zeigt, daß Gott allein groß ist." In einer Zeit „wildester und gottlosester Unmenschlichkeit" gebe es eine Theologie, die „herzenskühl daneben hergeht, sie im Grund rechtfertigt und sich nur zur Wehr setzt, wo etwas vom Blute jenes Molochdienstes an ihre geistlichen Gewänder spritzt."[37]

So ungerecht Ragaz damit mit Barth verfuhr, gerade mit dem letzten Satz hatte er die Haltung einer großen Zahl von Pfarrern und Theologen richtig beschrieben, die sich vor 1933 – und nicht wenige auch noch danach – aus allen politischen Auseinandersetzungen heraushielten, solange die Kirche nicht unmittelbar davon berührt war. Davon zeugte auch der „Fall Dehn", der Ende der zwanziger Jahre die Öffentlichkeit beschäftigt hatte. Der Moabiter Pfarrer Günther Dehn, der unter dem Ein-

---

35 Vgl. die Kritik von *Leonhard Ragaz*, in: Mein Weg, a.a.O., Bd. 2, S. 188 ff.

36 Vgl. dazu *Karl Barth*, Vom Rechthaben und Unrecht haben, in: Das neue Werk 40, 1919/20.

37 Vgl. *Leonhard Ragaz*, Mein Weg, Bd. 2, S. 190, und ders., Das Reich und die Nachfolge, Bern 1938, S. 58 f. Vgl. dazu auch: *Wolfgang Deresch*, Predigt und Agitation der religiösen Sozialisten, Hamburg 1971, S. 66 f. und S. 147.

fluß von Karl Barth zur religiös-sozialistischen Bewegung zunehmend auf Distanz gegangen war, hatte im Jahre 1928 in einer Magdeburger Kirche einen Vortrag über „Kirche und Völkerversöhnung" gehalten. Darin hatte er sich in moderater Weise zum Pazifismus bekannt, die Kriegsdienstverweigerung eine mögliche christliche Haltung genannt und den Brauch, Kriegerdenkmäler in den Kirchen zu weihen, kritisiert. Dagegen erhob sich ein Sturm der Entrüstung von deutschnationaler Seite, der Dehn einige Jahre später den Ruf zum Professor in Heidelberg kosten sollte und ihm die Annahme des Rufs nach Halle sehr schwer machen sollte. Die religiösen Sozialisten, aber auch Karl Barth übten Solidarität und verteidigten Dehns politisches Bekenntnis.[38] Die Stellungnahme Karl Barths aber macht erneut deutlich, was ihn von den religiösen Sozialisten schied und weshalb sie den „Dialektikern" zu Recht eine angesichts der deutlich anwachsenden Nazibewegung unverantwortliche unpolitische Haltung vorwarfen. Karl Barth bekannte sich zu Dehn und erklärte, daß er nicht nur ebenso wie Dehn über den Krieg denke, sondern sich auch bereits öfters in seinen Vorlesungen ähnlich geäußert habe. Dann aber rief er dazu auf, die von Dehn angesprochenen Fragen als wichtige theologische Probleme zu begreifen, die besonnen zu lösen seien. Er übersah damit völlig – oder wollte sich nicht auf diese Ebene begeben –, daß das Kesseltreiben gegen Dehn kein Ausfluß theologischen Streits war, sondern Ausdruck eines politischen Angriffs gegen die demokratische Republik und gegen die – wenigen – liberalen und sozialistischen Kräfte in den Kirchen, und daß der „Fall Dehn" deshalb auch eine politische und nicht eine theologische Antwort verlangte.[39]

Karl Barth aber stand als Theologe nicht allein – und sein Einfluß und der seiner professoralen Kollegen auf eine ganze Generation jüngerer Pfarrer war beträchtlich. Gerade deshalb besaß die Dialektische Theologie „eine nicht zu unterschätzende politische Relevanz".[40] Karl Barth und seine Freunde sahen im religiösen Sozialismus nur eine weitere Variation des von ihnen kritisierten „Bindestrich-Christentums". Sie wurden damit der politischen Radikalität der von Blumhardt und Ragaz geprägten religiösen Sozialisten (so angreifbar ihre theologische Begründung auch gewesen sein mag) nicht gerecht. Sie verkannten die ethische Begründung vieler religiöser Sozialisten für ihr politisches Handeln, die aus den Erfahrungen des Weltkrieges einen radikalen Pazifismus vertraten, ohne die Krise der Theologie so tief zu empfinden wie die späteren „Dialektiker". Vor allem aber erhoben sie sich arrogant über die tagtäglichen Versuche der Gemeindepfarrer, die kirchenfernen proletarischen Gemeindemitglieder ohne theologische Finessen nicht allein zu lassen.

---

38 Zu Günter Dehn vgl. weiter unten die Darstellung der norddeutschen religiös-sozialistischen Bewegung im Kapitel Entwicklung und Organisation. Zum „Fall Dehn" vgl. *Günter Dehn*, Kirche und Völkerversöhnung. Dokumente zum Halleschen Universitätskonflikt, Berlin o.J.
39 Vgl. dazu *Karl Kupisch*, Begegnung mit Karl Barth, in: Theologische Existenz heute, NF Nr. 62.
40 Vgl. *Gottfried Mehnert*, Evangelische Kirche und Politik 1917-1919, Düsseldorf 1959, S. 202.

Weit mehr als bei der Diskussion über die Dialektische Theologie war das Spektrum der Auseinandersetzung der religiösen Sozialisten mit dem Marxismus und mit Marx breit gefächert. Es reichte von schroffer Ablehnung bis hin zum begeisterten Bekenntnis zu marxistischen Dogmen der sozialistischen Arbeiterbewegung. Die Motive für die Beschäftigung mit der marxistischen Theorie waren vielfältig gebrochen, was die Wahrnehmung der Diskussion über den Marxismus in der religiös-sozialistischen Bewegung erschwerte und bis heute zu Fehlurteilen über diese Frage führte.[41]

Paul Tillich kam im Rückblick zu einem sehr differenzierten Bild der Beschäftigung religiöser Sozialisten mit dem Marxismus. Er schrieb nach dem Ende des 2. Weltkrieges: „Der Marxismus ist niemals einstimmig und ohne ernsthafte Kritik von der Bewegung des religiösen Sozialismus angenommen worden. Ein großer Teil der theologischen Grundlagen des religiösen Sozialismus war einer gründlichen Diskussion der Lehren von Marx und den Marxisten gewidmet. Das Ergebnis dieser Diskussionen war meistenteils eine Ablehnung, teils eine Annahme und wesentliche Umgestaltung der marxistischen Lehren durch die führenden religiösen Sozialisten."[42]

In diesem Bild fehlt allerdings ein wesentliches Motiv für das Bekenntnis religiöser Sozialisten zum Marxismus, ein Motiv, das vor allem seinen Niederschlag in der religiös-sozialistischen Presse finden sollte und deshalb auch am meisten in der Öffent-

---

41 Das Für und Wider den Marxismus in der religiös-sozialistischen Bewegung dient in der Literatur oft als Kriterium für die Einordnung der Protagonisten in rechte oder linke religiöse Sozialisten, wobei die Häufigkeit des Bekenntnisses zu Versatzstücken marxistischer oder marxistisch-leninistischer Theorie, wie sie in der Sozialdemokratie bzw. in der kommunistischen Bewegung als Dogmen gehandelt wurden, als Beleg für die marxistische „Gesinnung" eines religiösen Sozialisten angeführt wird. Vgl. dazu durchgängig *Michael Düsing*, Der religiöse Sozialismus in der Weimarer Republik – Eine weltanschaulich-ideologische Analyse, Phil. Diss., Freiberg i.S. 1977; *Friedrich-Wilhelm Balzer*, Klassengegensätze in der Kirche. Erwin Eckert und der Bund der religiösen Sozialisten Deutschlands, Köln 1973, und in enger Anlehnung an Balzer, aber noch schematischer: *Richard Sorg*, Marxismus und Protestantismus in Deutschland, Köln 1974. Aus Unkenntnis der Marxismus-Diskussion in der religiös-sozialistischen Bewegung kommen auch andere Autoren zu einem pauschalen und falschen Urteil: vgl. unter anderem *Franz Walter*, Nationale Romantik und revolutionärer Mythos, Berlin 1986, besonders S. 102. Das Verdienst der religiösen Sozialisten, „ohne polemische Absicht sich um eine Kenntnis und Analyse des Marxismus" bemüht zu haben, würdigt Renate Breipohl, wobei sie freilich die Leistung der religiösen Sozialisten, zwischen „Weltanschauung" und „Arbeitsmethode" des Marxismus unterschieden zu haben, als angebliche Verkürzung kritisiert, um ihre problematische Einordnung der religiös-sozialistischen Bewegung zu retten. Vgl. *Renate Breipohl*, a.a.O., das Zitat S. 261. Renate Breipohl kann sich dabei auf Ernst-August Suck berufen, der auch schon die Reduzierung des Marxismus auf eine Wirtschaftstheorie zurückwies, den Atheismus als für den Marxismus „wesensimmanent" dekretierte und so mit Hilfe seiner dogmatischen Sicht des Marxismus auch die Unvereinbarkeit von Marxismus und religiösem Sozialismus konstatieren konnte. Insofern ist auch die Berufung Sucks auf Paul Tillich zumindest mißverständlich. Vgl. *Ernst-August Suck*, a.a.O., S. 231 ff.

42 Vgl. *Paul Tillich*, Der Protestantismus. Prinzip und Wirklichkeit, Stuttgart 1950, S. 304. Tillich befand sich, wie bereits ausgeführt, als Angehöriger des von ihm maßgeblich beeinflußten „Berliner Kreises" eher am Rande der organisierten religiös-sozialistischen Bewegung. Mit seinen die marxistische Theorie diskutierenden Schriften und mit seinem öffentlichen Auftreten beeinflußte er aber auch religiöse Sozialisten, die seine Skepsis gegenüber einer Organisation religiöser Sozialisten nicht teilten. Vgl. dazu auch weiter unten die Darstellung des „Berliner Kreises" im Kapitel 6.

lichkeit wahrgenommen wurde. Führenden religiösen Sozialisten im BRSD ging es darum, für die religiös-sozialistische Bewegung die Anerkennung der sozialistischen Arbeiterbewegung zu erhalten. Da sich die Sozialdemokratie, zu der sich die Mehrheit der religiösen Sozialisten bekannte, stets als marxistische Arbeiterpartei verstand, war die Berufung auf Marx eine Möglichkeit, sich einen Platz in der sozialistischen Arbeiterbewegung zu sichern. Dem stand natürlich der Widerspruch vor allem von sozialdemokratischen und kommunistischen Freidenkern entgegen, die ihre atheistische Weltanschauung genuin marxistisch nannten und deshalb für die „marxistischen" Arbeiterparteien verbindlich machen wollten. Die religiösen Sozialisten bestritten deshalb zunächst den Freidenkern das Recht, sich allein auf Marx berufen zu dürfen, indem sie auch immer wieder von sich behaupteten, sie seien Marxisten. Sie belegten diese Behauptung – und mehr war in der oft wenig tiefschürfenden Polemik auch kaum notwendig – mit dem Bekenntnis zum Klassenkampf, zur Vergesellschaftung des Privateigentums an Produktionsmitteln und mit dem Gelöbnis, im Gegensatz zwischen bürgerlicher Klasse und Arbeiterklasse fest an der Seite der sozialistischen Arbeiterbewegung zu stehen. Dazu war – nach Meinung einiger weniger religiöser Sozialisten – auch notwendig, die religiös-sozialistische Bewegung auf ein „marxistisches" Programm zu verpflichten und Widerspruch dagegen vielleicht sogar mit organisatorischen Konsequenzen zu bedrohen. Bei der Formulierung eines „marxistischen" Programms, wie es vor allem Erwin Eckert für den BRSD verbindlich machen wollte, ging es dabei mehr darum, Versatzstücke marxistischer Dogmen mit hohem Wiedererkennungswert zusammenzufügen, um damit bei der SPD (und bei der KPD) besser werben zu können, als um die Zusammenfassung einer theoretischen Diskussion über den Stellenwert des Marxismus in der religiös-sozialistischen Bewegung. Deshalb waren auch kontroverse Diskussionen, in denen vielleicht sogar an marxistischen Dogmen gerüttelt wurde, in den Augen derjenigen religiösen Sozialisten, die wie Eduard Dietz und Erwin Eckert ein verbindliches „marxistisches" Programm wünschten, eher schädlich. Sie fürchteten, dadurch bei Sozialdemokraten und Kommunisten als unzuverlässige „religiöse Sekte" zu gelten, die in entscheidenden Momenten der sozialistischen Arbeiterbewegung in den Rücken fallen könnte. Deshalb müsse das Bekenntnis zum Marxismus stets klar erkennbar sein, damit – wie Eduard Dietz schon 1923 verlangte – „unsere Freunde in der marxistischen Arbeiterbewegung aller Richtungen wissen, daß auch im Kreise der evangelischen Sozialisten der Marxismus lebt". Auch Erwin Eckert hat deshalb wenig Mühe darauf verwendet, „philosophisch-theoretisch eine Abgrenzung von evangelischem Christentum und marxistischer Theorie zu durchdenken. Er war Praktiker [...]", der mit Hilfe eines für alle verbindlichen „marxistischen" Programms die Verläßlichkeit der religiös-sozialistischen Bewegung als Teil der sozialistischen Arbeiterbewegung nachweisen wollte. So erklären sich auch die – fast gebetsmühlenhaft – wiederholten „marxistischen Bekenntnisse" in der religiös-sozialistischen Presse, die der auch stattfindenden ernsthaften Diskussion über die Bedeutung des Marxismus für diese Bewegung nicht gerecht wurden.[43]

---

43 Vgl. zu Dietz: Christliches Volksblatt 50, 1923 und zum Urteil über Eckert: *Eckehart Lorenz*, Kirchliche Reaktionen auf die Arbeiterbewegung in Mannheim 1890-1933, Sigmaringen 1987, das Zitat S. 154.

Zu einer ernsthaften Auseinandersetzung mit dem Marxismus gehörte zunächst einmal – veranlaßt durch die ständigen, mit Marx-Zitaten angereicherten Angriffe der Freidenker – die in der sozialistischen Arbeiterbewegung keineswegs selbstverständliche Bereitschaft, marxistische Texte zu lesen und im Zusammenhang zu interpretieren. Danach konnten viele religiöse Sozialisten, die sich dieser Mühe unterzogen hatten, schnell feststellen, daß das marxistische Bekenntnis in der sozialistischen Arbeiterbewegung meist nicht die Anwendung marxistischer Kategorien zur Analyse der Gesellschaft bedeutete, sondern nur die Instrumentalisierung dogmatisierter Lehrsätze für die tagespolitische Auseinandersetzung. Leonhard Ragaz, der sich schon vor Kriegsende intensiv mit Marx (und auch mit Lenin) auseinandergesetzt hatte, war deshalb von dem angeblichen marxistischen Programm der SPD keineswegs beeindruckt, da er – wie er in einem Brief schon 1919 schrieb – „die ungeheure Verwüstung, die Marxismus oder Pseudomarxismus in der Sozialdemokratie anrichtet, zu stark vor Augen" hatte. Zehn Jahre später beschrieb Erwin Eckert – immerhin nur drei Jahre vor seinem Übertritt in die KPD – mit ähnlichen Worten den Mißbrauch des Marxismus in der kommunistischen Bewegung: Es sei deutlich, daß „die Kommunistenführung [...] den Marxismus so sehr vermurkst [hat], daß nichts mehr als Phrasen von ihm übrig geblieben sind [...]"[44]

So unterschiedlich geprägte religiöse Sozialisten wie Ragaz und Eckert waren – wie die meisten religiösen Sozialisten – über den herrschenden „Pseudo-Marxismus" in der sozialistischen Arbeiterbewegung natürlich vor allem deswegen enttäuscht, weil mit dessen Hilfe immer wieder eine für Marxisten angeblich zwingende „atheistische" Weltanschauung nachgewiesen werden sollte. Die religiösen Sozialisten betonten daraufhin immer wieder, daß der „Atheismus" vielleicht mit einem „Marx-Zitat", keinesfalls aber „marxistisch" zu begründen sei. Der Nachweis dafür war ihnen aus zwei Gründen besonders wichtig. Schon der katholische Pastor Hohoff, auf den sich die religiösen Sozialisten nach 1918 immer wieder beriefen, hatte in seinem „Religionsgespräch" mit August Bebel mithilfe von Marx zu begründen versucht, warum der „Materialismus und der Atheismus [...] dem Sozialismus nicht wesentlich [...]" und der „moderne Unglaube und Religionshaß [...] keine sozialistische Erfindung und keine sozialistische Spezialität [...]" sei.[45] Somit wollte er vor allem auch die katholische Kirche und die Kirchen überhaupt überzeugen, daß die Frontstellung der Kirchen gegen die sozialistische Arbeiterbewegung zumindest aus diesem Grunde nicht notwendig sei. Die religiösen Sozialisten nahmen nach 1918 dieses Argument immer wieder auf, weil sie vor allem die protestantische Kirche überzeugen wollten, daß sie mit ihrem Bekenntnis zur marxistischen Arbeiterbewegung keinesfalls zum Helfershelfer des „Antichristen" geworden waren. Zugleich aber half ihnen dieses Argument, ihr gegenüber der SPD und der KPD beanspruchtes Recht, in der sozialistischen

---

44 Zu Ragaz vgl. *Leonhard Ragaz*, Briefe, Bd. 2, S. 141; zu Eckert vgl. SaV 1, 1928.
45 Vgl. zu den Zitaten Hohoffs die Artikel von *Eduard Dietz* in: Christliches Volksblatt 1/2, 1923 und 6, 1924. Zu Hohoff vgl. auch weiter unten die Darstellung der katholischen Sozialisten im Kapitel Kooperationen und Spaltungen.

Arbeiterbewegung als Christen (und vereinzelt: als Juden) mitzuarbeiten, auch marxistisch zu begründen. Immer wieder betonten religiöse Sozialisten, daß der Marxismus keine „Weltanschauung" sei, sondern eine „Arbeitsmethode" zur Analyse der bestehenden kapitalistischen Gesellschaft. Nicht ohne Bosheit gegenüber ihren freidenkerischen Widersachern in der SPD und in der KPD fügten sie meist noch hinzu, daß es nicht Marx angelastet werden dürfe, „wenn seine weniger geistvollen Nachbeter – vielfach Dilettanten auf geschichtswissenschaftlichem Gebiete – glaubten, in dieser Methode einen Zauberschlüssel zu besitzen [...]"[46] Auch wenn Marx und Engels persönlich vielleicht Atheisten gewesen sein mochten, der Kampf gegen die Religion sei nie – wie Eduard Dietz 1927 erneut feststellte – Teil der marxistischen Theorie gewesen. Die materialistische Geschichtsauffassung – von Erwin Eckert 1923 als Einsicht in den Wirtschaftsablauf „hier auf Erden" verstanden – spräche überhaupt nicht von Gott, deshalb könne auch ein Christ die materialistische Geschichtsauffassung bejahen. Im Jahre 1931 wiederholte der katholische Sozialist Heinrich Mertens – unter Berufung auf Max Adler – noch einmal, daß der Marxismus eine „Gesellschaftswissenschaft" sei, jedes andere Verständnis aber eine „Verfälschung".[47]

Da die religiösen Sozialisten den Marxismus als „Arbeitsmethode" verstanden wissen wollten, kamen sie nicht umhin, auch die Ergebnisse der mithilfe dieser Methode durchgeführten Gesellschaftsanalyse zur Kenntnis zu nehmen – und da waren sie bei weitem nicht einer Meinung. Nicht wenige von ihnen sahen die Unterschiede zwischen den eigenen religiös-sozialistischen Vorstellungen und der marxistischen „Lehre" vom Klassenkampf für so groß an, daß sie entweder – wie etwa Hans Müller aus Jena – sich allmählich von der religiös-sozialistischen Bewegung abwandten oder aber – wie August Bleier aus Berlin – „die Abhängigkeit vom Marxismus als eine Verkalkung der Partei" kritisierten und durch ihr Engagement in der SPD überwinden helfen wollten. Auf alle Fälle sollte – wie Georg Wünsch 1929 programmatisch formulierte – jede „doktrinäre" Festlegung der Arbeiterbewegung, „auch nicht auf den marxistischen Sozialismus", vermieden werden. Den wirtschaftlichen Zielen der „marxistischen" Arbeiterbewegung wie der Vergesellschaftung der Produktionsmittel sei zwar zuzustimmen, abzulehnen aber sei die „materialistische" Begründung des Sozialismus.[48]

---

46 Diese Argumentation war in der religiös-sozialistischen Presse immer wieder zu finden – einschließlich der oberlehrerhaften Attitüde gegenüber den Freidenkern. Vgl. für das Zitat: Der Religiöse Sozialist 2, 1922.

47 Das sind Hinweise auf die Begründung von zwei religiösen Sozialisten, die sich in der religiös-sozialistischen Presse kritisch gegenüberstanden. Ähnliche – oft beiläufig in Reden auf den Bundeskonferenzen formulierte – Hinweise gibt es noch viel mehr. Zu Dietz: SaV 4 und 17, 1927, zu Eckert: Christliches Volksblatt 6 und 15, 1923 und SaV 2, 1930, zu Mertens: Der Religiöse Sozialist 20, 1931. Mertens berief sich auf: *Max Adler*, Lehrbuch der materialistischen Geschichtsauffassung, Berlin 1930.

48 Zu Hans Müller vgl. weiter oben die Darstellung der Kontroverse zwischen ihm und Erwin Eckert und die Darstellung der thüringischen religiösen Sozialisten im Kapitel 4. Zu Bleier vgl. seine Rechtfertigungsschrift vom 26.5.1933 in: Evangelisches Zentralarchiv (im folgenden: EZA) Berlin 14/22 460. Zur Kritik an den „doktrinären" Festlegungen vgl. *Georg Wünsch* in: Zeitschrift für Religion und Sozialismus 1, 1929.

Es zeigte sich, daß sich die Geister in der religiös-sozialistischen Bewegung schnell schieden, wenn Stellungnahmen zum Marxismus über den stereotyp wiederholten Allgemeinplatz, dieser sei „nur" eine Methode, hinausgingen. Aber es zeigte sich auch, daß Diskussionen über den Stellenwert des Marxismus in der religiös-sozialistischen Bewegung ohne gegenseitige Vorwürfe geführt werden konnten, nachdem auf der Mannheimer Konferenz 1928 die Verpflichtung auf ein „marxistisches" Programm der religiösen Sozialisten eindeutig zurückgewiesen worden war und die Kritiker der „Organisationsrigoristen" sich mit ihrem offenen Verständnis vom Umgang mit dem Marxismus durchgesetzt hatten.[49] Auf einer Tagung sozialistischer Theologen in Pforzheim Anfang 1930 über die Bedeutung des Marxismus in der religiös-sozialistischen Bewegung wurden die Differenzen in dieser Frage offen, aber in freundschaftlicher Atmosphäre angesprochen. Religiöse Sozialisten aus Baden und andere jüngere Theologen – so hieß es in einem Bericht über die Tagung – sähen im Marxismus eine „Erlösung" von der Überfütterung mit idealistischen Theorien, religiöse Sozialisten aus Württemberg, meist ältere, an Christoph Blumhardt orientierte Pfarrer und Theologen, lehnten es dagegen wegen ihrer Vorbehalte gegen die marxistische Geschichtsauffassung ab, sich Marxisten zu nennen.[50]

Bei diesen Vorbehalten ging es nicht mehr nur darum, Marx vor seinen Epigonen in der sozialistischen Arbeiterbewegung in Schutz zu nehmen – wie in der Auseinandersetzung mit den Freidenkern immer wieder argumentiert wurde. Nicht wenige religiöse Sozialisten sahen neben den „ungeheuren Wahrheiten" des Marxismus – nicht zuletzt sei der richtig erkannte Ablauf der wirtschaftlichen Entwicklung zu erwähnen – auch viele „Irrungen" des Marxismus, die nicht nur auf Mißverständnissen seiner Anhänger beruhten. Dazu gehöre die Betonung der „zentralistischen Organisationsform" des Staates, vor allem aber – und hier wird die kritische Sicht auf den Marxismus sehr modern – eine vom Fortschrittsglauben des 19. Jahrhunderts inspirierte Hoffnung auf die „höchstmögliche Produktion", die alle sozialen Probleme lösen helfen sollte. Dabei gehe es – wie Heinrich Schultheiß schon 1923 monierte – Sozialisten doch gar nicht um eine „unbegrenzte Produktion", sondern um eine „Bedürfniswirtschaft, die begrenzt und durch die Gemeinschaft geregelt ist".[51]

Die kritischen Einwände, wie sie von dem „Neuwerker" Heinrich Schultheiß formuliert worden waren, wurden im Kreise der sich mit Marx auseinandersetzenden religiösen Sozialisten wenig beachtet. Erstaunlicherweise aber zeigten sich viele religiöse Sozialisten, vor allem auch diejenigen, die den Marxismus zur „Arbeitsmethode" erklärten, vom „messianischen Kern" des Marxismus in merkwürdiger Weise faszi-

---

49 Zum Verlauf der Mannheimer Konferenz und zu den Beschlüssen vgl. SaV 33, 1928 und weiter unten die Darstellung über Entwicklung und Organisation im Kapitel 4.

50 Vgl. zur Tagung den Bericht in: Zeitschrift für Religion und Sozialismus 1930, S. 256 ff.

51 Vgl. dazu die im Christlichen Volksblatt 1923 geführte Kontroverse über den Marxismus, an der neben Heinrich Schultheiß noch Eduard Dietz und Hans Ehrenberg beteiligt waren. Eduard Dietz hatte auf die Kritik von Schultheiß nur mit Formeln von „sozialistisch durchtränktem Klassenkampf" und von dem durch die „Diktatur des Proletariats" zu stürzenden Kapitalismus erwidern können. Vgl. die Artikel in: Christliches Volksblatt 46, 50 und 52, 1923.

niert. Für Leonhard Ragaz war dieser Kern sogar der Anlaß, sich mit dem Marxismus überhaupt zu beschäftigen. Er war nicht von der wissenschaftlichen Erkenntnis des Marxismus beeindruckt, sondern von der „‚religiösen' Wucht der Verkündigung". Deshalb lehnte er auch den „nüchternen, allzu nüchternen" Revisionismus eines Bernstein ab, da ihm der „Enthusiasmus und die religiöse Glut" des marxistischen Revolutionarismus fehle. Er beklagte aber – und in diese Klage stimmten nach 1918 viele religiöse Sozialisten mit ein –, daß um die Jahrhundertwende schon, verstärkt aber nach Kriegsende, der marxistischen Arbeiterbewegung diese „religiöse Glut" abhanden gekommen sei – und zwar der SPD und der KPD gleichermaßen. Es sei Aufgabe der religiösen Sozialisten, den revolutionären Enthusiasmus wiederzuwecken, weshalb sich auch Marxismus und religiöser Sozialismus sinnvoll ergänzen könnten und müßten.[52] Es war deshalb auch nicht kritisch gemeint, wenn religiöse Sozialisten zu Beginn der zwanziger Jahre den Marxismus des 19. Jahrhunderts eine „Ersatzreligion" nannten, im Gegenteil: Erst dieses „religiöse" Verständnis vom Marxismus habe den Proletariern die heute geschwundene Kraft für den politischen Kampf gegeben. Deshalb empfänden nach 1918 so viele Sozialisten die „Notwendigkeit einer Vertiefung ihrer Weltanschauung", ein „Verlangen nach wahrer Religion". Die religiösen Sozialisten seien berufen, dieses „Verlangen" zu erfüllen. Auch Erwin Eckert sah hier die Aufgabe der religiösen Sozialisten: Weder SPD noch KPD könnten mit ihrem Programm die Massen „vorwärts reißen", das könne „nur die religiöse Begeisterung: die Hoffnung, daß der Tag anbreche, an dem das neue Reich beginnt [...]"[53]

Damit drohte aber als Ergebnis sowohl des kritisch-wohlwollenden als auch des kritisch-ablehnenden Blicks der religiösen Sozialisten auf den Marxismus nur noch ein Rechenexempel übrigzubleiben: Durch Addition der durch die marxistische „Arbeitsmethode" gewonnenen wirtschafts- und sozialpolitischen Ziele und der „religiös" überhöhten Erklärung des geistigen und sittlichen Lebens in der Gesellschaft sollte ein neuer Begriff vom Sozialismus gefunden werden, der endlich wieder die Massen begeistern könnte. Damit wurden auch die religiös-sozialistischen Attacken gegen die „atheistische" Weltanschauung der Freidenker unglaubwürdig. Die Angriffe galten ganz offenbar nicht einer in der sozialistischen Arbeiterbewegung für verbindlich erklärten Weltanschauung überhaupt, sondern nur der „falschen" Weltanschauung, die durch die „richtige" – die religiös-sozialistische – Weltanschauung zu ersetzen war. Die offen und kritisch geführte Auseinandersetzung mit dem Marxismus ließ eine in der religiös-sozialistischen Bewegung stets schlummernde Gefahr offen zutage treten. Gerade die – mit guten Gründen – an den dogmatischen Verfestigungen des Marxismus in der sozialistischen Arbeiterbewegung rüttelnden religiösen Sozialisten konnten dieser Gefahr nur schwer entgehen. Ihre Versuche, mithilfe einer Marx-Kritik eine neue Begründung des Sozialismus aus dem Glauben zu finden,

---

52 Vgl. zur Haltung von Ragaz: Leonhard Ragaz in seinen Briefen, hrsg. von Christine Ragaz u.a., Bd. 2, Zürich 1982, S. 140 ff., das Zitat S. 166.
53 Vgl. dazu die Rezension der sogenannten „Neuköllner Denkschrift", in der zur Bildung von „freien proletarischen Gemeinden" aufgerufen wird, in: Der Religiöse Sozialist 5, 1922 und *Erwin Eckert*, Ist die Religion Opium für das Volk?, in: SaV 15, 1925.

drohten in einer „Art sozialistischen Pietismus", einer neuen Erweckungsbewegung zu versanden.[54]

Die Bilanz der religiös-sozialistischen Auseinandersetzung mit dem Marxismus fällt dennoch keinesfalls negativ aus. Es ist dabei nicht so wichtig, ob die Einschätzung von Leonhard Ragaz, daß am Ende in der religiös-sozialistischen Bewegung ein „Sieg Blumhardts über Marx" gestanden habe, richtig ist.[55] Bemerkenswert bleibt vielmehr, daß in einer Zeit, in der eine weiterführende Diskussion auch unter Marxisten nur von Außenseitern, von Karl Korsch bis zu Walter Benjamin, geführt wurde, in der religiös-sozialistischen Bewegung kontrovers und offen über den Marxismus diskutiert wurde, ohne daß es mit Ausschluß bedrohte Unterlegene gab. Die religiös-sozialistische Bewegung hat damit Maßstäbe gesetzt, die nach dem Ende des 2. Weltkriegs nur sehr mühsam, wenn überhaupt, wiederentdeckt werden konnten.

d) *Religiöse Sozialisten und Sozialdemokratie*

Das öffentliche religiöse Bekenntnis gehörte in der Weimarer Republik nicht zum sozialdemokratischen Karrieremuster. Unter den Parteifunktionären und Mandatsträgern der SPD überwogen mit zunehmender Tendenz die „Dissidenten" oder „Religionslosen". In der Weimarer Nationalversammlung von 1919 waren von 165 SPD-Abgeordneten 69 Dissidenten (und 13 Freireligiöse) zu finden. Von den 152 SPD-Reichstagsabgeordneten im Jahre 1928 waren 98 konfessionslos (und drei freireligiös). Immerhin gab es 1919 noch 53 SPD-Abgeordnete, die aus ihrem religiösen Bekenntnis kein Hehl machten, darunter waren: 38 Protestanten, neun Katholiken, zwei Altkatholiken und vier Juden. Im Jahre 1928 waren es nur noch zwölf Protestanten, fünf Katholiken und zwei Juden.[56]

Der hohe Anteil von Dissidenten unterschied allerdings die führenden Funktionäre und Mandatsträger von der Mitgliederschaft der SPD. Die Mitglieder der SPD gehörten oft – regional aber sehr unterschiedlich – noch der – meist protestantischen – Kirche an. In Süddeutschland lag die Zahl der Kirchenaustritte von Parteimitgliedern unter dem Durchschnitt, in Berlin – wie überhaupt in Preußen – stark über dem Durchschnitt. Aber auch die Mitglieder, die (noch) in der Kirche waren, besaßen bei weitem nicht alle eine enge kirchliche Bindung. Die Kirchenferne und die Gleichgül-

---

54 Zu dieser kritischen Sicht auch der eigenen Bemühungen kam im Rückblick Hendrik de Man, dessen 1925 erschienenes Buch „Psychologie des Sozialismus" viele religiöse Sozialisten beeinflußt hatte. Vgl. *Hendrik de Man*, Gegen den Strom. Memoiren eines europäischen Sozialisten, Stuttgart 1953, das Zitat S. 190. Zur Heppenheimer Tagung vgl. weiter unten die Darstellung des BRSD im Kapitel 4.

55 Zum „Sieg Blumhardts" vgl. *Leonhard Ragaz*, Mein Weg, Bd. 2, S. 222.

56 Vgl. Handbuch der verfassunggebenden deutschen Nationalversammlung Weimar 1919, S. 120 ff.: Unter den 22 USPD-Abgeordneten waren drei Protestanten und zwei Juden. Vgl. auch Handbuch des Deutschen Reichstages, Berlin 1928, S. 273 ff. Vgl. auch *Gottfried Mehnert*, Evangelische Kirche und Politik 1917-1919, Düsseldorf 1959, S. 180 f.

tigkeit gegenüber religiösen Problemen war wiederum in Berlin und Umgebung unter den protestantischen Sozialdemokraten besonders groß.[57]

Die Hoffnung auf den sozialistischen Zukunftsstaat hatte zwar in der zweiten Hälfte des 19. Jahrhunderts oft den Jenseitsglauben auch kirchlich gebundener Sozialdemokraten ersetzt, zu Beginn des 20. Jahrhunderts aber war diese Hoffnung schon weithin enttäuscht worden.[58] Die schroffe Ablehnung der Kirchen und der Religion von seiten der SPD hatte sich aber schon vor 1914 geändert, wozu auch die Auseinandersetzung August Bebels mit dem katholischen Pastor Wilhelm Hohoff beigetragen hatte. Im Verlauf der in der Parteipresse geführten Diskussion hatte Bebel am Ende zu Hohoff ein fast freundschaftliches Verhältnis entwickelt und ihn einen „halben Gesinnungsverwandten" genannt.[59] Dennoch blieb das öffentliche Bekenntnis zu einer Religion in der Sozialdemokratie vor 1914 eine Ausnahme und der Eintritt einiger weniger Pfarrer in die SPD blieb ein aufsehenerregendes Kuriosum. Das Beispiel von Pfarrer Christoph Blumhardt, der 1900 erfolgreich für die SPD zum württembergischen Landtag kandidiert hatte, führte aber allen Sozialdemokraten vor Augen, daß nicht zuletzt wegen eines Pfarrers als Kandidaten der regionale Wählerzuwachs für die SPD beachtlich gewesen war. Das war vor allem der Grund, weshalb um die Jahrhundertwende führende Sozialdemokraten die Haltung der Partei gegenüber Religion und Kirchen ausführlich interpretierten, um – wie sie sagten – offenbare Mißverständnisse auszuräumen. Das „Erfurter Programm" von 1891 hatte die „Religion zur Privatsache" erklärt. Diese Aussage war freilich nicht in der Prinzipienerklärung des Programms zu finden, sondern unter den tagespolitischen Forderungen des zweiten Programmteils. Der Satz leitete die Forderung nach einer Trennung von Kirche und Staat und die Forderung nach der Abschaffung der öffentlichen Finanzierung der Kirchen ein. Daraus zogen sozialdemokratische Freidenker den Schluß, daß für die Partei selbst Religion noch lange keine Privatsache sein müsse und daß Kirchenmitglieder keinen Platz in der Partei hätten. Gegen die „Usurpation" des Parteiprogramms für die Sache der Freidenker wandte sich unter anderem Emile Vandervelde. Er meinte, die Aussage über die Religion im Erfurter Programm richte sich an alle Arbeiter, die gegen den Kapitalismus kämpften, „ohne sie zu fragen, ob sie Gläubige seien oder Freidenker, Juden oder Christen, Katholiken oder Protestanten". Karl Kautsky betonte 1906 darüber hinaus in einer Art parteioffiziösen Stellungnahme noch einmal ausdrücklich, daß aus der Sicht der Partei es durchaus möglich sei, „gleichzeitig gläubiger Christ und Sozialdemokrat zu sein". Auch in ihrer Kritik an den Kirchen müsse sich die Partei ihre Wortwahl genau überlegen,

---

57 Zur regional – auch im Zeitverlauf 1918 bis 1933 – unterschiedlich großen Kirchenaustrittsbewegung vgl. *Jochen-Christoph Kaiser*, Arbeiterbewegung und organisierte Religionskritik, Stuttgart 1981, S. 37 ff. und S. 352. Zur Kirchenferne in Berlin vgl. *Paul Piechowski*, Proletarischer Glaube, Berlin, 5. Aufl. 1928, zu Süddeutschland vgl. unter anderem *Jörg Schadt* (Hrsg.), Im Dienst der Republik, Stuttgart 1977, besonders S. 28 f.

58 Vgl. zu den enttäuschten Hoffnungen auf den Zukunftsstaat: *Lucian Hölscher*, Weltgericht oder Revolution, Stuttgart 1989, besonders S. 266 ff.

59 Vgl. zu der Kontroverse Bebel/Hohoff weiter unten die Darstellung der katholischen Sozialisten im Kapitel 6.

denn die Kirche sei nicht nur, wie Karl Kautsky betonte, „Werkzeug der Klassenherrschaft", sondern entspreche „auch heute noch starken Bedürfnissen breiter Massen". Deshalb dürfe die SPD Religion nicht bekämpfen, sondern müsse für die „unbedingte Religionsfreiheit" eintreten und insofern auch den Kirchen gegenüber „neutral" sein.[60]

An dieser parteioffiziösen „Neutralität" der SPD gegenüber den Kirchen änderte sich auch nach 1918 nicht viel. Die von vielen Mitgliedern kritisierte Kompromißbereitschaft der Partei in kirchenpolitischen Fragen war vor allem dem Zwang geschuldet, das Zentrum und die Demokratische Partei im Reich und in den Ländern als Koalitionspartner nicht vor den Kopf zu stoßen. Darüber hinaus galt es, der mit dem Vorwurf der Kirchenfeindschaft der SPD agierenden Propaganda der konservativen Parteien zu begegnen.[61]

Aber es gab auch kurz nach Kriegsende schon Äußerungen von führenden Sozialdemokraten, die die Haltung der Partei gegenüber Kirchen und Religion nicht nur instrumentell verstehen wollten und die deshalb betonten, daß die Sozialdemokratie „in keiner Weise" an eine materialistische Weltanschauung gebunden sei.[62]

Die Motive für den Eintritt von religiös-sozialistischen Pfarrern in die SPD waren aber dennoch sehr unterschiedlich und nicht selten so formuliert, daß sie das Mißtrauen vor allem von sozialdemokratischen Freidenkern zu bestätigen schienen. Besonders in den ersten Nachkriegsjahren sahen manche der sich der SPD anschließenden Pfarrer die Parteimitgliedschaft als ein „Kreuz", das es angesichts der Schuld der Kirchen gegenüber den proletarischen Massen zu tragen gelte. Sie traten in die Partei ein, um – wie der Berliner Pfarrer August Bleier es im Rückblick sah – „den der Kirche entfremdeten Massen zu dienen als Christ, als Pfarrer sie aus ihrer Kirchenfeindschaft und ihrer Gleichgültigkeit, ja ihrem Haß herauszureißen". Sie erfüllten damit natürlich nicht einen Auftrag der Kirche, der – wie Freidenker ihnen unterstellten – ihre Parteiloyalität in Frage zu stellen erlaubte. Es gab zwar auch die pragmatisch klingende Begründung, daß ein Pfarrer durch seine SPD-Mitgliedschaft in einer proletarischen Gemeinde mehr Vertrauen finden könne, da die Gemeindemitglieder mehrheitlich in sozialistischen Arbeiterparteien organisiert seien. Aber das Bekenntnis zum Sozialismus müsse besonders in einem solchen Falle – so fügte Pfarrer Theodor Steltz aus Baden hinzu – „rein und lauter" sein. Dennoch hatten aber viele religiös-sozialistische Pfarrer Vorbehalte gegenüber der – nicht immer nur unterstellten – „Verabsolutierung" der sozialdemokratischen Bewegung. Das habe zur Folge, daß – wie es Hans Ehrenberg schon 1919 ausdrückte – ein gläubiger Christ und besonders ein Pfarrer „stets wie ein Gast in der Partei bleiben" müsse. Der Mannheimer Pfarrer

---

60 Zu den Pfarrern in der SPD vor 1914 vgl. *Karl Vorländer*, Sozialistische Pfarrer, in: Archiv für Sozialwissenschaft und Sozialpolitik, Bd. 30, 1910, S. 455 ff. Zu Blumhardt vgl. *Klaus-Jürgen Meier*, Christoph Blumhardt, Bern 1979, und weiter unten die Darstellung der württembergischen religiösen Sozialisten im Kapitel 4. Vgl. auch *Emile Vandervelde*, Alkohol, Religion, Kunst. Drei sozialistische Untersuchungen, Jena 1907, das Zitat S. 86, und *Karl Kautsky*, Die Sozialdemokratie und die katholische Kirche, Berlin 1906, die Zitate S. 8 und S. 19.

61 Vgl. dazu *Jochen Jacke*, Kirche zwischen Monarchie und Republik, Hamburg 1976, S. 284 f.

62 Vgl. dazu *Friedrich Stampfer*, Religion ist Privatsache, Berlin 1918.

Ernst Lehmann, der 1930 als Siebzigjähriger noch in die SPD eintrat, tat das auch nicht, ohne auf die „religiösen und sittlichen Vorbehalte" zu verweisen, mit denen schon Christoph Blumhardt um die Jahrhundertwende in die SPD eingetreten sei. Es gab aber auch religiös-sozialistische Pfarrer, die jeden Vorbehalt ablehnten. Die Entschiedenheit ihrer Begründung für den Eintritt in die SPD schreckte allerdings unentschiedene Weggefährten aus der Kirche eher ab. So bekannte Erwin Eckert schon 1923 als Motiv für seine Entscheidung, in die SPD einzutreten: „Ein Christ kann also nicht nur Sozialist sein, er muß es sein! – Er kann nicht nur Sozialdemokrat, politischer Kämpfer um die Ziele des Sozialismus sein, er muß es sein".[63]

Dem stand allerdings vor allem das Selbstverständnis keines geringen Teils der Sozialdemokratie entgegen, die für alle Sozialdemokraten eine „atheistische Weltanschauung" gelten lassen wollten. Religiöse Sozialisten waren damit ausgeschlossen. Mit Genugtuung begrüßten die religiösen Sozialisten deshalb jede Äußerung von sozialdemokratischer Seite, die einer solchen – programmwidrigen – Festlegung widersprach und – wie auf dem Kasseler Parteitag 1920 geschehen – „jede öde Pfaffenfresserei" und „jeden vulgären Aufkläricht" verspotteten.

Zufrieden konstatierten sie deshalb auch, daß auf dem Görlitzer Parteitag 1921 die programmatischen Aussagen der SPD zur Religion ergänzt wurden. Es hieß jetzt: „Religion ist Privatsache, Sache innerer Überzeugung, nicht Parteisache, nicht Staatssache". Die religiösen Sozialisten sahen in der veränderten Fassung ein weiteres Bekenntnis der Partei, daß es „innerhalb des Sozialismus keine einheitliche Weltanschauung" gebe. Sie meinten damit, daß es keine Verpflichtung auf eine „atheistische Weltanschauung" geben dürfe.[64]

Diese Argumentation gegenüber den programmatischen Aussagen zur Religion stellte die religiösen Sozialisten freilich auch vor ein Dilemma, mit dem sie sich immer wieder auseinandersetzen mußten. Einerseits ging es ihnen natürlich darum, in der SPD überhaupt erst einmal ein Heimatrecht zugestanden zu bekommen. Das Bekenntnis der Partei zu „Neutralität" in Fragen der Religion (die religiösen Sozialisten fügten aber meist mißtrauisch hinzu: „aber ehrliche Neutralität und Anerkennung unseres Rechts auch durch die [...] freidenkerischen Genossen [...]") sahen sie deshalb als eine Art Schutzschild, hinter dem sie ihr Heimatrecht wahrnehmen konnten. Andererseits aber hielten sie gerade wegen der ihrer Meinung nach offensichtlichen „ökonomischen Verflachung" der sozialistischen Bewegung eine religiöse Begründung des Sozialismus für unumgänglich. Für diese Vorstellung einer Begründung des Sozialis-

63 Vgl. für die verschiedenen Motive zum SPD-Eintritt: August Bleier, Brief vom 26.5.1933, in: EZA Berlin XIV. *Theodor Steltz*, Pfarrer und Sozialdemokratie, in: Christliches Volk 5, 1919; *Ernst Fincke*, Warum ich als Geistlicher Sozialdemokrat bin, in: SaV 23, 1929; *Hans Ehrenberg*, Tambacher Konferenz, in: Christliches Volk 9, 1919, „Pfarrer Lehmann zur SPD übergetreten", in: SaV 34, 1930; *Erwin Eckert*, Materialistische Geschichtsauffassung und Religion, in: Christliches Volksblatt 15, 1923.

64 Die Kritik an der „Pfaffenfresserei" in der SPD auf dem Kasseler Parteitag 1920 wurde begrüßt in: Christliches Volksblatt 7, 1921. Zum Görlitzer Programm vgl. Programmatische Dokumente der deutschen Sozialdemokratie, Berlin/Bonn 1984, S. 207 ff., das Zitat S. 212. Zur Einschätzung durch die religiösen Sozialisten vgl. *Georg Wünsch*, Sozialismus als Weltanschauung, in: Christliches Volksblatt 43, 1921, und *Hans Francke*, Jenseitsglauben, in: Der Religiöse Sozialist 5, 1922.

mus aus dem Glauben wollten sie natürlich auch die Mehrheit in der Partei gewinnen, nicht zuletzt deshalb, weil sich – wie sie meinten – damit die Anziehungskraft der SPD bei kirchlich gebundenen Proletariern steigern lasse. Sie wollten deshalb in der SPD nicht nur in einer Nische geduldet bleiben, sondern als Christen akzeptiert sein, die ihren Beitrag zum programmatischen Selbstverständnis der Partei zu leisten imstande waren. Sie hatten deshalb auch mit dem programmatischen Grundsatz der Partei „Religion ist Privatsache" durchaus ihre Probleme: Der Grundsatz sei zwar eine gute Sache, wenn er die staatliche und kirchliche Einmischung in Gewissensfragen zurückweise, er sei aber schlecht, „wenn er eine Mißachtung oder Gleichgültigkeit gegen das Religiöse überhaupt ausdrücken wollte". Denn: „Ohne Religion, ohne Anerkennung eines Geistigen hat der Sozialismus überhaupt keine Daseinsberechtigung [...]" Deshalb waren die religiösen Sozialisten auch nicht unglücklich darüber, daß auf dem Heidelberger Parteitag 1925 bei der Neuformulierung des Parteiprogramms dieser „Grundsatz" nach kontroverser Diskussion – wobei vom linken und vom rechten Flügel der Partei für und wider die Streichung des Satzes votiert worden war – im Programm nicht mehr enthalten war. Sie wiesen die Interpretation der Freidenker, daß die Partei damit gegen die Religion und gegen die religiösen Sozialisten Stellung bezogen habe, natürlich zurück und sahen im Gegenteil in der Streichung des Satzes, „der zu so vielen Mißdeutungen Anlaß gegeben hat", sogar einen Fortschritt, da die Partei damit die Religion nicht mehr nur als „Nebensache" ansehe, sondern ihr eine größere Bedeutung zubillige.[65]

Da aber weiterhin eine auch gegen die religiösen Sozialisten gerichtete Interpretation des Heidelberger Programms möglich war, forderte der Bund religiöser Sozialisten, daß die SPD sich auch ausdrücklich zu den religiösen Sozialisten in der Partei bekennen müßte. Auf dem Kieler Parteitag 1927 konnten sie diese Forderung durchsetzen. Nach verbalradikalen Attacken von sozialdemokratischen Freidenkern auf die religiösen Sozialisten (ein Delegierter nannte sie ein „übles Verfallsprodukt der evangelischen Kirche") erklärte die Partei nach einem Referat von Rudolf Hilferding: „Die politischen und sozialen Ziele der Arbeiterbewegung sind völlig unabhängig von der religiösen Überzeugung und den weltanschaulichen Meinungen ihre einzelnen Glieder [...]" Zuvor schon hatte Otto Wels die Vielgestaltigkeit der sozialistischen Organisationen begrüßt und bei der darauf folgenden Aufzählung neben der Arbeiterwohlfahrt und der Arbeiterjugend auch die „Freidenker und religiösen Sozialisten" gleichberechtigt nebeneinander genannt.

Die religiösen Sozialisten waren es zufrieden, denn damit hatte die Partei in einem Parteitagsbeschluß ausdrücklich zugestanden, daß „auch gläubige Christen Parteimitglieder sein" könnten. Im Kommentar zu diesem Manifest fügten sie hinzu, daß

---

65 Vgl. dazu: „Zum Verständnis des Religiösen", in: Der Religiöse Sozialist 8, 1922; *Georg Fritze*, Zum sozialistischen Parteitag in Heidelberg, in: Neuwerk 1925/26, S. 302 ff.; *Heinrich Dietrich*, Das Heidelberger Programm, in: SaV 41, 1925; *Erwin Eckert*, Kirche und Religion im Heidelberger Programm der SPD, in: SaV 44, 1925. Die religiösen Sozialisten sahen sich in ihrer Sicht des Programms auch durch den parteioffiziösen Kommentar des Programms bestätigt: Vgl. dazu den zustimmenden abgedruckten Wortlaut in: SaV 17, 1926.

der Beschluß überfällig gewesen sei, denn schließlich würden die religiösen Sozialisten „zum größten Teil auf dem äußersten linken Flügel der SPD stehen und für den Klassenkampf eintreten [...]"[66]

Auch wenn die Selbsteinschätzung der religiösen Sozialisten als Teil des linken Flügels von vielen Parteimitgliedern etwas erstaunt zur Kenntnis genommen wurde und auch nicht von allen Angehörigen ihrer Bewegung so gesehen wurde, an der sozialdemokratischen Orientierung des BRSD konnte niemand zweifeln. Die übergroße Mehrheit der religiösen Sozialisten – und sie verwiesen selbst immer wieder darauf – besaß ein SPD-Parteibuch, viele von ihnen waren auch Funktionäre der Partei. In Süd- und Mitteldeutschland kamen mehrere SPD-Ortsbürgermeister aus ihren Reihen, und es gab sogar auch religiös-sozialistische Landtagsabgeordnete der SPD. Von den 167 Teilnehmern an der Mannheimer Konferenz des BRSD im Jahre 1928 waren 136 „eingetragene Mitglieder der SPD, die übrigen waren parteilos". Oft gehörten die religiösen Sozialisten zu den „arbeitswilligsten und opferbereitesten Genossen", ohne die in manchen süd- und mitteldeutschen Orten die SPD keine Ortsgruppe zustande gebracht hätte.[67] Anfang 1930 konnte die religiös-sozialistische Presse ihren Lesern sogar melden, daß in Preußen der religiöse Sozialist Adolf Grimme Kultusminister geworden war. Für Norddeutschland war das eine recht vereinzelte, aber dennoch wichtige Erfolgsmeldung. Grimme versuchte – nur selten mit Erfolg – einige religiöse Sozialisten als Professoren zu berufen, um so das Privileg der Konservativen bei der Ausbildung von Pfarrern und Religionslehrern etwas einzuschränken. Die SPD nahm an Grimmes Bekenntnis als religiöser Sozialist keinen Anstoß und wählte ihn im Jahre 1932 sogar zum Leiter des sozialdemokratischen Bildungswesens.[68]

Angesichts solcher Erfolgsmeldungen verwundert es nicht, daß die religiösen Sozialisten nach knapp zehn Jahren Werbens um Anerkennung in der SPD schon 1928 voller Stolz feststellten: „Wir wurden als wesentlicher Bestandteil im Kampf um die Befreiung des Proletariats innerhalb dieser Partei anerkannt."[69] Ein Jahr später verwies der Reichstagsabgeordnete Wilhelm Sollmann auf dem Magdeburger Parteitag der SPD auch auf die zahlenmäßige Stärke der religiösen Sozialisten, als er sich gegen die Propagierung des Atheismus in der SPD wandte: „Haben wir nicht 20.000 oder 30.000 organisierte religiöse Sozialisten? Gibt es nicht an 100 evangelische Pfarrer, die eingeschriebene Parteigenossen sind?" Das Protokoll vermerkte danach eine „lebhafte Zustimmung" bei den Delegierten.[70] Aber obwohl die religiösen Sozialisten zu Recht aus solchen Äußerungen auf die wachsende Anerkennung ihrer Arbeit in der

---

66 Vgl. zur Diskussion in Kiel: Protokoll SPD-Parteitag Kiel 1927, das Zitat von Otto Wels S. 35, die Anträge S. 265 f. Zu den Kommentaren der religiösen Sozialisten vgl. SaV 24 und 24, 1927.

67 Vgl. für viele Hinweise auf die SPD-Mitgliedschaft der im BRSD organisierten religiösen Sozialisten unter anderem: SaV 8, 1925, SaV 2, 1927 und SaV 1, 1928. Zur Mannheimer Konferenz vgl. auch SaV 35, 1928. Vgl. auch weiter unten das Kapitel 7.

68 Vgl. die Nachrichten über Grimme in: SaV 6, 1930 und Zeitschrift für Religion und Sozialismus 1932, S. 382.

69 Vgl. den Bericht auf der Mannheimer Konferenz des BRSD in: SaV 33, 1928.

70 Vgl. das Protokoll SPD-Parteitag Magdeburg 1929, S. 76. Zu den von Sollmann genannten Mitgliederzahlen vgl. auch weiter unten das Kapitel 7.

Partei schließen konnten, sie wußten natürlich auch, daß ihr Einfluß in der Partei regional sehr unterschiedlich war. In Süddeutschland konnte schon Mitte der zwanziger Jahre davon gesprochen werden, daß die Mitgliedschaft im BRSD einer Parteikarriere sogar förderlich sein konnte. Häufig wurden religiöse Sozialisten als Sachverständige in religiösen Fragen, aber auch in Schulfragen zu SPD-Parteiveranstaltungen eingeladen, auf dem „flachen Lande" sogar häufiger als in der Stadt. Der württembergische SPD-Landtagsabgeordnete Rais bekannte unter dem Beifall seiner Fraktionskollegen, daß er religiöser Sozialist sei, der deswegen keinerlei Probleme in seiner Partei habe. Anfang 1932 machte die SPD den württembergischen Landesvorsitzenden der religiösen Sozialisten, Gotthilf Schenkel, in acht Wahlkreisen zu ihrem Spitzenkandidaten, nicht zuletzt wohl aus der Überlegung, daß – wie Heinz Kappes schon für Baden festgestellt hatte – in Süddeutschland „die 95 Prozent noch in der Kirche befindlichen Sozialdemokraten" in einem religiösen Sozialisten einen vertrauenswürdigen Kandidaten sehen würden".[71]

Die religiösen Sozialisten konnten sich auch nicht darüber beschweren, daß ihre Sache im „Zentralorgan" der Partei zu wenig gewürdigt würde. Der „Vorwärts" hatte sie nie verwöhnt, aber spätestens 1929 konnte der Berliner Vorsitzende der religiösen Sozialisten, Bernhard Göring, die Zeitung ausdrücklich loben für die „objektive Stellung, die in neuerer Zeit der Vorwärts eingenommen" habe. Aber auch schon vorher hatte der Vorwärts immer auch religiös-sozialistische Veranstaltungen angekündigt und über deren Verlauf berichtet. Religiöse Sozialisten kamen auch als Autoren zu Wort, um die Maßregelungen von sozialistischen Pfarrern anzuprangern, die Ergebnisse von Kirchenwahlen zu interpretieren und – durchgängig von 1918 bis 1933 – vor allem den Lesern zu erklären, was religiöser Sozialismus eigentlich ist. Einige regionale SPD-Zeitungen wie etwa die „Rheinische Zeitung" aus Köln waren gegenüber der religiös-sozialistischen Bewegung noch aufgeschlossener, und eine Reihe SPD-Zeitungen veröffentlichte sogar regelmäßig – was die religiösen Sozialisten mit Genugtuung registrierten – den lokalen „Gottesdienstanzeiger". Die Herkunftsorte dieser Zeitungen weisen allerdings ein weiteres Mal auf den regional unterschiedlichen Einfluß der religiösen Sozialisten in der SPD und ihrer Presse hin. Es gehörten aus Süddeutschland dazu: „Schwarzwälder Volkswacht" (Stuttgart), „Esslinger Volkszeitung", „Volkszeitung Ohlau", „Freie Volkszeitung Göppingen", „Freiburger Volkswacht", „Volkswille Singen", „Freie Presse Pforzheim". Dazu kamen aus Mittel- und Norddeutschland nur noch: „Bernburger Volkswacht", „Kasseler Volksblatt" und das „Hamburger Echo".[72]

---

71 Vgl. zu dem regional unterschiedlichen Einfluß der religiösen Sozialisten: SaV 17, 1926. Zur Einladung religiöser Sozialisten unter anderem: SaV 34, 1928, zur Rede von Rais: SaV 18, 1930, zur Nominierung von Schenkel: Der Religiöse Sozialist 3, 1932, das Zitat von Kappes: Neuwerk 1924/25, S. 478.

72 Vgl. zum Lob für den Vorwärts: SaV 49, 1929, zur Berichterstattung im Vorwärts vgl. unter anderem die Beiträge vom 23.11.1926, 30.9.1929, 27.4.1929, 30.7.1932 und vom 10.11.1932. Die evangelische Kirche verfolgte aufmerksam die Berichterstattung in der SPD-Presse, wie die Sammlung von Zeitungsausschnitten aus dem Vorwärts zu Fragen des religiösen Sozialismus im Evangelischen Kirchenbundesamt belegt. Vgl. dazu EZA Berlin 1/A 2475. Die Liste der SPD-Zeitungen mit Gottesdienstanzeiger in: SaV 36, 1928.

In manchen Regionen Mittel- und Norddeutschlands – vor allem in Sachsen und in Berlin – gab es für die religiösen Sozialisten dagegen nur wenig Anlaß zu Euphorie. Das Mißtrauen ihnen gegenüber war weiterhin sehr groß. Viele Stellungnahmen von SPD-Bezirken und SPD-Ortsgruppen zu Anfragen und Klagen der religiösen Sozialisten waren deutlich von dem Willen geprägt, die „Beschlußlage" der Partei zwar hinzunehmen, die Distanz gegenüber den religiösen Sozialisten aber deutlich spüren zu lassen. In einem Beschluß des pfälzischen Bezirksvorstandes bekannte die SPD, daß sie der religiös-sozialistischen Bewegung „nicht ablehnend gegenüberstünde" und sie sogar unterstütze, soweit es mit ihren Grundsätzen vereinbar sei. Nur unter großer Selbstverleugnung konnten die religiösen Sozialisten einen solchen Beschluß als „gerecht" ihrer Sache gegenüber interpretieren oder einen dürren Bescheid des Berliner Bezirksvorstandes, der die Berliner religiösen Sozialisten nach einer Klage wegen Benachteiligung auf den „Weg der Beschwerde" gemäß Statut verwies, als Bekenntnis zur „Neutralität" ansehen.[73] Es galt deshalb für den BRSD vor allem wegen der schlechten Erfahrungen in der Berliner Parteiorganisation immer wieder, von der Parteiführung zumindest die „Gleichbehandlung" einzuklagen. Dabei traten die religiösen Sozialisten nicht mehr als Bittsteller auf, sondern sie verlangten „strengste konfessionelle Neutralität auch in Berlin".[74] In Berlin sahen sie die SPD-Parteiorganisationen, wie Paul Piechowski Ende der zwanziger Jahre und zu Beginn der dreißiger Jahre häufig beklagen mußte, „im Schlepptau der Freidenker". Paul Piechowski fürchtete sogar eine „Christenverfolgung" in der Berliner SPD, da hier bei der Kandidatenaufstellung zu den Bezirks- und Stadtverordnetenwahlen ganz offen nach dem Kirchenaustritt gefragt worden war. Er war allerdings nicht zimperlich, dagegen mit scharfen Worten zu protestieren. Er sprach davon, daß angesichts solcher Praktiken „unsere Geduld am Ende ist und daß wir es gründlich satt haben, von der Partei lediglich als Aushängeschild aus taktischen Gründen mißbraucht, im übrigen aber, wenn die Wahlen vorüber sind, mit Fußtritten und Ohrfeigen behandelt zu werden". Die Wortwahl brachte Piechowski sogar einen Tadel des Berliner religiös-sozialistischen Vorsitzenden Bernhard Göring ein, der den Konflikt lieber unter der Decke halten wollte und Paul Piechowski deshalb an die notwendige Parteidisziplin erinnerte. Aber Paul Piechowski ließ sich nicht einschüchtern und drohte sogar, der Partei die Gefolgschaft zu verweigern. Auch nachdem die Berliner religiösen Sozialisten und der Berliner Bezirksvorstand in „Verhandlungen" den Konflikt mit einer die „Beschlußlage" referierenden, unverbindlichen Erklärung beigelegt hatten, fand er immer wieder offene Worte der Kritik, wenn er in Stellungnahmen der Partei die „Neutralität" in religiösen und weltanschaulichen Fragen verletzt sah. Er beklagte dabei weniger die fehlende Gleichbehandlung als eine die Partei schwächende Uneinsich-

---

73 Vgl. zur Pfalz: *Heinrich Dietrich*, a.a.O., S. 116, zu Berlin: SaV 39, 1929.
74 Vgl. dazu den Protest der religiösen Sozialisten gegen ein Flugblatt der Berliner SPD, das zur Jugendweihe der Freidenker einlud, in: Zeitschrift für Religion und Sozialismus 5, 1929. Die „Forderung" nach Gleichbehandlung gehörte zum ständigen Text religiös-sozialistischer Stellungnahmen, die das Verhältnis zur SPD ansprachen. Vgl. unter anderem den Briefwechsel mit dem SPD-Parteivorstand, in: SaV 34, 1928.

tigkeit: „[...] es scheint so, daß die Führung der SPD, von allen guten Geistern verlassen, Millionen ihrer Wähler, die fest auf dem Boden des Christentums stehen, vor den Kopf stoßen will."[75]

Aber auch aus anderen Gründen hatte sich für einige religiöse Sozialisten Ende der zwanziger Jahre die enge Bindung an die SPD gelockert. Alle religiösen Sozialisten verstanden von Anfang an ihre Organisation als „interfraktionelle" Bewegung, zu der Mitglieder aller sozialistischen Arbeiterparteien gehören sollten. Die mehrheitlich sozialdemokratische Orientierung und die offene Kritik an den „Gewaltmethoden" der KPD bedeutete deshalb nie, daß dieses Verständnis – was auch geringere Berührungsängste zur KPD einschloß – jemals in Frage gestellt wurde. Bereits 1928 hatte Erwin Eckert – wie viele andere Sozialdemokraten unzufrieden mit der SPD-Koalitionspolitik – betont, daß der BRSD kein „Anhängsel" der SPD sei und die Partei auch keinen „Kadavergehorsam" verlangen dürfte. Daraus resultierte später, nicht zuletzt aus Unzufriedenheit mit der „Tolerierungspolitik" der SPD, zu Beginn der dreißiger Jahre eine größer werdende Distanz vieler religiöser Sozialisten gegenüber der SPD, die freilich nur bei Erwin Eckert und wenigen seiner Anhänger zum Übertritt in die KPD führte.[76] Die große Mehrheit der religiösen Sozialisten hielt an ihrer sozialdemokratischen Bindung fest und forderte lediglich immer wieder von der Partei ein „klares Wort" zur religiös-sozialistischen Bewegung. So auch im Jahre 1931, nachdem in einigen Anträgen an die Delegierten des Leipziger Parteitages gefordert worden war, künftig alle Parteimitglieder zum Kirchenaustritt aufzufordern und von allen Funktionären sogar den Nachweis des kirchlichen Austritts zu verlangen. In großer Aufmachung in der religiös-sozialistischen Presse verlangte der BRSD, daß die SPD auf dem Parteitag deutlich mache, daß sie weiterhin den „Standpunkt der weltanschaulichen und religiösen Neutralität" einnehme. Zufrieden konnten die religiösen Sozialisten nach dem Ende des Parteitages konstatieren, daß die anstößigen Anträge mit ganz großer Mehrheit abgelehnt worden waren.[77]

Die Haltung der Delegierten auf dem Parteitag zu religiösen und weltanschaulichen Fragen führte freilich den religiösen Sozialisten auch vor Augen, daß sich seit 1918/19 nicht sehr viel in dieser Hinsicht geändert hatte. Die religiösen Sozialisten waren als Minderheit in der Kirche und in der Partei wenig gelitten. Die Klage eines Berliner religiösen Sozialisten, der schon 1922 den in den SPD-Mitgliederversammlungen herrschenden „plattesten Materialismus" beklagte, galt unverändert die ganzen zwanziger Jahre hindurch. Er fügte damals der Klage hinzu: „Täuschen wir uns nicht: Wir religiösen Sozialisten sind noch heute einsame Menschen in der Partei, scheel angesehen von den Führern und der breiten Masse [...]"

---

75 Vgl. zum Konflikt mit der Berliner SPD die Berichterstattung im Sonntagsblatt, vor allem: SaV 25, 40, 43, 1929 und SaV 2, 1930. Die Klage Piechowskis über die „Uneinsichtigkeit" der SPD in: Zeitschrift für Religion und Sozialismus 1931, S. 412 ff.

76 Vgl. SaV 39, 1928 und die Darstellung des BRSD weiter unten im Kapitel Entwicklung und Organisation der religiösen Sozialisten.

77 Vgl. die Forderung in: Der Religiöse Sozialist 20, 1931 und Protokoll SPD-Parteitag Leipzig 1931, S. 186 f. und 272 ff.

Dennoch sahen aber die meisten religiösen Sozialisten trotz mancher Vorbehalte gegenüber der SPD ihre Mitgliedschaft in der Partei nicht „instrumentell". Sie fürchteten eher, daß die Partei wegen der Kompromisse in der Tagespolitik den eigenen programmatischen Ansprüchen nicht gerecht werden könne. Sie wollten deshalb auch „Pfahl im Fleische" der Partei sein. Gerade weil sie mehrheitlich – und bis zuletzt – den „Weg, den Geist, die Methode" der KPD ablehnten, sahen sie sich trotz vielfältiger Zurückweisungen von seiten der Partei um so mehr berechtigt, mit dafür Sorge zu tragen – wie Leonhard Ragaz es auch für viele deutsche religiöse Sozialisten formulierte –, „der nicht-bolschewistischen Arbeiterbewegung den eigentlich revolutionären Zug zu erhalten, damit sie nicht in Opportunismus versandete [...]"[78]

e) *Religiöse Sozialisten und Freidenker*

Das Verhältnis der religiösen Sozialisten zur Sozialdemokratie war stets mitbestimmt – und gestört – von den Auseinandersetzungen mit der Freidenkerbewegung. Für den Anspruch der religiösen Sozialisten, Teil der sozialistischen Arbeiterbewegung zu sein, hatten die Freidenkerorganisationen nur Hohn und Spott übrig. Die Angriffe der Freidenker gegen die religiös-sozialistische Bewegung waren oft sehr bösartig, da die Konkurrenz untereinander dazu führte, sich in der militanten Ablehnung von religiössozialistischen Ideen gegenseitig zu übertreffen.

Die religiösen Sozialisten reagierten darauf zwar meist sehr selbstbewußt und nicht selten sogar mit einem gewissen gönnerhaften Verständnis. Sie standen aber dennoch in den Auseinandersetzungen mit den Freidenkern vor einem Dilemma. Gegenüber den kommunistisch orientierten Freidenkern war dieses noch am einfachsten zu lösen. Von seiten der KPD war die Ablehnung so eindeutig, daß den religiösen Sozialisten meist nur übrig blieb, die Angriffe immer wieder öffentlich zurückzuweisen. In der SPD dagegen, in der sie mehrheitlich organisiert waren, pochten sie einerseits stets auf die Anerkennung als gleichberechtigte Parteimitglieder und beklagten jede Verletzung der „Neutralität" der Partei in weltanschaulichen Fragen. Andererseits aber waren sie natürlich im Streit der Weltanschauungen von der Richtigkeit ihrer Auffassung, den Sozialismus aus dem Glauben zu begründen, überzeugt. Sie suchten deshalb die ernsthafte Auseinandersetzung, um für ihre Überzeugung auch in der Partei Mehrheiten zu gewinnen und sie stellten damit die von ihnen immer wieder geforderte „Neutralität" selbst in Frage.

Das Diktum von Wilhelm Sollmann auf dem Leipziger Parteitag 1931: „Die Sozialdemokratie ist weder eine christliche Partei noch eine Freidenkerpartei, sie ist einfach die sozialistische deutsche Arbeiterpartei [...]" war als Richtschnur für die innerparteilichen Auseinandersetzungen eine nützliche und richtige Feststellung. Das Dilemma wurde dadurch jedoch nur pragmatisch verdeckt, aber nicht gelöst. Günther

---

78 Vgl. die Zuschrift von E. Hirsch in: Der Religiöse Sozialist 8, 1922 und das Zitat von Leonhard Ragaz in: *Markus Mattmüller*, Leonhard Ragaz und der religiöse Sozialismus, Bd. 2, Basel/Stuttgart 1968, S. 534.

Dehn, der schon Mitte der zwanziger Jahre auf Distanz zur religiös-sozialistischen Bewegung gegangen war, äußerte 1932 den Verdacht, die SPD habe nicht aus Respekt vor der Religion, sondern nur aus politischem Opportunismus die Religion zur Privatsache erklärt. Die Kluft zwischen Christentum und Sozialismus aber sei unüberbrückbar, denn: „Es steht hier einfach Religion gegen Religion. Die Religion einer immanenten säkularisierten Eschatologie protestiert gegen die Religion der Transzendenz und zwar elementar, aus ursprünglichem Empfinden heraus [...]"[79]

Günther Dehn wollte damit freilich, indem er – ähnlich wie August Bebel – Christentum und Sozialismus wie Feuer und Wasser geschieden sah, vor allem seine Ablehnung eines religiösen Sozialismus begründen. Die meisten religiösen Sozialisten hatten zwar auch ihre Schwierigkeiten mit dem Begriff des religiösen Sozialismus – und schon gar mit dem Versuch, sich auf einen Begriff zu einigen –, sie wollten aber dennoch den Anspruch nicht aufgeben, den Sozialismus „religiös zu überhöhen". Die Auseinandersetzung mit der Freidenkerbewegung geriet den religiösen Sozialisten deshalb immer wieder zu einem Balance-Akt zwischen der Berufung auf die „Neutralität" in Weltanschauungsfragen und dem Versuch, die sozialistische Arbeiterbewegung von dem Gewicht der eigenen „Weltanschauung" zu überzeugen.

Die alltägliche Praxis der Auseinandersetzung war allerdings meistens nicht von Grundsatzfragen bestimmt. Die religiösen Sozialisten begegneten den Freidenkern zunächst vor allem in SPD-Mitgliederversammlungen oder anderen von der Partei organisierten Veranstaltungen und sie mußten sich hier oft gegen das – wie sie feststellen mußten – „Geschwätz der Freidenker" zur Wehr setzen, das nur den „geistigen Tiefstand" des proletarischen Freidenkertums offenbare. Mit dieser Wortwahl erwiderten sie nur mit gleicher Münze die „plumpen und einfältigen Angriffe" der Freidenker, die ihrerseits nicht müde wurden, jede Art von religiösem Sozialismus zu „vollendetem Unsinn" zu erklären. Das Niveau des auch in der Presse ausgetragenen Streits war in der Tat oft so niedrig, daß einige religiöse Sozialisten den Schluß zogen, sich darauf nicht mehr einzulassen und Distanz zu halten. Nachdem religiöse Sozialisten in einer Freidenkerzeitschrift wieder einmal „Knechte der Reaktion" genannt worden waren, forderten sie: „Laßt uns in Ruhe, Genossen Freidenker, geht Euren Weg. Wir gehen den unseren!"[80]

Nicht selten aber kehrten die religiösen Sozialisten den Spieß einfach um, wenn ihnen wieder einmal die Berechtigung abgesprochen wurde, in der sozialistischen Arbeiterbewegung mitzuarbeiten. Sie erklärten das Freidenkertum zum „vergröberten Erbe der bürgerlichen Aufklärung" und den Atheismus zu einer „Gefahr für die Arbeiterbewegung", da er den „Sozialismus jeden Tag kompromittiert und blamiert".

---

79 Vgl. zu Sollmann: Protokoll SPD-Parteitag 1931, S. 121. Zu Dehn vgl. „Zur theologischen Problematik des religiösen Sozialismus", in: Monatsblatt 12, 1932. Zur Auseinandersetzung der „Weltanschauungsorganisationen" vgl. auch: *Michael Rudloff*, Weltanschauungsorganisationen innerhalb der Arbeiterbewegung der Weimarer Republik, Frankfurt a.M. u.a. 1991, besonders S. 145 ff.

80 Vgl. für die Zitate: SaV 1, 1925, SaV 16, 1928, SaV 14, 1930, dort auch der Wortlaut eines Freidenker-Artikels. Zur Bezeichnung „vollendeter Unsinn" vgl. die Artikel zum Thema Kirche und Freidenkertum in der sozialdemokratisch orientierten Zeitschrift Der Freidenker Nr. 15 und 16 vom 1. und 15. August 1932.

Die Freidenker sollten die religiösen Sozialisten nicht beschimpfen, sondern lieber von ihnen lernen, da – wie Emil Fuchs selbstbewußt schrieb – „wir als ‚Marxisten‘ Gegner der individualistisch bürgerlich arbeitenden Agitation und Aufklärung der Freidenker [sind]“ – und deshalb eher zur „marxistischen Arbeiterbewegung“ gehörten als die Freidenker.[81]

Aber es gab auch andere Töne. Paul Piechowski warb schon 1926 auf der Meersburger Konferenz der religiösen Sozialisten um Verständnis für die Freidenkerbewegung: Sie sei schließlich mehrheitlich eine proletarische Bewegung, viele Proletarier würden so wie die Freidenker denken. Die Ziele der Freidenker hätten ihre Wurzeln in der bürgerlichen Aufklärung, aber die habe schließlich auch einmal „Fortschritt“ bedeutet, darüber hinaus aber sei die Kritik der Freidenker an den Kirchen vor allem eine Kritik an deren Orthodoxie und Verlogenheit. Die beklagenswerte Ablehnung der religiösen Sozialisten geschehe in erster Linie aus „Unkenntnis“. Drei Jahre später mußte Piechowski zwar feststellen, daß es immer noch viel „Feindseligkeit“ gebe, aber er sei dennoch immer wieder „tief berührt, was für ein lebendiger Protest und für eine Gläubigkeit dort auch vorhanden ist“.[82]

Die religiösen Sozialisten mußten immer wieder feststellen, daß die Freidenker offenbar gar nicht wußten – oder nicht wissen wollten –, wie sehr auch die religiösen Sozialisten den Zustand der Kirche und die reaktionäre Gesinnung der Kirchenoberen kritisierten. Sie konnten sich deshalb auch, wenn die Freidenker erst einmal diese Tatsache zur Kenntnis genommen hätten, eine Zusammenarbeit von religiösen Sozialisten und Freidenkern vorstellen. In einer Erwiderung auf einen Artikel von Anna Siemsen im „Vorwärts“ machte der Berliner religiös-sozialistische Pfarrer August Bleier einen solchen Vorschlag. Er konstatierte Gemeinsamkeiten, so unter anderem in der Ablehnung von staatlichen Zuschüssen an die Kirche. Er gestand auch zu, daß die Kirchenaustrittsbewegung – auf die die Freidenker so große Hoffnungen setzten – weiter zunehme, machte aber zugleich darauf aufmerksam, daß sich die Austretenden meist nicht der „Freidenker-Kirche“ anschlössen, zu Euphorie also gar kein Anlaß bestehe. Er forderte die Freidenker deshalb auf, endlich auch im Umgang mit den religiösen Sozialisten nicht mehr dogmatisch zu denken und sie als „gleichwertige Genossen“ anzuerkennen. Die Partei – die SPD – könne dadurch nur gewinnen. Da die religiösen Sozialisten wußten, daß die Kirchen den Anstieg der Kirchenaustritte mit Sorge verfolgten, machten sie sich sogar gegenüber der Kirche zum Fürsprecher der Freidenkerbewegung, da die Kirchen ja um ihre „Schuld an der Glaubenslosigkeit“ wissen müßten.[83]

Die religiösen Sozialisten machten nicht überall so schlechte Erfahrungen beim Umgang mit den Freidenkern wie in Berlin. In Thüringen, wo die Freidenkerbewegung

81 Vgl. dazu *Eduard Dietz*, Die religiösen Sozialisten – Eine Gefahr für die Arbeiterbewegung?, in: Christliches Volksblatt 48, 1923; Emil Fuchs, Wir und die Freidenker, in: SaV 19, 1926; *Erwin Eckert*, Jahresrückblick, in: SaV 2, 1927.
82 Vgl. die Diskussionsbeiträge Piechowskis auf der Meersburger Konferenz 1926 und auf der Kölner „Führertagung“ 1929 in: SaV 31, 1926 und SaV 49, 1929.
83 Vgl. Vorwärts vom 27.11.1929 und Der Religiöse Sozialist vom 22.1.1933.

ebenfalls großen Einfluß in der SPD besaß, gehörte es hin und wieder sogar zum guten Ton, daß Freidenker die Landesversammlungen der thüringischen religiösen Sozialisten begrüßten. Mit Genugtuung konnte Emil Fuchs auch berichten, daß bei einer Unterschriftenaktion für einen religiös-sozialistischen Pfarrer sich auch „über 20 Funktionäre, meist Ausgetretene und sogenannte Freidenkergenossen" beteiligt hatten. Das bedeutete allerdings auch in Thüringen nicht, daß kleinliche Sticheleien gegen die religiösen Sozialisten aufgehört hatten. In der SPD-Presse und auch in von Freidenkern dominierten Ortsgruppen wie etwa in Jena war wenig Freundliches über die religiösen Sozialisten zu lesen und zu hören. Diese mußten sich auch hier immer wieder gegen selbstgerechte Polemiken der sozialdemokratischen Freidenker zur Wehr setzen. Als die thüringische Landeskirche ihren Pfarrern jede politische Tätigkeit untersagte, zweifelten die Freidenker sofort in einem „Offenen Wort an die religiösen Sozialisten" an deren Versicherung, „in der Kampffront des sozialistischen Proletariats" zu stehen, da ihr Sozialismus nur Mittel zu einem bürgerlich-kirchlichen Zwecke sein könne. Die Polemik war für die religiösen Sozialisten auch in Thüringen kein Anlaß, den Anwürfen ähnlich polemisch zu begegnen. Pfarrer Kleinschmidt nannte die Unterstellung, daß den religiösen Sozialisten vielleicht „das Wohlwollen bürgerlicher Kirchenräte wichtiger [sein könnte] als das Ringen des Proletariats [...]", in einer offiziellen Stellungnahme des Landesverbandes Thüringen einen „ernsten und eindringlichen Appell [...] an unsere Solidarität". Er versprach, daß die religiösen Sozialisten auch weiterhin „freudige und entschlossene Mitkämpfer in den vordersten Reihen des Proletariats" sein würden.[84] Diese fast devote Erwiderung entsprang dem Wunsch, auf diesem Wege die Anerkennung der Freidenker zu gewinnen. Auch wenn von deren Seite wenig Ermunterung kam, hofften die religiösen Sozialisten trotz des „Familienstreits" – wie sie die Auseinandersetzung der Berliner religiösen Sozialisten mit den dortigen sozialdemokratischen Freidenkern nannten –, als „Klassengenossen" der Freidenker im Kampf gegen die bürgerlich-kapitalistische Welt akzeptiert zu werden. Sie beklagten deswegen auch den „Bruderkampf" innerhalb der Freidenkerbewegung und übten auch mit den kommunistisch orientierten Freidenkerorganisationen Solidarität, als diese 1932 durch Notverordnung aufgelöst worden waren. Nicht alle religiösen Sozialisten konnten allerdings die besonders bösartigen Angriffe von kommunistischen Freidenkern so schnell vergessen. Paul Piechowski, der 1929 noch voller Verständnis gewesen war, wollte nicht ohne einige Klarstellungen von kommunistischer Seite für die Aufhebung des Verbots eintreten. Es verwies auf eine Aufforderung an kommunistische Freidenker, zum „Knüppel" zu greifen, wenn „ein Halunke unter der Maske eines religiösen Sozialisten naht" und verlangte von der KPD eine bindende Erklärung, daß sie die Auseinandersetzungen künftig „geistig" zu führen gedenke.[85]

Mit den sozialdemokratisch orientierten Freidenkerorganisationen gab es seit Ende der zwanziger Jahre aber auch andere Erfahrungen. Es kam häufiger zu öffentlichen

84 Vgl. den Bericht von *Emil Fuchs* in: SaV 49, 1930 und zur Kontroverse: SaV 37, 1930.
85 Vgl. zum „Familienstreit": SaV 1, 1930. Zum Protest gegen das Verbot: Der Religiöse Sozialist 22, 1932, zum Vorbehalt Piechowskis: Zeitschrift für Religion und Sozialismus 1932, S. 220 ff.

Versammlungen, an denen Freidenker und religiöse Sozialisten „auf einem ungewöhnlich hohen Niveau" miteinander diskutierten. Das war für die religiösen Sozialisten der Beweis, daß – wie Heinrich Mertens nach einer Versammlung in Köln mit über 700 Teilnehmern schrieb – „religiöse Sozialisten und Freidenker in menschlicher Kameradschaft [...] miteinander über weltanschauliche und religiöse Probleme sachlich und fruchtbar diskutieren können.".[86]

Im „Vorwärts" kam es schon Ende 1929 zu einer „Aussprache" zwischen religiösen Sozialisten und Freidenkern, die die Möglichkeit der ernsthaften Auseinandersetzung ebenso vor Augen führte wie sie die Schwierigkeiten beim gegenseitigen Verstehen verdeutlichte. Der Austausch von Argumenten wurde – nicht immer auf dem gleichen Niveau – bis Anfang 1933 fortgesetzt. Die an dieser Aussprache teilnehmenden religiösen Sozialisten baten zunächst ein weiteres Mal darum, daß die Freidenker doch endlich vor der religiösen Überzeugung anderer die nötige Achtung haben sollten, so wie sie schließlich auch Respekt vor „einer gewissenhaft erkämpften und ehrlich vertretenen atheistischen Überzeugung" hätten. Vor allem aber ging es den religiösen Sozialisten darum, die Verpflichtung der sozialistischen Arbeiterbewegung auf eine „atheistische Weltanschauung" zurückzuweisen. Sie machten darauf aufmerksam, daß der Marxismus keine „Weltanschauung" sei, sondern eine „Gesellschaftswissenschaft", eine „Arbeitsmethode", derer sie sich als religiöse Sozialisten auch bedienten. In dem Zusammenhang wiesen sie – mit belehrendem Unterton – auch darauf hin, daß die Freidenker wohl die Marxsche Religionskritik gar nicht zur Kenntnis genommen oder zumindest falsch verstanden hätten. Marx habe ja die bürgerlichen Aufklärer, die die Religion nur als „Volksverdummung" mißverstanden hätten, ausdrücklich kritisiert und statt der „Kritik des Himmels [...] die Kritik der Erde" statt der „Kritik der Religion [...] die Kritik des Rechts" und statt der „Kritik der Theologie [...] die Kritik der Politik" gefordert. Bei einer solchen Kritik aber seien die religiösen Sozialisten an vorderster Stelle in der Arbeiterbewegung zu finden, wie nicht zuletzt ihre ständigen Auseinandersetzungen mit den Landeskirchen gezeigt hätten. Die kommunistischen Freidenker erfuhren in dem Zusammenhang zusätzlich, daß sie auch Lenin zu Unrecht zum Zeugen ihrer Angriffe auf die religiösen Sozialisten machten, da dieser sich den Kampf für ein „Paradies auf Erden" auch mit religiös orientierten Proletariern hatte vorstellen können.[87]

Die meisten Freidenker reagierten auf diese „Belehrungen" und „Richtigstellungen" ziemlich hilflos. Sie verwiesen immer wieder auf die – historisch gewachsene –

---

86 Vgl. den Bericht über die Versammlung in: Zeitschrift für Religion und Sozialismus 1931, S. 84 ff., ähnlich versöhnlich auch: *Georg Wünsch*, Religiöser Sozialismus und proletarische Freidenker, in: ebda., S. 257 ff.

87 Vgl. unter anderem *Emil Fuchs*, Kirche – Freidenker – Christentum, in: SaV 10 und 39, 1930, *Heinrich Mertens*, Muß der Marxist Freidenker sein?, in: Der Religiöse Sozialist 20, 1931. Das Marx-Zitat in: Marx-Engels-Werke, Bd. 1, S. 378 ff., wo Marx auch von der Religion als „Opium *des* Volkes" sprach, nicht „für das Volk", wie viele Freidenker immer wieder falsch zitierten, was wiederum den religiösen Sozialisten Anlaß für Kritik bot. Vgl. dazu unter anderem Eduard Dietz, der 1924 in einem Nachruf auf Lenin sowohl Marx und Lenin vor Mißverständnissen der Freidenker in Schutz nahm, in: Christliches Volksblatt 7, 1924. Das Lenin-Zitat in: *Wladimir I. Lenin*, Werke, Bd. 10, S. 74.

reaktionäre Rolle der Kirchen und der Religion, ohne zur Kenntnis zu nehmen, daß die Kritik der religiösen Sozialisten an den Kirchen als Institution aufgrund ihrer genaueren Kenntnis viel präziser und damit auch radikaler war. Nur wenige wagten es, sich überhaupt mit der Tatsache auseinanderzusetzen, daß es religiöse Sozialisten als ihre „Parteigenossen" gab und daß religiös-sozialistische Organisationen existierten, in denen auch sozialdemokratische (oder kommunistische) Proletarier organisiert waren. Anna Siemsen war eine der Ausnahmen, die sich nicht nur auf eine Diskussion unter „Parteigenossen" einließ, sondern auch zur Kenntnis nahm, daß es „Begründungen für einen religiösen Sozialismus [gebe], der auch unter den Laien schon zu recht erheblichen Gruppenbildungen geführt hat". Sie wandte sich auch ausdrücklich gegen die plumpen Versuche der Freidenker, dem entgegenzutreten, indem die Mandate für Parteifunktionäre an den Kirchenaustritt gebunden sein sollten – wie Berliner sozialdemokratische Freidenker vorgeschlagen hatten. Sie verwischte allerdings auch keine – letztlich unüberbrückbaren – Gegensätze zwischen religiösen Sozialisten und Freidenkern: Sie nannte die religiösen Sozialisten „unfertige Sozialisten", weil sie immer noch religiös seien. Im Gegenzug bezeichneten die religiösen Sozialisten die Freidenker als „halbe Sozialisten", weil ihnen der Glaube fehle. Anna Siemsen gestand aber zu – und mehr wollten die meisten religiösen Sozialisten auch nicht erreichen –, daß die Partei als politische Organisation diese Frage nicht entscheiden könne. Alles, was der SPD zu tun übrig bleibe, sei: Sie müsse – wie Anna Siemsen 1930 schrieb – „breiteste Diskussionsfreiheit" gewähren.[88]

Zu dieser „Diskussionsfreiheit" waren inzwischen viele sozialdemokratisch orientierte Freidenker bereit, ihre Argumente aber blieben weiterhin gleich, wie eine noch Anfang 1933 von Georg Wünsch angeregte Umfrage unter führenden Sozialdemokraten zeigte. Auf die Frage, wie sie zur Religion stünden und wie sie das Verhältnis von Sozialismus und Religion sähen, antworteten die meisten befragten Freidenker so, als gebe es die religiös-sozialistische Bewegung überhaupt nicht. Es fiel deshalb den religiösen Sozialisten nicht schwer, die Freidenkerbewegung als ein – wie Paul Tillich 1933 schrieb – „rein bürgerliches Produkt" zu sehen, die überhaupt nicht begreifen könne, daß die „Anbetung der Wissenschaft durch die proletarischen Massen [...] alle Merkmale eines religiösen Glaubens" besäße und weit entfernt sei von einer von den Freidenkern propagierten wissenschaftlichen Analyse der Gesellschaft.[89]

Auch den Verweis auf die große Zahl der Freidenker, der gegenüber die wenigen religiösen Sozialisten kaum ins Gewicht fielen, nahmen die religiösen Sozialisten zu Beginn der dreißiger Jahre als Argument nicht mehr ernst. Paul Piechowski bewies bemerkenswerten Realitätssinn hinsichtlich des Zustands der Freidenkerbewegung, als er 1931 die Bedeutung der angeblich großen Zahl von „Freidenker-Genossen"

---

88 Vgl. *Anna Siemsen*, Religion, Kirche und Sozialismus, Berlin 1930, besonders S. 56 ff., das Zitat S. 63.
89 Vgl. *Paul Tillich*, Die sozialistische Entscheidung, Berlin 1933, S. 74 und S. 118 f. Zur Umfrage vgl. Zeitschrift für Religion und Sozialismus 1933, S. 12 ff.

in Frage stellte. Er schrieb: „Man ziehe die Feuerbestattungsinteressenten ab und was bleibt übrig? Ein kleines Häuflein, das sich in Bruderkämpfen zermürbt, weil keine Klarheit darüber besteht, welches denn nun im positiven Sinne die Weltanschauung der Freidenker ist. Hier liegt die Erklärung, warum die geistige Stoßkraft der proletarischen Freidenker eine so geringe ist [...]" Die Frage nach dem positiven Sinn des religiösen Sozialismus hätte allerdings auch Paul Piechowski in Verlegenheit gebracht. Er konnte aber zumindest zu Recht darauf verweisen, daß die auch in der religiös-sozialistischen Bewegung vorhandenen Spannungen zwischen Sozialdemokraten und Kommunisten nicht zuletzt durch das religiös-sozialistische Verständnis über den Umgang unter „Genossen" überbrückt werden konnten.[90] Im Umgang mit den Freidenkern hatte es nur zum Versuch eines Brückenschlags gereicht.

f) *Religiöse Sozialisten und KPD und das Verhältnis zur Sowjetunion*

Das Verhältnis der religiösen Sozialisten zur kommunistischen Bewegung war von 1918 bis 1933 von einem ständig wiederholten und dennoch vergeblich bleibenden Werben um Anerkennung durch die Kommunistische Partei geprägt. Das überrascht zunächst bei einer mehrheitlich sozialdemokratisch orientierten Bewegung, deren Mitglieder oft nicht nur das Parteibuch besaßen, sondern auch Funktionen in der SPD inne hatten. Das überrascht auch, weil dem Werben um Verständnis für die religiös-sozialistischen Ideen von kommunistischer Seite immer wieder mit – oft gehässigen – Angriffen begegnet wurde. Die religiösen Sozialisten setzten sich zwar offensiv zur Wehr und wichen auch keiner Auseinandersetzung in Versammlungen oder in der Presse aus, sie zeigten aber dabei eine erstaunliche Bereitschaft, alle Anwürfe schnell zu vergessen und jedes kleinste Anzeichen einer möglichen Annäherung als ein hoffnungsvolles Zeichen zu werten. So heißt es zum Beispiel in einem Jahresausblick auf das Jahr 1926 aus der Feder von Erwin Eckert, daß „in unseren Reihen [...] auch Kommunisten und manche Sozialdemokraten, die den Kommunisten sehr nahe stehen, [sind] [...]" Dennoch aber beschimpfe die KPD die religiösen Sozialisten immer wieder „auf's Gemeinste". Eckert fügte aber milde hinzu: „Aber das tut nichts – die Genossen von links kennen uns einfach noch nicht". Bezeichnend ist auch ein Kommentar der religiösen Sozialisten, nachdem die KPD wieder einmal die Einladung zu einer Konferenz des BRSD ausgeschlagen hatte. Der Bericht zählte die vielen anwesenden sozialdemokratischen Funktionäre auf und da-

---

90 Vgl. *Paul Piechowski*, Internationale Freidenker-Union, in: Zeitschrift für Religion und Sozialismus 1931, S. 412 f. Zur realistischen Sicht auf das Selbstverständnis und auf die organisatorischen Konflikte der Freidenkerbewegung vgl. auch: *Hartmann Wunderer*, Freidenkertum und Arbeiterbewegung, in: IWK 1, 1980, S. 1 ff.

nach hieß es weiter: „Leider hatte die KPD auf unsere Einladung nicht reagiert. Die Führer dieser Partei halten uns immer noch für ein ‚kleinbürgerliches Zeitgebilde‘ [...] Immerhin müssen sich die Kommunisten mit uns beschäftigen, und es wird die Zeit kommen, wo auch die kommunistischen Genossen, die zu uns gehören, ihre Partei zur Anerkennung unserer Bewegung zwingen werden.“[91]

Davon konnte natürlich keine Rede sein, aber die religiösen Sozialisten ließen sich nicht in ihrer Haltung der KPD gegenüber beirren. Dieses Verhalten hatte verschiedene Ursachen. Im Rückblick Eckerts aus dem Jahre 1926 und in dem Bericht von 1928 wurde ein Grund bereits angegeben. Bis 1933 waren im mehrheitlich sozialdemokratischen BRSD stets auch Kommunisten als Mitglieder zu finden. Es waren nicht viele – und sie hatten deswegen Schwierigkeiten in der KPD, die bis zum Ausschluß aus der Partei reichten. Aber für alle religiösen Sozialisten blieb es ein nie in Frage gestellter Grundsatz, daß dem BRSD Mitglieder aller sozialistischen Arbeiterparteien angehören durften. Die meisten religiösen Sozialisten sahen in ihrem Bund eine „interfraktionelle“ Organisation, mit der sie der Sozialdemokratie und der kommunistischen Bewegung die Möglichkeit einer einheitlichen Arbeiterbewegung vor Augen führen wollten. Sie empfanden den Graben zwischen Sozialdemokratie und Kommunisten als nicht so tief, da sie nicht die schlechten Erfahrungen von Sozialdemokraten und Kommunisten im Umgang miteinander gemacht hatten. Darüber hinaus aber gab es in der religiös-sozialistischen Bewegung unmittelbar nach Kriegsende nicht selten eine – nicht nur auf die spätere KPD bezogene – Bewunderung für die Radikalität kommunistischen Denkens und Handelns, die sie in der bürokratisch verfestigten Tagespolitik der SPD nicht mehr zu erkennen vermochten. Als in Süddeutschland unter späteren religiösen Sozialisten bereits 1919 die Frage diskutiert wurde, ob ein Christ Kommunist sein könne, wies Hans Ehrenberg aus Heidelberg auf das ihn beeindruckende „Feuer“ in der kommunistischen Bewegung hin. Die KPD sei die „einzige Partei, [...] die wirklichen Enthusiasmus, wahre Vorwärtsbegeisterung hegt, darum auch seine Anziehungskraft auf Jugend und Geist, auf Künstler und Dichter [...]“ Wegen der fehlenden „Gottesliebe“ könne es für einen religiösen Sozialisten keine „Pflicht zum politischen Kommunismus“ geben, aber dennoch hätten religiöse Sozialisten und Kommunisten viel gemeinsam.[92]

Die von kommunistischen Ideen ausgehende Faszination bezogen religiöse Sozialisten in den ersten Nachkriegsjahren freilich auch – und teilweise nur – auf anarchosyndikalistische Gruppen und auf die spätere KAPD, da sie in ihnen die Idee der frühchristlichen-kommunistischen Urgemeinde wiederzuentdecken glaubten.

Ein anderer Grund für die Bereitschaft religiöser Sozialisten, immer wieder um das Verständnis auch der Kommunistischen Partei zu werben, wog allerdings schwerer. Die aus freidenkerischen Ideen gespeiste Ablehnung der religiös-sozialistischen Bewegung erfuhren die religiösen Sozialisten nicht nur von seiten der KPD, sondern auch –

---

91 Vgl. dazu *Erwin Eckert*, „Vorwärts“, in: SaV 1, 1926, und den Bericht über die Mannheimer Konferenz in: SaV 33, 1928.
92 Vgl. *Hans Ehrenberg* in: Christliches Volk 7, 1919.

teilweise in ähnlichen Worten – von seiten der SPD, die religiösen Sozialisten konnten deshalb in dieser Hinsicht keinen großen Unterschied zwischen KPD und SPD erkennen, da sie sich in beiden Parteien als nur – wenn überhaupt – geduldete „Gäste" betrachten mußten. Sie waren aber bereit, dieses „Kreuz in Demut" auf sich zu nehmen, da sie die Versäumnisse und die Schuld der Kirchen gegenüber den von den Kirchen alleingelassenen Proletarien anerkannten und durch ein bewußtes Handeln für sie wiedergutmachen wollten. Proletarier aber waren in beiden Parteien zu finden, durften in keiner Partei allein gelassen werden und ungerechte Angriffe waren dafür in Kauf zu nehmen.

Die Anfeindungen der KPD stellten die religiösen Sozialisten freilich oft auf eine harte Probe. Die abfälligen Artikel über die „harmlosen Dummköpfe" oder über das „Pfaffengesindel", das auch nur eine „konterrevolutionäre Mache der Kirchen und des Kapitalismus" darstelle, nahmen – im Ton „gehässig und unversöhnlich – gegen Ende der zwanziger Jahre eher noch zu. Die religiösen Sozialisten verwahrten sich zwar gegen die „Unverschämtheiten" und „alberne Agitationslügerei" der kommunistischen Parteipresse, sie sahen aber darin weiterhin nur die irregeleitete Unkenntnis über ihre religiös-sozialistischen Ziele und erhofften von den „werten Genossen" eine Änderung ihres Verhaltens, denn: „Arme irrsinnige Freunde und Genossen von links, Ihr habt ja keine Ahnung".[93]

Schwerer wog in den Augen der religiösen Sozialisten, daß sie der KPD auch in der Auseinandersetzung mit der bald als „sozialfaschistisch" denunzierten Sozialdemokratie als Spielball dienten. Schon die Existenz der religiösen Sozialisten, die in den Augen der KPD „schlimmste Reformisten" waren, war der KPD ein eindeutiges „Zeichen des bürgerlichen Zerfalls der SPD" beziehungsweise ein „symptomatisches Verfallszeichen der verspießerten SPD".[94] Mit dieser Interpretation sahen die religiösen Sozialisten nicht nur die SPD ungerecht beurteilt, sondern sich selbst auch im Spektrum der sozialistischen Arbeiterbewegung, der sie sich natürlich zurechneten, völlig falsch eingeordnet. Aber nichts konnte das Vorurteil der KPD gegenüber der religiös-sozialistischen Bewegung mildern. Es half weder der Abdruck des „Kommunistischen Manifestes" in Fortsetzung im „Sonntagsblatt" noch das oft wiederholte Bekenntnis zum Marxismus als „Arbeitsmethode" – die KPD kommentierte es mit „Totenschändung". Dabei bewiesen die religiös-sozialistischen Aktivitäten in der Tagespolitik – von der Diskussion über die Fürstenenteignung im Jahre 1926 bis hin zur Frage des Panzerkreuzerbaus 1928 und der Tolerierung der Brüning-Regierung zu Beginn der dreißiger Jahre – in der Tat, daß die religiösen Sozialisten viel eher zur sozialdemokratischen Linken zu zählen waren.[95] Es half auch wenig, daß die

---

93 Vgl. dazu den Artikel in: SaV 11, 1926 und *Erwin Eckert*, Die kommunistische Partei und wir, in: SaV 2, 1927.

94 Vgl. den Arbeitsbericht Eckerts an die Mannheimer Konferenz in: SaV 34, 1928, und *Erwin Eckert*, Arbeit und Kampf der religiösen Sozialisten im Jahre 1929, in: Zeitschrift für Religion und Sozialismus 1930, S. 61. Beide Berichte sind weitere Belege für den Versuch, die KPD mit Argumenten zu einer veränderten Einstellung zu bewegen.

95 Zum Marxismus der religiösen Sozialisten vgl. weiter oben. Das Kommunistische Manifest wurde Ende 1926 und Anfang 1927 im Sonntagsblatt veröffentlicht. Zur „Totenschändung" vgl. Der Religiöse Sozialist 26, 1931. Zur Tagespolitik vgl. weiter unten das Kapitel 3.

religiösen Sozialisten der leninistischen KPD einige Äußerungen Lenins über die Frage der Religion vor Augen hielten, um sie so mit eigenen Waffen zu schlagen, als diese die Mitgliedschaft von religiösen Sozialisten in der KPD für unmöglich erklärte.[96]

Allerdings darf weder die Radikalität ihrer tagespolitischen Stellungnahmen noch das Bekenntnis zur marxistischen „Arbeitsmethode" als opportunistische Anbiederung an die KPD (und an die SPD) mißverstanden werden, um endlich als Teil der sozialistischen Arbeiterbewegung akzeptiert zu werden. Sie handelten aus religiös-sozialistischer Überzeugung und machten deshalb auch vor dem, was sie von der KPD unterschied, die Augen nicht zu. Sie haben deshalb – und nicht zuletzt Erwin Eckert – stets auch die Vorbehalte gegenüber der KPD offen ausgesprochen. Schon 1924 hatte Erwin Eckert die Mitarbeit in der KPD in seinen Thesen für die Meersburger Tagung zwar nicht ausgeschlossen, aber sie nur dann für einen religiösen Sozialisten für möglich gehalten, wenn er „die dem Geist des Evangeliums widersprechenden Methoden innerhalb der Partei zu bekämpfen" gewillt war.[97] An dieser Einstellung der KPD gegenüber änderte sich auch in den folgenden Jahren nichts. Dazu kam zu Beginn der dreißiger Jahre auch die Kritik an der zur Selbstüberschätzung neigenden Politik der KPD. Es konnte deshalb auch keine Rede davon sein, daß sich der BRSD trotz der Enttäuschung vieler Mitglieder über die sozialdemokratische „Tolerierungspolitik" nun der KPD mehr näherte als zuvor.

Im April 1931 beschäftigte sich ein Artikel im „Sonntagsblatt" – von Schriftleiter Eckert auf der Titelseite plaziert – mit der Frage eines drohenden Krieges mit Rußland. Der Autor machte kein Hehl aus seiner Sympathie für die Sowjetunion und prangerte die Kriegstreiberei an, zugleich aber lehnte er jeden Vergleich mit der Situation in Deutschland ab: Die Menschen hier lebten nicht in einer „revolutionären Situation [...], wie die KPD es dauernd verkündet. Eine angeblich revolutionäre Taktik und Parolenausgabe, die so tut, als ob morgen unfehlbar die Weltrevolution ausbrechen müßte, ist grundverkehrt und nur geeignet, Verwirrung und Enttäuschung im Proletariat herbeizuführen."[98]

Der Artikel stand im Kontext der religiös-sozialistischen Stellungnahmen zu den Verhältnissen in der Sowjetunion. Seit Ende der zwanziger Jahre, besonders aber in den Jahren 1930 und 1931 setzten sich die religiösen Sozialisten mit den Veränderungen in der Sowjetunion und mit dem Echo, das diese in der deutschen Öffentlichkeit, besonders aber in den deutschen Landeskirchen fanden, auseinander. Die Auseinandersetzungen der religiösen Sozialisten mit der KPD waren davon nicht zu trennen, keinesfalls aber war die – oft verständnisvolle – Haltung gegenüber der Sowjetunion lediglich Resultat des Versuchs, bei der KPD mehr Verständnis für die religiös-

---

96 Vgl. dazu unter anderem SaV 1 und 34, 1928. Es waren dieselben Äußerungen Lenins, die der KPD 1931 dann plötzlich zur Begründung ihres bündnispolitischen Schwenks dienten. Der Schwenk war freilich von der tagespolitischen Opportunität bestimmt und keinesfalls ein Ergebnis der „Durchsetzung der leninistischen atheistischen Auffassung" in der KPD, wie es Michael Düsing unterstellt. Vgl. dazu unter anderem *Wladimir I. Lenin*, Sozialismus und Religion, in: Lenin, Werke, Bd. 10, Berlin 1959, S. 70 ff. und *Michael Düsing*, Der religiöse Sozialismus in der Weimarer Republik, S. 259 ff.
97 Vgl. den Wortlaut der Thesen in: Christliches Volksblatt 30, 1924.
98 Vgl. *Frank Wolf*, Droht ein Krieg mit Rußland?, in: Der Religiöse Sozialist 16, 1931.

sozialistische Bewegung zu finden. Sie war weitaus mehr Ausdruck der religiös-sozialistischen Kritik an der deutschnationalen Prägung der Landeskirchen, wobei freilich in dieser Hinsicht aus verschiedenen Gründen unter den religiösen Sozialisten weit mehr Differenzen untereinander zutage traten als im Umgang mit der KPD.

Ende der zwanziger Jahre waren zunehmend Nachrichten aus der Sowjetunion ins westliche Ausland gedrungen, die den konservativen politischen Parteien, vor allem aber den protestantischen Kirchen begründeten Anlaß boten, von einer „Christenverfolgung" in der Sowjetunion zu sprechen. Daraus folgte eine länger währende politische Kampagne gegen die Sowjetunion, die von den religiösen Sozialisten wegen der propagandistischen Übertreibungen kritisiert wurde, zumal die „internationale kirchliche Aktion [...] nicht nur gegen Sowjetrußland, sondern gegen den ‚Marxismus' überhaupt, nicht nur gegen die Kommunisten, sondern im Grunde auch gegen den Sozialismus und gegen die Sozialdemokraten" ziele.[99] Erwin Eckert wandte sich auf dem Nürnberger Kirchentag 1930 – er war einziger Vertreter der religiösen Sozialisten – mit sehr scharfen Worten gegen die propagandistische Instrumentalisierung des Themas „Christenverfolgung" und löste damit unter den übrigen Teilnehmern lautstarke Proteste aus. Die meisten religiösen Sozialisten billigten auf der nachfolgenden Bundeskonferenz des BRSD in Stuttgart Eckerts Haltung, Pfarrer Stürner aus Württemberg blieb mit seinem Antrag, neben dem Nazismus auch die Gewaltmethoden des Bolschewismus zu verurteilen, allein. Die meisten religiösen Sozialisten – auch Eckert – sahen die „religiöse Lage in Rußland" durchaus kritisch und mißbilligten die Schikanen und Verfolgungen von russischen Christen. Sie fürchteten aber auch – neben der offensichtlich damit einhergehenden Denunziation der sozialistischen Arbeiterbewegung – aufgrund des Tenors der meisten kirchlichen Pamphlete eine „Propaganda zur kriegerischen Intervention in Rußland".[100]

In der Art der Wahrnehmung der tatsächlich stattfindenden „Christenverfolgung" in der Sowjetunion aber gab es innerhalb der religiös-sozialistischen Bewegung große Unterschiede. Erwin Eckert kritisierte die Schikanen der sowjetischen Behörden sehr mißverständlich unter anderem als Ausdruck der „terroristischen politischen Methodik der Kommunisten, die völlig sinnlos auch auf das religiöse Leben übertragen wird", und war ansonsten nicht bereit, in die „allgemeine Verdammung des Bolschewismus einzustimmen". Der „Internationale Ausschuß der religiösen Sozialisten" veröffentlichte dagegen eine – von Leonhard Ragaz formulierte – „Kundgebung [...] zu den Religionsverfolgungen in Rußland", in der – neben der Kritik an dem Mißbrauch des religiösen Protestes – auch eine eindeutige Absage an den Bolschewismus zu lesen war. Die Kundgebung ging davon aus, daß die Berichte über die Verfolgungen einen „Kern von Wahrheit" enthielten. Und: „[...] wir wissen vor allem, daß der Geist des Bolschewismus ein Geist des Hasses und der Verachtung gegen alles [ist], was nach Religion und gar nach Christentum aussieht. Wir verurteilen in Schmerz und

---

99 Vgl. den Artikel „Kirchlicher Generalangriff gegen die Sowjetunion?", in: SaV 7, 1930.
100 Vgl. zu Eckerts Auftreten auf dem Nürnberger Kirchentag und zur Unterstützung von Eckerts Haltung auf dem Stuttgarter Kongreß: SaV 27 und 33, 1930, Zur Interventionsdrohung vgl. *Emil Blum*, Zur religiösen Lage in Rußland, in: Neue Blätter für den Sozialismus 7, 1930.

Trauer, wie den politischen und sozialen Terror des bolschewistischen Systems, so auch seine Gewalttätigkeit in geistigen und religiösen Dingen."[101]

Eckert hatte als Mitglied des Internationalen Ausschusses diese „Kundgebung" auch mit unterschrieben. Dennoch hatten er und einige wenige andere religiöse Sozialisten gegenüber den Veränderungen in der Sowjetunion sehr viel mehr Verständnis, und er neigte wohl deshalb auch dazu, offiziösen Verlautbarungen aus der Sowjetunion sehr viel mehr Glauben zu schenken. Immerhin aber war auch diese „Kundgebung" auf der Titelseite des „Sonntagsblattes" nachzulesen gewesen. Es war ein weiterer Beleg dafür, daß die religiösen Sozialisten auch in dieser Frage bereit waren, offen zu diskutieren. Immer wieder waren in der religiös-sozialistischen Presse Berichte und Analysen zu einzelnen Fragen der Entwicklung in der sowjetischen Gesellschaft nachzulesen, wobei die kritische Sicht ebenso wie die blinde Begeisterung zu finden war.[102]

Beides war Ausdruck des Selbstverständnisses der religiösen Sozialisten, die sich als Mittler zwischen Sozialdemokratie und kommunistischer Bewegung in ihrer Sicht auf die Sowjetunion nicht der Brille der einen oder anderen Seite bedienen wollten. Darüber hinaus besaßen sie nicht die schon vor 1918 erkennbare „Bolschewismusfurcht" vieler Sozialdemokraten und wollten deshalb Informationen aus der Sowjetunion nicht von vornherein als Propaganda sehen. Sie waren auch von der konservativ-reaktionären Haltung aller deutschen Landeskirchen so überzeugt, daß sie den von kirchlicher Seite verbreiteten Nachrichten über „Christenverfolgungen" als propagandistischen Übertreibungen mißtrauten und Gegendarstellungen aus der Sowjetunion oft blauäugig Glauben schenkten. Andererseits hatten die religiösen Sozialisten aber auch zu vielen Gruppen wie etwa dem „Internationalen Versöhnungsbund" so viele freundschaftliche Kontakte – oder arbeiteten sogar in ihnen mit –, daß sie deren kritische Sicht auf die Entwicklung in der Sowjetunion ernst zu nehmen bereit waren. Aus allen diesen Gründen erklärt sich der – von Ausnahmen abgesehen – doch sehr differenzierte Blick auf die Sowjetunion. Eine der Ausnahmen war Erwin Eckert, der nach seinem Übertritt in die KPD im Herbst 1931 sofort eine Reise in die Sowjetunion antrat und nach seiner Rückkehr noch weniger als vorher dazu bereit war, die Entwicklung in der Sowjetunion auch kritisch zu sehen. Darin unterschied er sich freilich überhaupt nicht von anderen Intellektuellen, die sich der KPD angeschlossen hatten. Ihre kritiklose Verteidigung der Sowjetunion resultierte nicht zuletzt aus dem Wunsch, diese als „Identifikationsobjekt" nicht so schnell wieder zu verlieren.[103]

Diese Erklärung war für Eckert allerdings erst nach seinem Übertritt in die KPD stichhaltig. Zuvor hatte er keinesfalls die Augen vor der – wie er geschrieben hatte –

---

101 Vgl. zu Eckerts Position: SaV 7 und 9, 1930. Der Wortlaut der internationalen Kundgebung in: SaV 12, 1930.

102 Noch Anfang 1933 erschien ein sehr nüchterner, ernüchternder Reisebericht von Maria Sturm im Religiösen Sozialisten, der sich in seiner Beschreibung von Wohnungsnot, von Privilegien für Spezialisten, vom Schlangestehen vor Läden auch heute noch aktuell anhört. Vgl. *Maria Sturm*, Beobachtungen auf einer Studienreise durch die Sowjetunion, in: Der Religiöse Sozialist 1 und 3, 1933.

103 Vgl. zum Mechanismus dieser Überidentifikation: *Reinhard Müller* (Hrsg.), Die Säuberung. Moskau 1936. Stenogramm einer geschlossenen Protestversammlung, Hamburg 1991, S. 24.

„Hetze von Radaubrüdern, die meinen, Kommunisten zu sein", verschlossen, wichtig aber war ihm, – angesichts der „sich im Eiltempo bildenden faschistischen Einheitsfront – die sozialistische Einheitsfront nicht vollkommen unmöglich" zu machen. Er forderte deshalb auch seine Partei – die SPD – auf, die „Beschimpfung der Kommunisten" zu unterlassen.[104]

In dem Ziel, den Nazismus zu bekämpfen, konnte sich Eckert natürlich mit der großen Mehrheit der religiösen Sozialisten einig wissen. Aber angesichts der Politik der KPD, die 1931 in der Frage eines Volksentscheids gegen die sozialdemokratisch geführte preußische Regierung auch die Kumpanei mit den Nazis nicht scheute, und angesichts der seit Jahren – mal lauter, mal leiser – propagierten These vom „Sozialfaschismus", die die SPD als Spielart des Faschismus für genauso bekämpfenswert erachtete wie die Nazibewegung, erschien der großen Mehrheit der religiösen Sozialisten der Übertritt Eckerts unverständlich – und sie waren erst nicht bereit, ihn bei diesem Schritt zu begleiten.[105]

Die religiösen Sozialisten blieben sich freilich trotz großer interner Differenzen in der Sache treu. Sie betonten, daß in ihren Reihen auch weiterhin Kommunisten ihren Platz haben müßten, und sie protestierten einmütig gegen die endgültige Amtsenthebung Erwin Eckerts durch die badische Landeskirche, obwohl dieser noch nach seinem Austritt aus dem BRSD viele religiöse Sozialisten auch persönlich tief enttäuscht hatte. Eine Minderheit der Berliner religiösen Sozialisten mit Paul Piechowski an der Spitze kritisierte zwar das Verhalten der neuen Bundesführung gegenüber Eckert als „vorschnell", ihre Versuche, mit der KPD-Führung über die Mitarbeit weiterer religiössozialistischer Pfarrer in der KPD zu verhandeln, hatte aber andere Motive. Wie schon kurz nach Kriegsende viele religiöse Sozialisten wollte auch Paul Piechowski die proletarischen Massen in der KPD nicht alleinlassen. Er erhoffte sich nach dem Übertritt Eckerts eine neue Offenheit der KPD – eine Hoffnung freilich, die schon bald an der ablehnenden Haltung der KPD-Führung scheiterte.[106] Die auch nach 1932 und auch im Jahre 1933 wiederholten Aufforderungen an die KPD, gegenüber den religiösen Sozialisten mehr Verständnis aufzubringen, blieben aber mehr noch als vorher lediglich Appelle ohne Folgen. In einem Rückblick hieß es deshalb auch Anfang

---

104 Diese Formulierung gebrauchte Eckert in einer Antwort auf die Frage, ob er denn zu KPD-Mitgliedern noch Genosse sage. Die Zitate sind ein Schlüssel, um Eckerts Verhalten bis Mitte 1931 zu erklären: Es ging ihm um eine geschlossene Abwehrfront gegen die Nazibewegung, aber er sah durchaus, was in beiden Parteien, SPD und KPD, dem entgegenstand. Vgl. das Zitat in: Der Religiöse Sozialist 19, 1931.

105 Vgl. zur Erklärung für das Verhalten Eckerts weiter unten die Darstellung der Entwicklung des BRSD im Kapitel 4. Das Verhalten kann sicher aus der besonderen Situation des Jahres 1931 – wenn auch nur unzureichend – erklärt werden. Im Rückblick – und im heutigen Wissen um die Politik der KPD – ist das Verhalten Eckerts auch in der Auswirkung auf den Bund der religiösen Sozialisten viel kritischer zu sehen, als es etwa Friedrich Wilhelm Balzer tut. Vgl. dazu die – auch in kritischer Distanz zu Balzer gemeinte – „Anfrage" von Eckehart Lorenz an das „politische Engagement" Eckerts: Lorenz sieht das „Grundproblem" bei Eckert, daß er „den Sozialismus ebenso undialektisch absolut setzte wie die aus dem Evangelium eruierte protestantische Sittlichkeit". Vgl. *Eckehart Lorenz*, Kirchliche Reaktionen auf die Arbeiterbewegung in Mannheim 1890 bis 1933, Sigmaringen 1987, S. 156.

106 Vgl. dazu die Darstellung der Bruderschaft sozialistischer Theologen, deren Vorsitzender Paul Piechowski war, weiter unten im Kapitel 6.

1933 resigniert: „Die KPD als Partei ist uns, zumal nach dem Ausgang des Falles Eckert, ganz verschlossen [...]"[107]

Das Verhältnis der religiösen Sozialisten zur KPD war über die ganzen Jahre von 1918 bis 1933 von der Hoffnung bestimmt, durch den Versuch der Vermittlung zwischen Sozialdemokratie und kommunistischer Bewegung die als verhängnisvoll empfundene Spaltung der deutschen Arbeiterbewegung überbrücken zu helfen. Die schnell anwachsende Nazibewegung nahmen sie zum Anlaß, ihre Bemühungen Ende der zwanziger Jahre und zu Beginn der dreißiger Jahre zu verstärken, wobei bald deutlich wurde, daß die politischen Differenzen zwischen SPD und KPD durch moralisch begründete Appelle allein nicht auszuräumen waren. Aber nur Erwin Eckert und einige wenige andere religiöse Sozialisten zogen daraus den Schluß, sich deshalb für die KPD als politische Alternative entscheiden zu müssen. Die Mehrheit der religiösen Sozialisten blieb sozialdemokratisch orientiert, ohne die in der SPD als Reaktion auf die Angriffe der KPD wachsende antikommunistische Haltung mitzumachen. Schon deshalb kann keine Rede davon sein, daß die religiösen Sozialisten sich erst allmählich nach links entwickelt hätten, bis die „fortschrittlichsten" Mitglieder sich sogar der KPD angeschlossen hätten. Die religiösen Sozialisten blieben ihrem „interfraktionellen" Selbstverständnis treu und ließen sich dabei weder von der Skepsis der Sozialdemokratie noch von den militanten Angriffen der KPD abschrecken. Es war ein – erst im Rückblick illusionär erscheinender – Versuch, über den Rand der politischen Grabenkämpfe innerhalb der sozialistischen Arbeiterbewegung hinauszuschauen. Es war nicht Schuld der religiösen Sozialisten, daß dieser Versuch scheiterte.

3. Praxis der religiösen Sozialisten

Vorbemerkung

Die politische Praxis der religiösen Sozialisten der Weimarer Republik war – soweit sie zum Bund der religiösen Sozialisten Deutschlands gehörten – von dem Selbstverständnis einer Organisation geprägt, die sich politisch aktiv einmischen wollte. Das hieß zunächst, daß der BRSD sich immer wieder zu tagespolitischen Ereignissen zu Wort meldete, vor allem, wenn die soziale Situation der arbeitenden Bevölkerung eine öffentliche Stellungnahme verlangte. Durch eine regional verschieden gewichtete Kirchenpolitik in den einzelnen Landeskirchen sollte der von den religiösen Sozialisten heftig kritisierte Zustand ihrer Kirchen durch praktische Politik so verändert werden, daß eine wahre Volkskirche nicht nur Programm blieb. Dabei erwuchs den religiösen Sozialisten zu Beginn der dreißiger Jahre in den Nazis ein übermächtiger Gegner, den auch praktisch-politisch zu bekämpfen sich die religiösen Sozialisten von Anfang an nicht scheuten. Dabei formte sich eine besondere religiös-sozialistische

---

107 Vgl. dazu *Georg Wünsch*, in: Zeitschrift für Religion und Sozialismus 1, 1933.

Symbolik, die über Erfolg und Mißerfolg der religiös-sozialistischen Bewegung in der Weimarer Republik mitentschied. Auf diese einzelnen Felder der religiös-sozialistischen Praxis soll im folgenden näher eingegangen werden.

a) *Religiöse Sozialisten und Tagespolitik*

Die öffentlichen Stellungnahmen der religiösen Sozialisten zur Tagespolitik waren vor allem von ihrem Bekenntnis zur sozialistischen Arbeiterbewegung bestimmt. Aber obwohl die religiösen Sozialisten von vielen Sozialdemokraten und von den meisten Kommunisten als „Bündnispartner" nicht mit offenen Armen willkommen geheißen wurden, war ihr Bekenntnis nur selten vom taktischen Kalkül bestimmt, das Mißtrauen der SPD- und KPD-Mitglieder Lügen zu strafen. Ihre Prinzipien, die soziales Engagement und pazifistische Ziele beinhalteten, gaben sie auch im tagespolitischen Geschäft nicht auf, was innerorganisatorisch die Diskussion über die Grenzen einer Einordnung in die sozialistische Arbeiterbewegung mit einschloß.

In der Öffentlichkeit wurden die religiös-sozialistischen Wahlaufrufe zu Landtags- und Reichstagswahlen als deutlichstes Bekenntnis zur sozialistischen Arbeiterbewegung wahrgenommen. Die religiösen Sozialisten warnten in ihren Aufrufen, die sich an die „werktätigen" Christen unter den Wählern wandten, vor den Verführungskünsten der konfessionellen Parteien, zunächst vor allem vor dem Zentrum, später auch vor dem „Evangelischen Volksdienst", die beide auch nur die Sache der Besitzenden verträten. Aber obwohl die mehrheitlich sozialdemokratische Orientierung der religiös-sozialistischen Bewegung klar war, verleugneten ihre bundesweiten Stellungnahmen nicht das Selbstverständnis als „interfraktionelle" Bewegung: In den Aufrufen wurde nicht zur Wahl der SPD, sondern zur Wahl von „sozialistischen Listen" aufgefordert. Der Tenor der tausendfach verbreiteten Flugblätter des BRSD zur Landtagswahl in Baden 1929 und zur Reichstagswahl 1930 war sicher von Erwin Eckert bestimmt, aber niemand aus den Reihen des Bundes widersprach der Auffassung Eckerts, der bis Mitte 1931, obwohl von seiten der KPD über lange Jahre für die religiös-sozialistische Bewegung nur Ablehnung zu hören war, immer wieder die Uneinigkeit der sozialistischen Parteien beklagte.[108]

Auf einem Felde praktischer Politik formulierten die religiösen Sozialisten Positionen, die Freund und Feind überraschten: auf dem Felde der Schulpolitik. Sie wandten sich zum Erstaunen vieler – freilich mißtrauisch bleibender – Freidenker ganz entschieden gegen die Konfessionsschule und traten für die weltliche Schule ein. Auch wo sie sich zum Fürsprecher der Simultanschule machten, geschah das nur, um die Konfessionsschule zu verhindern, da die weltliche Schule in weiter Ferne

---

108 Vgl. unter anderem den Wortlaut des Flugblattes zur Reichstagswahl 1930 in: SaV 35, 1930. Auch in anderen Aufrufen hieß es meist – wenig spezifisch –: „Wählt rot" oder „Wählt links".

schien.[109] Emil Fuchs verteidigte schon 1922 die – sehr weitgehenden – sozialistischen Schulreform-Vorstellungen in Thüringen. Sie hatten besonders den Widerspruch der Kirchen hervorgerufen, da sie den Religionsunterricht in Frage stellten. Mit einem Seitenhieb auf die ungeliebten Freidenker, die mit ihrem Lebenskundeunterricht den Religionsunterricht nur durch das „Lernen einer anderen Weltanschauung" ersetzen wollten, forderte er die Kirchen auf, die alte Form des Religionsunterrichts aufzugeben, denn dann sei auch ein Lernprozeß auf der anderen Seite zu erwarten. Auf diesen Lernprozeß warteten religiöse Sozialisten freilich oft vergebens. In Berlin hatte August Bleier – sich auf Schleiermacher berufend – „die vollständige Trennung von Kirche und Staat und von Kirche und Schule" vor allem aus religiösen Gründen gefordert. Sein engagiertes Eintreten für die weltliche Schule – er hielt zahlreiche Vorträge auf schulpolitischen Veranstaltungen der SPD in Berlin, aber auch in Schlesien und in Westfalen – dankte ihm die Berliner SPD freilich nur wenig.[110]

Die Mehrheit der religiösen Sozialisten aber blieb in der Frage der Schulpolitik unbeirrt – zumal die Erfahrungen mit der SPD nicht überall so schlecht waren wie in Berlin. Sie wandten sich deshalb auch gegen das 1927 diskutierte „Reichskonkordat", da die Kirchen als „Gemeinschaft der Mühseligen und Beladenen" keine vom Staat garantierten Rechte beanspruchen dürften, und sie machten energisch gegen den im gleichen Jahr zur Entscheidung anstehenden „Reichsschulgesetzentwurf" Front, da er zu einer „Aufpeitschung konfessioneller Gegensätze" beitragen müsse. Aufgrund der Unterschiede in der Schulpolitik der Länder gab es allerdings auch bei den religiösen Sozialisten zunächst Differenzen hinsichtlich des einzuschlagenden schulpolitischen Weges. Sie machten daher die „Stellungnahme der religiösen Sozialisten zur Schulfrage" sogar zum Thema einer „Führertagung" im April 1928 in Eisenach. Erneut forderten sie die „weltliche Schule, die staatliche Gemeinschaftsschule, in der alle Schüler ohne Unterschied der Weltanschauung und der religiösen Bedürfnisse erzogen werden". Gegen eine „religiöse Unterweisung" oder eine „weltanschauliche Erziehung" sei natürlich nichts einzuwenden, beides aber gehört nicht in die Schule, sondern sei „Sache der Religionsgemeinschaften und Weltanschauungs-

---

109 Vgl. dazu die Erklärung, warum der BRSD in der badischen Landessynode für die Simultanschule eingetreten sei, in: SaV 13, 1927. Die Auseinandersetzung über die Simultanschule wurde im badischen Volkskirchenbund bereits im Jahre 1921 geführt: Da die Schule nicht der bestehenden Kirche ausgeliefert werden dürfe, müßten religiöse Sozialisten für die Simultanschule sein. Vgl. dazu: Christliches Volksblatt 37 und 39, 1921. Günther Dehn lehnte gerade die Simultanschule als faulen Kompromiß ab, die dem „Liberalismus" in der Schule Tür und Tor öffne. Solange die auch von ihnen gewollte weltliche Schule noch in utopischer Ferne sei, ziehe er die „konfessionelle Volksschule" vor. Vgl. *Günther Dehn*, Bemerkungen zur Schulfrage, in: Neuwerk 1928/29, S. 375 ff. Die Mehrheitsmeinung im BRSD zur Schulfrage aber blieb davon unberührt.

110 Vgl. zu *Emil Fuchs*: „Kulturkampf in Thüringen", in: Christliches Volksblatt 5, 1922 und *Emil Fuchs*, Mein Leben, a.a.O. Bd. 2, S. 123. Vgl. auch *Manfred Overesch*, Hermann Brill in Thüringen 1895-1946. Ein Kämpfer gegen Hitler und Ulbricht, Bonn 1992, S. 59-83. Zu August Bleier: Vgl. die Briefe Bleiers an den Generalsuperintendenten vom 25.11.1921 in: EZA Berlin XIV, 22455 und den Brief Bleiers an das Evangelische Konsistorium vom 26.5.1933 in: EZA Berlin XIV, 22460. Zum Zusammenhang der Tätigkeit Bleiers vgl. *Siegfried Heimann*, Die „Vereinigung der Freunde für Religion und Völkerfrieden", in: IWK 1, 1992, S. 52 ff.

verbände". Weder die landeskirchliche Kritik noch die Skepsis von seiten der SPD (und der KPD) ließen die religiösen Sozialisten an ihrer – religiös begründeten – Haltung zur Schulfrage irre werden.[111]

Auch die Stellungnahmen zur sozialen Not der arbeitenden Bevölkerung waren natürlich vor allem von der eigenen sozialen Überzeugung geprägt und erst in zweiter Linie von der Überlegung, den Parteigenossen damit zu beweisen, daß die religiösen Sozialisten an ihrer Seite stünden. Die Adressaten dieser Stellungnahmen, die sozial empfindenden Christen, ließen darüber hinaus eine Wortwahl geraten erscheinen, die dem marxistisch geschulten Parteifunktionär in der SPD und der KPD eher seltsam klingen mußte. So forderte der badische Volkskirchenbund bereits 1921 in einem „Aufruf an die deutschen Christen" die Vergesellschaftung der Bodenschätze mit der Begründung: „So vereinigen sich wahres Christentum und echte Vaterlandsliebe zu dem lauten Ruf: Die Bodenschätze dem ganzen Volk."[112]

Aber von Anfang an beriefen sich die religiösen Sozialisten bei ihrem Eintreten gegen die soziale Not nicht nur auf die christliche Fürsorgepflicht. Das schwere Los der Arbeitslosigkeit könne zwar – nicht zuletzt durch kirchliche Kollekten – finanziell gemildert werden, die psychischen Folgen aber – so schrieb Erwin Eckert bereits 1924 – seien damit nicht auszugleichen. Er forderte deshalb eine „neue andere Form des Wirtschaftslebens, in der es keine Arbeitslosigkeit geben wird"[113]. Die religiössozialistischen Stellungnahmen zu sozialen Problemen zeichneten sich allerdings während der ganzen Weimarer Republik dadurch aus, daß sie trotz der von ihnen geforderten radikalen Veränderungen der Gesellschaft nicht auf kurzfristig zu erreichende Ziele und auf die Organisation von praktischer Hilfe verzichten wollten. Sie wandten sich deshalb auch dagegen, die Arbeitszeit durch ein neues Arbeitszeitgesetz wieder zu verlängern, da sie in der Arbeitszeitverkürzung auch ein Mittel zur Bekämpfung der Arbeitslosigkeit sahen – und im übrigen meinten sie auch, daß es den Kirchen gut täte, die Forderung nach Arbeitszeitverkürzung zu unterstützen, da die Arbeiter dann mehr (oder überhaupt) Zeit hätten, sich mit Gott zu beschäftigen. Während eines Bergarbeiterstreiks 1924 im Ruhrgebiet stellten sich die religiösen Sozialisten mit einem Aufruf solidarisch an die Seite der Kumpel – aber sie vergaßen nicht, auch eine Aktion zur Aufnahme von Bergarbeiterkindern in Baden zu organisieren. Sie wandten sich 1928 öffentlich gegen die Aussperrung von Metallarbeitern – forderten zugleich aber auf der Titelseite des „Sonntagsblattes", die nächsten kirchlichen Sammlungen und Kollekten den Kindern der Ausgesperrten zugute kommen zu lassen. Vor allem aber prangerten sie immer wieder das Stillschweigen der Kirchen gegenüber der sozialen Not an. Als die thüringischen religiösen Sozialisten in einem Aufruf über die „Tragödie in der Rhön" auf die soziale Not der Kaliarbeiter

---

111 Vgl. zum Konkordat den Aufruf des BRSD in: SaV 9, 1927, zum Reichsschulgesetz den Bericht in: SaV 41, 1927, den Bericht über die preußische Hauptversammlung im November 1927 in Berlin, wo Hildegard Wegscheider in einem Referat begründete, warum religiöse Sozialisten gegen den Gesetzentwurf sein müßten, in: SaV 48, 1928, zur Führertagung: SaV 17, 1928.
112 Vgl. den Wortlaut des Aufrufes in: Christliches Volksblatt 33/34, 1921.
113 Vgl. *Erwin Eckert*, Arbeitslos, in: Christliches Volksblatt 13, 1924.

in der Rhön und im Werragebiet aufmerksam machten, versuchten sie gleichzeitig über Anfragen im Landeskirchenrat, die Kirche zum Handeln zu bewegen. Das hinhaltende und neutrale Verhalten der Kirchen – sie verwiesen in einer Stellungnahme auf die Sorgen der Kaliindustriellen – weckten den Zorn der religiösen Sozialisten in Thüringen, und sie verlangten von der Kirche, ihre „Überparteilichkeit" endlich aufzugeben und sich dem „Geist des Kapitalismus" grundsätzlich zu widersetzen. Die Reaktion der thüringischen Landeskirche blieb kaum wahrnehmbar, die Kaliarbeiter aber vergaßen die Solidarität der religiösen Sozialisten nicht.[114]

Die Überzeugung der religiösen Sozialisten, sich stets für soziale Gerechtigkeit einsetzen zu müssen, war auch das bestimmende Motiv, sich zu dem „überragenden innenpolitischen Thema" des Jahres 1926, zum Streit über die entschädigungslose Fürstenenteignung lautstark zu Wort zu melden. Die Forderung war, wie sich an den Ergebnissen des Volksbegehrens und des Volksentscheids ablesen ließ, im ganzen deutschen Reich nicht nur bei Sozialdemokraten und Kommunisten sehr populär – was angesichts einer Zahl von fast zwei Millionen Arbeitslosen nicht überraschen konnte. Ausmaß und Tenor der religiös-sozialistischen Beteiligung an der Mobilisierung für eine Fürstenenteignung aber hatten zur Folge, daß erstmals die religiös-sozialistische Prinzipientreue in einen Gegensatz zur mehrheitlich gewollten Loyalität zur Sozialdemokratie geraten sollte. Es war keine Frage, daß das Ende 1925 von der KPD gemachte Angebot einer Zusammenarbeit gegen die fürstlichen Entschädigungswünsche – begleitet vom propagandistisch wirksamen Slogan „Keinen Pfennig den Fürsten" – der SPD-Führung ebenso überraschend wie ungelegen kam und sie es zunächst sogar ablehnte. Aber die Forderung nach der entschädigungslosen Enteignung war auch bei Sozialdemokraten so populär, daß der SPD-Parteivorstand die Flucht nach vorn antrat und Mitte Januar 1926 beschloß, einen Volksentscheid über diese Forderung vorzubereiten.[115] Erst jetzt – nun aber mit großem Aufwand – machten sich auch die religiösen Sozialisten diese Forderung zu eigen. Sie traten in einem noch im Januar 1926 im „Sonntagsblatt" veröffentlichten Aufruf „Für den Volksentscheid" ein und forderten in den folgenden Wochen ihre Anhänger regelmäßig auf, sich in die Listen für den Volksentscheid einzutragen. Da viele kirchliche Kreise die beabsichtigte Enteignung mit Hinweis auf christliche Gebote als „Raub" denunzierten, gaben die religiösen Sozialisten schließlich – und rechtzeitig zum Volksentscheid im Juni 1926 – eine Sondernummer des „Sonntagsblattes" in „vermehrter Auflage" heraus, in der sie die Argumente kirchlicher Fürstenfreunde zerpflückten. In einem Aufruf des Bundesvorstandes des BRSD – der auch in der sozialdemokratischen Presse veröffentlicht wurde – erinnerten sie an das Los der Kriegsbeschädigten, der Kleinrentner und vor allem an das Los der vielen Millionen Arbeitslosen. Deshalb gelte für

---

114 Zum Arbeitszeitgesetz vgl. Christliches Volksblatt 7, 1924, zum Bergarbeiterstreik 1924 vgl. Christliches Volksblatt 21, 1924, zur Metallarbeiteraussperrung vgl. SaV 9, 1928, zur Not der Kaliarbeiter 1927 vgl. SaV 9, 14 und 22, 1927.

115 Vgl. zum „überragenden innenpolitischen Thema" 1926: *Heinrich August Winkler*, Der Schein der Normalität, Berlin/Bonn 1985, S. 270 ff. Zur Haltung von KPD und SPD vgl. auch *Ulrich Schüren*, Der Volksentscheid zur Fürstenenteignung 1926, Düsseldorf 1978, bes. S. 75 ff.

jeden Christen: „Wer nicht fromm schwätzt, sondern handelt, wie ihn Christi Geist treibt", müsse für die entschädigungslose Enteignung der Fürsten sein. In einem Leitartikel für den sozialdemokratischen „Vorwärts" kurz vor dem Tag des Volksentscheids bezichtigte Erwin Eckert darüber hinaus die kirchlichen Würdenträger des Mißbrauchs der Religion.

Der Volksentscheid scheiterte – Emil Fuchs gestand die Niederlage ein und gab dem Einfluß der Kirchen die Schuld. Die vorangehende Mobilisierung aber blieb auch für Emil Fuchs beeindruckend: 14,5 Millionen Wähler hatten für den Volksentscheid gestimmt und damit 4 Millionen mehr, als die SPD und KPD zusammen bei der letzten Reichstagswahl an Stimmen gewonnen hatten – viele Wähler des Bürgerblocks mußten also mitgestimmt haben. Emil Fuchs war deshalb gar nicht entmutigt, sondern hoffte auf die nächsten Kirchenwahlen, nach denen dank dieser Mobilisierung die kirchlichen Gremien anders zusammengesetzt sein würden.[116]

Aber diese Mobilisierung, die nicht zuletzt auch bei Sozialdemokraten Erinnerungen an alte Zeiten weckte, „in denen die sozialistische Arbeiterbewegung eins und das Dilemma zwischen Opposition und Regierungsverantwortung nicht existent gewesen war", blieb nicht erhalten. Das „kurzatmige Taktieren" der SPD nach dem Scheitern des Volksentscheids verwirrte die sozialdemokratischen Anhänger, vor allem aber auch die religiösen Sozialisten mehr, als daß es zu weiteren kämpferischen Aktivitäten anregte. Die religiösen Sozialisten traten dennoch – zuletzt in einer Aufforderung an die preußische SPD-Fraktion – gegen jeden Kompromiß in dieser Frage ein, da das Ergebnis des Volksentscheides für sie bindend sei. Sie kritisierten die persönlichen Angriffe der KPD auf die SPD, meinten aber, daß weiterhin „in der Sache [...] Sozialdemokraten und Kommunisten zusammengehen [müßten]". Und im Anschluß an diese Aufforderung formulierten sie ihre keinen Kompromiß zulassende Prinzipientreue: „Für die religiösen Sozialisten war der Kampf um die Enteignung kein taktisches Manöver, das dazu dienen sollte, der kommunistischen Aktion den Wind aus den Segeln zu nehmen, sondern ein Kampf, den sie aus innerster Überzeugung als einen berechtigten und notwendigen mitgekämpft haben." Nach diesem Bekenntnis, in dem die kritischen Untertöne gegenüber der SPD-Politik nicht zu überhören waren, war die Enttäuschung über das endgültige Scheitern der ersten (und letzten?) „politischen Gegenoffensive der Linken" – wie die Mobilisierung für die Fürstenenteignung von Zeitgenossen genannt wurde – auch bei den religiösen Sozialisten sehr groß.[117]

---

116 Die erste Stellungnahme des BRSD zum Volksentscheid in: SaV 4, 1926, die Sondernummer in: SaV 24, 1926, der Aufruf des Bundesvorstands und der anderen in: Vorwärts vom 14.6.1926 und Rheinische Zeitung vom 16.6.1926, der Leitartikel von *Eckert* in: Vorwärts vom 17.6.1926, die Einschätzung von Fuchs in: SaV 26, 1926, zum besonderen Einsatz von Erwin Eckert und zu den regionalen Aktivitäten vgl. auch *Friedrich-Wilhelm Balzer*, a.a.O., S. 109 ff., zum Ergebnis des Volksbegehrens und des Volksentscheids vgl. *Jürgen W. Falter* u.a., Wahlen und Abstimmungen in der Weimarer Republik, München 1986, S. 47.

117 Das Bekenntnis zur Prinzipientreue in: SaV 23, 1926, zur Erinnerung an alte Zeiten vgl. *Hagen Schulze*, Otto Braun oder Preußens demokratische Sendung, Frankfurt 1977, S. 509, zum „kurzatmigen Taktieren" der SPD vgl. *Ulrich Schüren*, a.a.O., S. 277. Schüren verweist in seinem Urteil über die

Sie hatten sich als mehrheitlich sozialdemokratisch orientierte Bewegung erst zur aktiven Unterstützung entschlossen, nachdem die SPD-Führung sich entschieden hatte – und sich so damit loyal verhalten. Sie hatten sich dann aber aus verschiedenen Gründen besonders für die Fürstenenteignung eingesetzt: Die Haltung der Landeskirchen und der meisten kirchlichen Funktionäre empörte ihr Empfinden für soziale Gerechtigkeit und forderte sie zur Stellungnahme gegen den Mißbrauch der Religion heraus. Darüber hinaus aber sahen sie mit Genugtuung, daß die „verfeindeten Brüder" SPD und KPD erstmals in dieser Frage an einem Strang zogen, was sie für die Möglichkeit einer von ihnen gewollten einheitlichen sozialistischen Arbeiterbewegung hoffen ließ. Sie wollten deshalb nach dem Scheitern des Volksentscheids auch nicht so schnell den Pragmatismus sozialdemokratischer Politik hinnehmen, zumal die SPD zwischen „Koalitionspartei und Oppositionspartei hin und her schwankte" und damit auch andere sozialdemokratische Parteigänger enttäuschte.

Zwei Jahre später war die Enttäuschung über die Haltung der SPD-Parteiführung in der Frage des Panzerkreuzerbaus noch größer. Die Loyalität der religiösen Sozialisten gegenüber der sozialdemokratisch geführten Koalitionsregierung wurde erneut auf eine harte Probe gestellt. In der Sache war die Haltung der religiösen Sozialisten eindeutig – zumal sie sich ja vor der Bildung der Koalitionsregierung unter Hermann Müller mit der SPD-Politik in dieser Frage einig wußten: Auch sie hatten wie alle anderen Sozialdemokraten mit der Parole Wahlkampf gemacht: „Erst Brot, dann Kriegsschiffe". Der Akzent in den Stellungnahmen der religiösen Sozialisten zum Panzerkreuzerbau aber war von Anfang an anders als in den offiziellen Bekundungen der SPD. Während der SPD-Parteivorstand betonte, daß die „Reichswehrpolitik der Sozialdemokratie [...] kein Kampf gegen, sondern um die Reichswehr [ist]", ging es den religiösen Sozialisten darum, „Kriegsaufrüstung zu verhindern", da sie dem Gebot „sozialistischer Verständigungspolitik" widerspreche. Die Ablehnung jeder Rüstung aus dem Geist eines radikalen Pazifismus heraus ließ sie deshalb auch eine sozialdemokratische Beteiligung an einer Koalitionsregierung um den Preis einer Zustimmung zum Panzerkreuzerbau entschieden ablehnen. Die Neuauflage eines von „allen entschiedenen Sozialisten und Kommunisten" getragenen Volksentscheids schien deshalb auch der letzte Ausweg zu sein, um den Panzerkreuzerbau zu verhindern – wie es in einem im „Sonntagsblatt" veröffentlichten Aufruf der religiösen Sozialisten hieß. Als daraufhin die sozialdemokratische Presse den religiösen Sozialisten einen „bedenklichen Mangel an Disziplin und parteigenössischer Solidarität" vorwarf, machten sie einen Rückzieher. Der SPD-Parteiausschuß hatte inzwischen den von der KPD betriebenen Volksentscheid abgelehnt, da er nach Meinung der SPD nur der Verleumdung der SPD dienen solle. Der BRSD sah jetzt keine Veran-

---

innenpolitischen Auseinandersetzungen im Jahre 1926 darauf, daß die „gemeinsamen" Aktionen von SPD und KPD eher „ein widerwilliges Zwangsbündnis ohne wirkliche politische Schlagkraft" waren und erst später zum Beleg für eine Legendenbildung wurden. Das kann freilich nicht die Hoffnung der Zeitgenossen denunzieren, die in den Aktionen eine „politische Gegenoffensive der Linken" sahen. Vgl. dazu *Heinrich August Winkler*, a.a.O., S. 289, der sich auf einen Aufsatz von Georg Becker über die „Lehren des Volksentscheids" bezieht in: Die Gesellschaft 1926, Bd. 2, S. 193 ff.

lassung mehr, „sich als Bund für das Volksbegehren einzusetzen". Aber Erwin Eckert machte zumindest für seine Person klar, daß er den BRSD nicht als „Anhängsel" der Partei sehe und die SPD auch keinen „Kadavergehorsam" verlangen dürfe. Die Loyalität gegenüber der Sozialdemokratie hatte zwar erneut gesiegt, die Entscheidung, sich am Volksbegehren zu beteiligen, sollte aber dem Gewissen jedes einzelnen religiösen Sozialisten überlassen bleiben.[118]

Aber nicht zuletzt die religiös-sozialistische Stellungnahme zum ein Jahr später auf dem Magdeburger SPD-Parteitag beschlossenen Wehrprogramm machte deutlich, daß die religiösen Sozialisten aufgrund ihrer pazifistischen Haltung Kompromisse in Fragen der Aufrüstung und des Militärs nur noch schwer ertragen konnten. Sie nahmen Partei für den Minderheitenentwurf zum Wehrprogramm und forderten: „Nicht ‚Reform', sondern ‚Vernichtung' der Wehrmacht".[119]

Aber gerade die Radikalität der religiös-sozialistischen Absage an jede Art von Rüstung – in der sich vor allem Erwin Eckert und einige seiner Mitstreiter kaum übertreffen ließen – führte auch zu internen Differenzen im BRSD. Das pazifistische Programm der religiösen Sozialisten hatte sie schon kurz nach Kriegsende veranlaßt, die Idee des Völkerbundes zu unterstützen – auch wenn sie um die eher „symbolische Bedeutung" dieser Idee wußten –, und auch den Eintritt Deutschlands in den Völkerbund gegen Angriffe zu verteidigen. Leitender Gedanke dabei war die Überzeugung, daß militärische Konflikte zwischen den Staaten nur durch einen friedlichen Umgang der Völker untereinander vermieden werden könnten. Die religiösen Sozialisten unterstützten deshalb nicht nur die Forderung nach einer Wehrdienstverweigerung, sondern bekannten sich auch zum Prinzip der Gewaltlosigkeit und des passiven Widerstandes. In der Ablehnung der Rüstungspolitik waren sich alle religiösen Sozialisten einig, aber Erwin Eckert stieß mit seinem Bekenntnis zu einem „proletarischen Pazifismus" auf energischen Widerstand derjenigen religiösen Sozialisten, die das Prinzip der Gewaltlosigkeit nicht der Opportunität des politischen Bekenntnisses opfern wollten.[120] Eckert hatte sich schon 1928 fragen lassen müssen, ob er denn ebenso energisch die Aufrüstung der Roten Armee bekämpfen würde wie die der Reichswehr. Seine Antwort, die den „Riesenunterschied" betonte zwischen einer Aufrüstung in der „kapitalistisch orientierten Republik" und einer Aufrüstung in „Sowjetrußland zur Verteidigung der proletarischen Ordnung, sie mag so gut oder schlecht sein, wie sie will", hatte auch viele religiöse Sozialisten nicht überzeugt. Nach dem Ausscheiden Eckerts aus dem BRSD im Jahre 1931 war das erneuerte Bekenntnis der religiösen Sozialisten zu Gewaltlosigkeit: „[...] das Reich des Sozialismus [kann

---

118 Zur Politik der SPD 1928/29 vgl. *Heinrich August Winkler*, a.a.O., S. 521 ff., die Entschließung des BRSD zum Panzerkreuzerbau in: SaV 33, 1928, zur Enttäuschung über die SPD-Politik und zur Frage einer Beteiligung an einem Volksentscheid vgl. SaV 35, 38 und 39, 1928.
119 Vgl. „Wir wollen keine Wehrmacht in Deutschland", in: SaV 8, 1929.
120 Zum Völkerbund-Eintritt vgl. Pfarrer Francke in: SaV 2, 1926, von der „symbolischen Bedeutung" sprach Leonhard Ragaz, vgl. dazu: Neuwerk 1924/25, S. 222, zur Wehrdienstverweigerung vgl. Der Religiöse Sozialist 31, 1931, zum passiven Widerstand vgl. den Aufruf anläßlich der Ruhrbesetzung in: Der Religiöse Sozialist 4, 1923, zum proletarischen Pazifismus Eckerts vgl. Der Religiöse Sozialist 6, 1931.

nicht erreicht werden] auf dem Wege der blutigen Gewalt", auch eine Absage an einen revolutionären kommunistischen Umsturz als Ausweg vor einer drohenden nazistischen Machtergreifung. Die religiösen Sozialisten verkannten zu Beginn der dreißiger Jahre nicht den Ernst der Situation – und sie äußerten deshalb auch Verständnis für das Verhalten Eckerts, der als „Pazifist und Antimilitarist" so plötzlich die „Partei des roten Militarismus" ergreife. Aber gerade weil sie ihre pazifistischen Prinzipien nicht aufzugeben bereit waren – was sie beim Volksentscheid über die Fürstenentschädigung und bei der Diskussion um den Panzerkreuzerbau über die Grenzen der Loyalität der Sozialdemokratie nachdenken ließ – waren sie mehrheitlich auch angesichts der ihrer Meinung nach sich im Nazismus und im Bolschewismus gleichermaßen äußernden „Gewaltglauben" nicht zu Kompromissen bereit: „[...] nichts scheint uns heute bedenklicher und für den Sozialismus gefährlicher, als sich vom Gegner zu blutigen Revolten hinreißen zu lassen. Das wäre der sichere Tod des Sozialismus [...]"[121]

Aber auch wenn die religiös-sozialistischen Stellungnahmen zur Tagespolitik in der Weimarer Republik öffentlich am meisten wahrgenommen wurden, das eigentliche Feld der politischen Praxis lag in den Kirchen.

b) *Kirchenpolitische Praxis der religiösen Sozialisten*

Das programmatische Selbstverständnis der religiösen Sozialisten, politisch vor allem als protestantische „Kirchenpartei" zu wirken, um den bestehenden Zustand der evangelischen Kirchen zu ändern und eigene Vorstellungen über eine wirkliche „Volkskirche" durchzusetzen, bestimmte auch ihre kirchenpolitische Praxis. Das wichtigste Ziel, die Trennung von Kirche und Staat zu erreichen, war für die religiösen Sozialisten vor allem religiös begründet und resultierte keineswegs – wie Kritiker der religiös-sozialistischen Bewegung immer wieder unterstellen wollten – aus ihrem Wunsch, als Teil der sozialistischen Arbeiterbewegung akzeptiert zu werden. Die religiösen Sozialisten wandten sich mit diesem programmatischen Ziel vor allem an den staatlichen Gesetzgeber, aber sie appellierten natürlich auch immer wieder an die Kirchen selbst, diese Trennung vom Staat – auch hinsichtlich der finanziellen Abhängigkeit – selbst zu wollen und nicht als Angriff auf Religion und Kirche mißzuverstehen.

Auch wenn nicht wenige Sozialdemokraten, noch mehr Kommunisten, gesetzgeberische Maßnahmen gegenüber den Kirchen durchaus auch als Angriff gegen die Kirchen – und auch gegen die Religion – verstanden wissen wollten, die Politik der Sozialdemokratie gegenüber den Kirchen war während der ganzen Weimarer Republik im Reich und in den Ländern eher von Zugeständnissen geprägt. Dazu zwang sie vor allem der Wille, in Preußen und im Reich mit den jeweiligen kirchentreuen Koalitionspartnern auszukommen. Die SPD war deshalb auch in der Frage der finan-

---

121 Zum „Riesenunterschied" bei Rüstungen vgl. SaV 39, 1928, zur Kritik an Eckert und zur Frage der Gewaltanwendung vgl. Der Religiöse Sozialist 5, 1932.

ziellen Versorgung der Landeskirchen weitaus kompromißbereiter, als die Erwartungs-
haltung der eigenen Mitgliederschaft – und einige Verlautbarungen in der sozialdemokratischen Presse – vermuten ließ.[122] Die SPD wollte mit dieser Politik der Zugeständnisse natürlich vor allem der konservativen Propaganda von der kirchenfeindlichen SPD das Wasser abgraben, aber es kam ein weiteres Moment hinzu. Es war
auch Sozialdemokraten nicht verborgen geblieben, daß die Pfarrer keinesfalls auf
Rosen gebettet waren. Die sozialen Probleme der Pfarrer fanden deshalb in der sozialdemokratischen Presse durchaus ein Echo. So heißt es im Jahre 1921 in der „Chemnitzer Volksstimme": „Die Pastoren sind uns heute menschlich näher gerückt. Denn
sie sind in Not, in bitterer Not. Auf den Pfarrkonferenzen erklingt schrill und hart
der Schrei nach Brot. Oft schallt es hohnvoll zurück. Ein Sozialist aber höhnt nicht,
wenn ein anderer, und wäre es ein Feind, Not leidet." Die Weigerung sozialdemokratisch geführter Landesregierungen, etwa in Sachsen und in Braunschweig, während der Inflationszeit Gehaltsanpassungen für Pfarrer zuzustimmen, waren eher die
Ausnahme. Sie aber waren für viele kirchliche „Würdenträger" willkommener Anlaß, die alten Anwürfe gegen die Sozialdemokratie ständig zu wiederholen. Ein Pfarrer
Schneller sprach für die Mehrheit der deutschnational denkenden (und wählenden)
protestantischen Pastoren, wenn er die Sozialdemokratie im Jahre 1925 immer noch
„unser Hauptunglück" nannte, da sie „das Vaterland verraten hat, nur um ihre Partei ans Ruder zu bringen".[123] Die religiösen Sozialisten stießen in allen Landeskirchen auf dieses Selbstverständnis, das die Mehrheit der Kirchenfunktionäre wie auch
der Pfarrer einte. Die unter dem Schlagwort „Volkskirche" unmittelbar nach Kriegsende geführte Diskussion um eine Reform der protestantischen Kirche verstanden
nur wenige kirchenpolitische Liberale und einige – spätere – religiöse Sozialisten als
eine Aufforderung, die Kirchen dem Volk zu öffnen. Eine – deutschnationale – Mehrheit aber blieb „im Ghetto ihrer Traditionen sitzen" und zeigte später „unverhüllt
[...] ihre Sympathien für das vergangene Gestern und suchte in den nationalen und
republikfeindlichen Parteien und Kreisen ihren Rückhalt". Das Schlagwort „Volkskirche" diente dieser Mehrheit lediglich als Instrument, um die – gar nicht so großen –
Ansprüche der jetzt republikanischen und demokratischen Länder zurückweisen zu
können, wofür die Kirchenfunktionäre auch einige gemeindekirchliche Mitsprache-
rechte in Kauf zu nehmen bereit waren.[124]

Dazu gesellte sich eine stark antikatholische und „auch explizit" antisemitische Haltung vieler Pfarrer in allen Landeskirchen, die nur von religiösen Sozialisten entschieden kritisiert wurde. Die seit Mitte der zwanziger Jahre von Karl Barth und seiner

---

122 Vgl. für die Bereitschaft der SPD, gegenüber den Kirchen neutral zu bleiben, die „offiziöse" Schrift:
   Friedrich Stampfer, Religion ist Privatsache, o.O. 1918. Für die Entwicklung des Verhältnisses zwischen SPD und Kirchen nach Kriegsende vgl. auch *Jochen Jacke*, Kirche zwischen Monarchie und
   Republik, Hamburg 1976, bes. S. 284.
123 Vgl. *Karl-Wilhelm Dahm*, Pfarrer und Politik, Köln/Opladen 1964, S. 140 f. und S. 174. Dahm verweist auf den „Wahlspruch" einer Mehrheit der Pfarrer: „Man gab sich politisch neutral und wählte
   deutschnational", ebda., S. 151.
124 Vgl. dazu *Karl Kupisch*, Die deutschen Landeskirchen im 19. und 20. Jahrhundert, Göttingen, 2. Aufl.
   1975, das Zitat S. 113 f.

Dialektischen Theologie beeinflußten jüngeren Theologen waren darin viel weniger eindeutig, obwohl sie mit ihrer Kritik an einem Verständnis der Kirche als einem „Bollwerk für den christlichen Glauben" – wie Otto Dibelius in seinem Buch „Das Jahrhundert der Kirche" die evangelische Kirche sehen wollte – das konservative Verständnis von Kirche als Institution ähnlich radikal in Frage stellten wie die religiösen Sozialisten.[125]

Diese mußten sich mit ihrem kirchenpolitischen Programm allerdings vor allem an die Landeskirchen wenden. Der Versuch, eine einheitliche evangelische Kirche zu schaffen und den Einfluß der Landeskirchen zu verringern, war nach 1918 schnell gescheitert. Auf dem Kirchentag in Dresden im September 1919 war zwar der Wille der zahlreichen Landeskirchen zu einem Zusammenschluß einhellig. Aber bereits auf dem Stuttgarter Kirchentag im September 1921, der für diesen Zusammenschluß eine Kirchenverfassung beschließen sollte, war klar, daß es keine einheitliche Reichskirche geben werde, sondern nur einen „Deutschen Evangelischen Kirchenbund", in dem die einzelnen Landeskirchen weiterhin völlig selbständig über ihre. Verfassung (einschließlich des Wahlrechts zu den Kirchengremien), ihre Verwaltung und die Gestaltung des Bekenntnisses entscheiden konnten und aus dem sie auch jederzeit wieder austreten konnten. Die 28 Landeskirchen, die sich 1922 diesem Bund angeschlossen hatten, willigten lediglich ein, daß mit dem auf sechs Jahre gewählten und alle drei Jahre zusammentretenden Kirchentag eine überlandeskirchliche Legislative geschaffen wurde, die freilich nur allgemeine Kompetenzen besaß. Die Themen der folgenden Kirchentage – 1924 in Bethel zur sozialen Frage, 1927 in Königsberg zu Volkstum und Staat und 1930 in Stuttgart zu den Christenverfolgungen in Rußland – gaben zwar dem Bund religiöser Sozialisten die Gelegenheit zu deutlichen politischen Stellungnahmen, die eigentliche kirchenpolitische Tätigkeit der religiösen Sozialisten aber fand schon aufgrund dieser Konstruktion in den Landeskirchen statt.[126]

Die allgemeine Zielsetzung der kirchenpolitischen Praxis ähnelte sich in allen religöss-sozialistischen Regionen: Es galt, die innere Struktur der Kirchen bis hin zum Wahlrecht so zu verändern, daß eine wahre Volkskirche entstehen konnte, und die Kirche auf ihre – biblisch begründete – soziale Pflicht festzulegen, für die Sache der Unterdrückten Partei zu ergreifen. Dazu mußten religiöse Sozialisten in den kirchlichen Gremien vertreten sein – die Vertretung aber war nur durch Beteiligung an den Kirchenwahlen möglich. Deshalb war es auch notwendig, das religiös-sozialistische Wählerpotential in den Gemeinden durch überzeugende kirchenpolitische Aktivitäten zu mobilisieren.

Zwischen 1918 und 1933 unterschieden sich die religiös-sozialistischen Wahlpro-

---

125 Vgl. *Otto Dibelius*, Das Jahrhundert der Kirche, Berlin 1927. Zu Karl Barth vgl. weiter oben Kapitel 2.

126 Vgl. zur gesamtkirchlichen Entwicklung in der Weimarer Republik *Kurt Meier*, Der evangelische Kirchenkampf, Bd. 1: Der Kampf um die „Reichskirche", Halle 1976. Zum Verlauf der verfassungsgebenden Kirchentage in Dresden 1919 und 1921 vgl. auch: Volkskirche 12, 1919 und 19, 1921. Zu den Diskussionen auf den folgenden Kirchentagen, besonders in Nürnberg 1930, vgl. die Berichterstattung in der religiös-sozialistischen Presse.

gramme kaum in der Formulierung dieser allgemeinen kirchenpolitischen Ziele. Im Jahre 1919 meldete sich zum Beispiel der badische Volkskirchenbund als „kirchenpolitische Partei" mit einem Programm zu Wort, das als Ziel die „Volkskirche" nannte, um „das Volk zu gewinnen für die Kirche aufgrund einer allgemeinen Demokratisierung des Kirchenlebens [...]" und Ende 1930 beschlossen die thüringischen religiösen Sozialisten unter der Überschrift „Der Kampf um die Kirche ist ein notwendiges Stück Kampf gegen den Faschismus" ein Programm zu den Kirchenwahlen 1933, das vor allem eine Veränderung der Kirchenverfassung zum Ziel hatte, um so endlich eine „Volkskirche mit allgemeinem direkten und gleichen Wahlrecht" zu erreichen, in der die Laien stärkeren Einfluß besitzen und die Minderheiten besser geschützt sind.[127]

Georg Wünsch sprach Anfang 1929 für alle im BRSD vereinigten religiösen Sozialisten, als er die Notwendigkeit der religiös-sozialistischen Kirchenpolitik mit folgenden Worten begründete: Gerade weil nach ihrer Meinung der Sozialismus religiös zu begründen sei, müsse in den Kirchen gearbeitet werden, um sie „von innen heraus umzuformen". Dazu aber müßten alle „Sozialisten, die in Kirchen sind, zur Beteiligung an der organisatorisch-kirchenpolitischen Arbeit [mobilisiert]" werden.[128]

Der Optimismus, diese kirchenpolitischen Ziele auch verwirklichen zu können, war allerdings in den verschiedenen religiös-sozialistischen Regionen nicht überall zu finden. Von Süden nach Norden nahm die Skepsis zu, ob der Zustand der bestehenden Kirche eine radikale Veränderung überhaupt zulasse und ob die religiösen Sozialisten nicht auch eine andere – neue – Kirche zum Ziel haben müßten. Die größere Skepsis nördlich des Mains kam auch in den kirchenpolitischen Stellungnahmen zum Ausdruck. Der Bund religiöser Sozialisten in Kassel forderte zum Beispiel bereits 1921 den „Aufbau einer neuen Kirche", und in der „Neuköllner Denkschrift" fragte der Verfasser Pfarrer Paul Piechowski, ob und wie Kirchenpolitik unter kirchenfernen Proletariern überhaupt möglich sein könne. Die Denkschrift – die sich an die verfassungsgebende Preußische Kirchenversammlung richtete – forderte, „das Recht auf Bildung einzelner freier proletarischer Gemeinden innerhalb der neuen Volkskirche" zu verankern. In diesen Gemeinden sollten die Gemeindemitglieder ihre Geistlichen frei wählen und neue kultische Formen entwickeln dürfen.[129]

Auf der Meersburger Tagung der religiösen Sozialisten im Jahre 1924 kamen in den Referaten von Heinrich Dietrich und Paul Piechowski aus Berlin die unterschiedlichen regionalen Voraussetzungen für kirchenpolitische Aktivitäten deutlich zum Ausdruck. Für Heinrich Dietrich bestand kein Zweifel, daß das Feld für die praktische Arbeit in den Landeskirchen zu finden sei, und es gelte, „an der Erneuerung dieser

---

127 Vgl. für 1919: Christliches Volksblatt 2, 1919 und für 1932/33: Der Religiöse Sozialist 1, 1933.
128 Vgl. die Begrüdung von *Georg Wünsch* in: Zeitschrift für Religion und Sozialismus 1, 1929.
129 Zum Aufruf der Kasseler religiösen Sozialisten vgl. Die Eiche 4, 1921. Die Neuköllner „Denkschrift" wurde 1922 veröffentlicht unter dem Titel: Denkschrift des Bundes religiöser Sozialisten (Abteilung Neukölln) über die kirchliche Lage der Gegenwart. Mit einem Geleitwort von Paul Piechowski, Berlin 1922. In umfänglichen Auszügen wurde die Denkschrift zusammen mit kritischen Stellungnahmen auch veröffentlicht in: Neuwerk 1921/22, S. 379 ff., das Zitat S. 393.

Kirche von innen her" zu arbeiten. Paul Piechowski dagegen – geprägt von der Industriegroßstadt Berlin – betonte die „Kirchenferne" des Proletariats, die ganz neue Formen proletarisch-religiösen Lebens notwendig mache.[130]

Die thüringischen religiösen Sozialisten formulierten auch hinsichtlich der kirchenpolitischen Praxis eine Position, die von den meisten im BRSD vereinigten religiösen Sozialisten mit unterschiedlich skeptischen Vorbehalten mitgetragen wurde. Auf der „Hauptversammlung" des norddeutschen Bundes im November 1925 in Berlin – am Rande der Versammlung fand auch eine Tagung der 1924 gegründeten „Arbeitsgemeinschaft religiöser Sozialisten" statt – appellierte Pfarrer Emil Fuchs aus Eisenach mit Erfolg an alle Mitglieder, „die Millionen proletarischen Brüder innerhalb der Kirchen nicht im Stich zu lassen durch feige oder individualistisch-hochmütige Fahnenflucht aus der Kirche". Befriedigt konstatierte der Berichterstatter, daß am Ende der Diskussion über diesen Appell von Emil Fuchs „ein voller Sieg des volkskirchlichen Gedankens" stand. Auch wenn im Bund religiöser Sozialisten Raum für Mitglieder sein müsse, die keine kirchlichen oder konfessionellen Bindungen hätten, sei die Praxis der religiös-sozialistischen Bewegung vor allem dadurch bestimmt, daß „das große Kampffeld innerhalb der Kirche" liege.[131]

Beteiligung an Kirchenwahlen

Aber bevor religiöse Sozialisten dieses „Kampffeld" – die Gemeindekirchenräte und Gemeindevertretungen, die Landessynoden und Landeskirchentage und schließlich auch den „Evangelischen Kirchentag" – betreten konnten, mußten sie sich an Wahlen beteiligen und Mandate gewinnen. Wo es – wie in weiten Teilen Preußens und vor allem in Berlin selbst – nicht gelang, das Kirchenvolk – aus unterschiedlichen Gründen – zu mobilisieren, waren die Erfolge gering. Aber auch da, wo die Sympathien für die religiös-sozialistische Bewegung größer waren, gab es keine Garantie auf Wahlerfolge. Die Kirchenverfassungen der einzelnen Landeskirchen regelten das Wahlrecht für die kirchlichen Gremien sehr unterschiedlich. Die einen sahen – wie in Baden und in Thüringen und in der Pfalz – für alle Mandate ein Verhältniswahlrecht vor und oft auch einen Minderheitenschutz. In Württemberg dagegen reichte selbst eine große Stimmenzahl für die Listen der religiösen Sozialisten nicht aus, um auch nur ein einziges Mandat in der Landessynode zu erhalten. Manche Kirchenverfassungen erlaubten Mehrfachkandidaturen, was der kleinen Schar religiöser Sozialisten dann eine Wahlbeteiligung in allen Wahlkreisen erlaubte, in anderen Landeskirchen waren dagegen Mehrfachkandidaturen untersagt, und die religiösen Sozialisten konnten ihr – vielleicht – vorhandenes Wählerpotential nicht ausschöpfen, weil sie mangels Kandidaten nicht in allen Gemeinden zur Wahl antreten konnten.

Aufgrund dieser regional verschiedenen Ausgangsbedingungen sind die von den

---

130 Vgl. dazu die Berichterstattung in: Christliches Volksblatt 32 und 33, 1924, zur Meersburger Tagung 1924 vgl. die Darstellung im Kapitel 4.
131 Vgl. den Bericht in: SaV 48, 1925.

religiösen Sozialisten bei Wahlen erzielten Erfolge auch unterschiedlich zu bewerten, In manchen norddeutschen und mitteldeutschen Regionen zählten bereits die Ergebnisse für religiös-sozialistische Listen in einigen wenigen Kirchengemeinden – oder gar nur in einer einzigen Gemeinde einer Stadt – als ein Erfolg: So meldeten Anfang 1929 die hessischen religiösen Sozialisten, daß sie sich erstmals an der Frankfurter Paulskirche an den Kirchenwahlen beteiligt hätten: Die „111 sozialistischen Wähler" bedeuteten ihrer Meinung nach den hoffnungsvollen Anfang der kirchenpolitischen Betätigung. In Köln erhielten die religiösen Sozialisten ein Jahr zuvor in mehreren Gemeinden immerhin 676 Stimmen (20 Sitze im Kirchenausschuß und drei Mandate in den Kölner Presbyterien), was auch die Kölner religiösen Sozialisten als einen „Anfang" sehen wollten.[132]

In *Württemberg* hatte sich die religiös-sozialistische Bewegung trotz der benachbarten badischen „Hochburg" erst spät organisatorisch gefestigt. Im Jahre 1931 konnten die württembergischen religiösen Sozialisten deshalb erstmals daran denken, sich an Kirchenwahlen zu beteiligen. Sie kandidierten in allen Kirchenbezirken und erzielten einen bemerkenswerten Erfolg. Die religiös-sozialistischen Listen erhielten über 50.000 Stimmen (= 12 Prozent aller Stimmen), bei einem Verhältniswahlrecht wären das acht Mandate gewesen. Das Wahlziel „Schickt Sozialisten in das württembergische Kirchenparlament" blieb aber aufgrund des „ungerechten Wahlmodus" unerreicht. Weder Orthodoxe noch Liberale dachten daran, den großen religiös-sozialistischen Stimmenanteil zu würdigen und von der Möglichkeit der Zuwahl von religiösen Sozialisten Gebrauch zu machen. Einige Einzelergebnisse vermitteln aber dennoch einen Eindruck, wie erfolgreich die religiösen Sozialisten auch in Württemberg Fuß gefaßt hatten und in einigen Wahlkreisen teilweise zweitstärkste Gruppierung geworden waren[133]:

	Orthodoxe	Liberale	Religiöse Sozialisten
Stuttgart	95.737	68.930	21.809
Ludwigsburg	7.400	2.500	3.222
Balingen	5.322	1.900	1.923
Heilbronn	zusammen 9.290		4.865

Auch in der *Pfalz* beteiligten sich die religiösen Sozialisten nur einmal – im Jahre 1927 – an Kirchenwahlen. Auch dort waren sie aufgrund ihrer hochgespannten Erwartungen von dem Ergebnis enttäuscht, aber immerhin bedeuteten die fast zwölf Prozent der Stimmen fünf Sitze in der pfälzischen Landessynode[134]:

---

132 Vgl. zu Frankfurt den Hinweis in: Zeitschrift für Religion und Sozialismus 3, 1929 und für Köln: SaV 46, 1926.
133 Vgl. zu den Ergebnissen: Der Religiöse Sozialist 2, 11 und 12, 1931.
134 Vgl. zu den Ergebnissen: SaV 23, 1927 und *Karlheinz Lipp*, Der religiöse Sozialismus in der Pfalz 1922 bis 1933, Mainz 1982 (MS), S. 32 f.

Die Ergebnisse im einzelnen:

	absolut	Prozent	Sitze
Protestantenverein (Liberale)	46.900	44,3	21
Positive Vereinigung (Orthodoxe)	40.600	38,4	18
Evangelische Sozialisten (Religiöse Sozialisten)	12.200	11,7	5
Friedensvereinigung	4.570	4,2	1

Auch in *Thüringen* konnten die religiösen Sozialisten, obwohl sie sich erst Mitte der zwanziger Jahre zu einem thüringischen Bund zusammengeschlossen hatten, bei Kirchenwahlen stetig wachsende Erfolge verzeichnen. Zwischen 1926 und Anfang 1933 steigerten sie ihre Stimmenzahl um fast 50 Prozent, und auch die Zahl der 1926 errungenen Mandate verminderte sich nur wegen der Reduzierung der Gesamtmandatszahl im Jahre 1933 geringfügig:

	Stimmen		Mandate		Prozent
	1926	1933	1926	1933	1933
Christl. Volksbund (positiv)	61.900	52.700	21	10	20,6
Volkskirchenbund (liberal)	60.800	48.400	21	10	18,6
Einigungsbund	35.800	44.300	15	9	17,0
Rel. Sozialisten	19.500	32.400	7	6	12,4
Deutsche Christen	–	80.000	–	16	30,8
Sonstige	11.000	–	4	–	–

Die feste Verankerung der religiösen Sozialisten in einigen thüringischen Landesteilen wird deutlich sichtbar, wenn die Wahlergebnisse regional aufgeschlüsselt werden: Die religiös-sozialistischen Listen erhielten über drei Viertel der Stimmen in drei (von sieben) Wahlkreisen: In den Wahlkreisen Weimar, Meiningen und vor allem Altenburg. Für das Jahr 1933 stach aber natürlich weniger der größere Stimmenanteil für die religiösen Sozialisten ins Auge, sondern der der Deutschen Christen: Sie wurden in Thüringen – wie in den meisten anderen Landeskirchen auch – aus dem Stand zur stärksten Fraktion im Landeskirchentag.[135]

135 Vgl. für die Ergebnisse: SaV 47, 1926 und: Der Religiöse Sozialist 7, 1933 und vor allem *Reinhard Creutzburg*, Zur Entwicklung der religiös-sozialistischen Bewegung in Thüringen 1918 bis 1933, Halle-Wittenberg 1977 (MS), S. 38 ff., S. 98 ff. und S. 132.

Die Wahlergebnisse der *badischen* religiösen Sozialisten unterschieden sich kaum von den Ergebnissen in Württemberg, in der Pfalz und in Thüringen. Die Stimmenanteile waren nur geringfügig höher. Sie konnten aber als einziger religiös-sozialistischer Landesverband darauf verweisen, daß sie sich seit 1920 bereits an den Wahlen zur badischen Landesynode beteiligt hatten und die Zahl der religiös-sozialistischen Wähler stetig – und im übrigen auch noch nach dem Ausscheiden Erwin Eckerts aus dem BRSD – zugenommen hatte. Das Land Baden war zweifellos aufgrund des von den religiösen Sozialisten mobilisierten Wähleranhangs eine „Hochburg" der religiös-sozialistischen Bewegung in Deutschland.

	1920		1926		1932	
	Stimmen	Mandate	Stimmen	Mandate	Stimmen	Mandate
Kirchlich positive Vereinigung	75.700	32	90.900	29	84.200	25
Kirchlich-liberale Vereinigung	43.580	18	57.500	18	45.400	11
Landeskirchliche Vereinigung	11.000	4	11.900	3	–	–
Volkskirchenbund evang. Sozialisten (Rel. Sozialisten)	13.000*	3	28.000	7	30.000	8
Kirchl. Vereinigung für pos. Christentum (Deutsche Christen)	–	–	–	–	49.000	13

* Zusammen mit der Volkskirchlichen Vereinigung Mannheim.

Bemerkenswert am den Ergebnissen der Synodalwahl von 1933 ist vor allem die Tatsache, daß die badischen „Deutschen Christen" nicht wie in anderen Landeskirchen stärkste Fraktion in der Synode geworden waren. Der neuerliche Anstieg der religiös-sozialistischen Wählerzahl bedeutete einen prozentualen Stimmenanteil von über 14 Prozent (wie schon 1926, 1920 waren es nur knappe acht Prozent).[136] Gerade diese Stetigkeit der religiös-sozialistischen Bewegung in Baden macht den großen Unterschied zur Entwicklung in Norddeutschland aus, wo sich religiöse Sozialisten auch schon 1920 an den ersten Kirchenwahlen beteiligt hatten. Sie konnten aber bis 1933 stets nur Wahlergebnisse auf Gemeindeebene mitteilen, die auf niedrigem Niveau zwar

---

136 Vgl. für die Ergebnisse: Christliches Volksblatt 27, 1921, SaV 29, 1926, und Der Religiöse Sozialist 29, 1932. Die Angaben sind zum Teil „vorläufig", so daß sie geringfügig mit den von Friedrich-Wilhelm Balzer mitgeteilten Zahlen differieren, bei ihm auch die Prozentangaben. Vgl. *Friedrich-Wilhelm Balzer*, a.a.O., S. 292. Zu den Mandatszahlen vgl. *Eckehard Lorenz*, a.a.O., S. 196.

auch eine Zunahme der religiös-sozialistischen Wählerzahlen erkennen lassen, ein Vergleich mit Mittel- und Süddeutschland aber ist kaum möglich.

Die norddeutschen religiösen Sozialisten, besonders in Berlin, waren allerdings auch selbst sehr skeptisch gegenüber ihren Versuchen, die preußische Landeskirche von innen heraus zu verändern. Die Beteiligung an Kirchenwahlen besaß von daher nur einen geringen Stellenwert in ihrer praktisch-politischen Arbeit. Sie hatten bereits im Jahre 1921 erstmals in einigen Berliner Gemeinden an den Wahlen zu den Gemeindevertretungen teilgenommen und immerhin rund zwölf Prozent der Stimmen erhalten. Aber viel mehr – vor allen Dingen aber auch nicht in viel mehr Gemeinden – konnten sie die ganzen Jahre über bis 1933 nicht erreichen. Im Jahre 1925 beteiligten sie sich erneut in sechs Berliner Gemeinden, darüber hinaus noch in einigen wenigen Gemeinden in Köln und in Ostpreußen, an Kirchenwahlen: Sie erhielten in Berlin 14 Sitze in den Kirchenräten und 50 Sitze in den Gemeindevertretungen. Gemessen an diesen Zahlen konnte das Wahlergebnis im Jahre 1932 sogar ein Erfolg genannt werden. In und um Berlin stellten sich die religiösen Sozialisten in 18 Gemeinden, in Breslau in zehn Gemeinden, in Liegnitz in drei Gemeinden und in ganz Ostpreußen und in Schlesien in weiteren zehn Gemeinden zur Wahl: Über 9.000 Gemeindemitglieder stimmten für die religiös-sozialistischen Listen (= knapp zwölf Prozent der insgesamt 177.300 abgegebenen Stimmen). 53 Sitze (von 478) in den Kirchenräten und 257 Sitze (von 1.709) in den Gemeindevertretungen war die insgesamt erfolgreiche Bilanz der Mandatsgewinne. Aber die erstmals kandidierenden Deutschen Christen erhielten im Vergleich dazu 155 Sitze in den Gemeinderäten und 535 Sitze in den Gemeindevertretungen. Die von den religiösen Sozialisten offensiv angenommene Herausforderung durch die Deutschen Christen hatten sie ganz offensichtlich verloren.[137]

Politik in Synoden und Landeskirchentagen

Obwohl die religiösen Sozialisten nur in wenigen Landeskirchen auch – als kleine Minderheit – in den Entscheidungsgremien vertreten waren, versuchten sie dennoch überall, die politischen Stellungnahmen der konservativen Mehrheit in den Landeskirchen öffentlich zu kritisieren.[138]

Ihre Stellungnahmen von außen an den Landeskirchentag fanden zwar in der sozialdemokratischen Presse ein Echo, in der Landeskirche selbst aber war die Wirkung meist kaum wahrzunehmen. Das war allerdings auch in den Landeskirchen kaum anders, wo religiöse Sozialisten in den Synoden und Landeskirchentagen vertreten waren. Sie gingen meist – die Praxis war in Baden, in der Pfalz und in Thüringen sehr ähnlich – mit großem Eifer an die Arbeit und formulierten, besonders in den

---

137 Vgl. für die Ergebnisse: *Bernhard Göring*, in: *Heinrich Dietrich*, a.a.O., S. 58, SaV 17, 1925 und Der Religiöse Sozialist 2, 1933.
138 Vgl. dazu die Berichte in: SaV 25, 1929 und SaV 30, 1926.

ersten Wochen, immer wieder eine Fülle von Anträgen an die Landessynode. Aber auch die Reaktion der konservativen Mehrheit in den Synoden auf die religiös-sozialistischen Initiativen ähnelte sich. In Thüringen stellten die religiösen Sozialisten bei ihrem ersten Auftreten im Landeskirchentag zahlreiche Anträge unter anderem gegen das Konkordat, für die Trennung von Kirche und Staat, gegen den Alkoholismus und für einen Aufruf der Kirchen, der das Schicksal der Arbeitslosen erleichtern helfen sollte. Sie wurden alle abgelehnt. Nur der Antrag, einen Friedenssonntag zu unterstützen, wurde in stark veränderter Form angenommen. In der Pfalz formulierten die religiösen Sozialisten ab 1928 eine Vielzahl von Anträgen, die – wenn sie überhaupt zur Kenntnis genommen wurden – am Ende so „verbessert" waren, daß die religiös-sozialistischen Synodalen schließlich sogar dagegen stimmten.

In Baden machten die religiösen Sozialisten solche Erfahrungen schon seit 1920. Im Jahre 1930 veröffentlichte das „Sonntagsblatt" unter der Überschrift „Der Kampf der religiösen Sozialisten in der badischen Landessynode" acht Anträge der religiös-sozialistischen Fraktion: Gegen die Staatsdotation der Kirche, für die Herabsetzung der Kirchensteuer, für die Überlassung von Kirchen für religiöse Maifeiern und so weiter. Der Kommentar nach jedem abgedruckten Antrag lautete stets: „Von der Mehrheit abgelehnt".[139] Aber die religiösen Sozialisten ließen sich dadurch nicht entmutigen. Sie waren ja zunächst sogar froh, überhaupt „Flagge zu zeigen", wobei sie – wie in Thüringen – auch zur Zusammenarbeit mit anderen Kirchenparteien und zu Kompromissen bereit waren. Mit großer Aufmerksamkeit registrierten sie, wenn – wie in der Pfalz – „mancherlei Verständnis für Weg und Ziel unserer Bewegung" hörbar gewesen war oder wenn einige Anträge sogar „verständnisvolle Aufnahme und Bearbeitung gefunden" hatten. Auch die badischen religiös-sozialistischen Synodalen betonten nach 1928, nachdem von 19 Anträgen fast alle abgelehnt worden waren, daß sie „nicht verzagt" seien.[140]

Aber der von Baden ausgehende Versuch, die kirchenpolitischen Aktivitäten in allen religiös-sozialistischen Landesverbänden zu koordinieren, mußte dennoch scheitern. Der von Eckert stammende Entwurf der „Richtlinien sozialistischer Vertreter in den Körperschaften der badischen Landeskirche" war ausdrücklich auch als „Anregung" für die anderen Landesverbände gedacht. Er enthielt neben allgemeinen Grundsätzen auch Empfehlungen, wo prinzipielle Opposition notwendig sei und wo Kompromisse möglich sein könnten. Das aber war so allgemein nicht festzulegen, da die Situation in den einzelnen Landeskirchen zu unterschiedlich war.[141] Immerhin aber glaubten die meisten religiös-sozialistischen Mandatsträger erkennen zu können, daß „man die kleine Gruppe der religiösen Sozialisten außerordentlich ernst nimmt".[142]

---

139 Vgl. für Thüringen unter anderem: SaV 11, 22 und 25, 1927, für die Pfalz unter anderem: SaV 26, 1928, für Baden unter anderem SaV 26, 1930 und die Darstellung der regionalen Aktivitäten in dem Kapitel 4.
140 Vgl. dazu: SaV 20, 22 und 30, 1928.
141 Vgl. den Entwurf der Richtlinien in: SaV 47 und 48, 1928.
142 So formulierte Emil Fuchs seinen Eindruck über den Erfolg der religiösen Sozialisten im thüringischen Landeskirchentag. Vgl. dazu SaV 30, 1928.

In gewisser Weise traf diese Wahrnehmung zu Beginn der dreißiger Jahre sicherlich zu. In fast allen Landeskirchen wurden die religiös-sozialistischen Aktivitäten – die bis dahin im Bewußtsein eindeutiger Mehrheiten zumindest geduldet waren – zunehmend abgeblockt. Die landeskirchlichen Behörden machten verstärkt Front gegen das Auftreten der religiös-sozialistischen Pfarrer in der Öffentlichkeit, in den Gemeinden und in den kirchlichen Gremien. Eine Vielzahl von Disziplinarverfahren war die Folge. Eine regelrechte „Verfolgung sozialistischer Pfarrer in ganz Deutschland" schien einzusetzen. Die religiösen Sozialisten sahen darin einen „allem Anschein nach organisierten Generalangriff der Kirchenbehörden", gegen den sie sich allerdings offensiv und mit bemerkenswertem Erfolg zur Wehr zu setzen wußten. Es gab zwar immer wieder Disziplinarverfahren, die aber nicht zuletzt aufgrund der solidarischen Haltung religiöser Sozialisten in Thüringen, in der Pfalz, in Berlin, in Württemberg und vor allem in Baden meist mit nur geringen Disziplinarstrafen endeten. Selbst Erwin Eckert, der auf dem Evangelischen Kirchentag 1930 in Stuttgart mit seiner vehementen Kritik an der kirchlichen Haltung gegenüber der Sowjetunion den Zorn der Kirchenoberen erregt hatte und der sich von der badischen Landeskirche nicht das Recht zur politischen Meinungsäußerung nehmen lassen wollte, wurde nach langem Verfahren zunächst nicht – wie von den kirchlichen Anklägern gefordert – seines Dienstes enthoben. Erst als er im Herbst 1931 in die KPD eintrat, schien das den badischen Kirchenbehörden endlich ein ausreichender Grund zu sein, ihn aus seinem Dienst als Pfarrer zu entlassen.[143] Auch die wenigen religiös-sozialistischen Pfarrer in den Gemeinden schienen den Kirchenbehörden nun eine Gefahr zu werden und es war zu Beginn der dreißiger Jahre nie sicher, ob der Nachfolger eines ausscheidenden religiös-sozialistischen Pfarrers wieder ein religiöser Sozialist war. Aber gerade die daraus entstehenden Konflikte führten auch immer wieder zu einer Mobilisierung von Mitgliedern und Sympathisanten der religiös-sozialistischen Bewegung, die nicht selten den Streit um die Besetzung einer Pfarrstelle zugunsten des religiös-sozialistischen Bewerbers entschied.[144] Eine andere Strategie, langfristig das Klima in den Landeskirchen zugunsten der religiösen Sozialisten zu verändern, hatte dagegen kaum Erfolg. Es gelang nur selten, an den Universitäten und pädagogischen Akademien religiöse Sozialisten an der Ausbildung von Pfarrern und Religionslehrern zu beteiligen. Nur in Preußen konnte der seit 1930 als Kultusminister amtierende religiöse Sozialist Adolf Grimme Emil Fuchs als Professor nach Kiel berufen und – letztlich mißglückte der Versuch allerdings – Günther Dehn nach Halle.[145]

---

143 Zur „Verfolgung sozialistischer Pfarrer" vgl. SaV 43, 1930, zu den Disziplinarverfahren vgl. auch die sich häufenden Berichte ab 1930 in der religiös-sozialistischen Presse, zum Verfahren gegen Erwin Eckert vgl. besonders *Friedrich-Wilhelm Balzer/Karl Ulrich Schnell*, Der Fall Eckert, Köln 1987 und die Darstellung weiter unten im Kapitel 4.

144 Vgl. unter anderem den Bericht über den Konflikt um die Nachfolge von Pfarrer Piechowski in Berlin-Neukölln, der zugunsten von Pfarrer Rackwitz entschieden wurde in: SaV 48, 1928, und Zeitschrift für Religion und Sozialismus 1, 1929, über Erfolge und Mißerfolge bei der Pfarrstellenbesetzung in Thüringen vgl. SaV 13, 1929, und Der Religiöse Sozialist 48, 1931.

145 Vgl. die im ganzen negative Bilanz dieser Strategie, die Georg Wünsch Anfang 1933 aufmacht in: Zeitschrift für Religion und Sozialismus 1, 1933.

Angesichts dieser wenig beeindruckenden Bilanz der kirchenpolitischen Praxis der religiösen Sozialisten kann es kaum verwundern, daß sie selbst zu Beginn der dreißiger Jahre zunehmend skeptisch wurden, ob sich der aufreibende Aufwand überhaupt gelohnt habe. Anfang 1933 kam Georg Wünsch deshalb auch zu einer völlig negativen Wertung der religiös-sozialistischen Kirchenpolitik. Er konstatierte, daß sich die „Lage in der Kirche [...] zu unseren Ungunsten verschärft" habe und daß in Nord- und Süddeutschland gleichermaßen nach zehn Jahren bei den führenden Kirchenkreisen immer noch „nicht die leiseste Spur des Entgegenkommens oder die Anerkennung unsers relativen Rechts" zu erkennen sei. Deswegen sollten die religiösen Sozialisten künftig – diese Zukunft blieb ihnen freilich nicht – die Prioritäten anders setzen und vor allem in der SPD und in den Gewerkschaften mitarbeiten.[146]

Die aus diesen Worten sprechende Enttäuschung resultierte vor allem aus der Tatsache, daß fast alle religiösen Sozialisten der kirchenpolitischen Arbeit einen großen Stellenwert zugebilligt und eine große Erwartung daran geknüpft hatten. Sie wollten die Kritik am Zustand der Kirchen und an der politisch-konservativen Haltung der Kirchenbehörden nicht den Freidenkern überlassen. Die Kirchen sollten aber nicht nur verändert, sondern sogar – wie es Heinrich Dietrich 1925 optimistisch formuliert hatte – „von uns erobert und gewonnen werden". Dann gäbe auch – so hofften sie – die sozialistische Arbeiterbewegung ihre Vorbehalte gegenüber den religiösen Sozialisten auf und aus der Neutralität würde endlich sogar „eine Kampfgemeinschaft [...] für letzte und höchste Ziele der Menschheit".[147] Damit war von den religiösen Sozialisten selbst ein Maßstab für die Beurteilung von Erfolg oder Mißerfolg der religiös-sozialistischen Kirchenpolitik formuliert worden, der zweifellos ihre Kräfte überfordern mußte. Gemessen an diesem Maßstab kann die kirchenpolitische Praxis nur als eine Abfolge von Mißerfolgen beschrieben und im ganzen als „Niederlage" bezeichnet werden.[148]

Aber angesichts der geringen Möglichkeiten zum institutionellen Umbau der Kirchen nach 1918 und angesichts der bornierten Verweigerung jedweden selbstkritischen Umdenkens in den Kirchen selbst darf die Meßlatte für den Erolg der religiös-sozialistischen Kirchenpolitik nicht zu hoch gelegt werden. Die Reaktionen der Landeskirchen auf das – zunächst überraschende – Auftreten der religiösen Sozialisten belegt den Erfolg ihrer Arbeit. Sie reichten von anfänglicher Ablehnung aus Unkenntnis über flexible Duldung bei stets gleichbleibender Ablehnung der Inhalte bis zu erneuten militanten Angriffe gegen alle religiös-sozialistischen Aktivitäten. Aber gerade dieser zu Beginn der dreißiger Jahre zu verzeichnende Wandel im Verhalten gegenüber den religiösen Sozialisten ist auch ein Beleg für die offenbar als Gefahr gesehene Wirkung der religiös-sozialistischen Kirchenpolitik. Paul Tillich kam deshalb schon

---

146 Vgl. *Georg Wünsch*, Unsere Aufgabe 1933, in: Zeitschrift für Religion und Sozialismus 1, 1933.
147 Vgl. *Heinrich Dietrich* in: SaV 41, 1925 und *Erwin Eckert* in: SaV 2, 1925.
148 In der Literatur über die religiös-sozialistische Bewegung wird das nicht zuletzt in überzogener Weise getan von *Renate Breipohl*, a.a.O., S. 29.

anläßlich der erfolgreichen Solidaritätsaktionen für Erwin Eckert im Sommer 1931 zu der Einschätzung, daß die – wenn auch nur taktisch gemeinte – Entscheidung des badischen Dienstgerichts, Eckert nicht als Pfarrer zu entlassen, als Hinweis auf die wachsende Bedeutung der religiösen Sozialisten zu werten sei. Die Kirchenbehörden hatten es offenbar nicht gewagt, „die konservativ-bürgerliche Ideologie mit der Verkündigung der Kirche gleichzusetzen". Im Rückblick erinnerte sich auch Emil Fuchs, daß die religiösen Sozialisten zwar als Gruppe letztlich doch zu klein waren und „keine Machtbildung [darstellten], durch die man die Kirche reformieren kann", aber, so schloß er seinen Bericht über seine Jahre in Thüringen ab, sie haben durch ihre Arbeit den „Beweis geliefert, daß in den Arbeitermassen eine große Zahl von Männern und Frauen bereit war, auf den Ruf der Kirche zu hören". Die Kräfte der religiösen Sozialisten reichten freilich nicht aus, die Kirchen zu zwingen, diese Arbeit anzuerkennen. In diesem Zusammenhang muß natürlich gefragt werden, ob die von den religiösen Sozialisten gewählten Mittel, um ihren kirchenpolitischen Zielen zum Erfolg zu verhelfen, immer angemessen waren.[149] Aber zumindest auf dem Felde der Auseinandersetzung mit dem übermächtig werdenden Nazismus innerhalb und außerhalb der Kirchen hatten sie sich wenig vorzuwerfen. Die religiösen Sozialisten waren während der Zeit der Weimarer Republik die einzige „Kirchenpartei", die in den Landeskirchen von Anfang an gegen diese die Kirchen und die Gesellschaft bedrohende Gefahr Front machten.

c) *Religiöse Sozialisten und Nazismus*

Spätestens Anfang 1932 war in allen Landeskirchen deutlich geworden, daß die – unter verschiedenen Namen firmierenden – „Deutsche Christen" auf dem besten Wege waren, die Kirchen zu „erobern". Diese nazistische „Glaubensbewegung" hatte sich seit Beginn der dreißiger Jahre mit beträchtlichem Erfolg an den Kirchenwahlen beteiligt und war fast überall – oft aus dem Stand – zur stärksten Fraktion in den Synoden und Landeskirchentagen geworden. Eine Vielzahl von Pfarrern bekannte sich offen zur Mitgliedschaft in der NSDAP und scheute sich nicht, ganze SA-Stürme in Uniform an den Gottesdiensten teilnehmen zu lassen oder selbst als „Standartenpfarrer" in Uniform sogenannte Fahnenweihen und Feldgottesdienste durchzuführen. Die religiösen Sozialisten warnten von Anfang an vor der von den „Deutschen Christen" ausgehende Gefahr. Für die religiösen Sozialisten war es allerdings noch erschreckender, daß viele deutsch-nationale Pfarrer und Theologen mit den „Deutschen Christen" zwar nicht theologisch, wohl aber „politisch übereinstimmten". Die Kirchen waren für völkische und nationalistische Gesinnung stets anfällig gewesen und der Antisemitismus war auch unter protestantischen Pfarrern und Superinten-

---

149 Zu Tillich vgl. seinen Artikel zum „Fall Eckert" in: Neue Blätter für den Sozialismus 8, 1931, S. 409, zu Fuchs vgl. *Emil Fuchs*, Mein Leben, Bd. 2, a.a.O., S. 153 f., zu den „Mitteln" vgl. den Abschnitt über religiös-sozialistische Predigt weiter unten in diesem Kapitel.

denten weit verbreitet. Die Ausprägungen des Antisemitismus reichten dabei von einem deutschnationalen Anti-Judaismus, der wenigstens noch das Alte Testament anerkennen wollte, bis hin zu rassistischen Antisemitismus, der auch im „Judenchristen" die Gefahr einer „Überfremdung" sehen wollte. Angesichts dieser Haltung der Kirchenoberen verwundert es nicht, daß auch das protestantische Kirchenvolk vor allem in ländlichen Regionen schon vor 1932 besonders anfällig für die Wahl der NSDAP war.[150]

Schon lange vor 1933 hatte die protestantische Kirche dem Nazismus breite Einfallstore geöffnet. Neben einigen wenigen liberalen Pfarrern und Theologen warnten nur die religiösen Sozialisten schon sehr früh vor den nationalistisch-antisemitischen Tönen in den evangelischen Landeskirchen. Im Jahre 1919 forderte der Berliner Pfarrer August Bleier in einem Artikel zum 9. November 1918 seine christlichen Weggefährten auf: „Tretet auf gegen die verwüstende Propaganda des Rassenhasses! Seid Revolutionäre auch gegen den Rassenhaß. Wer Antisemit ist, kann kein Christ sein." Immer wieder gab es in den folgenden Jahren Anlaß, solche auch an die Kirchenbehörden gerichteten Aufforderungen zu wiederholen. Im Jahre 1925 warnte Erwin Eckert in einer kritischen Polemik vor einem obskuren „Bund für deutsche Kirche", der die „Eindeutschung" des Christentums fordere und antisemitisch agiere. Und im Jahre 1929 beklagten mehrere Theologieprofessoren die Tatsache, daß die evangelische Kirche im Unterschied zur katholischen Kirche eine „unsichere und gebrochene" Stellung zum Antisemitismus einnehme.[151]

Die religiösen Sozialisten wandten sich aber auch schon kurz nach Kriegsende gegen alle Vorboten einer völkisch-faschistischen Bewegung in Deutschland. Im „Christlichen Volksblatt" beschrieb Leonhard Ragaz bereits 1923 die „fluchbeladenen Massenmorde" Mussolinis, der allen vor Augen führe, „wohin jede Diktatur dieser Art führt". Anläßlich eines Besuchs des spanischen Faschisten Primo de Riveira in Italien hieß es im gleichen Jahr im „Christlichen Volksblatt", daß der „Fascismus [...] die der Gegenrevolution angemessene Staatsform" sei, und nach dem Scheitern des Hitler-Putsches 1923 in München wollten die religiösen Sozialisten – zu Recht – nicht glauben, daß „die Gefahren, die der deutschen Demokratie, der deutschen Republik drohen", kleiner geworden seien.[152]

Ende der zwanziger Jahre verstärkten die religiösen Sozialisten ihre Auseinander-

---

150 Zu den Deutschen Christen vgl. *Kurt Nowak*, Evangelische Kirche und Weimarer Republik, Göttingen 1981, S. 258 ff. Zum Antisemitismus in der protestantischen Kirche vgl. auch: *Karl Wilhelm Dahm*, Pfarrer und Politik, Köln/Opladen 1985, S. 196 ff. und *Jochen-Christoph Kaiser*, Protestantismus, Diakonie und ‚Judenfrage' 1933-1941, in: Vierteljahreshefte für Zeitgeschichte 4, 1989, S. 673 ff. und *Wolfgang Gerlach*, Als die Zeugen schwiegen. Bekennende Kirche und die Juden, Berlin 1987, zu den protestantischen Wählern der NSDAP vgl. *Jürgen W. Falter*, Hitlers Wähler, München 1991, S. 191 ff.

151 Vgl. *August Bleier*, „Zum 9. November", in: Das neue Werk 34, 1919/20. Eckerts Polemik in: SaV 23, 1925, der Aufruf „Zur Abwehr des Antisemitismus" in: Die Eiche 1, 1929. Der Aufruf war unterschrieben von: Karl Barth, Otto Baumgarten, Martin Rade, Hermann Schafft und Paul Tillich.

152 Vgl. den gekürzten Nachdruck eines Artikels von *Leonhard Ragaz* in: Christliches Volksblatt 42, 1923, die erste „Faschismus-Definition" der religiösen Sozialisten in: Christliches Volksblatt 48, 1923, zu den Gefahren nach dem Hitler-Putsch in: Christliches Volksblatt 46, 1923.

setzung mit dem Nazismus. In Thüringen hatte die NSDAP im Dezember 1929 bei der Landtagswahl über elf Prozent der Stimmen erhalten, und sie stellten sogar einen Minister in der Landesregierung. Die Vorschläge des neuen nazistischen Volksbildungsministers für das Schulgebet, die plumpe völkisch-nationalistische Untertöne erkennen ließen, veranlaßten die religiösen Sozialisten zu heftiger Kritik vor allem auch am Schweigen des Landeskirchenrates.[153] Aber es war bald klar, daß eine solche Entwicklung nicht nur das Problem einer Landeskirche war. Erwin Eckert fragte deshalb auch im Oktober 1930 in der badischen Landessynode, warum „die Kirchen nicht gegen den Faschismus" kämpfen. Zuvor schon hatte der Bund der religiösen Sozialisten auf seinem Stuttgarter Kongreß Mitte 1930, auf dem ausführlich über die Gefahren des Nazismus diskutiert worden war, sich mit einer „Erklärung des Bundes gegen den Faschismus" gewandt, in der die religiösen Sozialisten die „innere und äußere Haltlosigkeit der christlichen Kirchen gegenüber den gefährlichen Absichten des Faschismus" kritisierten. Ende 1930 erklärte die religiös-sozialistische Internationale unter der Leitung von Leonhard Ragaz – von deutscher Seite hatte Erwin Eckert die Erklärung unterschrieben – in einem an die ganze europäische Christenheit gerichteten „Wort [...] über Nationalismus und Faschismus", daß „Christentum und Faschismus [...] unvereinbar" seien.[154]

Von 1930 an sahen die religiösen Sozialisten den „Kampf gegen den Faschismus" als eine ihrer wichtigsten politischen Aufgaben an. Im Jahresrückblick auf das Jahr 1930 heißt es dazu aus der Feder von Erwin Eckert: „Die faschistische Gefahr kann gar nicht ernst genug genommen werden – der erbitterte Kampf unserer Bewegung gegen diese neue Welle eines engstirnigen dämonischen Nationalismus, der sich religiös verbrämt und idealistisch redet, muß mit aller Entschiedenheit durchgefochten werden".[155]

Die vom Nazismus ausgehende Gefahr wurde von den religiösen Sozialisten zweifellos nicht untertrieben. Aber das hieß noch lange nicht, daß sie auch die Ursachen für die Stärke dieser Massenbewegung richtig einschätzten und realistische Konzepte entwarfen, dieser Gefahr zu begegnen. Leonhard Ragaz, der immer wieder den Nazismus als eine „fanatische Religion völkischer und rassenhaßversetzter Selbstvergottung" angriff, nahm zunächst sogar an, daß die nazistische Bewegung nicht von langer Dauer sein werde. Er sah in ihr einen „Fieberzustand, der bald vorüber sein wird", zumal Nationalismus und Sozialismus so unvereinbar seien, daß sie nicht lange in einer Ideologie zusammengebunden bleiben könnten. Aber auch nachdem er begrif-

---

153 Vgl. die Darstellung der religiös-sozialistischen Bewegung in Thüringen im Kapitel 4, zum Wortlaut der Gebetsentwürfe und zu den Protesten dagegen vgl. SaV 18, 1930.

154 Vgl. zu Eckerts Rede in der badischen Synode den Wortlaut in: SaV 41, 1930, Der Wortlaut der „Erklärung" in: SaV 33, 1930. Die Erklärung der religiös-sozialistischen Internationale in: SaV 48, 1930. Zuvor schon war Anfang 1930 im Sonntagsblatt eine Artikelfolge erschienen über die „faschistische Internationale": vgl. dazu SaV 7. 1930. In vielen Mitgliederversammlungen in allen Landesverbänden wurde über das Thema religiöser Sozialismus und Nazismus referiert. Im Sonntagsblatt wurde darüber hinaus regelmäßig über die Erfolge der Nazibewegung bei Wahlen und über ihre Politik berichtet und alle Verbindungen der Kirche mit der Nazibewegung wurden sorgsam registriert. Vgl. dazu unter anderem: Die christlichen Kirchen und der Faschismus in: SaV 48, 1930.

155 Vgl. „Jahresrückblick" in: Der Religiöse Sozialist 1, 1931.

fen hatte, daß der Nazismus keine vorübergehende Erscheinung blieb, hoffte er auf die erfolgreiche Gegenwehr aus christlichem Geiste: Sein Appell, eine „Umkehr vom Mammon zu Gott, von der Ware zur Seele, vom Profit zum Menschen, von der Konkurrenz zum gegenseitigen Dienst" vorzunehmen, war sicher im politischen Tageskampf kein überzeugendes Konzept einer politischen Gegenstrategie.[156]

Nicht zuletzt gab es auch bei religiösen Sozialisten Illusionen über die Stärke der gesellschaftlichen Kräfte, die dem Nazismus entgegenzutreten bereit waren – besonders über die „revolutionäre Bereitschaft der Arbeiterbewegung". So analysierte Fritz Ermarth den italienischen faschistischen Staat, beschrieb auch die Ähnlichkeiten zwischen der Entwicklung der faschistischen Bewegung in Italien und der NSDAP, um mit einem erstaunlichen Optimismus am Schluß zu behaupten, daß in Deutschland die Gefahr einer „Machtergreifung" nicht bestehe, „[...] denn die deutsche Arbeiterschaft wird sich den Rechtsstaat, der allein Voraussetzung zum sozialischen Staat sein kann, weder durch List entwinden noch durch Gewalt entreißen lassn".[157]

Einige wenige religiöse Sozialisten – unter ihnen auch Erwin Eckert – machen sich Mitte 1931 darüber hinaus auch Illusionen über die mögliche Alternative zu einer nazistischen Machtergreifung. In dem Maße, wie Erwin Eckert sich seit dem Frühjahr 1931 enttäuscht von der SPD abwandte und sich voller „revolutionärer Ungeduld" der KPD zuwandte, machte er sich auch die „Faschismus-Analyse" der KPD zu eigen. Er hatte stets mit großem kämpferischen Einsatz die religiös-sozialistische Bewegung im „Abwehrkampf gegen den Faschismus" angeführt. Zwischen November 1930 und April 1931 hatte er allein 71 Vorträge – von der SPD und vom BRSD organisiert – zum Thema „Nazismus" in den Kirchen und in der Gesellschaft gehalten. Über 70.000 Zuhörer hatte er aufzurütteln versucht.[158] Aber auch in der Diskussion über diese Gefahren war die differenzierte Analyse nicht die Stärke von Erwin Eckert. Schon im Frühjahr 1931 meinte er sehr pauschal, daß die eigentliche Gefahr von der „faschistisch-bürgerlichen Einheitsfront" ausgehe. Mitte 1931 war er von einer verworrenen Situationsbeschreibung von Heinrich Schwartze aus Detmold offenbar so beeindruckt, daß er sie unter der Überschrift „Die Revolution ist auf dem Marsche!" auf die Titelseite des von ihm verantworteten „Religiösen Sozialisten" hob. Der in Lippe ziemlich erfolglos agierende Landesvorsitzende Schwartze forderte in diesem Artikel die Arbeiterbewegung auf, den Nazismus nicht zu „überschätzen", denn dadurch könnten die Arbeiter nicht sehen, „daß nicht der Faschismus, sondern die sozialistische Revolution auf dem Marsche ist [...]. Der Nationalsozialismus hat seine Stunde verpaßt!" Deshalb gebe es für religiöse Sozialisten jetzt auch Anlaß – und nur die KPD mache sich darüber Gedanken –, „die Frage der Diktatur des sozialistischen Proletariats als notwendiger Übergangsform zur sozialistischen Gesell-

---

156 Vgl. zur Haltung von Ragaz gegenüber dem Nazismus: *Silvia Herkenrath*, Politik und Gottesreich, Kommentare zur Weltpolitik der Jahre 1918 bis 1945 von Leonhard Ragaz, Zürich 1977, dort auch die aus seiner Zeitschrift Neue Wege stammenden Zitate, besonders S. 105 f.

157 Vgl. *Fritz Ermarth*, Der faschistische Staat, in: Zeitschrift für Religion und Sozialismus 1931, S. 333 ff.

158 Vgl. die Zusammenstellung der Veranstaltungen Eckerts in: Der Religiöse Sozialist 15, 1931.

schaft aufs neue auf ihre Möglichkeiten zu durchdenken".[159] Erwin Eckert nutzte in seinen im „Religiösen Sozialisten" veröffentlichten und immer umfänglicher werdenden Wochenberichten jeden Hinweis auf die „Zuspitzung des Klassenkampfes", um in die gleiche Kerbe zu hauen. Im Herbst 1931 glaubte er, daß der revolutionäre Umsturz nicht mehr lange auf sich warten lassen werde. Er trat deshalb zur KPD über, die sich als einzige politische Kraft der Linken seiner Meinung nach auf diesen Umsturz vorbereite.

Pfarrer Aurel von Jüchen, der seit 1930 mit seinen differenzierten Analysen die theoretische Diskussion über den Nazismus im BRSD mitbestimmt hatte, kam aufgrund dieses Verhaltens auch – im Rückblick – zu einem vernichtenden Urteil über Eckerts Anstrengung, den Nazismus zu erklären. Er faßte die Zeitanalyse Eckerts mit folgenden Worten kritisch zusammen: „[...] an eine direkte Machtübernahme durch den Nationalsozialismus glaubte Eckert nicht [...] Einen wesentlichen Unterschied zwischen Brüning-Regierung und Faschismus konnte er nicht entdecken. Da die faschistischen Wirtschaftsexperimente nicht erfolgreich sein würden, glaubte er mit der kommunistischen Partei, daß der Faschismus das revolutionäre Bewußtsein nur steigern und die proletarische Revolution nur beschleunigen könne." Und Jüchen urteilte: „Alle diese Spekulationen hat die Geschichte als falsch erwiesen". Aurel von Jüchen wies in diesem Zusammenhang aber auch darauf hin, daß die übergroße Mehrheit im BRSD Eckerts „Theorie des deutschen Faschismus" nicht teilte.[160]

Da die religiösen Sozialisten dem Nazismus vor allem in den Landeskirchen begegneten, überlegten sie auch, wie ihm in den Kirchen zu begegnen sei. Auf einer Tagung im April 1931 in Caub kamen sie zu dem Ergebnis, daß dieser Kampf nicht nur eine politische, sondern auch eine theologische Auseinandersetzung sein müsse, und zwar zwischen religiösem Nationalismus und religiösem Sozialismus. Damit gerieten die religiösen Sozialisten allerdings in einen nicht alle Kirchenmitglieder überzeugenden Erklärungszwang, vor allem gegenüber den Pfarrern und Theologen, die meinten, daß beides nicht in die Kirche gehöre. Sie hielten dem allerdings entgegen, daß sie nicht das politische Engagement der Kirchen überhaupt in Frage stellten, sondern die Inhalte der Politik auf den Prüfstand des religiösen Auftrags der Kirchen stellen wollten. Dann aber erweise sich – wie Heinz Kappes in Caub selbstbewußt behauptete –, daß die religiös-sozialistische Bewegung gerade keine „Bindestrich-Bewegung" sei wie die Bewegung der „Deutsch-Evangelischen". Heinz Kappes wies in dem Zusammenhang erneut darauf hin, daß die religiösen Sozialisten eben nicht – auch wenn unverständige Kritiker es immer wieder behaupteten – das von ihnen ge-

---

159 Vgl. *Heinrich Schwartze*, Die Revolution ist auf dem Marsche!, in: Der Religiöse Sozialist 27, 1931. Zu Schwartze und zu den lippischen religiösen Sozialisten vgl. weiter unten das Kapitel 4.

160 Aurel von Jüchen kommt im Jahr 1985 zu diesem vernichtenden Urteil in einer Rezension eines Buches über die religiös-sozialistische „Faschismusdeutung", in dem seiner Meinung nach die „Faschismus-Analyse" Eckerts viel zu unkritisch-positiv dargestellt wurde. Vgl. das rezensierte Buch: *Detlef Döring*, Christentum und Faschismus. Die Faschismusdeutung der religiösen Sozialisten, Stuttgart 1982, die Rezension von Jüchen in: Christ und Sozialist 1, 1985.

wollte „Reich Gottes" mit dem „empirischen" Sozialismus verwechselten. Sie könnten deshalb auch mit gutem Gewissen an der Forderung festhalten, „Christenkreuz statt Hakenkreuz".[161]

Die meisten Analysen aus religiös-sozialistischer Feder versuchten das Konglomerat von Versatzstücken in der nazistischen Ideologie mit den dahinter vermuteten gesellschaftlichen Interessen in einen Zusammenhang zu bringen, ohne in eine undifferenzierte Schwarz-Weiß-Malerei zu verfallen.[162] Dennoch schwiegen die religiösen Sozialisten nicht vom kapitalistischen Wirtschaftssystem, wenn sie vom Faschismus redeten. Dafür war in erster Linie der thüringische Pfarrer Aurel von Jüchen verantwortlich, der bereits auf dem Stuttgarter Kongreß des BRSD im August 1930 anstelle des erkrankten Emil Fuchs eines der Hauptreferate zum Thema „Der Faschismus – Eine Gefahr für das Christentum" gehalten hatte. Er wies in seinem Referat auf die „Anfälligkeit" des liberalen Bürgertums hin, das im Jahre 1930 „mit dem Gedanken der Diktatur und der Gewaltherrschaft [spiele], wenn heute das Proletariat seine natürlichen Menschenrechte verlangt [...]" Alle Versuche, die Wirtschaftskrise zu bewältigen, müßten deshalb so lange die Gefahr der nazistischen Lösung in sich bergen, solange nicht das „eifersüchtige Festhalten der herrschenden Klassen an den augenblicklichen wirtschaftlichen und sozialen Verhältnissen" in Frage gestellt würde. Der „Willkür des Privatkapitalismus" aber kann nur ein „wirklicher sozialer Rechtsstaat" begegnen.[163]

Der Versuch zur differenzierten Analyse und das mutige Auftreten der religiösen Sozialisten in öffentlichen Veranstaltungen, in den Gremien der Landeskirchen und in den Gemeinden gegen den Nazismus blieb für die religiös-sozialistische Bewegung auch über das Jahr 1931 hinaus kennzeichnend. Es kann keine Rede davon sei, daß sie nach dem Ausscheiden Erwin Eckerts aus dem BRSD im Jahre 1931 weniger kämpferisch gegen den Nazismus Front machte. Im Gegenteil: Gerade die 1932 anstehenden Kirchenwahlen sahen die religiösen Sozialisten – zu Recht – noch mehr im Zeichen wachsender Erfolge für die „Deutschen Christen", vor denen sie nicht zurückweichen wollten. Sie fürchteten, auch zu Recht, die drohende „Eroberung der Kirchen" durch die Nazis und beschworen deshalb immer wieder ihre Anhänger, die Landeskirchen der Nazi-Bewegung nicht kampflos auszuliefern.[164]

---

161 Vgl. *Heinz Kappes*, Der theologische Kampf der religiösen Sozialisten gegen das nationalsozialistische Christentum, in: Reich Gottes – Marxismus – Nationalsozialismus, Tübingen 1931, S. 90 ff. Zur Kritik *Leonhard Ragaz*, Mein Weg, a.a.O., S. 2181 Ragaz bezog sich vor allem auf das von Georg Wünsch gehaltene Referat.

162 Vgl. dazu unter anderem *Heinrich Mertens* in: Der Religiöse Sozialist 27, 1931, und die Darstellung der katholischen Sozialisten weiter unten im Kapitel 6. Vgl. auch die Stellungnahmen von Georg Fritze, wie sie *Hans Prolingheuer*, Der ‚rote' Pfarrer von Köln Georg Fritze (1874-1919), Wuppertal 1981, S. 66, zitiert.

163 Vgl. *Aurel von Jüchen*, Der Faschismus – Eine Gefahr für das Christentum, in: Zeitschrift für Religion und Sozialismus 1930, S. 299 ff., die Zitate S. 308 und 311.

164 Vgl. unter anderem *Emil Fuchs*, Kreuz und Hakenkreuz, in: Vorwärts vom 15.5.1932; *Ernst von Harnack*, Sollen wir die evangelische Landeskirche dem Faschismus ausliefern, in: Der Religiöse Sozialist 39, 1932; *Arthur Rackwitz*, Mißbrauch einer Berliner Kirche zu einer faschistischen Demonstration, in: Der Religiöse Sozialist 40, 1932; „Faschismus als Revolte der Naturtriebe gegen das

Der Massenwirkung des Nazismus hatten freilich auch die religiösen Sozialisten wenig entgegenzusetzen. Aber bis zum Verbot der religiös-sozialistischen Bewegung im Frühjahr 1933 war in den weiterhin häufig veröffentlichten Attacken gegen den Nazismus – von wenigen Ausnahmen abgesehen – keine Spur einer opportunistischen Anpassung an den Zeitgeist zu erkennen. Eine der letzten theologischen Konferenzen in Karlsruhe Anfang 1933 galt erneut der „Auseinandersetzung mit dem kirchlichen Nationalsozialismus". Emil Fuchs kommentierte in seinen „Wochenberichten" im „Religiösen Sozialisten" auch noch Anfang 1933 – und bis zur letzten Nummer der Zeitschrift – mit bissiger Schärfe die „Gewalttaten" der Nazis, den Terror gegen die sozialistische Arbeiterbewegung und die Wahlerfolge des „falschen Propheten" Hitler. Es gehörte im Februar 1933 bereits eine gehörige Portion Mut dazu, Hitlers Angriffe auf die „marxistische" Arbeiterbewegung – gemeint waren SPD und KPD – mit den Worten zurückzuweisen: „Es gibt nur einen echten deutschen Sozialismus, und das ist der Marxismus. Alles, was sich sonst Sozialismus nennt, ist Halbheit oder Schwindel."[165]

Anfang 1933 hatten die „Deutschen Christen" fast überall die Landeskirchen erobert, zumindest aber fühlten sie sich als Sieger und feierten ihren Sieg in vielen „Dankgottesdiensten". Die rheinischen religiösen Sozialisten nahmen Mitte Februar 1933 nach einer solchen Siegesfeier noch einmal eindeutig gegen den Nazismus Stellung. Sie nannten die Gottesdienste eine „entsetzliche Blasphemie" und meinten, keine Lust zu haben, „sich in solchen Zeiten [...] auch noch in der Kirche autoritär-national anpredigen zu lassen". Sie bewiesen damit Mut, offenbarten freilich mit einem ironisch gemeinten Zusatz in ihrer Stellungnahme gegen den „derzeitigen Rede-Reichskanzler" die – allerdings von vielen geteilten – Illusionen über die Dauer der nazistischen Herrschaft.[166]

Viele religiös-sozialistische Pfarrer ließen sich lieber maßregeln, in den Ruhestand versetzen, mißhandeln und verhaften, als daß sie bereit waren, ihrer Überzeugung untreu zu werden. Sicher hatten nicht alle religiösen Sozialisten den Mut dazu. In einem Brief eines Sozialdemokraten an seinen Ortsverein heißt es schon im Februar 1933 als Erklärung für seinen Parteiaustritt: „Ich bin und bleibe ‚religiöser Sozialist' [...] mir bleibt nach bestem Gewissen als Lehrer, Christ und Deutscher nichts übrig, als zu versuchen, dem doppelten Druck auszuweichen und als Parteiloser –

Sittengesetz und gegen die religiöse Offenbarung", in: Der Religiöse Sozialist 15, 1932; *Gotthilf Schenkel*, Der lebendige Christus und der Hitlersturm, in: Die Kirche und das Dritte Reich, Gotha 1932, S. 99 ff. Das sind einige Beispiele aus allen Regionen der religiös-sozialistischen Bewegung. Dennoch kommt *Heidi Hafner* in ihrer Arbeit „Der Bund religiöser Sozialisten in der Auseinandersetzung mit dem Nationalsozialismus", Tübingen 1987 (MS), S. 29, zu der Einschätzung, daß nach dem Übertritt Eckerts zur KPD ein „Zurücktreten der politischen Auseinandersetzungen mit dem Nationalsozialismus" zu verzeichnen sei, da sich ohne Eckert „niemand anderes dieser Problematik stellte". Sie führte allerdings danach ebenfalls mehrere Belege an, die diese Einschätzung widerlegen.

165 Zur theologischen Konferenz vgl. *Leonhard Ragaz*, Mein Weg, a.a.O., S. 223, die Wochenberichte aus der Feder von *Emil Fuchs* in: Der Religiöse Sozialist 1-11, 1933, das Zitat in: ebda. 7, 1933.

166 Die Stellungnahme erschien in der Rheinischen Zeitung vom 14.2.1933, hier zitiert nach: *Günther van Norden* (Hrsg.), Kirchenkampf im Rheinland, Köln 1984, S. 8.

wie vor zehn Jahren – meinen Beruf, meiner Familie und meinen Büchern zu leben [...]"[167]

Für viele religiöse Sozialisten aber war es selbstverständlich, sich nach der nazistischen Machtergreifung in die Front aller Nazigegner einzureihen. Aber in der entstehenden „Bekennenden Kirche" waren sie bei vielen, weiterhin deutschnational gesinnten Mitgliedern keineswegs willkommen, wie der sozialdemokratische Pfarrer und religiöse Sozialist Erich Hertzsch aus Thüringen erfahren mußte. Ihm wurde – ernsthaft – vorgehalten, er sei „Fraktionsführer der religiösen Sozialisten in der thüringischen Synode gewesen", und „sein Kampf gegen die Deutschen Christen hinge also wahrscheinlich auch mit seiner politischen Gegnerschaft gegen den Nationalsozialismus zusammen".[168] Das war eine in der Tat zutreffende Beobachtung, derer sich die religiösen Sozialisten freilich nicht zu schämen brauchten. Sie hatten schon lange vor 1933 dem Nazismus ein „radikales und begründetes Nein" entgegengesetzt – ganz anders als viele andere Mitglieder der Bekennenden Kirche, die zunächst – und einige bis zuletzt – nur kirchlich bedingte Vorbehalte gegen den Nazismus hatten.[169]

d) Religiös-sozialistische Predigt und Symbolik

Ein großes, freilich nicht leicht zu beackerndes Feld religiös-sozialistischer Praxis war ohne Zweifel die Predigt der Pfarrer in der Gemeinde. In den meisten Fällen hatte es der religiös-sozialistische Pfarrer in der Gemeinde nicht leicht. Er war nicht selten nur einer von mehreren Pfarrern in der Gemeinde und seine Kollegen und seine kirchlichen Vorgesetzten teilten meist nicht seine politische Orientierung. Die Mehrheit der Gemeindemitglieder, besonders aber der Gemeindekirchenrat fanden oft, daß seine politischen Predigten einem Pfarrer nicht angemessen seien. Es hagelte Beschwerden und Denunziationen.[170]

Die dem religiösen Sozialismus verpflichteten Pfarrer hielten aber dennoch – von Ausnahmen abgesehen – am Mittel der Predigt zur Propagierung religiös-sozialistischer Ideen fest. Die große Zahl der in Buchform vorliegenden Predigten belegt, daß sie als Beispiel angesehen wurden, wie am besten für diese Ideen geworben werden konnte. Schon 1919 veröffentlichte Paul Piechowski unter dem Titel „Vorwärts und aufwärts" Predigten und Grabreden, und im Jahre 1927 wurden als Nr. 4 der Schriften der religiösen Sozialisten „Predigten sozialistischer Geistlicher Deutschlands" publiziert. Emil Fuchs folgte 1928 mit seinen „Predigten eines religiösen Sozialisten".

---

167 Der Brief ist zitiert nach: Das Ende der Parteien 1933, hrsg. von Erich Matthias und Rudolf Morsey, Düsseldorf 1960, S. 239.
168 Vgl. dazu den Bericht von Erich Hertzsch, zitiert nach: *Walter Bredendiek*, Reflektierte Geschichte, Burgscheidungen 1965, S. 44.
169 Vgl. dazu und für das Zitat *Hans Kurt Meier*, Der evangelische Kirchenkampf, Bd. 1, Halle 1976, S. 43.
170 Vgl. für Berlin z.B. die Personalakte August Bleiers, Pfarrer in der Trinitatis-Gemeinde in Berlin-Charlottenburg von 1915-1954, in: EZA Berlin VII, 22455.

Eberhard Lempp nannte die 1933 veröffentlichten Andachten „Predigten aus schwerer Zeit".[171]

Die Predigten wandten sich gleichermaßen an den Proletarier in der Gemeinde wie an den Bürger und Kleinbürger. Die Beschreibung des sozialen Elends sollte Empörung wecken und die Aufklärung über den Zusammenhang von sozialer Ausbeutung und kapitalistischer Produktion sollte das Bewußtsein für radikale Veränderungen der Wirtschaftsform schärfen. Der Zustand der Kirche wurde kritisiert und ihre Verantwortung für Krieg und Militarismus gebrandmarkt. Die Erkenntnis sollte wachsen, daß es so nicht weitergehen könne.

Die Kritik an der bestehenden Ordnung, an der bestehenden Gesellschaft, aber auch die Hinweise auf die Ursachen für die „Gottlosigkeit" der modernen kapitalistischen Weltordnung führten schnell zum Bekenntnis zur Sozialdemokratie. War diese für die skeptischen Religiös-Sozialen aus der Schweiz zunächst nur die „Geisel Gottes", um die Welt auf den rechten Weg zu führen, so galten die von der Obrigkeit „vielgeschmähten Sozialdemokraten" für Christoph Blumhardt – den ersten SPD-Pfarrer im württembergischen Landtag vor 1918 – in einer Predigt als „Propheten, die mit ganz unerschütterlicher Energie einen Zukunftsstaat erleben..."[172] Für die wenigen deutschen religiös-sozialistischen Pfarrer wurde daher nach 1918 die Mitgliedschaft, aber auch das Werben für die SPD selbstverständlich. Aber es gab auch von Anfang an vehemente Kritik daran von seiten der Gemeindemitglieder, von Kollegen und besonders natürlich von den vorgesetzten Kirchenbehörden.

Aber wie ist die relative Wirkungslosigkeit religiös-sozialistischer Predigten (und Aufrufe von der Kanzel und in der Öffentlichkeit) zu erklären? Die äußeren Bedingungen spielten sicherlich die wichtigste Rolle, die Warnungen vor dem Nazismus waren in der Publizistik der SPD gleichermaßen anzutreffen, und dennoch fanden die Nazis immer mehr Massenanhang. Aber die religiös-sozialistischen Prediger in der Wüste müssen sich zumindest im Rückblick auch fragen lassen, ob sie nicht selber dazu beitrugen, daß ihre Wirkung so gering blieb.

Wolfgang Deresch, der eine große Anzahl religiös-sozialistischer Predigten auch formal analysierte, stellte mit Erstaunen fest, daß die Predigten trotz der „neuen Themen letztlich unverändert in ihrer traditionellen Form bestehen" blieben.[173] Die erstrebte Wirkung mußte verpuffen, denn den Bürger und Kleinbürger in seiner Gemeinde stieß das Bekenntnis zum Sozialismus ab, dem Proletarier aber blieb die biblische Sprache fremd, auch wenn ihn die Inhalte freuten. So überrascht denn auch nicht, daß nicht wenige religiöse Sozialisten die Wirkung ihrer praktischen Arbeit recht skeptisch beurteilen. Zu ihnen gehörte schon sehr früh der nur anfänglich engagierte religiöse Sozialist Günther Dehn. Seine Einlassung während seines Prozes-

---

171 Vgl. *Paul Piechowski*, Vorwärts und aufwärts. Moderne Zeitpredigten und Grabreden, Berlin 1919; Predigten sozialistischer Geistlicher Deutschlands. (= Schriften der religiösen Sozialisten, Nr. 4), Karlsruhe 1927; *Emil Fuchs*, Predigten eines religiösen Sozialisten, Gotha 1928; *Eberhard Lempp*, Unter dem Banner Christi. Predigten aus schwerer Zeit, Nordhausen 1933.
172 Zit. nach: *Wolfgang Deresch*, Der Glaube der religiösen Sozialisten, Hamburg 1972, S. 61.
173 Ebda., S. 135.

ses 1941 ist daher sicher nicht nur als Schutzbehauptung zu verstehen, wenn er bekannte, er habe „den Arbeitern seiner Gemeinde zeigen wollen, daß auch er auf ihrer Seite stehe [...] ein Unterfangen, dessen Aussichtslosigkeit er alsbald eingesehen habe."[174] Auch die Tatsache, daß er immerhin fast zwanzig Jahre im Berliner Arbeiterbezirk Moabit Pfarrer gewesen war, nimmt sich deshalb in seiner eigenen rückblickenden Einsätzung wenig beeindruckend aus. Nur zu gern wäre er woanders hingegangen, er blieb aber „nur darum so lange, weil keine Aussicht bestand, nach dem 1. Weltkrieg von irgendeiner anderen Gemeinde zum Pfarrer gewählt zu werden. Ich war bekannt geworden als der ‚rote Dehn' [...]".[175]

Ein anderer Berliner religiöser Sozialist, August Bleier, Pfarrer an der Charlottenburger Trinitatiskirche, zog aus seiner Enttäuschung andere Konsequenzen. Bereits zu Beginn der zwanziger Jahre mußte er feststellen, daß er sich wohl in seiner Gemeinde einer großen Anhängerschar sicher sein konnte, die preußische Landeskirche aber immer konservativer wurde und damit immer weniger anziehend auf Arbeiter wirkte. Für kurze Zeit hatte er deshalb die Hoffnung, daß das Proletariat (nicht zuletzt mit seiner Hilfe) auch ohne Kirche zur Religion zurückfinden könnte. Als Bleier 1922 überlegte, wohin der Weg der religiösen Sozialisten gehen müsse, gab es deshalb für ihn gerade wegen seiner kirchenpolitischen Enttäuschungen gar keinen Zweifel: hin zu den Sozialisten, denn „die sehnen sich nach einer neuen seelenvollen Kultur. Und wäre Religion anderes als Seele". Auch der Widerspruch Dehns hinderte Bleier nicht, daher bereits in einer proletarischen Maifeier einen „Gottesdienst" zu sehen. So schrieb er – sichtlich begeistert – anläßlich der Gesamtberliner Maifaier 1922: „Als ich am 1. Mai 1922 auf der Berliner Schloßrampe stand und hineinschaute in das wogende rote Meer der Masse [...] da rief Dr. Löwenstein mir zu: Auch ein Gottesdienst."[176]

Nicht alle religiös-sozialistischen Pfarrer machten so negative Erfahrungen und zogen so pessimistische Schlüsse aus ihrer praktischen Arbeit. Von 1918 an versuchten Pfarrer, für ihre Ideen zu werben, indem sie bewußt an symbolträchtige Ereignisse der sozialistischen Arbeiterbewegung anzuknüpfen bestrebt waren. So trachteten sie in allen Regionen, in denen religiöse Sozialisten vertreten waren, danach, sich nicht nur an den Maifeiern der SPD und der Gewerkschaften zu beteiligen, sondern sie versuchten auch, bei der Gelegenheit das Wort zu ergreifen oder gar sozialistische Arbeiter zur Teilnahme an einem Maigottesdienst zu ermuntern. Die Gemeinderäte erlaubten nicht immer, die Kirche als Ort der religiösen Maifeiern zu nutzen und zu Beginn der dreißiger Jahre häuften sich auch wieder die Verbote. Aber wo es gelang – vor allem in Süddeutschland, aber auch im Rheinland und in Berlin –, konnten die religiös-sozialistischen Pfarrer große Erfolge verzeichnen. Die „ganze Arbeiterschaft" war eingeladen und „Tausende von Arbeitern und Arbeiterinnen nahmen daran teil" – wie es 1929 anläßlich der Maifeiern in Mannheim, Karlsruhe und Freiburg im Sonntagsblatt hieß. Die Pfarrer Eckert, Kappes und Löw predigten, und

---

174 Anklageschrift gegen Dehn u.a. 1941, in: EZA Berlin Bestand 50/8.
175 *Günther Dehn*, Die alte Zeit. Die vorigen Jahre. Lebenserinnerungen, München 1963, S. 164.
176 *August Bleier*, Wohin geht unser Weg, in: Der religiöse Sozialist 5, 1922.

zum Schluß sangen alle das Lied „Brüder zur Sonne": Viele Parteigenossen erklärten [die religiösen Maifeiern] als Höhepunkt der Mai-Veranstaltungen".

In Karlsruhe fanden seit 1919 religiöse Feiern für den Weltfrieden statt, die bis zu 2.000 Besucher in der größten Kirche der Stadt vereinte.[177] Die religiösen Sozialisten nahmen also nicht allein den 1. Mai zum Anlaß für besondere – und regelmäßig Proteste der kirchlichen Obrigkeit provozierende – Gottesdienste, sondern auch zum Beispiel den Verfassungstag. Das Bekenntnis zum Sozialismus *und* das zur demokratischen Republik von Weimar gehörten für die meisten religiösen Sozialisten selbstverständlich zusammen. Nur selten äußerten religiös-sozialistische Pfarrer Zweifel, ob es der richtige Weg sei, dem Bedürfnis nach religiös-sozialistischen Ritualen bei ihren Anhängern einfach nachzugeben. Als Pfarrer Fritze aus Köln zum 1. Mai 1921 zur Maifeier in seine Lutherkirche einlud, fand diese bei der „innerlich ergriffenen Gemeinde" so großen Anklang, daß der Wunsch laut wurde, „ähnliche religiöse sozialistische ‚Gottesdienste'" öfter zu halten. Pfarrer Fritze sah darin ein berechtigtes „Bedürfnis unserer Sozialisten nach Feierstunden, die den spezifisch kirchlichen Charakter abgestreift haben". Aber Pfarrer Fritze, der das Wort „Gottesdienst" bei der Beschreibung des Verlaufs der Maifeier in Anführungszeichen setzte, sah darin auch eine Gefahr, lediglich sozialistische Rituale an die Stelle der kirchlichen Rituale treten zu lassen, und forderte seine religiös-sozialistischen Genossen auf, „nicht in Stimmungen [zu] schwelgen".[178]

Aber die meisten religiösen Sozialisten setzten sich in den folgenden Jahren über derartige Bedenken hinweg. Im Gegenteil: Gerade die äußere Form der religiössozialistischen Veranstaltungen, Tagungen und Gottesdienste sollte auch die Gefühle, nicht nur den Kopf ansprechen. Paul Tillich beklagte rückblickend sogar den „Mangel an durchschlagenden Symbolen im Anschauen und Handeln der sozialistischen Bewegung", konstatierte aber in dieser Hinsicht Ende der zwanziger Jahre einen Wandel. Tillich machte zugleich auf die Schwierigkeit aufmerksam, für die dem „Wissenschafts-Glauben" verpflichtete sozialistische Bewegung eine eigene Symbolsprache zu finden: „Nur in einem Zusammenklang von religiöser und profaner Symbolik kann die kommende Symbolsprache sich entwickeln."[179] Die religiösen Sozialisten gaben sich dabei redlich Mühe, letztlich aber scheiterten sie damit. Gemeinsame Lieder, Fahnen und Weihesprüche sollten nach außen deutlich machen, daß die Teilnehmer einer religiös-sozialistischen Veranstaltung beiwohnten, denn „auch unsere Bewegung braucht Symbole, Erkennungszeichen [...]"[180]

Als 1926 aus einer „Arbeitsgemeinschaft" endlich der „Bund der religiösen Sozialisten" wurde, übergab Erwin Eckert in einer „Weihestunde" feierlich die Fahne des

---

177 Vgl. dazu die Einladungen zu den Feiern im Sonntagsblatt, u.a. für Berlin 1926 in: SaV 18, 1926, für die Maifeiern in Baden 1928 in: SaV 19, 1928, zu den friedensfeiern in Karlsruhe in: Zeitschrift für Religion und Sozialismus 1930, S. 8 f.
178 Vgl. die Berichterstattung über die Maifeier in: Mitteilungen des Bundes religiöser Sozialisten 4, 5 und 6, 1921.
179 Vgl. dazu: *Paul Tillich*, Die sozialistische Entscheidung, Potsdam 1933, 2. Auflage, Offenbach 1948, S. 68, S. 119.
180 Der Religiöse Sozialist 7, 1933.

Bundes an Paul Piechowski. Die Fahne sei – wie Eckert dazu ausrief – „unser Symbol für den Kampf um die Erlösung des Proletariats unter Opfer und Leid im Bekenntnis zum Kreuze Christi". Auch ein Bundesabzeichen – eine „kleine rote Scheibe mit schwarzem Kreuz" – wurde geschaffen und konnte wie die Fahne (5 mal 5 Meter) käuflich erworben werden.[181]

Paul Piechowski, der sich bei der Suche nach religiös-sozialistischen Symbolen besonders bemühte, erläuterte später in einem Leitartikel im Sonntagsblatt die Symbolik der Fahnenübergabe: „Wir fühlten uns geweiht und begnadet. Geheimnisvolle Tiefen sprangen vor uns auf!" Die rote Fahne sei die „Blutfahne der Freiheit" und das „schwarze Kreuz [...] in seiner düsteren Größe hält und trägt die rote Fahne der Freiheit". Das für Nachgeborene eher peinliche Pathos des Leitartikels fand seinen Höhepunkt in dem Satz: „In diesem Zeichen werden wir siegen" – immerhin waren das die Worte, die Konstantin einstmals im Traum gehört und als Begründung für das Bündnis zwischen römischen Staat und christlicher Kirche gewählt haben soll.

Zu welchem Kitsch religiös-sozialistische Symbolik sich versteigen konnte, dokumentiert der Text eines Liedes, der dem Artikel von Piechowski folgte. Das Lied mit dem Titel „Unsere Fahne" war nach der Melodie „Brüder zur Sonne" zu singen. Die beiden letzten Strophen machen deutlich, wie krampfhaft Piechowski bemüht war, die Lieder der Arbeiterbewegung abzuwandeln und mit einer christlichen Opfersymbolik zu überhöhen:

„Wir schreiten unter dem Kreuze
zum Opfer bereit bis zum Tod
wie der, der einst am Holze
dem Hassenden Liebe bot.

Brüder erhebet die Hände,
Schwestern, die Hände empor
keiner vom Kampfe sich wende,
bis er sein Leben verlor."[182]

Die meist an Wochenenden stattfindenden Tagungen der religiösen Sozialisten begannen mit einem Lied, oft mit „Brüder zur Sonne, zur Freiheit", der Raum war

---

181 Vgl. den Bericht von *Erwin Eckert*, in: SaV 33, 1926. Zum käuflichen Erwerb von Wimpeln und Fahnen: SaV 26, 1927.

182 Vgl. *Paul Piechowski*, Die rote Fahne mit dem schwarzen Kreuz, in: SaV 1, 1927. Der religiössozialistische Kitsch war allerdings nicht nur dem Zeitgeist verpflichtet, er hat auch weit ins 19. Jahrhundert zurückreichende Wurzeln. Schon Wilhelm Weitling warb für seinen aus dem Evangelium begründeten Sozialismus mit einem „rührend-komischen Lied" (H. Gollwitzer):
„Ich bin ein kleiner Kommunist
und frage nichts nach Geld
weil unser Meister Jesu Christ
davon ja auch nichts hält.
Ich bin ein kleiner Kommunist
und bin's mit Lieb und Treu
und trete einst als guter Christ
dem Arbeitsbunde bei"
Der Text ist zitiert bei: *Helmut Gollwitzer*, Marxistische Religionskritik und christlicher Glaube, in: Marxismusstudien, Bd. 4, Tübingen 1962, S. 25.

mit der Fahne der religiösen Sozialisten, „schwarzes Kreuz auf rotem Grund", geschmückt und am Sonntagvormittag war der gemeinsame Gottesdienst mit einer Predigt eines religiösen sozialistischen Pfarrers selbstverständlich. Ein Liederbuch „Kampf- und Glaubenslieder der religiösen Sozialistgen" enthielt 25 Lieder in bunter Mischung, so „Brüder zur Sonne" oder „Wir werben zum Sterben" (nach einem Text von Kurt Eisler), aber auch Lieder nach bekannten Kirchenweisen singbar. Die Lieder sollten – wie es im Vorwort heißt – „für die gottesdienstlichen Feiern des Bundes religiöser Sozialisten, vor allem zum 1. Mai und Friedenssonntag in evangelischen Kirchen" genutzt werden. Die Texte seien „Ausdruck von dem Sehnen und Glauben des Proletariats, das mit seinem Willen zu einer Ordnung der Gerechtigkeit und des Friedens heute der fruchtbarste Ackerboden für den Samen des Evangeliums ist."[183]

Zu Beginn der dreißiger Jahre hatten die religiösen Sozialisten im äußeren Ablauf ihrer Veranstaltungen den Anschluß an die dem Zeitgeist verpflichtete Symbolik der sozialistischen Arbeiterbewegung gefunden. So führten sie „Wimpelweihen" durch, wobei Lieder und Sprüche von Paul Piechowski den weihevollen Charakter unterstreichen sollten. Der Wortlaut des „Fahnenliedes" ähnelt sehr den Liedern der sozialistischen Arbeiterjugend, überrascht aber erneut durch seinen pompösen und für heutige Ohren kitschigen Stil:

„Fahnenlied"
Wir sind die Jugend. Wir sind die Kraft
Durch uns der Weltgeist die Zukunft schafft
Wir sind das Banner. Wir sind der Sieg.
Wir rufen Euch auf zum heiligen Krieg

Wir sind die Flamme. Wir sind die Glut.
Wir tragen die Zukunft im pochendem Blut
Ob wir durch Nebel der Erde geh'n –
Vorwärts und aufwärts zu lichteren Höh'n![184]

Aber die Anleihen bei den Ritualen der sozialistischen Arbeiterbewegung steigerten den Massenanhang der religiösen Sozialisten nicht. Wenn sie bei Arbeitern in einzelnen Gemeinden und in einzelnen Regionen zahlenmäßig größeren Zuspruch fanden, dann trotz ihrer zeitgeprägten Symbolik und wegen ihrer überzeugenden Integrität als Personen und ihrer politischen Entschiedenheit, für die Sache der sozialistischen Arbeiterbewegung Partei zu ergreifen.

183 Zit. nach: *Creutzburg*, a.a.O., S. 144 f., Anm. 23.
184 Zit. nach: Wimpelweihe der religiösen Sozialisten in Jena, in: Der Religiöse Sozialist 7, 1933.

4. Entwicklung und Organisation der religiös-sozialistischen Bewegung

a) *Vorgeschichte, Entwicklung und Organisation des Bundes der religiösen Sozialisten Deutschlands (BRSD) 1918–1933*

Vorgeschichte und kirchenpolitische Ausgangsposition

Die religiös-sozialistische Bewegung der Weimarer Republik besaß nicht nur weit ins 19. Jahrhundert zurückreichende ideelle Wurzeln, sie konnte auch auf einige organisatorische Vorbilder aus der Zeit um die Jahrhundertwende verweisen, die freilich nicht geradlinig zu den religiös-sozialistischen Organisationen nach 1918 führten.

Die in der zweiten Hälfte des 19. Jahrhunderts in Deutschland entstandenen politischen Organisationen sozial engagierter Protestanten nahmen nicht nur die soziale Not der größer werdenden Arbeiterklasse zur Kenntnis, sie machten auch Front gegen die zur gleichen Zeit einflußreicher werdende sozialistische Arbeiterbewegung. Das galt für die kurzlebige antisemitische und nationalistische Christlich-Soziale Arbeiterpartei des Berliner Hofpredigers Adolf Stoecker ebenso wie für den liberalen National-Sozialen Verein von Friedrich Naumann. Der von Friedrich Naumann und Adolf von Harnack 1890 gegründete „Evangelisch-Soziale Kongreß" blieb zwar stets eine Organisation des politischen und religiösen Liberalismus, besaß aber gerade deshalb große Anziehungskraft auf sozial engagierte evangelische Theologen und Pastoren, die nicht mehr im breiten Strom des konservativen Protestantismus mitschwimmen wollten, aber auch gegenüber der „atheistischen" und „materialistischen" Sozialdemokratie voller Vorbehalte waren. Nur wenige Pfarrer gingen in ihrem sozialen Engagement weiter und wagten auch den Schritt zur Sozialdemokratie. Paul Göhre und Christioph Blumhardt blieben die Ausnahme und mußten ihr Bekenntnis zur SPD mit dem Verlust des Pfarramtes bezahlen. Schon deshalb war an einen organisatorischen Zusammenhalt von sozialistisch gesinnten Pfarrern weder in den Landeskirchen noch in der Sozialdemokratie zu denken. Die Beispiele zeigten dennoch, daß der Eintritt von praktizierenden Protestanten in die SPD trotz freidenkerischer Abwehr möglich war.

Das Vorbild des württembergischen Pfarrers Christoph Blumhardt beeinflußte vor allem die Schweizer Religiös-Sozialen. Nicht wenige religiös-soziale Schweizer Pfarrer engagierten sich bei politischen Aktionen auf der Seite der Schweizer Sozialdemokratie oder wurden – wie Leonhard Ragaz im Jahre 1913 – auch Mitglied in der SPS. Leonhard Ragaz lernte bei einer Reise nach England im Frühjahr 1914 auch die in England viel weitergehende Zusammenarbeit zwischen der sozialistischen Arbeiterbewegung und sozial engagierten Christen kennen. Die englische „Settlement-Bewegung" – die „Bruderschaften" von Studenten und Intellektuellen und Arbeitern in englischen Industriezentren – wurde für ihn ein – häufig propagiertes – Vorbild für die religiös-soziale Arbeit. Vor 1914 war der Einfluß der Schweizer Religiös-Sozialen auf Deutschland allerdings noch sehr gering – die Zeitschrift „Neue Wege" von Leonhard Ragaz etwa besaß in Deutschland nur zwölf Abonnenten. Es existierte aber eine Zusammenarbeit mit dem „Evangelisch-Sozialen Kongreß" bei dem Versuch, die Verantwortung der Christen für eine Verständigung der Völker untereinander zu organisieren – ein Versuch freilich, der bei Kriegsausbruch 1914 zunächst einmal gescheitert schien. Immerhin aber entstand noch vor Kriegsausbruch auch in Deutschland ein von der englischen Quäker-Bewegung angeregter Zweig des „Internationalen Versöhnungsbundes", der auch nach 1914 die internationalen Kontakte aufrechterhalten konnte. Einer der Mitbegründer war Friedrich Siegmund-Schultze, der mit seinen Sozialen Arbeitsgemeinschaften (SAG) in Berliner Industriebezirken das Vorbild der englischen „Settlement-Bewegung" aufnahm.

Die Schweizer religiös-soziale Bewegung war auch organisatorisch beispielhaft für die im Jahre 1919 überall entstehenden religiös-sozialistischen Gruppen in Deutschland. Als diese die Schweizer Religiös-Sozialen Mitte 1919 nach Tambach in Thüringen einluden, damit sie über ihre Arbeit berichteten, erhofften sich die Deutschen deshalb auch Anregungen für die organisationspolitische Praxis ihrer noch jungen Bewegung.[185]

Trotz der Vielzahl der unmittelbar nach Kriegsende, besonders aber im Frühjahr 1919 entstandenen religiös-sozialistischen Gruppen waren von Anfang an regionale Zentren in Süddeutschland, in Berlin und Umgebung, im Rheinland und in Westfalen zu erkennen. Das machte bereits sehr früh deutlich, daß die Ausgansbedingungen für eine religiös-sozialistische Bewegung in Deutschland nicht überall gleich waren. Auch nach der Bildung eines „Bundes der religiösen Sozialisten Deutschlands" (BRSD) im Jahre 1926 war die Geschichte der religiös-sozialistischen Bewegung in Deutschland weiterhin regional bestimmt. Die sozialen und wirtschaftlichen Unterschiede in den Ländern und Regionen des deutschen Reiches prägten die je verschiedene Ausgangssituation der religiös-sozialistischen Bewegung ebenso wie die regional unterschiedlich einflußreiche sozialistische Arbeiterbewegung. Vor allem aber war die Tradition der einzelnen protestantischen Landeskirchen so verschieden, daß schon deshalb die mehrheitlich protestantischen religiös-sozialistischen Gruppierungen – die allesamt die jeweilige protestantische Landeskirche als Ausgangspunkt ihrer praktischen Arbeit wie auch ihrer programmatischen Überlegungen hatten – nicht so schnell zu einer gemeinsamen Organisation zusammenfinden konnten.[186]

---

185 Vgl. zu den Schweizer Religiös-Sozialen: *Markus Mattmüller*, Leonhard Ragaz und der religiöse Sozialismus, 2 Bände, Basel/Stuttgart 1957, 1968 und Leonhard Ragaz in seinen Briefen, 2 Bände, Zürich 1966, 1982, bes. Band 1: S. 192 ff. Zum Einfluß auf deutsche religiöse Sozialisten u.a. *Günther Dehn*, Die alte Zeit. Die vorigen Jahre, Lebenserinnerungen, München 1962, bes. S. 142 ff. Zu Deutschland: *Paul Göhre*, Die evangelisch-soziale Bewegung, Leipzig 1896 und ders., Wie ein Pfarrer Sozialdemokrat wurde, Berlin 1905, und *Klaus-Jürgen Meier*, Christoph Blumhardt – Christ – Sozialist – Theologe, Bern (1979); zu Blumhardt vgl. auch die Darstellung der religiösen Sozialisten in Württemberg in diesem Kapitel weiter unten. Zu den internationalen Kontakten vor 1914 vgl. auch das Kapitel 5.

186 Die organisatorische Entwicklung der religiös-sozialistischen Bewegung in der Weimarer Republik kann nur unzureichend charakterisiert werden, wenn sich die Darstellung auf die Entwicklung im überregionalen BRSD beschränkt. Die Geschichte dieser Bewegung in den Landesverbänden bzw. in deren verschiedenen regionalen Zentren macht deutlich, daß die überregionale Bedeutung des BRSD geringer einzuschätzen ist. Die auch nach 1926 noch bestehende Vielfalt der Bewegung kann erst durch eine Untersuchung der regionalen Entwicklung deutlich werden. In diesem Kapitel über die Organisation der religiös-sozialistischen Bewegung wird deshalb auch Gewicht darauf gelegt.

Von der Tambacher Konferenz zur Arbeitsgemeinschaft religiöser Sozialisten

Die im September 1919 im thüringischen Tambach stattfindende Konferenz religiös-sozialistischer Gruppen hat nicht nur für die Diskussion um ein programmatisches Selbstverständnis eine große Bedeutung, sondern auch für das Scheitern des Versuchs, einen frühen organisatorischen Zusammenschluß aller Gruppen zu erreichen. Die auf Einladung des Kreises um die Zeitschrift „Das Neue Werk" nach Tambach gekommenen rund einhundert Teilnehmer waren – wie Hans Ehrenberg als Berichterstatter schrieb – ein „Abbild der vorhandenen Strömungen", und Ehrenberg formulierte damit zugleich auch die Probleme für eine Diskussion über eine zukünftige Organisation der religiösen Sozialisten.[187] Nicht nur über ein gemeinsames religiös-sozialistisches Selbstverständnis existierten die unterschiedlichsten Meinungen, sondern auch über Sinn und Form einer gemeinsamen Organisation. Dennoch war den Teilnehmern keineswegs klar, warum nicht alles zusammengehörte, was zusammenwachsen wollte. Um so mehr erwarteten die Teilnehmer Hilfe von den eingeladenen Schweizer Religiös-Sozialen, die bereits langjährige Erfahrungen auch der organisatorischen Zusammenarbeit hatten. Aber statt Leonhard Ragaz kam Karl Barth – und unter dem Thema seines Vortrages „Der Christ in der Gesellschaft" verstand er nicht, wie die meisten erwartet hatten, eine Aufgabenbestimmung für den Christenmenschen in der Nachkriegsgesellschaft und damit auch Hinweise auf eine praktische politische Tätigkeit. Seine Warnung vor den „Profit-Sozialisten", gemeint war die SPD, und vor den „Radau-Sozialisten", gemeint war die KPD, ermunterte nicht zur vorbehaltlosen Mitarbeit in der sozialistischen Arbeiterbewegung und verwirrte alle diejenigen, die mit ihrem sozialistischen Bekenntnis gerade auch das Vertrauen der sozialistischen Arbeiterorganisationen gewinnen wollten.[188] Viele Teilnehmer, die verbindliche Entscheidungen erwartet hatten, waren enttäuscht. Andere – wie der Kreis um die Zeitschrift „Das Neue Werk" – fühlten sich in ihren Vorbehalten gegenüber einer festen Organisation bestärkt, sie wollten „keine Partei, sondern eine Gemeinschaft" sein.[189] Allen Teilnehmern aber war klar, daß die Erwartungen nicht eingelöst worden waren. Die allgemeine Ratlosigkeit bezog sich auch auf die Ungewißheit, wie die organisatorische Zusammenarbeit jetzt weitergehen sollte. Die Zeitgenossen wie auch die meisten der späteren Betrachter der Tambacher Konferenz waren sich deshalb auch einig, daß „das Auftreten von Karl Barth deutlich einen Rückschlag für diese [die religiös-sozialistische] Bewegung" bedeutete und daß Barths Rede mit Schuld daran war, „daß man nicht sofort zur Gründung eines Verbandes schritt".[190]

---

187 Vgl. *Hans Ehrenberg*, Berichte über die Tagung in: Christliches Volk 8, 9, 10, 1919, das Zitat in 9, 1919.

188 Vgl. zum Referat Karl Barths weiter oben im Kapitel über die Programmatik der religiösen Sozialisten. Zu den „Profti- und Radausozialisten" vgl. auch *Karl Barth*, Vom Rechthaben und Unrecht haben, in: Das neue Werk 40, 1919/20.

189 Vgl. *Gerhard Günther*, Parteien, in: Das Neue Werk 32, 1919/20.

190 Zu den Zeitgenossen vgl. Pfarrer Just in: Volkskirche 15, 1919, zu den späteren Betrachtern u.a. *Antje Vollmer*, Die Neuwerk-Bewegung 1919 bis 1935, Berlin 1973 (Diss. phil.), S. 18 und *Markus Mattmüller*, Der religiöse Sozialismus einst und jetzt, in: Christ und Sozialist 2, 1981, S. 17.

Lediglich diejenigen religiösen Sozialisten in Nord-, Süd- und Westdeutschland, die zur sozialistischen Arbeiterbewegung – und das war mehrheitlich die Sozialdemokratie – „eine grundsätzlich bejahende Stellung" einnahmen oder sich als kirchenpolitische Partei mit sozialistischen Vorzeichen verstanden, ließen sich vom Verlauf der Tambacher Konferenz nicht entmutigen oder nahmen – wie Gotthard Jäschke vom Berliner Bund religiöser Sozialisten – den von Tambach ausgehenden organisationspolitischen Rückschlag einfach nicht zur Kenntnis.[191] Der Ende 1919 in Berlin gegründete – regional beschränkte – Bund religiöser Sozialisten entstand trotz der in Tambach geäußerten Vorbehalte, und er wurde auch in den folgenden Jahren zum Vorreiter für einen überregionalen organisatorischen Zusammenhalt aller norddeutschen Gruppen.

Auf einer Reihe von Tagungen – im September 1920 in Marburg, im September 1921 in Hannover und im Oktober 1923 in Kassel – sollte freilich zuvor geklärt werden, wer auf diesem Weg mitzugehen bereit war.

In Marburg schon war den Angehörigen des Neuwerk-Kreises endgültig deutlich geworden, daß „ein Auseinanderbrechen verschiedenartiger Elemente erfolgt [sei], die durch eine gewisse politische oder religiöse Ähnlichkeit zusammengebracht schienen".[192] Die Hannoveraner Tagung im September 1921 – auf ihr kamen Vertreter aus Berlin, dem Rheinland und Westfalen, aber erstmals auch aus Sachsen und Thüringen zusammen – offenbarte erneut die Kluft zwischen den eher theoretisch an der religiös-sozialistischen Diskussion interessierten und den zu praktisch-tagespolitischer Arbeit gewillten religiösen Sozialisten. Es konnte keine Einigung über die Haltung zur „tatsächlichen sozialistischen Bewegung, wie sie sich in Partei und Gewerkschaft darstellt", erzielt werden.[193]

Der Berliner Bund religiöser Sozialisten meinte dennoch, daß jetzt endlich die Zeit reif sei zu größerer organisatorischer Verbindlichkeit und er forderte noch im Herbst 1921 zu einem Zusammenschluß aller religiös-sozialistischen Gruppen auf. Im November 1921 wurde in Berlin der „Bund religiöser Sozialisten Deutschlands" ins Leben gerufen, der freilich trotz des Anspruchs, ein „Reichsbund" zu sein, lediglich die nord- und westdeutschen religiösen Sozialisten vereinte.[194]

Der süddeutsche Volkskirchenbund evangelischer Sozialisten fühlte sich zwar „eng verwandt mit dem BRSD", aber er konnte sich zunächst nur „unter Wahrung möglichster Freiheit eine fruchtbare Zusammenarbeit" vorstellen. Der Volkskirchenbund evangelischer Sozialisten Süddeutschlands war selbst erst im Frühjahr 1922 aus dem

---

191 Vgl. *Gotthard Jäschke*, Vom Bunde religiöser Sozialisten, in: Die Eiche 3, 1921. Jäschke meinte, daß nach der Tambacher Konferenz die deutschen religiösen Sozialisten „bereitwillig [...] die von den Schweizern in langen Jahren geleistete gedankliche Vorarbeit [anerkannten]".

192 Vgl. *Eberhard Arnold*, in: Neuwerk 1922/23, S. 104 ff. Vgl. auch den Bericht über die erneut vom Neuwerk-Kreis einberufene Tagung von *Paul Leo* in: Das Neue Werk 14/15, 1920 und „Unser Werden", in: Der Religiöse Sozialist 2, 1922. Zur weiteren Entwicklung des Neuwerk-Kreises und der Vereinigung für sozialistische Lebensgestaltung vgl. das Kapitel 6.

193 Vgl. den Bericht in: Ihr seid Brüder 10, 1921 und in: Blätter für religiösen Sozialismus 11/12, 1921.

194 Vgl. die Darstellung des Berliner Bundes religiöser Sozialisten weiter unten in diesem Kapitel.

Zusammenschluß zweier badischer Gruppierungen entstanden, und der Ansprach, für Süddeutschland zu sprechen, stand zu dieser Zeit ebenfalls nur auf dem Papier.[195]

Eine Tagung in Kassel im Oktober 1923 vereinte noch einmal eine Vielzahl von Gruppen – neben dem süddeutschen Volkskirchenbund und dem Berliner Bund religiöser Sozialisten waren auch der Neuwerk-Kreis und die Berliner Gruppe um Paul Tillich anwesend. Aber nachdem nun auch der Tillich-Kreis erklärt hatte, daß für ihn eine feste Organisation religiöser Sozialisten nicht in Frage komme, war der verbliebene größere Rest der in den Gemeinden praktisch politisch arbeitenden Gruppen um so entschlossener.[196]

Das „Christliche Volksblatt" des süddeutschen Volksirchenbundes wurde mehr und mehr nördlich des Mains gelesen, aber bald war klar, daß nur über die Lektüre der Zeitung ein Zusammenhalt zwischen nord- und süddeutscher religiös-sozialistischer Bewegung nicht zu erreichen war. Der inzwischen im badischen Meersburg am Bodensee als Pfarrer tätige Gründer des Pforzheimer Bundes evangelischer Sozialisten, Erwin Eckert – er hatte energisch und erfolgreich den Zusammenschluß mit dem Volkskirchenbund betrieben – ergriff die Initiative und lud zu einem Treffen an seinem Pfarrort ein. Die Einladung an „alle für religiösen Sozialismus interessierten Kreise" war sehr offen, angesprochen fühlten sich aber vor allem religiöse Sozialisten, die an einer festeren Organisation interessiert waren: Das Meersburger Treffen in der ersten Augustwoche 1924 sollte deshalb auch ein „Merkstein in der Entwicklung des religiösen Sozialismus werden".[197] Unter den Teilnehmern waren neben den Pfarrern die Lehrer am stärksten vertreten, aber selbst „echte Arbeiter fehlten nicht".[198] In den Referaten und Diskussionen des Treffens ging es allerdings nicht nur um organisatorische Probleme – dazu sprachen Bernhard Göring aus Berlin und der Schriftleiter des Volksblattes Löffler aus Karlsruhe –, mit den Referaten von Günther Dehn und Erwin Eckert sollte auch das programmatische Selbstverständnis zur Diskussion stehen.

Das am meisten gefeierte Ergebnis des Treffens aber war die Bildung einer „Arbeitsgemeinschaft der religiösen Sozialisten Deutschlands". Für den zum Geschäftsführer berufenen Berliner Bernhard Göring war damit klar, daß es „in Zukunft [...] nur noch eine einheitliche, religiös-sozialistische Bewegung [...]" gebe, da mit dem Zusammenschluß des süddeutschen Volkskirchenbundes evangelischer Sozialisten mit dem Berliner Bund religiöser Sozialisten nunmehr die süddeutsche und die norddeutsche religiös-sozialistische Bewegung vereinigt seien.[199]

195 Vgl. die Stellungnahme von Dietrich in: Der Religiöse Sozialist 8, 1922, zum „Volkskirchenbund evangelischer Sozialisten Süddeutschlands" vgl. weiter unten in diesem Kapitel.

196 Vgl. *Hans Ehrenberg*, in: Christliches Volksblatt 43, 44, 45, 1923. Zur weiteren Entwicklung des Berliner Kreises um Paul Tillich vgl. weiten unten im Kapitel 6.

197 Vgl. zur Vorgeschichte *Heinrich Dietrich*, a.a.O., S. 38 f. und die Ankündigung der Tagung in: Christliches Volksblatt 15 und 19, 1924.

198 Vgl. den Bericht über die Tagung in: Christliches Volksblatt 33 und 34, 1924.

199 Zu Dehn, der in Meersburg zum letzten Male vor religiösen Sozialisten gesprochen hat, vgl. *Günther Dehn*, Die alte Zeit, a.a.O., S. 223. Zur Rhetorik Eckerts: Christliches Volksblatt 32 und 33, 1924, zum Referat Eckerts vgl. die vorher veröffentlichten Thesen in: Christliches Volksblatt 30, 1924.

Die während des Treffens zutage getretenen Differenzen hatten freilich allen Teilnehmern vor Augen geführt, daß von einer „einheitlichen" Organisation noch keine Rede sein konnte. Der Name „Arbeitsgemeinschaft" betonte sogar den eher losen Zusammenhalt, der die völlige Selbständigkeit der Gruppen nicht in Frage stellte. Immerhin aber sollte ein fünfzehnköpfiger „Vorläufiger Arbeitsausschuß", in dem die wichtigsten Wortführer aus Nord- und Süddeutschland vertreten waren, ein gemeinsames Auftreten in der Öffentlichkeit möglich machen. Die Wahl des Vorsitzenden des Berliner Bundes religiöser Sozialisten Bernhard Göring zum Geschäftsführer der Arbeitsgemeinschaft – Berlin war damit auch Sitz der Geschäftsstelle – dokumentiert den – später geringer werdenden – Einfluß der norddeutschen religiössozialistischen Bewegung.

Bereits kurz nach dem Meersburger Treffen meldeten sich allerdings mehrfach Gruppen zu Wort, die gegen den von Bernhard Göring angemeldeten Anspruch, für die ganze religiös-sozialistische Bewegung zu sprechen, protestierten: Sie hätten sich der Arbeitsgemeinschaft nicht angeschlossen, würden sich aber dennoch weiterhin der religiös-sozialistischen Bewegung zugehörig fühlen. Bernhard Göring mußte deshalb auch eingestehen, daß in Meersburg „kein zentralistisch organisierter ‚Bund' entstanden [sei], sondern nur eine ‚Arbeitsgemeinschaft' ohne feste Satzung, die jeder Gruppe ihre Eigenart läßt". Auch programmatisch sei man noch weit auseinander und die von Eckert formulierten „Leitsätze" seien „keineswegs allgemein angenommen". Dieser Feststellung widersprach allerdings in einem Punkt eine Klarstellung von Erwin Eckert, der Anfang 1925 den Stand des gemeinsamen Selbstverständnisses zusammengefaßt hatte: Religiöse Sozialisten könnten in der SPD oder der KPD organisiert sein, eine Zugehörigkeit zu einer bürgerlichen Partei aber sei „selbstverständlich unmöglich", da sich jeder religiöse Sozialist zur „sozialistischen Wirtschafts-, Staats- und Gesellschaftsordnung" bekennen müsse.[200] Dieser Beschränkung der möglichen Mitgliedschaft in den Gruppen der Arbeitsgemeinschaft auf Sozialdemokraten, Kommunisten und parteipolitisch Ungebundene widersprach niemand; die religiös-sozialistische Bewegung hatte Mitte der zwanziger Jahre ihre liberalen Wurzeln aus der Anfangszeit eindeutig gekappt. Seit 1924 nahm sie zunehmend den Charakter einer interfraktionellen Vorfeldorganisation der sozialistischen Arbeiterbewegung an. Gegenüber der KPD blieben allerdings Vorbehalte mehrheitlich bestehen.

Die „Durchorganisierung" der religiös-sozialistischen Bewegung ließ allerdings noch sehr zu wünschen übrig, und auf einer Tagung der Arbeitsgemeinschaft – sie fand am Rande einer Hauptversammlung des Berliner Bundes religiöser Sozialisten im November 1925 in Berlin statt – wurden deshalb die regionalen Einzugsgebiete der Organisation neu geordnet. Vier Organisationskreise mit vier für die Werbearbeit verantwortlichen Sprechern sollten künftig die organisatorische Struktur der Arbeitsgemeinschaft bestimmen:

---

200 Vgl. zum Arbeitsausschuß: Christliches Volksblatt 32 und 33, 1924, zu Görings Erläuterungen: SaV 3 und 8, 1925, zur „Klarstellung" Eckerts: SaV 1, 1925.

1. Der norddeutsche Kreis umfaßte Berlin, Hamburg, Lübeck, Mecklenburg, Brandenburg, Ostpreußen, Pommern, Schleswig-Holstein, Hannover, Schlesien und die Provinz Sachsen; verantwortlich war Paul Piechowski aus Berlin.
2. Der mitteldeutsche Kreis sollte Thüringen, Sachsen, Braunschweig und Hessen-Nassau organisieren; verantwortlich war Emil Fuchs aus Eisenach.
3. Der westdeutsche Kreis umfaßte das Rheinland, Westfalen, Waldeck und Lippe-Oldenburg; verantwortlich war Georg Fritze aus Köln.
4. Zum süddeutschen Kreis gehörten Baden, Pfalz, Württemberg, Bayern, Saargebiet, Hohenzollern, Hessen und Frankfurt; verantwortlich war Erwin Eckert aus Meersburg.

An eine zentralistische Organisation aber war weiterhin nicht gedacht: Erneut wurde ausdrücklich betont, daß jeder Kreis bei allen Verwaltungsangelegenheiten vollständige Selbständigkeit behielt. Die Beschreibung der Organisationspraxis in den verschiedenen Regionen machte zusätzlich deutlich, wie regional unterschiedlich sich weiterhin die religiös-sozialistische Bewegung entwickelte. Dem entsprach auch, daß der Versuch Erwin Eckerts erneut scheiterte, mit seinem Referat über Marxismus und Christentum für mehr programmatische Verbindlichkeit zu sorgen: Es wurde aus Zeitknappheit nicht diskutiert. Eine von allen Teilnehmern verabschiedete Solidaritätsadresse für den von der thüringischen Landeskirche gemaßregelten Emil Fuchs vermittelte allerdings einen Eindruck davon, wie sich die Mehrheit der religiösen Sozialisten dennoch ein gemeinsames öffentliches Auftreten der Arbeitsgemeinschaft vorstellte.[201]

Von der Arbeitsgemeinschaft zum BRSD

Die lose Organisationsform einer Arbeitsgemeinschaft wurde allerdings besonders von Erwin Eckert als Mangel empfunden, da sie die Schlagkraft einer politischen Organisation seiner Meinung nach schwäche. Er machte sich in den folgenden beiden Jahren für eine straffere Organisation der Arbeitsgemeinschaft stark, das einheitliche Auftreten nach außen sollte auch durch eine größere programmatische Verbindlichkeit für alle Mitglieder erreicht werden.[202]

Auf der zweiten Meersburger Tagung in der ersten Augustwoche 1926 sollte endlich auch die organisatorische Straffung der Arbeitsgemeinschaft erreicht werden. Daneben sollten aber auch „Grundlinien" zu Fragen des kirchlichen und öffentlichen Lebens und klare „Arbeitsanweisungen" für die religiös-sozialistischen Vertreter in den kirchlichen Gremien erarbeitet werden.[203] Die Ergebnisse der badischen Kirchen-

---

201 Zur Tagung der Arbeitsgemeinschaft vgl. SaV 47 und 48, 1925. Aus den Organisationsbeschlüssen 1925 resultierte die Aufforderung an alle „Gesinnungsgenossen", sich künftig an den neuen Organisationskreisen zu orientieren. Das hieß unter anderem, daß die - nicht sehr zahlreichen - Einzelmitglieder des Berliner Bundes aus Süddeutschland nicht mehr zum Berliner Bund gehörten. Vgl. SaV 2, 1926.
202 Vgl. *Erwin Eckert*, Klarheit, in: SaV 3-6, 1926. Zum Widerspruch vgl. weiter oben das Kapitel 2.
203 Vgl. Einladung zur Tagung und das Programm in: SaV 29, 1926.

wahlen hatten den Optimismus über den Fortgang der religiös-sozialistischen Bewegung größer werden lassen, aber auch den Einfluß der süddeutschen religiösen Sozialisten in der Arbeitsgemeinschaft verstärkt: Die Mehrheit der über hundert Teilnehmer auf der zweiten Meersburger Tagung kam aus Baden und Württemberg.

Die während der Tagung diskutierten Themen machten aber auch sonst deutlich, daß die religiös-sozialistische Bewegung sich seit der ersten Meersburger Tagung im Jahre 1924 verändert hatte: Der Kölner Pfarrer Georg Fritze stellte mit seinem Referat zum Thema „Religiöser Sozialismus und Katholizismus" klar, daß die mehrheitlich protestantische Ausrichtung der religiösen Sozialisten den „Brückenschlag" zu katholischen Sozialisten nicht ausschloß. Der Berliner Pfarrer Paul Piechowski verdeutlichte mit seinen Ausführungen zur Freidenker-Bewegung, daß die religiösen Sozialisten den ständigen Attacken der Freidenker in allen Regionen mit einer verständnisvollen, aber dennoch offensiven Auseinandersetzung begegnen wollten. Die vermittelnden schriftlichen Diskussionsbeiträge des Eisenacher Pfarrers Emil Fuchs führten darüber hinaus allen Teilnehmern vor Augen, daß in Thüringen ein weiteres Zentrum der religiös-sozialistischen Bewegung entstanden war.[204]

Die Teilnehmer verabschiedeten eine „Kundgebung", in der sie sich als religiöse Sozialisten erneut zum internationalen Sozialismus bekannten und zum gemeinsamen Kampf mit dem „arbeitenden Volk, seinen *Parteien* und seinen freien Gewerkschaften" aufriefen. Sie wandten sich gegen die soziale Not, besonders gegen die steigende Arbeitslosigkeit, und unterstützten in dem Zusammenhang auch die – im Jahre 1926 sehr aktuelle – Forderung nach der entschädigungslosen Enteignung der deutschen Fürsten. Die religiösen Sozialisten sollten aber mit der sozialistischen Arbeiterbewegung nicht nur solidarisch sein, sie wollten die sozialistische Bewegung und die bestehenden Kirchen auch verändern, wofür die – freilich vor allem Schlagwort bleibende – Formel stand: „Durch das Evangelium zum Sozialismus. Durch den Sozialismus zum Evangelium!"[205]

In der Formel kam auch ein – die ganze Tagung bestimmendes – Pathos des religiös-sozialistischen Bekenntnisses zum Ausdruck, wie es nicht zuletzt auch das Auftreten Erwin Eckerts auszeichnete. Die mitreißende Rhetorik Eckerts beeindruckte auch Pfarrer, die ihm sonst skeptisch gegenüberstanden, andererseits war offensichtlich, daß diese Art religiöser „Überhöhung" sozialistischer Zielsetzung in der sozialistischen Arbeiterbewegung eher fremd und befremdend wirken mußte.[206]

Die organisationspolitischen Beschlüsse der Tagung vermittelten allerdings nach außen den Eindruck, daß die religiös-sozialistische Bewegung einen großen Schritt vorangekommen war auf dem Weg hin zu einer einheitlichen politischen Organisation. Äußeres Kennzeichen dafür war, daß nunmehr keine Arbeitsgemeinschaft,

---

204 Zu den Referaten vgl. die Thesen der Referenten in: SaV 30 und 31, 1926, zu den katholischen Sozialisten vgl. auch die Darstellung der katholischen Sozialisten im Kapitel 6. Zur Entwicklung in Thüringen vgl. weiter unten in diesem Kapitel.
205 Vgl. den Wortlaut der „Kundgebung", in: SaV 33, 1926.
206 Vgl. zur Eröffnungspredigt: SaV 33, 1926. Zum Pathos vgl. auch weiter oben die Darstellung über Predigt und religiös-sozialistische Symbolik im Kapitel 3.

sondern ein „Bund der religiösen Sozialisten Deutschlands" (BRSD) die Bewegung repräsentierte – mit einem eigenen Symbol: die rote Fahne mit dem schwarzen Kreuz.

Die Leitung des Bundes hatte ein Vorstand mit Erwin Eckert aus Meersburg (ab 1927: aus Mannheim), Emil Fuchs aus Eisenach und Bernhard Göring aus Berlin an der Spitze und Vertretern aus allen elf „Landesverbänden". Die Bundesleitung sollte die Vertretung des Bundes nach außen übernehmen, weitere Landesverbände gründen und Bundeskongresse vorbereiten, aber auch die „Einheit" des Bundes wahren. Zu diesem Zweck sollten die elf Landesverbände – eine Reihe von ihnen, wie zum Beispiel Bayern, Hessen, Westfalen und Anhalt existierten freilich nur auf dem Papier – eine einheitliche Ordnung und Richtlinien für die Organisationsarbeit erhalten, vor allem aber sollten endlich „Mitgliedsbücher" ausgegeben werden.[207] Neben dem Bund existierte seit August 1926 auch die vom Berliner Pfarrer Paul Piechowski initiierte und geleitete „Bruderschaft sozialistischer Theologen", die künftig vor allem die Interessen der später rund 180 religiös-sozialistischen Pfarrer und Theologieprofessoren vertrat, sich aber als Nebenorganisation des Bundes auch zu politischen Fragen öffentlich zu Wort meldete.[208]

In allen diesen organisationspolitischen Beschlüssen und Absichtserklärungen kam ein „organisationsrigoristisches" Verständnis der religiös-sozialistischen Bewegung zum Ausdruck, das die weiterhin bestehenden programmatischen Differenzen, vor allem aber die teilweise wenig ermutigende Organisationswirklichkeit in den Regionen nur unvollkommen verdecken konnte. Darüber hinaus war es nicht gelungen – und auch das ständige Werben in den folgenden Jahren führte nicht zum Erfolg –, die weiterhin abseits stehenden religiös-sozialistischen Gruppierungen in den Bund mit einzubeziehen. Die Übernahme der Bundesleitung durch den energischen Organisator Erwin Eckert war sicherlich Ausdruck dafür, daß Mitte der zwanziger Jahre die religiös-sozialistische Bewegung in Baden besonders erfolgreich war. Alle anderen „Landesverbände" akzeptierten schon aus diesem Grunde, daß „die Führung der religiös-sozialistischen Bewegung bei den Parteigenossen in Baden liegt". Der noch junge Eckert besaß zweifellos „ausgesprochene Führereigenschaften" und eine „volkstümliche, manchmal sogar an Demagogie klingende Rednergabe" – wie ihm sein Widersacher Hans Müller aus Jena bescheinigte.[209] Aber es kann auch kein Zweifel sein, daß gerade das Organisationsverständnis Eckerts, der wie kein anderer aus dem Bund eine „schlagkräftige" Organisation machen wollte, andere Mitstreiter im Bund, besonders aber die umworbenen anderen religiös-sozialistischen Gruppen eher abstieß als zur Mitarbeit im Bund ermunterte.

Insofern war es auch mehr Augenwischerei, als Erwin Eckert Anfang 1927 ver-

---

207 Zu den Organisationsbeschlüssen vgl. SaV 35, 1926.
208 Vgl. die Darstellung der weiteren Entwicklung der „Bruderschaft sozialistischer Theologen" weiter unten im Kapitel 6.
209 Vgl. Hans Müllers Bericht über die Meersburger Tagung in: Monatsblatt 9, 1926. Der Bericht zeichnet sich durch größere Nüchternheit im Urteil über die Ergebnisse aus: Der „Bund" sei weiterhin „noch ein recht schwaches Pflänzlein". Zu dem erfolglosen Werben um weitere religiös-sozialistische Gruppen vgl. SaV 1, 1928. Zu den weiter bestehenden programmatischen Differenzen vgl. das Kapitel 2.

kündete, daß „die große Gefahr der Zersplitterung [...] gebannt" sei und als Beleg dafür die endlich ausgegebenen Mitgliedsbücher und die neuen Satzungen der Landesverbände anführte. Der zu Recht betonte Zuwachs an Stimmen für religiös-sozialistische Listen bei Kirchenwahlen war aber kein Erfolg des BRSD, sondern der jeweiligen regionalen Zentren der religiös-sozialistischen Bewegung. Die Auseinandersetzungen – Erfolge, aber mehr noch Mißerfolge waren zu verzeichnen – mit den Kirchenbehörden waren Ergebnis der Stärke oder der Schwäche der „Landesverbände", und die zahlreichen Tagungen und Kongresse waren meist „Ländertagungen". Der Bund war weiterhin keine „zentralistische Organisation", sondern ein enger gewordenes Bündnis verschiedener – und unterschiedlich starker – regionaler Zentren – und diese eher lose Organisationsform war gerade seine Stärke. Er organisierte – nicht zuletzt über das Sonntagsblatt und einen neu installierten religiös-sozialistischen Pressedienst – den Informationsaustausch und koordinierte gemeinsame öffentlich-politische Erklärungen, zwang aber die so unterschiedlich geprägten regionalen Zentren nicht unter einen Hut.[210]

Wenn es nach dem Willen Eckerts gegangen wäre, wäre dieses – angesichts der allgemeinen Schwäche der religiös-sozialistischen Bewegung – letztlich erfolgreiche Prinzip des „leben und leben lassen" aus den regionalen Zentren heraus bald aufgegeben worden. Das zeigte sich bereits 1926 – und sollte sich 1927 verstärkt fortsetzen – an der Art und Weise, wie Eckert Kontroversen über das programmatische Selbstverständnis des Bundes beenden wollte. Die von Eckert formulierten programmatischen Aussagen zu Marxismus und Klassenkampf lösten 1926/27 eine in der religiös-sozialistische Presse geführte heftige Diskussion aus. Sie mündete Ende 1927 in dem Streit über die „Richtlinien" des Bundes, die in einer ersten Fassung eine „antimarxistische Propaganda [...] vom Boden des Bundes religiöser Sozialisten aus [...] [für] unmöglich erklärten".[211] Erwin Eckert sah in dem vor allem von Hans Müller aus Jena geäußerten Widerspruch gegen diese als dogmatisch empfundene Festlegung eine der Organisation Schaden zufügende „zersetzende Tätigkeit" und forderte den Ausschluß. Es war nur dem vermittelnden Eingreifen Emil Fuchs' und der von ihm beeinflußten „klaren Haltung der anderen führenden Mitglieder" des Bundes zu verdanken, daß der Ausschlußantrag scheiterte.[212] Erwin Eckert wollte sogar dafür sorgen, daß religiöse Sozialisten in „bürgerlichen Blättern" keine kritischen Artikel mehr über die eigene Bewegung schreiben durften, denn: „Wer zu uns gehört, muß in unseren Reihen stehen und alle Fraktionsbildungen und ähnliche Gelüste unterlassen." Eine besonders eindeutige Haltung verlangte Eckert von den der religiös-sozialistischen Bewegung nahestehenden Pfarrern. Sie müßten sich entscheiden: „Entweder – Oder. Wer nicht für uns ist, der ist in solchen Anfangszeiten einfach gegen uns". Aber die Entscheidung darüber wollte er den Pfarrern auch nicht selbst überlassen: „Die Bruderschaft der sozialistischen Geistlichen muß gesäubert werden [...]" Er hoffte

---

210 Zur „Augenwischerei" Eckerts vgl. seinen Rück- und Ausblick in: SaV 1 und 2, 1927.
211 Vgl. zur Kontroverse und zum Ergebnis das Kapitel 2. Der Wortlaut der ersten Fassung der „Richtlinien": SaV 48, 1927.
212 Vgl. dazu auch für das Zitat, *Creutzburg*, a.a.O., S. 58.

104

freilich, daß sich das von selbst ergeben würde. Ein einfühlsames Verständnis für die regional auch unterschiedliche Situation protestantischer Pfarrer – auf katholische Priester glaubte Eckert in dem Zusammenhang überhaupt nicht rechnen zu können – sprach sicherlich nicht aus diesen Worten – und eine Ermunterung für noch Unentschiedene war es erst recht nicht.[213]

Mit dem beabsichtigten „Fraktionsverbot", mit dem Eckert sich als gelehriger Schüler von sozialdemokratischen und kommunistischen Organisationspraktikern erwies, konnte sich Eckert freilich nicht durchsetzen. Emil Fuchs aus Thüringen und Erwin Lempp aus Württemberg und mit ihnen die Mehrheit der Mitglieder des Bundes wollten eine Organisation, die mehrere theoretische Positionen zum religiösen Sozialismus aushalten konnte, und die bestehende Gefahr einer Spaltung des Bundes konnte vermieden werden.[214] Nicht zuletzt deswegen, weil gerade die Kritiker Erwin Eckerts weit davon entfernt waren, Erwin Eckert den guten Willen abzusprechen, das Beste für den Bund zu wollen.[215]

Aber auch die beabsichtigte „Durchorganisierung" weckte in einigen „Landesverbänden" Ängste, ob nicht zuviel „Organisation" entstehen könne, wodurch das nur zögerliche Wachsen der Bewegung dann eher behindert werde. Die Vorstände der „Landesverbände" und die Bundesleitung versuchten deshalb Anfang 1927, die vorhandene Kritik am „Organisationsrigorismus" zu dämpfen. Sie verwiesen darauf, daß der Bund weiterhin eine „Gesinnungsgemeinschaft" sei und nur als „bloßer Zweckverband" zur Beteiligung an den kirchlichen Wahlen auch einer gewissen Ordnung bedürfe. Die Struktur des Bundes lasse den „Landesverbänden" weiterhin völlige Freiheit etwa bei der Erhebung von Mitgliedsbeiträgen und die Selbständigkeit der „Landesverbände" bliebe weiterhin gewahrt.[216]

Eine „Führertagung" im April 1928 in Eisenach vermochte auch den „Richtlinienstreit" durch einen Kompromiß zu beenden. Die Kritiker hatten sich mit ihrem offenen Verständnis von Marxismus und marxistischer Methode durchgesetzt. In dieser Fassung sollten die „Richtlinien" den Teilnehmern der für den Sommer in Mannheim geplanten Bundeskonferenz vorgelegt werden – der Streit darüber schien zunächst einmal begraben zu sein.[217]

Vor der Mannheimer Bundeskonferenz fand allerdings noch im Frühjahr 1928 eine von langer Hand vorbereitete religiös-sozialistische Konferenz in Heppenheim statt. Im Mai 1928 kamen aber über hundert Teilnehmer zu einer öffentlichen Konferenz

---

213 Vgl. dazu *Erwin Eckert* in: SaV 2, 1927.
214 Zur möglichen Spaltung vgl. *Eberhard Lempp*, Der religiöse Sozialismus am Scheidewege, in: Neuwerk 1928, S. 460 ff. Vgl. auch weiter unten die Darstellung der religiösen Sozialisten in Württemberg.
215 Vgl. *Hermann Schafft*, in: Neuwerk 1926/27, S. 479.
216 Vgl. die Diskussion darüber und die „Richtigstellungen" in: SaV 4 und 5, 1927.
217 Vgl. zur „Führertagung" den Bericht von *Heinrich Dietrich* in: SaV 17, 1928. Er betonte den harmonischen Verlauf der Führertagung und konstatierte, daß es „wohl Temperamentsunterschiede, aber keine Unterschiede in der grundsätzlichen Einstellung zu Religion und Sozialismus gibt", was natürlich so nicht stimmte. Vgl. die andere Wahrnehmung von Wilhelm Wibbeling, der auf den Erfolg der Kritik am „doktrinären, verzerrten Marxismus" hinweist. Vgl. *Wilhelm Wibbeling*, Zur Aussprache über den religiösen Sozialismus, in: Neuwerk 1928/29, S. 65 ff., dort auch der Wortlaut der neuen Fassung der „Richtlinien".

zusammen, die durch die Teilnahme von renommierten Sozialdemokraten wie Gustav Radbruch und Hugo Sinzheimer, aber auch von Martin Buber und Paul Tillich in der Öffentlichkeit einiges Aufsehen erregte. Nicht zuletzt deshalb wurde (und wird) die Konferenz in ihrer Bedeutung für die religiös-sozialistische Bewegung völlig überschätzt. Die Teilnehmer aus dem Bund der religiösen Sozialisten oder von den Schweizer Religiös-Sozialen waren vom Verlauf und vom Ergebnis eher enttäuscht.[218] Die Klage freilich, daß die Diskussionen zu „akademisch" geblieben seien und zu wenig Sinn für die Mühen der praktisch-politischen Arbeit gezeigt hätten, war allerdings auch ungerecht. Die mögliche (oder unmögliche) Begründung des Sozialismus aus dem Glauben war natürlich von 1918/19 an das Problem aller religiösen Sozialisten und die Ergebnisse der zwei Monate später stattfindenden Mannheimer Konferenz boten keinen Anlaß für die Überheblichkeit derjenigen, die in einer straffen religiös-sozialistischen Organisation einen Ausweg aus dem Dilemma glaubten finden zu können.

Von der Mannheimer zur Stuttgarter Konferenz: der BRSD von 1928 bis 1930

An der Mannheimer Konferenz – der Ort war gewählt worden, nachdem Erwin Eckert seit Januar 1927 Pfarrer in Mannheim geworden war – nahmen zwischen hundert und zweihundert „Auswärtige" und rund fünfzig Mannheimer religiöse Sozialisten teil. Zu den „Auswärtigen" zählten auch Leonhard Ragaz aus der Schweiz, William Banning aus Holland und Otto Bauer aus Österreich, die über den Stand der religiös-sozialistischen Bewegung in ihren Ländern berichteten. Für Erwin Eckert war die Mannheimer Konferenz deshalb auch eine „Vorkonferenz" der für Ende August 1928 nach Le Locle einberufenen internationalen Konferenz religiöser Sozialisten, was freilich die meisten anderen Teilnehmer aus dem Ausland anders sahen und auch vom Verlauf der Mannheimer Konferenz nicht bestätigt wurde.[219]

In Anwesenheit des badischen SPD-Landesvorsitzenden und des Mannheimer SPD-Ortsvorsitzenden, aber auch von Vertretern der Kirchenregierungen aus Württemberg, der Pfalz und sogar aus Thüringen – bezeichnenderweise aber nicht aus Baden – waren die Diskussionen in Mannheim vor allem von den internen Differenzen zwischen den deutschen religiösen Sozialisten bestimmt. Der Bundesvorsitzende Erwin Eckert erwartete von der Tagung keine gelehrten Diskussionen – die Anspielung auf die Heppenheimer Konferenz war unüberhörbar –, sondern „Klarheit über die Voraussetzung und die Methoden unserer politischen Arbeit", es müsse endlich allen Mitgliedern im Bunde klar werden, daß die religiösen Sozialisten keine „Sozialre-

---

218 Zum Verlauf der Tagung vgl. Sozialismus aus dem Glauben. Verhandlungen der sozialistischen Tagung in Heppenheim a.B., Pfingstwoche 1928, Zürich/Leipzig (1929). Vgl. auch: Die Heppenheimer sozialistische Konferenz in: Rheinische Zeitung vom 5.6.1928. Vgl. zur Heppenheimer Tagung auch das Kapitel 2. Zur Einschätzung der Heppenheimer Tagung vgl. *Leonhard Ragaz*, Mein Weg, Band 2, S. 185, und ders., Briefe, Band 2, S. 382. Vgl. auch die Rezension des Protokolls in: Zeitschrift für Religion und Sozialismus 6, 1929.

219 Vgl. weiter unten die Darstellung der Internationale der religiösen Sozialisten im Kapitel 5.

former" seien.[220] Erwin Eckert wollte deshalb ein weiteres Mal den BRSD auf eindeutige programmatische Aussagen verpflichten und ihn so zum „vorbehaltlosen" Mitstreiter an der Seite der sozialistischen Arbeiterbewegung machen. Aber die von Eckert aus diesem Grunde geforderten „verbindlichen" Aussagen zu Programm und Praxis des Bundes waren angesichts der Organisationswirklichkeit im Bunde gar nicht durchzusetzen – ganz abgesehen davon, ob es für den Erfolg der religiös-sozialistischen Bewegung überhaupt wünschenswert gewesen wäre. Dagegen sprach nicht zuletzt die Tatsache, daß im Bunde so viele unterschiedlich geprägte Individuen vereinigt waren, die gar nicht daran dachten, sich in den meisten so unterschiedlich gesehenen Fragen auf eine Sprachregelung verpflichten zu lassen. Sie hatten aber auch gute Gründe für die unterschiedliche Sichtweise. In den „Länderberichten" kamen bereits während der Tagung die so offensichtlich verschiedenen Voraussetzungen für die jeweilige Kirchenpolitik deutlich zum Ausdruck. Das Verständnis vom Bund als einer auf eine gemeinsame Zielsetzung verpflichteten „kirchenpolitischen Partei" konnte der Situation der religiös-sozialistischen Bewegung in den meisten Landeskirchen – von Baden abgesehen – gar nicht gerecht werden.[221]

Die zu den „Richtlinien" religiös-sozialistischer Arbeit gefundene Kompromißformel hatte zwar bereits im Vorfeld der Konferenz eine Menge Konfliktstoff beseitigt, das von Erwin Eckert zur Diskussion gestellte „Religiös-Sozialistische Manifest" – „eine Umarbeitung der bereits erschienenen Schrift Eckerts ‚Was wollen die religiösen Sozialisten'" – entfachte aber erneut den Streit, obwohl der Hauptwidersacher Eckerts aus früheren Jahren, Hans Ehrenberg, in Mannheim nicht anwesend war. Den Widerspruch übernahmen Erwin Lempp, Georg Wünsch und – in der Form erneut vermittelnd – Emil Fuchs.

Nachdem Eduard Dietz mit seinem unsinnigen Satz: „Der Arbeiter ist entweder ein Marxist oder ein Wirrkopf" von allen religiösen Sozialisten „ein rückhaltloses Bekenntnis zum Marxismus" verlangt hatte und alle Nicht-Marxisten als im Bund nur geduldet ansah, wandten sich vor allem die anwesenden württembergischen religiösen Sozialisten gegen diesen dogmatischen Zwang und fragten, ob sie denn als Anhänger von Christoph Blumhardt überhaupt noch Heimatrecht im Bunde hätten. Da in den Diskussionsbeiträgen zur Frage des Marxismus und seiner Bedeutung für die religiös-sozialistische Bewegung vor allem nur eine „fürchterliche Begriffsverwirrung" deutlich wurde, warnten selbst der Position von Eduard Dietz und Erwin Eckert wohlwollend gegenüberstehende Berichterstatter vor der Gefahr, die in Eckerts „Forderung eines rückhaltlosen Bekenntnisses zum Marxismus liegt". Das Ergebnis der Diskussion war deshalb erneut, daß die Entscheidung über ein religiös-sozialistisches Programm vertagt wurde. Da der Entwurf Eckerts umstritten blieb, meinte die Mehrheit der Konferenzteilnehmer, daß die Zeit für ein gemeinsames Programm noch nicht reif sei. Da gleichzeitig aber die „Richtlinien" einschließlich der Kompromißformulierungen einmütig verabschiedet worden waren, waren die auf größere

220 Vgl. die von Eckert formulierten Aufgaben der Konferenz in: SaV 33, 1928.
221 Vgl. dazu *Ernst-August Suck*, a.a.O., S. 139.

„Geschlossenheit" der religiös-sozialistischen Bewegung drängenden Teilnehmer auch zufrieden.[222]

Diese pragmatische Herangehensweise an die internen Gegensätze im BRSD war auch bei den organisationspolitischen Beschlüssen der Mannheimer Konferenz zu erkennen. Im Bericht über die Entwicklung des Bundes seit 1926 konstatierte Erwin Eckert, daß weiterhin einige Landesverbände „ihre Aufgaben vollständig selbständig geführt" hätten und daß es bei weitem noch nicht gelungen sei, alle Vertrauensleute des Bundes auch zu Mitgliedern zu machen. Selbst in Baden sei der „durch das Mitgliedsbuch erfaßte Kreis noch klein". Eckert fügte hinzu: „[...] das soll so sein", denn nur die „zuverlässigsten Freunde" sollten in den Status der durch den Besitz eines Mitgliedsbuches mit höheren Weihen versehenen Mitgliedschaft kommen, während „alle möglichen Weltverbesserer und verärgerten Volksbeglücker" außen vor bleiben müßten. Eckerts Beschreibung des Organisationsaufbaus war dennoch bemerkenswert realistisch und kam der Organisationswirklichkeit auch in den „Landesverbänden" erstaunlich nahe: Die eigentliche Organisation des Bundes umfaßte – nach den Worten Eckerts – einen „innersten Kreis" der „Gemeinschaft" von bewährten Vertrauensleuten und die für die Ziele des Bundes werbenden und ihn finanziell unterstützende „Mitgliedschaft" – wobei Eckert ganz offensichtlich dem „innersten Kreis" einen höheren Rang zubilligte als der bloßen Mitgliedschaft. Dazu kamen der „Leserkreis des Sonntagsblattes" und die „Wählerschaft" religiös-sozialistischer Listen bei Kirchenwahlen. Da die Leserschaft des Sonntagsblattes sich seit 1926 verdoppelt hatte und die religiösen Sozialisten bei Kirchenwahlen 1926/27 über 65.000 Stimmen erhalten hatten, konnte bei einem so weitgefaßten Organisationsbegriff sogar von einem „Massenanhang" gesprochen werden, von einer „Massenbewegung" aber war – und blieb – der Bund weit entfernt.[223]

Daran konnte auch ein anderes Ergebnis der Mannheimer Konferenz nichts ändern: Die Konferenz beschloß den „Anschluß" der österreichischen, meist katholischen Sozialisten. Die Folgen des als „sensationell" angesehenen Beschlusses, die österreichischen Sozialisten als Landesverband in den BRSD zu integrieren und deren Vorsitzenden Otto Bauer zu einem der drei Bundesvorsitzenden zu wählen, waren eher bescheiden – als Signal für den „interkonfessionellen" Charakter des Bundes freilich nicht gering zu achten.[224]

Erwin Eckert wurde als Bundesvorsitzender einmütig wiedergewählt. Er stand weiterhin im Mittelpunkt der Auseinandersetzungen im Bund – nicht zuletzt wegen seines

---

222 Zu den Absichten, die Eckert mit seinem Manifest verfolgte, vgl. SaV 28, 1928. Zum Verlauf der Konferenz: SaV 33, 1928, Pfarrer Kohlstock aus Thüringen wies in einem weiteren Bericht über die Tagung darauf hin, daß Emil Fuchs und Erwin Eckert gleichermaßen „die Zeit noch nicht für gekommen" hielten, und er faßte das Ergebnis mit den Worten zusammen: „Man ringt noch [...]", vgl. Kohlstocks Bericht in: Monatsblatt 1, 1929. Zum Inhalt und zum Stellenwert des Programmentwurfs vgl. weiter oben das Kapitel 2.
223 Vgl. den Bericht von *Eckert* in: SaV 34, 1928. An dem Bild der vier Kreise, die die Organisation der religiösen Sozialisten ausmachten, hat sich auch ein Jahr später für Eckert noch nichts geändert: Das Bild entsprach ganz offenbar der Organisationswirklichkeit des Bundes, vgl. SaV 50, 1929.
224 Vgl. dazu die Darstellung der katholischen Sozialisten im Kapitel 6.

unermüdlichen öffentlichen Auftretens in allen Landesverbänden. Er ließ sich auch nicht entmutigen, obwohl er sich in der Programmdiskussion nicht hatte durchsetzen können und auch im Streit um die „Richtlinien" einen Kompromiß hatte hinnehmen müssen.

Dennoch kann – als Ergebnis der Mannheimer Konferenz – nicht übersehen werden, daß das religiös-sozialistische Selbstverständnis viel weniger, als die öffentliche Wahrnehmung vermuten ließ, von Erwin Eckert geprägt wurde. Seine innerorganisatorischen Widersacher aus Württemberg hatten sich behauptet, das gefeierte Auftreten von Leonhard Ragaz belegte den stärker gewordenen Einfluß der Schweizer Religiös-Sozialen – und damit auch der Tradition von Christoph Blumhardt – und die programmatischen Aussagen von Emil Fuchs offenbarten nicht nur taktisch gemeinte Differenzen zur Position von Erwin Eckert. Darüber hinaus aber bleibt es zweifelhaft, den Stellenwert der inhaltlichen Kontroversen mit einem „Links-Rechts-Schematismus" bestimmen zu wollen. Leonhard Ragaz gab mit seiner – keiner „Fraktion" den Sieg zusprechenden – Wertung der Konferenzergebnisse einen Hinweis, wie der interne Streit auch gesehen werden kann – und auch gesehen wurde: „Der Kampf zwischen dem Eckertschen kirchlich und christlich angestrichenen Marxismus und einer tieferen und freieren Auffassung hat vorläufig jedenfalls *nicht* zu einem Sieg Eckerts geführt, und die Zukunft wird diesen ohnehin desavouieren." Die in Mannheim erneut offenbar gewordene „innere Vielgestaltigkeit" des religiösen Sozialismus war allerdings stets eher eine Stärke denn eine Schwäche der religiös-sozialistischen Bewegung gewesen.[225]

Die „Vielgestaltigkeit" aber ließ dennoch – das hatte die Mannheimer Konferenz ebenso deutlich gemacht – keinen Zweifel an der sozialistischen Zielsetzung des Bundes. „Nicht-Sozialisten" konnten, wenn die „Richtlinien" ernst genommen wurden, dem Bund nicht mehr angehören. Aber obwohl die meisten Mitglieder Sozialdemokraten waren, unterschied sich der BRSD weiterhin – und bis zu seinem Ende im Jahre 1933 – von einer eindeutig sozialdemokratischen Vorfeldorganisation. Die Mitgliedschaft in der KPD blieb trotz scharfer Anfeindungen von kommunistischer Seite nie ausgeschlossen. Die einmütig verabschiedete „Kundgebung" der Mannheimer Konferenz stellte darüber hinaus noch einmal klar, daß die religiösen Sozialisten die „derzeitige Zerrissenheit des Proletariats" bedauerten und immer wieder zur „restlosen Einigkeit über alle nationalen, weltanschaulichen und religiösen Schranken hinweg" aufforderten. Der „interfraktionelle" Charakter der religiös-sozialistischen Bewegung – im übrigen auch noch nach 1931 – machte die große Besonderheit und die Bedeutung des Bundes als „sozialistische Vorfeldorganisastion" aus. Die Diskussion auf der Mannheimer Konferenz hatten dazu entscheidend beigetragen.[226]

Auch nach 1928 war die religiös-sozialistische Bewegung nur in ihren regionalen

---

225 Vgl. zum Marxismus-Verständnis die Darstellung im Kapitel 2. Zum „Links-Rechts-Schematismus" vgl. durchgängig *Friedrich-Martin Balzer*, a.a.O. Das Zitat von Ragaz in einem Brief an Trautvetter vom 22.8.1928 in: Leonhard Ragaz, Briefe, Band 2, S. 382 Zur „Vielgestaltigkeit" vgl. auch *Ernst-August Suck*, a.a.O., S. 142.

226 Vgl. dazu: SaV 33 und 34, 1928.

Schwerpunkten (in Baden und – mit deutlichen Abstrichen – in Württemberg, in Thüringen, im Rheinland und in Berlin) erfolgreich, in allen anderen Ländern und Regionen war sie kaum oder gar nicht vertreten. Daran änderten auch die oft wiederholten Erfolgsmeldungen des Bundesvorsitzenden Eckerts nichts, daß die „Durchorganisierung" des Bundes weiterhin Fortschritte mache und – 1929 – im Saarland und in Lippe zwei neue „Landesverbände" entstanden seien.[227] Der Bund war weiterhin keine „zentralistische" Organisation, aber die von Erwin Eckert energisch geleiteten zentralen Bundesgremien erfüllten zunehmend die Funktion einer „Informationsbörse". Die Kommunikation zwischen den Regionen und zwischen den einzelnen führenden religiösen Sozialisten wurde verbessert, wozu nicht zuletzt die beiden seit Anfang 1929 erscheinenden neuen Zeitschriften beitrugen: die von Georg Wünsch geleitete „Zeitschrift für Religion und Sozialismus" und das von Heinrich Mertens redigierte „Rote Blatt der katholischen Sozialisten". Zahlreiche Flugblätter – auch zu politisch aktuellen Fragen – und die Schriftenreihe des Buches halfen darüber hinaus, die religiös-sozialistische Bewegung in der sozialistischen Arbeiterbewegung und in den Landeskirchen bekannter zu machen.

Auf der „Internationalen Führerkonferenz" im November 1929 in Köln – sie brachte für die Entwicklung einer religiös-sozialistischen Internationale freilich wenig Fortschritte – wurde allerdings deutlich, daß die besonders von Otto Bauer und Erwin Eckert gefeierte „überkonfessionelle Einheitlichkeit" des Bundes nicht so schnell durchzusetzen war und Beschlüsse über eine engere Zusammenarbeit bei dem anwesenden katholischen Sozialisten Heinrich Mertens eher auf Skepsis stießen.[228] Erwin Eckert ging es auf der Konferenz aber vor allem darum, noch einmal aus seiner Sicht zu verdeutlichen, wo sich die religiösen Sozialisten im Spektrum der sozialistischen Arbeiterbewegung aufhalten müßten: „Auf dem äußersten linken Flügel der sozialistischen Front [...]" Sie müßten sich deshalb deutlich vom „Koalitionsreformismus" der Sozialdemokratie distanzieren und weiterhin auch Kommunisten in ihre Reihen aufnehmen, obwohl die KPD selbst die religiösen Sozialisten als Beweis für die „Verspießerung" der SPD ansehe. Erwin Eckert hielt bereits zu diesem Zeitpunkt die zu Kompromissen zwingende SPD-Koalitionspolitik für falsch und er schloß sich damit der Kritik des um die Zeitschrift „Klassenkampf" gescharten linken Flügels der Partei an. Mit seiner radikalen Positionsbestimmung wollte er den Bund der religiösen Sozialisten auf seinen Kurs zwingen, wobei er jedoch einige Probleme übersah: Der Mehrheit der religiösen Sozialisten war es mit der religiösen Begründung des Sozialismus ernst, für sie war daher auch die Kritik am „Vulgärmarxismus" nicht nur eine von der politischen Hauptaufgabe ablenkende Nebensache. Auch wenn die meisten religiösen Sozialisten die Verdienste Eckerts um die Organisation des Bundes aner-

---

227 Vgl. für die „Erfolgsmeldungen": *Erwin Eckert*, Arbeit und Kampf der religiösen Sozialisten im Jahre 1929, in: SaV 1, 1930. Für die Probleme in den neuen „Landesverbänden" Saarland und Lippe vgl. weiter unten in diesem Kapitel.

228 Vgl. dazu die Darstellung über die Internationale religiöser Sozialisten im Kapitel 5 und die Darstellung der katholischen Sozialisten im Kapitel 6.

kannten, waren sie dennoch nicht bereit, eine „Kursänderung" des Bundes durch einen voluntaristischen Akt des Bundesvorsitzenden zu akzeptieren.[229]

Auf dem fünften Bundeskongreß des BRSD im August 1930 in Stuttgart stand eine solche „Kursänderung" allerdings noch nicht auf der Tagesordnung. Die Teilnehmer der Konferenz stellten sich sogar einmütig hinter ihren – wiedergewählten – Bundesvorsitzenden. Eckert war auf dem Nürnberger Kirchentag wegen seiner scharfen Polemik gegen die als heuchlerisch empfundene Haltung der evangelischen Kirche zu den „Christenverfolgungen" in der Sowjetunion das Wort entzogen worden. Die Konferenzteilnehmer sahen darin auch ein Votum gegen die religiös-sozialistische Bewegung und sie bekannten sich in einer Entschließung zu der von Eckert eingenommenen Haltung in dieser Frage. Ganz so eindeutig, wie der Wortlaut der Entschließung vermuten läßt, war allerdings die Diskussion über die Frage der „Christenverfolgung" nicht verlaufen. Die Mehrheit sah zwar wie Eckert, daß die Nachrichten über die Verfolgung der russischen orthodoxen Kirche in Deutschland propagandistisch ausgenutzt wurden, über die Tatsache der Verfolgung selbst aber wollten sie deshalb noch lange nicht zur Tagesordnung übergehen.

Im Mittelpunkt der Diskussionen der Stuttgarter Bundeskonferenz stand allerdings die Auseinandersetzung mit dem Nazismus. Der junge thüringische Pfarrer Aurel von Jüchen hielt statt des erkrankten Emil Fuchs das Referat zu diesem Thema. In einer weiteren Entschließung der Konferenz beklagten die Teilnehmer vor allem das Zurückweichen der Landeskirchen vor der nazistischen Gefahr. Dagegen gelte es – und Georg Wünsch nannte den Aufruf dazu eins der wichtigsten Ergebnisse der Konferenz –, das „katholische, evangelische und freidenkerische Lager" der Arbeiterschaft „zur einheitlichen Aktion zu sammeln".

Auch in Stuttgart konnten die religiösen Sozialisten dabei auf die Unterstützung der Sozialdemokratie rechnen. Die Spitzen der württembergischen SPD hatten die Konferenzteilnehmer begrüßt, zu einer öffentlichen Kundgebung kamen fast über tausend Teilnehmer, und auf gleichzeitig stattfindenden SPD-Sommerfesten waren die Delegierten der Konferenz gerngesehene Gastredner.[230] Auch wenn die Stuttgarter Konferenz keine so große öffentliche Wirkung wie die Mannheimer Konferenz im Jahre 1928 hatte, so war dennoch deutlich geworden, daß die religiös-sozialistische Bewegung in den zwei Jahren seit 1928 gewachsen war. Ob damit auch die „Geschlossenheit" der Bewegung größer geworden war, wie Erwin Eckert 1930 glaubte feststellen zu können, bleibt allerdings zweifelhaft. Die Aktivität einzelner Landesverbände ließ weiterhin zu wünschen übrig, und die Situation der religiösen Sozialisten war überall nicht einfach: Es galt einen „Dreifrontenkampf zu bestehen gegen die kapitalisch-mammonistisch-faschistische Front, gegen die verknöcherte Führer- und

---

229 Erwin Eckert referierte in Köln zum Thema: Arbeitsmethoden und Taktik der religiösen Sozialisten in Deutschland. Vgl. zum Wortlaut: SaV 49 und 50, 1929.

230 Vgl. zum Verlauf der Stuttgarter Konferenz die Berichterstattung einschließlich des Wortlauts der „Kundgebung": SaV 30-34, 1930 und *Georg Wünsch*, Der 5. Kongreß der religiösen Sozialisten Deutschlands, in: Zeitschrift für Religion und Sozialismus 1930, S. 327 ff. Zur Diskussion über die „Christenverfolgungen" und über die Nazi-Bewegung vgl. die Darstellung im Kapitel 3.

Machtgruppe in den Kirchen, gegen die Freidenker-Angriffe und das Mißtrauen der Genossen in der SPD und KPD".[231]

Das Jahr 1931 und die Folgen

Im ersten Halbjahr des Jahres 1931 nahm die religiös-sozialistische Bewegung vor allem in Süddeutschland einen beispiellosen Aufschwung, am Ende des Jahres aber stand sie am Rande der Spaltung. Beides hing mit den Aktivitäten Erwin Eckerts zusammen. Erwin Eckert war – wieder einmal – als Mannheimer Pfarrer ins Visier der badischen Landeskirche geraten. Der badische Kirchenpräsident hatte Eckert untersagt, an einer SPD-Veranstaltung gegen die Nazi-Bewegung als Redner teilzunehmen, und Eckert hatte den Gehorsam verweigert.[232] Während des gegen ihn eingeleiteten Dienstgerichtsverfahrens, in dem Eckert nicht zurückwich, kam es nicht nur in Baden, sondern auch in allen anderen „Landesverbänden" des BRSD zu einer großen Mobilisierung: Über hunderttausend Unterschriften erbrachten die Unterschriftensammlungen für Erwin Eckert. Nur von kommunistischer Seite war – wie die religiös-sozialistische Presse registrierte – lediglich „Verlegenheits- und Wortgestammel" zu hören.[233]

Um so verwirrender war es für alle religiösen Sozialisten, als Erwin Eckert im Herbst 1931 in die KPD eintrat. Die wachsende Distanz Eckerts gegenüber der Sozialdemokratie war schon länger erkennbar gewesen und fand bei einem Teil der Mitglieder auch Unterstützung. Seit im März 1931 neun SPD-Reichstagsabgeordnete bei einer Abstimmung über den Bau des Panzerkreuzers B nicht mit der Mehrheit der SPD-Fraktion gestimmt hatten, war die Kritik – auch bei nicht wenigen religiösen Sozialisten – an der „Tolerierungspolitik" der Sozialdemokratie nicht mehr verstummt. Eine Abspaltung der SPD-Linken war nicht mehr ausgeschlossen. Aber bei Erwin Eckert kam seit Juli 1931 ein neuer Akzent in die auch von ihm geteilte Kritik an der Sozialdemokratie. Er sah in der deutlichen Zuspitzung der wirtschaftlichen Krise die Möglichkeit, daß sich die verelendeten und verzweifelten proletarischen Massen „von dem Joch und der Unterdrückung des kapitalistischen Systems endgültig frei [...] machen" und für diesen Fall gelte es „für uns Sozialisten [...], auf alle Fälle nüchtern alles vorzubereiten, was ideologisch und materiell zur endgültigen Befreiung des Proletariats notwendig ist."[234] Die Gründung einer dritten sozialistischen Arbei-

---

231 Vgl. den „Jahresrückblick" in: Der Religiöse Sozialist 1, 1931.
232 Vgl. die ausführliche Darstellung des Konflikts mit der badischen Landeskirche bei: *Friedrich-Martin Balzer/Karl-Ulrich Schnell*, Der Fall Erwin Eckert, Köln 1987, und die Darstellung weiter unten in diesem Kapitel über die religiösen Sozialisten in Baden.
233 Vgl. *Hans Francke*, Kampf um Pfarrer Eckert, in: Vorwärts vom 1.4.1931. Vgl. auch „Sozialistische Pfarrer – vogelfrei", in: Vorwärts vom 9.6.1931. Zu den Protesten vgl. die ausführliche Berichterstattung in fast jeder Nummer des Religiösen Sozialisten im Jahre 1931. Zur Reaktion der KPD vgl. Der Religiöse Sozialist 9, 1931.
234 Vgl. den von Eckert verantworteten „Wochenbericht" in: Der Religiöse Sozialist 30, 1931, die „Wochenberichte" waren bis Anfang Juli 1931 lediglich kritisch ausgewählte Informationen über die Ereignisse der Woche, ab Juli 1931 nahmen sie den Charakter von „Zeitanalysen" an.

terpartei aber schien Eckert angesichts dieser Aussichten der falsche Weg zu sein, denn um so mehr war es jetzt – noch Anfang August 1931 beharrte Eckert darauf – für die religiösen Sozialisten „heiligste Aufgabe", für die Einheit des Proletariats „zu kämpfen und zu werben".[235] In Schwierigkeiten geriet Eckert freilich, als sich die KPD kurzfristig entschied, sich im August 1931 auch zu dem von „Stahlhelm" und NSDAP getragenen „Volksentscheid" gegen die SPD-geführte preußische Regierung aufzurufen. Die religiösen Sozialisten hatten zuvor ihre Anhänger aufgefordert, „mit allen Mitteln dieser religiös verbrämten Demagogie der nationalistisch-bürgerlich kapitalistischen Reaktion entgegenzuarbeiten", da die „Hetze" gegen die Regierung Braun-Severing die demokratische Republik meine und diese sei „trotz all ihrer Fehler [...] ein Hort, ein Schutz der Schwachen".[236] Mit gewundenen Formulierungen nahm Eckert dennoch die KPD in Schutz, „sie habe die Proletariermassen nicht der Agitation und Führung der Nationalisten kampflos überlassen" wollen. Die religiösen Sozialisten begrüßten natürlich den Ausgang des Volksentscheids zugunsten der preußischen Regierung. Aber Eckerts Kritik an der von der SPD als „Koalition Thälmann-Hitler" angeprangerten, zumindest aber der Einheit des Proletariats wenig dienlichen Politik der KPD blieb sehr zurückhaltend.[237] Erwin Eckert hatte sich offenbar schon zu diesem Zeitpunkt für die KPD entschieden.

Die Gründe dafür sind vielfältig und nur im Zusammenhang mit der politischen Situation im Jahre 1931 zu verstehen. Dazu gehörte zweifellos nicht Eckerts rigides Bekenntnis zum Marxismus, darin unterschied er sich kaum von der großen Mehrheit in der Sozialdemokratie, die sich ebenfalls mit großer verbal-radikaler Regelmäßigkeit auf die marxistische Tradition berief. Darin unterschied er sich eher von einem Teil der führenden religiösen Sozialisten, die aufgrund einer intensiveren Beschäftigung mit der marxistischen Theorie weniger als Eckert dazu neigten, die marxistische „Arbeitsmethode" mit der formelhaften Wiederholung von „Lehrsätzen" zu verwechseln. Die meisten religiösen Sozialisten – und mit ihnen auch Eckert – besaßen aber aufgrund ihres Verständnisses vom „interfraktionellen" Charakter der religiös-sozialistischen Bewegung eine viel geringere Distanz nicht nur zum kommunistischen „Genossen", sondern auch zur KPD als Organisation, nicht zuletzt, weil sie alle die aus den gegenseitigen Anfeindungen in der unmittelbaren Nachkriegszeit resultierenden tiefen Verletzungen bei Sozialdemokraten und Kommunisten selbst nicht erfahren hatten. In der Ablehnung der sozialdemokratischen Kompromisse in der Abrüstungs- und der Sozialpolitik und in der Kritik an der „Tolerierungspolitik" der SPD unterschied sich Eckert freilich kaum vom linken Flügel der SPD, und der Schritt zur im Oktober 1931 gegründeten Sozialistischen Arbeiterpartei (SAP) wäre eigentlich auch für ihn folgerichtig gewesen. Aber die Gunst der veränderten bündnis-

---

235 Vgl. den Bericht über die Rede Erwin Eckerts auf der pfälzischen Landesversammlung in: Der Religiöse Sozialist 33, 1931.
236 Vgl. Der Religiöse Sozialist 17, 1931.
237 Vgl. die Stellungnahme Eckerts in: Der Religiöse Sozialist 32, 1931 und zur Einschätzung der Ergebnisse: Der Religiöse Sozialist 33 und 34, 1931. Vgl. die wenig überzeugende Wertung dieser Haltung Eckerts bei *Friedrich-Wilhelm Balzer*, a.a.O., S. 232 f.

politischen Taktik der KPD bot ihm eine Alternative. Als aktivistischer Politiker, der etwas bewegen wollte, sah er in der bei Wahlen so erfolgreichen KPD die größeren Möglichkeiten. Die KPD warb ihrerseits seit dem Leipziger SPD-Parteitag Ende Mai 1931 nicht nur verstärkt um Sozialdemokraten, um die Gründung einer weiteren sozialistischen Arbeiterpartei zu verhindern, sie wollte im Jahre 1931 auch im „nationalen" und „religiösen" Lager Verbündete finden. Der kommunistische Freidenker Johannes Karl König kommentierte deshalb auch den Übertritt Eckerts – mit erstaunlich gewandelter Sprachregelung – mit den Worten: „Dem Einbruch in die nationale Front [gemeint war der Übertritt des Reichswehrleutnants und Nazi-Sympathisanten Richard Scheringer in die KPD] folge jetzt mit Pfarrer Eckert der Einbruch in die religiöse Front". Motive und Absichten der KPD, einen Pfarrer Eckert als Genossen in die Partei aufzunehmen, waren deshalb klar.[238]

Aber angesichts von Eckerts Erfahrungen mit der KPD bis zum Jahre 1930 und der noch Mitte 1931 von Eckert beschworenen Notwendigkeit der „Einheit der Arbeiterbewegung" blieb es für viele seiner religiös-sozialistischen Mitstreiter unerklärlich, daß Eckert gerade auf dem Höhepunkt der „sozialfaschistischen" Propaganda gegen die SPD in die KPD eintrat. Dennoch hielten sich alle führenden religiösen Sozialisten in ihrem Urteil über den Weg Eckerts in die KPD bemerkenswert zurück.[239] Schon vor dem Anfang Oktober 1931 erfolgten Eintritt Eckerts in die KPD hatten die kritischen Stimmen besonders aus Baden und Württemberg, aber auch aus Berlin zugenommen, die die von Eckert betriebene offene Frontstellung gegen die SPD als radikale „Kursänderung" des Bundes empfanden und nicht mitzumachen bereit waren. Einige – wie der zweite Bundesvorsitzende Bernhard Göring – wollten Eckert deshalb auch das Recht absprechen, den BRSD weiter in der Öffentlichkeit zu repräsentieren. Aber nach Eckerts Übertritt in die KPD, der für viele überraschend erfolgt war, verweigerte ihm zunächst niemand die Solidarität. In einer

---

238 Die Entstehung der Sozialistischen Arbeiterpartei (SAP) und die veränderte Bündnispolitik der KPD 1931 können hier nicht dargestellt werden. Vgl. dazu: *Hanno Drechsler*, Die Sozialistische Arbeiterpartei Deutschlands, Meisenheim 1965 und *Hermann Weber*, Die Generallinie, Düsseldorf 1981. Zur die wirkliche nazistische Gefahr unterschätzenden und verharmlosenden „konfusen Faschismusdefinition der KPD" vgl. *Sigrid Koch-Baumgarten*, in: *Ossip K. Flechtheim*, Die KPD in der Weimarer Republik, Hamburg 1986, Einleitung S. 48 f. Zur SPD vgl. auch *Heinrich-August Winkler*, Der Weg in die Katastrophe, Berlin/Bonn 1987, bes. S. 123 ff. Das Zitat von Johannes Karl König in: Die Linkskurve 11, 1931, S. 9 f. In derselben Zeitschrift hatte Ernst Schneller – später Verhandlungsführer der KPD in Gesprächen mit Paul Piechowski – im Jahre 1930 die „sozialfaschistischen Freidenker nebst religiösen Sozialisten" noch zum „Lügensumpf der kapitalistischen Welt" gezählt. Vgl. ebda., 1930, S. 2.
239 Der Konflikt Eckerts mit der Bundesführung des BRSD wird materialreich dargestellt bei *Friedrich-Wilhelm Balzer*, a.a.O., S. 236 ff. Die Wertung Balzers ist allerdings über weite Passagen noch einseitiger als in anderen Teilen seiner Darstellung, sie wird unsinnig, wenn er die Kontroversen über die richtige Politik des Bundes mit einer „Differenzierung der sozialen Basis des Bundes" erklären will und als Beleg „150 Mannheimer Betriebsarbeiter" anführt, auf die sich Eckert gestützt habe, während sein Widersacher in Baden, Heinz Kappes, einen Kreis von „Angestellten, Beamten und Akademikern" um sich geschart habe (vgl. a.a.O., S. 238). Die teilweise sehr verdienstvolle Arbeit Balzers wird zum denunziatorischen Pamphlet, wenn er die Kritiker Eckerts – an einem Beispiel festgemacht – als anfällig für die Nazi-Bewegung hinstellt (vgl. a.a.O., S. 245). Als Quelle über den Konflikt vgl. deshalb vor allem die Berichterstattung im Religiösen Sozialisten ab Oktober 1931, obwohl hier der Konflikt anfänglich nicht immer sehr deutlich dargestellt wird.

„Erklärung des badischen Landesvorstandes [...] zum Übertritt des Genossen Pfarrer Eckert" wurde noch einmal betont, daß der BRSD nie „die Zugehörigkeit zu einer *bestimmten* sozialistischen Partei [...] vorgeschrieben" habe und deshalb auch „keine Bedenken" gegen Eckerts Mitgliedschaft in der KPD habe. Um den Vorbehalten gegen eine alleinige Vertretung des Bundes durch Eckert Rechnung zu tragen, vereinbarte der badische Landesvorstand jedoch – etwas außerhalb des Statuts –, daß Eckert zwar weiterhin die „Geschäfte des Bundes" führen solle, Bernhard Göring aber den Vorsitz und die Vertretung des Bundes nach außen habe. In der Schriftleitung des „Religiösen Sozialisten" sollte Pfarrer Schenkel „gleichberechtigt und mitverantwortlich" an die Seite von Erwin Eckert treten.[240] Das war zweifellos eine „Entmachtung" Eckerts als Bundesvorsitzender. Aber als die badische Landeskirche Eckerts KPD-Mitgliedschaft erneut zum Anlaß nahm, ihn als Pfarrer seines Amtes zu entheben, waren alle religiösen Sozialisten wieder an seiner Seite zu finden.[241]

Aber die meisten Landesverbände akzeptierten die Entscheidung Eckerts nicht ohne Vorbehalte. Dem BRSD stand eine Zerreißprobe bevor, wenn er den Konflikt in der Öffentlichkeit weiter herunterspielen wollte. In zahlreichen Ortsgruppenversammlungen kam es über „den bedeutsamen Schritt unseres Bundesführers" zu kontroversen Diskussionen. Einige Landesverbände forderten den Rücktritt Eckerts als Bundesvorsitzender. Die in der religiös-sozialistischen Presse sich häufenden Formulierungen, daß sich alle „getäuscht haben, die mit einem Auseinanderfallen unseres Bundes rechneten [...]", waren eher Hinweise auf die tatsächlich bestehende Gefahr einer Spaltung.[242]

Im November 1931 beschloß der Bundesvorstand – allerdings in Abwesenheit Eckerts, der kurz nach seinem Eintritt in die KPD eine Reise in die Sowjetunion angetreten hatte –, Eckert „als Bekämpfer der Sozialdemokratie" und „im Hinblick auf die derzeitige Zusammensetzung der Mitgliedschaft des Bundes" als Geschäftsführer des Bundes abzuberufen. Der Bundesvorstand forderte Eckert aber „als gleichberechtigtes Mitglied" zur weiteren Mitarbeit im Bundesvorstand auf.[243]

Eckert lehnte ab. Er sah in der Mitarbeit im Bund keinen Sinn mehr und trat – nach seiner endgültigen Amtsenthebung als Pfarrer Anfang Dezember 1931 – nicht nur aus der Kirche, sondern auch aus dem Bund der religiösen Sozialisten aus. Nach über zehn Jahren gemeinsamer Arbeit für eine Veränderung der Kirche war für Eckert plötzlich „erwiesen, daß es aussichtslos ist, die Kirche irgendwie in Kontakt mit dem Sozialismus für den Neubau der menschlichen Gesellschaft einzusetzen", und der

---

240 Vgl. den Wortlaut der „Erklärung" in: Der Religiöse Sozialist 41, 1931.
241 Vgl. die Stellungnahme Gotthilf Schenkels in: Der Religiöse Sozialist 42, 1931 und den Artikel von *Heinz Kappes*, Ein Wort an die Kirche zum Fall Eckert, in: Der Religiöse Sozialist 48, 1931.
242 Vgl. die Versammlungsberichte in: Der Religiöse Sozialist 42, 1931. In Mannheim scheiterte allerdings der Versuch einer Spaltung. Vgl. dazu die Darstellung weiter unten über die religiösen Sozialisten in Baden.
243 Vgl. die „Erklärung" des Vorstandes in: Der Religiöse Sozialist 1, 1932.

BRSD schien Eckert jetzt sogar „eher eine Hemmung für den revolutionären Klassenkampf als eine Hilfe zur Vorbereitung des Sozialismus".[244]

Jetzt verstanden ihn auch viele seiner Mitkämpfer nicht mehr, die ihm bislang – trotz kritischer Vorbehalte – nie die Solidarität aufgekündigt und sein Recht, als religiöser Sozialist in die KPD eintreten zu dürfen, verteidigt hatten. Bittere Enttäuschung sprach aus einem Abschiedswort von Emil Fuchs an den „Genossen und Freund". Gerade weil der Bund sich treu bleiben müsse und auch weiterhin – gegen die Kritik von sozialdemokratischer Seite – die „Einheitsfront" wolle, hielt Emil Fuchs, und mit ihm die meisten religiösen Sozialisten, den Weg der KPD nicht für richtig: „Es ist vor allen Dingen die Überschätzung der Gewalt [bei der KPD], die es uns als Christen unmöglich macht, mit Dir zu gehen". Fuchs verwahrte sich gegen Eckerts „persönliche, törichte Anklagen", aber auch gegen die Diffamierung der SPD-Parteiführung. Er wolle mit seinen Freunden den Kampf um die Kirche fortsetzen, und er hätte Eckert dabei gern weiter an seiner Seite gehabt, aber Eckert müsse sich darüber im klaren sein, daß er „den Bund religiöser Sozialisten nicht vom Kommunismus aus zerschlagen" kann.[245]

Pfarrer Ernst Lehmann aus Mannheim – hochbetagt und kaum im Verdacht, Konkurrent um neu zu vergebende Vorstandsposten zu sein – formulierte seine menschliche Enttäuschung – er hatte sich noch zu Beginn des Jahres 1931 im Konflikt mit der Landeskirche öffentlich für Eckert eingesetzt – noch schärfer: „Wenn ich [...] alle diese von Eckert angerichtete Zerstörung überblicke und danebenhalte all die vorhergehende Anspannung aller geistigen und seelischen Kräfte seiner Freunde, um Eckerts Tätigkeit auf dem allein zum Ziele führenden Wege in die Kirche zu erhalten, so mutet dies Erlebnis des Jahres 1931 an wie die Tat eines im vollen Sinne Wahnsinnigen."[246]

Erwin Eckert hatte sicherlich aus seiner Sicht gute Gründe, die SPD zu verlassen, und seine rigorose Haltung des Entweder-Oder hatte er auch schon vorher zum Leidwesen seiner religiös-sozialistischen Freunde im BRSD immer wieder praktiziert. Aber aus dieser Haltung resultierte auch eine völlige Überschätzung des Einflusses seiner Person und eine – schwerer wiegende, weil auch die Freunde verletzende – Unduldsamkeit gegenüber einer anderen politischen Auffassung. Nach seinem Ausscheiden aus der religiös-sozialistischen Bewegung paarte sich deshalb bei seinen Mitstreitern die – stets verständnisvolle – Kritik an seiner politischen Haltung mit einer großen Enttäuschung, da sie in Eckerts politischer Begründung für sein Handeln auch keine Achtung vor der jahrelangen gemeinsamen Arbeit im Bund erkennen konnten.[247]

---

244 Erwin Eckert erklärte das in der Mannheimer kommunistischen „Arbeiterzeitung" vom 12.12.1931, hier zit. nach der Materialsammlung zum Fall Eckert in: Zeitschrift für Religion und Sozialismus 1932, S. 6 f.

245 Vgl. *Emil Fuchs*, Ein Abschiedswort an unseren Genossen Eckert, in: Der Religiöse Sozialist 52, 1931.

246 Zit. nach *Johannes Rathje*, Die Welt des freien Protestantismus, Stuttgart 1952, S. 394. Vgl. auch *Ernst Lehmann*, Ein letztes Wort zu Eckert, in: Neuwerk 1931/32, S. 126 ff.

247 Bernhard Göring nannte als Grund für Eckerts Austritt aus dem Bund: „[...] weil nicht allein und nur sein Wille für die grundsätzliche und praktische Haltung des Bundes vom Bundesvorstand anerkannt wurde". Vgl. *Bernhard Göring*, Zum Jahreswechsel, in: Der Religiöse Sozialist 1, 1932.

Die von Erwin Eckert offenbar nicht gewollte, von einigen seiner Anhänger in Baden dennoch versuchte Spaltung der religiös-sozialistischen Bewegung schlug allerdings fehl. Der neue Bundesvorsitzende Bernhard Göring – eher ein nüchterner Verwalter als ein mitreißender Organisator des Bundes – mußte aber Anfang 1932 dennoch eingestehen, daß der Bund viel Zeit und Arbeit „zur Beseitigung innerer Spannungen und unangenehmer Differenzen" opfern mußte.[248]

Es konnte aber keine Rede davon sein, daß die religiös-sozialistische Bewegung nach dem Ausscheiden Eckerts als Organisation keine Rolle mehr spielte und politisch keinen Einfluß mehr besaß. Die euphorische Aufbruchstimmung nach der Mobilisierung der religiös-sozialistischen Anhänger im Frühjahr 1931 war natürlich nicht mehr vorhanden, und die Organisation des Bundes war auch eindeutig geschwächt. Der politische Einfluß aber war auch vorher nicht sehr groß gewesen, die öffentlichen Stellungnahmen zu politischen Fragen waren jetzt zwar leiser im Tonfall geworden, aber nicht minder entschieden und radikal. So protestierte der Bund Anfang 1932 erneut gegen Eckerts Amtsenthebung durch die badische Landeskirche und nannte es bezeichnend für den in der Landeskirche herrschenden Geist, daß sie NSDAP-Pfarrer in der Kirche offenbar problemlos akzeptieren könne, den ersten KPD-Pfarrer aber sofort entlassen habe. Und in einer vom gesamten Bundesvorstand unterzeichneten „Erklärung [...] zur Verurteilung Pfarrer Eckerts" versprach der BRSD, „den Kampf von innen gegen die zur Zeit die Kirche beherrschenden Mächte noch härter und unerbittlicher zu führen".[249] Führende religiöse Sozialisten erklärten, daß der Bund weiterhin für Sozialdemokraten *und* Kommunisten offen sei, und betonten damit erneut den „interfraktionellen" Charakter des BRSD. Sie reagierten damit auch auf Kritik aus der „Bruderschaft sozialistischer Theologen". Paul Piechowski und eine Gruppe Berliner religiöser Sozialisten, die freilich auch in Berlin in der Minderheit blieb, kritisierten die „übereilten" Distanzierungen der Bundesführung von Eckert. Sie sahen – allerdings ganz anders als Eckert – in einem Übertritt von Pfarrern in die KPD eine Möglichkeit, auch auf kommunistische Proletarier als religiöse Sozialisten Einfluß zu nehmen. Die daraufhin mit der KPD-Leitung geführten Verhandlungen verliefen allerdings so unbefriedigend, daß Paul Piechowski später wegen des „ablehnenden Mißtrauens" von seiten der KPD den Sinn der Gespräche überhaupt in Frage stellte.[250]

Die Mehrheit der religiösen Sozialisten blieb sozialdemokratisch orientiert: „Ausgangspunkt, Schwerpunkt und Stützpunkt der Arbeit ist die SPD", aber ebenso einmütig traten alle religiösen Sozialisten dafür ein, „sich geistig von keinem Proletarier abzusondern [...]" – das heißt auch, von keinem kommunistischen Proletarier. Die

---

248 Ebda. Zum Spaltungsversuch vgl. auch „Erwin Eckerts Übertritt..." in: Die Eiche 2, 1932 und „Offener Brief" in: Der Religiöse Sozialist 9, 1932.

249 Vgl. *Emil Fuchs*, Ein Dokument, in: Der Religiöse Sozialist 4, 1932. Zur „Erklärung" des Bundesvorstandes vgl. Der Religiöse Sozialist 1, 1932. Die „Erklärung" ist unterschrieben von Bernhard Göring, Heinrich Dietrich, Emil Fuchs, Georg Wünsch und Karl Rais.

250 Vgl. zu den Gesprächen und zu den damit verbundenen Hoffnungen die Darstellung der „Bruderschaft sozialistischer Theologen" im Kapitel 6. Zur Auseinandersetzung im Berliner Bund religiöser Sozialisten vgl. weiter unten in diesem Kapitel.

Distanz zur KPD als Organisation aber wurde jetzt mehr betont, denn zu deutlich war geworden, daß der politische Radikalismus, die Auffassung über Gewalt und die letztlich nicht aufgegebene „grundsätzliche Religionsfeindschaft" der KPD die religiösen Sozialisten von der KPD trennte.[251]

Im April 1932 versuchten der Bundesvorstand und der Bundesausschuß, unter die Ereignisse des Jahres 1931 einen Schlußstrich zu ziehen. Nachdem Paul Piechowski noch einmal die besondere Aufgabe der religiösen Sozialisten gegenüber der KPD betont hatte – und damit erneut Kritik am Verhalten des Bundesvorstands übte –, billigte der Bundesausschuß bei zwei Enthaltungen das Vorgehen des Bundesvorstandes. Aurel von Jüchen aus Thüringen und Gotthilf Schenkel aus Württemberg wurden in dieses Gremium hinzugewählt, und Bernhard Göring blieb weiter Bundesvorsitzender. Alle zusammen hofften, „unter allen Schwierigkeiten wirtschaftlicher, politischer und weltanschaulicher Art die Aufgabe des Bundes auch weiterhin zu erfüllen."[252]

Die Landesverbände waren – soweit sie nicht nur auf dem Papier existierten – im Jahre 1932 in der Tat teilweise ebenso aktiv wie 1931. Der Ausgang der badischen Kirchenwahlen im Juli 1932 – die religiösen Sozialisten erhielten mehr Stimmen als 1926 – wurde als Erfolg gefeiert, auch wenn die Erwartungen Mitte 1931 noch größer gewesen waren.[253] Der Bund aber wollte sogar mehr als bisher zu politischen Fragen Stellung nehmen, in ihnen sollte sich allerdings nun auch mehr die sozialdemokratische Orientierung des BRSD erweisen. Im März 1932 begrüßte die Bundesführung die Bildung der „Eisernen Front" in der Hoffnung, daß diese „den Feind der Republik niederzwingen" möge. In den 1932 anstehenden Reichspräsidentenwahlen unterstützten die religiösen Sozialisten das SPD-Votum für Hindenburg. Ihre Stellungnahme für Hindenburg wollten sie allerdings vor allem als eine Mobilisierung gegen Hitler verstanden wissen, denn Hitler „bedeutet Beseitigung von Demokratie und Verfassung, [...] ist die Verkörperung antichristlicher Gesinnung."[254] Der Bundesvorsitzende Bernhard Göring neigte freilich in seinen Stellungnahmen zur Tagespolitik zu einem übergroßen Vertrauen in die sozialdemokratische Führung – so kommentierte er den „Preußenschlag" am 20. Juli 1932 mit folgenden Worten: „[...] die Bataillone der Arbeit [standen] bereit, der Anordnung ihrer Führer Folge zu leisten und in bewundernswerter Disziplin verstanden sie die Tageslosung [...]: Noch nicht". Aber Emil Fuchs, der seit Ende 1931 in seinen Wochenberichten im „Religiösen Sozialisten" die Tagespolitik kommentierte, konterkarierte diese Vertrauensseligkeit mit kritischen Einwänden gegen die Politik der SPD – im Zusammenhang mit dem „Preußenschlag" verwies er auf den erfolgreichen Generalstreik nach dem Kapp-Putsch.[255]

---

251 Vgl. dazu die Stellungnahme von Pfarrer *Hans Francke* in: Der Religiöse Sozialist 7, 1932, und von Dr. *Planck* in: Der Religiöse Sozialist 34, 1932.
252 Vgl. dazu die Berichte in: Der Religiöse Sozialist 15 und 18, 1933.
253 Vgl. dazu weiter unten die Darstellung der Entwicklung in den Regionen.
254 Vgl. die Stellungnahme in: Der Religiöse Sozialist 11, 1932.
255 Vgl. für die unterschiedliche Einschätzung der SPD-Politik im Juli 1932: Der Religiöe Sozialist 31, 1932.

Die Auseinandersetzung mit dem „kirchlichen Nationalsozialismus" stand auch Anfang 1933 im Mittelpunkt der politischen Arbeit der religiösen Sozialisten in den Regionen und im BRSD. Erfolge bei diesen Aktivitäten konnten freilich kaum noch verzeichnet werden. Nichtssagende Formulierungen von Bernhard Göring, daß „trotz der Ungunst der Zeit ... die Arbeit unserer Bewegung unentwegt voran[schreitet]", verdeckten zwar die größer gewordenen Schwierigkeiten für das politische Engagement der religiösen Sozialisten gegen die Nazis, aber die Stellungnahmen gegen den Nazismus blieben – von Ausnahmen abgesehen – auch nach der Machtübernahme an Hitler unmißverständlich. Nur der Anfang des Jahres noch bestehende Optimismus, daß trotz der „Terrorwelle" gegen die Arbeiterschaft durch einen entschlossenen Widerstand „die Katastrophe vermieden werden" könne, wich langsam größer werdender Skepsis. Dennoch rief Bernhard Göring alle religiösen Sozialisten auf, während der März-Wahlen 1933 „Bekennermut" zu zeigen: Religiöse Sozialisten „wählen sozialistisch trotz alledem". Erst nach den Wahlen ergriff die Hoffnungslosigkeit der Situation auch sie. Emil Fuchs hatte als Trost nur noch ein Bibelwort zur Hand: „Selig sind, die um der Gerechtigkeit willen verfolgt werden [...]", aber er forderte dennoch am 12. März 1933 alle religiösen Sozialisten auf, sich zu den verfolgten „Arbeitermassen" zu bekennen. Bis zuletzt machte auch die Zeitschrift „Der Religiöse Sozialist" – anders als die von Georg Wünsch redigierte „Zeitschrift für Religion und Sozialismus" kein Zugeständnis an den Zeitgeist: In der letzten Nummer noch war ein Artikel dem Gedächtnis von Karl Marx gewidmet.[256] Für keine geringe Zahl von religiösen Sozialisten begann nun eine Zeit von Verfolgung und Widerstand. Zu Recht lobte Leonhard Ragaz später die religiös-sozialistische Bewegung, „wie tapfer sie sich hielt, seltene Ausnahmen abgerechnet".[257]

b) *Religiöse Sozialisten in Baden*

Ausgangssituation und erste Anfänge

Das Land Baden – eine „Hochburg" der religiös-sozialistischen Bewegung in der Weimarer Republik – besaß wie Württemberg eine lang zurückreichende demokratische Tradition. Die konfessionelle Struktur Badens aber war fast genau umgekehrt wie in Württemberg: Der katholische Bevölkerungsanteil war zwar seit dem 19. Jahrhundert kleiner geworden, betrug aber nach 1918 immer noch rund 58 Prozent. Der

---

256 Vgl. dazu die Wochenberichte von Emil Fuchs im Religiösen Sozialisten 1-11, 1933. *Bernhard Göring*, Religiöse Sozialisten vor die Front, in: Der Religiöse Sozialist 10, 1933, *Emil Fuchs*, Die Aufgaben der religiösen Sozialisten in: Der Religiöse Sozialist 11, 1933. Die „Zeitschrift für Religion und Sozialismus" bot, anders als „Der Religiöse Sozialist", in den letzten Nummern ein Bild der Anpassung, nicht zuletzt in der illusionären Hoffnung auf den „sozialistischen Flügel" der NSDAP (vgl. dazu unter anderem *Karl Thieme*, Revolution?, in: Zeitschrift für Religion und Sozialismus 1933, S. 166 ff.) und in der irrigen Annahme, durch eine Distanzierung vom „unheilvollen Einfluß" des marxistischen Sozialismus das drohende Verbot der Zeitschrift noch abwenden zu können.
257 Vgl. Leonhard Ragaz, Mein Weg, Band 2, S. 224.

evangelische Bevölkerungsanteil war leicht auf 39 Prozent gestiegen. Die meisten Protestanten lebten seit Ende des 19. Jahrhunderts in städtisch-industriellen Regionen, wo mit wachsender Industrialisierung auch die Arbeiterbevölkerung zunahm. Die nordbadischen Industriestädte Mannheim, Karlsruhe und Pforzheim waren auch die ersten Zentren der Arbeiterbewegung, aber schon ab 1890 konnten Sozialdemokratie und Freie Gewerkschaften auch in den zahlreichen „Industriebauerndörfern" der stets krisengeschüttelten Textil(heim)industrie und der Uhrenindustrie Fuß fassen. Die seit 1890 im Landtag vertretene SPD ging schon bald koalitionsähnliche Bündnisse mit den Liberalen ein, die sich meist gegen die politisch einflußreiche Zentrumspartei richteten.

Das Industrieland Baden hatte nach 1918 im Unterschied zu Württemberg mit größeren wirtschaftlichen Problemen zu kämpfen: Baden war „Grenzland" geworden, es gab eine fünfzig Kilometer tiefe entmilitarisierte Zone, bis 1925 von französischen Truppen besetzte Rheinhäfen in Mannheim und Karlsruhe und eine die badische Industrie schwächende zollfreie Einfuhr aus Frankreich. Der starke Zuzug aus dem nach Frankreich zurückkehrenden Elsaß-Lothringen vergrößerte die hohe Arbeitslosigkeit. Die in Mannheim und Karlsruhe konzentrierte Maschinen- und Autoindustrie litt seit Mitte der zwanziger Jahre unter der wachsenden Konzentration in diesen Branchen, die schließlich zur Verlagerung von Teilen der Produktion nach Württemberg führte. Die Arbeitslosigkeit stieg deshalb sowohl während der sogenannten Reinigungskrise 1926 als auch in der Weltwirtschaftskrise früher als im Reich, blieb zwar unter dem Durchschnitt, war aber stets höher als in Württemberg.

Die Sozialdemokratie war kurz nach Kriegsende mit über 34 Prozent der Stimmen nach dem Zentrum zweitstärkste Partei, ihr Stimmenanteil ging aber bis Ende der zwanziger Jahre auf 20 Prozent zurück und sank zu Beginn der dreißiger Jahre sogar auf 13 Prozent. In dieser letzten Phase der Weimarer Republik überflügelte die KPD, die bis 1928 stets nur zwischen vier und sechs Prozent der Stimmen gewinnen konnte, die SPD: 1932 erhielt die KPD bei der zweiten Reichstagswahl 14,3 Prozent. Die SPD blieb dennoch bis Ende 1932 an der Regierung beteiligt, da die Weimarer Koalition – sie hatte 1919 91 Prozent und bei der letzten Landtagswahl 1929 immerhin noch über 63 Prozent aller Stimmen erhalten – im Lande stets eine Mehrheit behielt. Ende 1932 schied die SPD aus der Regierung aus, weil die Landespartei – anders als die SPD-Landtagsfraktion – nicht den Staatsverträgen mit der katholischen und der evangelischen Kirche zustimmen wollte. Die NSDAP, die im Landtag vor 1933 nur mit sechs Mandaten vertreten war, gewann seit 1930 bei Reichstagswahlen überdurchschnittlich: 1932 mit 34 Prozent ein Prozent mehr als im Reich. Die Nazipartei erzielte ihre Wählererfolge besonders in Regionen mit hohem evangelischen Bevölkerungsanteil. Nicht zuletzt deshalb trat die NSDAP in Baden als eine ausgesprochen kirchenfreundliche Partei auf, um so die Kirche und die kirchentreuen Wähler für sich zu gewinnen.

Bei der evangelischen Landeskirche bedurfte es dazu keiner allzu großen Anstrengungen. Die stets selbständige badische evangelische Landeskirche fürchtete nach 1918 ohne Grund tiefgreifende Veränderungen. Die bereits 1919 – und damit viel früher als in anderen Ländern – verabschiedete Kirchenverfassung war allerdings stark von der gleichzeitig entstehenden badischen Landesverfassung geprägt und wies viele demokratisch-parlamentarische Strukturen auf. Die Wahl aller Gremien nach dem Verhältniswahlrecht gab – anders als zum Beispiel in Württemberg – auch den Minderheiten eine Chance der Vertretung. In der Landessynode kam es deshalb auch zu „klaren Fraktionsbildungen" und in der Landeskirche zu „klar abgegrenzten kirchenpolitischen Gruppierungen". Die konservative „Positive Vereinigung" war die stärkste Kirchenpartei, die „Liberale Vereinigung" und die „Religiösen Sozialisten" aber waren starke Minderheiten. Die zunächst unter dem Namen „Kirchliche Vereinigung für positives Christentum und deutsches Volkstum" auftretenden „Deutschen Christen" waren seit 1932 zweitstärkste Kirchenpartei. Der seit 1924 im Amt befindliche Kirchenpräsident Wurth war zwar ein konservativer Deutsch-Nationaler, unterschied sich aber von seinem zunächst liberalen, seit 1930 deutsch-christlichen Vizepräsidenten Doerr kaum. Sein beschämendes Verhalten gegenüber sogenannten Judenchristen war dafür nur ein Beispiel; Es sei – so schrieb er im Mai 1933 als Trost für einen entlassenen Kirchenhistoriker jüdischer Herkunft – „ebensowenig zu behaupten, daß das Judentum in erster Linie Religion, nicht Rasse sei, und also ein Judenchrist gleiche Rechte wie der arische Christ in Deutschland haben müsse".[258]

„Volkskirchliche Vereinigung" und „Bund evangelischer Proletarier"

Im Zuge der Industrialisierung waren nach 1900 in Nordbaden, vor allem in Mannheim und in Heidelberg, evangelische Männervereine entstanden, die sich um 1908 im „Verband der evangelischen Männer- und Arbeitervereine" zusammenschlossen und eine eigene Zeitschrift, „Der Bote aus Kurpfalz", herausgaben. Der „Verband" machte im Weltkrieg keinen Hehl aus der „vaterländisch-nationalen" Gesinnung seiner Mitglieder, warf aber zugleich auch der Landeskirche vor, die soziale Situation der Arbeiter nicht zur Kenntnis zu nehmen und kein Verständnis für die Gewerkschaften zu haben.[259]

---

258 Zur sozialen und politischen Entwicklung in Baden vgl. *Rudi Allgeier*, Grenzland in der Krise. Die badische Wirtschaft 1928 bis 1933, in: *Thomas Schnabel*, a.a.O., S. 150-183; *Jürgen W. Falter* u.a., a.a.O., S. 88 ff.; zur badischen Landeskirche: *Hermann Erbacher*, Die evangelische Landeskirche in Baden in der Weimarer Republik und im Dritten Reich, 1919-1945, Karlsruhe 1983; *Jörg Thierfelder/Eberhard Röhm*, Die evangelischen Landeskirchen von Baden und Württemberg, in: *Thomas Schnabel*, a.a.O., S. 219-256, das Zitat zu den „Fraktionen": S. 222. Zu der Entwicklung ab 1930 vgl. auch: Die evangelische Landeskirche in Baden im ‚Dritten Reich'. Quellen zur Geschichte, Band 1, 1931-1933, Karlsruhe 1991, das Zitat von Wurth: S. 595. Die Industrialisierung Badens verlief regional sehr unterschiedlich, insofern kann auch nicht davon gesprochen werden, daß Baden „zu den industriell zurückgebliebenen [...] Gebieten in Deutschland" gehörte, wie es Friedrich-Martin Balzer tut. Vgl. dazu ders., Klassengegensätze in der Kirche, a.a.O., S. 45 f. Seine Darstellung enthält zur Geschichte der religiösen Sozialisten in Baden eine Fülle von Material, besonders zur Person Erwin Eckerts, freilich auch wiederum sehr einseitige Wertungen.

259 Vgl. dazu die Berichte in: Der Bote aus Kurpfalz. Evangelischer Gemeindebote und Vereinsanzeiger. Freie Stimme für das evangelische Volksrecht, Jg. 1916-1918. Die letzte Nummer vor Kriegsende erschien im Oktober 1918.

Bei Kriegsende war auch in Baden die Landeskirche durch die Abdankung des Groß-
herzogs „kopflos" geworden. Vorschläge zur radikalen Strukturveränderung der alten
Obrigkeitskirche wurden öffentlich diskutiert. Die in mehreren Städten schon länger
existierenden oder neu gegründeten „Volkskirchlichen Vereinigungen" knüpften dabei an die sozialliberale Tradition des „Verbandes der evangelischen Arbeitervereine" an.

In Karlsruhe veröffentlichten der Rechtsanwalt und SPD-Landtagsabgeordnete
Eduard Dietz – er arbeitete auch am Entwurf der badischen Landesverfassung mit
– und der Stadtpfarrer Rohde als „Vorstand der volkskirchlichen Vereinigung" einen Aufruf zum Umbau der Landeskirche in eine Volkskirche. Sie machten konkrete Vorschläge für eine neue Kirchenverfassung mit demokratischem Wahlrecht, für
eine Reform des Religionsunterrichts und forderten die „Beseitigung der Staatsdota-
tionen" für die Kirche. Den von sieben evangelischen SPD-Abgeordneten (von 34)
der badischen Nationalversammlung unterschriebenen Aufruf verschickten sie an alle
badischen Pfarrer mit dem Hinweis, daß die Sozialdemokratie gegenüber kirchlichen
Belangen nicht mehr teilnahmslos sei. Um so mehr gelte es, eine „wirkliche Volkskirche" zu schaffen, der auch ein Sozialdemokrat mit Überzeugung angehören könne.

Der im Frühjahr 1929 von Dietz und Rohde in Werbeveranstaltungen propagierte
Aufruf machte klar, daß die neue „Volkskirchliche Vereinigung" in erster Linie als
„kirchenpolitische Partei" wirken wollte. Die Mitgliedschaft in der evangelischen
Landeskirche war deshalb auch Bedingung für die Mitarbeit. Dagegen sollte theologischer Streit vermieden werden, da in der „Vereinigung" neben kirchlichen Links-
und Rechtsliberalen auch kirchliche Orthodoxe Mitglied waren.[260]

Die Hoffnung auf einen schnell wachsenden Massenanhang trog, vor allem die
badischen Pfarrer zeigten wenig Neigung, sich der „Vereinigung" anzuschließen. Im
Frühjahr 1919 stellte zwar der Herausgeber des wieder erscheinenden „Boten aus Kurpfalz" seine Zeitschrift der „Vereinigung" zur Verfügung, aber da die Lesbarkeit des
Blattes zu wünschen übrig ließ, war die Zahl der Leser nicht sehr groß. Das änderte
sich erst Mitte 1919, als Professor Hans Ehrenberg aus Heidelberg als Schriftleiter
gewonnen werden konnte. Die Auflage der seit Juli 1919 mit dem Titel „Christliches
Volk" erscheinenden Zeitschrift stieg auf „einige tausend" Exemplare. Die Leserge-
meinde vergrößerte sich noch mehr, als sich die „Volkskirchlichen Blätter" der Mannheimer „Volkskirchlichen Vereinigung" mit dem „Christlichen Volk" vereinigten.[261]

260 Vgl. zur Selbsteinschätzung: „Zur Aufklärung", in: Christliches Volk 2, 1919, zur Entstehung des
Volkskirchenbundes: *Heinrich Dietrich*, a.a.O., S. 7 ff., der Wortlaut des Aufrufs: S. 8 f.
261 Hans Ehrenberg war seit 1918 Philosphieprofessor in Heidelberg. Er begann 1922 ein Theologiestu-
dium und übernahm nach dem Abschluß 1925 eine Pfarrei in Bochum. Er hatte als „Gegenspieler"
Eckerts im BRSD eine wichtige Rolle, ging aber ab 1929 auf Distanz zur religiös-sozialistischen Bewegung. Er nahm verstärkt Stellung gegen den Nazismus und wurde 1933 als Professor, 1937 – aufgrund seiner jüdischen Herkunft – als Pfarrer entlassen. Nach fünf Monaten KZ in Sachsenhausen
emigrierte er nach England und kehrte erst 1947 nach Deutschland zurück. Vgl. zur Biographie: *Hans
Ehrenberg*, Autobiography of a german pastor, London 1943; *Günter Brakelmann*, Hans Ehrenberg.
Eine Biographie bis 1933, in: stimmstein, Jahrbuch der Rosenstock-Huessy-Gesellschaft, Band 1, o.O.
1987; Jenseits all unseres Wissens wohnt Gott. Hans Ehrenberg . . . zur Erinnerung, hrsg. von

Aber auch wenn die „Volkskirchliche Vereinigung" sich inzwischen „Badischer Volkskirchenbund" nannte und im Juli 1919 zur ersten Landesversammlung einlud – außerhalb von Karlsruhe gab es dennoch keine Organisation, sondern nur wenige aktive Frauen und Männer als Einzelmitglieder. Hauptsorge der Landesversammlung, an der rund „fünfzig Pfarrer, Beamte, Arbeiter, Geschäftsleute" vor allem aus Karlsruhe teilnahmen, war die Vorbereitung der Kirchenwahlen zur verfassunggebenden Landessynode.

Stadtpfarrer Rohde sah für den Volkskirchenbund nur noch als „Bund kirchenfreundlicher Sozialisten" eine Zukunft, dem er aber als – politisch – neutraler Pfarrer nicht vorstehen könne. Im November 1919 wurde so Heinrich Dietrich zum Vorsitzenden der „Volkskirchlichen Vereinigung" von Karlsruhe gewählt.

Die religiös-sozialistische Bewegung nahm damit auch in Baden ihren Anfang – der Beginn aber war ähnlich bescheiden wie zur gleichen Zeit in Norddeutschland. Heinrich Dietrich mußte feststellen, daß „außer in Karlsruhe [...] an Organisation so gut wie nichts vorhanden" war. Die in der Zeitschrift „Christliches Volk" erwähnten weiteren Ortsgruppen in Schwetzingen, Heidelberg und Pforzheim standen nur auf dem Papier oder waren – wie die Mannheimer Gruppe mit dem Hauptlehrer Heck als Vorsitzenden – dem Volkskirchenbund nur bedingt zuzurechnen. Noch Anfang 1920 gab es nur kanpp 200 Leser der Zeitschrift.[262]

Das hinderte den Volkskirchenbund freilich nicht, zu Beginn des Jahres 1920 eine mehrwöchige Programmdiskussion zu führen, die „scharfe Gegensätze" in den Reihen der wenigen Mitglieder offenbarte. Das schließlich verabschiedete Programm enthielt kein religiös-sozialistisches Bekenntnis, machte aber die Annäherung an eine weitere, in Baden existierende und sich kirchenpolitisch zu Wort meldende Gruppe leichter. In Pforzheim hatte der Vikar Erwin Eckert zusammen mit zwei Lehrern den „Bund evangelischer Proletarier" (später auch: Bund evangelischer Sozialisten) gegründet. Der Bund wollte ausdrücklich keine neue Kirchenpartei sein, sondern ein „Aktionsverband der sozialistisch gesinnten evangelischen Männer und Frauen". Nur mit einem Bekenntnis zum Sozialismus nämlich glaubten die Gründer auf die „entkirchlichten Massen" glaubwürdig Einfluß nehmen zu können.

Erwin Eckert bot dem Volkskirchenbund im März 1920 die Zusammenarbeit an und Heinrich Dietrich war deshalb erstmals optimistischer über die Aussichten der religiös-sozialistischen Bewegung in Baden. Neben Pfarrer Löw aus Freiburg hatten noch mehrere Lehrer zum Volkskirchenbund gefunden, und die inzwischen in „Christliches Volksblatt" umgetaufte Zeitschrift hatte schon über tausend Abonnenten. Die Zahl der Anhänger unter den Arbeiter war ebenfalls größer geworden. Die USPD

Rudolf Hermeier, Moers 1987. Zu Ehrenbergs religiös-sozialistischer Position vgl. *Hans Ehrenberg*, Ökonomischer und religiöser Sozialismus, in: Sozialistische Monatshefte 5, 1920, zum Konflikt mit Eckert vgl. die Darstellung des BRSD weiter oben.

262 Vgl. die Darstellung des mühsamen Beginns bei Heinrich Dietrich, a.a.O., S. 7 ff., bes. S. 19 f., und die Hinweise in: Christliches Volk 1-6, 1919. Die Beschreibung der badischen religiösen Sozialisten folgt in der Literatur meist der Darstellung Dietrichs, ohne daß auf die Schwierigkeiten des Anfangs eingegangen wird. Vgl. dazu u.a. *Renate Breipohl*, a.a.., S. 16 f.

und die KPD lehnten freilich die Ziele des Volkskirchenbundes ab, bei der „Mehrheitssozialdemokratie" fanden sie jedoch Unterstützung. Die Aktivitäten des Volkskirchenbundes wie auch des Bundes evangelischer Proletarier galten aber weiterhin vor allem der Vorbereitung auf die im Herbst 1920 anstehenden Kirchenwahlen zur Landessynode. In mehreren Aufrufen erläuterten beide Gruppierungen, warum sie sich – gemeinsam – zur Wahl stellten, wobei der von Eckert formulierte Aufruf bereits die Forderung enthielt, „evangelisches Christentum und wissenschaftlichen Sozialismus zu vereinen".

Das Wahlergebnis war beachtlich: Der Volkskirchenbund erhielt über 13.000 Stimmen (über neun Prozent) und drei Mandate. Die Wähler waren – wie Heinrich Dietrich glaubte feststellen zu können – „in der Mehrheit sozialdemokratische Arbeiter". Bis 1926 vertraten die Pfarrer Georg Wünsch und Stadtpfarrer Rohde sowie der Schulrektor Heinrich Dietrich den Volkskirchenbund in der badischen Landessynode. Die ersten Anträge der Drei-Mann-Fraktion – unter anderem sollte der 1. Mai zum religiösen Feiertag erklärt werden – wurden zwar alle abgelehnt, aber die Antragsteller hatten nichts anderes erwartet, und sie trugen den Vorwurf, „die sozialdemokratische Kirchenpartei" zu sein, mit Gelassenheit.[263]

Die Kirchenwahlen hatten im ganzen Land Baden die Ziele des Volkskirchlichen Bundes bekannt gemacht. Neben den Zentren in Karlsruhe, Heidelberg, Mannheim und Freiburg waren in neun weiteren Städten und Gemeinden Ortsgruppen entstanden. Im Rückblick resümierte Heinrich Dietrich, daß das Jahr 1921 „uns rein äußerlich noch nicht zum Ziel" brachte und versteckte mit dieser Formulierung die großen internen Differenzen im badischen Volkskirchenbund.[264] Das theologische Selbstverständnis führender Vertreter des Volkskirchenbundes orientierte sich an sehr unterschiedlichen Vorbildern.[265] Das Bekenntnis zum Sozialismus war zwar in den Versammlungen des Volkskirchenbundes immer häufiger zu hören, aber die Vorstellungen, was darunter zu verstehen sei, blieben sehr diffus.[266]

Angesichts dieser Unterschiede verwundert es nicht, daß auch über die Frage der anzustrebenden Organisation keine Einigkeit bestand. Auf der im April 1921 in Freiburg stattfindenden Landesversammlung des badischen Volkskirchenbundes prallten die Gegensätze aufeinander, obwohl der Vorsitzende Heinrich Dietrich nach außen den Eindruck zu vermitteln versuchte, daß der Volkskirchenbund eine „geschlossene

---

263 Vgl. *Heinrich Dietrich*, a.a.O., S. 23 f., dort auch der Wortlaut des Programms und des Aufrufs zur Wahl und der Brief Erwin Eckerts an Heinrich Dietrich vom 20.3.1920. Zum Ergebnis und zu den ersten Initiativen der Drei-Mann-Fraktion in der Synode vgl. Christliches Volksblatt 27, 30 und 31, 1921. Vgl. auch weiter oben die Darstellung zur Programmatik im Kapitel 2.
264 Vgl. *Heinrich Dietrich*, a.a.O., S. 32 f.
265 Vgl. für die unterschiedlichen Positionen die Artikel von: *Caselmann*, Morgenröte, in: Christliches Volksblatt 5, 1921 und von *Theodor Steltz*, Mammonismus und Kapitalismus, in: Christliches Volksblatt 17, 1921.
266 Vgl. den Bericht über eine Versammlung in: Christliches Volksblatt 29, 1921, zur Entwicklung der religiös-sozialistischen Ideen in der Mannheimer Ortsgruppe (und zur Geschichte der religiösen Sozialisten in Mannheim und in Baden überhaupt) vgl. die sehr abgewogene Darstellung von *Eckehart Lorenz*, Kirchliche Reaktionen auf die Arbeiterbewegung in Mannheim 1890-1933, Sigmaringen 1987, bes. S. 117 ff.

Bewegung" sei, die freilich nur „langsam vorwärts schreitet". Dabei hatte Heinrich Dietrich selbst mit seinem Diktum „Wir sind Partei und wollen die Partei der Zukunft sein" und mit seiner Kritik an der „falschen Furcht [...], daß wir zu früh zu einer bloßen Organisation werden" könnten, der auf der Versammlung von Hans Ehrenberg formulierten Gegenposition widersprochen. Hans Ehrenberg sah im Volkskirchenbund auch eine „religiös-soziale Bewegung", aber „keine politische Richtung, die etwa an die Stelle der sozialistischen Parteien zu treten hätte".[267] Die Vielfalt der religiös-sozialistischen Positionen im badischen Volkskirchenbund war offensichtlich, und ein Teil der Mitglieder sah darin eine Chance für die weitere Entwicklung. Ein anderer Teil – zu ihnen gehörte der Vorsitzende Heinrich Dietrich – sah darin allerdings eher ein Hindernis.

Heinrich Dietrich erhoffte sich deshalb durch eine engere Zusammenarbeit mit dem Pforzheimer Bund evangelischer Sozialisten eine zielgerichtete Belebung der religiössozialistischen Bewegung in Baden. Bereits im Sommer 1921 hatte er während einer Vertrauensmännersitzung in Pforzheim festellen können, daß beide Bünde sich „in den Zielen einig sind".[268] Pfarrer Wünsch und Heinrich Dietrich waren in der Landessynode „in aller Öffentlichkeit für sozialistische Gedanken" eingetreten – was angeblich ein Hindernis für die Vereinigung beseitigte –, und Anfang 1922 konnte es deshalb in Karlsruhe zu einer „Verschmelzung" beider Organisationen kommen. Im April 1922 beschloß eine Landesversammlung in Mannheim endgültig die Vereinigung.

Die Teilnehmer einigten sich nach längerer Diskussion auf den neuen Namen „Volkskirchenbund evangelischer Sozialisten Süddeutschlands" und signalisierten damit den Anspruch, auch für ihre Anhänger in der Pfalz und in Württemberg mitzusprechen. Die Eingrenzung auf „evangelische Sozialisten" wurde zwar von Erwin Eckert als Bekenntis zum „Geist des Evangeliums" interpretiert, galt aber allen Mitgliedern vor allem als Ausdruck der kirchenpolitischen Ziele, die in der „evangelischen" Landeskirche durchgesetzt werden sollten. Parteipolitisch sollten die Mitglieder des Bundes nicht festgelegt werden, aber das meinte nach den Erläuterungen von Erwin Eckert, dessen organisationspolitische Vorstellungen bei den Teilnehmern große Zustimmung fanden, daß die Bundesmitglieder – soweit sie sich überhaupt parteipolitisch organisieren wollten – „nur sozialistischen Parteien angehören können". Die von Eckert formulierten Vorstellungen über „Form, Gliederung und Kampfesweise" des neuen Volkskirchenbundes waren allerdings der eher bescheidenen Organisationswirklichkeit in Baden kaum angemessen. Aber es kann kein Zweifel bestehen, daß Erwin Eckert einen neuen – radikaleren – Ton in die Diskussion der badischen religiösen Sozialisten brachte. „Seine hinreißenden und zündenden Worte" waren sicher – wie ein Berichterstatter schrieb – „von stärkster Wirkung", sie wurden aber

---

267 Vgl. dazu *Heinrich Dietrich*, Zu unserer Landesversammlung, in: Christliches Volksblatt 17, 1921; zur Position Hans Ehrenbergs: Christliches Volksblatt 15, 1921 und den Diskussionsbeitrag: „Organisation – oder wachsen lassen?", in: Christliches Volksblatt 19, 1921.

268 Vgl. den Bericht über die 2. Landesversammlung im November 1921 in: Christliches Volksblatt 49, 1921 und den Bericht über die „Vertrauensmänner"-Sitzung im Juni 1921 in Pforzheim in: Christliches Volksblatt 30, 1921.

dennoch nicht von allen im badischen Volkskirchenbund gebilligt.[269] Ende 1922 mußte Heinrich Dietrich eingestehen, daß es neben „scheinbaren" Gegensätzen auch „innerlich berechtigte Gegensätze" gab, die „als solche nicht verkittet" werden dürften.[270] Durch eine engere Zusammenarbeit mit dem Neuwerk-Kreis – Heinrich Schultheiß konnte als Mitarbeiter für das „Christliche Volksblatt" gewonnen werden – hoffte der Volkskirchenbund auf eine Ausweitung nördlich des Mains – eine trügerische Hoffnung, wie sich bald herausstellen sollte. Dagegen wurde eine Vereinigung mit dem Berliner Bund religiöser Sozialisten Ende 1922 noch abgelehnt, obwohl das „Christliche Volksblatt" die Gründung des Berliner Bundes im November 1921 noch als „geistesverwandte Bestrebung" begrüßt hatte.[271] Die Zusammenarbeit mit dem Berliner Bund kam erst zustande, als Ende 1923 deren Zeitschrift aus finanziellen Gründen eingestellt werden mußte und die „Freunde aus dem Norden" in der Zeitschrift des süddeutschen Bundes mitarbeiteten.[272]

Programmdiskussion, Organisationsentwicklung und politische Praxis

Seit April 1922 – seit der Verschmelzung der beiden badischen religiös-sozialistischen Gruppen – stand im neuen Volkskirchenbund auch die Programmdiskussion wieder auf der Tagesordnung. Ein Programm sollte helfen, nach außen mit einer Zunge zu sprechen, und es sollte nach innen zu einer Vertiefung des religiös-sozialistischen Selbstverständnisses beitragen.[273] Erwin Eckert legte Mitte 1923 einen eigenen „Entwurf zu einem Programm" vor, der schon bald nach der Veröffentlichung heftige Kontroversen auslöste. Auch wenn Eckert nicht nur „leidenschaftliche Absage", sondern auch „begeisterte Bejahung" für seinen Entwurf feststellen konnte, die Vorbehalte und die Ablehnung überwogen. Der sich stets als Marxist bekennende Eduard Dietz machte sich sogar zum Sprecher dieser Vorbehalte, wenn er betonte, daß der Entwurf nicht mehr als eine „Materiallieferung" sein dürfe, da es sonst „zu einer Zersplitterung und Ausschließung guter evangelischer Sozialistenkreise" käme. Zu diesem Ergebnis war zuvor schon die im September 1923 nach Karlsruhe einberufene

---

269 Zu den Problemen bei der „Verschmelzung" vgl. *Heinrich Dietrich*, a.a.O., S. 34 ff., und den Bericht in: Christliches Volksblatt 6, 1922. Zur Landesversammlung vgl. Christliches Volksblatt 18, 1922 und besonders: *Erwin Eckert*, Form, Gliederung und Kampfesweise, in: Christliches Volksblatt 20/21, 1922.
270 Vgl. *Heinrich Dietrich*, Rückblick auf unsere Bewegung, in: Christliches Volksblatt 50, 1922.
271 Vgl. dazu den Bericht über eine Landesvorstandssitzung im November 1922 in: Christliches Volksblatt 40/41, 1922. Zur Haltung gegenüber dem Berliner Bund im Jahre 1921 vgl. Christliches Volksblatt 47, 1921.
272 Vgl. dazu Christliches Volksblatt 48, 1923. Die Ankündigung der Zusammenarbeit „Wir wollen Weggenossen sein [...]" klingt im Vergleich zur zuvor enthusiastisch begrüßten Zusammenarbeit mit dem Neuwerk-Kreis viel distanzierter. Dazu hatte die Enttäuschung darüber beigetragen, daß die Zusammenarbeit mit dem Neuwerk-Kreis kaum Früchte getragen hatte. Vgl. ebda. und die Darstellung des Neuwerk-Kreises im Kapitel 6.
273 Vgl. dazu die Begründung für ein neues Programm und die Aufteilung der Aufgaben in: Christliches Volksblatt 22, 1922.

Landesversammlung gekommen, auf der Erwin Eckert und Hans Ehrenberg noch einmal ausführlich das Für und Wider vorgetragen hatten. Eine Diskussion darüber fand nicht statt, die Teilnehmer wollten nicht „loben oder tadeln, sondern lieber schweigen": „Anstatt einer Aussprache nach beiden Referaten gaben sich die Anwesenden ein Gelöbnis zum Kampf und zum Glauben."[274]

Trotz dieser alle Differenzen verdeckenden Formulierung offenbarten die Diskussionen über den Programmentwurf und das sehr bescheidene Ergebnis, wie verschieden weiterhin das Selbstverständnis im badischen Volkskirchenbund war. Dabei war die Kontroverse um bestimmte programmatische Formulierungen weniger wichtig. Bestimmender auch für die weitere Entwicklung des Volkskirchenbundes war die unterschiedliche Auffassung darüber, ob die religiös-sozialistische Bewegung eine programmatisch eher offene „Sammelbewegung" oder eine mit verbindlichen Programmaussagen ausgestattete festgefügte „Kampforganisation" sein sollte.

Trotz der rigiden Organisationsvorstellungen von Erwin Eckert besaß der badische Volkskirchenbund weiterhin eine erstaunlich lose Form der Organisation. Die Zahl der Ortsgruppen war weiter zurückgegangen, lediglich in Mannheim und in Karlsruhe kamen die Mitglieder in den Jahren nach 1923 zu regelmäßig stattfindenden Versammlungen zusammen. Dennoch blickten norddeutsche Beobachter der religiös-sozialistischen Bewegung in Süddeutschland sogar neiderfüllt nach Baden, da hier – wie Günther Dehn 1924 schrieb – „die Entwicklung geradliniger" zu verlaufen schien. Die SPD war hier – wie Günther Dehn zweifellos richtig beobachtete – nicht so „kirchenfeindlich" und die Kirche nicht so „volksfremd" wie in Norddeutschland. Darüber hinaus trug die eindeutige kirchenpolitische Orientierung des Volkskirchenbundes trotz fehlenden Programms offensichtlich zum einheitlichen Auftreten des Bundes in Baden bei. Die Zahl der engeren Sympathisanten – abzulesen an den rund 2.000 Abonnenten des „Christlichen Volksblattes" – war beträchtlich gestiegen. Sie waren „fast alle Sozialdemokraten" und nur einige wenige waren parteipolitisch ungebunden und bekannten sich ganz allgemein zum „Kommunismus". Seit der Veränderung des Namens war auch klar, daß dem Bund keine „Nicht-Sozialisten" mehr angehörten. Zielgruppe der praktischen Arbeit des Bundes waren die "95 Prozent sozialistische Arbeiter, die noch in der Kirche" sind.[275]

Von Baden ging auch die Initiative zu einem Zusammenschluß der verschiedenen religiös-sozialistischen Gruppierungen aus, die im Jahre 1924 zunächst zur Bildung einer „Arbeitsgemeinschaft religiöser Sozialisten" führte. Der Beschluß dazu wurde auf einer Tagung im Juli 1924 im badischen Meersburg gefaßt, wo Erwin Eckert inzwischen Pfarrer geworden war. Eckert übernahm auch für den „Süddeutschen

274 Zum Verlauf der Landesversammlung vgl. Christliches Volksblatt 40, 1923, der „Entwurf eines Programms" in: Christliches Volksblatt 24, 1923, verschiedene Stellungnahmen zum Entwurf und zur Diskussion in: Christliches Volksblatt 24, 28, 30 und 34, 1923. Die Stellungnahme von *Eduard Dietz* in: Christliches Volksblatt 44, 1923. Die Inhalte der Programmkontroverse sind ausführlicher dargestellt im Kapitel 2.

275 Vgl. zur Organisationsentwicklung: *Günter Dehn*, Arbeitsgemeinschaft religiöser Sozialisten, in: Neuwerk 1924/25, S. 344 ff. und die korrigierenden Ergänzungen dazu von *Erwin Eckert* und *Heinz Kappes*, in: ebda., S. 473 ff.

Kreis" die Koordination. Neben ihm waren im „Vorläufigen Arbeitsausschuß" noch vier weitere religiöse Sozialisten aus Baden vertreten, dazu kam noch der als Professor nach Marburg berufene Georg Wünsch.[276]

Das Beispiel Baden sollte Schule machen und auf die religiös-sozialistische Bewegung in der Pfalz und in Württemberg ausstrahlen. In der Tat diente das „badische System" der Organisation als Vorbild: Der badische Volkskirchenbund hatte zwar mit Heinrich Dietrich und seinem Beirat einen gemeinsamen Vorstand, daneben aber gab es noch 1925 „keine Ortsgruppen mit Beiträgen und Statut", sondern nur Listen mit den Vertrauensleuten und ein Verzeichnis aller Leser der Zeitschrift.[277]

Die politische Praxis des badischen Volkskirchenbundes war vor allem weiterhin von der Kirchenpolitik bestimmt. Im Jahre 1925 stand diese bereits im Zeichen der 1926 bevorstehenden Kirchenwahlen. Erstmals wollte sich an der im Juli 1926 stattfindenden Wahl zur badischen Landessynode mit dem Volkskirchenbund auch „eine Organisation des sozialistischen Proletariats" beteiligen. Der Bund benannte für alle fünf Wahlkreise Vertrauensleute, und in zahlreichen öffentlichen Versammlungen warb er für seine kirchenpolitischen Ziele.[278]

Das Ergebnis konnte mit Recht als „ein großer Erfolg" gefeiert werden, die „Lesergemeinde-Organisation" des Volkskirchenbundes hatte sich bewährt: Mit über 28.000 Stimmen für den Volkskirchenbund erhielten die badischen religiösen Sozialisten sieben Sitze in der Synode. In Mannheim und in Karlsruhe hatten sie die besten Ergebnisse zu verzeichnen, aber das wichtigste Ergebnis war wohl, daß der Volkskirchenbund in ganz Baden flächendeckend Stimmen sammeln konnte. Heinrich Dietrich verwies zu Recht auf die Bedeutung der Kirchenwahlen in den Gemeinden, wo „mit einem Schlag [...] mehrere hundert evangelische Sozialisten, die zum weitaus größten Teil bei der Sozialdemokratie organisiert sind, zur Mitarbeit an die Kirche herangezogen" werden. Der Anspruch, sozialdemokratische Vorfeld-Organisation zu sein, konnte in Baden – allerdings nur in Baden – eingelöst werden. Die badischen religiösen Sozialisten waren drittstärkste Fraktion in der Landessynode und konnten von den anderen Kirchenparteien nicht mehr ignoriert werden.[279]

Der Erfolg des badischen Volkskirchenbundes war auch das beherrschende Thema auf der im Auust 1926 stattfindenden zweiten Meersburger Tagung, auf der der „Bund

---

276 Vgl. zur Meersburger Tagung: Christliches Volksblatt 32 und 33, 1924 und die Darstellung des BRSD in diesem Kapitel weiter oben.
277 Zur süddeutschen Tagung in Hochspeyer vgl. SaV 29 und 30, 1925 und die Darstellung der religiösen Sozialisten in der Pfalz in diesem Kapitel. Zum „badischen System der Organisation" vgl. SaV 48, 1925.
278 Vgl. zur Wahlvorbereitung: SaV 20, 26, 27 und 28, 1926.
279 Zum Wahlergebnis vgl. SaV 29, 32 und 34, 1926 und *Heinrich Dietrich*, a.a.O., S. 43 ff. Vgl. auch *Friedrich-Martin Balzer*, a.a.O., S. 47 ff. Balzer weist (a.a.O., S. 53 f.) darauf hin, daß – verglichen mit den Wahlergebnissen der SPD und KPD in Baden – der Erfolg er religiösen Sozialisten auch nicht übertrieben werden darf. Der Hinweis ist sicher richtig, auch wenn Balzer die Zahlen für die Reichstagswahlen zugrunde legt, während die eher vergleichbaren Landtagswahlen eine deutlich geringere Mobilisierung für SPD und KPD dokumentieren. Er zählt darüber hinaus umstandslos die KPD-Wahlergebnisse dazu, obwohl angenommen werden kann, daß die religiös-sozialistischen Wähler sowohl 1926 als auch 1932 nur aus dem sozialdemokratischen Lager kamen. Vgl. zur Einschätzung der Wahl die Darstellung der Kirchenpolitik im Kapitel 3. Zum „Kirchenskandal" um Pfarrer Rohde vgl. SaV 2, 3, 6 und 7, 1927.

der religiösen Sozialisten Deutschlands" (BRSD) gegründet wurde. Der Führungsanspruch der badischen religiösen Sozialisten blieb unbestritten: Erwin Eckert wurde 1. Vorsitzender. Die Geschäftsstelle des BRSD wanderte von Berlin nach Mannheim, wo Eckert Anfang 1927 seine Amtseinführung als Pfarrer hatte.[280]

Die badische Landesorganisation profitierte von dem großen Einfluß der badischen religiösen Sozialisten im BRSD, nicht zuletzt auch weil Erwin Eckert als begehrter Versammlungsredner, trotz eines großen Pensums an Veranstaltungen in ganz Deutschland, in Baden natürlich häufiger zur Verfügung stand. Trotz der guten Erfahrungen mit der losen Form der Organisation war der Landesvorstand Anfang 1927 der Meinung, daß aufgrund des organisatorischen Aufschwungs – neue Ortsgruppen waren entstanden – Veränderungen notwendig seien. Die gewachsene Zahl der Mitglieder sollte besser zusammengefaßt werden, weshalb auf der Landesversammlung 1927 – auf der Heinrich Dietrich einstimmig als Landesvorsitzender wiedergewählt wurde – die alte Satzung aus dem Jahre 1919 den neuen Verhältnissen angepaßt wurde. Ab 1928 durfte an Landesversammlungen nur noch teilnehmen, wer im Besitz eines Mitgliedsbuches war.[281]

Auf der am Rande der Mannheimer Konferenz des BRSD 1928 stattfindenden badischen Landesversammlung waren die „zahlreichen Freunde aus ganz Baden" zufrieden mit dem „gut organisierten Aufbau unserer Bewegung". Die Beziehungen zur badischen SPD waren sehr gut: Der Mannheimer SPD-Oberbürgermeister bekannte sogar bei der Eröffnung der Tagung, er stehe „im weiten Umfange auf dem Boden der religiösen Sozialisten". Die Presse der SPD veröffentlichte regelmäßig Mitteilungen über die religiös-sozialistische Bewegung. Nur die KPD blieb bei ihrer Ablehnung und nannte den badischen Volkskirchenbund ein „kleinbürgerliches Zerrgebilde".[282]

Die praktische Arbeit der badischen religiösen Sozialisten nach 1926 ließ immer wieder erkennen, daß der badische Volkskirchenbund vor allem als kirchenpolitische Organisation aktiv war. Die Tätigkeit der religiös-sozialistischen Synodalen in der badischen Landeskirche stand im Mittelpunkt der Veröffentlichungen der religiössozialistischen Presse. Die Jahr für Jahr immer wieder unermüdlich eingebrachten Anträge wurden von der konservativen Mehrheit allerdings meist abgelehnt, einige wenige angenommen, aber nicht praktiziert. Die religiösen Sozialisten ließen sich dadurch freilich nicht entmutigen, sie wollten weitermachen, „bis wir uns die Macht erkämpft haben". Sie hofften auf die nächsten Wahlen 1932, wo nach dem Ergebnis von 1926 – und nach dem Aufschwung der religiös-sozialistischen Bewegung Ende der zwanziger Jahre – neue Mehrheiten in der badischen Landessynode möglich

---

280 Zur zweiten Meersburger Tagung vgl. die Darstellung des BRSD in diesem Kapitel weiter oben.
281 Zu den Landesversammlungen 1927 und zur Organisationsentwicklung vgl. SaV 2 und 23, 1927, und SaV 14, 1928. Die Angaben über neue Ortsgruppen sind nur unter Vorbehalt ernst zu nehmen. Die Organisationsmitteilungen im Sonntagsblatt melden auch für die Jahre nach 1926 regelmäßig Veranstaltungen stets nur für Mannheim und Karlsruhe.
282 Vgl. zur Landesversammlung: SaV 29, 33 und 34, 1928. Interne Probleme werden allerdings in den Berichten selten oder nur verschlüsselt angesprochen. So fällt auf, daß über den „Richtlinien-Streit", der in den anderen Landesverbänden sehr kontrovers geführt worden war und auch auf der Mannheimer Konferenz 1928 eine große Rolle spielte, nicht berichtet wird.

schienen.[283] Da die Erfahrungen der badischen religiösen Sozialisten auch den anderen Landesverbänden bei ihrer kirchenpolitischen Arbeit helfen sollten, formulierte Erwin Eckert „Richtlinien" für die Tätigkeit in der Synode. Die darin festgelegten Grundsätze sollten entscheiden helfen, wo prinzipielle Opposition notwendig sei und wo Kompromisse möglich schienen. Es verwundert nicht, daß die Kirchenpolitik auch die Diskussion auf den Landesversammlungen bestimmte: 1929 hielt der – erneut wiedergewählte – Landesvorsitzende Heinrich Dietrich das Hauptreferat zum Thema: „Unser Kampf in der Kirche und um die Kirche". Im gleichen Jahr aber wurde deutlich, daß die Arbeit der religiösen Sozialisten von den landeskirchlichen Gremien zunehmend behindert wurde.[284]

Der Volkskirchenbund – der stets zu politischen Fragen Stellung genommen hatte – ließ sich freilich nicht den Mund verbieten und machte auch bei politischen Wahlen nie einen Hehl aus seiner Ablehnung aller bürgerlichen Parteien. Als im Jahre 1929 die NSDAP erneut – und diesmal mit mehr Erfolgsaussichten – zur Landtagswahl antrat, machten die badischen religiösen Sozialisten von Anfang an auch Front gegen die „völkischen Radaumacher". Sie forderten allerdings – im Unterschied zu ähnlichen Wahlaufrufen anderer Landesverbände – nicht eindeutig zur Wahl der SPD auf. Ein von Eckert verantwortetes und in hunderttausendfacher Auflage verteiltes Flugblatt schloß mit dem Appell: „Wählt nur sozialistische Listen!"[285]

Zerreißprobe und Kampf gegen Nazismus

Zu Beginn der dreißiger Jahre stand auch der badische Volkskirchenbund wegen der Person Erwin Eckerts vor einer Zerreißprobe.[286] Erwin Eckert hatte sich wie alle anderen badischen religiösen Sozialisten – aber er vor allem – in der Öffentlichkeit gegen den aufkommenden Nazismus und gegen dessen Einfluß in der badischen Landeskirche gewandt. Der badische Kirchenpräsident Wurth wollte ihm den Mund verbieten, aber Eckert wich nicht zurück.[287] Die badischen religiösen Sozialsten ließen Eckert in diesem Kampf gegen die Landeskirche nicht allein: Die vom Landesverband

---

283 Vgl. zu den kirchenpolitischen Aktivitäten die regelmäßigen Veröffentlichungen der religiös-sozialistischen Anträge und die Berichte über deren Schicksal im Sonntagsblatt, u.a.: SaV 14 und 45, 1927, hier auch das Zitat über die zu erkämpfende „Macht"; vgl. auch SaV 21, und 22, 1928, SaV 14, 1929, SaV 26, 1930.

284 Vgl. den Entwurf der „Richtlinien sozialistischer Vertreter in den Körperschaften der badischen Landeskirche" in: SaV 47 und 48, 1928 und auch die Darstellung der Kirchenpolitik im Kapitel 3. Zur Landesversammlung 1929, zur Solidarisierung mit Eckert und zum Ergebnis der Proteste vgl. SaV 17 und 20, 1929 und SaV 1, 1930.

285 Vgl. das Flugblatt: „Christliche Männer und Frauen" und den Bericht über die Wirkung in: SaV 1, 1930. Trotz der weiter bestehenden Ablehnung durch die KPD wollte zumindest Eckert die Wahl der KPD für einen religiösen Sozialisten nicht ausschließen.

286 Das politische Handeln Eckerts führte auch zu einer Zerreißprobe im BRSD. Vgl. dazu weiter oben in diesem Kapitel. Hier sollen nur die Auswirkungen auf den badischen Landesverband beschrieben werden.

287 Vgl. dazu die Berichterstattung in: Der Religiöse Sozialist, die Zitate in: Der Religiöse Sozialist 6 und 11, 1931.

organisierten Proteste führten zu einer beeindruckenden Mobilisierung für die religiös-sozialistischen Bewegung in Baden. In Mannheim kamen zu einer Protestveranstaltung im Februar 1931 über 8.000 Teilnehmer. Die Unterschriftensammlungen für Eckert erbrachten über 100.000 Unterschriften (in Mannheim und Umgebung allein über 36.000 und in Karlsruhe und Umgebung über 28.000).[288] Die Mobilisierung zeigte, wie sehr die religiös-sozialistische Bewegung in Baden Fuß gefaßt hatte. Die sozialdemokratische Presse in Baden, aber auch der „Vorwärts" in Berlin berichteten voller Anerkennung über den Kampf Eckerts „gegen das Hakenkreuz-Christentum", und das Berliner Organ gestand ein, daß in Baden „eine Bewegung im Gange [sei], wie man sie vor drei bis vier Jahren noch kaum für möglich gehalten habe".[289] Im Juni 1931 machte das kirchliche Dienstgericht die vom Oberkirchenrat verfügte Amtsenthebung rückgängig und stufte Eckert lediglich um sechs Dienstjahre zurück – eine Strafe, die in ganz Baden als Sieg der religiös-sozialistischen Bewegung gefeiert wurde. Eckert war zwar weniger optimistisch, aber er gelobte dennoch: „Wir wollen auch weiterhin fest zusammenstehen, unerschütterlich und treu in allem Schweren [...]"[290]

Um so überraschter war man auch im badischen Landesverband, als Erwin Eckert ohne Diskussion mit seinem religiös-sozialistischen Freunden in Baden Anfang Oktober 1931 in die KPD eintrat – und diese ihn als Pfarrer auch aufnahm. Verwirrung und Enttäuschung war die Folge, obwohl auch die badischen religiösen Sozialisten zunächst betonten, daß die religiös-sozialistische Bewegung ihre Mitglieder nie auf *eine* sozialistische Partei verpflichtet habe.[291] Der badische Landesvorstand übte auch weiter Solidarität mit seinem Bundesvorsitzenden, als die Landeskirche den Schritt Eckerts erneut zum Anlaß nahm, um ihn endlich als Pfarrer aus der Landeskirche auszuschließen. Die meisten badischen religiösen Sozialisten aber blieben Sozialdemokraten, die trotz ihrer Kritik an der SPD weder in der SAP noch in der KPD eine ernsthafte politische Alternative sahen. Sie hielten aber mit ihrer Kritik am „unbesonnenen" Handeln Eckerts zurück, bis Eckert seinerseits die Solidarität mit der religiös-sozialistischen Bewegung aufkündigte. Er erklärte die religiös-sozialistische Bewegung für gescheitert und trat auch aus dem Bund religiöser Sozialisten aus.

Der von einigen seiner Anhänger betriebene Versuch einer Spaltung des Landesverbandes aber schlug fehl. Anfang 1932 wollte der Mannheimer Buchdrucker Manicke zumindest die Mannheimer Ortsgruppe aus dem Landesverband herauslösen und die Mitglieder für eine von ihm gegründete „Arbeitsgemeinschaft christlicher Menschen" begeistern. Seine „Spalterei" hatte aber – wie der badische Landesvor-

---

288 Zu der Protestveranstaltung vgl. Der Religiöse Sozialist 9, 10 und 11, 1931, zu den Unterschriftensammlungen: Der Religiöse Sozialist 16, 1931.

289 Vgl. „Kampf um Pfarrer Eckert", in: Vorwärts vom 1.4.1931, und „Sozialistische Pfarrer vogelfrei!", in: Vorwärts vom 9.6.1931.

290 Vgl. den Bericht über die Entscheidung des Dienstgerichts und die Reaktion Eckerts in: Der Religiöse Sozialist 25, 1931. Zum gesamten Konflikt der Landeskirche mit Erwin Eckert vgl. auch die umfassende Darstellung von *Friedrich-Martin Balzer/Karl-Ulrich Schnell*, Der Fall Erwin Eckert, Köln 1987, und *Eckehard Lorenz*, a.a.O., S. 271 ff.

291 Dem Übertritt Eckerts war natürlich seine Enttäuschung über die „Tolerierungspolitik" der SPD vorangegangen. Vgl. dazu ausführlicher die Darstellung des BRSD weiter oben.

stand zufrieden registrierte – keinen Erfolg. Eine Mitgliederversammlung der Mannheimer Ortsgruppe gelobte, „unbeschadet des Vorgehens der jetzigen Eckert-Anhänger, dem Bunde erst recht die Treue zu halten".[292]

Die badischen religiösen Sozialisten setzten ihren Kampf gegen die konservative Landeskirche auch ohne Eckert fort. Aber es konnte kein Zweifel bestehen, daß besonders in Baden die religiös-sozialistische Bewegung durch den Konflikt um die Person Eckerts geschwächt worden war. Das zeigte nicht zuletzt der Ausgang der Mitte 1932 anstehenden Wahlen zur badischen Landessynode. Das Ergebnis war mit 30.400 Stimmen (die Zahl der Mandate stieg von sieben auf acht) besser als 1926. Im Wahlkreis Mannheim und Umgebung – dem früheren engeren Wirkungskreis Erwin Eckerts – erzielten die religiösen Sozialisten mit 21,3 Prozent (in ganz Baden: 14,2 Prozent) sogar ihr bestes Ergebnis.

Aber aufgrund der Mobilisierung Anfang 1931 war natürlich ein weitaus besseres Ergebnis zu erwarten gewesen – und: die von den religiösen Sozialisten auch nach dem Ausscheiden Eckerts weiter energisch bekämpften „Deutschen Christen" waren mit 23,9 Prozent und 13 Mandaten die zweitstärkste Frakton in der Synode geworden. Die badischen religiösen Sozialisten aber sahen ihre Sache dennoch nicht am Ende. Das Ergebnis der Kirchenwahlen machte ihnen sogar Mut, da es ihrer Meinung nach gezeigt habe, daß der badische Landesverband nicht – wie Freund und Feind geglaubt hatten – „in heilloser Auflösung begriffen" sei.[293]

In der Auseinandersetzung mit dem Nazismus und mit dessen immer größer werdenden Einfluß in den Landeskirchen waren es gerade badische religiöse Sozialisten, die weiterhin mutig gegen die Nazi-Bewegung Front machten. Pfarrer Kappes, der schon 1931 auf einer Tagung der religiösen Sozialisten die Notwendigkeit des theologischen Kampfes gegen das nationalsozialistische Christentum ausführlich begründet hatte, war daran ebenso beteiligt wie Pfarrer Ernst Lehmann, der in einer noch 1933 veröffentlichten Schrift Faschismuskritik und Kapitalismuskritik verband. Es konnte keine Rede davon sein, daß die religiösen Sozialisten nach dem Ausscheiden Eckerts den Kampf gegen die Nazi-Bewegung weniger offensiv und weniger radikal betrieben. An ihnen lag es nicht, daß dieser Kampf erfolglos blieb.[294]

Die Ortsgruppen in Mannheim und Karlsruhe tagten weiterhin regelmäßig, und noch im März 1933 war in Mannheim eine „Karl-Marx-Feier" geplant. Sie fand nicht mehr statt. Für die seit elf Jahren durchgeführten religiösen Maifeiern in Karlsruhe verweigerte die Kirche den Raum. Die Mitglieder der Ortsgruppe Karlsruhe beabsichtigten, sie dennoch außerhalb der Kirche durchzuführen. Die neuen Machthaber ließen es freilich nicht zu. Führende badische religiöse Sozialisten wurden als Pfarrer

---

292 Vgl. zum Versuch der „Spaltung": Der Religiöse Sozialist 3 und 9, 1932.
293 Vgl. zu den Ergebnissen der Kirchenwahlen und zur Einschätzung der Konflikte um Erwin Eckert: Der Religiöse Sozialist 29 (1932), vgl. auch *Friedrich-Wilhelm Balzer*, a.a.O., S. 292 und *Eckehard Lorenz*, a.a.O., S. 196, und weiter oben die Darstellung des Konflikts um Erwin Eckert im Zusammenhang mit der Entwicklung des BRSD.
294 Vgl. *Ernst Lehmann*, Deutschland wohin?, Berlin 1933 und die Würdigung dieser Schrift bei Eckehard Lorenz, a.a.O., S. 164 ff. Vgl. zum Kampf der religiösen Sozialisten gegen die Nazi-Bewegung das Kapitel 2.

gemaßregelt, ihres Amtes enthoben oder sogar – wie der Pfarrer Heinz Kappes aus Karlsruhe und der hochbetagte Pfarrer Ernst Lehmann aus Mannheim – zeitweilig verhaftet.

c) *Religiöse Sozialisten in Württemberg*

Ausgangssituation und erste Anfänge

Trotz der Nähe zur religiös-sozialistischen „Hochburg" in Baden konnte die religiös-sozialistische Bewegung in Württemberg nur mühsam Fuß fassen. Dabei schien die Ausgangssituation günstig zu sein: Die Industrialisierung hatte im 19. Jahrhundert zwar auch in Württemberg die Zahl der Industriearbeiter anwachsen lassen, die Mehrheit arbeitete aber weiterhin in einer regional verstreut angesiedelten verarbeitenden Industrie und wohnte in Industriebauerndörfern mit bäuerlichen Nebenerwerbsstellen. Die Armut war besonders in ländlich-handwerklicher Umgebung doch sehr groß, die Arbeitslosigkeit war aber auch in der Weltwirtschaftskrise am Ende der Weimarer Republik geringer als im Durchschnitt. Viele Arbeiterinnen und Arbeiter hatten ihre religiöse Bindung nie verloren, auch wenn sie sich der Landeskirche entfremdet hatten. Dennoch war gerade die Religiösität der württembergischen Arbeiterschaft ein großes Hindernis für die religiös-sozialistische Bewegung in Württemberg. Die Arbeiterschaft war geprägt von der in Württemberg auf dem Lande und in den Kleinstädten tief verwurzelten pietistischen Tradition, die religiöse Endzeiterwartung verband mit antidemokratisch-konservativem politischen Denken. Die Revolution von 1848 galt als „Weltgericht" und die entstehende Sozialdemokratie als „schlimme Krankheit". Zugleich hieß pietistische Tradition aber auch soziale Tätigkeit, die sich besonders der Armut unter den Industriearbeitern im ländlichen Bereich zuwandte. Das forderte die evangelisch-lutherische Landeskirche heraus, die ihre christlich-soziale Orientierung durch die von ihr gegründeten und auch nach 1918 zahlreichen evangelischen Arbeitervereine unter Beweis zu stellen suchte. Die Landeskirche verstand sich bis 1918 als „Königliche Württembergische Staatskirche", die die auch in Württemberg stärker werdende Sozialdemokratie stets politisch bekämpfte. Die seit Ende 1918 amtierende fünfköpfige Kirchenregierung mußte zwar nun ohne den König als obersten Kirchenherrn auskommen, am konservativen Zuschnitt der Landeskirche aber änderte sich nichts. Die 1920 beschlossene (aber erst 1924 in Kraft getretene) Kirchenverfassung, die erstmals auch Frauen das Wahlrecht gewährte, sah einen vom Landeskirchentag auf Lebenszeit gewählten Kirchenpräsidenten als oberste Leitung vor. Der von 1920 bis 1929 amtierende Prälat von Merz und der ab 1929 amtierende Prälat Wurm sorgten mit ihrer deutschnationalen politischen Orientierung für Kontinuität. Prälat Wurm wurde 1933 mit Hilfe der württembergischen Deutschen Christen zum Landesbischof gewählt, nicht zuletzt deshalb dankte er nach Hitlers Machtergreifung in einer Rede für die „Rettung aus schwerer Gefahr". Mit seiner späteren

Distanz zum Nazismus wurde Landesbischof Wurm zur „Schlüsselfigur" für die konservativen Kräfte in der Bekennenden Kirche.

Der Einfluß der württembergischen Landeskirche auf das religiöse Leben war allerdings wegen der zahlreichen pietistischen Sekten und der auch nach 1918 großen Zahl von freien Predigern und Volksevangelisten nicht so groß. Dazu kam der große politische Einfluß des katholischen Zentrums, obwohl der katholische Bevölkerungsanteil in Württemberg nur knapp 31 Prozent betrug. Die Sozialdemokratie war nach 1918 nur kurze Zeit führend an der Landespolitik beteiligt, bereits 1924 verlor die „Weimarer Koalition" ihre Mehrheit und die deutschnationale Volkspartei war in Württemberg erstmals nach 1918 an einer Landesregierung beteiligt. Die Wahlen von 1928 brachten zwar der SPD wieder erhebliche Zugewinne, Württemberg blieb aber katholisch-liberal regiert, was freilich auch hieß, daß die NSDAP in Württemberg bis zu den März-Wahlen 1933 stets nur ein unter dem Reichsdurchschnitt liegendes Ergebnis erzielte.[295]

In diesem sozialen und politischen Umfeld hatten es die wenigen religiösen Sozialisten Württembergs nicht leicht. Sie konnten sich freilich auf den württembergischen Pfarrer Christoph Blumhardt als großes Vorbild berufen. Christoph Blumhardt der Jüngere hatte es Ende des 19. Jahrhunderts verstanden, die von seinem Vater geprägte pietistische Tradition in Württemberg umzudeuten. Er betonte die „Diesseitigkeit" des Reichs Gottes und machte sich damit zum Sprecher eines „freien, weltoffenen Pietismus", der freilich gerade in Württemberg nur wenige Anhänger finden sollte. Dazu trug nicht zuletzt seine aufsehenerregende Entscheidung bei, Mitglied der SPD zu werden und für seine Partei von 1900 an sechs Jahre lang im württembergischen Landtag als Abgeordneter tätig zu sein. Das kostete ihn nicht nur seinen Pfarrtitel – an dem er freilich nicht sehr hing: bekannt war sein kirchenkritisches Wort, daß Gott nicht in der Kirche wohne –, sondern auch die Unterstützung vieler pietistischer Gruppen. Sein Gemeindezentrum in Boll wurde zwar zum „Wallfahrtsort" für viele Sozialdemokraten von Theodor Leipart bis zu Clara Zetkin, in der württembergischen Kirche aber hatte er schon bald „keine feste Gruppe mehr, die ihn unterstützte".[296] Dafür war zumindest für einige Jahre seine Rolle in der württembergischen Sozialdemokratie um so bedeutsamer. Ab 1900 hielt er nicht nur in seinem Ortsverein Göppingen, sondern auch im ganzen Lande Württemberg im Auftrag der Partei viele gutbesuchte Vorträge. Er gewöhnte die Partei daran, auch einen

---

295 Zur pietistischen Tradition in Württemberg vgl. *Lucian Hölscher*, Weltgericht oder Revolution. Protestantische und sozialistische Zukunftsvorstellungen im deutschen Kaiserreich, Stuttgart 1989, besonders S. 74 ff., und *Klaus-Jürgen Meier*, Christoph Blumhardt. Christ – Sozialist – Theologe, Bern 1979, das Zitat über die SPD als einer „schlimmen Krankheit" S. 56. Zur politischen Entwicklung und zu den Wahlergebnissen vgl. *Jürgen Falter* u.a., a.a.O., S. 88 und S. 112. Zur sozialen Situation in Württemberg vgl. *Thomas Schnabel* (Hrsg.), „Warum geht es den Schwaben besser?". Württemberg in der Weltwirtschaftskrise 1920 bis 1933, in: *Thomas Schnabel*, Die Machtergreifung in Südwestdeutschland. Das Ende der Weimarer Republik in Baden und Württemberg 1928 bis 1933, Stuttgart u.a. 1982, S. 184-218. Zur Situation in der Landeskirche vgl. *Jörg Thierfelder/Eberhard Röhm*, Die evangelischen Landeskirchen von Baden und Württemberg in der Spätphase der Weimarer Republik und zu Beginn des Dritten Reiches in: ebda., S. 219-256.

296 Vgl. *Meier*, Blumhardt, a.a.O., S. 19 ff. und S. 74.

Pfarrer in ihren Reihen zu haben. Auch wenn seine an die Partei geknüpften Erwartungen sich nicht alle erfüllten, widerrief er bis zu seinem Tode 1919 nicht sein Bekenntnis zur Sozialdemokratie.[297] Von den wenigen evangelischen Theologen, die vor 1918 zur SPD gefunden hatten, besaß er die „größte Ausstrahlungskraft. Er war der Vater der Schweizer Religiös-Sozialen und direkt wie indirekt anregend für deutsche religiöse Sozialisten".[298]

Trotz des Wirkens von Christoph Blumhardt, das freilich nie auf eine religiössozialistische Organisation zielte, begannen die wenigen württembergischen religiösen Sozialisten sich erst Mitte der zwanziger Jahre zu sammeln. Nicht zuletzt durch die „dumpfe Atmosphäre eines stark pietistisch und politisch konservativ bestimmten Kirchentums", aber auch durch die „tief gewurzelte Abneigung gegen alles religiös-kirchliche in der klassenbewußten Arbeiterschaft" – wie es im Rückblick auf die Anfänge später hieß[299] – wuchs die Zahl der religiösen Sozialisten in Württemberg nur langsam. Es gab Kontakte zum badischen Volkskirchenbund und auch zum Berliner Bund religiöser Sozialisten – untereinander aber kannte man sich nicht. Der Hauptlehrer Paul Dürr aus Hochdorf bei Plochingen nahm allerdings bereits 1924 am ersten Meersburger Treffen religiöser Sozialisten teil und warb seither durch Veröffentlichungen in der SPD-Presse, vor allem aber durch eine Vielzahl von Werbeveranstaltungen für einen württembergischen Bund religiöser Sozialisten. Er dachte zunächst an eine „festgefügte Organisation mit Pflichtbeiträgen" nach dem Berliner Vorbild, mußte aber bald einsehen, daß die badische Form der losen „Lesegemeinde" des Sonntagsblattes mehr Anklang fand.[300] Auf der süddeutschen Tagung religiöser Sozialisten Anfang August 1925 versammelten sich die anwesenden württembergischen „Gesinnungsfreunde", um sich über den Stand der Bewegung in Württemberg zu informieren und die weitere Werbearbeit zu besprechen.[301] Die erste größere öffentliche Versammlung in Stuttgart im Januar 1925 gab zwar zur Hoffnung Anlaß, an eine Beteiligung an den württembergischen Kirchenwahlen war jedoch noch nicht zu denken. Erst im März 1926 kam es zur Gründung einer ersten württembergischen Ortsgruppe in Stuttgart, die bis 1933 die einzige größere Ortsgruppe bleiben sollte.

Die Gründung eines Landesverbandes verzögerte sich weiter, obwohl die Haltung der württembergischen Landeskirche zur Fürstenenteignung im Jahre 1926 auch viele kirchentreue Arbeiter empörte. Zu einer mit Erwin Eckert als Redner in Stuttgart stattfindenden „ungeheuren Massenversammlung" kamen über 10.000 Teilnehmer. Im gleichen Jahr sahen sich die württembergischen religiösen Sozialisten allerdings auch besonders heftigen Angriffen durch die KPD- und die SPD-Freidenkerorganisationen ausgesetzt. Auf den Werbeveranstaltungen kam es oft „zu Ausbrüchen rabiatester Gehässigkeit und Unduldsamkeit" von seiten der anwesenden Freidenker,

297 Vgl. dazu auch *Leonhard Ragaz*, Briefe, Band 2, S. 233.
298 Vgl. *Meier*, Blumhardt, a.a.O., S. 139.
299 Vgl. *Heinrich Dietrich*, Wie es zum Bund der religiösen Sozialisten kam, Karlsruhe o.J., S. 46 f.
300 Ebda., S. 47 f.
301 Vgl. SaV 30, 1925 und 33, 1925.

obwohl ein Teil der SPD-Presse, vor allem die Schwäbische Tagwacht, über die religiös-sozialistische Bewegung sehr wohlwollend berichtete.[302]

Auf der zweiten Meersburger Tagung der religiösen Sozialisten im Jahre 1926 waren die „Württemberger eine der stärksten Truppen", dennoch konnte nach zwei Jahren Werbearbeit von einer Landesorganisation immer noch keine Rede sein.[303] Vor allem war es nicht gelungen, auch nur einen württembergischen Pfarrer für ihre Bewegung zu gewinnen. Das änderte sich erst im Jahre 1927, als Stadtpfarrer Dr. Planck aus Winnenden mehrfach in Versammlungen der Stuttgarter Ortsgruppe referierte und sich auch öffentlich zu den württembergischen religiösen Sozialisten bekannte.

Ostern 1927 fand schließlich in Plochingen „bei überaus starker Beteiligung" die erste Landesversammlung der württembergischen religiösen Sozialisten statt. Die Formulierung des Berichterstatters erlaubt allerdings keine Schlüsse auf die tatsächliche Teilnehmerzahl und auf die Anwesenheit von Vertretern weiterer Ortsgruppen. Hauptlehrer Paul Dürr erstattete einen Tätigkeitsbericht, und Oberlehrer Rais aus Reutlingen referierte über die Stellung der religiösen Sozialisten zur weltlichen Schule. Ein „Aktionsausschuß" mit Paul Dürr als erstem Vorsitzenden und unter anderem Pfarrer Planck als Beisitzer wurde per Akklamation gewählt. Der Bund sollte eingetragener Verein werden, die Mitglieder sollten einen freiwilligen Beitrag nicht unter zwei Reichsmark jährlich zahlen.[304]

Organisatorische Probleme und programmatische Eigenständigkeit

Ein Jahr später war man allerdings noch nicht sehr viel weiter; organisatorisches Zentrum war weiterhin Stuttgart, wo regelmäßige „Hauptversammlungen" mit Wahlen und öffentlichen Veranstaltungen stattfanden. Die im Juli 1928 wiederum nach Plochingen einberufene zweite Landesversammlung offenbarte erneut, daß der Landesverband weiterhin „erst in den Anfängen seiner Entwicklung steht".[305] Oberlehrer Dürr war wegen Krankheit verhindert, er wurde aber dennoch wieder zum ersten Vorsitzenden gewählt. Inzwischen waren mit Pfarrer Stürner und Pfarrer Lempp seit 1927 weitere Pfarrer zum württembergischen Landesverband gestoßen, und die Teilnehmer hofften nicht zuletzt deshalb auf einen Aufschwung der Bewegung. Noch im gleichen Jahr fanden zwei weitere Treffen der württembergischen religiösen Sozialisten statt, im September 1928 bei Göppingen mit 350 Teilnehmern und im November 1928 in Boll. Die beiden „Genossen Pfarrer" Stürner und Lempp machten deutlich, daß sie mit ihrem Bekenntnis zu Blumhardt das Selbstverständnis der würt-

---

302 Vgl. *Paul Dürr*, Der Stand der religiös-sozialistischen Bewegung in Württemberg in: SaV 21, 1926.
303 Insofern entbehrt auch die Bemerkung von *Renate Breipohl*, daß Württemberg „zu einem der wichtigsten Gebiete für die religiös-sozialistische Bewegung wurde", jeder Begründung. Vgl. Renate Breipohl, a.a.O., S. 20.
304 Vgl. die Einladung zur Landesversammlung, den Bericht über den Verlauf und die „Mitteilungen" aus dem Landesverband in: SaV 14, 18 und 32, 1927.
305 Vgl. den Bericht über die Landesversammlung in: SaV 32, 1928.

tembergischen religiösen Sozialisten anders als bisher akzentuieren wollten.[306] Besonders auf den „Hauptversammlungen" der Ortsgruppe Stuttgart war bereits im Frühjahr 1928 deutlich geworden, daß die vor allem durch seinen persönlichen Einsatz erworbene – Führungsrolle von Erwin Eckert auch Kritiker fand. Es gelang Pfarrer Lempp, die meisten führenden religiösen Sozialisten, die Anhänger Erwin Eckerts gewesen waren, auf seine Seite zu ziehen.[307]

Im Jahre 1929 hatten weitere Pfarrer zu den württembergischen religiösen Sozialisten gefunden, darunter auch der Stadtpfarrer Gotthilf Schenkel aus Zuffenhausen. Auf der im Juli 1929 in Stuttgart stattfindenden Landesversammlung löste Pfarrer Schenkel den schwerkranken Paul Dürr als ersten Vorsitzenden des württembergischen Bundes religiöser Sozialisten ab. Die Zahl der sympathisierenden Pfarrer war größer geworden – das Beispiel von Pfarrer Stürner und Pfarrer Lempp wirkte –, aber nur sechs Pfarrer und zwei Vikare waren „aktive" Mitglieder des Bundes. Es war weiterhin nicht selbstverständlich, sich offen zu bekennen und ein Teilnehmer der Landesversammlung dankte daher ausdrücklich den „Pfarrergenossen", daß sie den Schritt zum Sozialismus in der Öffentlichkeit gewagt hatten. Die Kandidatenliste zu den Kirchenwahlen 1931 zeigt, daß die wenigen württembergischen religiösen Sozialisten in der kirchlich orientierten (Fach-)Arbeiterschaft eine solide Basis besaßen, die ihr Ende der zwanziger Jahre regional auch zu einem großen Anhang verhalf.[308]

Vor allem die Pfarrer waren trotz der Kritik von Seiten der Freidenker oft gern gesehene Gäste bei Vortragsabenden der württembergischen Sozialdemokratie. Sie konnten so den „Vertrauensmännerapparat" des württembergischen Bundes weiter ausbauen und der Landesverband dachte deshalb 1930 erstmals daran, sich an den im Jahre 1931 wieder anstehenden Kirchenwahlen zu beteiligen.[309]

---

306 Vgl. zu den beiden Treffen: SaV 38, 1928 und 49, 1928. Das Treffen in Boll, auf dem Hauptlehrer Dürr überredet werden konnte, trotz seiner Krankheit weiter den Vorsitz des BRSW zu behalten, mündete in eine von Pfarrer Lempp gestaltete „Blumhardt-Feier". Zu dem programmatischen Selbstverständnis der württembergischen religiösen Sozialisten vgl. das Kapitel 2.

307 Vgl. *Eberhard Lempp*, Der religiöse Sozialismus am Scheideweg in: Neuwerk 12, 1928, S. 460 ff. Zur Diskussion auf der Mannheimer Tagung vgl. weiter oben die Darstellung der Entwicklung des BRSD. Im Jahre 1969 berichtete Eberhard Lempp in einem Brief an Walter Bredendieck, daß er mit Paul Dürr befreundet gewesen sei. Dürr, „der von Pfarrer Eckert zuerst sehr ergriffen war, dann durch die Schweizer Religiös-Sozialen [...] die ich ihm nahebrachte, erst eine religiöse Vertiefung und Verinnerlichung unserer Bewegung erfahren. Ich lernte ihn aber erst 1927, wo ich in den Bund eintrat, kennen." Vgl. den handschriftlichen Briefentwurf in: Nachlaß Lempp, Ordner 3 im Ragaz-Institut Darmstadt.

308 Die sechs Pfarrer waren: Gotthilf Schenkel, Eberhard Lempp, Reinhold Planck, Paul Stürner, Paul Weitbrecht, Fritz Hohnecker, die Vikare waren Fritz Maysenhölder und Kraft. Vgl. dazu den Brief von Eberhard Lempp an Walter Bredendieck, in: Nachlaß Lempp, Ordner 3, Ragaz-Institut Darmstadt. An einem vom Bund religiöser Sozialisten veranstalteten „Kurs für Theologen" nahmen 14 württembergische Geistliche teil. Vgl. dazu SaV 19, 1930. Zu den Angaben über die Sozialstruktur vgl. Der Religiöse Sozialist 10, 1931 und das Kapitel 7.

309 Vgl. den kurzen Bericht über die Entwicklung in Württemberg durch *Erwin Eckert* in: Zeitschrift für Religion und Sozialismus 1930, S. 62 ff. und in: SaV 1, 1930. Optimistisch, wie Eckert stehts die Entwicklung zu beschreiben versuchte, sah er die württembergischen „Freunde" 1929 „dem Ziel einer Durchorganisation ihres Landesverbandes bedeutend näher gekommen". Gegen den Strich gelesen,

Die in der SPD-Presse ein wohlwollendes Echo findenden Aktivitäten der religiösen Sozialisten sollten das Kirchenvolk auf die württembergischen religiösen Sozialisten aufmerksam machen und so die Chancen bei den Kirchenwahlen verbessern helfen. Aus diesem Grunde bewarb sich der württembergische Landesverband auch mit Erfolg darum, den fünften Kongreß der religiösen Sozialisten Deutschlands in Württemberg auszurichten. Er fand Anfang August 1930 in Stuttgart statt. Der württembergische religiöse Sozialist und SPD-Landtagsabgeordnete Rais wurde in den neuen Bundesvorstand gewählt. Der Kongreß machte aber erneut die Differenzen zwischen den württembergischen Wortführern Paul Stürner und Pfarrer Lempp und dem Bundesvorsitzenden Erwin Eckert deutlich. Sie kam besonders in den Diskussionen über die Frage der „Gewalt" und über den „Bolschewismus" zum Ausdruck. Besonders Pfarrer Stürner fühlte sich durch die Art des Auftretens von Erwin Eckert so verletzt, daß er mit Austrittsgedanken spielte.[310]

Für die übrigen württembergischen religiösen Sozialisten kamen trotz dieser Erfahrungen solche Konsequenzen nicht in Frage. Die eigenständige theoretische Orientierung der württembergischen religiösen Sozialisten blieb bestehen. Das war bereits auf einer Tagung sozialistischer Theologen im April 1930 in Pforzheim deutlich geworden. Die meisten der aus Württemberg kommenden Theologen erneuerten ihr Bekenntnis zu Blumhardt und lehnten es ab,„sich Marxisten zu nennen".[311] In Württemberg spielte dieser Konflikt allerdings bald keine Rolle mehr. Die Haltung von Pfarrer Lempp und Schenkel hatte sich durchgesetzt, was sich auf den regelmäßigen „Blumhardt-Feiern" in den folgenden Jahren zeigen sollte. Die organisatorische Konsolidierung des Landesverbandes war allerdings damit noch nicht erreicht.

Es war nicht leicht, „die Sonntagsblattleser bei der Stange zu halten", wie es Mitte 1931 in einem Bericht über die Situation im Landesverband hieß.[312] Die mühsame Suche nach Kandidaten für die im Frühjahr 1931 anstehenden Kirchenwahlen hatte nicht immer zum erwünschten Erfolg geführt, und Doppelkandidaturen waren nicht zu vermeiden gewesen. Immerhin kandidierten die württembergischen religiösen Sozialisten in allen Kirchenbezirken. Der Aufruf Gotthilf Schenkels, „schickt Sozialisten in das württembergische Kirchenparlament", hatte freilich nicht das gewünschte Er-

erweist sich der württembergische Landesverband 1929 also offenbar als noch nicht „durchorganisiert". Eckert wiederholt diesen Bericht wortgleich in: SaV 30, 1930. Gotthilf Schenkel ist in seinem Bericht auf der„Internationalen Führerkonferenz" im November 1929 in Köln zurückhaltender beim Verkünden von Erfolgsmeldungen. Aber auch er hebt hervor: „Schwierigkeiten von Seiten der Partei bestehen nicht" – das Freidenkertum stütze sich vor allem auf die Kommunisten. Vgl. SaV 49. 1929.

310 Vgl. zu den Landesausschußsitzungen die Berichte in: SaV 5, 16, 19, 34 und 42, 1930. Zur Auseinandersetzung während des 5. Kongresses in Stuttgart vgl. die Darstellung der Entwicklung des BRSD. Zur Frage des Austritts Stürners vgl. die Darstellung des BES im Kapitel 6. Pfarrer Stürner trat im Mai 1931 aus dem Landesausschuß des BRSD zurück, Pfarrer Weitbrecht trat an seine Stelle. Vgl.: Der Religiöse Sozialist 23, 1931.

311 Vgl. den Bericht über die Tagung von *Ludwig Simon* in: Zeitschrift für Religion und Sozialismus 1930, S. 256 ff. Die Tagung machte auch deutlich, daß man kontrovers, aber nicht feindselig miteinander diskutieren konnte. Vgl. dazu den Beitrag über die „Bruderschaft sozialistischer Theologen" im Kapitel 6.

312 Vgl. Der Religiöse Sozialist 27, 1931. Der Hinweis bezog sich vor allem auf die wirtschaftlichen Schwierigkeiten, die es schwer machten, das Abonnement aufrechtzuerhalten.

gebnis. Obwohl auf die religiös-sozialistischen Listen über 50.000 Stimmen entfielen (das waren zwölf Prozent aller Stimmen), davon allein in Stuttgart über 21.000 Stimmen, konnten die religiösen Sozialisten wegen des „ungerechten Wahlmodus" kein Mandat erringen.[313]

Alle Appelle an die Landeskirche, die „Bruderhand" des Proletariats zu ergreifen, fruchteten nichts. Die württembergischen religiösen Sozialisten konnten kirchenpolitisch nichts bewegen.[314] Die besonders in Stuttgart und Umgebung im Sommer 1931 durchgeführten „Sommertreffen" ließen aber hoffen, daß der württembergische Landesverband zumindest in der Öffentlichkeit mehr wahrgenommen wurde.[315] Zu dem Erfolg hatte auch das Auftreten Erwin Eckerts beigetragen, dessen Name wegen der disziplinarischen Maßnahmen der badischen Landeskirche gegen ihn in aller Munde war. Nicht zuletzt deshalb war der württembergische Landesverband bemüht, trotz mehrheitlich geäußerter Vorbehalte gegen Eckert ihm die Solidarität auch nach seinem Eintritt in die KPD nicht zu verweigern. Auf der im Oktober 1931 – also nach Eckerts Übertritt zur KPD – stattfindenden Landesversammlung der württembergischen religiösen Sozialisten wandte sich der Vorsitzende Gotthilf Schenkel zwar erneut gegen einen „romantischen Putschismus", der mit dem echten Marxismus nichts zu tun habe, zugleich verabschiedete die Landesversammlung aber eine Entschließung, in der das „erneute überstürzte Vorgehen" der badischen Landeskirche gegenüber Eckert bedauert wurde.[316]

Der Konflikt um Eckert führte allerdings auch im württembergischen Landesverband zu Diskussionen, jedoch nicht wie in Baden zu einer Zerreißprobe der Organisation.[317] Der Landesvorsitzende Gotthilf Schenkel wurde neben Eckert zum zweiten Schriftleiter der Zeitschrift „Der Religiöse Sozialist" bestellt, und ab Nummer 43 der Zeitschrift war er der alleinige Verantwortliche der Zeitschrift des Bundes. Anders als einige badische religiöse Sozialisten, die nach dem Austritt Eckerts aus dem BRSD bittere Worte der Enttäuschung offen aussprachen, wollte Schenkel offenbar die Kontroversen um den Austritt Eckerts eher herunterspielen. Das konnte er um so leichter, da seine Haltung im Landesverband trotz einiger Mißverständnisse ein „einmütiges Vertrauensvotum" fand.[318] Darüber hinaus wurde die im Jahre 1932

---

313 Vgl. zum Wahlaufruf von Schenkel: Der Religiöse Sozialist 2, 1931, zur Kandidatenliste: Der Religiöse Sozialist 9 und 10, 1931, und zum Ergebnis: Der Religiöse Sozialist 11 und 12, 1931. Vgl. auch „Ohne Sinn für Recht und Billigkeit. Die Kirche verzichtet auf Arbeiter" in: Der Religiöse Sozialist 22, 1931.

314 Vgl. den „Offenen Brief an den württembergischen Landeskirchentag" in: Der Religiöse Sozialist 20, 1932.

315 Vgl. den Bericht über das „Sommertreffen" in: Der Religiöse Sozialist 34, 1931.

316 Vgl. den Wortlaut des Referats von Schenkel zum Thema: „Unser Kampf für Christentum und Sozialismus" in: Der Religiöse Sozialist 44, 1931, und zum Verlauf der „stark besuchten Landesversammlung" den kurzen Bericht in: Der Religiöse Sozialist 45, 1931.

317 Vgl. den Bericht über mehrere „stark besuchte" Versammlungen in Zuffenhausen, Stuttgart und Heilbronn, in denen der „Fall Eckert" besprochen wurde: „Fast einstimmig wurde die Haltung des württ. Landesausschusses gebilligt und der Wille zur treuen Weiterführung der Bundesarbeit und des Blattes zum Ausdruck gebracht", in: Der Religiöse Sozialist 43, 1931.

318 Vgl. den Bericht Schenkels über eine Bundesausschußsitzung in: Der Religiöse Sozialist 18, 1932.

durchgeführte „Blumhardt-Woche" in Boll ein voller Erfolg für das von ihm und Pfarrer Lempp formulierte Selbstverständnis religiöser Sozialisten.[319] Dennoch war der Konflikt um die Person Eckerts auch am württembergischen Landesverband nicht spurlos vorbeigegangen. Die Hoffnung Gottfried Schenkels, daß „die Stürme, die über unsere junge Bewegung hinwegbrausten, nur zu ihrer Befestigung dienen mußten", sollte den Mitgliedern Mut machen – die Realität entsprach dem nur bedingt.[320]

Das bedeutete freilich nicht, daß die württembergischen religiösen Sozialisten vor der zu Beginn der dreißiger Jahre immer größer werdenden nazistischen Massenbewegung zurückwichen. Eberhard Lempp und Gotthilf Schenkel beteiligten sich auf Tagungen der religiösen Sozialisten und auf Veranstaltungen mit Beiträgen über die nazistische Gefahr.[321] Eberhard Lempp wandte sich bereits im Frühjahr 1931 in einem auf der ersten Seite im „Religiösen Sozialisten" veröffentlichten Artikel gegen das Gebot der Landeskirche, sich politisch neutral zu verhalten. Er bescheinigte der Landeskirche zwar eine „verständliche Sorge" – und damit unterschied sich der Tenor seiner Stellungnahme von öffentlichen Äußerungen Erwin Eckerts –, in der Sache aber lehnte er es ganz entschieden ab, sich beim Urteil über „Nationalismus und Kapitalismus und Diktatur" einen Maulkorb umhängen zu lassen. Den „Machenschaften der Kriegstreiber wie dem Irrwahn eines heidnischen Nationalismus" dürfe die Kirche nicht tatenlos zusehen.[322] Gotthilf Schenkel veröffentlichte im Jahre 1932 mit seinem Aufsatz „Der lebendige Christus und der Hitlersturm" eine offene Kampfansage gegen den deutschen Faschismus. Noch im Februar 1933 forderte er in einer „Massenversammlung" zu den Reichstagswahlen im März 1933 seine Zuhörer zum Mißtrauen auf, „wenn jemand sich zum politischen Propheten mache und sich von seinen Anhängern wie der Messias eines kommenden wunderbaren Reiches verherrlichen läßt".[323]

Es verwundert nicht, daß angesichts dieser mutigen Haltung die Nazis die führenden württembergischen religiösen Sozialisten nach Hitlers Machtergreifung nicht vergessen hatten. Eberhard Lempp erhielt noch im März 1933 Besuch von einem SA-Sturm. Er ließ sich jedoch nicht einschüchtern. Ende 1933 stimmte er als einziger bei der Volksabstimmung über den Völkerbund in seiner Gemeinde gegen den Austritt aus dem Völkerbund, die Beschwerde der NSDAP-Gauleitung an den Oberkirchenrat wies er mit offensiver Kritik an den neuen Machthabern zurück. Die Landes-

319 Vgl. *Leonhard Ragaz*, Mein Weg, Band 2, a.a.O., S. 222.
320 Der Religiöse Sozialist 18, 1932.
321 Vgl. weiter oben das Kapitel 3.
322 Vgl. *Eberhard Lempp*, Nationalismus – Kapitalismus – Diktatur in: Der religiöse Sozialist 8, 1931, zum Neutralitäts-Gebot der Landeskirche vgl. *Heidi Hafner*, a.a.O., S. 19 f.
323 Vgl. *Gotthilf Schenkel*, Der lebendige Christus und der Hitlersturm in: ders., Kirche – Sozialismus – Demokratie, Stuttgart 1947, S. 81-94, und ders., Wider den Mißbrauch des Namen Gottes zu parteipolitischen Zwecken in: Der Religiöse Sozialist 10, 1933. Heidi Hafner schreibt fälschlicherweise Schenkel auch die Formulierung der Stellungnahme des BRSD zur Reaktion der Kirche auf Hitlers Machtergreifung zu. Vgl. *Heidi Hafner*, a.a.O., S. 30.

kirche ging Konflikten ein weiters Mal aus dem Wege und versetzte Eberhard Lempp – wie zuvor schon Gotthilf Schenkel – Anfang 1934 in den Ruhestand.[324]

d) *Religiöse Sozialisten in der Pfalz*

Ausgangsbedingungen und erste Anfänge

Die religiös-sozialistische Bewegung in der bayerischen Rheinpfalz stand nach 1918 stets unter dem großen Einfluß der regional nahen badischen religiösen Sozialisten, sie blieb aber auch organisatorisch mit dem badischen Volkskirchenbund eng verbunden. Erst zu Beginn der dreißiger Jahre wurden die Pfälzer religiösen Sozialisten organisatorisch unabhängig. Das lag vor allem an der schwierigen politischen Situation der bayerischen Pfalz, die von Dezember 1918 bis Ende Juni 1930 von französischen Truppen besetzt war. Von Kriegsende an versuchte die französische Militärregierung die Pfalz vom übrigen Reichsgebiet verkehrsmäßig, vor allem aber wirtschaftlich abzutrennen. Bürokratische Schikanen der Militärregierung und Übergriffe der Besatzungssoldaten erschwerten das Leben der Bevölkerung und ließen verständigungsbereiten Stimmen im Lande wenig Raum. Eine Welle des Nationalismus war die Folge, die auch von großen Teilen der evangelischen Landeskirche mitgetragen wurde. Im Februar 1924 übernahm zwar ein bayerischer Regierungsdirektor wieder die Pfälzer Bezirksregierung, er blieb aber bis 1930 unter der Aufsicht einer schikanös agierenden französischen Militärregierung. Besonnene politische Kräfte, noch dazu welche, die wie die religiösen Sozialisten im Verdacht standen, die Aussöhnung mit dem französischen „Erbfeind" zu betreiben, konnten deshalb in der evangelischen Landeskirche kirchenpolitisch nur schwer Einfluß gewinnen. Die „Vereinigte Protestanisch-Evangelische-Christliche Kirche der Pfalz" war – wiewohl in der Frage nach einem einheitlichen Bekenntnis heftig zerstritten – wie die Mehrheit ihrer 321 Pfarrer nationalistisch und monarchistisch gesonnen. Nach 1918 betonte die Kirche zwar ihre „Neutralität" in politischen Fragen, aber nur, um sich nicht zur demokratischen Republik bekennen zu müssen.

Das bei den Wahlen zur Nationalversammlung 1919 noch deutliche Übergewicht der Parteien der Weimarer Koalition war bereits 1920 verschwunden. Die Stimmabgabe für die Kommunisten blieb allerdings während der ganzen Zeit der Weimarer Republik bemerkenswert stabil (zwischen 8 und 13 Prozent), auffällig dagegen ist das bereits 1928 erkennbare überdurchschnittliche Abschneiden der NSDAP. Die Sozialdemokratie, in der die meisten Pfälzer religiösen Sozialisten ihre politische Heimat sahen, zeigte wenig Interesse, die religiös-sozialistische Bewegung zu fördern. Die Frontstellung der Freidenker, besonders in den größeren Städten Ludwigshafen und Kaiserslautern, aber auch der Freireligiösen war eindeutig und führte dazu, daß die Haltung der SPD nach dem ersten organisatorischen Auftreten der religiösen Sozialisten in der Pfalz meist nur neutral blieb. Die Ausgangsbedingungen für ein

---

324 Vgl. dazu *Heidi Hafner*, a.a.O., S. 31 f.

Wachsen der religiös-sozialistischen Bewegung waren so in der Pfalz sehr viel schwieriger als im übrigen Südwestdeutschland. Das erklärt die so spät erfolgende organisatorische Trennung der Pfälzer von den badischen religiösen Sozialisten.[325]

Nur ganz wenige Pfälzer Pfarrer schwammen während und nach dem Ersten Weltkrieg gegen den Strom nationalistischer Eiferer in der Landeskirche. Zu ihnen gehörten Pfarrer Oswald Damian aus Dahn, Pfarrer August Kopp aus Rehborn und Pfarrer Georg Wambsganß aus Neuhofen. Diese Pfarrer und einige religiös-sozialistisch interessierte Lehrer wie etwa Adolf Trumm aus Kaiserslautern waren Leser des vom badischen Volkskirchenbund herausgegebenen „Christlichen Volksblattes", ein organisatorischer Zusammenhalt entstand deswegen aber noch lange nicht. Die Entwicklung im nahen Baden wurde mit Sympathie verfolgt und die Umbenennung der badischen Organisation in „Volkskirchenbund evangelischer Sozialisten" im Januar 1922 begrüßt. Auf der Landesversammlung des Badener Volkskirchenbundes evangelischer Sozialisten im September 1923 konnten die Teilnehmer nur bedauernd zur Kenntnis nehmen, daß „von den zahlreichen Lesern in der Pfalz keiner nach Karlsruhe gekommen ist". Die Entwicklung der religiös-sozialistischen Bewegung in der Pfalz nahm erst im Jahre 1924 einen Aufschwung.[326] In diesem Jahr entstanden nun auch in Speyer, in Pirmasens, in Kaiserslautern und in Zweibrücken neue Pfälzer Ortsgruppen des badischen Volkskirchenbundes.

Der seit 1924 als Pfarrer in Meersburg tätige Erwin Eckert wollte den Neubeginn unterstützen und startete Ende 1924 eine Vortragsreise in die Pfalz. Am Revolutionstag, dem 9. November 1924, predigte er „als erster sozialistischer Pfarrer" in der Heilig-Geist-Kirche in Speyer. Am 28. Dezember 1924 schließlich bekannte sich auch der Pfarrer Oswald Damian aus Dahn in einer Weihnachtsfeier im protestantischen Vereinshaus in Speyer in einer Predigt „als Anhänger des religiösen Sozialismus".[327]

---

325 Vgl. zur Pfalz vor allem: *Karlheinz Lipp*, Die Religiösen Sozialisten in der Pfalz 1922-1933. Mainz 1982 (unveröffentlichte Examensarbeit, zugänglich als Kopie in: Ragaz-Institut Darmstadt). Zur Person eines der führenden Pfälzer religiösen Sozialisten vgl. auch: ders., *Oswald Damian*. Ein religiöser Sozialist der Pfalz, in: Neue Stimme 5, 1984. Zur allgemeinen Situation vgl. auch: Die Pfalz unter französischer Besatzung, hrsg. vom Bayerischen Staatskommissar für die Pfalz, Minden 1930. Zu den Wahlen *Jürgen Falter* u.a., Wahlen und Abstimmungen in der Weimarer Republik, München 1986. Zur landeskirchlichen Entwicklung: *Kurt Meyer*, Die evangelische Kirche im Kirchenkampf, Bd. 1, Halle 1976, S. 428 ff.

326 Über den schwierigen Beginn in der Pfalz vgl. *Theodor Gauweiler*, Pfälzischer Volkskirchenbund, in: *Heinrich Dietrich*, Wie es zum Bund der religiösen Sozialisten kam, Karlsruhe o.J., S. 44 ff. *Karlheinz Lipp*, a.a.O., S. 14 ff. Der erste Bericht „Aus der Pfalz" über kirchenpolitische Schwerpunktsetzung und freireligiöse Polemik in: Christliches Volksblatt 8, 1923. Der Bericht über die Badener Landesversammlung im September 1923 in: Christliches Volksblatt 40, 1923, Zum Stillstand 1922 vgl. auch den Rückblick von *Georg Wambsganß*, Der Bund Religiöser Sozialisten in der Pfalz, in: SaV, 34, 1928.

327 Vgl. *Theodor Gauweiler*, a.a.O., S. 44; *Karlhein Lipp*, a.a.O., S. 16 und *Theodor Gauweiler*, Aus der Pfalz, in: SaV 1, 1925.

Anfang Februar 1925 berichtete der Lehrer Adolf Trumm aus Kaiserlautern über „Unsere Arbeit in der Pfalz". Trumm hoffte, daß „noch vor den Kirchenwahlen 1926 sich alle Genossen [der SPD], die der evangelischen Kirche angehören, sich unserem Bunde anschließen und daß wir andererseits der Partei selbst noch viele Mitglieder zuführen können". Die künftige praktische Politik des Volkskirchenbundes war damit deutlich umschrieben: Mit Hilfe des Instruments der Kirchenwahlen wollten die Pfälzer religiösen Sozialisten die Kirche erneuern und mit ihrem Einfluß auf kirchennahe Arbeiter sollte die sozialistische Arbeiterbewegung gestärkt werden. Wenn Trumm von Partei sprach, dann war es für die Pfälzer selbstverständlich, daß damit nur – und hier unterschieden sich die Pfälzer vom Vorbild in Baden – die Sozialdemokratie gemeint war. Auf dem SPD-Bezirksparteitag Mitte Februar 1925 sollte darüber gesprochen werden, die Ziele des Bundes sollten den SPD-Delegierten bekannt gemacht werden und die Frage geklärt werden, wie sich der Bund „in die Partei eingliedern" läßt.[328] An eine organisatorische Eingliederung des Bundes, wie sie offenbar von einigen Pfälzer religiösen Sozialisten gewünscht worden war, war allerdings überhaupt nicht zu denken. Eine Erklärung des SPD-Bezirksvorstandes drückte mehr Distanz als den Willen zur Unterstützung aus. Es hieß darin: „Die Partei steht den Bestrebungen des Volkskirchenbundes nicht ablehnend gegenüber. Im Gegenteil, die Bewegung erfährt die Unterstützung der Partei, soweit es mit deren Grundsätzen vereinbar ist."[329]

Der Verlauf der Diskussion auf dem Bezirksparteitag, die nach Meinung der religiösen Sozialisten von viel Unkenntnis ihrer Sache bestimmt war, gab Erwin Eckert die Gelegenheit, den Pfälzer religiösen Sozialisten das politische Selbstverständnis des Badener Bundes, dem sie ja angehörten, deutlich zu machen. In seiner kritischen Würdigung des SPD-Bezirksparteitages betonte er, daß die religiösen Sozialisten gar keine „Unterabteilung oder gar Absplitterung aus der Partei" (der SPD) sein wollten.[330] Zugleich war Eckert weiterhin bereit, in der Pfalz mehrere Vorträge zu halten, um für die religiös-sozialistische Idee zu werben. Darüber hinaus sollte die für den Sommer 1925 geplante süddeutsche Tagung religiöser Sozialisten in Hochspeyer stattfinden, um die Pfälzer in der Öffentlichkeit bekannter zu machen.[331]

Die Berichte über die Tagung ließen an Optimismus nichts zu wünschen übrig. Hinter den Kulissen klang es freilich anders, das Verhältnis des Bundes zur Partei – der SPD natürlich – und zur Kirche habe sich nicht verbessert. Die kirchenpolitische Praxis beschränkte sich zunächst auf bloße Willenserklärungen, und hinsichtlich der organisatorischen Entwicklung hoffte der Berichterstatter nur, daß überall neue Ortsgruppen entstehen mögen. Der Bericht war offenbar so realistisch ausgefallen, daß Erwin Eckert sich veranlaßt sah, vor „Schwarzseherei" zu warnen. Immerhin wurde

---

328 *August Trumm*, Unsere Arbeit in der Pfalz, in: SaV 5, 1925.
329 Vgl. dazu und für das Zitat: *Theodor Gauweiler*, a.a.O., S. 46.
330 Vgl. *Eckert*, Der Pfälzische Parteitag der SPD und wir, in: SaV 10, 1925.
331 Vgl. Zum geplanten Programm der Tagung: SaV 21, 1925 und 28, 1925.

(erstmals?) ein neuer Landesvorstand gewählt mit Adolf Trumm aus Kaiserslautern als erstem Vorsitzenden.[332]

Jahre der praktischen Arbeit: 1926 - 1930

Zumindest nach außen konsolidierte sich aber die Organisation der Pfälzer religiösen Sozialisten. Auf der 2. Meersburger Tagung des BRSD im August 1926 waren die Pfälzer mit vier Vertretern anwesend. Mit dem in der SPD organisierten Pfarrer Lehmann aus Hinterweidenthal war ein weiterer Pfarrer gewonnen worden, so daß in der Pfalz jetzt vier Pfarrer für die religiös-sozialistische Sache aktiv waren. Am 14. November 1926 fand schließlich in Kaiserslautern ein „Evangelischer Sozialistischer Volkstag" statt, der vor allem für die im Jahr 1927 bevorstehenden Kirchenwahlen mobilisieren sollte. In allen Gemeinden mit hohem Arbeiteranteil sollte ein religiös-sozialistischer Pfarrer die Pfarrei besetzen.[333] Die Organisation auf lokaler Ebene war noch nicht weiter vorangekommen, Ortsgruppen existierten – wenn überhaupt – 1926 nur in Kaiserlautern, Speyer, Pirmasens und Zweibrücken. Über die Zahl der Mitglieder gibt es noch weniger Hinweise: Pfarrer Wambsganß berichtet für das Jahr 1928, daß es in diesem Jahr in seiner Gemeinde Neuhofen 84 Leser des Sonntagsblattes gab.[334]

Die Pfälzer religiösen Sozialisten waren Mitte der zwanziger Jahre zahlreicher geworden, aber der optimistisch gemeinte Satz von Gauweiler, daß die Pfälzer eine „Bewegung geworden [seien], an der die Öffentlichkeit nicht mehr achtlos vorübergehen kann", traf die Realität der organisatorischen Entwicklung nur zum Teil: Beachtet wurden die Pfälzer religiösen Sozialisten inzwischen, aber vorüber gingen doch noch die meisten, in Kirche und in Sozialdemokratie gleichermaßen.[335]

Voller Energie bereiteten sich die Pfälzer deshalb auf die auf das Jahr 1927 verschobenen Kirchenwahlen vor. Im Mai 1927 fanden mit Unterstützung der „badischen Freunde", vor allem Eckert, Kappes und Dietrich, zahlreiche Wahlversammlungen statt. Die Versammlungen waren gut besucht, verliefen allerdings oft recht kontrovers, da die Pfälzer Freidenker in den religiösen Sozialisten mangels sonstiger Erfolge den Hauptfeind ausgemacht hatten, der den „revolutionären" Elan der badischen Arbeiterparteien gefährden könne. Am 22. Mai 1927 schließlich fanden die Wahlen zur Pfälzer evangelischen Landessynode statt. Die als „Evangelische Sozialisten" firmierenden religiösen Sozialisten erhielten mit 11,7 Prozent der Stimmen fünf Mandate in der Synode: im ganzen mit über 12.000 Stimmen ein sehr gutes Er-

---

332 Zum Verlauf und zur Einschätzung der Tagung vgl. die Berichte in SaV 33 und 34, 1925, und *Gauweiler*, a.a.O., s. 45. Zur Mahnung Gauweilers vgl. SaV 39, 1925.

333 Vgl. *Lipp*, a.a.O., S. 26, und zum „Evangelischen Sozialistischen Volkstag": SaV 45 und 48, 1926.

334 Vgl. zu den Ortsgruppen die laufenden Organisationsmitteilungen aus der Pfalz im SaV. Für die Gemeinde von Wambsganß vgl. *Wambsganß*, Der BRSD in der Pfalz, in: SaV 34, 1928. Vgl. auch *Lipp*, a.a.O., S. 28. Über die soziale Struktur der Mitgliederschaft gibt die Kandidatenliste zu den Kirchenwahlen Auskunft. Vgl. dazu das Kapitel 7. Die Kandidatenliste in: SaV 14, 1927.

335 Vgl. *Gauweiler*, a.a.O., S. 45.

gebnis. Die religiösen Sozialisten der Pfalz waren freilich mit dem Ergebnis nicht zufrieden. Sie hatten noch 1925 gehofft, mit der religiös-sozialistischen Idee die Massen begeistern zu können und mußten nun feststellen, daß es zahlreiche Widerstände gab. Sie hielten in erster Linie das „Mißtrauen der sozialistischen Arbeiterschaft", die „direkte Propaganda der Freidenker" und den „Kampf der bürgerlichen Gruppen" für verantwortlich, daß sie nicht besser abgeschnitten hatten.[336] Später sah Pfarrer Wambsganß das Ergebnis der Wahl – der einzigen im übrigen, an der sich Pfälzer religiöse Sozialisten beteiligten –, als Erfolg an, der um so höher zu werten sei, da die Freidenker sie mit „viel Haß und wenig Verstand" bekämpft hätten. Aber auch die praktische Mitarbeit in der Synode bereitete „manche Enttäuschung". Die 5 Vertreter der religiösen Sozialisten in der Pfälzer Landessynode formulierten ab 1928 viele Anträge, die mit mehr oder weniger Resonanz in der Synode behandelt, aber nur selten in ihrem Sinne verabschiedet wurden.[337]

Im Jahre 1929 nahm der langwierige Versuch der Pfälzer religiösen Sozialisten, sich organisatorisch auf eigene Füße zu stellen, neue Formen an. Der Streit um das programmatische Selbstverständnis aller religiösen Sozialisten, der im Jahre 1928 auf der Mannheimer Tagung des Bundes Religiöser Sozialisten Deutschlands (BRSD) voll zum Ausbruch gekommen war, zeitigte nun auch in der Pfalz Folgen. Die Pfälzer religiösen Sozialisten nahmen Anstoß vor allem an den kirchenpolitischen „Richtlinien" für die sozialistischen Vertreter in den Körperschaften der badischen Landeskirche", die nach dem Willen Eckerts auch von den anderen Landesverbänden übernommen werden sollten. Die darin enthaltene radikale Absage an alle anderen kirchenpolitischen Fraktionen stieß bei den Pfälzer religiösen Sozialisten auf Widerspruch, da sie in der Pfälzer Landeskirche trotz großer Vorbehalte gegen sie andere Erfahrungen im Umgang miteinander gemacht hatten. Auf der Pfälzer Landesversammlung am 7. Januar 1929 stand das Thema „Richtlinien" deshalb auf der Tagesordnung. Die dazu verabschiedete „Resolution" bedeutete eine klare Absage an die Position Eckerts. Die Pfälzer stellten es ihren Mitgliedern frei, in anderen kirchlichen Vereinen mitzuarbeiten, erwarteten aber, daß die religiösen Sozialisten ihre Überzeugung bei der Mitarbeit in den Vereinen nicht verleugneten.[338]

Die Landesversammlung der religiösen Sozialisten am 9. März 1930 in Ludwigshafen war von Optimismus gekennzeichnet. Die organisatorische Konsolidierung des Pfälzer Bundes und der unermüdliche Einsatz seiner wenigen Mitglieder war Grund genug zur Hoffnung auf weitere Erfolge. Pfarrer Wambsganß bestätigte in seinem Tätigkeitsbericht als Landesvorsitzender erneut das Selbstverständnis der Pfälzer, als sozialdemokratische Vorfeldorganisation zu wirken. Die religiös-sozialistischen Pfarrer seien jederzeit bereit gewesen, dem „Ruf" der SPD und der Gewerkschaften zu folgen und „in öffentlichen Versammlungen unter Betonung der christlichen Bruderpflichten für die Sache des Sozialismus zu werben". Allein Wambsganß habe 1929 in 52 Ver-

---

336 Vgl. die Einschätzung in: SaV 23, 1927, dort auch die Ergebnisse, und *Wambsganß*, BRS in der Pfalz, in: SaV 34, 1928.
337 Vgl. SaV 20, 1928 und *Lipp*, a.a.O., S. 39 f.
338 Zum Wortlaut der „Richtlinien" vgl. SaV 47 und 48, 1928.

anstaltungen der SPD in der Pfalz und im Saargebiet gesprochen und sich damit mehrere Beschwerden der Kirchenregierung eingehandelt. In der Aussprache gab es nur Lob für den einstimmig wiedergewählten Landesvorsitzenden.[339]

Der Kampf gegen den Nazismus 1931–1933

Die kirchenpolitische Situation in der Pfalz veränderte sich seit 1930 rapide zuungunsten der religiösen Sozialisten. Die Nazibewegung, die im ganzen Reich Erfolge feierte, war in der Pfalz besonders erfolgreich. Die Anfälligkeit der protestantischen Pfalz hatte auch Auswirkungen auf die evangelische Kirche: Es fanden Hochzeiten von lokalen Nazigrößen in Uniform in Pfälzer Kirchen statt. Stahlhelm und NSDAP hielten mit Unterstützung von nazistischen Pfarrern Gottesdienste ab und die Frontstellung gegen die religiösen Sozialisten wurde immer deutlicher. Diese nahmen die Herausforderung mutig an, mußten aber bald feststellen, daß die Duldung religiössozialistischer Aktivitäten auch in der Pfalz der Vergangenheit angehörte. Im Jahre 1930 wurde mit Pfarrer Damian erstmals ein Pfälzer Pfarrer mit einem Disziplinarverfahren überzogen. Er hatte sich einen Tag vor der Reichstagswahl im September 1930 in einem Artikel gegen die Diffamierung der SPD als religionsfeindliche Partei gewehrt. Eine Nazizeitung hatte daraufhin prompt seine Amtsenthebung gefordert. Das Disziplinarverfahren endete mit seiner Beurlaubung und mit seiner Strafversetzung. In Pirmasens allein unterschrieben über 5 000 Sozialdemokraten eine Solidaritätsadresse für Damian. Das Urteil wurde schließlich in der Revision wieder aufgehoben. Pfarrer Damian schrieb noch mehrere Zeitungsartikel, in denen er die enge Verbindung von Pfälzer Landeskirche und NSDAP beklagte, aber spätestens im Jahre 1931 war klar, daß die Mehrheit in der Pfälzer Landeskirche bereits anders dachte.[340]

Nach der vorläufigen Amtsenthebung Eckerts solidarisierten sich auch die Pfälzer religiösen Sozialisten mit dem Mannheimer Pfarrer. Zugleich verwahrten sie sich dagegen, daß angesichts der Protestwelle gegen dessen Dienstenthebung die Freidenker nichts anders zu tun hätten, als die Parteimitglieder zum Kirchenaustritt aufzufordern.[341] Auf einer Tagung der religiösen Sozialisten der Vorderpfalz am 8. März 1931 beschlossen die Pfälzer darüber hinaus, nunmehr auch den Kampf gegen den Nazismus in der Kirche offensiver zu führen und dabei immer wieder auch die soziale Not in der Pfalz anzusprechen. Der Pfälzer Bund religiöser Sozialisten erlebte im Frühjahr 1931 durch die große Aktivierung seiner Anhänger auch organisatorisch einen neuen (letzten) Aufschwung. Auf einem Treffen mit Eckert zu Himmelfahrt 1931 in Neuhofen (im SPD-Parteilokal) beschlossen seine anwesenden Vertreter, im August 1931 in Kaiserlautern eine Landesversammlung durchzuführen, auf der ein

---

339 Vgl. den Bericht in: SaV 14, 1930 und *Lipp*, a.a.O., S. 77 ff.

340 Vgl. *Lipp*, a.a.O., S. 68 f., Zur Solidarität mit Damian in Pirmasens vgl. auch den Artikel von Pfarrer Francke im Vorwärts vom 1. April 1931 (A).

341 Vgl. den Wortlaut in: Der Religiöse Sozialist 20, 1931, und den Artikel von *Theodor Gauweiler* Sollen wir aus der Kirche austreten?", in: Der Religiöse Sozialist 19, 1931.

„Landesverband der religiösen Sozialisten in der Pfalz" gegründet werden solle. Pfarrer Wambsganß und Gauweiler erhielten den Auftrag, die Gründung unter anderem durch den Entwurf eines Statuts vorzubereiten.[342] Das neue Statut sollte alle Mitglieder der Pfalz in einen, von Baden erstmals unabhängigen Landesverband zusammenfassen. Mitglied durfte jeder werden, es sei denn, er gehörte einer nichtsozialistischen politischen oder Kirchenpartei an.[343] Auf der Landesversammlung am 1. und 2. August 1931 in Kaiserslautern wurde der Statutenentwurf „nach kurzer lebhafter Diskussion mit Stimmenmehrheit angenommen". Anschließend wurden die 7 Mitglieder des Landesvorstandes gewählt, allerdings ohne die genauen Aufgaben bereits zu bestimmen. Das erfolgte erst auf der konstituierenden Sitzung des Landesvorstandes am 13. September 1930. Theodor Gauweiler (Speyer) wurde zum 1. Vorsitzenden gewählt, 2. Vorsitzender wurde Pfarrer Damian aus Pirmasens.[344]

In der Auseinandersetzung mit dem Nazismus wurden die Pfälzer religiösen Sozialisten nicht müde, sie gerieten aber zunehmend in die Defensive. Auf der Landesversammlung am 3. Juni 1932 im Gewerkschaftshaus in Pirmasens – auf der Pfarrer Damian wieder zum 1. Vorsitzenden gewählt wurde und Theodor Gauweiler zum 2. Vorsitzenden – agierten die Pfälzer religiösen Sozialisten weiterhin deutlich gegen den – wie Wambsganß mitteilte – „Rache-, Haß- und Rassegedanken des von so vielen evangelischen Geistlichen vertretenen Nationalsozialismus". Sie mußten aber zugleich eingestehen, daß sie durch das aggressive Auftreten der Nazis gezwungen waren, „in unserer Agitation von den bisherigen öffentlichen Versammlungen abzusehen und dieselbe auf öffentliche Kundgebungen an den größeren Orten der Pfalz ohne Diskussion zu beschränken.[345]

Das mit der Landesversammlung verbundene „Jahresfest" vereinte zwar noch einmal viele Pfälzer religiöse Sozialisten, aber der Wind war rauher geworden. Es kann deshalb auch nicht überraschen, daß führende Pfälzer religiöse Sozialisten zu den ersten Opfern des nazistischen Terrors gehörten. Unter den 300 Nazigegnern, die im März/April 1933 in das provisorische KZ „Lager Rheinpfalz" gesperrt wurden, war auch Pfarrer Oswald Damian. Er blieb dort mehrere Wochen, wurde danach in den Ruhestand versetzt und von der Gestapo überwacht. Der Lehrer Trumm, der als Leiter der Stadtbücherei Kaiserslautern sich weigerte, mißliebige Bücher auszusondern, wurde mehrfach verhaftet. Der Pfarrer August Kopp verlor durch Beschluß der Pfälzer Kirchenregierung sein Sozialpfarramt. Der Pfälzer Bund Religiöser Sozialisten mußte sich noch im März 1933 als Organisation auflösen. Die Mitglieder blieben in überwiegendem Maße ihrer Überzeugung treu und das hieß in erster Linie in den folgenden Jahren: Sie blieben Gegner des Nazismus.[346]

---

342 Vgl. dazu den Bericht über das Himmelfahrtstreffen in: Der Religiöse Sozialist 21, 1931, und *Georg Wambsganß*, Unsere Bewegung in der Pfalz, in: Der Religiöse Sozialist 30, 1931.

343 Der Wortlaut des Statuts ist nicht bekannt, Auszüge sind zitiert bei *Theodor Gauweiler*, Das Statut des Landesverbandes Pfalz, in: Der Religiöse Sozialist 30, 1931.

344 Lipp, a.a.O., S. 82, nennt Wambsganß als 1. Vorsitzenden, was falsch ist. Vgl. zum Verlauf der Vertreterversammlung die Berichte in: Der Religiöse Sozialist 33, 37 und 40, 1931.

345 *Georg Wambsganß*, Die Pfälzische Landesversammlung, in: Der Religiöse Sozialist 32, 1932.

346 Vgl. Zur Entwicklung 1933 und zur Verfolgung führender religiöser Sozialisten: *Lipp*, a.a.O., S. 87 f.

e) *Religiöse Sozialisten in Thüringen*

Ausgangssituation und erste Anfänge

Die religiös-sozialistische Bewegung in Thüringen entstand als eigenständige Bewegung erst sehr spät, in den Jahren 1924/25, und stellte dennoch – gemessen an der Zahl der engagierten Pfarrer und Laien und an der Zahl der Wähler bei kirchlichen Wahlen – eine „Hochburg" des religiösen Sozialismus dar. Sie besaß darüber hinaus eine eigene theoretisch-programmatische Prägung, die ihr einen gewichtigen Einfluß bei innerorganisatorischen Differenzen sicherte.

Die kirchenpolitische Situation in Thüringen unterschied sich nach dem Kriegsende 1918 von der in den anderen Ländern des deutschen Reiches: Nicht nur eine Landeskirche, sondern gleich sieben Landeskirchen suchten eine neue Kirchenordnung. Das gelang überraschend schnell. Noch bevor das Land Thüringen im Mai 1920 aus den thüringischen Kleinstaaten entstanden war, hatte sich die „Thüringische Evangelische Kirche" am 13. Februar 1920 konstituiert. Die auf der 1. Synode beschlossene Kirchenverfassung enthielt Bestimmungen, die kirchenpolitischen Minderheiten die Arbeit in der Gemeinde und in den kirchlichen Vertretungen erleichtern halfen.[347]

Die politische Situation in Thüringen war zunächst von einer starken sozialistischen Arbeiterbewegung geprägt. Die wenigen Industriegebiete – die Braunkohlenindustrie in Ostthüringen und die Kaliindustrie im Werragebiet – waren krisengeschüttelte Notstandsregionen, die Glas- und Spielzeugindustrie im Thüringer Wald besaß noch den Charakter von Heimindustrie. Die in diesen Industrien beschäftigten Arbeiter wohnten häufiger in Industriedörfern als in den wenigen Städten Thüringens. Nicht selten bekannten sie sich nicht nur zu einer der beiden Arbeiterparteien, sondern auch zu ihrer kirchlichen Bindung. Unter ihnen waren die Anhänger der religiösen Sozialisten Thüringens zu finden.

Der religiöse Sozialismus in Thüringen gewann besonders durch die Persönlichkeit des Eisenacher Pfarrer Emil Fuchs überregionale Bedeutung. Seine persönliche Lebensgeschichte erklärt, weshalb sich thüringische religiöse Sozialisten erst so spät organisatorisch zusammenfanden.[348]

Der 1878 geborene Emil Fuchs war wie viele sozial gesinnte Pfarrer seiner Generation vom sozial-liberalen Protestantismus Friedrich Naumanns beeinflußt. Die vom Schwager Naumanns Martin Rade herausgegebene Zeitschrift „Christliche Welt" war für Fuchs zunächst Richtschnur für sein politisches Engagement.[349] Er schloß sich der „Vereinigung der Freunde der Christlichen Welt" an, gehörte bald – und lang-

---

347 Zur kirchenpolitischen Situation in Thüringen nach 1918 vgl. *Kurt Meier*, Der evangelische Kirchenkampf, Bd. 1, Halle 1976, S. 468 f. Vgl. auch: Die Entwicklung der kirchlichen Verhältnisse in Thüringen in: Volkskirche 2, 1920.

348 Zur Person vgl. *Emil Fuchs*, Mein Leben, Bd. 2, Leipzig 1959, besonders S. 139 ff. Emil Fuchs war seit dem Frühjahr 1918 Pfarrer in Eisenach.

349 Zu Rade vgl. *Johannes Rathje*, Die Welt des freien Protestantismus. Ein Beitrag zur deutsch-evangelischen Geistesgeschichte, dargestellt am Leben und Werk von Martin Rade, Stuttgart 1952.

jährig – zu deren Vorstand. Nach 1918 machte er Wahlkampf für die Deutsche Demokratische Partei (DDP), in der er den politischen Arm des von ihm vertretenen
sozialen Liberalismus sah. Erst der Kapp-Putsch 1920 führte ihm die Möglichkeit
des gesellschaftspolitischen Rückschlags drastisch vor Augen und er entschloß sich
1921, der SPD beizutreten: „Ich wurde religiöser Sozialist, der in der sozialdemokratischen Partei an der Wirklichkeitsaufgabe mitarbeiten mußte".[350]

Schon Ende 1922 war Fuchs der „anerkannte Führer einer Gruppe sozialistischer
Arbeiter und Pfarrer", woraus schließlich die nur lose organisierte Gruppe der „Freunde von Pfarrer Fuchs" in Eisenach entstand.[351]

Aber Emil Fuchs war in den ersten Jahren nach Kriegsende nicht der einzige, der
sich in Thüringen als religiöser Sozialist verstand. Schließlich hatte die für die deutsche
religiös-sozialistische Bewegung so bedeutsame Tambacher Konferenz im September
1919 in Thüringen stattgefunden. Die Teilnehmerliste weist allein 11 thüringische Pfarrer und drei Laien aus. Pfarrer Fuchs war allerdings nicht dabei. Von den thüringischen Teilnehmern stießen jedoch nur drei Pfarrer später zum Bund religiöser Sozialisten Thüringens: Pfarrer Boehm aus Schwarzhausen, Pfarrer Kohlstock aus Ichters-
hausen und Pfarrer Tittmann aus Isserstedt bei Jena. Die Tambacher Konferenz war
also auch für die Thüringer nur wenig anregend für ein späteres religiös-sozialistisches
Engagement.[352]

Besonders diesen drei Pfarrern war es zu danken, daß sich an den Wahlen zur
1. Thüringischen Synode auch viele Arbeiter beteiligten. Drei Arbeiter, unter ihnen
der Sozialdemokrat und spätere religiöse Sozialist Kurt Neumann aus Saalfeld, zogen in die Synode ein.[353]

Aber trotz des Wirkens der „Freunde von Pfarrer Fuchs" war noch kein Zusammenschluß religiös-sozialistisch orientierter Pfarrer und Laien als eigene kirchenpolitische
Partei entstanden, die Zugehörigkeit zur liberalen Gruppe der „Freien Volkskirche"
wurde aber trotz freundschaftlichen Umgangs miteinander zunehmend als Fessel
empfunden.

Das galt um so mehr, als die religiös-sozialistisch orientierten Pfarrer und Laien
im sozialistisch regierten Thüringen einen Zweifrontenkrieg zu führen hatten. Die
Kirchenpolitik der sozialistischen Regierung machte es den religiösen Sozialisten nicht
leicht, ihr Bekenntnis zur Sozialdemokratie in den kirchlichen Gremien und in der
Öffentlichkeit offensiv zu begründen. Emil Fuchs zögerte nicht, die Abschaffung

---

350 Vgl. für die Zitate: *Emil Fuchs*, Der religiöse Sozialismus in Thüringen, in: *Heinrich Dietrich*, a.a.O.,
    S. 53.
351 Vgl. dazu und für die Zitate: *Reinhard Creutzburg*, Zur Entwicklung der religiös-sozialistischen Be-
    wegung in Thüringen 1918-1933, Halle-Wittenberg 19179 (unveröffentlichte Diplomarbeit), das Zitat:
    S. 17 (eine Kopie der Arbeit befindet sich im Archiv des Ragaz-Institutes in Darmstadt. Vgl. auch:
    Peter Friedrich Zimmermann, Emil Fuchs und die religiös-sozialistishe Bewegung bis 1933, Leipzig
    1984 (Diss. phil.).
352 Vgl. zur Teilnahme in Tambach: *Creutzburg*, a.a.O., S. 9 und zur Tambacher Konferenz weiter oben
    in diesem Kapitel.
353 Zu den Kirchenwahlen und zu Fuchs: *Creutzburg*, a.a.O., S. 10. In einem Bericht über die 1. Synode
    im Dezember 1919 heißt es – abweichend zu Creutzburg –, daß „4 Arbeiter, darunter mehrere Sozial-
    demokraten" anwesend waren, vgl. Volkskirche 2, 1920.

kirchlicher Feiertage durch die SPD-geführte Landesregierung scharf zu kritisieren, da diese Maßnahme nicht Ausdruck der auch von ihm geforderten Trennung von Kirche und Staat, sondern eine beabsichtigte „Kränkung und Verletzung religiöser Gefühle" sei. Gerade deshalb aber bleibe er in der SPD, um künftig eine solche Politik verhindern zu helfen.[354] Andererseits verteidigte Fuchs sehr verständnisvoll die sozialistischen Schulreformvorstellungen, die ebenfalls den Widerspruch der Kirchen hervorgerufen hatten, weil sie den Religionsunterricht in Frage stellten.[355]

Organisation und Praxis des thüringischen Bundes in den ersten Jahren

Der Anstoß für eine eigene Organisation kam von außen. Anfang 1924 warnten die im „Evangelischen Bund" zusammengeschlossenen thüringischen Protestanten vor der Wahl von SPD und KPD und meinten, daß Christen in beiden Parteien nicht Mitglied sein könnten. Für Fuchs war das Anlaß genug, nun auch organisatorisch Flagge zu zeigen, um besser gegen jede Diffamierung von Christen, die sich in den Arbeiterparteien organisierten, zu Felde ziehen zu können. Er rief am 14. Februar 1924 seine Eisenacher Freunde zusammen und referierte über das Thema „Was soll die Kirche unserem Volke leisten". Die über 500 Teilnehmer beschlossen Leitlinien für die künftigen Thüringer religiösen Sozialisten und forderten alle Gesinnungsgenossen Thüringens auf, dem Eisenacher Beispiel zu folgen und sich zu religiös sozialistischen Gruppen zusammenzuschließen.[356] Damit waren – wie Fuchs kurz danach klarstellte – „aus dem religiösen Freundeskreis der Freien Volkskirche zwei kirchenpolitische Gruppen geworden sind, die volkskirchliche Vereinigung und die religiösen Sozialisten".[357] Mit diesen Worten beschrieb Fuchs noch einmal die kirchenpolitische Orientierung der Thüringer religiösen Sozialisten, die sie mit den religiösen Sozialisten Süddeutschland gemeinsam hatten, die sie aber von den norddeutschen, vor allem dem Berliner Bund religiöser Sozialisten, unterschied.

Am 8. und 9. November 1924 konstituierte sich in dem „Industriedorf" Tiefenort der „Bund religiöser Sozialisten Thüringens".[358] Von den 200 bis 300 Teilnehmern waren über 60 „Genossen aus Gesamt-Thüringen" als Delegierte anwesend. Die übrigen Teilnehmer kamen meist aus Tiefenort selbst, denn es „war eine enthusiastische Tagung. Fast das ganze Dorf war begeistert beteiligt".[359] Aber auch Gäste aus Berlin und aus Holland waren anwesend. Die Arbeiter überwogen, Wortführer aber waren Lehrer, Professoren und Pfarrer. Die Zahl der religiös-sozialistischen Pfarrer in Thüringen war inzwischen auf sechs angewachsen, dazu kamen drei Hochschullehrer aus

---

354 Vgl. den Artikel „Kulturkampf in Thüringen" in: Christliches Volksblatt 5, 1922 und *Emil Fuchs*, Mein Leben, a.a.O., S. 123.
355 Vgl. Kirche und Schule, in: Christliches Volksblatt 30, 1923. Vgl. dazu *Creutzburg*, a.a.O., S. 17 f.
356 Vgl., auch für die Zitate, ebda., S. 19 f.
357 Die Freie Volkskirche 6, 1924, zit. n. Creutzburg, a.a.O., Anhang S. 3.
358 Zum Verlauf vgl. *Emil Fuchs*, Die 1. Tagung der religiösen Sozialisten Thüringens, in: SaV 49, 1924 und: *Creutzburg*, a.a.O., S. 21 ff.
359 *Emil Fuchs*, Mein Leben, a.a.O., S. 150.

Jena. Die organisatorische Entwicklung ließ aber noch zu wünschen übrig. Der Beschluß, eine „Liste von Vertrauensleuten" für Städte und Gemeinden und für „Gegenden" aufzustellen, macht deutlich, daß es außer in Eisenach noch keine weitere Ortsgruppe gab. Immerhin wurde ein Vorstand gewählt, „unbestrittener Führer" blieb Emil Fuchs. Der Plan für eine eigene Zeitung aber scheiterte.

Eine erste Sammlung der religiösen Sozialisten Thüringens war mit der Tagung in Tiefenort sicher gelungen, aber das hieß keinesfalls, daß alle an einem Strang zogen. Emil Fuchs sprach sogar davon, daß es „viel Verwirrung" auf der Tagung gegeben habe. Es schälten sich allerdings zwei Grundpositionen heraus: Die Jenaer Professoren Hans Müller und Karl Ludwig Schmidt legten vor allem auf die theoretische Begründung eines religiösen Sozialismus Wert, lehnten aber die Übernahme marxistischer Begriffe, besonders den Klassenkampfbegriff ab. Die Mehrheit hatte dagegen mit Emil Fuchs ein größeres Interesse an der praktischen Arbeit, wobei sie den Marxismus und den Klassenkampf weder völlig ablehnten noch ihnen unkritisch zustimmten. Emil Fuchs fand eine Kompromißformel, seine Grundsätze zu der Frage: Was wollen die religiösen Sozialisten? wurden von einer Kommission überarbeitet und 1925 als Programm des Thüringer Bundes (vermutlich auf der 2. Tagung in Jena im Januar/Februar 1925) verabschiedet. Die Grundsätze machten noch einmal den Doppelcharakter einer zukünftigen Praxis religiöser Sozialisten in Thüringen deutlich. Die Frage, ob die religiösen Sozialisten „religiöse Bewegung allein oder auch kirchliche Reformgruppe sein" wollten, wurde deshalb auch nicht mit einem Entweder-Oder beantwortet. Emil Fuchs sprach es später noch einmal aus: „Wir entschieden uns [...] beides zu sein."

Das Jahr 1925 brachte dem Thüringer Bund religiöser Sozialisten eine größere öffentliche Aufmerksamkeit und einen größeren Zulauf an Sympathisanten. Dazu trugen weniger die beiden Tagungen des Bundes in Jena und Eisenach bei, über deren Verlauf wenig bekannt wurde, sondern der die Thüringer Presse beschäftigende „Fall Fuchs". Emil Fuchs hatte in einem Artikel in der sozialdemokratischen „Eisenacher Volkszeitung" auf die zunehmende Rechtsentwicklung in Thüringen seit 1924 hingewiesen und vor allem der Justiz vorgeworfen, „ohne Rechtsbewußtsein" zu sein. Gegen den Artikel begann eine „Hetzkampagne" besonders von kirchlicher Seite, gegen die sich der Thüringer Bund offensiv zur Wehr setzte. Mehrere öffentliche Protestveranstaltungen fanden für und mit Fuchs statt. Der Landeskirchenrat entschied sich schließlich, das Verhalten von Fuchs zwar zu mißbilligen, aber keine Disziplinarstrafe auszusprechen und keine Versetzung vorzunehmen.[360]

Die Mobilisierung der Anhänger von Fuchs hatte die religiös sozialistische Bewegung

---

360 Vgl. zur Kennzeichnung der Gruppen *Creutzburg*, a.a.O., S. 22. Der Wortlaut der Grundsätze wurde veröffentlicht in: Die Freie Volkskirche 4, 1925, vgl. auch *Creutzburg*, a.a.O., Anhang IV, zur unklaren Verabschiedung als Programm: *Creutzburg*, a.a.O., S. 23 f. Vgl. auch weiter oben das Kapitel 2. Zum Doppelcharakter: *Emil Fuchs*, Mein Leben, a.a.O., S. 150. Der Artikel von Fuchs wurde ein Jahr später erneut veröffentlicht in: SaV 11, 1926. Der Anlaß waren neue staatsanwaltliche Ermittlungen gegen Fuchs. Das Sonntagsblatt solidarisierte sich mit Fuchs. Zum Konflikt 1925: SaV 38, 1925 und *Creutzburg*, a.a.O., S. 26 ff.

gestärkt. Das war nicht zuletzt am Ergebnis der Wahlen zu den örtlichen Kirchen-
vertretungen im Herbst 1925 abzulesen, an denen sich die Thüringer religiösen Sozialisten erstmals als eigenständige Kirchenpartei in einigen Gemeinden beteiligten. In
Eisenach erhielt die Liste der „Freunde von Pfarrer Fuchs" 2.480 Stimmen und damit fünf Sitze von 16.[361] Das folgende Jahr 1926 brachte nach außen die Einbindung der Thüringer in den neu entstandenen BRSD, in dem die Thüringer künftig
ein gewichtiges Wort mitreden sollten. Auf der 1. Meersburger Tagung im August
1924 waren die Thüringer noch nicht in Erscheinung getreten.[362]

Auf der Berliner Hauptversammlung der „Arbeitsgemeinschaft" im November 1925
bildeten die Thüringer immerhin schon zusammen mit Sachsen, Braunschweig und
Hessen-Nassau den „Mitteldeutschen Kreis", und Emil Fuchs war für ihn verantwortlich. Im Bericht von Erwin Eckert über die Entwicklung des religiösen Sozialismus
bis zum Jahre 1926 hieß es dennoch über die Entwicklung in Thüringen sehr realistisch, daß dort die religiösen Sozialisten bislang lediglich „durch oft wiederholte kleinere Tagungen im Lande miteinander in Fühlung gekommen" seien.[363]

Auf der 2. Meersburger Konferenz im August 1926 war Emil Fuchs zwar verhindert, und seine programmatischen Ausführungen zum Thema „Religiöser Sozialismus und Protestantismus" mußten deshalb von Heinz Kappes verlesen werden, aber
dennoch wurde Thüringen während der Meersburger Tagung einer der elf Landesverbände und Emil Fuchs einer der drei Vorsitzenden des Bundes. Damit waren die
Thüringer religiösen Sozialisten als eine wichtige religiös-sozialistische Region in
Deutschland anerkannt.[364] Aber das Jahr 1926 brachte auch im Lande selbst einen
neuen Schwung in die religiös sozialistische Bewegung Thüringens. Anfang 1926 beschlossen die thüringischen religiös-sozialistischen Vertrauensleute, bei den Ende des
Jahres anstehenden Wahlen zum Thüringer Landeskirchentag erstmals in allen Wahlkreisen mit eigenen Listen anzutreten. Die Beteiligung an den Kirchenwahlen war
deshalb auch auf den zwei Landesversammlungen im April 1926 in Gera und im Mai
1926 in Empfertshausen ein bestimmendes Thema.[365]

Die Vorbereitungen auf die Kirchentagswahlen im November 1926 waren aber nicht
das einzige Feld politischer Praxis für die Thüringer religiösen Sozialisten. Seit Januar
1926 unterstützte der BRSD in ganz Deutschland die gemeinsame Initiative von SPD
und KPD für ein Volksbegehren, der eine entschädigungslose Enteignung der Fürsten
durchsetzen sollte. Die Thüringer religiösen Sozialisten beteiligten sich daran sehr

---

361 Zit. n. *Creutzburg*, a.a.O., S. 29.
362 Vgl. zum Verlauf: Christliches Volksblatt 32 und 33, 1924 und weiter oben die Darstellung über die
    Entwicklung des BRSD.
363 Vgl. den Bericht *Erwin Eckerts* in: SaV 48, 1925.
364 Vgl. zum Verlauf und den Ergebnissen: SaV 33 und 35, 1926. Zum Wortlaut des Referats von Fuchs:
    Neuwerk, Jg. 8, 1926/27, S. 284 ff.
365 Vgl. den Artikel „Aus der Bewegung der religiösen Sozialisten in Thüringen", in SaV 6, 1926 und
    den Bericht über die Tagung des Landeskirchentages im April 1926 in Eisenach, in: SaV 19, 1926.
    Der Berichterstatter Prof. Schmidt konstatierte zwar, daß bereits mit den drei Eingaben „wichtiges
    erreicht worden" sei, daß vieles aber „im Ansatz stecken geblieben" sei und deshalb eine „starke
    religiös-sozialistische Gruppe" im Landeskirchentag notwendig werde. Zum Beschluß in Gera: SaV 17,
    1926.

aktiv. Nach dem überraschend eindeutigen Erfolg des Volksbegehrens protestierten sie öffentlich gegen die kirchliche Parteinahme für die politisch-reaktionären Kräfte. Am Tag des Volksentscheids selbst nannte Pfarrer Tittmann aus Mehlis in einer Predigt die kirchliche Stellungnahme eine fragwürdige Auslegung des Evangeliums. Der Kirchenvorstand verlangte die Versetzung von Pfarrer Tittmann. Die öffentliche Solidarisierung der religiösen Sozialisten Thüringens mit Pfarrer Tittmann trug dazu bei, daß die Versetzung verhindert wurde und die Ziele der religiösen Sozialisten in der Öffentlichkeit bekannter wurden.[366]

Das sollte sich bei den anstehenden Kirchenwahlen im November 1926 auszahlen. Es war zwar nicht einfach, überall Kandidaten zu finden. Der Aufwand lohnte sich aber: Die thüringischen religiösen Sozialisten kandidierten in sechs von sieben Wahlkreisen mit eigenen Pfarrer- und Laienlisten und mit einer Landesliste. Der Erfolg übertraf die Erwartungen. Die Liste des Bundes religiöser Sozialisten Thüringens erhielt über 19.500 Stimmen und sieben von 63 Sitzen im Landeskirchentag. Die Fraktion der religiösen Sozialisten war natürlich nur eine Minderheit im Landeskirchentag. Die Mehrheit der übrigen Kirchenparteien konnte sie leicht überstimmen – und sie tat es auch oft. Aber immerhin hatten die Thüringer religiösen Sozialisten der sozialistischen Arbeiterbewegung bewiesen, daß sie es mit ihrem Ziel einer Kirchenreform ernst meinten und daß viele Arbeiter sie als Wähler dabei unterstützten.[367]

Die Organisationsentwicklung des thüringischen Landesverbandes ließ aber weiterhin zu wünschen übrig. Funktionierende Ortsgruppen gab es außer in Eisenach und etwas später in Altenburg kaum. Die Landesversammlungen 1925 und 1926 hatten eher den Charakter von Tagungen, die auf Kirchenwahlen vorbereiten sollten, als daß es Delegiertenkonferenzen waren. Der Vorstand mit Pfarrer Emil Fuchs als Vorsitzenden leitete lediglich ein Netz von Vertrauensleuten an. Die Lesegruppen des „Sonntagsblatts des arbeitenden Volkes" bildeten jedoch erste Ansätze einer etwas dichteren Organisationsstruktur in Thüringen.

Die Thüringer religiösen Sozialisten bis zum Ende der „Ära Fuchs" 1927–1930

Auch in den Jahren nach 1926 konnte von einem schnellen organisatorischen Aufschwung der religiös-sozialistischen Bewegung keine Rede sein. Gerade weil die proletarischen Anhänger des Bundes trotz SPD- (und vereinzelt: KPD-)Mitgliedschaft der Kirche die Treue gehalten hatten, war für sie der religiös-sozialistische Pfarrer

---

366 Vgl. dazu *Creutzburg*, a.a.O., S. 32 ff., dort auch der Wortlaut der Predigt von Pfarrer Tittmann: Anhang 6, vgl. auch SaV 24, 1926. Der Landeskirchenrat mißbilligte zwar den Inhalt der Predigt, versetzte Tittmann aber nicht, da die Gewissensfreiheit des Pfarrers vorrangig sei. Immerhin war Tittmann weiter einem „sanften Druck" ausgesetzt, dem er 1928 nachgab. Er ging freiwillig nach Berlin an die St. Markus-Gemeinde. Zur Haltung der religiösen Sozialisten zur Fürstenenteignung vgl. weiter oben das Kapitel 3.

367 Zu den Kandidaten vgl. *Emil Fuchs*, Mein Leben, a.a.O., S. 151. Zur sozialstrukturellen Gliederung der Kandidaten vgl. weiter unten das Kapitel 7. Zum Wahlkampf und zu den Ergebnissen vgl.: SaV 41 und 47, 1926. Vgl. auch *Creutzburg*, a.a.O., S. 38 ff. und S. 135 ff. und zur Einschätzung: *Emil Fuchs*, Mein Leben, a.a.O., S. 153/154.

der Sprecher und Organisator der örtlichen Gruppe. Wo kein religiös-sozialistischer Pfarrer am Ort war, da war nur selten eine religiös-sozialistische Ortsgruppe zu finden. In den Städten mußten sich die religiös-sozialistischen Anhänger gegen die meist freidenkerischen SPD-Parteivorstände behaupten, in Thüringen allerdings mit bemerkenswertem Erfolg. In den Industriedörfern dagegen, wo die meisten religiösen Sozialisten zu finden waren, galt es, einem meist reaktionären bäuerlichen Umfeld die Stirn zu bieten. Emil Fuchs gab 1928 in Heppenheim mit einem kurzen Hinweis auf seine Aktivitäten in Thüringen auch einen Einblick in die Schwierigkeiten religiös-sozialistischer Organisationsarbeit. Er erzählte von einer Postkarteneinladung zu einem Vortrag in einem abgelegenen Dorf des Thüringer Waldes: „Und wenn ich hinkomme, finde ich in dem Genossen, dem es eine schwere Arbeit ist, eine Postkarte zu schreiben, einen Mann, der in einem feindseligen Bauerndorf eine kleine Gruppe von 10, 15, 20 Wald- und Landarbeitern unter unsäglichen Schwierigkeiten, Kämpfen und Nachteilen, die er ertragen muß, zusammenhält."[368]

Aurel von Jüchen berichtete im Rückblick, wie schwer es in solchen oft armen Gemeinden war, eine religiös-sozialistische Ortsgruppe aufzubauen. Er kam 1929 in die Gemeinde Möhrenbach: „Die Gemeinde war zum großen Teil kommunistisch und sozialistisch", die Arbeiter pendelten in die nahegelegene Industriestadt. Jüchen wurde in der benachbarten Gemeinde Langewiesen Mitglied der SPD-Ortsgruppe, um in Möhrenbach Parteipolitik und Pfarramt nicht zu vermengen. In Möhrenbach selbst sammelte er die Leser des „Sonntagsblattes". Aus Wahlversammlungen zu den Kirchenwahlen und aus religiös-sozialistischen Veranstaltungen zum 1. Mai und am „Friedenssonntag" entstand schließlich eine religiös-sozialistische Ortsgruppe.[369]

Der persönliche Einsatz der religiös-sozialistischen Pfarrer und ihr Engagement in den lokalen SPD-Gruppen trugen dann aber auch dazu bei, daß bei Konflikten mit der Kirchenleitung oder mit bürgerlichen Parteien sich nicht nur die religiösen Sozialisten, sondern die Mehrheit der örtlichen Sozialdemokraten hinter den Pfarrer stellten, wobei nicht selten die Ortsgruppe nach solchen Konflikten die Zahl ihrer Mitglieder steigern konnte. In Altenburg in Ostthüringen, wo Oberlehrer Oskar Kunz (1926 in den Landeskirchentag gewählt) nach langen Bemühungen erst 1928 eine Ortsgruppe gründen konnte, ließ der Streit um die Besetzung einer freien Pfarrstelle mit einem religiös-sozialistischen Pfarrer sogar freidenkerische SPD-Genossen für die religiösen Sozialisten als Sammler für Unterschriften auf die Straße gehen.

Der zunächst erwartete organisatorische Aufschwung aber blieb dennoch aus. Die kirchenpolitische Arbeit der sieben Aktivisten im Landeskirchentag ließ für weitere organisatorische Mühen kaum Zeit. So unterblieben auch bis Ende 1928 überörtliche „Landesversammlungen" der Thüringer religiösen Sozialisten. Die Kirchenwahlen 1928 zeigten aber, daß sie in Eisenach im Westen, in Altenburg im Osten und in Frankenhausen im Norden organisatorische „Hochburgen" aufzuweisen hatten.

---

368 Vgl. *Emil Fuchs*, in: Sozialismus aus dem Glauben. Verhandlungen der sozialistischen Tagung in Heppenheim 1928, Zürich/Leipzig 1929, S. 190.
369 Vgl. dazu ein Gespräch mit Aurel von Jüchen in: Christ und Sozialist 3, 1986.

In den übrigen Städten aber ließ die organisatorische Verankerung der religiösen Sozialisten zu wünschen übrig. Erst die „Tagung der religiösen Sozialisten" in Nöbdenitz Ende 1928/Anfang 1929 brachte eine Wiederbelebung der organisatorischen Arbeit. Die Tagung, nach Meinung von Emil Fuchs ein weiterer „Markstein" in der Geschichte des thüringischen Bundes stellte den „Auftakt zur Übernahme der Führung der thüringischen Bewegung durch die junge Generation im Osten Thüringens" dar. Der Schwerpunkt religiös-sozialistischer Arbeit verlagerte sich vom bisherigen Mittelpunkt Eisenach, „besonders durch die Arbeit des jungen Pfarrers Karl Kleinschmidt-Weißbach bei Schmölln und Erich Hertzsch-Hartroda", nach Ostthüringen.

Die nächste Thüringer Jahresversammlung der religiösen Sozialisten fand deshalb auch am 30. und 31. November 1929 in Altenburg statt. Pfarrer Fuchs predigte in der Schloßkirche und war Hauptredner auf einer gut besuchten öffentlichen Versammlung in der Stadt.[370] Zur nächsten Jahresversammlung am 1. und 2. November 1930 in Eisenberg lud bereits Pfarrer Kleinschmidt ein. Pfarrer Emil Fuchs spielte auch auf dieser Tagung noch eine große Rolle – er hielt das Referat zum Thema „Unser Kampf in Thüringen" –, aber es war schon bekannt, daß er einen Ruf des preußischen SPD-Kultusministers und religiösen Sozialisten Adolf Grimme auf einen Lehrstuhl an der Pädagogischen Akademie in Kiel angenommen hatte. Die Tagung stand ganz im Zeichen kirchenpolitischer Konflikte und vor allem unter dem Eindruck einer ersten mutigen Stellungnahme gegen die nazistische Bewegung in Thüringen.[371] Pfarrer Emil Fuchs hatte den thüringischen religiösen Sozialisten noch einmal Mut gemacht, die Führung aber war bereits an den 27jährigen Pfarrer Karl Kleinschmidt übergegangen. Er war seit 1927 Mitglied im Bund und in der SPD und seit 1929 als Nachfolger von Arthur Rackwitz Pfarrer in Eisenberg, wo über 7000 Gemeindemitglieder für einen sozialistischen Nachfolger eingetreten waren. Die kleinlichen Sticheleien und großen Vorbehalte der Freidenker gehörten deswegen aber noch lange nicht der Vergangenheit an. In der Presse und in freidenkerisch dominierten Ostgruppen, wie z.B. in Jena, war wenig Freundliches über religiöse Sozialisten zu lesen oder zu hören.[372]

Seit 1930 hatten die religiösen Sozialisten auch in Thüringen aber einen viel gefährlicheren Feind: die wachsende nazistische Bewegung. Die NSDAP hatte bereits 1929 bei der Landtagswahl über elf Prozent der Stimmen erhalten. Die religiösen Sozialisten waren die Wortführer der öffentlichen Kritik, sie hatten als erster Landes-

---

370 Zur Gründung einer Ortsgruppe und zur Mobilisierung der Bevölkerung in Altenburg vgl. *Oskar Kunz* in: SaV 49, 1930. Zu den Kirchenwahlen 1928 vgl. *Emil Fuchs*, Die Wahlen in Thüringen, in: SaV 45, 1928 zu Erfurt: Die Kurzinformation über eine Veranstaltung in Erfurt am 21.1.1928 in: SaV 4, 1928. Über das genaue Datum, wann die Tagung in Nöbdenitz stattfand, gibt es keine Hinweise. Der Bericht darüber erschien in: SaV 3, 1929. Auch Creutzburg macht keine weiteren Angaben. Vgl. den Bericht von Emil Fuchs in: SaV 3, 1929 und *Creutzburg*, a.a.O., S. 63. Vgl. die Veranstaltungseinladung nach Altenburg in: SaV 47, 1929 und den kurzen Hinweis bei *Oskar Kunz* in: SaV 49, 1930.

371 Vgl. dazu die ausführliche Berichterstattung in: SaV 49 und 50, 1930, wo auch einige Referate, so von Jüchen und Fuchs, im Wortlaut abgedruckt sind.

372 Vgl. dazu: *Emil Fuchs*, in: SaV 49, 1930. Zum Austritt Hans Müllers vgl. den Wortlaut seiner Austrittserklärung, zit. n. *Creutzburg*, a.a.O., Anhang 15. Vgl. auch weiter oben die Darstellung des Verhältnisses der religiösen Sozialisten zu den Freidenkern im Kapitel 2.

verband der religiösen Sozialisten den Nazismus auch grundsätzlich analysiert und vor der davon ausgehenden Gefahr lautstark gewarnt. Das war vor allem das Verdienst des jungen Pfarrers Aurel von Jüchen aus Möhrenbach. Er hatte bereits auf dem Stuttgarter Kongreß des BRSD im August 1930 an Stelle des erkrankten Otto Bauer das wichtige Referat zum Thema „Der Faschismus – eine Gefahr für das Christentum" gehalten. Er wiederholte seine eindringlichen Warnungen auch auf der thüringischen Landesversammlung im November 1930 in Eisenberg.[373]

Die kirchenpolitischen Aktivitäten der thüringischen religiösen Sozialisten waren freilich in den ersten beiden Jahren nach dem Erfolg bei den Wahlen zum Landeskirchentag 1926 noch nicht von der Auseinandersetzung mit dem Nazismus bestimmt. Auf den Tagungen des Landeskirchentages 1928 wurde ein Antrag der religiösen Sozialisten zur sozialen Problematik sogar mit „großer Mehrheit", freilich auch nur in abgewandelter Form angenommen.[374] Die religiösen Sozialisten waren deshalb auch optimistisch, daß ihre öffentlich wahrgenommene konstruktive Mitarbeit im Landeskirchentag ihnen bei den Ende 1928 anstehenden Wahlen zu den Kirchengemeindevertretungen zu weiteren Erfolgen verhelfen würde. Außer in Eisenach hatten sich die religiösen Sozialisten bislang noch nicht mit eigenen Listen an den Gemeindewahlen beteiligt.[375] Emil Fuchs übernahm die Organisation des Wahlkampfes. Er mußte aber nach den Wahlen bekennen, daß das „Wahlergebnis [...], abgesehen von punktuellen Erfolgen, unbefriedigend" ausgefallen sei. Während Erwin Eckert einige Monate später nur die Erfolge aufzählte, war Emil Fuchs sofort bereit, die Niederlage einzugestehen. In Eisenach – nur hier war ein Vergleich zur vorhergehenden Wahl möglich – hatten die religiösen Sozialisten über 800 Stimmen verloren (1925: 2.415, 1928: 1.613). In Altenburg, in Frankenhausen und in Möhrenbach waren bemerkenswerte Ergebnisse zu verzeichnen, sonst aber gab es keine Erfolge zu melden. Emil Fuchs erklärte den Rückgang in Eisenach mit der 1925 hohen Mobilisierung ihrer Anhänger wegen des „Falles Fuchs". Aber eine wesentliche negative Wirkung schrieb er auch neben der „Hetze von rechts" der „Gegenaktion der Freidenker" zu. Das Werben der religiösen Sozialisten um Zusammenarbeit stieß bei den Freidenkern weiterhin auf taube Ohren.[376]

Angesichts dieser wenig ermunternden Zeichen waren die religiösen Sozialisten in den Jahren 1929 und 1930 bestrebt, zumindest ihre Positionen zu halten. Das hieß vor allem, die wenigen freiwerdenden Pfarrstellen, auf denen religiös-sozialistische

---

373 Vgl. *Aurel von Jüchen*, Faschismus und Christentum, in: SaV 49, 1930, und weiter oben das Kapitel 3.
374 *Emil Fuchs*, Mein Leben, a.a.O., S. 157. Vgl. auch die Berichterstattung über die Tagung des Landeskirchentages, meist von Emil Fuchs, in: SaV 11, 22, 25, 1927, und für die Ergebnisse der Tagungen: Creutzburg, a.a.O., S. 39 ff., für Hans Müller besonders S. 47 ff. Vgl. den Bericht von *Emil Fuchs*, in: SaV 30, 1928. Fuchs faßte das Ergebnis zufrieden zusammen: „Überhaupt hat die Tagung ergeben, daß man die kleine Gruppe der religiösen Sozialisten außerordentlich ernst nimmt".
375 Vgl. den Wortlaut des Wahlaufrufs in: Zeitschrift für Religion und Sozialismus 3, 1929, S. 70 f. und SaV 40, 1928.
376 Zur Berichterstattung über die Wahlergebnisse vgl. *Emil Fuchs* in: SaV 45, 48, 49, 1928, und *Erwin Eckert* in: Zeitschrift für Religion und Sozialismus 3, 1929, S. 71 und *Creutzburg*, a.a.O., S. 60 ff.

Pfarrer tätig waren, wieder mit eigenen Leuten zu besetzen oder in religiös-sozialistisch dominierten Gemeinden einen der ihren als Pfarrer durchzusetzen.[377] Im Jahre 1930 verstärkte sich der Eindruck, daß die kirchenpolitische Aktivität der thüringischen religiösen Sozialisten zunehmend abgeblockt wurde. Die Mehrheit der im Landeskirchentag vertretenen Kirchenparteien machte nicht nur Front gegen die religiösen Sozialisten, sie setzten auch mit Erfolg Verordnungen durch, die den politischen Zielen der religiösen Sozialisten widersprachen und deren Protest herausfordern mußten.[378]

Anders als 1926 klangen die Einschätzungen über die Ergebnisse von vier Jahren kirchenpolitischer und allgemein politischer Praxis viel skeptischer und zurückhaltender. Emil Fuchs erinnerte sich im Rückblick, daß die religiösen Sozialisten als Gruppe letztlich doch zu klein waren und „keine Machtbildung [darstellten], durch die man die Kirche reformieren kann". Aber, so schloß er seinen Bericht über seine Jahre in Thüringen ab, sie hätten durch ihre Arbeit den „Beweis geliefert, daß in den Arbeitermassen eine große Zahl von Männern und Frauen bereit war, auf den Ruf der Kirche zu hören". Die Kirche aber war in ihrer Mehrheit nicht bereit, diese Arbeit anzuerkennen.[379]

Die „Ära Kleinschmidt" und das Ende des thüringischen Bundes im Jahre 1933

Die Delegierten des Landesverbandes der thüringischen Sozialisten wählten am 11./12. April 1931 in Eisenach den Pfarrer Karl Kleinschmidt aus Eisenberg zum 1. Vorsitzenden des Bundes. Er hatte schon vorher als Geschäftsführer eine wichtige organisationspolitische Rolle gespielt. Da er weniger als Fuchs auf der großen Bühne des BRSD tätig war, konnte er sich mit mehr Erfolg um die organisatorische Entwicklung des Bundes in Thüringen kümmern. Veränderungen brachte der Beschluß der Eisenacher Tagung, den Landesverband Thüringen in sieben Bezirke aufzuteilen und jeweils Verantwortliche zu benennen.[380]

Der Vorsitzende Pfarrer Kleinschmidt konnte in seinem Bericht über die geleistete Arbeit auf der Landesverbandstagung des Thüringer Bundes am 17./18. September 1932 in Jena mit gewissem Recht davon sprechen, daß die „Organisation des Landesverbandes tüchtige Fortschritte gemacht" habe, auch wenn seine Analyse der Situation

---

377 Vgl. zu den dabei entstehenden Konflikten den Artikel mit dem Titel „Protest" in: SaV 13, 1929, und einen Bericht darüber in SaV 17, 1929 und 19, 1930.
378 Vgl. *Creutzburg*, a.a.O., S. 72 ff. und: *Karl-Wilhelm Dahm*, Pfarrer und Politik, Köln/Opladen 1965, S. 81. Vgl. auch *Karl Kleinschmidt*, Sein oder Nichtsein der Kirche, in: SaV 49, 1930 und: *Emil Fuchs*, Unser Kampf in der thüringischen evangelischen Kirche, in: SaV 50, 1930.
379 *Emil Fuchs*, Mein Leben, a.a.O., S. 153 f. Zum „Fall Kleinschmidt" vgl. die Artikel von Fuchs in: Der Religiöse Sozialist 15 und 29, 1931 und die Artikel in: Zeitschrift für Religion und Sozialismus 1931, S. 274 ff. und den Aufsatz von *Aurel von Jüchen*, Die Gefangenschaft der Kirche: Zeitschrift für Religion und Sozialismus 1931, S. 31 ff.
380 Creutzburg kommt zu dem Urteil: „In dieser letzten Etappe seiner Entwicklung erreichte der Bund die höchste Form seiner Organisation", in: *Creutzburg*, a.a.O., S. 88. Vgl. den Bericht über die Tagung in: Der Religiöse Sozialist 46, 1931.

der religiös-sozialistischen Bewegung in Thüringen 1932 aufgrund der Angriffe von seiten der Nazis eher pessimistisch ausfiel.[381]

Die praktische Arbeit der Thüringer religiösen Sozialisten in der „Ära Kleinschmidt" war zu Beginn von den Solidaritätsaktionen bestimmt, die der „Fall Kleinschmidt" seit 1930 ausgelöst hatte.[382] Im Jahre 1931 gelang es den religiösen Sozialisten auch, einige freie Pfarrstellen mit religiös-sozialistischen Pfarrern zu besetzen. So konnte im September 1931 Pfarrer Erich Hertzsch aus Hartroda die Nachfolge von Emil Fuchs antreten und in Altenburg, wo über 1 700 Gemeindemitglieder einen sozialistischen Pfarrer gefordert hatten, kam mit Pfarrer Harry Truckenbrodt aus Meißen sogar eine neue Pfarrei in religiös-sozialistische Hand.[383] Die praktische Arbeit der religiösen Sozialisten begann aber noch schwieriger zu werden. Das zeigten bereits die Wahlen zu den Kirchengemeindevertretungen Ende 1931, zu denen religiöse Sozialisten möglichst überall mit eigenen Listen auftraten. Es kostete aber Mühe, das Ergebnis von 1928 wieder zu erreichen. Erstmals begann sich auch die Konkurrenz der Deutschen Christen auch bei Wahlen bemerkbar zu machen: In ihrer „Hochburg" Altenburg erhielten die religiösen Sozialisten drei Sitze im Gemeindekirchenrat, die nazistischen Deutschen Christen dagegen fünf.[384]

Wegen der veränderten kirchenpolitischen Situation begannen die religiösen Sozialisten sich besonders auf die Anfang 1933 anstehenden Wahlen zum Landeskirchentag vorzubereiten. Die Ausgangslage freilich gab Anlaß für eine pessimistische Einschätzung. Karl Kleinschmidt resümierte in seinem Bericht an den Landesverbandstag des Bundes im September 1932 in Jena: „Es ist uns in Thüringen trotz 10 Jahre Kampf nicht gelungen, irgendwelchen wesentlichen Einfluß auf die kirchliche Meinung und Willensbildung zu erringen". Er schlug deshalb vor, daß die religiösen Sozialisten den Schwerpunkt ihrer Arbeit in die Gemeinden verlagern sollten, um vor allem der Gefahr, „die dem Proletariat von einer faschistischen Kirche droht", besser vor Ort begegnen zu können.[385]

Am 22. Januar 1933 fand die Wahl statt, und das Ergebnis gab wieder Anlaß zur Hoffnung. Die religiösen Sozialisten steigerten ihre Stimmenzahl von 19.000 auf 32.000. Wegen der geringeren Zahl der Sitze verloren sie allerdings ein Mandat und waren im neuen Landeskirchentag nur noch wegen eines Ausgleichsmandats mit der gleichen Mandatzahl vertreten.[386] Angesichts der politischen „Großwetterlage" war die Wahl für die thüringischen religiösen Sozialisten zweifellos ein Erfolg. Aber die

---

381 Zum Bericht über die Situation in Thüringen: Der Religiöse Sozialist 38, 1932. Zum Verlauf der Tagung: Der Religiöse Sozialist 40, 1932.

382 Vgl. den Bericht über die Solidaritätskundgebung der Eisenacher Tagung im April 1931 in: Der Religiöse Sozialist 15, 1931 und die vom Bund beschlossene Solidaritätserklärung in: Der Religiöse Sozialist 16, 1931. Vgl. auch: Der Religiöse Sozialist 33, 1931.

383 Vgl. dazu: Der Religiöse Sozialist 12 und 15, 1931.

384 Vgl. dazu die Berichte in: Der Religiöse Sozialist 32 und 46, 1931, und: *Creutzburg*, a.a.O., S. 92.

385 Vgl. den Bericht Kleinschmidts in: Der Religiöse Sozialist 37, 1932. Vgl. auch *Creutzburg*, a.a.O., S. 95 f.

386 Zur Kandidatenaufstellung und zum Wahlergebnis vgl. *Creutzburg*, a.a.O., S. 98 ff. und S. 161 ff. Das amtliche Ergebnis mit der Zahl 32.400 differiert mit anderen Angaben im Religiösen Sozialisten, vgl. ebda., S. 164.

Erfolge der Deutschen Christen übertrafen alle Befürchtungen. Sie hatten über 80.000 Stimmen erhalten und waren auf Anhieb mit 16 Mandaten die stärkste Fraktion im Landeskirchentag geworden. Damit war auch das kirchenpolitische Ende des Bundes religiöser Sozialisten in Thüringen programmiert, denn die Mehrheiten waren eindeutig.[387]

Der Verlauf der 1. Tagung des Landeskirchentages in Eisenach machte auch Kleinschmidt seine illusionäre Einschätzung der Lage deutlich. Er konstatierte in einem kurzen Resümee des ersten Treffens, daß es im Landeskirchentag keine „Mitte" mehr gebe, sondern nur noch die um die Deutschen Christen gescharte Rechte, die der Linken, den religiösen Sozialisten, keine Mitwirkung mehr zubilligen wollte. Auf der nächsten Tagung zeigte sich, daß das Lebensrecht der religiösen Sozialisten in der Kirche selber bestritten werden sollte. Bereits auf der 2. Tagung des Landeskirchentages im April 1933 erklärten die Deutschen Christen, daß „nachdem der Staat den Marxismus erledigt" habe, es nun gelte, auch die religiösen Sozialisten aus der Kirche und ihren Vertretungen auszuschließen. Mutige Reden der religiösen Sozialisten im Landeskirchentag halfen nicht mehr viel.[388] Zunächst sollte Pfarrer Karl Kleinschmidt aus dem Landeskirchentag ausgeschlossen werden, da er im Jahre 1931 angeblich einen die Kirche verunglimpfenden Artikel in einer Zeitschrift der Eisernen Front geschrieben habe. Er sei deshalb gar nicht wählbar gewesen. Pfarrer Kleinschmidt konnte zu diesem Angriff aus dem Landeskirchentag selber nicht Stellung nehmen, da er bei seiner Ankunft in Eisenach bereits verhaftet worden war. Bei einer Hausdurchsuchung war angeblich belastendes Material gefunden worden, das Anlaß zur Eröffnung eines Dienststrafverfahrens gegeben habe. Das reichte den Deutschen Christen aber bei weitem noch nicht aus. Sie wollten alle religiösen Sozialisten aus dem Thüringer Landeskirchentag entfernen. Einem solchen Schein-Gericht wollten sich die religiösen Sozialisten nicht mehr unterwerfen, da sie die Unvoreingenommenheit der Angehörigen des Landeskirchentages anzweifeln mußten. Auf der 9. Tagung des Landeskirchentages am 5. Mai 1933 erklärte deshalb Pfarrer Hertzsch für die religiösen Sozialisten, daß sie „aus diesem Hause in tiefster, schmerzlicher Sorge um unsere geliebte evangelische Kirche" ausschieden.[389]

Damit war auch das Ende des Bundes religiöser Sozialisten Thüringens gekommen: Bis Mitte Mai 1933 hatte sich der Thüringer Landesverband der religiösen Sozialisten überall aufgelöst. Einige Gruppen versuchten zwar das Schicksal noch einmal zu wenden. So erklärten noch im Juni 1933 führende Vertreter der Ortsgruppe Apolda, daß sie „die marxistische oder eine sonstige materialistische Weltanschauung nicht vertreten und auch den Klassenhaß ablehnen". Es ist nicht bekannt, ob es ihnen half, ihre Mandate in der Gemeinde weiter wahrzunehmen. Die meisten wurden aufgefordert, ihre Mandate niederzulegen oder öffentlich zu erklären, daß sie keinen „marxistischen Organisationen", gemeint waren der Bund religiöser Sozialisten, SPD und KPD

---

387 Vgl. die Erklärung von *Karl Kleinschmidt* in: Der Religiöse Sozialist 7, 1933.
388 Protokoll der 2. Tagung des 3. Landeskirchentages, zit. n. *Creutzburg*, a.a.O., S. 101, 103 und 106.
389 Vgl. die Erklärung im Thüringer Landeskirchentag in: Zeitschrift für Religion und Sozialismus 1933, S. 228.

gleichermaßen, angehörten. Viele religiöse Sozialisten standen weiter zu ihrer Überzeugung. So nahm Pfarrer Boehm die Versetzung in den Wartestand hin, da er nicht bereit war, seine politische Meinung zu ändern und sich von seiner Zugehörigkeit zur SPD – es war noch Mai 1933 – loszusagen.[390]

Zehn Jahre vor allem kirchenpolitischer Praxis der Thüringer religiösen Sozialisten waren zu Ende. Am Schluß überwog die Resignation darüber, wie wenig sie erreicht hatten. Karl Kleinschmidt fragte, was „nach 10 Jahren heißer und leidenschaftlicher Bemühung um die Kirche" herausgekommen sei und er gab selbst die Antwort „Sie [die Kirche] ist verstockter als je". Ihm blieb nur eine kleine Hoffnung, die freilich eher die ganze Verzagtheit Kleinschmidts zeigte, als daß es eine realistische Hoffnung war. In der vorletzten Ausgabe der Zeitschrift „Der Religiöse Sozialist" am 5.3.1933 (d.h. am Tag der Reichstagswahlen) schrieb er: „Der Herr der Kirche kann auch durch den Sturmwind des Bolschewismus zu seiner Kirche reden, wenn sie nicht anders hören will. Wer die Kirche liebt, muß ihr eine Erschütterung zur Buße und Umkehr wünschen – und wenn sie auch von außen kommt."[391] Kleinschmidt hoffte ganz offensichtlich auf einen Wahlerfolg der Kommunisten bei den Reichstagswahlen – es bleibt die Frage, was illusionärer war: die Fehleinschätzung der nazistischen Massenbewegung oder der Glaube, mithilfe der Kommunistischen Partei religiössozialistische Ziele verwirklichen zu können. Dennoch kann nicht von einem völligen Mißerfolg der thüringischen religiösen Sozialisten bei ihrem Kampf gegen den Nazismus gesprochen werden. Sie haben trotz ihrer Minderheitenrolle stets mutig Stellung bezogen, wenn es galt, gegen die nazistische Gefahr in der Landeskirche Front zu machen. Sie haben damit sicher alles getan, was in ihren Kräften stand, um „Schlimmeres" von der Kirche fernzuhalten. Es blieb ohne Erfolg, aber es war mehr, als alle anderen kirchenpolitischen Gruppen in der thüringischen Landeskirche zustande brachten.

f) *Religiöse Sozialisten in Norddeutschland: Berlin, Ostpreußen,*
   Westpreußen und Schlesien

Ausgangssituation und Preußische Landeskirche nach 1918

Trotz des frühen und hoffnungsvollen Beginns der religiös-sozialistischen Bewegung in Berlin war die Ausgangssituation dort und – in anderer Weise – in ganz Norddeutschland sehr viel ungünstiger als in Süddeutschland. Die Großstadt Berlin war auch Zentrum der sozialistischen Arbeiterbewegung, nirgendwo sonst – von Sachsen abgesehen – war die Kluft zwischen Kirche und Arbeiterbewegung größer als in der deutschen Hauptstadt. Die Freidenkerorganisationen hatten in Berlin ihre Hochbur-

---

390 *Creutzburg*, S. 169, Anm. 229 und Anm. 230.
391 Der Religiöse Sozialist 10, 1933. Reinhard Creutzburg zitiert die hoffnungsvoll-illusionären Worte
   Kleinschmidts am Schluß seiner materialreichen Darstellung.

gen, und das Bekenntnis zum Freidenkertum gehörte in der Berliner SPD- und KPD-Parteiorganisation zu den Voraussetzungen für eine Parteikarriere.

Aber es bedurfte nicht der antikirchlichen Propaganda der Arbeiterorganisationen, um die Arbeiter der Kirche zu entfremden. Die Kirchenferne war auch unter den noch nicht aus der Kirche ausgetretenen Arbeitern sehr groß. Seit der Mitte des 19. Jahrhunderts hatte die Kirche keine überzeugenden Antworten mehr auf die entfremdete Arbeit und die soziale Not der Arbeiterklasse vor allem in den großen Industriestandorten gefunden. Eine „gleichgültige" Haltung der Arbeiter gegenüber Kirche und Religion war die Folge. Die Antwort eines noch der evangelischen Kirche angehörenden Berliner Bauarbeiters – er war SPD- und Gewerkschaftsmitglied – war nicht nur für Berliner Arbeiter charakteristisch: Auf die Frage nach seiner Haltung gegenüber der Kirche antwortete er: „Wer die Kirche nicht kennt, vermißt sie nicht. Ich betrachte sie als überflüssig und ihre Geistlichkeit [...] als gewissenlose Volksverdummer." Und auf die Frage nach einer möglichen Verbindung von Religion und Sozialismus lautete die Antwort: „Der Sozialismus ist eine Religion, eine Verbindung mit einer Religion der Besitzenden halte ich für verfehlt [...]"[392] In der proletarischen Großstadtjugend war die Kirchenferne noch größer: „Es kommt einem so komisch vor, mitten in Berlin eine Kirche zu sehen", betonte ein Arbeitermädchen in einem Bericht über ihre Beziehung zur Kirche und zur Religion. Günther Dehn, der diese Berichte gesammelt und interpretiert hatte, kam aufgrund der Erfahrungen in seiner Moabiter Kirchengemeinde daher auch zu dem Ergebnis, daß die Kirche von den Arbeitern zumindest in Berlin aus gutem Grund überhaupt nicht mehr wahrgenommen wurde, denn: „Kirche ist Bürgerlichkeit. Für die Großstadt gilt sogar noch in etwas verengterer Weise: Kirche ist Kleinbürgertum".[293]

Die wenigen Pfarrer, die sich mit der Kirchenferne der Arbeiter nicht abfinden und sie für religiös-sozialistische Ideen begeistern wollten, konnten deshalb besonders in Berlin nicht warten, bis die Arbeiter zu ihnen kamen. Sie suchten sich Gemeinden in den Berliner Arbeiterbezirken aus, sie versuchten andere Formen der Gemeindearbeit, und sie bekannten sich öffentlich zur sozialistischen Arbeiterbewegung. Die Klagen von Pfarrer Günther Dehn und – später – auch von Arthur Rackwitz, wie wenig sie dabei erreichten, beschrieben auch die besonderen Schwierigkeiten der religiös-sozialistischen Bewegung in Berlin.[394]

Aber Berlin war nicht nur eine Hochburg der sozialistischen Arbeiterbewegung, sondern auch das Zentrum des deutschen Protestantismus (was freilich an der „Randexistenz der Kirche in der Großstadt" nichts änderte). Wichtige Kirchenbehörden von

---

392 Der Neuköllner Pfarrer und religiöse Sozialist Paul Piechowski hat die Ergebnisse einer empirischen Erhebung über die Haltung besonders von Berliner Arbeitern zu Kirche und Religion in einer mehrfach aufgelegten Studie veröffentlicht. Vgl. *Paul Piechowski*, Proletarischer Glaube, Die religiöse Gedankenwelt der organisierten deutschen Arbeiterschaft nach sozialistischen und kommunistischen Selbstzeugnissen, Berlin, 5. Aufl. 1928, hier: S. 28 f.
393 Vgl. *Günther Dehn*, Die religiöse Gedankenwelt der Proletarierjugend, Berlin, 3. Aufl. 1926, hier S. 27 und S. 42.
394 Vgl. *Günter Dehn*, Die alte Zeit. Die vorigen Jahre. Lebenserinnerungen, München 1963, S. 164, und zu Arthur Rackwitz den Bericht in: Der Religiöse Sozialist 9, 1931.

Reich und Preußen hatten auch nach 1918 ihren Sitz in Berlin. Mit der Flucht des Kaisers Ende 1918 hatte auch die preußische Landeskirche ihren obersten Kirchenherren verloren. Aber nur kurze Zeit deutete sich in der allgemeinen Verwirrung über die künftige Kirchenorganisation die Möglichkeit eines demokratischen Erneuerungsprozesses in der Kirche an. Die reformerischen Vorstellungen eines „Evangelischen Pfarrerrats von Großberlin" und die von Martin Rade auf den Weg gebrachten Vorschläge zur Bildung von „Volkskirchenräten" hatten schon 1919 keine Aussicht mehr auf Verwirklichung. Nur noch wenige liberale Pfarrer und Theologen, zu denen auch spätere religiöse Sozialisten wie Emil Fuchs und Georg Fritze zählten, traten noch für eine Zusammenarbeit mit der demokratischen Republik ein. Die Mehrheit der Kirchenoberen konnte mit dem Ruf nach der „Unabhängigkeit vom Staat" das alte konservative Selbstverständnis der preußischen Landeskirche erfolgreich in die Weimarer Republik hinüberretten. Die Versuche der Preußischen Landesversammlung und der preußischen Landesregierung, auf die Neuorganisation Einfluß zu nehmen, verzögerten zwar die endgültige Verabschiedung einer preußischen Kirchenverfassung bis ins Jahr 1924, aber mit dem Widerstand der evangelischen Kirchenbehörden gegen die Übertragung der königlichen Rechte „auf drei von der Staatsregierung zu bestimmende Staatsminister evangelischen Glaubens" – wie es in der vorläufigen preußischen Verfassung hieß – waren die Weichen schon 1919 gestellt. Die von der Landeskirche propagierte „Überparteilichkeit" diente lediglich dazu, die Distanz zur demokratischen Republik aufrechterhalten zu können. Hinter dem Schild der angeblichen „Überparteilichkeit" waren wichtige Kirchenobere wie zum Beispiel Otto Dibelius um so eindeutigere Parteigänger der Deutschnationalen Volkspartei.[395]

Ihre Forderung, daß es die „evangelische Volkskirche zu erhalten" gelte, offenbarte deshalb auch nur, wie sich konservatives Kirchendenken hinter dem Mode gewordenen Begriff „Volkskirche" verstecken konnte. Sie konnten sich nur „eine am Gegebenen weiterbauende Umgestaltung" der Kirche vorstellen, ansonsten aber wollten sie an der Kontinuität alter Traditionen festhalten.[396] Beim Wahlrecht – unter anderem erhielten Frauen erstmals das Recht zur Wahl – waren einige Konzessionen notwendig. Aber die wenigen demokratischen Einsprengsel in der Kirchenverfassung kontrastierten mit dem autoritären Verständnis der Kirchenregierung, wie es von dem Generalsuperintendenten Otto Dibelius in seinem sehr erfolgreichen Buch „Das Jahrhundert der Kirche" im Jahre 1926 programmatisch formuliert und von ihm selbst auch praktiziert worden war.[397]

---

395 Vgl. zur Berliner Entwicklung nach 1918: *Kurt Nowak*, Das evangelische Berlin 1918 bis 1932, in: Beiträge zur Berliner Kirchengeschichte, Berlin 1987, S. 243-263, der Hinweis auf die „Randexistenz der Kirche in der Großstadt": S. 260; *Karl Kupisch*, Die deutschen Landeskirchen im 19. und 20. Jahrhundert, 2. Aufl., Göttingen 1975, und *Jochen Jacke*, Kirche zwischen Monarchie und Republik. Der preußische Protestantismus nach dem Zusammenbruch von 1918, Hamburg 1976. Das Zitat aus der Vorläufigen Preußischen Verfassung nach: Volkskirche 1 (1919), S. 3 f. Zu den Vorstellungen Martin Rades und zu den von ihm vorgeschlagenen Volkskirchenräten vgl.: Christliche Welt 48/49, 1918.
396 Vgl. dazu die Artikelfolge mit Dokumenten in: Volkskirche 2 und 11, 1919.
397 Das Buch von Otto Dibelius erlebte binnen kurzem sechs Auflagen. Vgl. auch *Otto Dibelius*, Nachspiel. Eine Aussprache mit Freunden und Kritikern des ‚Jahrhunderts der Kirche', Berlin 1928.

Die preußische Landeskirche hatte ihre Unabhängigkeit vom Staat durchsetzen können und war – trotz aller vorbeugend geäußerten Befürchtungen – während der ganzen Zeit der Weimarer Republik sehr gut dabei gefahren. Die „christliche Kulturmehrheit" von Zentrum, DVP, DNVP und einigen kleineren Parteien sorgten stets dafür, daß der Staat zahlte und dennoch wenig Einfluß nahm. Dagegen hatte letztlich trotz vieler – und von der Kirche gern zitierter – kirchenkritischer Artikel in der SPD-Presse auch die Sozialdemokratie nichts einzuwenden. Sie vermied ängstlich jede Geste, die als „kirchenfeindlich" hätte ausgelegt werden können. Sie war im preußischen Landtag weitaus „kompromißbereiter" gegenüber der Forderung nach finanzieller Sicherstellung der Kirche als die eigene Mitgliederschaft es wollte.[398]

Dabei war die angebliche Neutralität der preußischen Landeskirche in politischen Fragen von Anfang an nie gegeben. Dazu kam ein „wüster Pastorennationalismus", der schon seit Mitte der zwanziger Jahre viele Pfarrer in den „Stahlhelm" führte und dem erstarkenden Nazismus unter preußischen Pfarrern nicht nur nicht widerstand, sondern sogar die Tore weit öffnete. Der Anfang 1931 gegründete „NS-Pfarrerbund" beteiligte sich Ende 1932 erstmals (unter dem Namen „Deutsche Christen") an den Kirchenwahlen der Altpreußischen Union und erreichte über ein Drittel aller Sitze.[399]

In den ostelbischen Gebieten Preußens waren die Schwierigkeiten für eine religiös-sozialistische Bewegung noch schwieriger und von anderer Art. Die ländlichen Industriegemeinden waren hier selten und die rein ländlichen Regionen waren politisch fest in der Hand der Deutschnationalen. In Ostelbien zogen nationale Wehrverbände, adlige Großgrundbesitzer und Pfarrer an einem Strang. Bis 1945 bestand in den ländlichen Gemeinden die Patronatskirche fort, die dem Gutsherren als privatem Kirchenpatron Rechte bei der Besetzung der Pfarrstelle einräumte. Die politische und gewerkschaftliche Arbeiterbewegung stand hier schon auf verlorenem Posten, noch mehr waren es die wenigen religiös-sozialistischen Pfarrer.[400]

Der Berliner „Bund religiöser Sozialisten" bis 1926

Im Gegensatz zur übergroßen Mehrheit der deutschen Protestanten hatte auch in Berlin der erste Weltkrieg einige wenige Pfarrer und Theologen in ihrem theologischen Selbstverständnis verunsichert und die Gewißheit ihres praktischen Handelns erschüttert. Die von Friedrich Siegmund-Schultze in Berlin herausgegebene Zeitschrift „Die Eiche" des 1914 gegründeten „Internationalen Versöhnungsbundes" war von Kriegsbeginn an gegen die auch in vielen kirchlichen Zeitschriften nachlesbare nationalistische „Völkerhetze" zu Felde gezogen. Die übergroße Mehrheit auch der preußischen Protestanten aber unterstützte vorbehaltlos die auf Eroberung zielende Kriegspolitik der politischen Führung des Deutschen Reiches. Erst 1917 regte sich dagegen mehr

---

398 Vgl. dazu *Jochen Jacke*, a.a.O., S. 284.
399 *Karl Kupisch*, a.a.O., S. 113 und s. 133, und *Kurt Nowak*, a.a.O., S. 257 ff.
400 Vgl. *Jochen Jacke*, a.a.O., S. 30.

Widerspruch. Herausgefordert durch die in diesem Jahr veröffentlichte päpstliche Friedensnote trat der Berliner Pfarrer Karl Aner in der in Deutschland freilich wenig verbreiteten Schweizer Zeitschrift „Neue Wege" für einen Verständigungsfrieden ein. Mit vier weiteren Berliner Pfarrern formulierte er schließlich eine in der von liberalen Protestanten vielgelesenen Zeitschrift „Christliche Welt" im Oktober 1917 veröffentlichte „Friedenserklärung", in der die Forderung nach einem „Frieden der Verständigung und Versöhnung" wiederholt wurde. Die fünf Berliner Pfarrer, zu denen auch Friedrich Rittelmeyer zählte, traten zugleich auch dafür ein, daß „der Krieg als Mittel der Auseinandersetzung unter den Völkern aus der Welt verschwindet". Dieser Tenor eines radikalen Pazifismus sollte später die Praxis der Berliner religiösen Sozialisten maßgeblich mitbestimmen.[401]

Kurz nach dem Ende des Krieges kam Anfang 1919 – angeregt durch Siegmund Friedrich-Schultze – im Hause von Friedrich Rittelmeyer eine Diskussionsrunde von „meist jüngeren Menschen [...], Theologen, aber auch andere Akademiker, Arbeiter nur bisweilen", zusammen. Der Gesprächskreis, zu dem neben Carl Mennicke Paul Tillich und Günther Dehn zählten, hatte allerdings nur wenige Monate Bestand, da die Ansichten der Teilnehmer zu unterschiedlich waren.[402]

Pfarrer Karl Aner und Pfarrer Günther Dehn wollten nicht mehr nur reden, sondern auch handeln. Günther Dehn gründete mit einigen Gesinnungsfreunden, zu denen außer Bernhard Göring auch Gotthard Jäschke und Ernst von Harnack gehörten, im März 1919 in Berlin-Moabit einen „Bund sozialistischer Kirchenfreunde". Der Vorsitzende des Bundes, Günther Dehn, verfolgte freilich von Anfang an lediglich ein „Minimalprogramm", das bereits im Namen des Bundes zum Ausdruck kommen sollte. Dehn wollte weder die Idee des Sozialismus religiös überhöhen noch die Kirche politisieren. Es ging ihm lediglich darum, in der SPD das „Verständnis für Religion und Kirche" zu wecken und „die Kirche von ihrem sturen Protest gegen sozialistisches Denken" abzubringen. Das war den meisten Mitgliedern des Bundes, vor allem dem SPD-Gewerkschaftsfunktionär Bernhard Göring, allerdings zu wenig. Sie wollten einen in SPD und Kirche hineinwirkenden Bund mit festen organisatorischen Strukturen.[403]

---

401 Pfarrer Friedrich Siegmund-Schultze hatte 1919 die „Soziale Arbeitsgemeinschaft Berlin-Ost" gegründet und mit der Mitgründung des „Internationalen Versöhnungsbundes" den deutschen Zweig der Quäkerbewegung ins Leben gerufen, zur Biographie vgl. Biographisches Handbuch der deutschsprachigen Emigration, Band 1, München 1985, S. 695 f. Zu Karl Aner vgl. Protestantische Gedanken zur Papstnote, in: Neue Wege 37, 1917, der Wortlaut der „Friedenserklärung" in: Christliche Welt 42, 1917 und in: *Gottfried Mehnert*, Evangelische Kirche und Politik 1917-1919, Düsseldorf 1959, S. 51.
402 Vgl. den Bericht über die Gesprächsrunde bei: *Günther Dehn*, a.a.O., S. 221 ff. Dehn berichtet auch über den weiteren Lebensweg des politisch auf Friedrich Naumann setzenden Friedrich Rittelmeyer, der 1922 sein Pfarramt niederlegte und eine anthroposophisch ausgerichtete „Christusgemeinschaft" gründete. Die Verbindung zu den Berliner religiösen Sozialisten war damit freilich nicht abgerissen. Vgl. *Friedrich Rittelmeyer*, Vom Alleinsein, in: Der Religiöse Sozialist 10, 1923. Die Tradition der akademisch bestimmten Gesprächsrunde wurde von dem Kreis um Paul Tillich fortgesetzt: vgl. dazu die Darstellung des „Tillich-Kreises" im Kapitel 6.
403 Zur Gründungsversammlung des Bundes vgl. die kleine Notiz in: Vorwärts, Nr. 157 vom 26.3.1919. Zur Zielsetzung vgl. *Günther Dehn*, a.a.O., S. 315.

Die Zielsetzung Dehns vertrug sich aber auch nicht mit dem Programm einer kurze Zeit später entstandenen Organisation, die Pfarrer Karl Aner und der Schriftsteller Hans Freimark Mitte 1919 ins Leben gerufen hatten. Der „Bund Neue Kirche" sollte die bestehende Kirche nicht reformieren, sondern neu konstituieren. Die „neue" Kirche sollte sich zur demokratischen Republik bekennen und für einen „gerechten und weitblickenden Sozialismus" eintreten. Eine solche Volkskirche sollte offen sein auch für freireligiöse Gemeinden, eine neue Religion der Brüderlichkeit begründen und durch interkonfessionellen Religionsunterricht Verständnis für alle Religionen „im Goetheschen Sinne" wecken helfen. Mit einer radikalen Absage an Militarismus, Nationalismus und Krieg knüpften dabei Karl Aner und seine Freunde an die pazifistische Zielsetzung der „Friedenserklärung" von 1917 an.[404] Zur gleichen Zeit sammelten die beiden sozialdemokratischen Pfarrer Bruno Theek (der 1920 aus dem Pfarramt ausschied) und Paul Piechowski an der Neuköllner Melanchthon-Gemeinde eine schnell wachsende Anhängerschar von Sozialdemokraten um sich, die nach kirchenpolitischen Aktivitäten verlangten.[405]

Trotz der unterschiedlichen Zielsetzungen des „Bundes Neue Kirche" und des „Bundes sozialistischer Kirchenfreunde" und trotz des Widerspruchs Günther Dehns vereinigten sich beide Organisationen am 3. Dezember 1919 zum „Bund religiöser Sozialisten". Die programmatische Zielsetzung blieb deshalb wohl auch sehr allgemein: Der Bund wollte alle Christen sammeln, die für „sozialistische Lebensgestaltung eintreten", er wollte aber nicht nur eine „Gesinnungsgemeinschaft", sondern auch ein „Kampftrupp" sein, der die „unchristlichen Grundlagen" der bestehenden Wirtschafts- und Gesellschaftsordnung verändern hilft. Die Zahl der zunächst nur knapp 300 Mitglieder wuchs 1920 – freilich nach eigenen Angaben – auf über tausend Mitglieder an, da die Mitarbeit von Pfarrer Paul Piechowski „bald Hunderte von Mitgliedern dem Bund zuführt". Es waren meist Sozialdemokraten, die durch mehrere öffentliche Versammlungen der für eine Beteiligung an den Kirchenwahlen werbenden Neuköllner religiösen Sozialisten für die Mitgliedschaft gewonnen werden konnten.

Trotz dieses Mitgliederzuwachses und auch trotz der „vielversprechenden" Ergebnisse der Kirchenwahlen im Jahre 1921 – die religiösen Sozialisten erhielten zwölf Prozent der Stimmen – war die Frage einer weiteren Beteiligung an den Kirchenwahlen im Berliner Bund heftig umstritten. Pfarrer Günther Dehn warnte auf der

---

404 Vgl. die Zusammenfassung des programmatischen Aufrufs des Bundes Neue Kirche in: Vorwärts, Nr. 279 vom 2.6.1919. Die Ziele des Bundes wurden später in der „Vereinigung der Freunde für Religion und Völkerfrieden" des Pfarrers August Bleier wieder aufgenommen. Die Vereinigung hatte nur kurze Zeit engeren Kontakt zum Berliner Bund religiöser Sozialisten. Vgl. dazu die Darstellung der „Vereinigung" im Kapitel 6.

405 Vgl. *Martin Sturzbecher*, Paul Piechowski. Theologe – Sozialist – Arzt, in: Medizinische Monatsschrift 5, 1968, S. 211 ff. Die Anfänge der Neuköllner Gruppe sind von Gotthard Jäschke beschrieben in: Die Eiche 3, 1921. Jäschke geht nicht auf die Differenzen zwischen den Gruppen ein. Von 1917 bis 1918 war auch Bruno Theek an der Melanchthongemeinde tätig, der schon als Student 1911 in die SPD eingetreten war. Nach kurzer Pfarrtätigkeit in der Umgebung Berlins schied er aber 1920 aus dem Pfarrdienst aus und arbeitete bis 1930 in Berlin im Sozialdienst. Vgl. *Bruno Theek*, Keller, Kanzel und Kaschott, Berlin 1967.

ersten „Generalversammlung" im März 1921 davor, den Bund in einen kirchenpolitischen Verein zu verwandeln: Dadurch könne der Bund seinen möglichen Einfluß auf das „völlig kirchenfremde" Proletariat verlieren. Andererseits dürfe der Bund auch „nicht in Abhängigkeit von einer sozialistischen Partei" geraten. Diese Vorbehalte Dehns fanden trotz einigen Widerspruchs eine mehrheitliche Zustimmung bei den mehr als 248 anwesenden Mitgliedern der Generalversammlung.[406]

Als im September 1921 auf einer Tagung der verschiedenen norddeutschen religiössozialistischen Gruppen in Hannover die Unterschiede im Selbstverständnis der Gruppen deutlich wurden, traten die Berliner Teilnehmer für einen festeren organisatorischen Zusammenschluß ein. Noch im Herbst 1921 machte Gotthard Jäschke den Vorschlag, auf einer Konferenz über die Gründung eines Bundes religiöser Sozialisten (Norddeutschlands) zu beraten.[407] Die Konferenz fand am 26./27. November 1921 als „erster Kongreß" der norddeutschen religiösen Sozialisten in Berlin statt. Die Mehrzahl der Teilnehmer kam aus Berlin, es waren aber auch Vertreter religiös-sozialistischer Gruppen aus dem Rheinland, aus Schlesien, aus West- und Ostpreußen anwesend. Die Referate des Berliner Pfarrers Günther Dehn und des Kölner Pfarrers Georg Fritze (er war für den erkrankten Pfarrer Paul Piechowski eingesprungen) zum Thema „Weg, Wille, Ziel" und die anschließende Diskussion offenbarten die auch in diesem Kreise noch bestehenden „starken Verschiedenheiten".[408] Gotthard Jäschke, der zum Thema „Organisation und Reorganisation" gesprochen hatte, konnte mit dem Ergebnis der Diskussion am Ende der Konferenz zufrieden sein: Die rund 120 bis 200 Berliner Teilnehmer und die „25 Führer" aus Kassel, Königsberg, Sagan, Glogau, Dresden, Perleberg, Essen, Köln und Stettin beschlossen, einen „Reichsbund religiöser Sozialisten" zu gründen. Im zehnköpfigen „Ausschuß" bildeten die vier Berliner Göring, Jäschke, Dehn und Friedrich (als Neuköllner Vertreter anstelle von Paul Piechowski) die größte Gruppe, fast alle anderen anwesenden Gruppen waren aber auch im „Ausschuß" mit einem Mitglied vertreten.[409] Die Kontroverse über die

---

406 Vgl. die Mitteilung über die Gründung in: Vorwärts, Nr. 616 vom 2.12.1919. Vgl. zur Gründung und zur Entwicklung des Berliner Bundes vor allem *Bernhard Göring*, Geschichte der norddeutschen religiös-sozialistischen Bewegung, in: *Heinrich Dietrich*, a.a.O., S. 57 ff. Dort auch der Wortlaut der programmatischen „Leitsätze". Göring erwähnt in seiner Darstellung nicht die Vorbehalte Dehns gegen die Gründung. Günther Dehn übernahm im neuen Vorstand auch keine Aufgaben mehr, referierte aber öfter auf Treffen des Berliner Bundes. Seine Moabiter Gruppe blieb bis 1933 eine der wenigen Berliner Ortsgruppen. Dennoch kommentierte er im Rückblick, daß er schon Ende 1919 „eigentlich mit dem religiösen Sozialismus fertig" war. Vgl. *Günther Dehn*, a.a.O., S. 217. Zur weiteren Entwicklung des Bundes vgl. auch den Bericht von *Gotthard Jäschke* in: Die Eiche 3, 1921. Zu der Benachteiligung der religiösen Sozialisten bei den Wahlen vgl. auch den Bericht in: Christliches Volksblatt 7, 1921.
407 Vgl. zur Tagung in Hannover: Sozialistische Lebensgestaltung 10, 1921. Zu dem Vorschlag von *Gotthard Jäschke*: Ihr seid Brüder 12, 1921.
408 Die Berliner Konferenz fand in der religiös-sozialistischen, in der kirchlichen und in der sozialistischen Presse ein großes Echo: Vgl. Ihr seid Brüder 12, 1921 und Volkskirche 1, 1922. Vgl. auch den Bericht von *Günther Dehn* in: Die Eiche 1, 1922 und den Bericht in: Neuwerk 1921/22, S. 397 ff. Bernhard Göring geht in seinem Bericht über die Konferenz auf diese Differenzen nicht ein. Vgl. *Bernhard Göring* in: *Heinrich Dietrich*, a.a.O., S. 59.
409 Vgl. zum „Ausschuß" den kurzen Bericht in: Vorwärts, Nr. 572 vom 4.12.1921, und in der Rheinischen Zeitung vom 14.12.1921.

Frage nach der Kirchenpolitik des neuen Bundes wurde durch einen Kompromiß beigelegt: Die schon Ende 1919 verabschiedeten „Richtlinien" des Berliner Bundes religiöser Sozialisten wurden zwar als programmatische Aussage bestätigt, aber es wurde ein Satz hinzugefügt: „Der Bund religiöser Sozialisten arbeitet überkirchlich." Trotz dieses Beschlusses mußte aber auch Gotthard Jäschke, der sich besonders für den organisatorischen Zusammenschluß stark gemacht hatte, eingestehen, daß weiterhin noch keine Klarheit über die vom Bund zu betreibende Kirchenpolitik bestehe.[410] Die kritischen Beobachter der Konferenz waren deshalb auch eher skeptisch in der Beurteilung der Ergebnisse. Der „Sammelruf einer Bewegung" sei zwar nicht zu überhören gewesen, aber – so resümierte Günter Dehn seine Vorbehalte – „man kann doch nicht den religiösen Sozialismus aufmachen wie irgendeine bessere SPD-Veranstaltung".[411]

Auch die Aktiven des in Berlin gegründeten Bundes wußten, daß in den einzelnen Regionen Deutschlands die Voraussetzungen und die Bedingungen für die religiössozialistische Bewegung sehr unterschiedlich waren. Aber gerade deshalb wollten sie – anders als die Skeptiker von „Neuwerk" – darin keine unterschiedlichen Richtungen des religiösen Sozialismus sehen. Die verschiedenen Zeitschriften sollten deshalb auch arbeitsteilig zusammenarbeiten. Die „badischen Freunde" sollten in ihrem „Christlichen Volksblatt" vor allem das Thema Kirchenpolitik diskutieren, und die in Berlin erscheinenden „Blätter für religiösen Sozialismus" „unseres Freundes Carl Mennicke" sollten wissenschaftliche Artikel veröffentlichen, der Zeitschrift des Berliner Bundes „Der religiöse Sozialist" blieb es vorbehalten, die organisationspolitischen Themen zu behandeln. Die solchermaßen vom Berliner Bund geplante „Arbeitsteilung" war freilich von Anfang an Wunschdenken, die Differenzen besonders zu dem Kreis um Carl Mennicke waren sehr groß, wurden aber vom Berliner Bund immer wieder durch Appelle zur Zusammenarbeit zu verdecken versucht.[412]

Der – letztlich Berliner – „Bund religiöser Sozialisten" konnte im Jahre 1922 dennoch organisatorische Erfolge vorweisen. In Berlin tagten regelmäßig sechs Bezirksgruppen, zu denen allerdings in den Organisationsmitteilungen stets auch die Gruppe Charlottenburg von Pfarrer Bleier gezählt wurde, die sich dem Bund nur lose verbunden fühlte.[413] Sehr aktiv war die Gruppe Moabit-Nord: Pfarrer Dehn hatte hier

---

410 Vgl. zum Streit über die Kirchenpolitik: Neuwerk 1921/22, S. 397 f., zur Kompromißformel: *Jäschke*, Unser Werden, in: Der Religiöse Sozialist 2, 1922. Darüber hinaus wurde die Herausgabe einer neuen Monatsschrift mit dem Titel „Der Religiöse Sozialist" beschlossen. Die Zeitschrift „Ihr seid Brüder" der Kölner religiösen Sozialisten ging in ihr auf. Die Schriftleitung hatte Jäschke. Die Zeitschrift erschien bis Ende 1923, danach ging sie im „Sonntagsblatt des arbeitenden Volkes" auf. Vgl. dazu auch das Kapitel 8.

411 Vgl. *Dehn* in: Die Eiche 1, 1922. Vom „Sammelruf" sprach der Bericht in: Neuwerk 1921/22, S. 397 ff. Zur Einschätzung von Georg Fritze vom Kölner Bund religiöser Sozialisten vgl. Ihr seid Brüder 12, 1921 und die Darstellung des religiösen Sozialismus im Rheinland in diesem Kapitel. Der badische Volkskirchenbund begrüßte den neuen Bund als „geistesverwandte Bestrebung": Vgl. Christliches Volksblatt 47, 1921.

412 Vgl. zur „Arbeitsteilung": „Zum Geleit" in: Der Religiöse Sozialist 1, 1922. Zu den Differenzen vgl. die Darstellung des „Tillich-Kreises" im Kapitel 6.

413 Vgl. *Siegfried Heimann*, Die „Vereinigung der Freunde für Religion und Völkerfrieden", in: IWK 1, 1992, S. 52 ff. und weiter unten Kapitel 6.

trotz seiner Vorbehalte gegenüber einer zu straffen Organisation auch eine Jugendgruppe ins Leben gerufen. Die größte Gruppe aber war und blieb die von Pfarrer Paul Piechowski geleitete Neuköllner Gruppe.

Die Ende 1921 von Gotthard Jäschke noch vermißte „Einheit" im Selbstverständnis der Mitglieder sollte Anfang 1922 durch mehrere „Mitarbeiterkonferenzen" erreicht werden, zu denen „alle Funktionäre von Groß-Berlin" eingeladen waren. Die Mitglieder des im November 1921 gewählten Ausschusses und vor allem Bernhard Göring neigten dazu, durch eine „Überorganisation" den nur geringen Mitgliederzuwachs zu verdecken.[414] Der Vorstand diskutierte und ergänzte auch die „Richtlinien": Der Bund sollte jetzt „jede echte religiöse Überzeugung" anerkennen – damit waren trotz des Widerspruchs Dehns im Bund auch freireligiöse Mitglieder willkommen. Die Kompromißformel von der „überkirchlichen" Arbeit des Bundes wurde durch eine Formulierung ersetzt, die die Mitglieder zur Arbeit in den „bestehenden Religionsgesellschaften" und in den „politischen Parteien" aufforderte. Eine Beschränkung nur auf die Sozialdemokratie war nicht gewollt.[415]

Einen großen Stellenwert für das Selbstverständnis des Berliner Bundes nicht nur in der Frage der Kirchenpolitik hatte die von Paul Piechowski formulierte „Denkschrift" über die kirchliche Lage der Gegenwart. Aufgrund seiner Erfahrungen „in der größten Proletariergemeinde Berlins" – in Neukölln – fragte der Verfasser, ob und wie Kirchenpolitik unter kirchenfernen Proletariern möglich sei. Seine Antwort war, daß nur in einer neuen Form in einer neuen Kirche die Möglichkeit bestünde, Proletarier wieder für Religion zu gewinnen.[416] Die Skepsis, ob solche Ziele innerhalb der bestehenden Kirche verwirklicht werden könnten, war auch im Berliner Bund sehr groß.[417] Da dem „sozialistischen Proletariat [...] die Möglichkeit in der Kirche aufs äußerste erschwert, wenn nicht unmöglich gemacht wird", sollte „künftig [...] mehr als bisher die außerkirchliche Arbeit innerhalb des Proletariats (religiöse Feierstunden, Jugendunterweisung und so weiter) in den Vordergrund" gestellt werden. Eine Fülle von Veranstaltungen sollte der neuen Schwerpunktsetzung Rechnung tragen, allein im November 1922 waren es vier „Propaganda-Versammlungen" zum Thema Religion und Sozialismus und drei religiöse Feierstunden.[418] Bernhard Göring – stets zu optimistischen Einschätzungen neigend – sah deshalb Anfang 1923 die Entwicklung des norddeutschen Bundes sehr positiv.[419] Das sollte sicherlich die Mit-

---

414 Vgl. zu den Mitarbeiterkonferenzen: Der Religiöse Sozialist 4, 1922, und zu den Vorstandssitzungen: Der Religiöse Sozialist 6 und 11, 1923.

415 Vgl. den Wortlaut der „endgültigen" Richtlinien in: Der Religiöse Sozialist 6, 1922.

416 Die Denkschrift wurde noch 1922 veröffentlicht: Denkschrift des Bundes religiöser Sozialisten (Abteilung Neukölln) über die kirchliche Lage der Gegenwart. Mit einem Geleitwort von Paul Piechowski, Berlin 1922. In umfänglichen Auszügen wurde die Denkschrift veröffentlicht zusammen mit kritischen Stellungnahmen in: Neuwerk 1921/22, S. 379 ff., das Zitat S. 393. Zur Würdigung der Denkschrift vgl. auch das Kapitel 3.

417 Vgl. *August Bleier*, Wohin geht unser Weg in: Der Religiöse Sozialist 5, 1922, und die sonst sehr wohlwollende Rezension in: Der Religiöse Sozialist 6, 1922.

418 Vgl. *August Bleier*, Kirche und Sozialismus in: Vorwärts, Nr. 430 vom 12.9.1922. Zum Beschluß des Vorstandes: Der Religiöse Sozialist 11, 1922, dort auch der Hinweis auf die Veranstaltungen.

419 Vgl. Göring, Rückblick und Ausblick, in: Der Religiöse Sozialist 1, 1923.

glieder zur Weiterarbeit ermutigen, aber die „Organisationswirklichkeit" sah anders aus. Günther Dehn sprach mit mehr Sinn für die Realität von den „Vorständen und Statuten, [...] [den] Orts- und Landesgruppen auf dem Papier, denen oft nur eine recht kümmerliche Wirklichkeit entspricht".[420] Die „Organisations-Geschäftigkeit" des gläubigen Gewerkschaftsfunktionärs Bernhard Göring konnte nicht darüber hinwegtäuschen, daß – das Inflationsjahr 1923 kam hinzu – die Mitgliederzahl weiter rapide zurückging. Der Bund zählte nur noch 200 Mitglieder. Die Zeitschrift mußte Ende des Jahres ihr Erscheinen einstellen.[421]

Der Neuanfang im Jahre 1924 war mühsam. Die Berliner Ortsgruppen existierten noch, mit Rundschreiben sollten die versprengten Mitglieder gesammelt werden. Ein Aufschwung war nach der im August 1924 in Meersburg stattfindenden Tagung der religiösen Sozialisten zu verzeichnen. Führende Berliner religiöse Sozialisten nahmen teil und referierten – wie Paul Piechowski und Bernhard Göring – über die Erfahrungen der norddeutschen religiösen Sozialisten. Im Lichte der erfolgreichen Bilanz des süddeutschen „Volkskirchenbundes" fiel auch auf den norddeutschen Bund etwas Glanz. Er schloß sich der neugebildeten „Arbeitsgemeinschaft der religiösen Sozialisten" ohne Vorbehalt an, obwohl die kirchenpolitische Skepsis der Berliner von den Süddeutschen nicht geteilt wurde. Im vierzehnköpfigen „vorläufigen Arbeitsausschuß" vertraten acht Ausschußmitglieder den norddeutschen Bund, davon allein vier aus Berlin. Bernhard Göring sollte darüber hinaus als Geschäftsführer der Arbeitsgemeinschaft wirken und Pfarrer Paul Piechowski war Ansprechpartner für alle norddeutschen Belange.[422]

Das Ergebnis der im Frühjahr 1925 in Preußen durchgeführten Kirchenwahlen schien den Optimismus zu bestätigen, daß die religiös-sozialistische Bewegung jetzt auch in Norddeutschland im proletarischen Kirchenvolk Fuß gefaßt habe. Die Berliner religiösen Sozialisten kandidierten in einigen Gemeinden erstmals mit eigenen Listen, und der Erfolg gab ihnen Recht. In sechs Kirchengemeinden erhielten sie zusammen vierzehn Sitze in den Gemeindekirchenräten und fünfzig Mandate als Gemeindeverordnete. Dazu kamen noch Erfolge in Ostpreußen und besonders in Köln.[423]

Im November 1925 kamen die Delegierten des norddeutschen Bundes religiöser Sozialisten Berlins zur „Dritten Hauptversammlung" zusammen. Da am Rande der Versammlung auch eine Vorstandstagung der „Arbeitsgemeinschaft" geplant war, war neben Erwin Eckert auch Emil Fuchs in Berlin. Die Beschlüsse zur „Neuordnung" der Organisationsgebiete der „Arbeitsgemeinschaft" brachten auch für den norddeutschen Bund Veränderungen. Freilich galt weiterhin, daß die einzelnen Kreise „vollständige Selbständigkeit" behielten, und die Organisationspraxis war auch – folgt man

---

420 Vgl. *Dehn*, Wo bleibt die Jugend?, in: Der Religiöse Sozialist 4, 1923. Die Antwort von Göring in: ebda., 5, 1923.

421 Vgl. die Schilderung von Göring in: *Dietrich*, a.a.O., S. 60. Der Rückgang der Mitgliederzahl relativiert sich allerdings, da Görings Angaben aus dem Jahre zuvor nicht zuverlässig sein müssen.

422 Vgl. die Berichte über die Meersburger Tagung in: Christliches Volksblatt 32 und 33, 1924. Zum Verlauf vgl. in diesem Kapitel weiter oben.

423 Vgl. die Berichte in: SaV 17 und 25, 1925.

dem Bericht von Erwin Eckert – völlig unterschiedlich. Über den norddeutschen Bund berichtete er mit deutlich kritischem Unterton: Der Bund halte „eine straffe Organisation mit Mitgliederbeitrag und auf Satzungen verpflichteten Ortsgruppen für gut". Geschäftsführer der „Arbeitsgemeinschaft" war zunächst weiterhin Bernhard Göring, und Sitz der Geschäftsstelle war Berlin.

Aber auch die Versammlung des norddeutschen Bundes brachte für die weitere Arbeit in Norddeutschland wichtige Beschlüsse. Die Differenzen über den einzuschlagenden kirchenpolitischen Kurs waren ein weiteres Mal wichtigstes Thema der Diskussion, diesmal freilich – nach dem ermutigenden Ergebnis der Kirchenwahl – mit einem „Sieg des volkskirchlichen Gedankens" endend. Der Aufforderung „Erobert die Kirche" schlossen sich die Delegierten so eindeutig an, daß der Berichterstatter Bernhard Göring ausdrücklich betonen mußte, daß der Bund weiterhin alle sozialistisch denkenden religiösen Menschen – auch „ohne konfessionelle Bindung – vereinen wolle. Die Wahlen zum neuen Vorstand brachten keine Veränderung. Göring wurde wieder erster Vorsitzender und Pfarrer Paul Piechowski zweiter Vorsitzender. Die Berliner Vertreter überwogen im Vorstand, die anderen Regionen waren aber auch durch Beisitzer im Vorstand vertreten.

Trotz dieses als Erfolg empfundenen Verlaufs der „Hauptversammlung" – Eduard Dietz sprach gar von einem „vollen und uneingeschränkten Siegestag des religiössozialistischen Gedankens" in Berlin – und obwohl zahlreiche SPD-Abgeordnete an einem Informationsabend teilnahmen, der Bund religiöser Sozialisten bewegte sich zumindest in Berlin weiterhin in „Feindesland". Die Mitteilungen über den Verlauf einer öffentlichen Versammlung mit Erwin Eckert und Emil Fuchs, wo es „zu heftigsten Zusammenstößen mit Kommunisten, proletarischen Freidenkern [...]" kam, war nur ein kleiner Hinweis.[424] Auch in der Berliner SPD waren die Vorbehalte gegenüber religiösen Sozialisten weiterhin sehr groß, und in den folgenden Jahren nahmen die Auseinandersetzungen mit den Freidenkern sozialdemokratischer und kommunistischer Spielart weiterhin viel Zeit in Anspruch. Die Berliner religiösen Sozialisten stellten sich freilich auch diesem Problem, da sie bei den Freidenkern vor allem Unkenntnis über die religiös-sozialistischen Ziele vermuteten.[425]

---

424 Vgl. für die Planung und zum Verlauf und zu den Beschlüssen der Hauptversammlung: SaV 41, 45, 48 und 49, 1925. Die Konferenz war nach der Einladung eine Tagung des norddeutschen Bundes, an der auch süddeutsche Vertreter teilnahmen. Während der Versammlung kam es auch zu Beschlüssen über die Neuorganisation der „Arbeitsgemeinschaft", obwohl die Tagung dazu nicht einberufen und auch nicht legitimiert war. Die Berichterstatter im Sonntagsblatt – Eckert und Dietz – stellten diesen Sachverhalt nicht klar. Nur Göring beharrte in seinem Bericht auf dieser Unterscheidung.

425 So formulierte es Piechowski in seinem Referat auf der zweiten Meersburger Tagung im August 1926. Vgl. SaV 30 und 31, 1926. Zur Auseinandersetzung der religiösen Sozialisten mit den Freidenkern vgl. das Kapitel 2.

Der Berliner Bund als Landesverband des BRSD

Im Jahre 1926 wurde mit der Gründung des „Bundes der religiösen Sozialisten Deutschlands" (BRSD) die Sammlung der religiös-sozialistischen Gruppen, die sich vereinigen lassen wollten, abgeschlossen. Der norddeutsche Bund fügte sich als Landesverband Preußen (zu dem freilich das Rheinland und Westfalen nicht mehr gehörten) willig in den Gesamtbund ein. Der Gewerkschaftsbeamte Bernhard Göring vertrat den preußischen Landesverband im Vorstand und wurde dritter Vorsitzender des BRSD, er mußte allerdings die Rolle des Geschäftsführers an den ersten Vorsitzenden Erwin Eckert abgeben. Der Berliner Pfarrer Paul Piechowski rief die „Bruderschaft sozialistischer Theologen" ins Leben und wurde ihr Vorsitzender.[426]

Die Arbeit der Berliner religiösen Sozialisten ging in den bestehenden Ortsgruppen weiter, neue Ortsgruppen kamen aber nicht hinzu. Es gelang jedoch – im Jahr des Volksentscheids über die Fürstenenteignung – einige gut besuchte öffentliche Veranstaltungen mit Hildegard Wegscheider und Adolf Grimme als Referenten durchzuführen, auf denen die Haltung der Landeskirche in dieser Frage scharf attackiert wurde. Die Zahl der Anhänger stieg deswegen aber auch im folgenden Jahr kaum an, Ende 1927 waren es 600 zahlende Mitglieder.[427] Erstmals fand deshalb Bernhard Göring in seinem „Geschäftsbericht" auf der „Generalversammlung des Landesverbandes Preußen" im November 1927 in Berlin auch selbstkritische Worte. Er mußte eingestehen, daß „dem inneren Wachstum der Bewegung [...] leider nicht der zahlenmäßige Fortschritt [entspricht]. Der Bestand an Mitgliedern hat nicht wesentlich zugenommen." Der preußische Landesverband existierte weiterhin nur in Berlin, und auch hier waren die Schwierigkeiten nicht kleiner geworden.

Angesichts der deutlichen organisatorischen Schwäche des Landesverbandes und angesichts der großen Probleme in der praktischen Arbeit überraschte es deshalb, daß der Landesverband – offenbar ohne große Diskussionen – neue „Richtlinien" erhielt, die ein Jahr später im BRSD große Auseinandersetzungen hervorrufen sollten. Die neuen „Richtlinien" sollten gegen die „Verwässerung der religiös-sozialistischen Ziele" einen Damm errichten, weswegen im Landesverband auch „antimarxistische Propaganda [...] unmöglich" sei. Der Tenor dieser und anderer Formulierungen in den „Richtlinien" war früher in den religiös-sozialistischen Verlautbarungen des norddeutschen Bundes kaum zu hören gewesen. Der preußische Landesverband spielte in dieser Frage die Rolle eines „Vorreiters" in einer im Gesamtbund ein Jahr später sehr kontrovers geführten Diskussion, deren Sprengkraft für den Zusammenhalt des BRSD den Teilnehmern der preußischen „Hauptversammlung" überhaupt nicht klar war.[428]

Erst während der Mannheimer Konferenz des BRSD im August 1928 nahm der

---

426 Vgl. dazu SaV 33, 1926. Zum Verlauf der Meersburger Tagung vgl. die Darstellung des BRSD in diesem Kapitel weiter oben. Zur „Bruderschaft" vgl. die Darstellung im Kapitel 6.

427 Vgl. zu den Versammlungen 1926: SaV 30, 1926, zur Mitgliederzahl 1927: Vorwärts vom 13.11.1927.

428 Zur Planung und zum Verlauf der Hauptversammlung und zum Wortlaut der „Richtlinien" vgl. die kurze Notiz im Vorwärts vom 13.11.1927 und SaV 33, 46 und 48, 1927.

Berliner Delegierte Karl Thieme zu dem Konflikt um die „Richtlinien" Stellung. Er sprach – ganz im Sinne des schließlich gefundenen Kompromisses – gegen die radikale Festlegung des Bundes auf ein marxistisches „Glaubensbekenntnis": „Die sich nicht als Marxisten fühlen, müßten bleiben. Marx wollte eine Methode haben, aber kein Dogma." Die Bereitschaft Thiemes, den Streit im Gesamtbund nicht noch mehr anzuheizen, resultierte freilich nicht zuletzt aus der Einsicht, daß der Bund gerade in Norddeutschland keinen Verlust von Mitgliedern riskieren konnte. Thieme mußte in seinem Bericht über die Entwicklung im preußischen Landesverband eingestehen, daß es gerade in Berlin „kaum vorwärts gehen" will.[429] Im Gegenteil: Der religiössozialistischen Bewegung drohte in der wichtigsten religiös-sozialistischen Gemeinde in Berlin-Neukölln ein Rückschlag. Als Paul Piechowski als Pfarrer an der Melanchton-Gemeinde ausschied, war es trotz des Einverständnisses der Gemeinde keineswegs sicher, daß wieder ein religiös-sozialistischer Pfarrer (als einer von sechs) an der Gemeinde tätig sein durfte. Keiner der vorgeschlagenen religiös-sozialistischen Kandidaten fand zunächst die Zustimmung der Kirchengremien. Der dadurch ausgelöste „Neuköllner Kirchenskandal" erregte aber öffentliches Aufsehen und führte im April 1929 schließlich auch zur Berufung von Pfarrer Arthur Rackwitz aus Thüringen.

Die Vorbereitung der Kirchenwahlen für 1929 offenbarte jedoch ein weiters Mal das große Problem der religiös-sozialistischen Bewegung in Norddeutschland: Die Zahl der Mitglieder und Sympathisanten war so klein, daß es „an Genossen [fehlt], die sich für die Wahl in einem Gemeindekirchenrat oder in eine Gemeindevertretung aufstellen lassen".[430] Die religiösen Sozialisten hatten – wie sie nach den Wahlen eingestehen mußten – das „nur allzu berechtigte Mißtrauen des sozialistischen Proletariats gegen alles Kirchliche und Christliche" nicht überwinden können.[431]

Es bestand deshalb im Dezember 1929 wenig Anlaß zu Jubelfeiern, als der Landesverband Preußen während der 5. Hauptversammlung auf eine zehnjährige Arbeit des Bundes in Norddeutschland zurückblicken konnte. Von einer „merklich erstarkten" Bewegung – wie Bernhard Göring in seinem Geschäftsbericht glaubte berichten zu können – konnte keine Rede sein.[432] Selbst die größte Berliner Ortsgruppe in Neukölln war nicht länger mehr – wie noch zur Zeit Piechowskis – eine Mitgliederorganisation, die Jugendgruppe hatte sich ganz aufgelöst. Der durch tühringische Verhältnisse verwöhnte Pfarrer Arthur Rackwitz kam sich vor „wie ein Prediger in der Wüste, den niemand hören wolle". Karl Thieme, für den diese resignative Sicht die

---

429 Vgl. zum Verlauf der Mannheimer Konferenz die Darstellung in diesem Kapitel weiter oben und SaV 33, 1928. Die Wortmeldung Thiemes zum Richtlinien-Konflikt ist allerdings nicht im Sonntagsblatt zu finden, sondern in einem Bericht von *August Springer* in: Monatsblatt 1, 1929.
430 Vgl. zur Kirchenwahl-Vorbereitung: SaV 37, 1928. Zum Neuköllner Kirchenskandal: SaV 48, 1928. Zur Wahl von Rackwitz vgl. Zeitschrift für Religion und Sozialismus 3, 1929.
431 Vgl. den Bericht in SaV 38, 1929, und vgl. auch den Bericht in: Vorwärts, Nr. 196 vom 27.4.1929.
432 Vgl. die Berichte über die Hauptversammlung in: SaV 51 (1929), und: Vorwärts Nr. 575 vom 8.12. 1929.

schwierige Situation in ganz Norddeutschland verdeutlichte, nannte erneut die Groß-
stadtsituation als Ursache für die Schwierigkeiten.[433]

Dazu kamen freilich im Jahre 1931 auch interne Auseinandersetzungen über den
Übertritt Erwin Eckerts zur KPD. Auch in Berlin fanden mehrere Ausspracheabende
statt, auf denen sich besonders Paul Piechowski dafür einsetzte, das Verhältnis der
religiösen Sozialisten zur KPD überhaupt zum Thema zu machen. Piechowski warb
sogar für die Idee, daß noch mehr Pfarrer zur KPD übertreten sollten – er selbst
dachte dabei allerdings nicht an sich –, um die auch in der KPD zu findenden religiösen Proletarier nicht allein zu lassen. Da jedoch bald deutlich wurde, daß für Erwin Eckert andere Beweggründe zum Übertritt geführt hatten und darüber hinaus
die von Piechowski mit der KPD geführten Gespräche wenig ermutigend waren, fand
dieser für seine Idee im preußischen Landesverband wenig Unterstützung.[434] Der
Landesvorsitzende Bernhard Göring, der im BRSD die Nachfolge Eckerts als Bundesvorsitzender angetreten hatte, beklagte die inneren Spannungen im Bund und stellte
sich auf die Seite der Kritiker Eckerts, der „ins Lager unserer Gegner" abgeschwenkt
sei.[435] Gegen diese Haltung formierte sich freilich auch in Berlin eine Opposition.
In einer „geschlossenen" Mitgliederversammlung für Groß-Berlin, in der „oft sehr
erregt" diskutiert wurde, forderte Arthur Rackwitz „im Namen der Opposition einen Rücktritt des Vorstandes, der am Ausscheiden Eckerts aus dem Bunde ‚schuld‘
sei". Rackwitz blieb allerdings in der Minderheit, die Mehrheit verabschiedete eine
„Vertrauensresolution" für den neuen Bundesvorstand. In der Frage des Verhältnisses zur KPD unterstützten die Teilnehmer mehrheitlich die Auffassung von Pfarrer
Francke, der es wegen der „grundsätzlichen Religionsfeindschaft der KPD" für unmöglich ansah, in der KPD „religiös zu wirken".[436]

Die internen Konflikte waren sicher keine sehr ermutigende Voraussetzung für die
Ende 1932 in ganz Preußen stattfindenden Kirchenwahlen. In öffentlichen Stellungnahmen und in Versammlungen machten die religiösen Sozialisten – und darin
zogen Arthur Rackwitz und Bernhard Göring wieder an einem Strang – Front
gegen „die in die Kirche einmarschierenden Hakenkreuzler".[437] Der Erfolg war
freilich gering: Von der Trinitatisgemeinde in Charlottenburg abgesehen, schnitten die religiösen Sozialisten in Berlin überall schlechter als zuvor ab, in Neukölln besonders schlecht. In Breslau und in Liegnitz sah es etwas besser aus, die
insgesamt 8.750 religiös-sozialistischen Stimmen wogen aber angesichts des „über-
wältigenden Erfolgs" der Deutschen Christen wenig. Sie hatten aus dem Stand
die meisten Stimmen erhalten und auch alle anderen Kirchenfraktionen überflü-

---

433 Vgl. dazu die biographischen Notizen von Arthur Rackwitz in: *Olaf Meyer* (Hrsg.), Arthur Rackwitz
zum Gedächtnis, Berlin o.J., S. 106 ff. und *Karl Thieme* in: Der Religiöse Sozialist 9, 1931. Zu den
Schwierigkeiten in Neukölln vgl. auch: Der Religiöse Sozialist 12, 1931.

434 Vgl. dazu die Mitteilungen in: Der Religiöse Sozialist 44, 1931. Zu Eckerts Übertritt vgl. die Darstellung weiter oben. Zu den Verhandlungen Piechowskis u.a. mit der KPD vgl. die Darstellung der
„Bruderschaft sozialistischer Theologen" in Kapitel 6.

435 Vgl. *Göring*, Zum Jahreswechsel, in: Der Religiöse Sozialist 1, 1932.

436 Vgl. den Bericht in: Der Religiöse Sozialist 7, 1932.

437 Vgl. die verschiedenen Aufrufe in: Der Religiöse Sozialist 37, 39, 44 und 46, 1932.

gelt.[438] Der mutige Einsatz der religiösen Sozialisten hatte sich nicht ausgezahlt. Im März 1933 führte die Ortsgruppe Berlin noch einmal eine „bewegte Generalversammlung" durch. Der Konflikt um Eckert war noch einmal Thema und es wurde auch ein neuer Vorstand gewählt. Im gleichen Monat fand in Neukölln die letzte religiös-sozialistische Veranstaltung in Berlin statt.

Die neuen Machthaber ließen mit ihrer Rache nicht lange auf sich warten: Pfarrer Francke und Pfarrer Bleier wurden mehrfach durch SA-Trupps belästigt. In einem Brief an den Reichsbischof Müller verlangte der Berliner deutsch-christliche Bischof Eckert im März 1934 die Abberufung von zwölf Berliner Pfarrern, darunter waren auch Pfarrer Bleier und Pfarrer Rackwitz.[439] Nur wenige aber ließen sich einschüchtern. Viele religiöse Sozialisten Norddeutschlands engagierten sich in der Bekennenden Kirche, einige schlossen sich – wie Pfarrer Kürschner und der letzte Bundesvorsitzende Bernhard Göring – Widerstandsgruppen an.

Religiöse Sozialisten in Ost- und Westpreußen und in Schlesien

Der Berliner Bund religiöser Sozialisten erhob anfänglich den Anspruch, die Organisation aller religiösen Sozialisten in Deutschland zu sein. Der Anspruch wurde – von Einzelmitgliedschaften außerhalb Norddeutschlands abgesehen – nie Realität. Aber auch in Norddeutschland gab es außerhalb Berlins nur wenige Zentren religiös-sozialistischer Aktivitäten, die sich dem Berliner Bund zugehörig fühlten. Bereits zu Beginn der zwanziger Jahre entstanden in Schlesien (mit den Pfarrern Reichelm und Heckmann aus Sagan als Mittelpunkt) und in Ostpreußen (mit Pfarrer Kürschner aus Mehlauken und dem SPD-Stadtverordneten und Eisenbahnsekretär Legatis aus Königsberg als Zentrum) religiös-sozialistische Gruppen. Pfarrer Heckmann gehörte auch dem Vorstand des Berliner Bundes an. Im Inflationsjahr 1923 bedeutete der allgemeine Niedergang der Berliner religiös-sozialistischen Bewegung für einige Gruppen außerhalb Berlins das Ende. Die schlesischen Gruppen und die nur kurze Zeit existierende Stettiner Gruppe lösten sich auf.[440] In Ostpreußen hatten die religiösen Sozialisten vor allem mit den für die ländlichen preußischen Gebiete typischen Schwierigkeiten zu kämpfen. Die nur in den größeren Städten, vor allem in Königsberg zahlreicheren Sozialdemokraten und Kommunisten standen unter dem beherrschenden Einfluß der proletarischen Freidenker, die freilich – wie Pfarrer Kürschner kritisch anmerkte – „in Wirklichkeit reichlich kleinbürgerlich" waren. Deshalb gab es zwar in Königsberg die einzige ostpreußische Ortsgruppe des Berliner Bundes religiöser Sozialisten, aber keinen einzigen religiös-sozialistischen Vertreter in den Königsberger Kirchengemeinden, da sich die Arbeiter nicht an den Kirchenwahlen beteiligten. Außerhalb Königsbergs, in kleineren Gemeinden, sah es günstiger aus, immerhin gab

---

438 Zu den Ergebnissen vgl. Der Religiöse Sozialist 48, 1932 und 2, 1933.
439 Vgl. den Brief vom 22.3.1934 in: EZA Berlin 14/22/453.
440 Vgl. zur Entwicklung in Norddeutschland bis 1926 den Bericht von Göring in: Dietrich a.a.O., S. 57 ff.

es hier schon 1924 rund 150 Vertreter in kirchlichen Gremien, die der religiös-sozialistischen Bewegung nahe standen. Der sozialdemokratische Pfarrer Kürschner aus dem ostpreußischen Mehlauken wurde 1925 auch in den Vorstand des Berliner Bundes religiöser Sozialisten gewählt.[441] Bei den preußischen Kirchenwahlen 1925 und 1928 kandidierten nur wenige religiöse Sozialisten außerhalb Berlins, Erfolge waren – von Mehlauken abgesehen – kaum zu verzeichnen.[442]

Bernhard Göring wachte zwar als Vorsitzender des preußischen Landesverbandes eifersüchtig darüber, daß er für alle preußischen Provinzen zuständig blieb, über organisatorische Aktivitäten außerhalb Berlins konnte aber auch er meist nicht berichten.[443] Zu öffentlichen Veranstaltungen selbst mit bekannten Referenten kamen auch in größeren Städten oft nur wenige Zuhörer. Die norddeutschen religiösen Sozialisten resignierten deswegen zwar nicht, sie überlegten aber, auf große Versammlungen zugunsten von „individueller Kleinarbeit" zu verzichten.[444] In Königsberg wurde immerhin 1931 erneut der Versuch gemacht, eine Ortsgruppe zu gründen, und in Breslau entstand eine religiös-sozialistische Studentengruppe.[445] In Breslau, Liegnitz und in einigen kleineren schlesischen Gemeinden erhielten die religiösen Sozialisten auch bei den preußischen Kirchenwahlen 1932 erstmals sichtbare Erfolge. Im März 1933 fanden aber auch hier die letzten Mitgliederversammlungen statt.[446]

g) Religiöser Sozialismus im Rheinland und in Westfalen

Im Rheinland (und das meint vor allem: Köln und Umgebung) sah die Ausgangssituation für die religiös-sozialistische Bewegung wieder ganz anders aus als im übrigen Preußen. Die Protestanten waren hier nur eine Minderheit von knapp 30 Prozent der Bevölkerung. Darüber hinaus gehörte das Rheinland zwar (wie auch Westfalen) kirchenpolitisch zur Altpreußischen Union, es besaß aber aufgrund der historischen Entwicklung mit seiner „presbytorial-synodalen Eigenart" eine Sonderstellung, die es auch nach 1918 beibehielt und durch die 1923 erneuerte „rheinisch-westfälische Kirchenordnung" absicherte.

Aber auch im Rheinland standen die führenden Kirchenoberen politisch und kir-

---

441 Vgl. *Erich Kürschner*, Der religiöse Sozialismus in Ostpreußen in: Christliches Volksblatt 16, 1924. Erich Kürschner war bis 1928 Pfarrer im ostpreußischen Mehlauken. Seit 1921 SPD-Mitglied, wurde er 1928 Gefängnispfarrer in Berlin-Tegel. Nach seiner Entlassung 1933 schlug er sich als Bestattungsredner und Transportarbeiter durch, war Mitglied der Reichsleitung der Widerstandsgruppe „Neu Beginnen" und wurde 1939 zusammen mit Fritz Erler, Kurt Schmidt und Oskar Unrath verurteilt. Er erhielt sieben Jahre Zuchthaus. 1946 trat er in die SED ein und aus der Kirche aus. Er war im Bereich Volksbildung des Berliner Magistrats und später im DDR-Außenministerium tätig. Er starb 1966. Vgl. zu seiner Biographie auch *Hartmut Soell*, Fritz Erler, Band 1, Bonn 1976, bes. S. 41 und S. 522.
442 Vgl. den Bericht in: SaV 17, 1925.
443 Vgl. u.a. den Bericht in: SaV 46, 1930.
444 Vgl. die Klage von Karl Thieme, die er auch auf Berlin bezieht, in: Der Religiöse Sozialist 9, 1931.
445 Vgl. der Religiöse Sozialist 26 und 27, 1931.
446 Vgl. zu den Ergebnissen der Kirchenwahlen: Der Religiöse Sozialist 2, 1933.

chenpolitisch sehr weit rechts, und der seit 1932 amtierende Präses Friedrich Schäfer sympathisierte mit den Deutschen Christen. Die Deutschen Christen erhielten bei den Kirchenwahlen 1932 ein Drittel der Sitze in den Kirchengremien. Die Mehrheit der Gemeindepfarrer der Rheinprovinz dachte (und wählte) allerdings weiterhin deutschnational. Liberale oder gar sozialistisch orientierte Pfarrer waren im Rheinland wie auch in Westfalen nur vereinzelt zu finden.

Die Dominanz der katholischen Bevölkerung hatte aber Auswirkungen auf das politische Wahlverhalten. Das Zentrum konnte stets hohe Stimmenanteile verbuchen, wenn auch Ende der zwanziger Jahre die Verluste größer waren als in anderen katholischen Regionen. Die beiden Arbeiterparteien erhielten zusammen meist knapp 30 Prozent der Stimmen, die KPD war stets fast gleich stark wie die SPD, und seit 1930 überflügelte sie sogar die SPD. Die Sozialdemokratie zeigte allerdings – anders als in Berlin – für beide Kirchen und für die kirchentreuen Sozialdemokraten mehr Verständnis und unterstützte von Anfang an die religiös-sozialistischen Aktivitäten.[447]

Die religiös-sozialistische Bewegung im Rheinland war vor allem mit dem Namen des Kölner Pfarrers Georg Fritze verbunden. Im Kölner Bund religiöser Sozialisten war er allerdings der einzige Pfarrer. Er blieb stets ein heftig angefeindeter „Exot unter der Geistlichkeit" der rheinischen Kirche.[448] Schon vor 1914 besaß er Sympathien für die sozialistische Arbeiterbewegung. Der Württembergische Pfarrer Christoph Blumhardt der Jüngere hatte ihn kirchlich und politisch beeinflußt. Seit 1906 war er Pfarrer in Köln. Seine Kritik an der Haltung der Kirchen im Weltkrieg ließen ihn den Ende 1918 veröffentlichten Aufruf liberaler Protestanten zur Bildung von Volkskirchenräten mit unterzeichnen. Zugleich bekannte er sich – nicht unkritisch – zur angeblich kirchenfeindlichen Sozialdemokratie. Seine Teilnahme an einer SPD-Wahlveranstaltung im Januar 1919 machte in Köln Partei- und Kirchengeschichte. Mit seiner Aufforderung an Sozialdemokratie und Kirche, nicht länger mehr „gegeneinander" zu stehen, fand er in Köln bei sozialistisch gesinnten Christen, vor allem unter Eisenbahnarbeitern, ein so großes Echo, daß daraus Anfang 1920 der „Kölner Bund religiöser Sozialisten" entstand. Der Maschinenschlosser Wilhelm Kuhlmann war 1. Vorsitzender und Pfarrer Georg Fritze 2. Vorsitzender des vierzehntägig tagenden Bundes, der auch eigene programmatische „Richtlinien" besaß. Die Zahl der Mitglieder stieg von ursprünglich hundert auf schließlich zweihundert. Der Bund arbeitete zunächst eng mit anderen rheinischen Gruppen in Remscheid, Düsseldorf und Solingen zusammen. Die seit Januar 1921 erscheinenden „Mitteilungen des Bundes religiöser Sozialisten, Köln"

---

447 Zur besonderen Situation im Rheinland vgl. *Kurt Meier*, Der evangelische Kirchenkampf, Band 1: Der Kampf um die „Reichskirche", S. 315 ff. und Günther van Norden (Hrsg.), Kirchenkampf im Rheinland, Köln 1984, S. 3 f. Zur politischen Entwicklung vgl. *Jürgen W. Falter* u.a., a.a.O., S. 88 ff.

448 Vgl. zur Biographie Georg Fritzes: *Hans Prolingheuer*, Der rote Pfarrer. Leben und Kampf des Georg Fritze, 2. Aufl., Köln 1989, das Zitat S. 61.

erhielten wegen dieser Zusammenarbeit im Herbst 1921 den neuen Titel: „Ihr seid Brüder, Religiös-sozialistische Blätter aus dem Rheinland".[449]

Die „Kölner Gruppe" um Georg Fritze stand mit ihrem Selbstverständnis zwischen den „Vereinigungen für sozialistische Lebensgestaltung" und dem inzwischen in Berlin ins Leben gerufenen Berliner Bund religiöser Sozialisten. Sie wollten „nicht Diskutierklub, sondern Lebensgemeinschaft... sein", zugleich aber sahen sie in der Bildung einer festen Organisation ein „sich Zusammenfinden entschlossener Sozialisten" als einer „Kerntruppe für die sozialistische Bewegung".[450] Die Mitglieder der Kölner Gruppe vertraten freilich im Blick auf die konkurrierenden Arbeiterparteien die unterschiedlichsten Meinungen. Auch hinsichtlich der Notwendigkeit von Kirchenpolitik herrschte, zumal neben Protestanten auch einige Katholiken in ihren Reihen zu finden waren, keine Einigkeit.[451] Dennoch versuchten sie, öffentlich für die sozialistische Arbeiterbewegung zu werben und dabei auch den Ort der Kirche zu nutzen. Die Maifeier am 1. Mai 1921 in der Kölner Lutherkirche war so erfolgreich bei der „innerlich ergriffenen Gemeinde", daß der Wunsch laut wurde, „ähnlich religiöse sozialistische ‚Gottesdienste' öfter zu halten".[452]

Auf einer Tagung der vielen kleinen norddeutschen religiös-sozialistischen Gruppen im September 1921 in Hannover waren sich die Teilnehmer in der Frage der Organisation nicht einig. Die Kölner Gruppe aber entschloß sich für einen festeren Zusammenschluß. Eine Mitgliederversammlung im Oktober 1921 beschloß, dem Vorschlag aus Berlin zu folgen und an einer „Konferenz von Vertretern aller in Deutschland bestehenden Gruppen und Vereinigungen religiöser Sozialisten" teilzunehmen.[453] Die Konferenz fand im November 1921 in Berlin statt. Georg Fritze referierte über „Wille, Weg und Ziel religiöser Sozialisten", ließ sich aber nicht in den gemeinsamen „Ausschuß" wählen, der alle Gruppen nach außen vertreten sollte. Die Zeitschrift der Kölner Gruppe feierte in ihrer letzten Ausgabe zwar die neue Organisation mit der Überschrift: „Er ist da, der Bund...", der Berichterstatter verhehlte freilich auch nicht die „starken Verschiedenheiten" der Gruppen. Einige Teilnehmer, zu denen sicherlich auch Georg Fritze gehörte, waren skeptisch gegenüber einer zu festen Organisation. Die Skepsis blieb, obwohl der Berliner Gotthard Jäschke die Kölner Gruppe als „vorbildlich" für die angestrebte Organisation bezeichnet hatte. Dennoch war die Kölner Gruppe damit einverstanden, daß die eigene Zeitschrift ein-

---

449 Vgl. zu den Anfängen des Kölner Bundes: *Prolingheuer*, a.a.O., dort auch der Wortlaut der Rede Fritzes im Januar 1919, S. 193 ff. Fritze schildert die Anfänge in: Dietrich, a.a.O., S. 62 ff., dort auch der Wortlaut der „Richtlinien", S. 63.

450 Vgl. dazu *Hans Hartmann*, Aus der Bewegung im Rheinland, in: Blätter für religiösen Sozialismus 6, 1920, Mitteilungen des Bundes religiöser Sozialisten, Köln 1, 1921, und *Georg Fritze*, Aus der Bewegung im Rheinland in: Blätter für religiösen Sozialismus 2, 1921. Vgl. auch die Darstellung der „Vereinigungen für sozialistische Lebensgestaltung" im Kapitel 6.

451 Vgl. Mitteilungen 9 (1921) und *Georg Fritze*, Widerspruch und Aufbauarbeit in Köln, in: Die Eiche 2, 1921. Zu den Katholiken vgl. die Darstellung über die „katholischen Sozialisten" im Kapitel 6.

452 Vgl. den Bericht über die Maifeier 1921 in: Mitteilungen 6, 1921. Zur religiös-sozialistischen Symbolik vgl. Kapitel 3.

453 Vgl. zur Tagung in Hannover: Sozialistische Lebensgestaltung 10, 1921, zur Entscheidung der Kölner Gruppe, Ihr seid Brüder 10, 1921.

gestellt wurde. Ab 1922 sollte ein gemeinsames „Bundesorgan" mit dem Titel „Der Religiöse Sozialist" erscheinen. Dr. Jäschke war Schriftleiter, Georg Fritze sein „Beistand".[454]

Die Vorbehalte gegenüber dem von Berlin aus forcierten Streben nach einer umfassenden Organisation aller religiös-sozialistischen Gruppierungen verstärkten sich während und nach einer Tagung im Oktober 1923 in Kassel. Der „Rheinisch-westfälische Kreis" nahm teil – und Georg Fritze bestimmte die Diskussion über die aktuelle Frage der Ruhrbesetzung –, teilte aber trotz mancher Übereinstimmungen die Zweifel gegenüber einer „Gesamtbewegung".[455]

Georg Fritze nahm deswegen auch nicht an der ersten Meersburger Tagung im August 1924 teil, auf der die „Arbeitsgemeinschaft religiöser Sozialisten" ins Leben gerufen wurde. Der „Rheinisch-westfälische Kreis" existierte nicht mehr, gemeinsame Tagungen hatten schon lange nicht mehr stattgefunden und auch die Kölner Gruppe führte – mit den Worten Georg Fritzes gesprochen – „ein verhältnismäßig stilles und in der Öffentlichkeit wenig hervortretendes Leben". Die jährliche Maifeier in der Kölner Trinitatiskirche und eine Vortragsreihe von Carl Mennicke, zu der freilich „durchweg nur Intellektuelle" kamen, waren die einzigen, wenn auch gut besuchten – öffentlichen Veranstaltungen.[456]

Es verwundert deshalb nicht, daß die neugebildete „Arbeitsgemeinschaft religiöser Sozialisten" wissen wollte, wie die Kölner Gruppe zu ihr stehe. In einer Mitgliederversammlung entschied sich die Gruppe, selbständig zu bleiben, dennoch aber die Verbindung zu den religiösen Sozialisten in der „Arbeitsgemeinschaft" nicht abreißen zu lassen. Georg Fritze erläuterte in einem Antwortschreiben, warum die Mitglieder diese Kompromißformel als einzige Möglichkeit ansahen: Vor allem war die in Meersburg beschlossene programmatische Festlegung für die Kölner Gruppe schwer nachzuvollziehen, da die Mitglieder „liberale" und teils sogar „positive" Protestanten waren, dazu kamen Katholiken, Quäker und aus der Kirche ausgetretene Freireligiöse – darunter Anhänger von Emil Felden. Kirchenpolitisch sei die Gruppe aber nicht aktiv, da kein Interesse an einer „Kirchensozialisierung" bestehe. Georg Fritze gab am Schluß die Frage zurück: Es sei nun an der „Arbeitsgemeinschaft" zu entscheiden, ob die Kölner Gruppe mit diesem Selbstverständnis dazu gehöre oder nicht.[457]

Aus der Schilderung Fritzes folgt auch, daß die Kölner Gruppe sich zumindest 1924 nicht mehr dem Berliner Bund religiöser Sozialisten zugehörig fühlte, denn dieser hatte sich der „Arbeitsgemeinschaft" angeschlossen. Als im November 1925 am Rande einer Hauptversammlung des Berliner Bundes religiöser Sozialisten auch eine Kom-

454 Vgl. den Bericht Fritzes in: Ihr seid Brüder 12, 1921, und den wohl auch von Fritze verfaßten Artikel „Kongreß der religiösen Sozialisten", in: Rheinische Zeitung vom 14.12.1921. Zum Verlauf und zur Vorgeschichte vgl. auch die Darstellung des Berliner Bundes religiöser Sozialisten in diesem Kapitel.
455 Vgl. über die Tagung die Berichterstattung in: Christliches Volksblatt 43, 44 und 45, 1923.
456 Vgl. *Fritze*, Religiös-soziale Arbeit, in: Christliches Volksblatt 22, 1924. Zur Vortragsreihe Mennickes vgl. auch: Rheinische Zeitung vom 29.4.1924.
457 Vgl. *Fritze*, Die Kölner Gruppe, in: SaV 50, 1924.

missionssitzung der „Arbeitsgemeinschaft" die „Werbegebiete" neu abgrenzte, zählte der Kölner Bund deswegen auch schon nicht mehr zum Einzugsbereich des Berliner Bundes. Zusammen mit Westfalen, Waldeck und Lippe-Oldenburg bildete das Rheinland mit Köln als Zentrum einen eigenen „westdeutschen Kreis". Georg Fritze war für diesen Kreis für die Werbearbeit und für die Sammlung von Pressenachrichten verantwortlich. Die Frage von Fritze hatte die „Arbeitsgemeinschaft" damit positiv beantwortet.[458]

Die Kölner Gruppe hatte aber deswegen dennoch ihre seit 1920 bestehende „Zwischenstellung" beibehalten und hielt auch weiterhin – wie die engen Kontakte zu Carl Mennicke zeigen – die Verbindung zu religiös-sozialistischen Gruppen, die sich der „Arbeitsgemeinschaft" nicht angeschlossen hatten. Nicht zuletzt aus diesem Grunde war Carl Mennicke auch im April 1925 einer der wichtigsten Referenten auf der „religiös-sozialistischen Konferenz des Rheinlandes" in Köln, auf der erneut der Versuch einer „Sammlung" der rheinischen religiösen Sozialisten gemacht werden sollte.[459] Der Sammlungsversuch hatte freilich keine großen Folgen. Nur in Essen entstand 1927 eine weitere rheinische Ortsgruppe, und auch in Westfalen regten sich langsam – erstmals seit 1920 – wieder religiös-sozialistische Aktivitäten. Die Kölner Gruppe aber blieb unverändert aktiv. Im Jahre 1928 überlegten die Mitglieder, sich erstmals als religiös-sozialistische Gruppe an den Kirchenwahlen zu beteiligen. Sie hatten bislang nur auf gemeinsamen Listen mit liberalen Protestanten kandidiert. Das Ergebnis war nach eigener Einschätzung nicht gut, aber auch nicht schlecht – „Es ist ein Anfang": Die religiösen Sozialisten hatten rund zehn Prozent der Stimmen und damit 20 Sitze im Kirchengemeindeausschuß und drei Sitze im Kölner Presbyterium erhalten.[460]

Der Arbeiter August Roos drängte wegen dieses Erfolges seit 1928 auf stärkere organisatorische Straffung der religiös-sozialistischen Arbeit im Rheinland. Durch die Wahlen hatte die Gruppe mehr protestantische Mitglieder gewonnen, der überkonfessionelle Charakter aber sollte beibehalten werden.[461] Diese – wie Erwin Eckert im Jahresrückblick 1930 lobend konstatierte – „reibungslose Zusammenarbeit zwischen katholischen und evangelischen Sozialisten in der Partei und in der Öffentlichkeit" machte das Charakteristikum der Kölner Gruppe aus. Die Zusammenarbeit war nicht problemlos, aber die von Heinrich Mertens und Georg Fritze angeregte Aussprache hatte zum Ergebnis, daß die Kölner Gruppe weiterhin „alles soweit möglich,

458 Vgl. die Berichterstattung über die dritte Hauptversammlung des Berliner Bundes der religiösen Sozialisten in: SaV 48, 1925.

459 Vgl. zum Verlauf und zur Einschätzung der Konferenz, die von *Renate Breipohl*, a.a.O., S. 21 fälschlicherweise als „erste" rheinische Konferenz bezeichnet wird, die Berichte in: SaV 8, 12 und 23, 1925 und die – teilweise von Fritze geschriebenen – Berichte in: Rheinische Zeitung vom 17.3., 3.4., 8.4. und 5.5.1925.

460 Vgl. zum Wortlaut des Wahlprogramms, zu den Kandidaten und zu den Ergebnissen: SaV 35, 46 und 48, 1928.

461 Vgl. *August Roos,* Aus der Kölner Bewegung, in: SaV 8, 1929.

gemeinsam besprechen, handeln, veranstalten" wollte und „nur die rein konfessionellen Angelegenheiten [...] jede Gruppe für sich behandeln" wird.[462]

Im Jahre 1931 kam es zu dem schon länger erhofften organisatorischen Aufschwung im Rheinland und auch in Westfalen. Anfang des Jahres hatte Erwin Eckert in vielen gut besuchten Vortragsabenden zahlreiche neue – vor allem auch katholische – Leser des „Religiösen Sozialisten – gewinnen können. Der im Herbst 1931 erfolgende Übertritt Eckerts zur KPD und schließlich sein Austritt aus dem BRSD irritierte deshalb für kurze Zeit auch die rheinischen religiösen Sozialisten. Sie betonten zunächst, daß jeder ehrliche Kämpfer für den Sozialismus unbeschadet der Parteirichtung bei ihnen willkommen sei. Die sozialdemokratische Ausrichtung besonders der in Westfalen neu entstandenen Ortsgruppen war aber so eindeutig, daß zu Beginn des Jahres 1932 die Kritik an Erwin Eckert trotz Würdigung seiner Verdienste größer wurde.[463]

Anfang 1933 legte Georg Fritze nach zwölf Jahren Organisationsarbeit den Vorsitz im Kölner Bund religiöser Sozialisten nieder, der Arbeiter August Roos wurde sein Nachfolger. Georg Fritze hatte nicht – wie einige wissen wollten – resigniert, er blieb der religiös-sozialistischen Bewegung weiter verbunden. Er unterstützte aber auch aus innerer Überzeugung das Bestreben des Kölner Bundes, die religiös-sozialistische Organisation in eine „Laienbewegung" umzuwandeln. Er selbst wollte als Pfarrer nicht mehr so sehr an „Zeitströmungen" gebunden sein. Vor allem aber litt er an der „Zerrissenheit der sozialistischen Bewegung in drei und mehr einander bitter bekämpfenden Parteien" – was die Arbeit der religiösen Sozialisten, die nach seinem Verständnis nicht nur interkonfessionell, sondern auch interfraktionell sein müßte, erschwerte.[464]

Für die Mehrheit der rheinischen und westfälischen religiösen Sozialisten blieb freilich trotz Kritik an der SPD die sozialdemokratische Orientierung der Gruppen unbestritten. In Düsseldorf, Neuss und Mönchengladbach waren neue rheinische Gruppen, in Gelsenkirchen, Witten, Gladbeck, Dortmund, Bottrop und Lüdenscheid neue westfälische Gruppen entstanden. Es galt nach den Worten des Kölner Vorsitzenden August Roos, die Kräfte zu sammeln und sich nicht durch vergangenen Streit irritieren zu lassen. Der Gesamtbund habe „eine tiefgreifende Krise recht schnell überstanden [...] auch ein Erwin Eckert vermochte es nicht zu erreichen, den Bund religiöser Sozialisten im Kern zu treffen [...] [der Bund] steht gesünder denn vor der Krisis da".[465] Mit diesem letzten Satz war Augst Roos sicher sehr optimistisch, für das

---

462 Vgl. den Jahresrückblick von Eckert in: SaV 1, 1930 und die Mitteilungen über die „Aussprachen" in: SaV 5 und 9, 1930.

463 Vgl. zur Entwicklung im Rheinland die Organisationsmitteilungen in: Der Religiöse Sozialist u.a. 6, 1931 und 48, 1931. Zur Entwicklung in Westfalen und zum Konflikt mit Westfalen-Ost vgl. Der Religiöse Sozialist 31, 32, 35 und 40, 1931. Vgl. Vgl. auch die Darstellung der „Lippischen Volkskirche" in diesem Kapitel.

464 Zur Neuwahl vgl. Der Religiöse Sozialist 5, 1932. Zu den Beweggründen von Fritze vgl. seine Erklärung in: Kartäuserpfarrblätter 1/2, 1932, zit. nach *Prolingheuer*, a.a.O. S 75 f. Prolingheuer erklärt die Haltung von Fritze wenig überzeugend damit, daß er sich nach dem Zeugnis seiner Vikarinnen „nach und nach der dialektischen Theologie zugewendet" habe, ebda., S. 76.

465 Vgl. *August Roos*, An die rheinischen Leser und Bundesmitglieder, in: Der Religiöse Sozialist 17, 1932.

Rheinland und Westfalen aber übertrieb er nicht. Eine im Mai 1932 stattfindende Tagung des „Landesverbandes Rheinland" – erstmals wieder seit 1925 – wählte August Roos zum Vorsitzenden. Auch Westfalen bildete einen Landesverband und wählte Carl Gatzen aus Gelsenkirchen zum Vorsitzenden. Eine Fülle von Vortragsabenden mit Aurel von Jüchen, Emil Fuchs, Georg Wünsch und anderen fand statt, zu den anstehenden Kirchenwahlen wurde jeweils für das Rheinland und für Westfalen ein „Volkskirchenbund evangelischer Sozialisten" ins Leben gerufen. Auf der rheinischen Landestagung würdigte August Roos zwar noch einmal die Verdienste von Erwin Eckert, aber dennoch war für ihn angesichts der aktuellen Situation die „Periode Eckert [...] nur eine Episode". Das Hauptproblem sei jetzt „Christuskreuz statt Hakenkreuz". Da mochte auch Georg Fritze nicht abseits stehen und er ließ sich als Beisitzer in den Landesvorstand wählen.[466] Die Kirchenwahlen brachten zwar einen Zuwachs an Stimmen auch außerhalb Kölns, aufgrund des besonderen Wahlsystems aber schlug sich dieser Erfolg nicht überall in Mandaten in den Gemeindevertretungen nieder. Aber auch Anfang 1933 ließen sich die rheinischen und westfälischen religiösen Sozialisten nicht entmutigen. Eine in Köln geplante „Blumhardt-Woche" sollte das gemeinsame Verständnis vom religiösen Sozialismus neu begründen helfen, und für das Frühjahr waren für das Rheinland und für Westfalen Landesversammlungen geplant. Sie fanden nicht mehr statt.[467] Georg Fritze blieb sich treu, er verweigerte 1938 als Pfarrer den Eid auf Hitler. Die Amtsausübung wurde ihm verboten, seine Bezüge gesperrt. Er starb ein Jahr später.

h) *Die Lippische Volkskirche*

Ausgangssituation und erste Anfänge

Der Bund der religiösen Sozialisten ist im Lande Lippe erst sehr spät entstanden und nahm mit dem Versuch, als „Lippische Volkskirche" eine Art „religiös-sozialistische Freikirche" zu bilden, auch eine besondere Entwicklung.[468] In dem Land Lippe (174.000 Einwohner) war bis 1930 die Sozialdemokratie die führende politische Kraft (1919: 50%, danach rund 34%). Zu Beginn der dreißiger Jahre wurde die KPD immer stärker (November 1932: 15%). Stärkste Rechtspartei war von 1918 an die Deutschnationale Volkspartei (DNVP), die allerdings ab 1930 ebenso wie die Deutsche Volkspartei (DVP) immer mehr Stimmen an die NSDAP abgeben mußte. Die Nazi-Partei erreichte bereits 1932 über 41%.[469] Lippe hatte seit 1870 eine schnelle Industriali-

---

466 Vgl. für das Rheinland: Der Religiöse Sozialist 19 und 24, 1931, für Westfalen: Der Religiöse Sozialist 40, 1931.

467 Vgl. Der Religiöse Sozialist 8 und 11, 1933. Die Berufung auf Blumhardt war natürlich Programm, von einem Einfluß Karl Barths konnte – von Georg Fritze abgesehen – keine Rede sein.

468 Die Kennzeichnung als „religiös-sozialistische Freikirche" stammt von Eckert. Vgl. seinen Bericht über die Entwicklung in Lippe in: SaV 1, 1930.

469 Vgl. zum Wahlverhalten in Lippe: *Hans Hüls*, Wähler und Wahlverhalten im Lande Lippe während der Weimarer Republik, Detmold 1974, das Zitat: S. 95.

sierung erfahren. 1925 arbeiteten bereits 44% der Bevölkerung in Industrie und Handwerk, besonders in Großbetrieben der Holzindustrie. Die Arbeitslosigkeit war zwar stets geringer als im übrigen Reich, es gab aber jedes Jahr eine starke saisonal bedingte Arbeitslosigkeit, da viele Lipper als Wanderarbeiter (vor allem als Ziegelbrenner) ihr Brot außerhalb der lippischen Grenzen verdienen mußten. Während der Wirtschaftskrise wuchs daher auch die soziale Not, so daß es im April 1932 zu einem Hungermarsch von Erwerbslosen nach Detmold kam. Seit der Reformation war Lippe überwiegend reformiert-protestantisch, im Jahre 1925 gehörten 94% der Einwohner zur reformiert-evangelischen Lippischen Landeskirche (davon 81% reformiert und nur 12% lutherisch). Nach 1918 wurde die „herrenlos" gewordene Lippische Landeskirche recht selbstherrlich von einem Landeskirchenrat regiert. Erst seit 1930 übertrug eine ab Februar 1931 gültige Kirchenverfassung einer Landessynode die Kirchengewalt.[470]

Am 13. Januar 1929 veröffentlichte der Landesverband Lippe im Bund der religiösen Sozialisten Deutschlands einen „Aufruf an unsere Lipper Freunde zur Mitarbeit im Landesverband". Verantwortlich zeichnete Heinrich Schwartze, ohne dessen Einsatz die Gründung eines religiös-sozialistischen Landesverbandes in Lippe nicht zustande gekommen wäre.[471] Der noch sehr junge Heinrich Schwartze (Jahrgang 1903) hatte in Berlin Theologie studiert und war 1927 mit 24 Jahren als Pfarrer nach Detmold gekommen. 1928 trat er in die SPD und in den Bund der religiösen Sozialisten ein.[472] Aber Schwartze wollte nicht „Einzelkämpfer" bleiben, zumal er in Lippe feststellen mußte, daß die Lippische Landeskirche noch mehr als anderswo den nach 1918 in Anspruch genommenen Namen „Volkskirche" nicht verdiente. In dem Aufruf beklagte Schwartze allerdings, daß nicht ohne Schuld der Sozialdemokraten die Lippische Landeskirche „einer Minderheit militaristischer Kleinbürger" gehört. Nun aber sei der Bund der religiösen Sozialisten da, der endlich auch in Lippe „für die Rechte des Proletariats, für die Rechte des wirklichen Volkes" kämpfte. Schwartze forderte alle Unzufriedenen zur Mitarbeit auf und kündigte eine Reihe von öffentlichen Veranstaltungen des Lipper Landesverbandes an. Die „noch sehr junge, aber tatkräftige Gruppe der religiösen Sozialisten" – mit diesen Worten begrüßte Erwin

---

470 Zur sozialen Situation vgl. *Hüls*, a.a.O., passim. Zur kirchlichen Situation vgl. *Kurt Meier*, Der evangelische Kirchenkampf, 3 Bände, Halle 1976. Die Darstellung der landeskirchlichen Entwicklung nach 1918 in Bd. 1: Der Kampf um die ‚Reichskirche'.

471 Vgl. zum Wortlaut: SaV 2, 1929. Dort auch die folgenden Zitate aus dem Wortlaut.

472 Vgl. zur Biographie: *Siegfried Neumann*, Haltungen und Auffassungen evangelischer Demokraten 1918-1933, Gotha 1982 (Manuskript). Im biographischen Anhang der Arbeit von Neumann sind auch Angaben zur Biographie Schwartzes zu finden. Daraus geht nicht hervor, ob dieser 1927 vielleicht nur Vikar in Detmold war, wie anzunehmen ist. Schwartze ging 1931 nach Berlin als Pfarrer, wurde 1933 entlassen und schlug sich zunächst als Beerdigungsredner durch. Nach 1934 war er in verschiedenen Pfarreien tätig und wurde 1940 Leiter des Stifts Bethlehem in Schwerin. 1942 entlassen, erhielt er nach Kriegsende erneut die Leitung des Stifts übertragen. Er schied 1951 aus. Im Jahre 1953 „holte" ihn Ernst Bloch nach Leipzig als Dozenten für die Geschichte der Philosophie. Er starb 1967 in Leipzig. Vgl. zu seiner Tätigkeit in Lippe und in der „Lippischen Volkskirche": *Heinrich Schwartze*, Kampf um die Volkskirche in Lippe. Portrait einer Landeskirche um 1930. (= Schiften der religiösen Sozialisten 13), Mannheim 1930.

Eckert die Gründung eines Lipper Landesverbandes –[473] mußte freilich bald erfahren, daß das Feld der „durch und durch reaktionären Lippischen Landeskirche" nur schwer zu beackern war.[474]

Die wenigen lippischen religiösen Sozialisten mußten von Anfang an mit einer ablehnenden, ja feindlichen Haltung der Landeskirche ihnen gegenüber rechnen. Sie sahen daher auch ihrerseits keinen Grund, besonders leisetreterisch aufzutreten, und hofften dabei, die Unterstützung der Sozialdemokratie zu finden. Eine der ersten, öffentliches Aufsehen erregenden Aktivitäten des Landesverbandes war deshalb ein Antrag an den Lippischen Landtag, „der Lippischen Landeskirche oder anderen Religionsgesellschaften keinerlei Staatszuschüsse in irgendeiner Form zu bewilligen". Etwaige dafür vorgesehene Mittel sollten der Wanderarbeiterfürsorge oder dem Siedlungswesen zur Verfügung gestellt werden.[475] Der radikale Tenor eines solchen Antrages war allerdings auch bei religiösen Sozialisten besonders in Süddeutschland nicht unumstritten, so daß Erwin Eckert in seinem Bericht über die lippischen Aktivitäten beschwichtigend auf die „besonderen" Verhältnisse in Lippe hinweisen mußte: „Es scheint in Lippe nur ein entschlossener Kampf gegen die derzeitigen kirchlichen Führer [...]" möglich zu sein.[476] Die Formulierung „derzeitige Führer" macht deutlich, daß die lippischen religiösen Sozialisten zu dieser Zeit noch optimistisch waren, die kirchenpolitischen Verhältnisse durch ihre Arbeit verändern zu können. Zu dieser Hoffnung meinten sie Anlaß zu haben, da sie den schulpolitisch wichtigsten Mann, den kurz zuvor zum Oberschulrat für Lippe ernannten Sozialdemokraten Dr. Walter, zu ihren Freunden zählen durften. Der aus Thüringen stammende – und dort aus der Landeskirche ausgeschiedene – Oberstudiendirektor aus Lemgo, der als Oberschulrat die Funktion eines „Bildungsministers" in dem kleinen Lande Lippe erfüllte, hielt mehrfach auf Einladung des lippischen Landesverbandes der religiösen Sozialisten Vorträge zum Thema „Volk und Kirche".[477]

Die Frühjahrstagung des Landesverbandes am 20. Mai 1929 stand deshalb auch ganz im Zeichen der Schulpolitik. Zu dieser Schwerpunktsetzung trugen vor allem die Volksschullehrer bei, die – nach den Worten von Schwartze – „zahlreich zum Bund der religiösen Sozialisten gehören". Auch wenn es so viele nicht gewesen sind, für die Volksschullehrer war sicherlich der religiöse Sozialist und Oberschulrat Walter ein Hoffnungsträger, der sie auch die Sache der religiösen Sozialisten unterstützen ließ.[478]

473 Vgl. den Bericht darüber in: Zeitschrift für Religion und Sozialismus 3, 1929, S. 71 f.
474 Vgl. den ersten Bericht über die Arbeit Schwartzes in Lippe, in: SaV 12, 1929, dort auch das Zitat und: SaV 13, 1929.
475 Vgl. den Wortlaut des Antrags und die Begründung in: SaV 12, 1929.
476 Vgl. *Erwin Eckert* in: Zeitschrift für Religion und Sozialismus 3, 1929, S. 71 f.
477 Vgl. dazu die wiederholten Veranstaltungsankündigungen im Sonntagsblatt und: „Der Kampf der religiösen Sozialisten in Lippe" in: SaV 35, 1929.
478 Vgl. ebda.

Die Versammlungen des lippischen Landesverbandes der religiösen Sozialisten im Frühjahr und Sommer 1929 ließen zwar die Zahl der Mitglieder – wenn auch nicht in erhofftem Maße – ansteigen, am Zustand der kritisierten Landeskirche, vor allem an der bislang verweigerten Mitwirkung änderte sich nichts. Die lippischen religiösen Sozialisten erklärten sich das vor allem damit, daß in Lippe kein einziger beamteter Pfarrer die Sache der religiösen Sozialisten zu unterstützen bereit war. Die Anhänger des Bundes konnten in Lippe auch nirgends bei einem sympathisierenden Pfarrer am Gottesdienst teilnehmen. Die lippischen religiösen Sozialisten entschlossen sich deshalb zu einem radikalen Schritt. Sie begannen am 1. Oktober 1929 mit einer eigenen „volkskirchlichen" Arbeit, das hieß: sie veranstalteten eigene „sonntägliche Morgenfeiern", oft in den Schulturnhallen. Die öffentliche Ankündigung über die Bildung einer „Lippischen Volkskirche" erfolgte im Oktober 1929 durch den „Lippischen Volkskirchenrat". Sein Sprecher – Heinrich Schwartze – legte dabei Wert auf die Feststellung, daß sie keine Sekte gründen, sondern im Gegenteil mit diesem Schritt besser auf die Landeskirche Einfluß zu nehmen hofften.[479]

Im November 1929 berichtete Heinrich Schwartze auf der „Internationalen Führerkonferenz der religiösen Sozialisten" in Köln sehr optimistisch über die zukünftige Lippische Volkskirche.[480] Die religiösen Sozialisten im Bund waren skeptischer. Erwin Eckert betonte in seinem Jahresrückblick für die religiösen Sozialisten in den übrigen Landesverbänden, daß die Mitglieder der neuen „Volkskirche" nicht aus der Landeskirche ausgetreten seien – was so offenbar nicht stimmte, teilte aber die Skepsis über „diese Formen der Auseinandersetzung" mit einer Landeskirche.[481]

Die Lippische Landeskirche nahm das Auftreten der lippischen religiösen Sozialisten nicht sehr ernst und sah auch in der Gründung einer religiös-sozialistischen Volkskirche keine ernsthafte Bedrohung ihrer Existenz. Kurz nach dem Aufruf Schwartzes zur Bildung eines Landesverbandes Lippe der religiösen Sozialisten im Januar 1929 hatte das lippische Konsistorium, von dieser Aktivität unterrichtet, nur lapidar geantwortet, daß die lippischen religiösen Sozialisten mit der Situation der Landeskirche nicht vertraut und alle Vorwürfe haltlos seien.[482] Im April 1930 heißt es in einem Brief an das Evangelische Kirchenbundesamt in Berlin: „Der Führer der religiösen Sozialisten in Lippe ist aus der Kirche ausgetreten und hat eine sogenannte

---

479 Vgl. den Bericht darüber in: SaV 40, 1929.
480 Vgl. das Protokoll der „Führerkonferenz", abgedruckt in: SaV 47-49, 1929. Der Bericht Schwartzes in: SaV 49, 1929.
481 Vgl. den Jahresrückblick in: SaV 1, 1930 und ausführlicher in: Zeitschrift für Religion und Sozialismus 1930, S. 60 f.
482 Der Wortlaut des Briefes vom 22.1.1929 ist abgedruckt in: SaV 12, 1929.

„Volkskirche" gegründet, deren noch nicht allzu zahlreiche Mitglieder gleichfalls in der Regel aus der Kirche austreten."[483]

Die religiösen Sozialisten um Heinrich Schwartze ließen sich freilich durch diese Haltung des lippischen Konsistoriums nicht beeinflusssen. Sie führten im Jahre 1930 weiterhin in den meisten größeren lippischen Gemeinden, vor allem in Detmold, Brake und Salzuflen, Morgenfeiern durch und konnten im Februar 1930 in Detmold sogar Erwin Eckert zu einem Vortragsabend begrüßen. Die für den Juni 1930 geplante „Jahresversammlung" fand allerdings erst am 12. Oktober 1930 in Salzuflen statt. Besonders Heinrich Schwartze machte in seinen – offenbar nicht widersprochenen Reden – auf der Jahresversammlung deutlich, daß die lippischen religiösen Sozialisten kaum noch Wert auf kirchenpolitische Aktivitäten legen wollten. Die „augenblicklichen Kirchen scheinen ihm dem Untergang bestimmt zu sein", heißt es in einem Bericht über seinen Vortrag. Die Hauptaufgabe der religiösen Sozialisten sei „innerhalb der sozialistischen Gesamtbewegung" zu finden.[484]

Bei der Beschreibung der Aufgabe religiöser Sozialisten in der sozialistischen Bewegung setzte Schwartze allerdings Akzente, die auch seine Abkehr von der Sozialdemokratie deutlich machen. Die Reichstagswahlen hätten eine „Verschiebung zugunsten der revolutionären Gruppen der KPD" ergeben, für die religiösen Sozialisten gelte es, nicht nach „opportunistischen Grundsätzen" zu verfahren und zu erkennen, daß „gegenüber der wachsenden faschistischen Masse [...] nur die Einheitsfront des sozialistischen Proletariats die drohende faschistische Diktatur und damit den Bürgerkrieg verhindern" könne. Und er schloß seine Rede mit der Aufforderung, für die „klassenlose Gesellschaft, religiös gesagt: um den Anbruch des Reiches Gottes auf Erden" zu kämpfen – unbekümmert um die zahlreichen Ausführungen vieler religiöser Sozialisten, die eine solche Ineinssetzung stets als Mißverständnis der Reich-Gottes-Lehre kritisiert hatten. Mit einer solchen politischen Akzentsetzung der Arbeit religiöser Sozialisten stand Schwartze freilich im Bund religiöser Sozialisten Deutschlands im Jahre 1930 noch weitgehend allein. Es mag mit daran gelegen haben, daß die lippischen religiösen Sozialisten in der endlich auch in Lippe begonnenen Diskussion über eine Kirchenverfassung ohne Erfolg blieben. Sie hatten sich für eine demokratische Verfassung stark gemacht, in der vor allem das Wahlrecht geändert werden sollte. Der Versuch scheiterte.[485]

Die Aufzählung der Ortsgruppen der lippischen Volkskirche zu Beginn des Jahres 1931 im Sonntagsblatt offenbarte allerdings, daß von zwanzig Ortsgruppen nicht mehr die Rede sein konnte: es waren nur noch elf. Dazu gezählt wurde auch Bielefeld, da die lippische Volkskirche Anfang 1931 versuchte, mit dem (kaum existenten)

---

483 Brief des Lippischen Konsistoriums vom 5.4.1930 in: EZA Berlin 1/A2/475. Der Brief ist eine Antwort auf eine Anfrage, ob den religiösen Sozialisten kirchliche Räume überlassen würden. Die Antwort zu diesem Brief war: „Die ‚Volkskirche' hat gelegentlich um Benutzung eines kirchlichen Gemeindehauses nachgesucht, die jedoch von dem betreffenden Kirchenvorstand abgelehnt worden ist."

484 Vgl. zum Verlauf der Jahresversammlung und zur Rede Schwartzes, auch für die folgenden Zitate: SaV 43, 1930.

485 Vgl. die Berichte über die Diskussion zur Kirchenverfassung und zum Wahlrecht in dieser Verfassung in: Der Religiöse Sozialist 1, 1931 und 11, 1931.

Landesverband Westfalen-Ost (d.h. Bielefeld) einen gemeinsamen Landesverband auf die Beine zu stellen. Bielefeld beteiligte sich daher auch nicht an der ersten westfälischen Landesversammlung, die am 5./6. September 1931 in Dortmund stattfand.[486] Im Jahre 1932 gibt es in der Presse der religiösen Sozialisten kaum noch Hinweise auf die Existenz der lippischen Volkskirche. Im Frühjahr 1932 wurde allerdings noch einmal auf den Landesverband Lippe des Bundes der religiösen Sozialisten verwiesen: Vorsitzender war weiterhin Heinrich Schwartze aus Salzuflen. Danach verliert sich die Spur der lippischen Volkskirche. Das hängt wohl nicht zuletzt mit dem Weggang Schwartzes aus Lippe zusammen. Er hatte mit seiner Energie den lippischen Landesverband der religiösen Sozialisten geprägt, mit seinem Rigorismus aber auch dazu beigetragen, daß die Zahl der Anhänger klein blieb.

i) *Religiöser Sozialismus in der Diaspora: Die Regionen Bayern, Sachsen, Anhalt, Hessen, Saarland und Hamburg*

Als Heinrich Dietrich Mitte der zwanziger Jahre in einer kleinen Broschüre aufschrieb, „wie es zum Bund der religiösen Sozialisten kam", sprach er am Schluß von den – wie er es nannte – „kleineren Mittelpunkten religiös-sozialistischen Lebens". Er meinte damit die religiös-sozialistische Bewegung in Bayern, Sachsen, Anhalt, Hessen, im Saarland und in Hamburg. Viel gab es über diese Regionen im Jahre 1926 noch nicht zu berichten, außer daß es „mancherorts gärt und kocht", von organisatorischen Strukturen konnte kaum die Rede sein.[487] Das änderte sich erst ab 1927 etwas und zu Beginn der dreißiger Jahre war die religiös-sozialistische Bewegung auch hier für kurze Zeit sichtbar geworden. Die optimistischen Berichte in der religiös-sozialistischen Presse, daß nun auch in diesen Gebieten „Landesorganisationen" entstanden seien, waren allerdings vor allem aus dem Wunschdenken der wenigen Aktiven in dieser religiös-sozialistischen Diaspora entstanden. Die Ursachen für die nur geringe Verbreitung religiös-sozialistischer Ideen in einigen Gebieten des Deutschen Reiches sind vielfältig:

a) In einigen Regionen war die landeskirchliche Situation so konservativ geprägt, daß es zum Beispiel in Hessen oder Bayern, lange Zeit kein einziger Pfarrer wagte, sich offen zur religiös-sozialistischen Bewegung oder gar zur SPD zu bekennen. Nur über die Pfarrer und durch ihren Einfluß in der Gemeinde aber lief oft die Mobilisierung für religiös-sozialistische Ideen.

b) In einigen „Hochburgen" der sozialistischen Arbeiterbewegung war der Einfluß der Freidenker-Organisationen so groß, daß, in Sachsen zum Beispiel, sich die SPD-Presse und die Parteiführung unduldsam und feindselig gegenüber den religiösen Sozialisten verhielten und kirchliche Vorurteile gegenüber der sozialistischen Arbeiterbewegung zu bestätigen schienen.

---

486 Zu den Ortsgruppen 1931 vgl. der Religiöse Sozialist 1, 1931, zur Kontroverse mit Westfalen vgl. Der Religiöse Sozialist 32, 1931.
487 Vgl. *Dietrich*, a.a.O., die Zitate S. 67.

c) In Bayern (wie auch im Rheinland und in Westfalen) war die evangelische Landeskirche in einer Minderheitenposition, die es den für eine Aufhebung der konfessionellen Spaltung eintretenden religiösen Sozialisten schwer machte, sich im konfessionellen Streit zu behaupten.

Religiöser Sozialismus in Bayern

In Bayern war die evangelische Landeskirche so deutschnational-konservativ geprägt, daß in ganz Bayern nach 1918 nur ein einziger Pfarrer der SPD angehörte und „höchstens ein halbes Dutzend" Pfarrer SPD-Sympathisanten waren. 53 bayerische Pfarrer aber gehörten schon vor 1933 der NSDAP an.[488] Der nach 1918 die Zeitschrift „Christentum und soziale Frage" herausgebende bayerische Pfarrer Georg Merz scharte zwar bereits kurz nach dem Kriege einen Kreis Gleichgesinnter um sich, der aber nicht als „Vorläufer" einer religiös-sozialistischen Bewegung in Bayern angesehen werden kann.[489] Erst 1926 war die Haltung der Landeskirche in der Frage der Fürstenenteignung für den oberfränkischen Pfarrer Matthias Simon Anlaß, eine Arbeitsgemeinschaft religiöser Sozialisten zu bilden. Er suchte und fand Kontakt zur örtlichen Sozialdemokratie, stieß aber selbst in seiner Gemeinde auf großen Widerspruch gegen sein politisches Engagement. Seit Ende 1925 bildete Bayern einen eigenen „Organisationskreis" und gehörte organisatorisch nicht mehr zu Berlin. Aber noch 1927 lehnten die wenigen bayerischen Sozialisten – mit dem „Oberlehrergenossen Meister" aus Bayreuth als Ansprechpartner – es ab, Ortsgruppen zu bilden, da man „gegen eine vorschnelle Verfestigung der Organisation" sei.[490] Die Wahrheit war wohl eher, daß es nichts zu organisieren gab. Der für kleine Erfolgsmeldungen stets aufgeschlossene Erwin Eckert erwähnte in seinem Rückblick auf das Jahr 1928 Bayern mit keinem Wort. Erst im November 1929 entstand durch die Initiative des Konsuls a.D. und Genossen von Falkenhausen eine Münchener Ortsgruppe, die im Jahr 1930 regelmäßige Veranstaltungen durchführte. Erwin Eckert berichtete von der Existenz kleiner Kreise von Katholiken und Protestanten, die Anlaß gaben, auf eine „geschlossene Organisation" in Bayern zu hoffen. Im Sonntagsblatt war 1930 erstmals von einem Landesverband die Rede.[491] Im Jahre 1931 entstand in Nürnberg eine weitere Ortsgruppe, und von Falkenhausen löste Simon als Landesvorsitzenden der reli-

---

488 Vgl. zur landeskirchlichen Situation: *Clemens Vollnhals*, Evangelische Kirche und Entnazifizierung 1945 bis 1949, München 1989, S. 122 f.
489 Georg Merz war ab 1922 Schriftleiter der Zeitschrift „Zwischen den Zeiten" und gehörte im Kreis um Karl Barth nicht nur zu den Kritikern der religiös-sozialistischen Bewegung, sondern im Umfeld der Dialektischen Theologie auch zu den politisch konservativen Barthianern.
490 Vgl. zum Organisationskreis 1925: SaV 2, 1926 und zur Ablehnung von Ortsgruppen 1927: SaV 19, 1927.
491 Vgl. zur Münchener Ortsgruppe SaV 46, 1929 und SaV 8, 1930. Der Bericht Eckerts in: SaV 1, 1930, zum Landesverband SaV 26, 1930.

giösen Sozialisten in Bayern ab.[492] Matthias Simon war mit dem von Erwin Eckert gesteuerten Kurs im BRSD nicht einverstanden und überlegte die Trennung von ihm.[493] Der neue Landesvorsitzende von Falkenhausen hielt es auch nicht lange im bayerischen Landesverband, er trat – offenbar schon 1932 – aus dem BRSD aus. Mit ihm war auch die Ortsgruppe München „von der Bildfläche" verschwunden und die „Bewegung in Bayern schien einzuschlafen". Eine inzwischen entstandene Ortsgruppe in Nördlingen wurde aber noch einmal mit der „vorläufigen Führung der Geschäfte" eines nicht mehr existierenden Landesverbandes beauftragt. Ende Februar 1933 fand in Nördlingen die letzte Veranstaltung der bayerischen religiösen Sozialisten statt.[494]

Religiöser Sozialismus in Sachsen

Auch in Sachsen gab es Mitte der zwanziger Jahre nur einige wenige Mitglieder des Bundes religiöser Sozialisten und eine etwas größere Zahl von Lesern des „Sonntagsblattes". Ortsgruppen existierten nicht.[495] Dabei hatte es kurz nach Kriegsende zumindest im Chemnitzer Raum verheißungsvoll begonnen. Die vom Chemnitzer Pfarrer Schlosser ins Leben gerufene „Vereinigung für sozialistische Lebensgestaltung" hatte „Hunderte" von Arbeitern als Mitglieder gewonnen. Die „Vereinigung" verstand sich aber als eine „Bewegung", die ohne feste Organisation auskommen müsse.[496] In allen übrigen Teilen Sachsens aber konnte zum Ende der zwanziger Jahre von einer religiös-sozialistischen Organisation überhaupt keine Rede ein. Über die Gründe waren sich alle Berichterstatter einig: Die SPD-Presse übte gegenüber religiös-sozialistischen Verlautbarungen „größte Zurückhaltung" oder war sogar, wo der Einfluß der Freidenker noch größer war, „offen feindselig". Die meisten Parteizeitungsredakteure seien areligiös, unterschieden sich darin aber kaum von der Mehrheit der Parteimitglieder, da „das Mißtrauen besonders in der sächsischen Arbeiterschaft sehr groß ist gegen alles, was mit Religion und Kirche" zusammenhängt.[497] Erst 1930 entstanden in Dresden, Leipzig, Chemnitz, Zwickau und Lößnitz religiös-sozialistische Ortsgruppen. Pfarrer Truckenbrodt aus Meißen übernahm den Vorsitz des Landesverbandes.[498] Zumindest die Ortsgruppen in Dresden und in Leipzig kamen zu regelmäßigen Mitgliederversammlungen zusammen, wählten einen Vorstand und führten

---

492 Vgl. die Berichte über öffentliche Veranstaltungen in München und Nürnberg mit zum Teil großer Teilnehmerzahl unter anderem in: Der Religiöse Sozialist 6, 1931, über die Landesversammlung im April 1931 in: Der Religiöse Sozialist 16, 1931.
493 Der württembergische Pfarrer Stürner nennt Pfarrer Simon in einem Brief an Günther Dehn vom 10.9.1930 einen möglichen Austrittswilligen, in: Archiv des Diakonischen Werkes Berlin, CA 1911 I.
494 Vgl. den Bericht in: Der Religiöse Sozialist 6, 1933.
495 Vgl. die Darstellung bei *Dietrich*, a.a.O., S. 78.
496 Vgl. die Darstellung über die „Vereinigungen für sozialistische Lebensgestaltung" im Kapitel 6.
497 Vgl. Dietrich, a.a.O., S. 78; *Eckert*, Arbeit und Kampf der religiösen Sozialisten im Jahre 1920, in: SaV 1, 1930, und Pfarrer *Kleinschmidt*, Die Arbeit der religiösen Sozialisten in Sachsen, in: SaV 47, 1929.
498 Vgl. die Mitteilung darüber in: SaV 36, 1930.

öffentliche Veranstaltungen durch. Den Vorsitz in Dresden hatte die Oberstudienrätin Maria Sturm, in Leipzig der SPD-Abgeordnete Kurt Dietze inne. Im März 1933 fand auch in Sachsen die letzte Veranstaltung religiöser Sozialisten statt.

Religiöser Sozialismus in Anhalt

In der preußischen Provinz Anhalt war die religiös-sozialistische Bewegung etwas erfolgreicher als in Sachsen. Die Pfarrer Küsell und Heide, zu denen sich 1926 (nach der Diskussion über die Fürstenenteignung) noch Pfarrer Richter gesellte, waren in Anhalt die „Bahnbrecher für den religiösen Sozialismus"[499] Sie riefen 1926 im Namen des „Bundes religiöser Sozialisten Anhalts" zur Wahl von religiösen Sozialisten in den Landeskirchenrat auf, kandidierten allerdings nur in zwei Wahlkreisen, in Bernburg und in Dessau, und erhielten rund 2.900 Stimmen. Trotz dieses Erfolges – es standen ihnen damit vier von 33 Sitzen im Kirchenrat zu – waren sie aufgrund einer Änderung des Wahlverfahrens im Landeskirchentag nicht vertreten. Sie hofften, daß dieser „Rechtsbruch" das Kirchenvolk aufrütteln würde.[500] Die Hoffnung trog allerdings, erst Anfang 1930 entstand nach Bernberg durch die Hilfe von Emil Fuchs in Halle eine weitere Ortsgruppe. Dort fanden auch bis zum Februar 1933 regelmäßige Mitgliederversammlungen und gut besuchte öffentliche Veranstaltungen statt, auf denen unter anderem Professor Reichwein, Professor Günther Dehn, Bernhard Göring und von Harnack referierten.[501]

Religiöser Sozialismus in Hessen

Die religiösen Sozialisten in Hessen bildeten wie in Bayern seit Anfang 1926 einen eigenen „Organisationskreis". Der Frankfurter Verwaltungsoberinspektor und Sozialdemokrat Rudolf Jentzsch versuchte allerdings schon seit 1924, in der SPD-Presse für den religiösen Sozialismus zu werben. Bis 1926 hatten sich jedoch nur wenige Interessenten aus Frankfurt, Wiesbaden, Hanau und Darmstadt gemeldet, „kein einziger Pfarrer" gehörte dazu.[502] An eine Beteiligung an den Kirchenwahlen war deshalb zunächst nicht zu denken, dennoch entstanden schließlich in Frankfurt, Offenbach und Darmstadt auch Ortsgruppen, in die jedoch „nur eingeschriebene [SPD-] Parteimitglieder aufgenommen" wurden. Sie bildeten 1929 einen Landesverband,

---

499 Vgl. *Dietrich*, a.a.O., S. 77 f., und *Angelika Weiland*, Die religiösen Sozialisten in der evangelischen Landeskirche Anhalts, Wittenberg 1933 (MS). Der Landesverand gab 1927/28 auch eine kleine Zeitschrift heraus: Der Religiöse Sozialist in Anhalt.
500 Zur Kandidatenliste und zum Ergebnis vgl. SaV 42 und 46, 1926 und SaV 2, 1927.
501 Vgl. zu der Ortsgruppe in Halle die Mitteilung in: SaV 8 und 11, 1939, und die regelmäßigen Organisationsnachrichten aus Halle in: Der Religiöse Sozialist bis zum Februar 1933.
502 Vgl. *Dietrich*, a.a.O., S. 68 und SaV 2, 1926.

dessen Vorsitz Pfarrer Creter aus Offenbach übernahm.[503] Im gleichen Jahr versuchten die religiösen Sozialisten bei den Kirchenwahlen, zumindest in der Frankfurter Paulskirche einige Mandate zu gewinnen. Der Wahlvorschlag mit zwölf Kandidaten – vom Schriftsetzer bis zum Präsidenten des Landesarbeitsamtes reichte das Spektrum der Berufe – erhielt 111 Stimmen und damit zwei Mandate. Die Einschätzung dieses mageren Ergebnisses als „sehr günstig" sagt viel über die Stärke der religiössozialistischen Bewegung in Hessen aus.[504] Der Landesverband konnte allerdings seit 1930 drei Pfarrer als Mitglieder zählen. Sie waren, wie auch die übrigen religiösen Sozialisten in Hessen, Mitglieder der SPD.[505] Die Zahl der Ortsgruppen vergrößerte sich aber nicht wesentlich, in Nordhessen waren einige Ortsgruppen im Entstehen begriffen. Als Pfarrer Quack aus Altersgründen den Vorsitz des Landesverbandes aufgeben mußte, wurde der Assessor Ludwig Metzger aus Darmstadt zum neuen Vorsitzenden gewählt. Anfang 1933 existierten nur noch die Ortsgruppen in Frankfurt und in Darmstadt. In Frankfurt fand Ende Februar 1933 mit einem Vortrag über Leonhard Ragaz auch die letzte Veranstaltung der hessischen religiösen Sozialisten statt.[506]

Religiöser Sozialismus im Saarland

Der sozialdemokratische Redakteur Johann Pitz von der „Volksstimme" in Saarbrücken versuchte 1928, einen „Landesverband Saarland" ins Leben zu rufen, aber noch 1930 gab es nur einige „Lesegruppen des Sonntagsblattes". Die Arbeit der religiösen Sozialisten sei, so hieß es, im Saarland durch das „Abgeschnittensein dieser Landesteile" sehr erschwert.[507] Im Jahre 1931 wurde Pfarrer Günther aus Schwalbach zum Vorsitzenden des Landesverbandes gewählt, Redakteur Pitz gehörte weiterhin „zum engen Kreis der Freunde des Saargebiets".[508] Die Beteiligung an den Kirchenwahlen im November 1932 wurde nach Meinung der saarländischen religiösen Sozialisten ein Erfolg: In neun Gemeinden erhielten sie bis zu 25 Prozent der Stimmen und im ganzen 79 Sitze in den Gemeindevertretungen.[509]

---

503 Vgl. *Eckert*, Zur kirchenpolitischen Lage in: Zeitschrift für Religion und Sozialismus 3, 1929, und Organisationsmitteilungen über Hessen in: SaV 11 und 16, 1929.
504 Vgl. den Wahlaufruf, in dem unter anderem der Satz enthalten ist: „Nun gilt es, die Paulskirche zu erobern", die Liste der Kandidaten und das „sehr günstige Ergebnis", in: SaV 2 und 4, 1929.
505 Vgl. den Bericht in SaV 6 1930.
506 Ludwig Metzger war nach 1945 der erste SPD-Oberbürgermeister in Darmstadt und später Staatsminister in Hessen. Noch in den vierziger Jahren war er Mitbegründer der „Arbeitsgemeinschaft Christentum und Sozialismus".
507 Vgl. die spärlichen Organisationsmitteilungen über das Saarland in SaV, u.a. 8 und und 11, 1930.
508 Vgl. den Bericht über die Neuwahlen in: Der Religiöse Sozialist 19, 1931.
509 Vgl. die Wahlergebnisse in: Der Religiöse Sozialist im Jahre 1933. Über weitere organisatorische Aktivitäten bis zum Jahre 1935 ist nichts bekannt.

Der Landesverband Hamburg mit Ortsgruppen in Altona und Hamburg wurde erst 1928 gegründet. Im Jahre 1930 schufen sich die religiösen Sozialisten der drei Hansestädte mit der Hamburger Geschäftsstelle eine Zentrale, von der „aus Propaganda und Arbeit des Bundes geleitet wird".[510] Diese Formulierung ist allerdings, wie so oft in den Organisationsmitteilungen der religiös-sozialistischen Presse, eine Übertreibung. Die einzige tätige Ortsgruppe, Hamburg, hatte nur rund zwölf Mitglieder, sie arbeitete eng mit der Hamburger SPD zusammen. Sie war allerdings eher freireligiös und sehr kirchenkritisch orientiert, weshalb auch das Werben von Karl Obert aus Altona für seinen „Bund Evangelischer Sozialisten" auf Ablehnung stieß.[511]

5. Die Internationale der religiösen Sozialisten

a) *Internationale Konferenzen religiöser Sozialisten*

Die Anregung zum übernationalen Zusammenschluß religiöser Sozialisten ging bereits vor 1914 von der Schweiz und von Frankreich aus. Die schweizerische religiös-soziale Bewegung um Leonhard Ragaz und die französische calvinistische Bewegung der „chretiens sociaux" hatten 1910 zu einer internationalen Tagung von religiös-sozialen Bewegungen nach Besançon eingeladen. Es bestanden Kontakte zu der Christian Socialist Fellowship in den USA, zur Church Socialist Union in England, zum Kreis um die Zeitschrift „Blijde Wereld" in Holland und zur Waldenser-Kirche in Italien. Die meisten Teilnehmer kamen allerdings aus der Schweiz und aus Frankreich. Während der Tagung vereinigten sich die „Welsch- und Deutsch-Schweizer Religiös-Sozialen". Darüber hinaus kam es zum Gespräch mit deutschen liberalen Protestanten aus dem Umkreis des Evangelisch-Sozialen Kongresses von Friedrich Naumann. Die Teilnehmer der Tagung beschlossen, angeregt durch die vom Genfer Mitinitiator de Morsier formulierten Thesen für ein „Aktionsprogramm der Religiös-sozialen Internationale", eine internationale Vereinigung zu gründen und im Jahre 1912 in Basel einen zweiten „Internationalen Kongreß für soziales Christentum" durchzuführen. Besonders die Schweizer Religiös-Sozialen waren von der „Heerschau" auf den Kongressen der Sozialistischen Internationale beeindruckt, und so waren auch Ort und Jahr nicht zufällig gewählt. Als während des Kongresses der Sozialistischen Internationale 1912 in Basel eine große Kundgebung in dem Baseler Münster stattfand, wirkte für Leonhard Ragaz „der Einzug der ‚Arbeiterbataillone' in die Kirche wie ein Symbol". Das internationale Bekenntnis gegen den Krieg diente Ragaz und anderen „sozia-

---

510 Vgl. die Erwähnung Hamburgs in: SaV 42, 1928 und SaV 1, 1930.
511 Vgl. den Bericht von Karl Obert vom 14.10.1930 in: Archiv des Diakonischen Werkes Berlin CA 1911 I.

listisch Gestimmten unter den Christen" als Vorbild. Der religiös-soziale Internationale Kongreß mußte allerdings wegen der Differenzen mit den deutschen Vertretern über das Thema „Militarismus und Kirche" verschoben werden. Als neuer Termin war der Herbst 1914 vorgesehen, die Planung war schon weit vorangeschritten, als der Kriegsausbruch alle Aktivitäten erst einmal lähmte. Für Leonhard Ragaz war klar, daß jetzt ein „großer, zäher Feldzug für den Frieden, für eine Verständigung [...]" beginnen müsse. Er plante noch für das Jahr 1914 eine Internationale Friedenskonferenz, die allerdings aufgrund der Haltung der deutschen liberalen Protestanten, die eine Kritik an der deutschen Politik bei Kriegsausbruch nicht hinnehmen wollten, scheiterte. Die daraus resultierende Enttäuschung der Schweizer Religiös-Sozialen über die deutschen liberalen Protestanten belastete auch nach Kriegsende die Zusammenarbeit von sozial engagierten schweizerischen und deutschen Protestanten. Aus Deutschland meldeten sich erst ab 1917 mehr Stimmen zu Wort, die der kaiserlichen Kriegszielpolitik widersprachen.

Das Thema „Frieden" wurde so noch während des Krieges das einigende Band für die wenigen gegen den Strom patriotischen Übereifers schwimmenden Christen in verschiedenen europäischen Ländern.[512] Sie versuchten nach 1918, die abgerissenen Bande neu zu knüpfen und eine internationale Zusammenarbeit zu organisieren. Die erste Anregung dazu kam während einer im Oktober 1919 im holländischen Bilthoven stattfindenden internationalen Konferenz, an der Vertreter aus zehn Ländern teilnahmen. Die Verantwortung der Christen für den Weltkrieg stand im Mittelpunkt der Diskussionen. Eine von einem „Internationalen Sekretariat der Bewegung für eine Christliche Internationale" verfaßte Erklärung, in der die „Versöhnung der Völker" als Voraussetzung für die Vermeidung künftiger Kriege gefordert wurde, fand auch in Deutschland, besonders im Umkreis der von Friedrich Siegmund-Schultze herausgegebenen Zeitschrift „Die Eiche" und zunächst auch bei dem Freundeskreis der Zeitschrift „Neuwerk" ein zustimmendes Echo.[513] Im Juli 1921 fand in Bilthoven eine weitere Tagung statt, auf der trotz kritischer Einwände gegen eine organisatorische Verfestigung ein zehnköpfiger Arbeitsausschuß mit Sitz in England gebildet wurde. Eine mehrheitlich verabschiedete „Prinzipienerklärung" nannte die Arbeit für eine weltweit zu propagierende Kriegsdienstverweigerung als Hauptziel der „Bilthoven-Bewegung". An verschiedenen Orten sollten weitere Konferenzen durchgeführt werden. Die Anhänger des Neuwerk-Kreises lehnten die Mitarbeit im Arbeitsaus-

---

512 Zur Vorgeschichte der religiös-sozialistischen Internationale vgl. *Mattmüller*, Leonhard Ragaz und der religiöse Sozialismus; *Ragaz*, Mein Weg und: Leonhard Ragaz in seinen Briefen. Die von Ragaz herausgegebene Zeitschrift „Neue Wege" berichtete auch über die internationalen Bemühungen der Schweizer Religiös-Sozialen. Das Zitat zum Baseler Kongreß 1912: *Mattmüller*, a.a.O., Band 2, S. 7; das Zitat von Ragaz 1914 in: *Ragaz*, Briefe, a.a.O., Band 2, S. 55. Zum liberalen deutschen Protestantismus vgl. *Johannes Rathje*, Die Welt des freien Protestantismus. Ein Beitrag zur deutsch-evangelischen Geistesgeschichte. Dargestellt am Leben und Werk Martin Rades, Stuttgart 1952. Vgl. *Karl Aner* in: Neue Wege 37, 1917, hier zit. nach *Mehnert*, Evangelische Kirche und Politik 1917-1919, S. 48.
513 Vgl. den Bericht über die Tagung 1919 und den Wortlaut der Erklärung in: Das Neue Werk 37, 1919/20.

schuß ab, da die „Welt des lebendigen Christus [...] keine Organisation, keine Festlegung duldet...", sie wollten aber weiter an Konferenzen teilnehmen.[514]

Der aus der „Bilthoven-Bewegung" hervorgehende „Internationale Versöhnungsbund" wurde vor allem von Quäkern getragen, die die Idee des Pazifismus und der Kriegsdienstverweigerung in den Mittelpunkt ihrer Ziele setzten. Religiöse Sozialisten aus Deutschland beteiligten sich, wie Emil Fuchs, an der Arbeit des „Versöhnungsbundes", die Mehrzahl der religiösen Sozialisten aber empfand die Zielsetzung der ihnen verwandten „Christlichen Internationale" als nicht eigentlich religiös-sozialistisch.[515]

Erst die im Juli 1924 im holländischen Barchem stattfindende Tagung gilt daher im Selbstverständnis der religiösen Sozialisten als die erste internationale Konferenz für religiösen Sozialismus. Die meisten der über fünfzig Teilnehmer kamen aus Holland und aus Deutschland, nur wenige aus Frankreich, England und der Schweiz. Aus Deutschland waren vierzehn Teilnehmer gekommen, neben Vertretern des Neuwerk-Kreises (Hermann Schafft) und des Berliner Kreises (Eduard Heimann, Paul Tillich und Carl Mennicke) waren es religiöse Sozialisten aus Berlin (Günther Dehn), aus Thüringen (Emil Fuchs) und aus dem Rheinland (Georg Fritze). Die ebenfalls eingeladenen Vertreter des badischen Volkskirchenbundes waren verhindert. Die Tagung sollte vor allem über Ländergrenzen hinweg einen Gedankenaustausch über die inhaltliche Bestimmung eines religiösen Sozialismus bringen. Die Referate von Leonhard Ragaz über „Christentum oder neue Religion" und von Paul Tillich über „philosophische und theologische Weiterbildung des religiösen Sozialismus" lösten intensive Diskussionen aus, die von den Teilnehmern freilich ganz unterschiedlich wahrgenommen wurden.[516]

Die unterschiedlich urteilenden Berichte verdeutlichten ein wichtiges Ergebnis der Barchemer Tagung: Die religiös-sozialistischen Bewegungen in den verschiedenen europäischen Ländern waren so unterschiedlich in ihrem Selbstverständnis, daß eine internationale Zusammenarbeit so schnell nicht zu erwarten war. Es dauerte deshalb auch über vier Jahre, bis wieder der Versuch einer internationalen Konferenz religiöser Sozialisten gemacht wurde. Inzwischen war in Deutschland der Bund der religiösen Sozialisten (BRSD) entstanden, und sein Vorsitzender Erwin Eckert hoffte aufgrund seiner Gespräche mit österreichischen und Schweizer religiösen Sozialisten, daß es bereits 1927 zu einer internationalen Tagung kommen könne, „an der auch die Engländer, die Holländer und die kleine religiös-sozialistische Gruppe in Frankreich teilnehmen wird".[517] Ziel einer solchen Tagung aber sollte nicht mehr nur der Gedan-

---

514 Vgl. den Bericht über die Tagung 1921 und den Wortlaut der Prinzipienerklärung in: Das Neue Werk 1920/21, S. 109 ff.

515 Vgl. zur Geschichte der „Bilthoven-Bewegung" den Bericht in der Zeitschrift des Berliner Bundes religiöser Sozialisten: „Der religiöse Sozialist" 12, 1922.

516 Vgl. den Bericht von *Wilhelm Wibbeling* in: Christliches Volksblatt 32, 1924, dort auch die Angaben über die Teilnehmer; *Ragaz*, Mein Weg, Band 2, a.a.O., S. 200 f. Zu den Differenzen von Ragaz mit dem „Berliner Kreis" vgl. auch *Carl Mennicke*, Barchem in: Blätter für religiösen Sozialismus 7/8, 1924 und: ders., Zur Barchemer Konferenz in: Blätter für religiösen Sozialismus 9/10, 1924. Vgl. auch *Hermann Schafft*, Barchem, in: Neuwerk 1924/25, S. 216 ff.

517 Vgl. *Eckert*, Jahresausblick, in: SaV 2, 1927.

kenaustausch zwischen religiösen Sozialisten verschiedener Länder sein, auf der Tagesordnung stand jetzt „die Notwendigkeit eines internationalen Zusammenschlusses".[518] Im Ausblick auf das Jahr 1928 kündigte Eckert daher auch eine „internationale Tagung" religiöser Sozialisten an, deren Ziel neben dem Erfahrungsaustausch auch die Durchführung „gemeinsamer Aktionen" und die Einrichtung einer „zentralen Nachrichtenstelle" für alle religiösen Sozialisten sein sollte.[519]

Für Erwin Eckert galt freilich auch die Anfang August 1928 in Mannheim durchgeführte Konferenz des BRSD als internationales Treffen, da die Gäste aus dem Ausland – unter anderem Professor Ragaz aus der Schweiz und Pfarrer Banning aus Holland – nicht nur über die religiös-sozialistische Bewegung in ihren Ländern berichteten, sondern auch einen Beschluß zur Bildung eines „Internationalen Ausschusses der religiösen Sozialisten" mittrugen. Leonhard Ragaz übernahm die Leitung, Otto Bauer aus Österreich, William Banning aus Holland und Erwin Eckert aus Deutschland waren weitere Ausschußmitglieder.[520] Aber auch wenn Eckert deshalb die für Ende August 1928 nach Le Locle in der Schweiz einberufene internationalen Tagung nur als „Ergänzung" der Mannheimer Konferenz ansah, für die in Mannheim anwesenden religiösen Sozialisten war klar, daß nicht zuletzt wegen der deutlich gewordenen Differenzen zwischen den deutschen religiösen Sozialisten die Mannheimer Tagung in erster Linie eine „mehr deutsche Konferenz" gewesen war.[521]

Am 24. und 25. August 1928 fand in Le Locle im Schweizer Jura der zweite internationale Kongreß der religiösen Sozialisten statt. Vertreter aus Frankreich, England, Deutschland, Holland und der Schweiz berichteten über die religiös-sozialistische Bewegung in den verschiedenen Ländern und diskutierten über den „Kampf gegen den Militarismus" und über die Frage der Kriegsdienstverweigerung. Nach einem Bericht Erwin Eckerts über die Ergebnisse der Mannheimer Konferenz beschlossen die Teilnehmer, einen „Internationalen Ausschuß" zu bestimmen. Er war mit dem in Mannheim berufenen Ausschuß fast identisch, lediglich um drei Mitglieder erweitert. Leonhard Ragaz aus der Schweiz blieb Vorsitzender, die weiteren Ausschußmitglieder waren neben Pfarrer Eckert, Pfarrer Banning und dem Österreicher Otto Bauer noch der Gewerkschaftsbeamte Fred Hughes aus England und Professor Paul Passy aus Frankreich. Das Sekretariat sollte Hélène Monastier aus Lausanne leiten. Die Aufgaben des Internationalen Ausschusses wurden allerdings etwas bescheidener als in Mannheim beschrieben: Er sollte nur noch „die Verbindung der religiös-sozialistischen Bewegungen der verschiedenen Länder untereinander aufrechterhalten". Die Teilnehmer prangerten in einer „Kundgebung" die dem Kapitalismus geschuldete soziale Unge-

---

518 Zu diesem Thema referierte der holländische religiöse Sozialist Resink auf der Hauptversammlung der preußischen religiösen Sozialisten im November 1927 in Berlin. Vgl. den Bericht in: SaV 46, 1927.
519 Vgl. den Bericht von Eckert in: SaV 1, 1928.
520 Vgl. die Beschlüsse der Mannheimer Tagung in: SaV 33, 1928.
521 Vgl. die Einschätzung Eckerts, daß die Mannheimer Tagung die deutschsprechenden religiösen Sozialisten und die Konferenz in Le Locle die romanisch sprechenden religiösen Sozialisten vereinen solle in: SaV 25, 1928; zur Charakterisierung der Mannheimer Tagung als „deutsche Konferenz" vgl. *Ragaz*, Mein Weg, Band 2, a.a.O., S. 198. Vgl. auch die Darstellung der Entwicklung des BRSD im Kapitel 4.

rechtigkeit an, warnten vor der ständigen Kriegsgefahr und verwiesen als Ausweg aus diesen Gefahren auf den Sozialismus als einer „vom Geiste Gottes gewollten Bewegung zur Vernichtung dieser Ungerechtigkeiten". Sie forderten ihre Glaubensgenossen auf, am „Kampf des internationalen Sozialismus für allgemeine Abrüstung und für eine gerechte und brüderliche Wirtschaftsordnung" teilzunehmen. Die religiös-sozialistische Bewegung sei – wie es in der „Kundgebung" hieß – „Teil der gewaltigen sozialistischen Bewegung überhaupt". Die besondere Aufgabe der religiösen Sozialisten sei es, zur seelischen Erneuerung der Gesellschaft beizutragen. Die damit formulierten programmatischen Grundsätze eines „Internationalen Bundes religiöser Sozialisten" blieben allerdings ein in den christlichen Kirchen und in den sozialistischen Parteien kaum gehörter Appell. Der Kongreß in Le Locle hatte daher vor allem nur ein Ergebnis: Die wichtigsten Wortführer der verschiedenen religiös-sozialistischen Bewegungen hatten sich persönlich kennengelernt oder ihre Bekanntschaft vertieft.[522]

Dem auf dem Kongreß geäußerten Wunsch nach „innerer Klärung" sollte auch eine von Leonhard Ragaz einberufene „Internationale Führer-Zusammenkunft" Anfang November 1929 in Köln dienen. Zuvor hatte bereits eine „Internationale Woche der religiösen Sozialisten" in der Schweiz stattgefunden, an der jedoch keine Deutschen teilgenommen hatten.[523] Die Kölner Zusammenkunft, zu der Vertreter aus der Schweiz, Holland, England, Österreich und Deutschland angereist waren, sollte – wenn es nach Erwin Eckert gegangen wäre – die Methoden und die Taktik der religiös-sozialistischen Bewegungen klären helfen. Ergebnis war aber erneut lediglich die Erkenntnis, daß „jedoch alle ziemlich mit den gleichen Problemen zu tun hatten".[524] Trotz der Neigung von Hélène Monastier zu optimistischen Erfolgsmeldungen geht aus ihrem Bericht dennoch deutlich hervor, daß die religiös-sozialistischen Bewegungen in allen Ländern, nicht zuletzt auch in Deutschland, nur mühsam wuchsen. Immerhin aber konnte der „Internationale Ausschuß" Anfang 1930 mit Camille (Ernst) Fabry aus Belgien und Ende 1930 mit Ljungner aus Schweden zwei neue Mitglieder begrüßen.[525]

Im gleichen Jahr 1930 meldete sich der „Internationale Ausschuß der religiösen Sozialisten" mit zwei bemerkenswerten Kundgebungen erneut zu Wort. Beide tragen deutlich die Handschrift von Leonhard Ragaz. Im März 1930 nahm die religiös-sozialistische „Internationale" Stellung zu den „Religionsverfolgungen in Rußland". In der Stellungnahme wurde zunächst vor dem Mißbrauch des Protestes gewarnt, vor allem davor, daß einem „Feldzug der Worte gegen Rußland gar noch ein Feldzug der Waffen" folgen könnte. Mit diesen Sätzen faßte die „Kundgebung" den

---

522 Vgl. den Bericht über den Verlauf, die Einschätzung der Bedeutung des Kongresses und den Wortlaut der „Kundgebung", in: SaV 39, 1928.
523 Zur Internationalen Woche in der Schweiz vgl. *Ernst-August Suck*, Der religiöse Sozialismus in der Weimarer Republik, S. 144.
524 Vgl. Eckert über die Führerzusammenkunft in: Zeitschrift für Religion und Sozialismus 1930, S. 66 und in: SaV 1, 1930. Vgl. auch *Suck*, a.a.O., S. 145.
525 Vgl. den Bericht von Hélène Monastier in: SaV 31, 1929 und in SaV 11, 1930.

Tenor der Stellungnahmen zu dieser Frage zusammen, wie sie auch aus der Feder deutscher religiöser Sozialisten im „Sonntagsblatt des arbeitenden Volkes" zu lesen waren. Dem folgte aber eine ebenso deutliche Kritik am Bolschewismus, der „mit seinem Gewaltglauben", mit seiner „Verflachung, Verrohung und Versumpfung der Lebensauffassung" kein Fundament habe, „auf dem der Bau eines wirklichen und echten Sozialismus errichtet werden könnte".[526]

Auch Erwin Eckert hatte diese im „Sonntagsblatt" an hervorragender Stelle veröffentlichte Stellungnahme unterzeichnet, obwohl er gerade im Zusammenhang mit den – in der kirchlichen Presse propagandistisch aufgebauschten – Nachrichten über Kirchenverfolgungen in Rußland die „allgemeine Verdammung des Bolschewismus" strikt ablehnte, da für ihn bei aller Kritik der „Bolschewismus eine notwendige und darum wichtige Erscheinung im Leben der Völker" sei.[527]

Auch in dem im November 1930 veröffentlichten „Wort der religiös-sozialistischen Internationale über Nationalismus und Faschismus an die europäische Christenheit", das in dem Satz gipfelte: „Christentum und Faschismus sind unvereinbar", wurde eine andere Akzentuierung zum Faschismus hörbar. Der Wunsch, den „tieferen Sinn der nationalistischen und faschistischen Bewegung nicht zu verkennen" und die „lautere jugendliche Begeisterung und den echten Sozialismus" anzuerkennen, scheint zwar den Nazismus eher zu verharmlosen, der dringende Appell aber, sich nicht vom „Schein der Bewegung über ihren wahren Charakter täuschen zu lassen", macht klar, daß die Stellungnahme vor allem darauf zielte, der faschistischen Bewegung ihren Massenanhang zu nehmen.[528]

Die Frage, wie die religiösen Sozialisten der wachsenden Gefahr des Nazismus angemessen entgegentreten könnten, bewegte auch den dritten – und für die deutschen Teilnehmer letzten – „Internationalen Kongreß der religiösen Sozialisten" Ende September 1931 im nordfranzösischen Liévin. Der Ort Liévin – inmitten der Schlachtfelder des ersten Weltkrieges gelegen – sollte als Mahnung verstanden werden. Nach dem Willen des Vorsitzenden Leonhard Ragaz sollten die Teilnehmer der Tagung – die Bezeichnung „Kongreß" schien angesichts von nur dreißig Teilnehmern einem Berichterstatter etwas übertrieben – vor allem „den Franzosen und den Engländern entgegenkommen". Für Ragaz waren allerdings die Deutschen während der Tagung sehr dominierend, zumal Erwin Eckert, „im Widerspruch zu der übrigen deutschen Delegation, sehr hervor[trat] [...]". Leonhard Ragaz hatte in seinem Tätigkeitsbericht angesichts der größer werdenden nazistischen Bewegung die Gefahr eines Bürgerkrieges in Deutschland und in Österreich beschworen und aus diesem Grunde den „Bruderkampf" der sozialistischen Parteien bedauert. Erwin Eckert fragte in dem Zusammenhang nach der richtigen Taktik auch für religiöse Sozialisten und wies auf die Bedeutung der kommunistischen Bewegung hin – wenige Tage später trat er zur KPD über. Eberhard Lempp aus Württemberg machte klar, daß die von Eckert auf

---

526 Vgl. den Wortlaut der Kundgebung in: SaV 12, 1930.
527 Vgl. *Eckert*, Kirchlicher Generalangriff gegen die Sowjetunion? in: SaV 7, 1930.
528 Vgl. den Wortlaut der Kundgebung in: SaV 48, 1930 und in: Das Rote Blatt 11/12, 1930.

der Tagung offenbar bereits angedeutete Konsequenz von den übrigen deutschen Teilnehmern keinesfalls geteilt wurde. Die Folge dieses Streits aber war, daß das eigentliche Thema, die „Erneuerung des Sozialismus", kaum diskutiert wurde und die Beschlüsse – wie Ragaz später schrieb – „keine Bedeutung" hatten.[529]

Die letzte „Internationale Konferenz" fand 1938 in Eptingen im schweizerischen Kanton Baselland statt. Vertreter aus Österreich, Holland, England und der Schweiz waren anwesend, „Deutsche freilich waren keine mehr da". Leonhard Ragaz blieb Vorsitzender der Vereinigung und die Tagung gab sich – ohne große Wirkung in der nachfolgenden Zeit – „noch etwas wie ein Statut in Form eines Manifestes und eine lose Organisation".[530]

Als Ergebnis der internationalen Zusammenarbeit religiöser Sozialisten nach dem Ende des ersten Weltkrieges kann festgehalten werden: Die „Internationale religiöser Sozialisten" blieb stets nur ein Versuch, über Ländergrenzen hinweg den Gedankenaustausch zwischen religiösen Sozialisten zu fördern. Sie war vor allem von der Persönlichkeit des Schweizer Leonhard Ragaz geprägt, der durch seine – schon aus der Zeit vor 1914 während – internationalen Verbindungen auch zu anderen internationalen Organisationen wie dem „Internationalen Versöhnungsbund" und zum „Internationalen Bund antimilitaristischer Pfarrer" stets eine vermittelnde Funktion erfüllte. Die deutsche „Sektion" der religiös-sozialistischen Internationale war nur kurze Zeit – in der Blütezeit des BRSD nach 1926 – in größerer Zahl auf den internationalen Konferenzen vertreten. Der von ihr ausgehende Wunsch nach einer strafferen Organisation – die Einrichtung des „Internationalen Sekretariats" war Ausdruck dieses Wunsches – wurde jedoch durch das vor allem von Ragaz als anmaßend empfundene Auftreten Erwin Eckerts konterkariert. Die pazifistischen Ziele der „Internationale" bestimmten auch die Themen der Konferenzen. Aber angesichts der anwachsenden faschistischen Massenbewegungen und der größer werdenden Kriegsgefahr konnten die religiösen Sozialisten aus den verschiedenen Ländern nicht mehr tun, als ihre warnende Stimme zu erheben. Die aus der Zusammenarbeit entstehenden persönlichen Kontakte aber hatten zur Folge, daß die internationale Solidarität religiöser Sozialisten kein leeres Wort blieb. Besonders deutsche religiöse Sozialisten durften diese Solidarität nach 1933 – und ein weiteres Mal nach 1945 – erfahren.

---

529 Vgl. zur Einladung und zur Tagesordnung der Tagung in Liévin in: SaV 36, 1931, über den Verlauf: *Eberhard Lempp*, Der internationale Kongreß der religiösen Sozialisten in: Zeitschrift für Religion und Sozialismus 1931, S. 419 ff. Lempp zählte als Teilnehmer zehn Franzosen, sechs Deutsche, zwei Engländer, vier Schweizer, zwei Österreicher, drei Belgier, drei Holländer und einen Dänen auf. Vgl. zur Einschätzung auch: Ragaz, Mein Weg, Band 2, a.a.O., S. 201 f.
530 Vgl. den Bericht über die Tagung in Eptingen in: *Ragaz*, Mein Weg, Band 2, a.a.O., S. 225 ff.

b) Der „Internationale Bund antimilitaristischer Pfarrer"

Der 1928 in Amsterdam gegründete „Internationale Bund antimilitaristischer Pfarrer" hatte zwar auch religiöse Sozialisten vor allem aus der Schweiz, aus Holland und aus Deutschland in seinen Reihen. Die pazifistischen Ziele sprachen aber nicht nur religiöse Sozialisten an.

Der holländische Pfarrer Hugenholtz von der holländischen „Pfarrervereinigung gegen Krieg und Kriegsrüstung" hatte im August 1926 zu einer internationalen Konferenz antimilitaristischer Pfarrer nach Genf eingeladen. Während der Konferenz wurde ein „Arbeitsausschuß antimilitaristischer Pfarrer" gebildet, der zu Gesinnungsgenossen in allen Ländern Kontakt aufnehmen und einen für 1928 geplanten Kongreß in Holland vorbereiten sollte.[531]

Aus Deutschland war der religiös-sozialistische Pfarrer Hans Hartmann in den Arbeitsausschuß gewählt worden. Er kümmerte sich vor allem in den folgenden Jahren um die Sammlung antimilitaristischer Pfarrer in Deutschland.[532] Mitte 1927 fand in Köln auf Einladung des Kölner religiös-sozialistischen Pfarrers Georg Fritze eine „Vorbesprechung" statt, an der sich Pfarrer aus mehreren Ländern beteiligten. Daraus folgte ein von Hans Hartmann Anfang 1928 veröffentlichter Aufruf an alle deutschen Theologen, sich einer „Gesinnungsgemeinschaft kriegsgegnerischer Pfarrer" anzuschließen, die dem zu gründenden „Internationalen Bund antimilitaristischer Pfarrer" angehören wollten. Hartmann verwies in seinem Aufruf darauf, daß sie bereits 160 evangelische Theologen (darunter zwei Professoren) seien, und nannte für die verschiedenen Regionen Ansprechpartner, an die sich Interessenten wenden sollten. Darunter waren als religiöse Sozialisten der Pfälzer Pfarrer August Kopp, der Thüringer Pfarrer Emil Fuchs und der sächsische Pfarrer Harry Truckenbrodt.[533]

Im August 1928 fand schließlich in Amsterdam der lange vorbereitete Internationale Kongreß statt, an dem rund siebzig Pfarrer aus Europa und Amerika teilnahmen. Sie gründeten den „Internationalen Bund antimilitaristischer Pfarrer" und wählten den holländischen Theologieprofessor D. Heering zum Vorsitzenden. In den Arbeitsausschuß wurde erneut auch der deutsche Pfarrer Hans Hartmann gewählt. Nach eigenen Angaben hatte der Bund in Deutschland 220, in der Schweiz 120, in Holland 170 und in England 130 Mitglieder, dazu kamen einzelne Mitglieder aus Schweden, Norwegen, der CSR, aus Japan, Australien, Italien und Frankreich.

Die Teilnehmer verabschiedeten eine „Antikriegsresolution", in der sie für das

---

531 Vgl. zur Genfer Konferenz den Bericht in: Die Eiche 3, 1926, S. 544.
532 Der 1888 geborene Hans Hartmann war von 1915 bis 1928 Pfarrer in Solingen. Seit 1917 Mitglied der USPD (und seit 1922 der SPD), rief er 1919 in der Zeitung „Der christliche Demokrat" dazu auf, eine Gesinnungsgemeinschaft von Pfarrern und Theologieprofessoren zu bilden. Er wurde Mitglied im Bund religiöser Sozialisten Deutschlands, gab 1928 sein Pfarramt auf und wurde Schriftsteller und Rundfunkredner. Er trat 1942 in die NSDAP ein – was er später sehr bedauerte. Er starb 1976. Zur Biographie vgl. *Siegfried Neumann*, Haltungen und Auffassungen evangelischer Demokraten 1918-1933, Anhang.
533 Vgl. den Wortlaut des Aufrufes und die Namensliste in: Die Eiche 1, 1928, S. 101 ff.

Recht auf Kriegsdienstverweigerung eintraten und eine allgemeine Abrüstung forderten.[534]

Der zweite Kongreß des „Internationalen Bundes antimilitaristischer Pfarrer" fand im September 1931 in Zürich statt. Über 130 Pfarrer nahmen teil, davon 80 aus der Schweiz. Hauptthema war – angeregt durch einen Vortrag von Leonhard Ragaz – die Frage von „Gewalt und Gewaltlosigkeit". In einem Appell an die für 1932 geplante Genfer Abrüstungskonferenz riefen sie die Verantwortlichen aller Nationen auf, „den Weg der Abrüstung und der wirksamen Ächtung des Krieges entschlossen zu gehen".[535]

Die Tätigkeit des „Internationalen Bundes antimilitaristischer Pfarrer" war damit nicht beendet, pazifistisch gesinnte Pfarrer aus Deutschland nahmen nach 1933 aber an der Bundesarbeit nicht mehr teil.

6. Kooperationen und Spaltungen

Nach dem Ende des Ersten Weltkrieges befanden sich viele sozial engagierte Angehörige der Evangelischen Kirche, vereinzelt auch der Katholischen Kirche und des Judentums in einer „Krisensituation". Die Erfahrungen des Krieges und der Zusammenbruch, die scheinbare Offenheit des revolutionären Umbruchs und die unklare institutionelle Stellung der evangelischen Landeskirche ließen mehrere religiös-soziale und religiös-sozialistische Freundeskreise entstehen, die nach radikal anderen Formen, nach einem Neuanfang suchten. Die meist nur wenigen Angehörigen der daraus entstehenden religiös-sozialistischen Gruppen strebten oft nicht nach einem festen organisatorischen Zusammenhalt oder lehnten ihn sogar ab. Einige der Gruppen überlebten nicht die ersten Nachkriegsjahre, andere existierten auch nach 1933 weiter. Die meisten standen – vermittelt durch Zeitschriften oder gemeinsame Tagungen – untereinander im kritischen Gedankenaustausch. Der Vorsitzende des „Bundes der religiösen Sozialisten Deutschlands" (BRSD), Erwin Eckert, wollte alle diese Gruppen organisatorisch zusammenfassen, da die religiös-sozialistische Bewegung nach außen einheitlich auftreten müsse, um an politischem Einfluß zu gewinnen.[536] Der nicht von allen Mitgliedern der religiös-sozialistischen Bewegung geteilte „Organisationsrigorismus" Eckerts war einer der Gründe, weshalb einige Gruppen sich nicht unter das Dach des BRSD begeben wollten. Kritik an dessen Programm und Praxis, aber auch ein deutlich unterschiedliches Verständnis von der eigenen praktischen Arbeit kamen hinzu. Für den gesamten Zeitraum zwischen 1918 und 1933 können sieben Gruppen und Organisationen unterschieden werden, die mit dem BRSD eng bzw.

---

534 Vgl. die Berichte über den Kongreß in: SaV 41, 1928 und Neuwerk 1928/29, S. 219 f.
535 Vgl. den Bericht über den Kongreß in: Die Eiche 4, 1931, S. 445 ff.
536 In einem Rückblick auf das Jahr 1926 sprach Erwin Eckert sich sogar gegen „Fraktionsbildungen" im BRSD aus. Vgl. *Erwin Eckert*, Besinnung, Geduld und Hoffnung, in: SaV 1, 1927.

nur lose kooperierten oder in deutlicher Distanz bzw. sogar Gegnerschaft zum BRSD existierten.[537]

1. Die „Bruderschaft sozialistischer Theologen" verstand sich als „Nebenorganisation" des BRSD, die in einer Art Arbeitsgemeinschaft die besonderen Interessen der im Bund organisierten Pfarrer und Theologieprofessoren vertreten sollte.

2. Die „Gruppe der katholischen Sozialisten" war dem BRSD auch organisatorisch lose verbunden, bestand aber auf der programmatischen und organisatorischen Unabhängigkeit.

3. Der „Berliner Kreis" um Ernst Tillich und Eduard Heimann (später der Kreis um die Zeitschrift „Neue Blätter für den Sozialismus") verstand sich als intellektueller Ratgeber des BRSD, wollte aber vor allem auf die Sozialdemokratie direkt und nicht auf dem Umweg über den BRSD einwirken.

4. Die Gruppen der „Sozialistischen Lebensgestaltung" im Rheinland, in Westfalen, Berlin und in Sachsen und der „Neuwerk-Kreis" in Hessen wollten neue Formen des gemeinschaftlichen Zusammenlebens finden. Einzelne Angehörige der Gruppen waren Mitglieder des Bundes, ein Anschluß der Gruppen an den BRSD lehnten sie jedoch ab.

5. Die Berliner „Vereinigung für Religion und Völkerfrieden" arbeitete eng mit dem Berliner BRSD zusammen, wollte aber wegen der gemeinsamen politischen Praxis mit pazifistischen Organisationen keinen Zusammenschluß mit dem BRSD.

6. Die wenigen „jüdischen Sozialisten" fanden nicht einmal als Gruppe zusammen. Sie arbeiteten vereinzelt im BRSD mit und vor allem im „Berliner Kreis" um Ernst Tillich und Eduard Heimann.

7. Der „Bund Evangelischer Sozialisten" entstand als eine von der Inneren Mission der Evangelischen Kirche angelegte und finanzierte „Gegenorganisation" zum BRSD, der sich freilich zeitweilig auch über den kirchenkritischen Kurs des Bundes enttäuschte religiöse Sozialisten anschlossen.

a) *Die Bruderschaft sozialistischer Theologen*

Die vom Berliner Pfarrer Paul Piechowski geleitete „Bruderschaft sozialistischer Theologen" war im August 1926 als „Nebenorganisation" des BRSD gegründet worden. Sie zählte rund 160 bis 180 – meist evangelische – Pfarrer und Theologieprofessoren als Mitglieder. Die „Bruderschaft" wollte die Verbindung zwischen den wenigen regional oft weit verstreut tätigen religiös-sozialistischen Pfarrern und Theologen erleichtern helfen, die politische und theologische Auseinandersetzung untereinander fördern und sich auch in der Tagespolitik als Organisation zu Wort melden. Darüber hinaus – und nicht zuletzt – verstand sich die „Bruderschaft" auch als „Stel-

---

537 Die verschiedenen mit dem BRSD kooperierenden oder von ihm abgespaltenen Organisationen werden im folgenden einzeln dargestellt. Die in der Literatur bekannten Organisationen werden nur kurz skizziert, wobei Gewicht auf die Darstellung der Beziehungen zum BRSD gelegt wird. Bislang kaum bekannte Organisationen werden ausführlicher beschrieben.

lenbörse", die auf die wenigen Pfarreien oder auch Lehrstühle (meist an Pädagogischen Akademien) aufmerksam machte, wo religiös-sozialistische Pfarrer und Theologen bei Bewerbungen eine Chance hatten. Die meisten Angehörigen der „Bruderschaft" waren Mitglied der SPD.[538]

Der Pfarrer Paul Göhre hatte schon 1901 die Idee, die wenigen der SPD nahestehenden Pfarrer in einem Kreis zu vereinen. Der württembergische SPD-Landtagsabgeordnete und Pfarrer Christoph Blumhardt riet damals davon ab, da die Zeit noch nicht reif sei, „Gemeinschaften zu gründen".[539] Nach 1918 nahm zwar die Zahl der sich zur sozialistischen Arbeiterbewegung bekennenden Pfarrer und Theologen geringfügig zu, aber selbst in ihrer Blütezeit Ende der zwanziger Jahre vereinte die „Bruderschaft" stets nur eine kleine Minderheit aller evangelischen Pfarrer: rund 1 Prozent (von rund 16.000 Pfarrern im Deutschen Reich) bekannten sich als religiöse Sozialisten, zwischen 70 und 80 Prozent dagegen waren deutschnational-konservativ oder gar völkisch-deutschtümelnd.[540]

Um so wichtiger war es natürlich, daß die wenigen religiös-sozialistischen Pfarrer nicht vereinzelt gegen den Strom der deutschnationalen Mehrheit schwammen. Als Paul Piechowski im Jahre 1925 die Leser des „Sonntagblattes" aufforderte, Namen und Adressen von Pfarrern und Theologen mitzuteilen, konnte er zunächst nur eine kleine Liste von 20 Namen veröffentlichen, darunter auch Carl Mennicke aus Berlin, der sein Pfarramt niedergelegt hatte, und der freireligiöse Pfarrer Emil Felden aus Bremen. Regional überwog Preußen: Allein sechs Pfarrer waren aus Berlin und drei aus Ostpreußen, dazu kamen vier Pfarrer und die Marburger Professoren Paul Tillich und Georg Wünsch aus Mitteldeutschland und „nur" vier Pfarrer und Professoren aus Süddeutschland.[541]

Ein Jahr später war die Liste bereits länger geworden. Während des 3. Kongresses der Arbeitsgemeinschaft religiöser Sozialisten im August 1926 in Meersburg sollte auch eine „Konferenz der sozialistischen Theologen Deutschlands" stattfinden. Paul Piechowski nannte den organisatorischen Zusammenschluß als Ziel, da die herkömmlichen Pfarrvereine begännen, sozialistische und republikanische Pfarrer auszuschließen. Auf der Konferenz sollte deshalb ein sozialistischer Pfarrerbund gegründet wer-

---

538 Zur Mitgliederzahl: Bei Gründung hatte Paul Piechowski eine Liste von 90 Pfarrern und Professoren zusammengestellt: Vgl. den Bericht in SaV 36, 1926. Im Jahre 1930 nannte Piechowski in einem Brief die Zahl von „gegenwärtig 180 organisierten Pfarrern und Professoren". Vgl. Paul Piechowski an den Deutsch-Evangelischen Kirchenbund vom 19.11.1930, in: EZA Berlin 1/A2/475. Zur „Stellenbörse" vgl. die verschiedenen Hinweise im „Sonntagsblatt", u.a. in SaV 36, 1929: „Für eine Großstadt und eine Mittelstadt wird [...] je ein Geistlicher unserer Richtung dringend gesucht".

539 Vgl. *Klaus-Jürgen Meier*, Christoph Blumhardt, S. 83.

540 Vgl. zu den Zahlen: *Karl-Wilhelm Dahm*, Pfarrer und Politik – Soziale Positionen und politische Mentalität des deutschen evangelischen Pfarrerstandes zwischen 1918 und 1933, Köln/Opladen 1965, S. 12. Dahm betont in dem Zusammenhang, daß auch das Bekenntnis zum religiösen Sozialismus Ausdruck eines „Krisenbewußtseins im evangelischen Pfarrerstand" nach 1918 gewesen sei, und kritisiert damit Karl Kupisch, für den diese Orientierung lediglich die Abweichung von der Regel eines allgemeinen „Pastoren-Nationalismus" sei. Vgl. *Dahm* S. 13, und *Kupisch*, Die deutschen Landeskirchen im 19. und 20. Jahrhundert.

541 Vgl. die kurze Aufforderung und die vollständige Namensliste in: SaV 27, 1925.

den, eine Satzung verabschiedet und ein Vorstand gewählt werden. Auf der Liste der in Frage kommenden Mitglieder waren inzwischen 81 Pfarrer und vier Professoren verzeichnet.[542]

Auf der am 4. August 1926 am Rande der Meersburger Konferenz stattfindenden Gründungsversammlung der „Bruderschaft sozialistischer Theologen" wurden die Berliner Pfarrer Paul Piechowski zum 1. Vorsitzenden und Horst Schmidt zum 2. Vorsitzenden gewählt. Die inzwischen 90 Mitglieder sollten keinem Zwang unterworfen sein, in einer politischen Partei mitzuarbeiten, die Mitgliedschaft in einer bürgerlichen Partei war jedoch unerwünscht. Der endlich gefundene Name (neben „Bruderschaft" waren auch „Gewerkschaft" und „Gilde" im Gespräch) signalisierte, daß ständische Interesse nur am Rande interessierten. Auf regelmäßigen Treffen wollten die Mitglieder vor allem theologische Probleme diskutieren, die für die Laien im BRSD weniger interessant waren. Die theologische Richtung war dabei gleichgültig.[543]

Die sehr offene Zielsetzung der „Bruderschaft" hatte dennoch nicht die erwünschte Wirkung. Nur noch wenige neue Interessenten wurden Mitglied. Im Rückblick auf das Jahr 1926 beklagte deshalb auch der Bundesvorsitzende des BRSD, Erwin Eckert, daß trotz der wiederholt geäußerten Sympathie nur wenige Pfarrer den Mut aufbrächten, sich auch offen zum religiösen Sozialismus zu bekennen. Erwin Eckert verband diese Klage allerdings mit einer Charakterisierung der „Bruderschaft", die kaum werbeträchtig auf noch Unentschlossene wirken konnte. Er dekretierte: „Wer nicht für uns ist, der ist in solchen Anfangszeiten einfach gegen uns. Die Bruderschaft der sozialistischen Geistlichen muß gesäubert werden, das heißt, es wird sich von selbst ergeben, daß nur absolut zuverlässige und zu einer neuen Gemeinschaft bereite Geistliche in ihr zusammengefaßt sind [...]"[544]

Dieses eher abschreckend wirkende rigide Verständnis von den Aufgaben der „Bruderschaft" teilten allerdings die meisten Mitglieder nicht. Sie ließen es sich nicht nehmen, auf ihren Tagungen sehr kontrovers über das programmatische Selbstverständ-

---

542 Vgl. die Einladung zur Konferenz in: SaV 29, 1926.

543 Vgl. den Bericht über den Verlauf der Konferenz in: SaV 36, 1926. Zur Biographie des 1. Vorsitzenden: Paul Piechowski war seit 1919 Pfarrer in Berlin, SPD-Mitglied und Mitbegründer des Berliner Bundes religiöser Sozialisten. Er wurde 1934 als Pfarrer entlassen, nach einem Medizinstudium arbeitete er ab Ende der dreißiger Jahre als Werksarzt bei AEG in Berlin. Nach Kriegsende wurde er Ärztlicher Direktor bei der Deutschen Zentralverwaltung in der SBZ und später – als SED-Mitglied – einer der Leiter des Berliner Gesundheitsamtes. Seit 1953 praktizierte er wieder als Arzt in Berlin-Moabit, siedelte 1961 nach Westdeutschland über, wo er bis zu seinem Tode im Jahre 1966 in Bad Godesberg lebte. Von Bedeutung für die religiös-sozialistische Arbeit der „Bruderschaft" war das mehrfach aufgelegte Buch von *Paul Piechowski*, Proletarischer Glaube. Die religiöse Gedankenwelt der organisierten deutschen Arbeiterschaft nach sozialistischen und kommunistischen Selbstzeugnissen, Berlin 1927. Vgl. zur Biographie auch *M. Sturzbecher*, P. Piechowski. Theologe – Sozialist – Arzt, in: Medizinische Monatsschrift 5, 1968, S. 211 ff.

544 Vgl. *Eckert*, Pfarrer und Priester zu unserer Bewegung, in: SaV 2, 927. Aus dem Bericht wird auch deutlich, daß in der „Bruderschaft" nur evangelische Pfarrer organisiert waren, da katholische Pfarrer zu große Schwierigkeiten befürchten mußten.

nis religiöser Sozialisten zu streiten, wobei nicht selten der Stellenwert des Marxismus im Mittelpunkt der Diskussionen stand.[545]

Ende der zwanziger Jahre häufte sich die Anzahl der Disziplinarverfahren gegen religiös-sozialistische Pfarrer. In jedem einzelnen Falle protestierte die „Bruderschaft" gegen die Maßregelung ihrer Kollegen und solidarisierte sich mit ihnen.[546] Seit 1931 war die „Bruderschaft" vor allem mit dem „Fall Eckert" beschäftigt. Der Vorsitzende des BRSD Erwin Eckert war im Frühjahr 1931 wegen seiner entschiedenen Äußerungen gegen den Nazismus, von denen er sich auch nicht durch Auflagen seiner Kirchenoberen abbringen ließ, von der badischen Landeskirche gemaßregelt worden. Die „Bruderschaft" protestierte gegen das Verfahren. Zugleich wies sie aber auch jeden Versuch zurück, Eckert als „Außenseiter" hinzustellen, der in der „Bruderschaft" und im BRSD keinen Rückhalt mehr habe. Das Bekenntnis für Eckert fiel eindeutig aus: Pfarrer Eckert sei der anerkannte Führer des BRSD und die „Bruderschaft" sei „stolz darauf, [...] ihn zu den ihren zu zählen [...]".[547] Im Herbst 1931 hatte sich das Bild allerdings etwas gewandelt. Inzwischen war Erwin Eckert aus der SPD aus- und zur KPD übergetreten und Ende des Jahres auch aus dem BRSD ausgetreten. Nach dem Übertritt zur KPD war Eckert von der badischen Landeskirche sofort seines Pfarramtes enthoben worden. Das in der Öffentlichkeit heftig diskutierte Bekenntnis Eckerts zur KPD hatte diesmal auch in der „Bruderschaft" Unruhe ausgelöst, die „klärende Aussprachen" notwendig machte.[548] In drei im November 1931 in Berlin, Frankfurt und Eisenach durchgeführten „Konventen" der „Bruderschaft" diskutierten die Mitglieder den „Fall Eckert". In einer veröffentlichten Stellungnahme beklagte die „Bruderschaft" die Eile, mit der die badische Landeskirche glaubte reagieren zu müssen. Der Beschluß sei eine „Flucht aus der religiösen Verantwortung", da er übersehe, daß „Millionen von Kirchengenossen zur kommunistisch-proletarischen Wählerschaft gehören". Angesichts dieses Tatbestandes müsse die Evangelische Kirche zunächst sorgsam und gründlich die Frage „Religion und Kommunismus, Kirche und KPD" prüfen, bevor sie sich im „Fall Eckert" entscheide.[549]

Diese Aufforderung an die Kirche ging zurück auf einen Vorschlag Paul Piechowskis, der die „Bruderschaft" überraschte und sowohl die KPD als auch die Evangelische Kirche noch längere Zeit beschäftigen sollte. Piechowski hatte in einem kleinen Aufsatz den „Fall Eckert" zum Anlaß genommen, sich über das Problem Religion und Kommunismus Gedanken zu machen. Er sah die religionsfeindliche Haltung

---

545 Vgl. den Bericht über die Tagung von *Ludwig Simon* in: Zeitschrift für Religion und Sozialismus 1930, S. 256-258. Vgl. die Darstellung von Selbstverständnis und Programmatik der religiösen Sozialisten im Kapitel 2.

546 Vgl. z.B. die „Erklärung der Bruderschaft sozialistischer Theologen Deutschlands zu den Vorgängen in Thüringen", in: SaV 49, 1930.

547 Vgl. „Erklärung der Bruderschaft sozialistischer Theologen zum Fall Eckert", in: Der religiöse Sozialist 23, 1931.

548 Vgl. die Einladung zu einer solchen „Klärenden Aussprache" durch den Eisenacher Pfarrer Kleinschmidt in: Der religiöse Sozialist 45, 1931.

549 Vgl. den Wortlaut der Stellungnahme in: Der religiöse Sozialist 48, 1931.

der KPD nicht als endgültig an und meinte, daß auch die „Bruderschaft" einiges tun könne, um die Haltung der KPD in dieser Frage zu ändern. Er fragte sich, ob es nicht „notwendig und heilsam [sei], daß möglichst viele Christen, Pfarrer und Laien [...] sich als tätige Glieder in die kommunistische, proletarische Bewegung hineinstellen [...]" Dazu seien Verhandlungen der „Bruderschaft" mit dem ZK der KPD notwendig, und er teilte ganz beiläufig mit, daß diese Verhandlungen bereits „im Bewußtsein tiefer menschlicher Verbundenheit aufgenommen worden sind".[550] Diese offen ausgesprochene Aufforderung, dem Beispiel Eckerts in größerer Zahl nachzueifern, stieß auch in der „Bruderschaft" auf Vorbehalte. Ein Einwand vor allem war gewichtig: Der Vorschlag machte nur Sinn, wenn die Pfarrer auch nach ihrem Übertritt zur KPD weiter im Amt bleiben konnten. Es war zunächst unklar, ob die KPD das so akzeptierte. Von Anfang an aber war klar, daß – wie das Beispiel Eckert zeigte – die Evangelische Kirche nicht bereit war, das hinzunehmen. Die KPD sah zunächst vor allem den propagandistischen Stellenwert und reagierte sehr schnell. Der für diese Fragen im ZK der KPD zuständige KPD-Reichstagsabgeordnete Ernst Schneller traf sich noch im Oktober 1931 mit Paul Piechowski. In seiner Antwort auf eine schriftliche Anfrage Piechowskis wies er darauf hin, daß Eckert bei seinem Übertritt „wegen seiner Zugehörigkeit zur Kirche" keinerlei Bedingungen gestellt worden seien. Die Partei habe seinen Übertritt „freudig begrüßt", denn schließlich sei er „als revolutionärer Marxist" zur KPD gekommen. Schneller erklärte sich darüber hinaus bereit, über die Haltung der KPD zu Religion und Kirche" mit Ihnen in Erörterungen einzutreten".[551]

Die Evangelische Kirche änderte freilich ihre Einstellung in dieser Frage noch lange nicht. Die „Bruderschaft" versuchte deshalb – Paul Piechowski war dabei erneut die treibende Kraft –, in wiederholten Gesprächen mit Vertretern der evangelischen Kirchenbehörden den Vorschlag Piechowskis zu erläutern. In einer Eingabe an den Deutschen Evangelischen Kirchenausschuß wollte die „Bruderschaft" darüber hinaus wissen, ob ein kommunistischer Pfarrer auch ein kirchliches Amt innehaben dürfe und ob eine Amtsenthebung eines Pfarrers wegen KPD-Mitgliedschaft nicht den „Grundsatz von der Überparteilichkeit der Kirche" verletze.[552] Die zuständigen Gremien der Kirche ließen sich zwar mit einer Antwort Zeit, die Antwort aber ließ an Deutlichkeit nichts zu wünschen übrig: Die Kirche dürfe KPD-Pfarrer ihres Amtes entheben, ohne ihre „Überparteilichkeit" zu verletzen, denn „ein der KPD angehöriger Pfarrer kann nicht Träger eines kirchlichen Amtes sein".[553]

Der Beschluß überraschte kaum, um so überraschender aber war es, daß Paul

---

550 Vgl. *Piechowski*, Religion und Kommunismus, in: Der religiöse Sozialist 43, 1931.
551 Vgl. den Wortlaut des Briefes von Ernst Schneller vom 15.10.1931 in: Der religiöse Sozialist 48, 1931.
552 Vgl. zu den Gesprächen: „Aufzeichnung über eine Unterredung mit Pfarrer Piechowski vom 5. November 1931" des Kirchenausschuß-Präsidenten Kapler in: EZA Berlin 1/A2(476. In der Unterredung sprach Piechowski von rund 40 Pfarrern, die zum Übertritt bereit seien. Für sich selbst schloß er aber einen Übertritt zur KPD aus. Zur Eingabe der „Bruderschaft" vgl. den Brief Piechowskis an Kapler vom 1.12.1931 in: EZA Berlin 1/A2/476.
553 Vgl. zur Begründung und zum Beschluß selbst: „Verhandlungsniederschrift des Deutschen Evangelischen Kirchenausschusses vom 24. bis 28. Mai 1932" in: EZA Berlin 1/A2(476.

Piechowski nach dieser Entscheidung Ende 1932 noch einmal um ein Gespräch mit dem Kirchenausschuß-Präsidenten Kapler nachsuchte, um ihm über die Verhandlungen der religiösen Sozialisten mit der KPD zu berichten. Piechowski beschrieb in dem Gespräch seine Erfahrungen mit der KPD. Er schätzte jetzt die Bereitschaft der KPD weitaus zurückhaltender ein als noch im Oktober 1931, informierte aber auch über den zeitlichen Ablauf der Kontakte. Erste Gespräche mit der KPD seien in Lippe geführt worden, das Ergebnis sei aber „völlig negativ infolge des überaus starken Mißtrauens der KPD-Leute" gewesen. Aber auch in daran anschließenden Besprechungen im kleineren Kreis in Berlin mit Ernst Schneller habe sich das „gleiche ablehnende Mißtrauen" gezeigt. Die Gespräche sollten zwar auf Vorschlag der KPD noch Anfang 1933 fortgeführt werden, aber Piechowski selbst war „skeptisch, ob dies nach dem Verlauf der bisherigen Verhandlungen noch einen Zweck habe". Im gleichen Gespräch mit dem Präsidenten Kapler bewies Piechowski jedoch, daß er in der Sache – nämlich in seinem Bestreben, auf die große Zahl der kirchentreuen kommunistischen Proletarier Einfluß nehmen zu wollen – nicht aufgeben wollte. Er schlug vor, daß die Kirchenbehörden besondere „Proletarier-Pfarrer" berufen sollten, die sich vor allem um kommunistische, noch zur Kirche gehörige Familien kümmern und diese in „Proletarier-Gemeinden" zusammenfassen sollten.[554] Piechowski ließ sich also nicht entmutigen, eine Reaktion der Kirche auf diesen Vorschlag ist nicht bekannt. Die „Bruderschaft sozialistischer Theologen" meldete sich ein letztes Mal in einem Schreiben an das Evangelische Kirchenbundesamt am 8. Mai 1933 zu Wort, in dem – Pfarrer Arthur Rackwitz und Pfarrer Hans Francke hatten unterschrieben – sie sich für ihren verhafteten „Bruder" Pfarrer Emil Fuchs verwandten.[555] Arthur Rackwitz hatte seit dem 17. Februar 1933 für kurze Zeit den Vorsitz der „Bruderschaft" von Paul Piechowski übernommen. Das Schreiben an den Oberkirchenrat war Ausdruck des Bemühens, sich für die „Brüder" einzusetzen, die aus dem Pfarrdienst entlassen oder sogar schon verhaftet worden waren. Der briefliche Kontakt zwischen den Mitgliedern der „Bruderschaft" sollte die Solidarität untereinander aufrechterhalten, denn – wie Rackwitz in einem Rundbrief der Bruderschaft am 25. Mai 1933 schrieb – „niemals war die brüderliche Hilfe so dringend not, wie eben jetzt".

In einem Brief an Pfarrer Kappes vom 30. Juli 1933 teilte Rackwitz mit, daß die Bruderschaft nun auch formell aufgelöst sei, „um auf alle Fälle zu verhüten, daß den Brüdern Schwierigkeiten durch die Zugehörigkeit zu einer Organisation entstehen könnten, die doch keinerlei Wirkungsmöglichkeiten mehr hat".[556]

554 Vgl. „Aktenvermerk" vom 31.1.1933 über die Unterredung mit Piechowski in: EZA Berlin 1/A2/ 476. Piechowski knüpfte mit diesem Vorschlag an die von ihm mitformulierte „Neuköllner Denkschrift" aus dem Jahre 1922 an, in der die Bildung „freier proletarischer Gemeinden" gefordert worden war. Vgl. die Darstellung des Berliner Bundes religiöser Sozialisten im Kapitel 4.
555 Vgl. ihren Brief im Auftrage der „Bruderschaft" vom 8.5.1933 in: EZA Berlin 1/A2/476.
556 Der Hinweis auf Rackwitz als neuen Vorsitzenden der Bruderschaft findet sich in: Rundbrief der Bruderschaft sozialistischer Theologen vom 17.2.1933. Er ist wie auch der vom 25.5.1933 und der Brief von Rackwitz an Kappes zit. nach: *Friedrich-Wilhelm Balzer*, Ein Christ für den Sozialismus, in: *Gerhard Jankowski/Klaus Schmidt*, Arthur Rackwitz. Christ und Sozialist zugleich, Hamburg 1976, S. 22 f.

Mit dem Verbot des BRSD war auch die Tätigkeit der „Bruderschaft" zu Ende. Viele Mitglieder schlossen sich der Bekennenden Kirche an und leisteten Widerstand. Nicht wenige wurden gemaßregelt, verhaftet und eingesperrt.

b) *Der Bund katholischer Sozialisten (Arbeitsgemeinschaft katholischer Sozialisten)*

Die Gruppe der um Heinrich Mertens und Ernst Michel sich sammelnden katholischen Sozialisten blieb zahlenmäßig klein und regional weitgehend auf das Rheinland beschränkt.[557] Sie war auch nach der Gründung einer „Arbeitsgemeinschaft katholischer Sozialisten" (die auch den Bund der religiösen Sozialisten Österreichs mit Otto Bauer als Vorsitzenden einbezog) dem BRSD seit 1928 nur lose verbunden. Mit der seit Anfang 1929 erscheinenden Monatszeitschrift „Das Rote Blatt der katholischen Sozialisten" wirkte Heinrich Mertens auch in das Lager des „Linkskatholizismus" hinein, das parteipolitisch mehrheitlich der Zentrumspartei verbunden blieb.[558] Heinrich Mertens und die meisten seiner Anhänger entschieden sich für die Mitarbeit in der SPD. Die Anregung zur Sammlung katholischer Sozialisten ging von dem sozialdemokratischen Reichstagsabgeordneten und Chefredakteur der „Rheinischen Zeitung" Wilhelm Sollmann aus.[559] Die Entscheidung für eine Organisation der sozia-

---

557 Der 1906 geborene Heinrich Mertens war zunächst in der katholischen Jugendbewegung aktiv, machte auf dem Zweiten Bildungsweg sein Abitur nach und studierte an der Frankfurter Akademie der Arbeit, wo er auch Ernst Michel kennenlernte. Er hatte enge Kontakte zur österreichischen katholischen Jugendbewegung um Anton Orel, gab für die österreichische „Gemeinschaft der Herrgottsknechte" 1925/26 die Zeitschrift „Ruf zur Wende" mit heraus und wurde danach von Wilhelm Sollmann an die „Rheinische Zeitung" in Köln geholt. Mit dessen Unterstützung war er ab 1929 Herausgeber und Schriftleiter der Zeitschrift „Das Rote Blatt der katholischen Sozialisten" und ab 1930/31 Mitarbeiter der Zeitschriften „Der religiöse Sozialist" und der „Neuen Blätter für den Sozialismus". Nach 1933 war er im Zusammenhang mit dem sogenannten Berliner Katholikenprozeß in Haft. Nach 1945 schloß er sich der LDPD in der SBZ an, war kurzzeitig Oberbürgermeister von Halle und Jena, ging 1947 in die amerikanische Zone, arbeitete als Journalist beim DGB, bei den „Nürnberger Nachrichten" und beim WDR. Er starb 1968 nach einem Autounfall. Zu seiner Biographie vgl. *Martin Stankowski*, Linkskatholizismus nach 1945, Köln 1974, besonders S. 290, und *Wolfgang Schwiedrzik*, Träume der ersten Stunde. Die Gesellschaft Imshausen, Berlin 1991.
Der 1889 geborene katholische Theologe und Soziologe Ernst Michel war von 1921 bis 1933 Dozent der Frankfurter Akademie der Arbeit und Honorarprofessor an der Universität Frankfurt. Er war ständiger Mitarbeiter am „Roten Blatt der katholischen Sozialisten" und der „Rhein-Mainischen Volkszeitung". Sein 1926 veröffentlichtes und 1929 indiziertes Buch „Politik aus dem Glauben" beeinflußte in der Weimarer Republik und auch noch nach 1945 viele katholische Sozialisten. Michel arbeitete nach 1933 als Schriftsteller, ließ sich 1938/40 zum Psychologen ausbilden und arbeitete bis zum Kriegsende als Psychologe in Frankfurt. Nach 1945 war er als Professor für Soziale Betriebslehre und Arbeitswissenschaft an der Universität Frankfurt tätig. Er starb 1964. Zur Biographie vgl. *Benno Haunhorst*, Politik aus dem Glauben. Zur politischen Theologie Ernst Michels, in: *Heiner Ludwig/ Wolfgang Schroeder* (Hrsg.), Sozial- und Linkskatholizismus. Erinnerungen, Orientierung, Befreiung, Frankfurt a.M. 1991, S. 101-129.
558 Zum Begriff „Linkskatholizismus" vgl. *Ute Schmidt*, Linkskatholische Positionen nach 1945 zu Katholizismus und Kirche im NS-Staat, in: *Ludwig/Schroeder* (Hrsg.), a.a.O., S. 130-147, besonders S. 132 f.
559 Heinrich Mertens berichtete später, daß Wilhelm Sollmann ihn ermunter habe, „die Kath. Arbeiterschaft für die SPD zu gewinnen". Daraus darf jedoch nicht, wie das Konrad Breitenborn unter Verweis auf diese Aussage Mertens im sogenannten Berliner Katholikenprozeß fälschlicherweise getan

listischen Arbeiterbewegung konnte katholische Sozialisten nicht leicht fallen, da die Haltung der katholischen Kirche gegenüber der Sozialdemokratie seit dem Ende des 19. Jahrhunderts eindeutig war. Der „sozialromantisch-antikapitalistische" Katholizismus des 19. Jahrhunderts thematisierte nicht nur die soziale Frage, er machte auch bald Front gegen die stärker werdende sozialistische Arbeiterbewegung.[560] Die Sozialenzyklika „Rerum Novarum" von Papst Leo XIII. aus dem Jahre 1891 war nicht nur eine wichtige Programmschrift der katholischen Sozialbewegung, sie beschrieb auch Spielraum und Grenzen für katholische Sozialisten, die der Kirche treu bleiben wollten und darüber hinaus auch den Faden zur katholischen Sozialbewegung nicht abreißen lassen wollten.[561]

Dabei hatte sich die Sozialdemokratie in ihrer Haltung gegenüber der katholischen Kirche schon vor 1914 bemerkenswert flexibel gezeigt. Der Satz „Erklärung der Religion zur Privatsache" aus dem Erfurter Programm von 1891 galt natürlich auch für die katholische Kirche. Darüber hinaus war diese während des „Kulturkampfes" ähnlich wie die SPD Opfer staatlicher Verfolgung geworden. Allerdings müsse sich die SPD – so formulierte es Karl Kautsky im Jahre 1909 – schon deswegen der evangelischen und der katholischen Kirche gegenüber „neutral" verhalten, weil „Religion [...] auch heute noch starken Bedürfnissen breiter Massen" entspreche und die Partei deshalb für „unbedingte Religionsfreiheit" einzutreten habe.[562] Auch die dennoch beibehaltene religionskritische Haltung der SPD wandelte sich vor 1914. Eine große Rolle spielte dabei der katholische Pastor Wilhelm Hohoff, der 1873 eine vielbeachtete Auseinandersetzung mit August Bebel begann. Die Polemik regte Bebel zu dem seither vor allem von der Katholischen Kirche und von den Freidenkern oft zitierten Satz an: „Christentum und Sozialismus stehen sich gegenüber wie Feuer und Wasser". Aufgrund der Einwände Hohoffs mußte Bebel die „gröbsten Unsachlichkeiten" in seiner später als Broschüre mehrfach verlegten Schrift „Christentum und Sozialismus" korrigieren. Nach dem Erscheinen von Hohoffs Hauptwerk im Jahre 1908,

---

hat, geschlossen werden, daß *„die* SPD sogar unmittelbar eingewirkt habe" auf die Entstehung der Gruppe katholischer Sozialisten. Die Mehrheit der SPD war eher skeptisch oder gar ablehnend gegenüber dem Eintreten Wilhelm Sollmanns für die religiösen Sozialisten. Richtig freilich ist, daß Sollmann nicht zuletzt aufgrund der Diskussionen auf dem Kieler Parteitag 1927 in seiner Absicht bestärkt wurde, auch ins katholische Lager hinein zu wirken und dabei auch die Unterstützung anderer führender Sozialdemokraten fand. Vgl. dazu: *Konrad Breitenborn*, Bund der religiösen Sozialisten, in: *Dieter Fricke* (Hrsg.), Lexikon zur Parteiengeschichte, Band 1, Leipzig 1983, S. 273. Zur Biographie Wilhelm Sollmanns vgl. *Franz Walter*, Wilhelm Sollmann (1881-1951). Der Parteireformer, in: *Peter Lösche* u.a. (Hrsg.). Vor dem Vergessen bewahren. Lebenswege Weimarer Sozialdemokraten, Berlin 1988, S. 362-390.

560 Vgl. dazu: *Stankowski*, a.a.O., S. 7. Die Parteinahme von Freiburger Katholiken, die um 1868/69 mit dem Feldgeschrei „Hie Capital, hie Christus" die soziale Not bekämpfen wollten, und was dazu geführt hatte, daß der Freiburger Ortsverein der Lassalleaner unter der Leitung eines katholischen Juristen stand, gehörte zwanzig Jahre später der Vergangenheit an. Vgl. dazu *Josef Becker*, Der badische Kulturkampf und die Problematik des Liberalismus, in: Badische Geschichte. Vom Großherzogtum bis zur Gegenwart, Stuttgart 1979, S. 86-102, besonders S. 99.

561 Vgl. Die Sozialen Enzykliken. Rerum Novarum. Quadragesimo Anno, Stuttgart/Düsseldorf 1953.

562 Vgl. *Karl Kautsky*, Die Sozialdemokratie und die Katholische Kirche, Berlin 1906, 2. Auflage, das Zitat S. 19.

„Die Bedeutung der Marxschen Kapitalkritik" sah Bebel in dem katholischen Pastor sogar einen „halben Gesinnungsverwandten".[563]

Wilhelm Hohoff hat sich in der Tat wie kaum ein anderer Katholik dafür eingesetzt, die Schranken zwischen katholischer Kirche und sozialistischer Arbeiterbewegung niederzureißen. Er las die Schriften von Karl Marx nicht nur, wie die meisten seiner Glaubensbrüder, um ihn zu widerlegen, sondern um zu prüfen, inwieweit die Marxsche Analyse der sozialen Verhältnisse auch für Katholiken akzeptabel sein könne. Besonders nach 1918 warb Hohoff deshalb auch für die Sozialdemokratie und für die freien Gewerkschaften, da – wie er immer wieder schrieb – „der Materialismus und der Atheismus [...] dem Sozialismus nicht wesentlich" seien. Zugleich betonte er – gegen die herrschende katholische Soziallehre – die Pflicht der Christen, die kapitalistische Gesellschaft zu kritisieren, denn – und er griff damit noch einmal die Bebelsche Kritik am Christentum in veränderter Form auf –: „Nicht Christentum und Sozialismus, sondern Kapitalismus und Christentum stehen sich einander gegenüber wie Feuer und Wasser".[564]

Mit dieser Stellungnahme beeindruckte er vor allem zwei protestantische religiöse Sozialisten, den badischen SPD-Abgeordneten und Rechtsanwalt Eduard Dietz und den Kölner Pfarrer Georg Fritze.[565] Beide bezogen sich auf Hohoff, als sie zu Beginn der zwanziger Jahre hofften, für die religiös-sozialistische Idee auch im katholischen Lager Verbündete zu finden.

Diese Hoffnung erfüllte sich freilich nicht so schnell. Die Katholische Kirche ließ auch nach dem Ende des Ersten Weltkrieges an ihrer Frontstellung gegen die Sozialdemokratie keinen Zweifel. Kurz vor den Wahlen zur Nationalversammlung im Jahre 1919 erklärten die katholischen Bischöfe in einem auch als Flugschrift weit verbreiteten Hirtenschreiben, daß ein guter Katholik kein Sozialdemokrat sein könne – und natürlich auch nicht SPD wählen dürfe.[566] Das Wahlverhalten der katholischen Bevölkerung nach 1918 machte deutlich, daß diese Wahlempfehlung weitgehend befolgt wurde. Die katholische Kirche hatte weit mehr als die evangelische Kirche „die Revolution und die staatliche Neuordnung ohne Schaden überstanden".[567] Katholische Stimmen wie die des Pastors Hohoff blieben Rufer in der Wüste. Der religiössozialistische Pfarrer Georg Fritze konnte im Jahre 1921 auf die Frage, ob ihm auch

---

563 Die Polemik ist in überarbeiteter Form in vielen Auflagen erschienen unter dem Titel: *August Bebel/ Wilhelm Hohoff*, Christentum und Sozialismus, Berlin 1907, zum Zusammenhang vgl. *Klaus Kreppel*, Entscheidung für den Sozialismus. Die politische Biographie Pastor Wilhelm Hohoffs 1848-1923, Bonn-Bad Godesberg 1974, die Zitate S. 43 und S. 93. Kreppel macht auch darauf aufmerksam, daß die Freidenker nach 1918 die Polemik ohne die Korrekturen immer wieder auflegten. Vgl. a.a.O., S. 43, Fußnote 100.

564 Vgl. zu den Zitaten *Eduard Dietz*, Pastor a.D. Wilhelm Hohoff, in: Christliches Volksblatt 1/2, 1923 und – nach Hohoffs Tode: ders., Zum Gedächtnis von Wilhelm Hohoff, in: Christliches Volksblatt 6, 1924.

565 Vgl. dazu *Kreppel*, a.a.O., S. 101.

566 Das Hirtenschreiben ist zitiert bei: *Emil Felden*, Kirche, Religion und Sozialdemokratie, Berlin 1920, S. 23. Vgl. auch *Kreppel*, a.a.O., S. 98.

567 Vgl. dazu *Heinz Hürten*, Kurze Geschichte des deutschen Katholizismus 1800-1960, Mainz 1986, das Zitat S. 197.

auf katholischer Seite religiös-sozialistische Bestrebungen bekannt seien, erneut nur auf ihn verweisen.[568]

Georg Beyer, der Anfang 1925 in der SPD-Zeitschrift „Die Gesellschaft" die „Probleme des katholischen Sozialismus" untersuchte, kam daher auch zu der Einschätzung, daß die Hemmnisse in der katholischen Kirche, aber auch im politischen Katholizismus trotz eines Wandels vor allem in der katholischen Jugendbewegung noch sehr groß seien. Von einer katholisch-sozialistischen Bewegung könne keine Rede sein, denn „es gibt unter den sozialen und politischen Erneuern im geschlossenen katholischen Lager nicht einen Einzigen, der sich als ‚Sozialist' bezeichnet".[569] Aber Beyer macht in seiner Untersuchung zugleich auch auf Veränderungen im katholischen „Lager" aufmerksam, die seit Mitte der zwanziger Jahre die Chancen für eine Sammlung der wenigen katholischen Sozialisten günstiger erscheinen ließen. Die Schriften anerkannter katholischer Sozialethiker und Sozialpolitiker wie August Pieper und Theodor Brauer u.a. hatten mit ihrer Kritik am Kapitalismus die „einstige Kampffront" zwischen katholischer Kirche und Sozialdemokratie aufgelockert.[570] Ein Teil der Zentrums-Wähler war verunsichert, da die Haltung der Parteiführung in der Diskussion um die sogenannte Fürstenenteignung im Jahre 1926 vor allem die katholischen Arbeiter wenig überzeugt hatte. Nicht zuletzt deshalb war die seit 1923 erscheinende „Rhein-Mainische Volkszeitung" schnell zum Sprachrohr eines Links-Katholizismus geworden, die das Gespräch mit Sozialdemokraten nicht scheute. Dazu hatte vor allem der von der katholischen Jugendbewegung kommende junge Redakteur Walter Dirks beigetragen, der schon bald als „katholischer Sozialist" in der Zentrums-Partei galt.[571] In dieser Situation fielen die Schriften von Ernst Michel, besonders sein 1926 veröffentlichtes – und 1929 vom Vatikan indiziertes – Buch „Politik aus dem Glauben" sowohl bei linken Zentrums-Mitgliedern als auch bei den weni-

568 Vgl. dazu die Information von Fritze in den „Mitteilungen des Bundes religiöser Sozialisten Köln", 2, 1921. In Heft 7, 1921 der „Mitteilungen" wird auszugsweise ein Brief von Hohoff abgedruckt, in dem er für die SPD und für die Gewerkschaften wirbt, die die Kirche stets nur als Institution bekämpft hätten.

569 *Georg Beyer*, Probleme des ‚Katholischen Sozialismus', in: Die Gesellschaft 1925, I, S. 121 ff., das Zitat S. 130. Georg Beyer war als Redakteur der „Rheinischen Zeitung" mit der Frage „Katholizismus und Sozialismus" vertraut. Seine Antworten faßte er im gleichnamigen Buch zusammen, das 1927 im Verlag J.H.W. Dietz erschien und u.a. von Walter Dirks sehr wohlwollend in der „Rhein-Mainischen Volkszeitung" besprochen wurde. Vgl. dazu: Das Rote Blatt katholischer Sozialisten 1, 1929. Georg Beyer war auch Mitherausgeber der Protokolle der sogenannten Heppenheimer Tagung 1928, die 1929 unter dem Titel „Sozialismus aus dem Glauben" veröffentlicht wurden.

570 Vgl. dazu auch: *Beyer*, Die Probleme zwischen Katholizismus und Sozialismus, in: Sozialistische Monatshefte 4, 1929, S. 284 ff., besonders S. 290.

571 Vgl. zu dieser Veränderung im katholischen Lager: *Franz Focke*, Sozialismus aus christlicher Verantwortung. Die Idee eines christlichen Sozialismus in der katholisch-sozialen Bewegung und in der CDU, Wuppertal 1978, S. 115 ff. Focke spricht S. 140 ff. für diese Zeit von einer „Krise des sozialen und politischen Katholizismus". Die Kennzeichnung von Walter Dirks als „katholischer Sozialist" erfolgte im Roten Blatt katholischer Sozialisten 12, 1930, in einer Besprechung seines Buches „Erbe und Aufgabe". Vgl. zu Dirks auch *Focke*, a.a.O., S. 162 ff. und *Bruno Lowitsch*, Der Frankfurter Katholizismus in der Weimarer Republik und die Rhein-Mainische Volkszeitung, in: *Ludwig/ Schroeder*, a.a.O., S. 32-45.

gen katholischen Sozialdemokraten auf fruchtbaren Boden – gerade weil Ernst Michel sich ganz bewußt parteipolitisch nicht binden wollte.[572]

Diese Zurückhaltung übten die um Katholiken werbenden evangelischen religiösen Sozialisten nicht. Sie wünschten nicht nur eine Sammlung katholischer Sozialisten, sondern auch eine enge Zusammenarbeit, wenn nicht sogar einen Zusammenschluß mit dem BRSD. Besonders der badische religiöse Sozialist Eduard Dietz verband seine häufigen Hinweise auf das Werk von Wilhelm Hohoff im „Sonntagsblatt des arbeitenden Volkes" seit 1926 auch mit der Aufforderung an die von Hohoff geprägten Katholiken, endlich einen „Bund katholischer Sozialisten zu gründen: Ein Bund katholischer Kleriker und Laien, die den Sozialismus [...] als Aufgabe zu übernehmen bereit sind." Dieser Bund sollte mit den evangelischen religiösen Sozialisten eine „Arbeitsgemeinschaft" bilden.[573]

Das Thema „Religiöser Sozialismus und Katholizismus" stand daher auch auf der Meersburger Tagung der Religiösen Sozialisten im August 1926, auf der der BRSD aus der Taufe gehoben wurde, auf der Tagesordnung. Der Kölner Pfarrer Georg Fritze, in dessen Bund religiöser Sozialisten auch Katholiken mitarbeiteten, war der Berichterstatter. Er konnte einige Hinweise auf die Arbeit katholischer Sozialisten geben, seine Einschätzung, ob daraus ein Bund katholischer Sozialisten werden könne, war jedoch eher skeptisch.[574]

Erst im Jahre 1927 änderte sich die Situation. Inzwischen war in Österreich – angeregt durch die Meersburger Tagung und noch im Jahre 1926 – aus einem „kleinen Kreis von Freunden" der „Bund der religiösen Sozialisten Österreichs" entstanden, der vor allem – allerdings auch nicht sehr viele – katholische Sozialisten organisierte. Der unbestrittene Sprecher des österreichischen Bundes, der „kleine" Otto Bauer – nicht zu verwechseln mit dem bekannten Hauptvertreter des Austromarxismus –, suchte und fand die Zusammenarbeit mit dem deutschen Bund. Die seit Anfang 1927 erscheinende Zeitschrift des österreichischen Bundes, „Der Menschheitskämpfer", propagierte auch den organisatorischen Zusammenschluß, der dann allerdings erst 1928 zustande kam.[575] Diese Entwicklung setzte in gewisser Weise auch die deutschen katholischen Sozialisten unter Zugzwang, sie hatte freilich ein Ergebnis, das den auf enge organisatorische Zusammenarbeit zielenden Absichten der Führung des deutschen BRSD nur teilweise entsprach.

Noch mehr als das Vorbild der Österreicher wirkte nämlich die Ermunterung, die

---

572 Vgl. die Angaben zur Biographie weiter oben.
573 Vgl. *Eduard Dietz*, Der Bund katholischer Sozialisten. Zum Gedächtnis von W. Hohoff, in: SaV 7, 1926. Im Jahre 1927 war Dietz schon fast sicher. Er schrieb im SaV 6, 1927: „Darum, ob sie wollen oder nicht, wird auch der ,Bund katholischer Sozialisten' kommen [...]".
574 Vgl. die Berichte über die Meersburger Tagung in SaV 29, 30, 31, 1926. Hans Müller bescheinigte Fritze, daß sein Referat „viele interessante Tatsachen über die religiös-sozialistische Bewegung innerhalb des Katholizismus" enthalten habe. Vgl. *Hans Müller*, Die dritte Zusammenkunft der religiösen Sozialisten in Meersburg, in: Monatsblatt 9, 1926, S. 57 ff.
575 Auf die Entwicklung des österreichischen Bundes kann hier nicht eingegangen werden. Vgl. dazu: *Josef Außermeier*, Kirche und Sozialdemokratie. Der Bund der religiösen Sozialisten 1926-1934, Wien 1979, und *Gerhard Steger*, Rote Fahne – Schwarzes Kreuz. Die Haltung der Sozialdemokratischen Partei Österreichs zu Religion, Christentum und Kirchen. Von Hainfeld bis 1934, Wien 1987.

von den Beschlüssen des Kieler SPD-Parteitages 1927 ausging. Der – nicht unumstrittene – Beschluß der Partei, daß die „politischen und sozialen Ziele der Arbeiterbewegung völlig unabhängig von der religiösen Überzeugung und der weltanschaulichen Meinung ihrer einzelnen Glieder" seien, hatte die von Wilhelm Sollmann angeregte Initiative zur Folge, mit der vor allem katholische Arbeiter als Mitglieder und Wähler der Partei geworben werden sollten.[576] Ein erstes Ergebnis dieser Werbekampagne war – auch wenn vom Autor der Zusammenhang bestritten wurde – im Oktober 1927 die Veröffentlichung des Buches „Katholizismus und Sozialismus" von Georg Beyer im parteieigenen Dietz-Verlag. Das Buch des Redakteurs der „Rheinischen Zeitung" fand in der katholischen Publizistik eine wohlwollende Kritik – ein Brückenschlag zum katholischen Lager schien gelungen.[577]

Selbstverständnis der Gruppe katholischer Sozialisten

Die Sammlung katholischer Sozialisten im Rheinland hatte wie in Österreich bereits ein Jahr vorher begonnen – und auch in einem ähnlich bescheidenen Rahmen. Heinrich Mertens – in Wien von der sozialdemokratischen katholischen Bewegung eines Anton Orel geprägt, erkannte die Fragwürdigkeit dieser eher konservativ-antikapitalistischen Volksbewegung, beschäftigte sich mit Karl Marx, ohne zum Marxisten zu werden, und sah in der Annäherung an die sozialistische Arbeiterbewegung eher eine Möglichkeit, die Ziele eines sozial engagierten Katholizismus zu verwirklichen. Von Wilhelm Sollmann als Mitarbeiter für die „Rheinische Zeitung" gewonnen, rief er seit 1927 in Köln „Aussprachekreise zwischen Katholiken, Protestanten und Sozialisten" mit ins Leben, an denen auch eine „Reihe von Theologen teilnahm". In der „Rheinischen Zeitung" erschien bald darauf eine Beilage, die unter dem Namen „Die Tribüne" als Ausspracheblatt für katholische Sozialisten dienen sollte. Ein Ende 1929 geschriebener Rückblick Heinrich Mertens auf drei Jahre gemeinsamer Arbeit enthält allerdings keinerlei Hinweise auf Mitgliederzahlen oder auf organisatorische Strukturen.[578]

Auch wenn Eduard Dietz schon 1927 einen „im Werden begriffenen, auf Hohoff zurückgehenden Bund katholischer Sozialisten" als die Organisation katholischer Sozialisten vorstellte.[579], waren die eigentlichen Förderer der Idee einer Sammlung katholischer Sozialisten in der Frage einer festen Organisation viel zurückhaltender bei ihrer Antwort. Ernst Michel formulierte Mitte 1927 in Berlin in einer „geschlossenen Versammlung für Funktionäre des BRSD Thesen zu der Frage: Kann es einen

576 Vgl. Protokoll Parteitag der SPD Kiel 1927, der Beschluß S. 265 f., die Rede Rudolf Hilferdings S. 217 ff.
577 Vgl. für den Zusammenhang Focke, a.a.O., S. 147 f.
578 Vgl. dazu den Bericht von *Heinrich Mertens*, Bilanz – Unser Ursprung... in: Das Rote Blatt 11/12, 1929.
579 Vgl. *Eduard Dietz*, Wilhelm Hohoff und der Bund katholischer Sozialisten (= Schriften der religiösen Sozialisten Nr. 6), Karlsruhe o.J., S. 18.

Bund der katholischen Sozialisten geben". Michel ließ sich dabei überhaupt nicht auf die Frage nach der Gründung einer Organisation ein, sondern beantwortete die für Katholiken angesichts der von der Kirche ausgesprochenen Verbote immer noch viel wichtigere Frage, ob ein „Katholik als treues Glied seiner Kirche sich der sozialistischen Bewegung anschließen" dürfe. Er beantwortete seine Frage mit ja, da die Essenz der katholischen Soziallehre es dem einzelnen Katholiken „selbstverantwortlich" überlasse, sich auch als religiösen Sozialisten zu bekennen.[580]

Auf dem Kongreß des Bundes religiöser Sozialisten im August 1928 in Mannheim waren Vorbehalte gegen einen organisatorischen Zusammenschluß mit katholischen Sozialisten allerdings weniger gefragt. Die Kölner katholischen Sozialisten um Heinrich Mertens waren jedoch gar nicht anwesend, im Mittelpunkt der Diskussion über Katholizismus und Sozialismus stand der Vorsitzende des Bundes religiöser Sozialisten Österreichs, Otto Bauer, „ein bleicher junger Arbeiter, der das Wort beherrschte in einer seltenen Art" – wie ein Beobachter seines Auftretens schrieb.[581] Erwin Eckert sah ein weiteres Mal eine Möglichkeit, die Schlagkraft des Bundes zu vergrößern, und forderte Otto Bauer und seinen österreichischen Bund auf, sich dem BRSD organisatorisch anzuschließen. Die Weichen dafür hatte der Berichterstatter in dieser Frage, der Hauptlehrer Roesinger, bereits gestellt, als er betonte, daß der BRSD eine Organisation sei, in der religiöse Sozialisten aller Konfessionen vertreten seien.

Zwar gelte es, auch den Katholiken die Bruderhand zu reichen, aber ein besonderer Bund katholischer Sozialisten solle nicht gegründet werden. Konfessionelle Arbeit in der Kirchenpolitik sei allerdings durchaus unterschieden, könne aber in getrennten Arbeitsgemeinschaften evangelischer und katholischer Sozialisten geleistet werden. So lautete auch der Beschluß des Bundes. Der österreichische Bund schloß sich deshalb auch als „selbständiger Landesverband dem Bund der religiösen Sozialisten Deutschlands an".[582]

Erwin Eckert forderte im Anschluß daran alle Landesverbände auf, Adressen katholischer Mitglieder zu benennen, um die Arbeitsgemeinschaften konstituieren zu können – wobei er noch einmal betonte, daß der Gesamtbund wie auch die Landesverbände konfessionell nicht gebunden seien und auch die Ortsgruppen beide Konfessionen organisieren sollten.[583]

Die Erfolgsmeldung über den „Anschluß" der Österreicher war sicherlich mehr Wunsch als Realität – so schrieb Leonhard Ragaz später, Eckert sei „sichtbar bestrebt [gewesen], die Österreicher in den deutschen Kreis zu ziehen, wogegen ich mich mit Erfolg zur Wehr setzte". Er kam damit der Wahrheit über die

---

580 Vgl. *Ernst Michel*, Thesen zu der Frage: Kann es einen Bund der katholischen Sozialisten geben, in: SaV 31, 1927.
581 Vgl. den Bericht von *August Springer* in: „Monatsblatt 1, 1929.
582 Vgl. die Berichterstattung und die Beschlüsse der Mannheimer Konferenz in: SaV 33, 1928.
583 Vgl. dazu Erwin Eckerts Bericht über die Arbeitsgemeinschaften in: SaV 35, 1928.

geringen Folgen des Beschlusses für das Wachstum der Organisation sicher sehr nahe.[584]

Die Interpretation des Selbstverständnisses des BRSD als interkonfessionelle Organisation durch Eckert aber mußte auch das Mißtrauen der katholischen Sozialisten um Heinrich Mertens wecken, da diese bei aller Bereitschaft zur Zusammenarbeit aus mehreren Gründen auf größere organisatorische Selbständigkeit bedacht sein mußten. Gerade weil im Jahre 1928 die Situation für die katholischen Sozialisten günster als zuvor war, wollten Heinrich Mertens und Ernst Michel den Versuch der Sammlung katholischer Sozialisten nicht durch zu feste organisatorische Bindungen gefährden. In den Reichstagswahlen 1928 hatte das Zentrum erstmals seit 1920 eine große Zahl von Wählern verloren, katholische Arbeiter fanden angesichts der Koalition von Zentrum und SPD die Verteufelung der Sozialdemokratie nicht mehr überzeugend, vor allem aber war deutlich geworden, daß das Zentrum als Partei des politischen Katholizismus nicht mehr das einigende Band für rechte und linke Tendenzen im Katholizismus war.[585]

Das Anfang 1929 mit seiner ersten Nummer erscheinende „Rote Blatt der katholischen Sozialisten" sollte nach dem Willen von Heinrich Mertens und seinen Mitstreitern dieser veränderten Situation und Stimmung im katholischen Lager Ausdruck verleihen und zugunsten katholisch-sozialistischer Ziele verstärken. Deshalb sahen sie es auch zum Leidwesen von Erwin Eckert als Hauptaufgabe an, „verkrustete Fronten aufzulockern": Gerade weil die Mitarbeiter – so beschrieb Georg Beyer die Ziele später – „neben katholischen Laien, eine Anzahl junger katholischer Geistlicher [...] waren, beabsichtigte der Kreis um das ‚Rote Blatt' keine Organisation".[586] Mit diesen Formulierungen war der Vorbehalt gegenüber den Beschlüssen der Mannheimer Konferenz von Georg Beyer nur mittelbar angesprochen, andere einflußreiche Mitarbeiter der Zeitschrift waren weniger behutsam. Ernst Michel begrüßte in einem Brief an Heinrich Mertens das Erscheinen des „Roten Blattes", warnte aber zugleich vor möglichen Gefährdungen: „Wir katholischen Sozialisten können uns nur halten, wenn wir uns nicht mit den unmöglichen Anschauungen eines Pfarrer Eckert usw. belasten. Wir können nur als Katholiken direkt in der sozialistischen Bewegung stehen, nicht aber auch noch vorher im Haus der sogenannten ‚religiösen Sozialisten' Platz

---

584 Vgl. *Ragaz*, Mein Weg, Band 2, Zürich 1952, S. 199. Die Charakterisierung durch Ragaz modifiziert auch die Kennzeichnung des Beschlusses als „das nach außen hin bedeutungsvollste Ereignis" der Mannheimer Konferenz durch Renate Breipohl. Darüber hinaus war – anders als Breipohls Darstellung vermuten läßt – die Übernahme des „Roten Blattes" durch den Verlag des BRSD, über die Heinrich Mertens verärgert war, erst ein Jahr später. Vgl. dazu *Breipohl*, Religiöser Sozialismus, S. 23.

585 Vgl. für diese Einschätzung: *Wilhelm Wibbeling*, Die katholischen Sozialisten in: Neuwerk Jg. 11, 1929/30, S. 19 ff. Der mit Georg Fritze zusammenarbeitende Mitherausgeber der Zeitschrift „Neuwerk" knüpfte daran die Mahnung, behutsam vorzugehen, um den Einfluß gerade auf Teile der katholischen Jugend nicht zu verlieren. Der Zusammenhalt im Zentrum war auch schon vorher nicht mehr so groß, Anfang 1928 aber befand sich die Partei am „Rande der Spaltung". Vgl. dazu: *Wilfried Loth*, Soziale Bewegungen im Katholizismus des Kaiserreichs, in: Geschichte und Gesellschaft 3, 1991, S. 279 ff., hier: S. 309.

586 Vgl. *Georg Beyer*, Die Probleme zwischen Katholizismus und Sozialismus, in: Sozialistische Monatshefte 4, 1929, S. 284 ff., das Zitat S. 291.

nehmen". Da Mertens gerade diesen Briefauszug als Grußadresse Michels auswählte und veröffentlichte, kann man davon ausgehen, daß auch Mertens diese Vorbehalte gegenüber Eckert und seinem Organisationsverständnis teilte.[587] Daß sie als Vorbehalte auch im Bund der religiösen Sozialisten verstanden – und von Widersachern Eckerts begrüßt – wurden, zeigte die Stellungnahme des Kölner Vorsitzenden des BRSD, Georg Fritze, der es ausdrücklich guthieß, „daß sie nicht denken an irgendetwas wie Organisation der katholischen Sozialisten oder gar an organische Verbindung mit dem ‚Bund der religiösen Sozialisten' [...] Da soll nichts verfrüht und voreilig in Formen und Satzungen eingeschlossen werden".[588]

Das Echo auf das Erscheinen des „Roten Blattes" rechtfertigte den eingeschlagenen Weg. Nicht nur die zahlreichen Grußadressen sozialdemokratischer Parteiführer – vom Reichskanzler Hermann Müller bis zum Preußischen Ministerpräsidenten Otto Braun – freuten den Herausgeber, er sah vor allem in den wohlwollenden Stellungnahmen katholischer Zeitschriften eine Ermunterung für seine Arbeit. Das Angebot der Zeitschrift der jungkatholischen Bewegung an die katholischen Sozialisten, zwei Sondernummern ihrer Zeitschrift zu gestalten, kommentierte Mertens mit dem Freudenruf, daß der „erste Einbruch" ins katholische Lager gelungen sei. Besonders freute ihn aber die Anerkennung durch die „Rhein-Mainische-Volkszeitung", diese sei ein „Zeugnis dafür [...], wie sehr wir uns dem um die Rhein-Mainische Volkszeitung gescharten Kreis verwandt wissen dürfen".[589]

Diese „Verwandtschaft" ließ auch das Bekenntnis zur Sozialdemokratie verhalten ausfallen. Die meisten der wenigen katholischen Sozialisten waren – soweit sie Laien waren – auch Mitglied der SPD, Aber Mertens nannte es ausdrücklich nicht die Aufgabe der katholischen Sozialisten, „auf Mitgliederfang für bestehende Organisationen" auszugehen.[590] Die katholischen Sozialisten begrüßten jedoch die Parteinahme führender Sozialdemokraten wie Wilhelm Sollmann und Rudolf Breitscheid auf dem Magdeburger Parteitag 1929 für die „religiöse Toleranz" in der Partei. In dem Zusammenhang registrierte Heinrich Mertens auch mit Genugtuung das Eintreten des preußischen Ministerpräsidenten für ein – in der SPD damals heftig umstrittenes – Konkordat Preußens mit dem Vatikan. Mertens knüpfte daran die Hoffnung, daß die SPD auf dem Wege zu einer Art „Labour Party" sei, die „von der Utopie zur Politik" finde, zumal, wie Mertens formulierte, der marxistische Flügel praktisch einflußlos sei.[591] Diese Sicht auf die Partei formulierte sicher mehr den Wunsch, wie sich die SPD entwickeln solle, als daß sie bereits der Realität entsprach. Die Einschätzung der Partei aber widersprach sicher auch der Auffassung über die Partei, wie sie besonders von Erwin Eckert und seinen Anhängern im BRSD vertreten wurde. Das hinderte Eckert allerdings nicht, sein Ziel einer engeren organisatorischen Verknüpfung weiter zu verfolgen.

---

587 Vgl. *Ernst Michel*, Ich bin bei Eurer Sache, in: Das Rote Blatt 1, 1929, S. 3.
588 Vgl. den Brief von Georg Fritze in: Das Rote Blatt 3, 1929, S. 7.
589 Vgl. dazu die Beiträge von *Heinrich Mertens* in: Das Rote Blatt 1, und 2, 1929.
590 *Heinrich Mertens*, Unsere Aufgabe in: Das Rote Blatt 1, 1929.
591 *Heinrich Mertens*, Sollmann fordert religiöse Freiheit, in: Das Rote Blatt 6, 1929.

Während der – aufwendig „Internationale Führertagung" genannte – Zusammenkunft religiöser Sozialisten im November 1929 in Köln war auch Heinrich Mertens anwesend. Anläßlich dieses Treffens kam es erstmals zu einer gemeinsamen öffentlichen Kundgebung von katholischen Sozialisten und Mitgliedern des BRSD. Bereits die erste Ankündigung machte deutlich, daß es eine Kundgebung zweier, wenn auch befreundeter Gruppierungen war. Auf der „Führertagung" berichtete Mertens über die religiös-sozialistische Bewegung im deutschen Katholizismus, und er kam zu einer optimistischen Einschätzung. Bereits die steigende Auflage des „Roten Blattes" signalisiere eine große Nachfrage, darüber hinaus sei wegen der Linkstendenzen im Zentrum und in den christlichen Gewerkschaften die Frontstellung gegen die katholischen Sozialisten nicht so groß wie in Österreich.[592]

Angesichts der deutlichen Vorbehalte katholischer Sozialisten gegenüber einer zu engen Bindung an den BRSD überraschte dann allerdings ein auf dieser Tagung gefaßter Beschluß, der von Eckert im Rückblick als „das bedeutsamste Ergebnis der Zusammenkunft" gefeiert wird: Das „Rote Blatt" sollte ab Januar 1930 im Verlag der religiösen Sozialisten in Mannheim erscheinen und künftig als das „theoretische Organ" der von Otto Bauer geleiteten „Arbeitsgemeinschaft katholischer Sozialisten" im BRSD dienen. Eckert sah darin einen weiteren Schritt hin zur „Einheitlichkeit der religiös-sozialistischen Bewegung", auch wenn „natürlich [...] die katholischen Freunde ihren eigenen Weg innerhalb der Gesamtbewegung gehen müssen". Lobend hob er hervor, daß im Rheinland, besonders in Köln, eine „reibungslose Zusammenarbeit zwischen katholischen und evangelischen Sozialisten in der Partei und in der Öffentlichkeit" zu verzeichnen sei.[593]

Die Praxis im Rheinland – von Georg Fritze und Heinrich Mertens bestimmt – war damit sicherlich richtig beschrieben, mit den in Köln gefaßten Beschlüssen war Mertens deswegen aber noch lange nicht einverstanden. In der ersten Nummer des Jahrgangs 1930 des „Roten Blattes" erläuterte er in einer „notwendigen Erklärung" die Konsequenzen aus dem Beschluß. Er bekannte sich dazu, daß „wir in Zukunft mit unseren evangelischen Freunden zusammenarbeiten", aber erfügte ausdrücklich hinzu: „dadurch ist keineswegs eine Verwässerung unserer katholischen Haltung zu befürchten" – offenbar gab es Bedenken in dieser HInsicht. Und schließlich stellte Mertens unmißverständlich fest, daß der Wille zur Zusammenarbeit keineswegs ein Bekenntnis zur Programmatik des BRSD bedeute: „Die bisher im Verlag der religiösen Sozialisten erschienenen Schriften haben für uns katholische Sozialisten keine programmatische Bedeutung".[594] Natürlich war diese ausdrückliche Absage an eine programmatische Einheitlichkeit der religiös-sozialistischen Bewegung in erster Linie taktisch gemeint. Die „katholische Rechtgläubigkeit" der katholischen Sozialisten war bereits unter Bezug auf solche programmatischen Texte von seiten der katholischen Kirche angezweifelt worden. Dagegen wollte Mertens seine Mitstreiter

---

592 Vgl. die Ankündigung der Tagung in: Das Rote Blatt 10, 1929 und den Bericht über die Führertagung in: SaV 47, 1929.

593 Vgl. den Rückblick Eckerts auf die Tätigkeit des BRSD in: SaV 30, 1930.

594 Vgl. *Heinrich Mertens*, Eine notwendige Erklärung, in: Das Rote Blatt 1, 1930.

in Schutz nehmen, da er wußte, wie gering im Vergleich zur evangelischen Kirche der Spielraum war, den die katholische Kirche ließ. Aber das Diktum Mertens' war nicht nur taktisch zu verstehen, wie die – freilich nicht mit einem „Rechts-Links-Schema" erklärbaren – Differenzen im programmatischen Selbstverständnis belegen.

Katholischer Sozialismus in Programm und Praxis

Das programmatische Selbstverständnis der katholischen Sozialisten wurde vor allem von Heinrich Mertens formuliert, der trotz seiner Jugend schnell zum anerkannten Sprecher der katholisch-sozialistischen Bewegung in Deutschland geworden war.[595] Er und seine Mitstreiter gewannen Mitte der Zwanziger Jahre ihre katholisch-sozialistische Überzeugung in ihrer Auseinandersetzung mit dem katholischen Solidarismus. Sie sahen in ihm den fortgeschrittensten Teil der katholischen Sozialbewegung, der darüber hinaus auch politisch am wichtigsten sei, da er eng mit dem im Zentrum agierenden politischen Katholizismus verbunden sei. Anders als die rückwärts gewandten „Sozialromantiker" – zu denen Mertens auch seinen Lehrer Anton Orel zählte – nahmen die Solidaristen die aktuellen Probleme der kaptialistischen Gesellschaft zur Kenntnis und entwickelten auch antikapitalistische Positionen, die jedoch eher zur Rettung des Kapitalismus beiträgen, wie Heinrich Mertens formulierte. So offenbare die von dem jesuitischen Moraltheologen Oswald von Nell-Breuning gemachte Unterscheidung zwischen Kapitalismus und Mammonismus nur das „kompromißlerische Wesen des Solidarismus", das ihn gegenüber der gesellschaftlichen Wirklichkeit letztlich zur Ohnmacht verurteile. Der Solidarismus könne neue Ordnungen nur sanktionieren, nie aber mitgestalten. Als neue Ordnung stehe der Sozialismus auf der Tagesordnung, zu dem die Sozialisten zunächst noch „aus einem falschen Glauben" heraus aufrufen, da die Christen versagten. Die katholischen Sozialisten wollten das Versagen der katholischen Kirche wiedergutmachen. Dabei erkannten sie „das ewige Recht der Kirche und das zeitliche Recht des Sozialismus" an und seien nicht mehr bereit, das eine gegen das andere ausspielen zu lassen.

Dieses von Mertens im September 1929 auf einem Kongreß der holländischen religiösen Sozialisten formulierte Selbstverständnis der katholischen Sozialisten prägte auch die weiteren programmatischen Aussagen und bestimmte auch die Auseinandersetzung mit dem BRSD und mit der SPD.[596]

Der kritische Bezug auf die katholische Kirche machte deutlich, daß die katholischen Sozialisten ihre Zugehörigkeit zur Kirche nicht in Frage stellen lassen wollten und deshalb auch hinsichtlich des „ewigen Rechts" die Autorität der Kirche und ihrer Sprecher anerkannten: „Wir sind keine Auch-Katholiken. Der gehört nicht zu

---

595 Mertens beeindruckte auch protestantische religiöse Sozialisten, als er 1930 in Stuttgart zu Problemen des katholischen Sozialismus sprach. Es heißt im Bericht: „Er ist ganz jung, zart, fast schmächtig, aber ein gefährlicher Florettfechter auf dem Paukboden der Dialektik", in: SaV 33, 1930.
596 Vgl. *Heinrich Mertens*, Probleme der katholisch-sozialen Bewegung und die Position der katholischen Sozialisten, in: Zeitschrift für Religion und Sozialismus 1930, S. 20 ff.

uns, der in Glaubens- und Sittenlehren den Hirten der Kirche Anlaß zur Klage gibt" – heißt es in den „Leitsätzen" der katholischen Sozialisten.[597]

Vor allem an diesem Satz stießen sich alle Freidenker unter den Sozialdemokraten, die ja ihrerseits die Sozialdemokratie als weltanschaulich eindeutig bestimmte Kulturbewegung begriffen. Sie vermuteten in diesem Vorbehalt der katholischen Parteimitglieder eine doppelte Loyalität, die die Partei nicht hinnehmen dürfe. Anna Siemens sprach auf dem Magdeburger Parteitag 1929 diesen Verdacht offen aus, als sie die „Einheitlichkeit unserer sozialistischen Überzeugung" forderte, zu der „katholische Genossen durch ihre Abhängigkeit von bestimmten Machtorganisationen der Gesellschaft, wie das die Kirche ist", sich nur schwerlich bekennen könnten.[598] Sie sprach damit natürlich ein Dilemma der Partei an, das mit dem immer wieder zitierten Bekenntnis, daß Religion Privatsache sei, nur übertüncht wurde.

In seinem Referat auf dem Stuttgarter Kongreß der religiösen Sozialisten im August 1930 machte Mertens deutlich, daß er nicht bereit war, durch ein eindeutiges Bekenntnis zur SPD als der politischen Partei der katholischen Sozialisten das Dilemma lösen zu helfen. Er beklagte, daß die proletarische Bewegung gespalten sei und verlangte von den katholischen Sozialisten „Verständnis für Ziel und Weg beider Richtungen". Kritik verdienten KPD und SPD gleichermaßen, katholische Sozialisten aber müßten vor allem darauf hinwirken, daß die „beiden Richtungen einander näherkommen". Das Bekenntnis Mertens' zu einer – aus seinem Munde überraschenden – „interfraktionellen" Zusammenarbeit gab ihm auch noch Gelegenheit, mit einem anderen Vorurteil aufzuräumen. Es sei nicht richtig, die katholischen Sozialisten „dem ‚rechten' Flügel der Sozialdemokratie" zuzuordnen. „Wir sind revolutionäre Sozialisten. Und wir wollen den ganzen Sozialismus, der ohne Karl Marx nicht möglich ist."[599] Das hieß freilich nicht, daß Mertens und mehr noch Ernst Michel bereit waren, die in SPD und KPD ständig wiederholten marxistischen Glaubensbekenntnisse hinzunehmen. In seinem Rückblick auf ein Jahr Arbeit hatte Mertens dazu Stellung genommen. Gerade weil die katholischen Sozialisten „der Marxschen Analyse des Kapitalismus zustimmten", seien sie keine „Marxisten, das heißt Anhänger des von Marx-Epigonen ausgebildeten Weltanschauungssystems". Er fügte hinzu: „Nur die Gewißheit, daß Sozialismus und Marxismus nicht wesentlich identisch sind und daß ihre wesentliche Verknüpfung in der Vergangenheit sich heute löst, machte uns die Entscheidung zum Sozialismus möglich."[600]

So sehr diese programmatischen Aussagen es den Kritikern in der Sozialdemokratie und in der religiös-sozialistischen Bewegung schwer machten, die katholischen Sozialisten einzuordnen, in der katholischen Kirche waren sie dadurch noch verdächtiger

---

597 Vgl. „Unsere Leitsätze", in: Das Rote Blatt 1, 1929.
598 Vgl. Protokoll des SPD-Parteitages 1929, S. 182.
599 Vgl. *Mertens*, Das Recht und Aufgabe der katholischen Sozialisten in Kirche und Arbeiterschaft, in: Zeitschrift für Religion und Sozialismus 1930, S. 351 ff., die Zitate S. 361 f.
600 Vgl. *Mertens*, Bilanz, in: Das Rote Blatt 11/12, 1929. Zum programmatischen Selbstverständnis vgl. auch: ders., Katholische Sozialisten. Programmatische Aufsätze, Mannheim 1930, und ders., Muß der Marxist Freidenker sein, in: SaV 20, 1931.

geworden. Die katholischen Sozialisten hatten deshalb große Probleme, in der neuerlichen schroffen Absage an ihr politisches Engagement von seiten des katholischen Klerus noch einen Spielraum für ihre politische Arbeit zu erkennen. Bereits Ende 1929 hatte Papst Pius XI. in einem Schreiben an den Reichsverband katholischer Arbeitervereine gegen eine katholisch geprägte religiös-sozialistische Bewegung eindeutig Front gemacht. Er wetterte gegen „die neuen Trugschlüsse derer, die die Lehre des Evangeliums vom irdischen Leben und von den Gütern dieser Welt falsch verstehen und deshalb glauben, daß sie gleichzeitig gute Katholiken und Sozialisten sein oder mit den Sozialisten sympathisieren könnten oder sogar müßten." In einer gewagten – und die Absichten des Papstes sicher bewußt mißverstehenden – Interpretation erläuterte Heinrich Mertens seinen katholischen Mitstreitern, daß der Papst in dem Schreiben gar nicht von ihnen gesprochen habe: „Wer aber Sozialist ist aus einem falschen Verständnis des Evangeliums heraus, der irrt ebenso wie derjenige, der sich aufgrund der marxistischen Doktrin zum Sozialismus bekennt. Beides trifft auf die katholischen Sozialisten [...] nicht zu. Also darf das päpstliche Urteil auf sie nicht angewandt werden".[601]

Mertens hoffte sogar auf eine veränderte Haltung der katholischen Kirche. Immer wieder wies er darauf hin, daß angesichts der in der Weltwirtschaftskrise offenbar werdenden „Krise des Privateigentums" die Sozialenzyklika von 1891 nicht länger mehr das letzte Wort der Katholischen Kirche zu sozialen Fragen sein dürfe.[602] Um so mehr waren die katholischen Sozialisten dann enttäuscht, als Papst Pius XI, mit seiner 1931 veröffentlichten neuen Sozialenzyklika „Quadragesimo Anno" bereits in den Anfangsworten deutlich machte, daß er damit nur die Sozialenzyklika von 1891 fortschreiben wollte. Mertens und andere katholische Sozialisten betonten zwar in ihren Stellungnahmen, daß der Papst nun viel entschiedener „die maßlose Zusammenballung wirtschaftlicher Macht" verurteile, sie beklagten aber zugleich, daß die katholische Kirche es bei der Verurteilung belasse – und nicht wie die katholischen Sozialisten dagegen kämpfen wolle. Die erneuerte Absage an den Sozialismus und die Sozialisten versuchten sie freilich wiederum als nicht auf sich bezogen zu deuten. Mertens meinte, daß die vom Papst beschriebenen Sozialisten eher „Phantasten und Sektierer" seien: „In der Sozialdemokratie hat es solche Sozialisten bekanntlich nie gegeben und gibt es auch heute nicht." Und deshalb gelte weiter der Wahlspruch: „Trotz alledem: die katholischen Sozialisten gehen ihren Weg."[603] Das klang nun freilich auch vielen Mitstreitern wie Pfeifen im Walde. Die katholische Publizistik hatte fast ohne Ausnahme keinen Zweifel daran gelassen, daß sie die Enzyklika anders – nämlich als auch gegen die sozialistischen Arbeiterorganisationen

601 Vgl. *Mertens*, Ein Papstbrief, in: Neue Blätter für den Sozialismus 2, 1930, S. 92 ff.; dort auch auszugsweise das Schreiben vom Papst Pius XI., im Wortlaut veröffentlicht in: „Kölner Volkszeitung" vom 16.12.1929. Vgl. auch: Der Papst und der religiöse Sozialismus, in: SaV 1, 1930.
602 Vgl. dazu *Mertens*, Die Legende vom Arbeiterpapst, in: Der religiöse Sozialist 16, 1931 und ders., Ein Jesuitenpater fordert auf der Kanzel die Sozialisierung, in: Der religiöse Sozialist 19, 1931.
603 Vgl. *Mertens*, Papst und Sozialismus. Mahnungen - keine Lösungen, in: Der religiöse Sozialist 21 und 22, 1931. Zum Wortlaut der Enzyklika vgl. Die Sozialen Enzykliken, a.a.O.

gerichtetes päpstliches Gebot – begriff. Es waren jetzt noch weniger Katholiken, die es wagten, sich offen als Sozialisten oder gar als Mitglieder einer sozialistischen Organisation zu bekennen. Heinrich Mertens als einer derjenigen war ohne Zweifel „als Katholik anerkannt und durchaus ernstgenommen [...] im katholischen Lager", aber: er war und blieb ein Außenseiter.[604]

Aber gerade als Außenseiter veröffentlichten die katholischen Sozialisten Analysen über das katholische Lager, die bis heute bedenkenswerte Einsichten über die geistige Situation der Zeit enthielten. Das betraf zu Beginn der dreißiger Jahre vor allem die Auseinandersetzungen mit dem stärker werdenden deutschen Nazismus. Die katholischen Bischöfe hatten bis 1933 immer wieder – und mit mehr Nachdruck und vor allem Wirkung als die Evangelische Kirche – vor der NSDAP gewarnt und Katholiken untersagt, Mitglieder der NSDAP zu werden.[605] Deswegen waren aber die meisten führenden Katholiken noch lange keine Demokraten.

Heinrich Mertens scheute sich bereits 1931 nicht, von der Gefahr eines „Faschismus im katholischen Lager" zu sprechen, denn „ob es Solidarismus, Kooperativsystem, Stände-Idee, berufsständische Wirtschaft, kooperative Wirtschaft oder auch ‚christliche Demokratie' heißt – alle diese Strömungen fließen zu guter letzt in dem einheitlichen Strom zusammen, der sich politisch in nichts anderem als dem Faschismus ausdrückt". Und er fügte hinzu: „Das alles ist natürlich kein Faschismus im Sinne der Radau-Nationalsozialisten. Es ist aber das Suchen nach einem Staats- und Wirtschaftssystem, das die große Krise dieser Zeit nicht demokratisch, sondern autoritär lösen will."[606] Die österreichischen Sozialisten – und mit ihnen die österreichischen religiösen Sozialisten – mußten 1934 schmerzlich erfahren, daß Mertens mit dieser Analyse eine bemerkenswerte Voraussicht bewiesen hatte.

So einsichtig diese Analysen freilich auch waren, sie wurden kaum zur Kenntnis genommen. Die Zahl der deutschen katholischen Sozialisten blieb klein. Heinrich Mertens und seine wenigen Mitstreiter traten zwar auf Tagungen der religiösen Sozialisten regional – vor allem im Rheinland und in Westfalen –, aber auch bundesweit regelmäßig als Sprecher der katholischen Sozialisten auf, aber ein Bund katholischer Sozialisten mit organisatorischen Strukturen wurde dennoch nie gegründet.

Die Deutsche Zentrums-Partei, die die Aktivitäten katholischer Sozialisten mißtrauisch und ablehnend beobachteten, hatte deswegen noch Ende 1929 den Eindruck, daß die um Heinrich Mertens sich sammelnden katholischen Sozialisten „zahlenmäßig kaum nachweisbar sind". Die für Zentrumspolitiker zusammengestellten Informationen des „Artikeldienstes der Deutschen Zentrum-Partei" behaupteten freilich auch, daß die katholischen Sozialisten nichts mit dem „Bund der religiösen Sozialisten"

---

604 Vgl. dazu: *Wolfgang Brobeil*, Junge Katholiken vor dem Sozialismus in: Neue Blätter für den Sozialismus 2, 1932, S. 106 ff. Der Autor zählt zu den „Außenseitern" auch Walter Dirks, der sich – wie sein im gleichen Jahr veröffentlichtes Buch ‚Erbe und Aufgabe' zeige – ebenfalls nicht von der Enzyklika des Papstes Pius XI. ins Bockhorn jagen lasse und – ohne in einer sozialistischen Partei Mitglied zu werden – einen „ähnlichen Weg zu einem katholisch verantwortbaren Sozialismus [...]" gegangen sei.

605 Vgl. dazu: *Jürgen G. Falter*, Hitlers Wähler, München 1991, S. 192.

606 Vgl. *Mertens*, Faschismus im katholischen Lager in: Der religiöse Sozialist 25, 1931.

zu tun hätten und sich auch nicht mit der in Mannheim auf Drängen Eckerts und Bauers gebildeten Arbeitsgemeinschaft katholischer Sozialisten identifizierten. Die katholischen Sozialisten wollten vielmehr – so die Wahrnehmung des Zentrums – nicht direkt für die SPD werben, sondern für die sozialistische Bewegung allgemein. Darüber hinaus lehnten sie nach Meinung des Zentrums den Marxismus und die materialistische Geschichtsauffassung ab, obwohl sie die Notwendigkeit des Klassenkampfes und die Einheitsfront des Proletariats bejahten. Diese Einschätzung des Zentrums belegt, daß die Differenzen zwischen Heinrich Mertens und Ernst Michel einerseits und Erwin Eckert und Otto Bauer andererseits im katholischen Lager durchaus wahrgenommen worden waren. Die Beschreibung der Differenzen im einzelnen war freilich nicht zutreffend. Die Wirkung der katholischen Sozialisten auf das katholische Lager wurde von der Zentrums-Partei dennoch nicht gering geachtet. Sie warnte ihre Anhänger davor, auf die den katholischen Sozialisten unterstellte „Missionsaufgabe" unter den Sozialisten hereinzufallen. Das „einfache Volk" könne die „spitzfindig-theoretischen, aber lebensfremden Argumente Heinrich Mertens" nicht von den übrigen verwirrenden Argumenten der Parteisozialisten unterscheiden.[607]

In dem BRSD spielten die katholischen Sozialisten allerdings trotz ihrer geringen Zahl eine gewichtige, wenn auch keineswegs überragende Rolle. So war Heinrich Mertens zwar als Schriftleiter des „Roten Blattes" auch bei Vorstandssitzungen anwesend, in den Vorstand gewählt wurde er aber nie. Er war allerdings überall da, wo es um die Verbreitung der religiös-sozialistischen Idee aus katholischer Sicht ging, vertreten: auf der Heppenheimer Tagung 1928 ebenso wie in dem Beirat der „Neuen Blätter für den Sozialismus". Darin lag auch die Stärke der katholischen Sozialisten. Sie wirkten als Ferment zwischen den verschiedenen Gruppen der religiösen Sozialisten, aber auch als Mittler ins Lager des Linkskatholizismus hinein. Eine stärkere organisatorische Verfestigung und eine Einbindung in den BRSD hätte dabei eher geschadet als genützt – und so empfanden sie wohl die Tatsache, daß es bis 1933 nie zur Gründung eines Bundes der katholischen Sozialisten kam, kaum als Mangel. Das Marx- und das Marxismus-Verständnis der katholischen Sozialisten, ihre Selbsteinschätzung als ‚revolutionäre Sozialisten', die Verständnis für SPD und KPD hatten, offenbaren, daß die katholischen Sozialisten als Teil der religiös-sozialistischen Bewegung und damit als Teil der sozialistischen Bewegung nicht in ein „Rechts-Links-Schema" einzuordnen sind.

Die Vermittlung zwischen katholischem Lager und sozialistischer Bewegung stieß auch nach 1945 weiterhin auf viele Schwierigkeiten. Es ist mit ein Verdienst der katholischen Sozialisten aus der Zeit der Weimarer Republik, daß dabei nicht völlig von vorn angefangen werden mußte.

---

607 Vgl. Material für Redner und Redakteure, hrsg. vom Artikeldienst der Deutschen Zentrums-Partei vom 19.10.1929, die Zitate S. 14.

c) Der „Berliner Kreis" religiöser Sozialisten (Kairos-Kreis/Tillich-Kreis)

Dem 1919 von Carl Mennicke ins Leben gerufenen und von Paul Tillich und Eduard Heimann maßgeblich bestimmten „Berliner Kreis" religiöser Sozialisten gehörten nie mehr als zehn bis zwölf Mitglieder an. Er wollte keine feste Organisation bilden, sondern vor allem eine „geistige Gemeinschaft" sein. Der Einfluß auf die religiös-sozialistische Bewegung in der Weimarer Republik war dennoch nicht gering, auch wenn er später stark überschätzt wurde.

Die Mitglieder des „Berliner Kreises" waren meist Professoren, weshalb der Kreis – mit kritischem Unterton – auch als die „akademische Spielart" des religiösen Sozialismus bezeichnet wurde. Einfluß nahm der „Berliner Kreis" vor allem mit seinen Zeitschriften, den „Blättern für religiösen Sozialismus", von Carl Mennicke 1920 bis 1927 herausgegeben, und den „Neuen Blättern für den Sozialismus", von Paul Tillich, Eduard Heimann und August Rathmann von 1930 bis 1933 herausgegeben. Mitglieder des Kreises nahmen darüber hinaus an vielen Konferenzen und akademischen Tagungen religiöser Sozialisten teil, auf denen sie wichtige, wenn auch oft umstrittene Beiträge zur theoretischen Bestimmung des Begriffs religiöser Sozialismus lieferten. Vor allem Paul Tillich und Eduard Heimann formulierten in der Auseinandersetzung mit dem zeitgenössischen Marxismus der sozialistischen Arbeiterbewegung, mit der „Dialektischen Theologie" von Karl Barth, mit der „Reich-Gottes-Lehre" von Leonhard Ragaz und mit dem tagespolitischen Engagement der im BRSD organisierten religiösen Sozialisten ein philosophisch-theologisches Selbstverständnis des „Berliner Kreises", das diesen von den meisten anderen religiös-sozialistischen Gruppierungen unterschied. Die zunächst wohlwollende, später deutlicher geäußerte Skepsis gegenüber dem BRSD beruhte auf Gegenseitigkeit, was freilich eine kritisch-freundschaftliche Auseinandersetzung nicht ausschloß.[608]

Die Anfänge des „Berliner Kreises" rühren von einem, von Pfarrer Rittelmeyer Anfang 1919 in Berlin angeregten Gesprächskreis her, der sich „immer mehr innerlich

---

[608] Die wenigen Mitglieder des Berliner Kreises haben als Akademiker fast alle ein beeindruckendes wissenschaftliches Werk hinterlassen und sind mit Aufsätzen und Referaten stets in Zeitschriften und auf Tagungen präsent gewesen, weshalb nach 1945 (und bis heute) das Mißverständnis entstand, der „Berliner Kreis" sei *die* religiös-sozialistische Bewegung der Weimarer Republik gewesen. Deshalb ist dem „Berliner Kreis" wohl auch eine Fülle von Darstellungen gewidmet, was zur Überschätzung seines Einflusses und seiner Bedeutung mit beigetragen hat. Zeitgenossen, vor allem aus der religiös-sozialistischen Bewegung urteilten dagegen sehr viel kritischer und wurden damit der Bedeutung des Kreises auch nicht gerecht.
Vgl. für das Mißverständnis zuletzt: *Heinrich August Winkler*, Der Schein der Normalität. Arbeiter und Arbeiterbewegung in der Weimarer Republik 1924-1930, Berlin/Bonn 1985, S. 658 f. und S. 712 f. Zu den Biographien von Paul Tillich, Eduard Heimann und Carl Mennicke vgl. *Arnold Pfeifer* (Hrsg.), Religiöse Sozialisten, Olten/Freiburg 1976, S. 357 ff. und: *Gerhard Wehr*, Paul Tillich mit Selbstzeugnissen und Bilddokumenten, Reinbek 1987. Aus der Fülle der Literatur vgl. *Dietrich Wendland*, Der religiöse Sozialismus bei Paul Tillich, in: Marxismusstudien, Band 4, Tübingen 1962, S. 163-195; *Thomas Ulrich* Ontologie, Theologie und gesellschaftliche Praxis. Studien zum religiösen Sozialismus Paul Tillichs und Carl Mennickes, o.O. 1971; *Martin Martiny*, Die Entstehung und politische Bedeutung der „Neuen Blätter für den Sozialismus" und ihres Freundeskreises. Dokumentation, in: Vierteljahreshefte für Zeitgeschichte 1977, S. 373-419. Vgl. auch *August Rathmann*, Ein Arbeiterleben. Erinnerungen an Weimar und danach, Wuppertal 1983. Zur Selbsteinschätzung als „geistige Gemein-

zusammengefunden hat". An den Treffen nahm kurz nach Kriegsende auch Günther Dehn teil, der zur gleichen Zeit den Berliner Bund religiöser Sozialisten mit ins Leben rief. Für Dehn war die Gruppe, deren Zahl „nie über zehn bis zwölf hinausging", ein „hochintellektueller Kreis", zu dem neben Paul Tillich, Eduard Heimann und Carl Mennicke auch noch Karl-Ludwig Schmidt, Alexander Rüstow, Adolf Löwe, Arnold Wolfers und Hans Simons gehörten. Dehn merkte zur Zusammensetzung des Kreises an: „Sie sind alle Professoren geworden." Mit der Berufung zum Professor verließen die meisten Berlin. Paul Tillich wurde Professor in Marburg (1925 in Dresden und 1929 in Frankfurt), Eduard Heimann nahm bereits 1922 eine Privatdozentur in Freiburg und 1925 eine Professur in Hamburg an. Der Name „Berliner Kreis" wurde dennoch beibehalten. Die beherrschende Persönlichkeit war von Anfang an Paul Tillich, weswegen die Gruppe auch „Tillich-Kreis" genannt wurde oder auch „Kairos-Kreis" nach dem von Tillich geprägten Begriff vom „Kairos", der „erfüllten Zeit".[609] Paul Tillich schrieb bereits 1919 zusammen mit Pfarrer Carl Wegener mit der Broschüre „Sozialismus als Kirchenfrage" eine erste Programmschrift des „Berliner Kreises", in der „solidarisches Menschheitsgefühl" als konstituierendes Moment für die sozialistische Bewegung wie auch für die religiöse Grundüberzeugung genannt wurde: Deshalb sollte „Kirche [...] den Sozialismus in sich aufnehmen, damit sie zur Volkskirche werde".[610]

Da die meisten Gruppenmitglieder Protestanten waren, zielte diese Aufforderung vor allem auf die evangelische Kirche, der Kreis verstand sich aber ausdrücklich nicht als prinzipiell christlich, er wollte offen sein auch für Juden, Moslems und Buddhisten. Einig war man sich freilich, daß ein „organisatorischer Zusammenschluß ausdrücklich abgelehnt" wurde. Da der gemeinsame Wohnort Berlin als Zusammenhalt bald wegfiel, sollte die seit Anfang 1920 von Carl Mennicke herausgegebene Zeitschrift „Blätter für religiösen Sozialismus" dem Kreis als Diskussionsorgan dienen und den „inneren Zusammenschluß herbeiführen".[611]

Die vom „Neuwerk-Kreis" Ende September 1919 nach Tambach in Thüringen einberufene Konferenz bedeutete auch für den „Berliner Kreis" einen Einschnitt. Carl Mennicke und Paul Tillich fühlten sich vor allem vom theologischen Radikalismus Karl Barths herausgefordert, während dessen Absage an einen „organisierten religiösen Sozialismus" Zustimmung fand.[612] Der „Berliner Kreis" sah es sogar ausdrücklich nicht als seine Aufgabe an, politisch einzugreifen – wie es der gleichzeitig in Berlin entstandene Bund sozialistischer Kirchenfreunde und der Bund Neue Kirche wollten.

---

schaft" vgl. *Carl Mennicke*, Der religiöse Sozialismus in Deutschland, in: Sozialistische Monatshefte 1926, S. 156 ff.; zur Einschätzung als „akademischer Spielart" vgl. *Herbert Trebs*, Religiöse Sozialisten in Berlin, in: Standpunkt 5, 1987, S. 126 ff.

609 Vgl. *Günther Dehn*, Die alte Zeit, S. 223.

610 Vgl. dazu, auch für das Zitat: *Gottfried Mehnert*, Evangelische Kirche und Politik 1917-1919, Düsseldorf 1959, S. 206.

611 Vgl. den Bericht über die Anfänge des „Berliner Kreises" und die Zielsetzung der Zeitschrift: *Carl Mennicke*, Unser Weg, in: Blätter für religiösen Sozialismus 1, 1920.

612 Vgl. ebda. und *Friedrich Wilhelm Marquardt*, Der Christ in der Gesellschaft 1919-1979. Geschichte, Analyse und aktuelle Bedeutung von Karl Barths Tambacher Vortrag, München 1980.

Der „Berliner Kreis" sah für sich vor allem die kulturelle Aufgabe, den als „flach" empfundenen ökonomischen Sozialismus ethisch und religiös zu vertiefen.[613] Anfangs gehörten nur wenige Mitglieder des „Berliner Kreises" sozialistischen Parteien an – wozu zunächst auch die anarcho-syndikalistische KAPD zählte –, alle zusammen aber waren sie parteipolitisch nicht aktiv, da – wie Carl Mennicke später entschuldigend schrieb – „die führenden Köpfe alle in angespannter geistiger Berufsarbeit als Akademiker und Beamte" tätig waren.[614] Bei ihrem gemeinsamen Auftreten auf religiös-sozialistischen Tagungen zogen die Angehörigen des „Berliner Kreises" aber keineswegs stets an einem Strang. Im Gegenteil, sie benutzten oft die Gelegenheit, um die kontroversen Standpunkte in ihren Reihen öffentlich zur Diskussion zu stellen.[615]

Die Art und Weise des Auftretens, aber auch der Inhalt der vertretenen Positionen ließen bereits zu Beginn der zwanziger Jahre aus den Reihen der Berliner und der süddeutschen religiösen Sozialisten Vorbehalte gegen den „Berliner Kreis" laut werden. Der Vorwurf des „Intellektualismus" des Kreises, der „zu theoretisch" an die zu bewältigenden Aufgaben einer religiös-sozialistischen Bewegung herangehe, offenbarte die Kluft zwischen denjenigen, denen es genügte, sich in kleinen Zirkeln und Zeitschriften über den Begriff des religiösen Sozialismus auszutauschen, und denjenigen, die praktisch-tagespolitisch aktiv sein wollten und darum einen größeren organisatorischen Zusammenhalt wünschten. Der Schriftleiter des „Christlichen Volksblattes" (aus dem das „Sonntagsblatt des arbeitenden Volkes" hervorging) meinte es daher durchaus auch als Vorwurf, wenn er die Differenz seiner Zeitschrift zu den „Blättern für religiösen Sozialismus" betonte: „Wir dürfen uns eben als Volksblatt keine gelehrte Sprache leisten, wir sind kein akademischer Diskussionsklub und wollen es nicht werden.[616]

Neben dem Vorbehalt gegenüber der „rein intellektuellen" Arbeit des „Berliner Kreises" gesellte sich auch der Vorwurf der besonders von Leonhard Ragaz beeinflußten religiösen Sozialisten, die den vom „Berliner Kreis" propagierten Begriff des religiösen Sozialismus zu philosophisch und zu wenig religiös fanden. Hans Ehrenberg warf deshalb auch nach einem Vortrag von Paul Tillich auf einer im Oktober 1923 in Kassel stattfindenden Tagung dem „Berliner Kreis" vor, von allen religiössozialistischen Gruppierungen sei er „vom Volk am weitesten entfernt".[617] In dieser Charakterisierung wird deutlich, daß der „Berliner Kreis" – auch wenn einige Mitglieder es anders sehen wollten – von Angehörigen des späteren Bundes religiöser Sozialisten keinesfalls als ihnen eng verbundener „Theoriekreis" empfunden geschweige denn akzeptiert wurde.

613 Vgl. dazu *Otto Koch* in: Blätter für religiösen Sozialismus 5, 1920.
614 Vgl. den Rückblick *Carl Mennickes* im Jahre 1926 in den Sozialistischen Monatsheften 1926, S. 156 ff.
615 Vgl. etwa die Kontroverse zwischen Eduard Heimann und Alexander Rüstow auf einer Tagung im September 1921 in Hannover. Vgl. die Berichte und Referate in: Blätter für religiösen Sozialismus 10 und 11/12, 1921.
616 Vgl. dazu den Bericht in: Christliches Volksblatt 31/32, 1922.
617 Vgl. den Bericht *Hans Ehrenbergs* über die Kasseler Tagung in: Christliches Volksblatt 43, 44 und 45, 1923.

An den seit 1922 in unregelmäßigen Abständen durchgeführten „Akademischen Arbeitswochen" des „Berliner Kreises" nahmen zwar bis zu 200 Zuhörer teil, aber es waren oft in der Mehrzahl Studenten, die ihre akademischen Lehrer hören wollten. Der Zusammenhalt des Kreises blieb – vom engeren Kreis abgesehen – lose, obwohl Mitte der zwanziger Jahre auch ein Rundbrief an alle dem Kreis sich zugehörig Fühlenden versandt wurde. Nach einer Tagung im Juli 1925 in Thale klagte Carl Mennicke daher auch, daß aus dem Kreis zwar kein Verein werden dürfe, der „sich in sektenhafter Weise neben die politische Bewegung stellt" – der Seitenhieb auf die inzwischen entstandene Arbeitsgemeinschaft religiöser Sozialisten war deutlich, aber: „Irgendeine Art der organisatorischen Zusammenfassung bzw. Verbindung" sei schon notwendig.[618] Dieser Wunsch aber stieß auf den Widerspruch der meisten anderen Mitglieder des „Berliner Kreises", die sich „nicht durch irgendwelche Satzungen oder Paragraphen zusammengehalten" fühlten, sondern durch das gemeinsame Bewußtsein einer „Krisis, einer Weltenwende", „etwas wie ein Weltuntergang".[619]

Die seit 1924 in der Arbeitsgemeinschaft religiöser Sozialisten zusammengeschlossenen Gruppen hofften dennoch, auch den „Berliner Kreis" bald in die Arbeitsgemeinschaft aufnehmen zu können. Auf der im November 1925 in Berlin stattfindenden Hauptversammlung des Berliner Bundes religiöser Sozialisten waren Vertreter des „Berliner Kreises" nicht anwesend. Es sollte deshalb – so lautete ein Beschluß – eine Aussprache mit dem „Berliner Kreis" herbeigeführt werden, um besonders die Zeitschrift in die religiös-sozialistische Arbeit einzubeziehen, denn „das Gegeneinander und Diskutieren vor der Öffentlichkeit zwischen den einzelnen Kreisen der religiös-sozialistichen Bewegung sollte auf jeden Fall aufhören".[620]

Das Werben vor allem Eckerts fand aber im „Berliner Kreis" kaum Gegenliebe. Carl Mennicke erklärte 1927 noch einmal ausdrücklich, daß der „Berliner Kreis" und die Zeitschrift „Blätter für religiösen Sozialismus" sich „in keiner Phase der Entwicklung mit dem ‚Bund religiöser Sozialisten' irgendwie identifiziert" hätten. Er unterstellte besonders Eckert eine große „Naivität" bei seiner religiös begründeten Sozialismus-Vorstellung, mit der zwar nicht alle im BRSD einverstanden seien, die aber dennoch dort bestimmend sei.[621]

Erwin Eckert sah ob des klaren Trennungsstriches keinen Grund mehr, die Einstellung der von Mennicke herausgegebenen Zeitschrift im Jahre 1927 zu bedauern. Dadurch seien künftig Verwechslungen mit den „religiösen Katheder-Sozialisten, wie jener Kreis in der sozialistischen Arbeiterschaft genannt wird, nicht mehr möglich [...]"

618 Zu den Akademischen Arbeitswochen vgl. die Programmhinweise in: Blätter für religiösen Sozialismus 11, 1922 und 44, 1925. Zur Klage Mennickes nach der Tagung in Thale vgl. Blätter für religiösen Sozialismus 10, 1925.
619 Vgl. den Bericht über den Verlauf der Akademischen Arbeitswoche im Oktober 1925 in Berlin in: SaV 47, 1925.
620 Vgl. den Bericht *Erwin Eckerts* über die Hauptversammlung 1925 in: SaV 48, 1925.
621 Vgl. *Carl Mennicke*, Rückblick und Ausblick, in: Blätter für religiösen Sozialismus 4/6, 1927. Der Artikel begründete zugleich auch, weshalb die Zeitschrift nicht mehr fortgeführt werde: Der Titel führe zur Verwechslung mit der religiös-sozialistischen Bewegung. Eine mögliche Fortsetzung der Zeitschrift sei daher nur ohne den Zusatz religiös denkbar.

Die beleidigte Reaktion krönte Eckert mit dem gegen den „Berliner Kreis" zielenden Bekenntnis, daß der BRSD „sich von sublimen Abstraktionen und dialektischen Spielereien nicht im geringsten imponieren [läßt] [...] nicht Systeme erfinden und modulieren ist die Aufgabe der Zeit, sondern mitten im Brennpunkt des proletarischen Kampfes stehen und mitkämpfen".[622]

Eckert aber war nicht der BRSD und Mennicke nicht der „Berliner Kreis". Gegenseitige Vorbehalte bestanden weiter, die schroffen gegenseitigen Absagen Mennickes und Eckerts aber gingen den meisten Mitgliedern im BRSD wie auch im „Berliner Kreis" zu weit. Im „Berliner Kreis" kam es zu internen Auseinandersetzungen, vor allem aber zu einer zunehmenden Entfremdung zwischen Tillich und Mennicke. Die von Mennicke in der letzten Nummer der „Blätter für religiösen Sozialismus" in Aussicht gestellte Fortführung der Zeitschrift unter neuem Namen wurde zwar bald in Angriff genommen, an dem Projekt einer neuen Zeitschrift aber war Mennicke dann, als es zum Jahresanfang 1930 so weit war, nicht mehr beteiligt.[623]

Die Differenzen im „Berliner Kreis" waren bereits im Jahre 1928 deutlich geworden, als die meisten seiner Mitglieder der Einladung zu einer „Sozialistischen Konferenz" nach Heppenheim folgten. Zu der von Hendrik de Man, Emil Fuchs und Leonhard Ragaz geplanten und gemeinsam mit Hugo Sinzheimer, Gustav Radbruch und August Rathmann für Anfang Juni 1928 einberufenen Tagung hatte eine große Zahl von religiösen Sozialisten mit eingeladen. Den von Sinzheimer in der Eröffnungsrede formulierten Eindruck, daß seit Mitte der zwanziger Jahre „eine gewisse Ermattung [...] des sozialistischen Gedankens" zu verzeichnen sei, teilten die fast hundert Teilnehmer, und sie wollten dem durch eine Begründung des „Sozialismus aus dem Glauben" begegnen.[624] Der „Berliner Kreis" allerdings war an der Planung der Tagung weder führend beteiligt, noch bestimmte er den Verlauf der Diskussion. Dennoch dokumentiert die Heppenheimer Tagung Bedeutung und Grenzen seines Wirkens (wie auch des „Neuwerk-Kreises"). Die Teilnehmer betonten zwar fast alle das hohe Niveau der Diskussionen, aber selbst de Man mußte als einer der Initiatoren bekennen, daß die Tagung nichts als „dieses Feuerwerk des Geistes" hervorgebracht habe. Ragaz urteilte noch schärfer, wenn er als Ergebnis „nur eine babylonische Diskussion und keine Spur von Aktion" konstatierte. Mit diesem Satz zielte er vor allem auf den „Berliner Kreis", von dem er sich während der Tagung persönlich angegriffen fühlte. Er sei „Gegenstand der fast offenen Verhöhnung durch den Kreis hochmütiger Intellektueller um Mennicke, Tillich und Heymann (!) [geworden] [...] die ihrerseits nicht die geringste Fähigkeit zeigten, etwas Wirksames zu tun".[625] Vor allem die an das Referat von Eduard Heimann sich anschließende Diskussion, an der vom „Berliner Kreis" Tillich, Mennicke und Löwe teilnahmen, verlor sich auch

---

622 Vgl. den Jahresrückblick *Erwin Eckerts*, in: SaV 1, 1928.
623 Vgl. dazu *Suck*, Der religiöse Sozialismus, S. 155 ff.
624 Auf Verlauf und Ergebnisse der Heppenheimer Tagung wird hier nicht mehr eingegangen. Vgl. das Protokoll der Tagung: Sozialismus aus dem Glauben, o.O. (1929). Zur Planung vgl. *Ragaz*, Mein Weg, Band 2, a.a.O., S. 183 ff.
625 Vgl. *de Man*, Gegen den Strom, S. 193 und *Ragaz*, Mein Weg, Band 2, S. 185.

nach Meinung wohlwollender Berichterstatter „zuweilen im Bereich individueller Betrachtungen".[626]

Gleichwohl ist das von der persönlichen Kränkung geprägte Urteil von Ragaz ungerecht. Außer Mennicke waren fast alle Mitglieder des „Berliner Kreises" an der Planung für die Zeitschrift „Neue Blätter für den Sozialismus" beteiligt und versuchten damit auch, praktisch politisch tätig zu sein. Tillich und Heimann zeichneten als Herausgeber. In vielen Aufsätzen kam das Selbstverständnis des „Berliner Kreises" noch einmal deutlich zum Ausdruck: Die Besinnung auf eine Begründung des Sozialismus aus dem Glauben stelle den als zu eng empfundenen Begriff des religiösen Sozialismus in Frage – und die Veränderung des Titels der Zeitschrift war deshalb bereits ein programmatisches Bekenntnis. Der Wunsch, mit theoretischen Überlegungen und mit politischer Kritik in die sozialistische Bewegung hineinzuwirken, schloß ein weiteres Mal jeden engen Bezug auf die organisierte religiös-sozialistische Bewegung aus. Im BRSD fand diese erweiterte Aufgabenstellung des „Berliner Kreises" durchaus wohlwollende Zustimmung. In einer Besprechung in einem der ersten Hefte der „Neuen Blätter" sah Georg Wünsch zwar deutliche Unterschiede zur seit 1929 erscheinenden Theoriezeitschrift des BRSD, aber auch eine Parallelität der Aufgaben.[627] Auch Tillich bekannte sich in einem programmatischen Aufsatz im ersten Heft der „Neuen Blätter" weiterhin zur „religiös begriffenen Idee des Sozialismus", wenn er schrieb: „Wir [...] haben den Namen [religiöser Sozialismus] fallen gelassen, um nicht die neue Sache mit den alten Mißverständnissen zu belasten. Von der Sache selbst können und werden wir nicht lassen."[628]

Mitglieder des „Berliner Kreises" bemühten sich deshalb auch, den Kontakt zum BRSD nicht abreißen zu lassen. Das fehlende Echo – besonders Erwin Eckert kritisierte immer wieder die praxislose theoretische Arbeit des „Berliner Kreises" – verärgerte freilich die Mitglieder des „Berliner Kreises" so sehr, daß Eduard Heimann die Mitarbeit an der von Georg Wünsch seit 1929 herausgegebenen „Zeitschrift für Religion und Sozialismus" zunächst sogar ablehnte.[629]

Der Vorwurf Eckerts war auch deswegen zumindest überzogen, da nicht zuletzt auch Paul Tillich im Rundfunk und in der SPD-Tagespresse die religiös-sozialistische Idee zu popularisieren versuchte. Seine Absicht freilich, die in der SPD weiterhin bestehende Kluft zwischen Freidenkern und religiösen Sozialisten mit dem Appell zu überbrücken, daß „die scheinbar unversöhnlichen Gegner aufeinander angewiesen sind", hatte wohl auch keine größere Wirkung in der Partei als die Anstrengungen der im BRSD organisierten religiösen Sozialisten in dieser Frage.[630]

Dennoch kann kein Zweifel bestehen, daß vor allem Paul Tillich, aber mit ihm auch

---

626 Vgl. den Bericht über die Tagung in: Rheinische Zeitung vom 5.6.1928.
627 Vgl. *Wünsch* in: Zeitschrift für Religion und Sozialismus 1930, S. 135 ff.
628 Vgl. *Tillich*, Sozialismus, in: Neue Blätter für den Sozialismus 1, 1930, das Zitat S. 5.
629 Vgl. die Hinweise auf Bemühungen und auf die Verärgerung in: *Breipohl*, Religiöser Sozialismus und bürgerliches Geschichtsbewußtsein, S. 61.
630 Vgl. *Tillich*, Was ist religiöser Sozialismus, in: Vorwärts Nr. 349 vom 24.6.1930. Zum Einfluß des „Berliner Kreises" auf die Hofgeismarer Jungsozialisten vgl. *Franz Walter* Nationale Romantik und revolutionärer Mythos, Berlin 1986, bes. S. 101 ff.

Eduard Heimann und Adolf Löwe mit ihrem religiös begründeten Verständnis des Sozialismus in die Sozialdemokratie nachhaltiger programmatisch hineinwirkten als der BRSD. Die „Neuen Blätter" waren allerdings keine Zeitschrift des „Berliner Kreises". Dagegen sprach nicht nur das breite Spektrum der Autoren, sondern auch die seit 1930 zunehmende „Politisierung" der Zeitschrift, die mehr auf das Konto von August Rathmann, Theodor Haubach, Carl Mierendorff und Adolf Reichwein ging. Sie waren Autoren und Herausgeber der Zeitschrift, ohne sich dem ursprünglichen „Berliner Kreis" zugehörig zu fühlen. Das Profil einer thematisch breit gefächerten Theorie-Zeitschrift wurde mit Bedacht aufgegeben und religiös-sozialistische Autoren waren – anders als noch 1930 – seit Ende 1931 kaum noch vertreten.[631]

Ein Arbeitskreis, der sich um die Zeitschrift „Neue Blätter für den Sozialismus" gebildet hatte, plante auch eine Schriftenreihe, deren Name „Sozialistische Aktion" vom Willen zum politischen Eingreifen zeugte. Die Veröffentlichung der wichtigsten Programmschrift des „Berliner Kreises", des Buches „Die sozialistische Entscheidung" von Paul Tillich, in dieser Schriftenreihe kam freilich als Aufforderung zur politischen Aktion zu spät. Die Anfang 1933 erschienene Schrift kam nur in wenigen Exemplaren in den Buchhandel, dann wurde die Auflage beschlagnahmt und das Buch verboten.[632]

d) *Der Neuwerk-Kreis*

Der um die Wochenzeitschrift „Neuwerk" gescharte „Neuwerk-Kreis" war mit dem Bund religiöser Sozialisten zeitweilig lose verbunden, lehnte aber einen organisatorischen Zusammenschluß ab. Die Wortführer Otto Hertel, Heinrich Schultheiß (und später auch) Herrmann Schafft und Emil Blum verstanden sich mit ihrer Volkshochschulgemeinschaft im hessischen Habertshof, mit ihrer für viele Autoren offenen Zeitschrift und mit den regelmäßigen Pfingsttagungen, an denen bis zu 200 religiöse Sozialisten verschiedenster Prägung teilnahmen, als Mittler zwischen den verschiedenen religiös-sozialistischen Gruppierungen. Einzelne Angehörige des „Neuwerk-Kreises" waren Mitglied im BRSD und in der SPD. Alle aber verstanden sich, ähnlich wie die „Vereinigungen für sozialistische Lebensgestaltung", als „Lebensgemein-

---

631 Vgl. zur Veränderung des Charakters der Zeitschrift: *Martin Martiny*, a.a.O., S. 388 f.
632 Die Schrift wurde 1948 von August Rathmann neu herausgegeben: Vgl. *Paul Tillich*, Die sozialistische Entscheidung, Offenbach 1948. Die Hinweise über die Herausgabe Anfang 1933 stammen aus der Einleitung des Herausgebers. Zu den programmatischen Schriften, die in diesem Buch zusammengefaßt sind, zählen u.a. von *Paul Tillich* (zusammen mit *Carl Wegener*), Der Sozialismus als Kirchenfrage und Leitsätze, Berlin 1919; ders., Grundlinien des religiösen Sozialismus, in: Blätter für religiösen Sozialismus 8-10, 1923; ders., Religiöser Sozialismus, in: Neue Blätter für den Sozialismus 1930, S. 396 ff. und – als Zusammenfassung mehrerer Einzelschriften – *Eduard Heimann*, Kapitalismus und Sozialismus. Reden und Aufsätze zur wirtschaftlichen und geistigen Lage, Potsdam 1931. Vgl. zum programmatischen Selbstverständnis des „Berliner Kreises" weiter oben das Kapitel 2.

schaft", die ihre Vorstellungen vom Sozialismus in einer genossenschaftlichen Siedlungs- und Bildungsgemeinschaft verwirklichen wollten.[633]

Der ursprüngliche Name der Zeitschrift „Der christliche Demokrat" verweist auf die anfängliche politische Nähe zur Demokratischen Partei und zur liberalen protestantischen Volkskirchenbewegung. Der „täuferische Aktivismus" einiger im hessischen Schlüchtern erstmals im März 1919 zusammengekommenen Protagonisten des späteren „Neuwerk-Kreises" führte jedoch zu wachsender Kritik am politischen Liberalismus, aber auch zur Enttäuschung über die in der Tagespolitik sich erschöpfende Sozialdemokratie.[634] Die harsche Kritik Karl Barths an einem organisatorisch verfestigten religiösen Sozialismus auf der Tambacher Tagung im Jahre 1919 beeindruckte auch die Angehörigen des späteren „Neuwerk-Kreises". Sie regten zwar weitere Treffen im Frühjahr und Herbst 1920 an, stellten aber bald fest, daß die dabei zusammenfindenden religiösen Sozialisten sehr unterschiedliche Auffassungen vertraten und daher ein gemeinsamer Weg kaum noch möglich schien. Während der Marburger Tagung im Herbst 1920 kam es daher auch zum „Auseinanderbrechen verschiedenartiger Elemente", wie ein Teilnehmer rückblickend schrieb. Für die Herausgeber der Zeitschrift „Das neue Werk" bedeutete das freilich „einen fast vollständigen Neuaufbau des Leserkreises", was jedoch ohne große Probleme gelang.[635]

Als „Geburtsstunde der Neuwerk-Bewegung" galt ein bereits im März 1920 auf dem Inselberg in Thüringen stattfindendes Treffen, an dem – in den Worten des Neuwerkers Norman Körber – „einige Hundert junge Menschen aus allen Gruppen der bürgerlichen und proletarischen Jugendbewegung [...] [und eine] Handvoll Männer [...], die, aus dem religiös-sozialen Lager der ‚Schweizerischen', aus der heimlichen Gefolgschaft der Ketzer, Wiedertäufer und Schwärmer und von Tolstoj und den großen Russen herkommend", teilnahmen.[636]

Der „Neuwerk-Kreis" zog allerdings bald einen Trennungsstrich zum „anarchistischen Kommunismus" eines Eberhard Arnold und lehnte auch die „Führerprinzipien" der bündischen Jugendbewegung ab, für die Norman Körber im „Neuwerk-Kreis" eintrat. Es galt aber weiterhin, daß der „Neuwerk-Kreis" ein „politisches Programm oder gemeinsame politische Kampfziele [...] als solche nicht hat".[637] Die Mit-

633 Der „Neuwerk-Kreis" wird in der Literatur zur religiös-sozialistischen Bewegung ausgiebig gewürdigt. Vgl. vor allem: *Antje Vollmer*, Die Neuwerkbewegung 1919 bis 1935. Ein Beitrag zur Geschichte der Jugendbewegung, des religiösen Sozialismus und der Arbeiterbildung, Berlin 1973 (Diss. Phil. MS); zur Biographie einiger Wortführer vgl. auch *Pfeiffer* (Hrsg.), Religiöse Sozialisten, bes. S. 201 ff. und 245 ff. Die Zeitschrift erschien seit 1919 zunächst mit dem Titel „Der christliche Demokrat", noch 1919 verändert in: „Das neue Werk" und ab 1922 „Neuwerk". Seit 1922 wurde die Zeitschrift von Eberhard Arnold und Heinrich Schultheiß herausgegeben, 1924/25 kam Hermann Schafft hinzu, ab 1928/29 Emil Blum.

634 Vgl. für die Anfänge auch: *Mehnert*, Evangelische Kirche und Politik, bes. S. 191 ff., das Zitat S. 121. Vom hessischen Schlüchtern rührt auch der anfängliche Name: Schlüchterner Kreis.

635 Vgl. den Rückblick von *Eberhard Arnold*, Zum augenblicklichen Stand der Neuwerk-Sache, in: Neuwerk 1922/23, S. 108.

636 So beschrieb Körber 1924 den Teilnehmerkreis in seinem Beitrag zu einem Sammelband, der eine Art Programmschrift des „Neuwerk-Kreises" darstellt, in dem auch die Differenzen zum BRSD angesprochen werden. Vgl. *Norman Körber*, Unser Weg, in: Der Pflug, Schlüchtern 1924, S. 11-18, das Zitat S. 11.

637 Ebda., S. 12.

gliedschaft in einer politischen Partei war nicht ausgeschlossen, aber der „Dienst" für die Sache von Neuwerk blieb höherrangig und bestand vor allem in der Mitarbeit in der Siedlungs- und Bildungsgemeinschaft. Die nach Meinung der Neuwerker damit verwirklichte „Idee des menschlichen Brudertums" wies sie als Anhänger eines „schwärmerischen Sozialismus" aus, die in den Organisationen der sozialistischen Arbeiterbewegung als Mahner tätig sein wollten. Das galt für die Sozialdemokratie, da die Neuwerker wegen „mangelnder Gotteserkenntnis" in der SPD nur ein „blindes Werkzeug des lebendigen Gottes" sehen konnten.[638] Die Absage an die KPD fiel trotz des Bekenntnisses einiger Neuwerker zu einem urchristlichen Kommunismus eindeutiger aus: „Nur einer solchen Partei kann man angehören, die nicht auf einfachem Kadavergehorsam aufgebaut ist", mit diesen Worten beschied Herrmann Schafft 1924 Mitglieder kommunistischer Jugendgruppen, die die Neuwerker zur Mitarbeit aufgefordert hatten.[639]

Die einen überregionalen „Bund" anstrebenden norddeutschen religiös-sozialistischen Gruppen hatten ihrerseits auch schon 1920 Vorbehalte gegen die Mitglieder des „Neuwerk-Kreises" formuliert, da diese „mehr und mehr neupietistische Bahnen einschlugen und die Fühlung mit dem Sozialismus verloren [...]"[640] In Süddeutschland kam es dagegen, vermittelt durch den im „Sonntagsblatt" schreibenden Neuwerker Heinrich Schultheiß, zu einer – allerdings nur kurzfristigen – Zusammenarbeit des Neuwerk-Kreises mit dem „Volkskirchenbund evangelischer Sozialisten", dem Vorläufer des süddeutschen Bundes religiöser Sozialisten. Der „Volkskirchenbund" und der „Neuwerk-Kreis", die sich selbst als die „beiden sichtbarsten Gruppen unter den deutschen Religiös-Sozialen" einschätzten, wollten im Frühjahr 1923 sich an „einem gemeinsamen Werk versuchen": Im Laufe der Jahre hatten sie sich ihrer Meinung nach einander angenähert, und deshalb sollte das „Christliche Volksblatt" künftig als „das erste christliche Arbeiterblatt" gemeinsam herausgegeben werden, um vor allem über die „zu engen Grenzen Badens hinaus" wirken zu können.[641] Die Zusammenarbeit war allerdings nicht von langer Dauer. Die süddeutschen religiösen Sozialisten waren bald enttäuscht darüber, daß die erhoffte größere Verbreitung des „Christlichen Volksblattes" nördlich des Mains ausgeblieben war. Nur einige Pfarrer, Lehrer und andere Neuwerker waren als Leser gewonnen worden, größere Lesergemeinden aber hatten sich nicht gebildet.[642]

Dennoch wurde zu dem überregionalen Treffen religiös-sozialistischer Gruppen im August 1924 in Meersburg auch der „Neuwerk-Kreis" eingeladen, obwohl schon vorher klar war – und der Verlauf der Tagung bestätigte es –, daß der „Neuwerk-Kreis" sich der während des Treffens gegründeten „Arbeitsgemeinschaft religiöser Sozialisten" nicht anschließen werde. Der Einschätzung, daß es mit diesem Zusammenschluß

---

638 Vgl. *Heinrich Schultheiß*, Evangelium und Sozialismus, in: Der Pflug, a.a.O., S. 43-51, das Zitat S. 50.
639 Vgl. *Hermann Schafft*, Zur Meißner-Aussprache, in: Blätter für Religion und Sozialismus 1/2, 1924.
640 Vgl. den Bericht über die Entstehung des Berliner BRS: Unser Werden, in: Der religiöse Sozialist 2, 1922.
641 Vgl. „Volkskirchenbund und Neuwerk", in: Christliches Volksblatt 18, 1923.
642 Vgl. den Bericht von *Heinrich Dietrich* Ende 1923, mit dem gleichzeitig die Zusammenarbeit mit dem Berliner BRS angekündigt wird: Christliches Volksblatt 48, 1923.

der süddeutschen und norddeutschen religiösen Sozialisten „nur noch eine einheitliche religiös-sozialistische Bewegung" gebe, widersprachen die Mitglieder des „Neuwerk-Kreises". Der Berliner Pfarrer Günther Dehn, der trotz seiner Teilnahme an der Meersburger Tagung große Vorbehalte gegenüber den gefaßten Beschlüssen hegte, sprach in seinem Bericht über die Tagung auch für den „Neuwerk-Kreis", als er feststellte, daß sich in der „Arbeitsgemeinschaft" lediglich eine „bestimmte Art des religiösen Sozialismus" vereinigt habe.[643]

Erwin Eckert versuchte zwar in den folgenden Jahren immer wieder, die Neuwerker zur Mitarbeit in der „Arbeitsgemeinschaft" zu bewegen, seine Mühen aber blieben erfolglos. Eckert sah in einer Eingliederung des „Neuwerk-Kreises" vor allem einen formalen Akt, der nicht schwer zu vollziehen sein dürfe, während die Neuwerker besonders die inhaltlichen Differenzen betonten, die es ihnen geraten erscheinen ließen, auf Distanz zu bleiben. Das wurde besonders auf der zweiten Meersburger Tagung im Sommer 1926 noch einmal deutlich, wo der für den „Neuwerk-Kreis" sprechende Referent Kirchner hervorhob, daß in den religiös-sozialistischen Gruppen der „Arbeitsgemeinschaft" „die Gefahren des Klassenkampfes nicht überall deutlich genug gesehen [werden] [...] und daß die relative Berechtigung der materiellen Geschichtsauffassung zu leicht verabsolutiert wird [...]" Deshalb sei es dem „Neuwerk-Kreis" nicht möglich, eine „Grenzlinie" zu überschreiten, „wo eine organisatorische Verbindung der beiden Bewegungen gesucht wird". Das schließe eine engere Zusammenarbeit allerdings nicht aus.[644]

Besonders Erwin Eckert bedauerte natürlich, daß es auch im folgenden Jahr nicht gelang, „die Arbeit des Neuwerk der Gesamtarbeit des Bundes einzuordnen [...]" Er sah darin eine Zersplitterung der religiös-sozialistischen Bewegung, verlor freilich kein Wort darüber, daß diese vor allem Differenzen über Theorie und Praxis der religiös-sozialistischen Bewegung als Ursache hatte.[645]

Auf den jährlichen Treffen des „Neuwerk-Kreises" waren allerdings auch stets im BRSD organisierte religiöse Sozialisten anwesend, und der „Habertshof" des „Neuwerk-Kreises" stand auch immer wieder als Tagungsstätte für Treffen des BRSD zur Verfügung.[646] Die Differenzen blieben jedoch so grundsätzlich, daß im Frühjahr 1931 einige Neuwerker Eckert die Unterstützung versagten, als dieser von der badischen Landeskirche wegen seiner antinazistischen Reden gemaßregelt worden war. Herrmann Schafft meinte, daß man sich über Nazi-Pfarrer nicht aufregen dürfe, solange man selbst „eine Mitarbeit in der sozialistischen Bewegung für möglich hält, obwohl doch auch hier erheblich gegnerische Elemente aufweisbar sind".[647] Angesichts dieses merkwürdigen Relativismus zeigten sich die Mitglieder des BRSD sehr

---

643 Vgl. zur Einladung an den „Neuwerk-Kreis": Christliches Volksblatt 15, 1924. Zu den Beschlüssen über die „Arbeitsgemeinschaft": Christliches Volksblatt 32 und 33, 1925, und der kritische Bericht Günther Dehns in: Neuwerk 1924/25, S. 344-351, das Zitat S. 344.

644 Vgl. den Bericht über das Referat von Kirchner und die anschließende Diskussion in: Neuwerk 1926/27, S. 306 ff.

645 Vgl. den Jahresrückblick Erwin Eckerts auf das Jahr 1927, in: SaV 1, 1928.

646 Vgl. die Berichte u.a. in: Zeitschrift für Religion und Sozialismus 4, 1929 und in: SaV 3, 1929.

647 Vgl. die Stellungnahme von *Herrmann Schafft*, Der Fall Eckert in: Neuwerk 1930/31, S. 350 ff.

enttäuscht, da sie zu Recht darauf hinweisen konnten, daß sie ja nicht gegen die politische Betätigung von NS-Pfarrern polemisierten, sondern gegen die Ziele des Nazismus, also gegen das „Heidentum der Gewaltmoral und gegen den Antisemitismus".[648]

Die Verweigerung der Solidarität mit Erwin Eckert empörte die religiösen Sozialisten um so mehr, weil schon seit 1930 erkennbar war, daß der „Neuwerk-Kreis" gegenüber dem stärker werdenden Nazismus keine eindeutig ablehnende Haltung einnahm. Zu Beginn der dreißiger Jahre veröffentlichten Aurel von Jüchen, Emil Fuchs und viele andere religiöse Sozialisten kritische Analysen der nazistischen Massenbewegung und riefen zur Abwehr dieser Einflüsse in der evangelischen Kirche auf. Zur gleichen Zeit beschwor Hans Hartmann dagegen in der Zeitschrift „Neuwerk" die schwierigen Aufgaben der Zeit, die es auch „so weit es geht – im Bunde mit dem Besten, was in den NSen lebt", zu bewältigen gilt.[649] Diese zumindest illusionäre Haltung gegenüber dem Nazismus verstärkte sich im „Neuwerk-Kreis" in den folgenden Jahren noch mehr, obwohl 1931/32 der Herausgeberkreis für die Zeitschrift durch Paul Tillich und Günther Dehn erweitert worden war. Aus der Heimvolkshochschule Habertshof wurde noch 1932 eine „Ausbildungsstätte für Arbeitslagerführer", die das Führerprinzip propagierte.[650] Die Generalversammlung des „Neuwerk-Kreises" – geleitet von Herrmann Schafft – begrüßte im Frühjahr 1933 das angebliche Entstehen einer „nationalen sozialistischen Volksgemeinschaft". Die eigene Kritik an den „verknöcherten" Landeskirchen ließ die Neuwerker auch Verständnis für die „Deutschen Christen" aufbringen, da diese angeblich die kirchenfremden Massen erfolgreicher ansprechen können.[651]

Diese Haltung entsprang allerdings keinem Kurs der Anpassung, um das Überleben nach 1933 zu sichern. Sie war Ausfluß des schon immer erkennbaren Neuwerk-Geistes, der das jeweils „Gute" in einer Bewegung, der man selber fernsteht, fördern will, um „Fehlentwicklungen" gegenzusteuern. Auch die kritische Nähe des „Neuwerk-Kreises" zum BRSD war letztlich so zu verstehen. Aber erst die Entwicklung nach 1930 offenbarte, daß der „Neuwerk-Kreis" kaum noch als Teil einer über den BRSD hinausreichenden religiös-sozialistischen Bewegung angesehen werden konnte. Die Charakterisierung der Zeitschrift „Neuwerk" als eine der „christlichen Zeitschriften mit bündischem Charakter" durch Armin Mohler macht auf die Nähe aufmerksam, die zwischen dem „Neuwerk-Kreis" und den sogenannten „Konservativ-Revolutionären" der Weimarer Republik bestand.[652] Die spätere Gegnerschaft zum Nazismus schloß nicht aus, daß die Mitglieder des „Neuwerk-Kreises" nicht auch dem „Führerprinzip" huldigten und antidemokratisch-elitär dachten. In den letzten Aus-

---

648 Vgl. den Protest von *Georg Wünsch* in: Zeitschrift für Religion und Sozialismus 1931, S. 249 f.

649 Vgl. *Hans Hartmann*, Die nationalsozialistische Bewegung in: Neuwerk 1930/31, S. 49 ff.

650 Vgl. die Darstellung bei *Breipohl*, Religiöser Sozialismus und bürgerliches Geschichtsbewußtsein, S. 62 f.

651 Vgl. den Bericht über das Pfingsttreffen 1933 in: Neuwerk 1933/34, S. 110 ff.

652 Vgl. zur Charakterisierung der Zeitschrift „Neuwerk": *Armin Mohler*, Die konservative Revolution 1918-1932, Darmstadt 1989, S. 304 ff.

gaben der Zeitschrift wurden auch antisemitische Töne laut, und die Stellungnahmen zur Frage der Euthanasie unterschieden sich wenig von denen der Nazis. Das den religiösen Sozialisten stets zweifelhafte Ziel des „Neuwerk-Kreises", das „Gute" im Nazismus zu unterstützen, war endgültig ad absurdum geführt worden. Es bleibt allerdings zweifelhaft, ob Hermann Schafft das auch so sah, als er 1935 die Zeitschrift „Neuwerk" einstellte.[653]

e) *Vereinigung der Freunde für Religion und Völkerfrieden (August Bleier)*

Die von 1921 bis 1933 nur in Berlin existierende „Vereinigung der Freunde für Religion und Völkerfrieden" blieb von Anfang bis Ende mit der Person des Pfarrers August Bleier eng verbunden. August Bleier war seit Februar 1915 einer von sechs Pfarrern an der Charlottenburger Trinitatisgemeinde (seit 1920: Berlin-Charlottenburg). Die von ihm vor allem in seiner Gemeinde ins Leben gerufene „Vereinigung" arbeitete zwar mit dem Bund der religiösen Sozialisten (in Berlin und im Reich) – zeitweilig sehr eng – zusammen, sie ging aber trotz Drängens von Seiten des Bundes organisatorisch nie in ihm auf. Das lag einerseits an der vor allem pazifistisch bestimmten politischen Praxis, die sie mit anderen – nicht religiös-sozialistisch orientierten – pazifistischen Organisationen zusammenarbeiten ließ, und andererseits an der – trotz eigener erfolgreicher kirchenpolitischer Praxis – sehr offenen theologischen Ausrichtung, die die Nähe zu Freireligiösen und Monisten (ja sogar zu Freidenkern, wenn diese nur gewollt hätten) nicht scheute. Nicht verwunderlich sind daher auch die engen Kontakte, die August Bleier mit der Bremer „Sozialistischen Vereinigung Freireligiöser" um Pfarrer Emil Felden pflegte und Bleiers Auftreten auf den deutschen Pazifisten-Kongressen (im Jahre 1922 mit einem Mandat der „Vereinigung" und des Berliner Bundes der religiösen Sozialisten). Die „Vereinigung" gab von 1921 an ein eigenes Mitteilungsblatt mit dem programmatischen Titel „Der Weltfrieden" heraus, das „auf polizeilichen Druck hin sein Erscheinen" Anfang 1933 einstellen mußte.[654]

In Berlin besaß die „Vereinigung" lediglich in der Pfarrgemeinde Bleiers rund um die Trinitatis-Kirche eine schnell wachsende und bis 1933 treue Anhängerschar – und das, obwohl die gutbürgerliche Charlottenburger Gemeinde (Teile des Kurfürstendamms gehörten dazu) es August Bleier besonders in den ersten Jahren nach Kriegs-

---

653 Diese Einsicht Hermann Schaffts unterstellt wenig überzeugend *Antje Vollmer*, a.a.O., S. 240.

654 Zur Biographie August Bleiers vgl. vor allem die Personalakte Bleiers als Pfarrer in: EZA Berlin XIV, 22453-22460, darin mehrere von ihm geschriebene Lebensläufe und die Verteidigungsschriften zu seinen zahlreichen Disziplinarverfahren mit Darstellungen seines politischen Selbstverständnisses. Zu Bleiers pazifistischem Engagement vgl. *August Bleier*, Der Weg zum Weltfrieden. Drei Reden über sozialistischen Pazifismus, o.O. 1922. Das Mitteilungsblatt „Der Weltfrieden" ist (bislang) nur in einigen Exemplaren im Archiv der Trinitatisgemeinde Berlin-Charlottenberg und im EZA Berlin nachgewiesen. Das Verbot des Blattes erwähnt August Bleier – zugleich mit dem Hinweis auf das Betätigungsverbot seiner „Vereinigung" – in einem Brief an das Konsistorium Berlin vom 26.5.1933 in: EZA XIV, 22460. Vgl. zum Selbstverständnis, zur organisatorischen Entwicklung, zur Kirchenpolitik und zum Verhältnis zur SPD ausführlicher: *Siegfried Heimann*, Die Vereinigung der Freunde für Religion und Völkerfrieden, in: IWK 1, 1992, S. 52 ff.

ende nicht leicht machte. Seine Pfarrkollegen, aber auch der Gemeindekirchenrat übten immer wieder Kritik an dem politischen Engagement Bleiers. Bereits im Dezember 1919 warf ein Mitglied des Gemeindekirchenrates Bleier vor, seine Predigten mit „parteipolitischen Angriffen" zu durchsetzen und in „kommunistischen und anderen der äußersten politischen Linken angehörigen Kreisen" zu wirken und damit den „Klassenhaß" zu vertiefen. Auch wenn Bleier diese Vorwürfe stets zurückwies, die kleinliche Kritik an seiner Person beschäftigte immer wieder den Gemeindekirchenrat.[655]

Auch religiöse Sozialisten bescheinigten der „Vereinigung", radikal zu sein[656], ihr Bestreben, organisatorisch unabhängig zu bleiben, stieß aber auf die Kritik des Bundes religiöser Sozialisten. Noch im Rückblick formuliert Günther Dehn in übertriebener Weise diese Kritik, wenn er in seiner Autobiographie dazu schreibt: „Ihre [der „Vereinigung"] Beziehungen zu unserem Bund, um die wir uns bemühten, blieben schwach. Diese Gruppe war in erster Linie pazifistisch ausgerichtet und verharrte gern in einer etwas eigenbrötlerischen Selbständigkeit."[657] Dehn zielte mit seiner Kritik wohl auch auf die ihn „kulturkämpferisch-freireligiös" anmutende Praxis der „Vereinigung".[658] Die Weigerung, sich dem Bund religiöser Sozialisten anzuschließen, fand aber auch bei anderen, in dieser Hinsicht weniger empfindsamen religiösen Sozialisten wenig Gegenliebe. So beklagte vor allem Erwin Eckert, der stets einen Organisationsrigorismus propagiert hatte, noch 1928, daß die Eingliederung „der verhältnismäßig kleinen Gruppe" nicht gelungen sei.[659]

Das Werben um die kleine Gruppe Bleiers hatte allerdings auch einen besonderen Grund. Die „Vereinigung" konnte trotz oder auch wegen ihrer organisatorischen Unabhängigkeit in der Charlottenburger Trinitatisgemeinde bemerkenswerte kirchenpolitische Erfolge vorweisen.

Im Jahre 1925 beteiligte sich die „Vereinigung der Freunde für Religion und Völkerfrieden" erstmals an den preußischen Kirchenwahlen in der Charlottenburger Trinitatisgemeinde, ebenso wie die religiösen Sozialisten in anderen Berliner Gemeinden. Die „Vereinigung" erzielte vier Sitze im Gemeindekirchenrat und dreizehn Sitze in der Gemeindevertretung; nur die religiösen Sozialisten an der Neuköllner Melanchthon-Kirche – wo Paul Piechowski Pfarrer war – übertrafen geringfügig dieses Ergebnis.[660] Im Jahre 1928 konnte die „Vereinigung" das Ergebnis noch verbessern

---

655 Vgl. dazu Protokollbuch der Trinitatisgemeinde 1919-1949, das Zitat S. 46, in: Archiv der Trinitatisgemeinde Berlin-Charlottenburg.
656 In seiner kurzen Darstellung „Die religiös-sozialistische Bewegung in Deutschland" charakterisiert Paul Piechowski im Deutschen Pfarrerblatt 8, 1926 die „Vereinigung" als die „um Pfarrer Bleier gruppierte radikale Vereinigung für Religion und Völkerfrieden.
657 Vgl. *Günther Dehn*, a.a.O., S. 215.
658 Vgl. Dehn in seinem Bericht über den ersten Kongreß des Berliner Bundes der religiösen Sozialisten vom 26-28.11.1921 in Berlin in: Die Eiche 1, 1922.
659 Vgl. *Erwin Eckert*, Jahresrückblick in: SaV 1, 1928.
660 Vgl. den Bericht über das Ergebnis 1925 in: SaV 17, 1925. Der Bericht subsumierte das Ergebnis der „Vereinigung" unter die Erfolge der preußischen religiösen Sozialisten – mit gewissem Recht, da die Vertreter der „Vereinigung" ohne Vorbehalte bereit waren, auf Berliner Ebene mit den übrigen religiössozialistischen Vertretern eine „Fraktion" zu bilden, um gemeinsame Stellungnahme zu erarbeiten.

und sogar die religiösen Sozialisten der Melanchthon-Gemeinde übertreffen. Die Zahl von Bleiers Anhängern in der Gemeinde hatte sich fast verdoppelt.[661]

Es war sicherlich das Verdienst von August Bleier, daß seine Anhänger ihm auch bei der Wahl 1932 weitgehend treu blieben. Während die religiösen Sozialisten bei dieser letzten Kirchenwahl vor der Machtübernahme an die Nazis im Jahre 1933 in Berlin unerwartet schlecht abschnitten, erreichte die „Vereinigung" an der Trinitatisgemeinde fast das gleiche Stimmenergebnis wie 1928 sowie erneut fünf Sitze im Gemeindekirchenrat und 16 Sitze in der Gemeindevertretung. Aber dieser Erfolg konnte auch an der Trinitatisgemeinde nicht den Sieg der „Deutschen Christen" überdecken, die auf Anhieb acht Sitze im Gemeindekirchenrat und 25 Sitze in der Gemeindevertretung erhielten.

Pfarrer Bleier hielt sich nach 1933 erstaunlich zurück – und er unterschrieb auch am 20. Mai 1938 als Pfarrer den Treueeid auf Hitler. Die Beweggründe dafür sind offenbar vor allem privater Natur. Die Erinnerung an ihn und an die „Vereinigung der Freunde für Religion und Völkerfrieden" ist kaum noch vorhanden.

f) *Vereinigungen für Sozialistische Lebensgestaltung*

Nach 1918/19 entstanden im Rheinland, in Sachsen und in Berlin einige Gruppen von sozialistisch gesinnten Arbeitern und Intellektuellen, die in „Sozialistischen Lebensgemeinschaften" leben wollten und sich damit von gleichzeitig entstehenden religiös-sozialistischen Gruppen unterschieden. Die Grenzen waren freilich fließend. So entstand die von Carl Mennicke angeregte und zusammengehaltene Berliner Gruppe „Vereinigung für Sozialistische Lebensgestaltung" als eine Art „Nebenprodukt" des „Berliner Kreises" um Paul Tillich, Eduard Heimann und Carl Mennicke. Im Rheinland gehörte auch der Kölner Pfarrer und spätere Vorsitzende des Kölner Bundes religiöser Sozialisten, Georg Fritze, zu den Initiatoren von mehreren Konferenzen in Remscheid, in Ketzberg bei Solingen und in Essen Ende 1920/Anfang 1921, auf denen über die Möglichkeit „sozialistischer Lebensgemeinschaften" gestritten wurde. Im sächsischen Chemnitz nannte sich die „Vereinigung für Sozialistische Lebensgestaltung" zunächst sogar „Bund der religiösen Sozialisten", bevor sie noch 1921 auf Distanz zum Berliner Vorbild ging und den Namen fallen ließ. Während sich die meisten Mitglieder religiös-sozialistischer Gruppen für die Sozialdemokratie als politische Organisation entschieden, war für die „Vereinigungen für sozialistische Lebensgestaltung" eine solche Entscheidung nicht zwingend. Vor allem im Rheinland kamen die Mitglieder aus den verschiedensten linken Parteien oder waren, soweit sie noch SPD-Mitglied waren, von dieser Partei enttäuscht. „Vom reinsten Pazifismus [...] über die tragisch empfundene Notwendigkeit, nach Moskau zu gehen [...] bis zum unbefangen-naiven Eintreten für den ungebrochenen Moskauer Kommunismus" war – wie der Solinger Pfarrer Hans Hartmann schrieb – auf den rheinischen Kon-

---

661 Vgl. den Bericht über das Ergebnis 1928 in: SaV 48, 1928, und in: Zeitschrift für Religion und Sozialismus 1, 1929.

ferenzen alles an Meinungen vertreten. Die Teilnehmer wollten keine feste Organisation und schon gar nicht einen von der Vielfalt sozialistischen Lebens sich abgrenzenden, „schon abgedämmten und abgedämpften ‚Bund religiöser Sozialisten‘“. Hans Hartmann wünschte sich deshalb: „Vorstand, Beitrag, Statuten mögen recht lange fehlen“.[662]

Das Verständnis von Sozialismus, wie es Carl Mennicke in der von ihm seit 1921 herausgegebenen Zeitschrift „Sozialistische Lebensgestaltung“ formulierte, ließ eine feste Organisation auch überflüssig erscheinen: Für Mennicke war „die wesentliche Art sozialistischer Lebensgestaltung zunächst nur die, daß wir immer tiefer leiden an der (bürgerlich-kapitalistischen) Lebensgestalt, an die wir uns gefesselt finden“.[663]

Carl Mennicke formulierte diese nicht sehr tiefschürfende Definition von „Sozialistischer Lebensgestaltung“ im Anschluß an eine im September 1921 in Hannover veranstaltete Tagung, zu der rund 40 Aktive aus dem Rheinland, aus Sachsen, Thüringen, Westfalen, Pommern und aus Berlin „vertraulich eingeladen“ worden waren. Die Tagung machte den Teilnehmern klar, daß das Trennende zwischen denjenigen, die „Lebensgemeinschaften“ wollten und denjenigen, die eine zur politischen Aktion in den Kirchen und in den Parteien fähige straffe und auch überregionale Organisation wollten, doch größer war als anfänglich angenommen.[664]

Die im Rheinland entstandenen Gruppen befürchteten, daß eine Organisation die religiös-sozialistische Bewegung verflachen müsse, denn: „Geistiges, religiöses Leben lasse sich nicht organisieren“.[665] Sie fanden lediglich zur Berliner „Vereinigung für Sozialistische Lebensgestaltung“ einen engeren Kontakt, da diese ebenfalls einer organisatorischen Verfestigung religiös-sozialistischer Bewegungen kritisch gegenüberstand. Vorbehalte gegen einen „Bund religiöser Sozialisten“ äußerten auf verschiedenen Tagungen im Jahre 1921 auch Eduard Heimann, Paul Tillich und Carl Mennicke. Sie sahen freilich auch, daß die sehr akademisch geführten Diskussionen in ihrem „Berliner Kreis“ für Arbeiter kaum verständlich waren. Mennicke regte deshalb getrennte Gruppen an. Er gab seit Anfang 1921 für die „Arbeitergruppen“ die Zeitschrift „Sozialistische Lebensgestaltung“ heraus, in der die Arbeiter selbst mit Erlebnis- und Fahrtenberichten zu Wort kommen sollten und in der eine verständliche Sprache gesprochen werden sollte. Die Zeitschrift mußte allerdings während der Inflationszeit Ende 1923 ihr Erscheinen aus finanziellen Gründen einstellen. Die Absicht, sie später fortzuführen, konnte Mennicke nicht verwirklichen.[666]

---

662 Vgl. *Hans Hartmann*, Aus der Bewegung im Rheinland, in: Blätter für religiösen Sozialismus 6, 1920. Bezeichnend ist, daß Georg Fritze, der ebenfalls für ein „Miteinanderleben“ in „Sozialistischen Lebensgemeinschaften“ eintrat, Hartmanns Polemik gegen einen entstehenden Bund religiöser Sozialisten zurückwies. Er sah in dem Ende 1921 in Berlin gegründeten „Bund [...] das Heraufsteigen einer Kerntruppe für die sozialistische Bewegung“. Vgl. *Georg Fritze*, Aus der Bewegung im Rheinland, in: Blätter für religiösen Sozialismus 2, 1921. Vgl. zu dem Kölner Bund religiöser Sozialisten um Georg Fritze weiter oben Kapitel 4.
663 *Karl Mennicke*, Was heißt Sozialistische Lebensgestaltung, in: Sozialistische Lebensgestaltung 10, 1921.
664 Vgl. die Berichte über die Tagung in Hannover in: Ihr seid Brüder 10, 1921 und in: Sozialistische Lebensgestaltung 10, 1921.
665 Vgl. den kritischen Bericht von *Georg Fritze* in: Ihr seid Brüder 12, 1921.
666 Vgl. den Hinweis von *Carl Mennicke* in: Zeitschrift für religiösen Sozialismus 6, 1924.

Die Chemnitzer „Vereinigung für Sozialistische Lebensgestaltung" trat anders als die Gruppen im Rheinland und die Berliner Gruppe nach außen kaum in Erscheinung. Sie war im Winter 1920 durch die Initiative von Pfarrer Schlosser als „Bund der religiösen Sozialisten" entstanden, trug den Namen aber bald nur noch als Untertitel. Die über 70 Männer und Frauen der Gruppe waren in der Mehrzahl Arbeiter, „nur ,gewürzt' durch ein paar Intellektuelle und Neu-Sozialisten, vorwiegend Lehrer und Lehrerinnen [...]". Die Zugehörigkeit zu einer sozialistischen Partei, meist der SPD, war selbstverständlich. Die Mitglieder der Gruppe wollten aber keine Kirchenpolitik in der Gemeinde machen, da ihnen die Erfolgsaussichten, die Kirche zu verändern, zu gering schienen. Die Chemnitzer Gruppe wollte keinen Verein bilden, „sondern Brennpunkt einer Bewegung" sein. Pfarrer Schlosser wies in dem Zusammenhang darauf hin, daß die Gruppe mit diesem Konzept durchaus erfolgreich sei, da in Chemnitz sich schon „Hunderte" angesprochen fühlten und „weitere sechs Brennpunkte in unserem Industriegebiet" entstanden seien. Pfarrer Schlosser sah darin bereits eine „,werdende Kirche' im Sinne von 'Gemeinschaft'" und formulierte damit ein Selbstverständnis, das von den Mitgliedern der entstehenden religiös-sozialistischen Bünde, für die der Bezug auf die existierenden Kirchen in mehr oder minder großem Maße unverzichtbar blieb, sicher nicht geteilt wurde.[667]

Über die Weiterexistenz der verschiedenen „Vereinigungen für Sozialistische Lebensgestaltung" ist wenig bekannt. In seinem „Rückblick" auf die Entstehung religiös-sozialistischer Gruppen nach 1918 zählte Carl Mennicke auch die im Jahre 1926 existierenden verschiedenen religiös-sozialistischen Gruppen auf. Die „Vereinigungen für Sozialistische Lebensgestaltung" werden aber mit keinem Wort erwähnt.[668]

Die wenigen „Vereinigungen für Sozialistische Lebensgestaltung" hatten sicher nicht viele Mitglieder in ihren Reihen. Von wenigen Pfarrern als Initiatoren abgesehen, waren es vor allem sozialdemokratisch organisierte Arbeiter. Sie hofften, ihre religiösen Bedürfnisse befriedigen zu können, ohne ihre Mitgliedschaft in einer sozialistischen Arbeiterorganisation in Frage stellen zu lassen. Insofern waren auch die bis Mitte der zwanziger Jahre nachweisbaren „Vereinigungen für Sozialistische Lebensgestaltung" Teil der religiös-sozialistischen Bewegung der Weimarer Republik.

g) *Jüdische Sozialisten*

Im Selbstverständnis, aber auch in der öffentlichen Wahrnehmung des religiösen Sozialismus ist in Deutschland vor allem der religiöse Sozialismus im Protestantismus gemeint, nur am Rande im Katholizismus (anders in Österreich), aber fast nie der religiöse Sozialismus im Judentum. Dabei ist die theoretisch-theologische Diskus-

---

667 Vgl. die verschiedenen Berichte über die Chemnitzer Gruppe in: Sozialistische Lebensgestaltung 5, 8, 9, 1921, und in: Mitteilungen des Bundes religiöser Sozialisten, Köln 5, 1921, und den Bericht von Pfarrer *Schlosser* in: Der religiöse Sozialist 1, 1922.
668 Vgl. *Carl Mennicke*, Der religiöse Sozialismus in Deutschland, in: Sozialistische Monatshefte 1926, S. 156 ff.

sion unter religiösen Sozialisten maßgeblich mitbestimmt von Sozialisten, die aus ihrem Bekenntnis zur jüdischen Religion keinen Hehl machten. Das galt für Eduard Heimann und besonders für Martin Buber, der auf der Heppenheimer Tagung 1928 beeindruckende Diskussionsbeiträge leistete.[669] Die Mitgliedschaft von Juden im Bund der religiösen Sozialisten war natürlich ohne Probleme möglich. Carl Mennicke und Paul Tillich betonten bereits 1920, daß das Selbstverständnis religiöser Sozialisten „jede konfessionelle Bindung, ja jede Bindung im Sinne einer bestimmten Religionsform" ausschließe. Mennicke wiederholte diese Charakterisierung im Jahr 1926 – inzwischen aber aus gutem Grunde nur auf den „Berliner Kreis" bezogen: „Dieser Kreis müßte es ausdrücklich ablehnen, sich auf irgendeine Konfession oder dergleichen festgelegt zu sehen. In ihm sind denn auch Juden genauso gut zu Hause wie Christen".[670] Den meisten evangelischen, katholischen und jüdischen Sozialisten war dieser „Relativismus" allerdings zu unverbindlich – zumal sie jeweils ja auch kirchenpolitisch aktiv sein wollten. Aber dennoch sollten alle Konfessionen und alle Religionen unter dem Dach des BRSD zusammenarbeiten können. Von nennenswerten organisatorischen Zugewinnen durch jüdische religiöse Sozialisten aber ist dennoch wenig bekannt. Lediglich aus Preußen wird von einigen Ortsgruppen berichtet, denen auch Juden angehörten.

In Reformbemühungen in jüdischen Gemeinden sahen die religiösen Sozialisten verwandte Geister am Werke, die vielversprechend hinsichtlich einer möglichen Zusammenarbeit sein könnten. So machte Erwin Eckert in seinem Arbeitsbericht für die Zeit 1926 bis 1928 darauf aufmerksam, daß „sich auch in der jüdischen Kirche (!) eine Bewegung regt, die aus der jüdischen, alttestamentlichen Frömmigkeit heraus zu einer sittlichen Bejahung des Sozialismus komme und die genau wie die evangelisch-protestantischen Kreise auf die Gestaltung des Gemeindelebens bei Kirchenwahlen Einfluß nehmen will. Wir werden diese Bewegung in den jüdischen Gemeinden nicht aus dem Auge verlieren dürfen".[671] Im preußischen Landesverband jüdischer Gemeinden arbeiteten die wenigen norddeutschen jüdischen Sozialisten allerdings nicht als eigene sozialistische Fraktion mit, sondern sie schlugen sich auf die Seite der in Preußen die Mehrheit stellenden „Liberalen" und „Zionisten". In beiden Fraktionen der jüdischen Gemeinden verträten sie aber „stark unsere sozialistischen Richtlinien", – wie ein Berichterstatter 1931 schrieb.[672] Paul Piechowski hielt es 1929 angesichts des Zusammenschlusses katholischer Sozialisten für notwendig, daß sich „auch unter den jüdischen Genossen ein ähnlicher Zusammenschluß" vollziehe. Er wußte sogar davon, daß „Verhandlungen nach dieser Richtung hin [...] seit einiger Zeit im Gange" seien. Mehr Hinweise dazu aber gibt es nicht und

---

669 Vgl. *Martin Buber*, Drei Sätze eines religiösen Sozialisten, in: Christ und Sozialist 1, 1978, S. 16 ff. Der Beitrag war ursprünglich im Jahre 1928 in der Zeitschrift „Neue Wege" veröffentlicht worden.

670 Vgl. zum ersten Zitat *Carl Mennicke*, Unser Weg, in: Blätter für religiösen Sozialismus 1, 1920 und für das zweite Zitat: *Carl Mennicke*, Der religiöse Sozialismus in Deutschland, in: Sozialistische Monatshefte 1926, S. 159.

671 *Erwin Eckert*, Arbeitsbericht für die Zeit 1926 bis 1928, in: SaV 34, 1928.

672 Vgl. *H. Vorreuter*, Wahlen zum preuß. Landesverband jüdischer Gemeinden, in: Der religiöse Sozialist 12, 1931.

und es hat sicher keinen Zusammenschluß jüdischer religiöser Sozialisten gegeben, der dem der katholischen Sozialisten vergleichbar wäre.[673]

h) *Der Bund Evangelischer Sozialisten*

Der „Bund Evangelischer Sozialisten" (BES) war eine nur kurzzeitig 1930/31 existierende, von Karl Obert in Altona mit Hilfe der wohlwollenden Unterstützung der Inneren Mission ins Leben gerufenen Organisation von wenigen Sozialdemokraten, die vor allem den Kampf gegen die Freidenker in der SPD auf ihre Fahnen geschrieben hatten. Der Versuch, sich nach Hamburg, Süd-, Mittel- und Westdeutschland auszudehnen, schlug fehl, nicht zuletzt weil die finanzielle Unterstützung von seiten der Inneren Mission nicht so reichlich floß, wie der Gründer – der Direktor der Wohlfahrtsabteilung des Landesvereins für Innere Mission in Schleswig-Holstein – erhofft hatte.[674]

Mitte 1930 hatte Karl Obert – nach seinen Worten seit dem 17. Lebensjahr SPD-Mitglied – die Voraussetzungen für eine Vereinsgründung geklärt. Nachdem von seiten des Konsistorialrats Christiansen vom schleswig-holsteinischen Landesverein für Innere Mission „keine Bedenken mehr vorlagen", erfolgte am 10. September in Altona die Gründung des BES. Karl Obert wurde zum Vorsitzenden des nach eigenen Angaben 120 (ein halbes Jahr später: 200) Mitglieder zählenden Vereins gewählt. Der Bund sollte die in der SPD organisierten „Angehörigen der evangelischen Kirchengemeinschaft" zusammenfassen und in der Partei auf die vom Parteiprogramm vorgegebene „Neutralität gegenüber jeder Religionsgemeinschaft" achten. Die Mitglieder mußten der SPD und der Evangelischen Kirche angehören.[675]

Der Förderer des BES – Konsistorialrat Christiansen – machte im März 1931 klar, wer hinter dem Bund stand und was der eigentliche Zweck der Gründung war. In einem Brief an den Centralausschuß der Inneren Mission in Berlin bezeichnete er es als „durchaus glücklich, daß der Bund Evangelischer Sozialisten auf dem Wege über unseren Landesverein finanziert und dirigiert wird". Der bisherige Erfolg rechtfertige die weitere Finanzierung des BES, da der Bund „in die zersetzende Arbeit des Freidenkertums und der religiösen Sozialisten einen starken Keil" treibe.[676] Der Satz beschreibt das Interesse der Inneren Mission an der Gründung und der Förderung des BES. Der Bund sollte die bereits beträchtlichen Aktivitäten gegen die Freidenker-Bewegung besonders in der SPD fördern helfen. An eine Spaltung der religiös-sozia-

---

[673] *Paul Piechowski* in: SaV 43, 1929.

[674] Vgl. zur kurzen Geschichte des BES: *Ulrich Peter*, Spalter am Werk: Der Bund Evangelischer Sozialisten" am Ende der Weimarer Republik, in: Christ und Sozialist 3, 1988, S. 42 ff. und 4, 1988 S. 43 ff. Der Autor überschätzte allerdings die Bedeutung des BES. Für dessen Existenz gibt vor allem ein schmaler Aktenbestand im Archiv des Diakonischen Werkes der EKD in Berlin Auskunft (im folgenden ADW): CA 1911 I und II.

[675] Vgl. zur Gründung: Halbjahresbericht für die Zeit vom 1. August bis 1. Februar 1931, in: ADW CA 1911 I, in den Akten befindet sich auch eine Abschrift der Satzung des BES.

[676] Vgl. den Brief an den Zentralausschuß vom 10.3.1931, in: ADW CA 1911 II.

listischen Bewegung war anfänglich nicht gedacht, aber sie erschien als willkommene Nebenwirkung. Das Wohlwollen der Inneren Mission hing freilich davon ab, ob es dem BES gelang, die von Karl Obert so vollmundig geplante Ausdehnung der Organisation auf das ganze Reich zu verwirklichen. Erste Werbeschreiben hatten ein bemerkenswertes Echo bei drei religiösen Sozialisten gefunden: bei Günther Dehn aus Berlin, bei Hans Müller aus Thüringen und bei Paul Stürner aus Württemberg. Besonders Pfarrer Paul Stürner deutete in seinen Briefen an Karl Obert an, daß er nicht für sich allein spreche, wenn er einen Übertritt in den BES in Erwägung ziehe. Aber bereits ein halbes Jahr später mußte Obert in seinem Tätigkeitsbericht an Dr. Steinweg vom Zentral-Ausschuß der Inneren Mission in Berlin – dem er auch stets die „vertraulichen" Briefe der von ihm angeschriebenen Interessenten zur Information übersandte – resigniert eingestehen, daß seine Werbereisen in Süd- und Mitteldeutschland erfolglos geblieben seien, denn „leider stellte es sich später heraus, daß es vielfach Mitglieder des Bundes religiöser Sozialisten waren, die ihre Mitgliedschaft nicht aufgeben wollen, aber mit der Richtung Eckert nicht einverstanden waren".[677] Auch die Versuche, mit dem Hamburger Bund religiöser Sozialisten enger zusammenzuarbeiten, scheiterten. Lediglich Pfarrer Wagner vom Hamburger BrS wollte die Gelegenheit nutzen, um für ein Buchprojekt zum Thema Kirche und Marxismus die finanzielle Förderung der Inneren Mission zu erhalten. Der beigelegte Plan, der unter anderem auch Emil Fuchs als Autor vorsah, ließ aber offenbar zu wünschen übrig, denn die Förderung blieb aus.[678] Karl Oberts Aktivitäten beschränkten sich nun auf regelmäßige Beschwerden bei lokalen Parteigremien über das angeblich unzulässige Agitieren der Freidenker in der SPD. Schließlich wandte er sich auch mit einem langen Elaborat an den SPD-Parteivorstand in Berlin, in dem er die Freidenker für SPD-Wählerverluste verantwortlich machte. In seiner Antwort betonte Carl Severing, daß die SPD „nicht religionsfeindlich sei", und Obert im übrigen „die Dinge zu schwarz" sehe.[679] Diese höflich-nichtssagende Antwort schickte Obert sofort an den „heimlichen" BES-Vorsitzenden Dr. Steinweg nach Berlin. Er hoffte, damit die Wirkung seiner Arbeit belegen zu können. Da die Akten des Zentral-Ausschusses der Inneren Mission danach von der Existenz des BES keine Kenntnis mehr geben, ist anzunehmen, daß Karl Obert nicht länger mehr Dr. Steinweg von der Bedeutung des BES überzeugen konnte.[680]

---

677 Vgl. Halbjahresbericht für die Zeit vom 1. August bis 1. Februar 1931, in: ADW CA 1911 I.

678 Vgl. über die Gespräche mit dem Hamburger BES u.a.: „Tagesbericht vom 8. Oktober" in: ADW CA 1911 I. Zum Buchprojekt vgl. den Brief nebst Anlage von Pfarrer Wagner an Dr. Steinweg vom 24.2.1931, in: ADW CA 1911 II. Peter sieht im Brief Wagners einen besonders perfiden Plan, die Spaltung des BRSD zu betreiben, was aus dem Kontext überhaupt nicht erkennbar ist und auch die Stellung Wagners im BRSD überschätzt. Vgl. *Ulrich Peter*, a.a.O., 4, 1988, S. 43. Zur Stellung Wagners im BRSD vgl. *H. Wagner*, Die religiös-sozialistische Bewegung in Deutschland, in: „Hamburgische Kirchenzeitung" 11, 1930.

679 Vgl. den Brief von Carl Severing an Karl Obert vom 17.3.1931, in: ADW CA 1911 I.

680 Im evangelischen Pressedienst vom 30.3.1932 wird der BES noch einmal als Organisation erwähnt, die „langsam, aber stetig" wachse. Die Angaben beruhten allerdings auf einem Eigenbericht des BES, dem kaum Glauben zu schenken ist. Vgl. Evangelischer Pressedienst vom 30.4. 1932, in: EZA Berlin 1/A2/476.

Angesichts der sichtbaren Erfolglosigkeit des BES überraschte es nicht, daß der Bund religiöser Sozialisten von der Existenz des BES nur beiläufig Kenntnis nahm. In einer kleinen Notiz im „Religiösen Sozialisten" warnte – wahrscheinlich – Erwin Eckert Anfang 1931 die Mitglieder des BRSD vor den Aktivitäten des Karl Obert, die offenbar Verwirrung stiften sollten. Er nannte auch gleich noch die „Hintermänner" aus der Inneren Mission beim Namen, meinte aber ansonsten, daß es sich erübrige, „über dieses totgeborene Kind des Herrn Obert viele Worte zu machen".[681]

Auch das anfängliche Interesse von drei religiösen Sozialisten war nicht von langer Dauer. Hans Müller gab zwar in einem Brief an Obert noch einmal seiner Abneigung gegen den „Schwarmgeist Erwin Eckert" Ausdruck, da er aber schon seit 1929 wegen seiner Jenaer Erfahrungen mit dem „Freidenker-General Dr. August Siemsen" aus der SPD ausgetreten war und darüber hinaus vom Nazi-Volksbildungsminister Frick entlassen worden und wieder in die Schweiz gegangen war, kam eine Mitgliedschaft nicht in Frage.[682]

Der württembergische Pfarrer Paul Stürner hatte sicherlich, als er von Günther Dehn auf die geplante Gründung des BES aufmerksam gemacht worden war, keine Ahnung von den zweifelhaften Absichten der „Hintermänner" aus der Inneren Mission. Nachdem die Zusammenhänge bekannt geworden waren, war die Kenntnis davon für Stürner möglicherweise Grund genug, dem BES nicht beizutreten. Die Antwort Stürners an Günther Dehn aber ist nicht wegen der darin angedeuteten Bereitschaft, in einen – wie er vorschlägt – „Volksbund neuchristlicher Sozialisten" einzutreten, von Interesse. Der Brief drückt vor allem die große Enttäuschung über die Politik von Erwin Eckert aus. Die im BRSD nicht zuletzt in Württemberg vertretene Auffassung von einem „dämoniefreien Sozialismus" werde – wie Stürner schrieb – „durch Eckert, allerdings fast bloß durch ihn, aber durch ihn um so autokratischer totgeschwiegen, geleugnet, vergewaltigt [...]". Wenn Pfarrer Stürner deshalb überlegte, ob er „nicht gewissenshalber [seine] Beziehungen zum Bund religiöser Sozialisten lösen muß", dann nicht, weil das Wirken Karl Oberts so überzeugend ausfiel – dazu formulierte Stürner zu viele Bedingungen, die den Vorstellungen Oberts (und der Inneren Mission) überhaupt nicht entsprachen.[683] Diese Überlegungen waren vor allem Ausdruck der tiefen Kluft zwischen Erwin Eckert und der Mehrheit des württembergischen Bundes religiöser Sozialisten. Die vorhandenen inhaltlichen Differenzen waren dabei weniger wichtig als das immer wieder kritisierte unduldsame Auftreten Erwin Eckerts.[684] Das Werben des BES um die mit Eckert unzufriedenen religiösen Sozialisten war schnell gescheitert, die Kluft im BRSD aber war deswegen nicht überbrückt.

---

681 Vgl. „Achtung – Verwirrung beabsichtigt", in: Der Religiöse Sozialist 4, 1931.
682 Vgl. den Brief von Hans Müller an Karl Obert vom 30.10.1930, in: ADW CA 1911 II.
683 Vgl. den Brief von Paul Stürner an Günther Dehn vom 10.9.1930, in: ADW CA 1911 II.
684 Insofern folgt auch das Urteil Ulrich Peters, daß Stürner „alle Bestandteile der Ideologie der Klassenversöhnung und der Volksgemeinschaft" vertrete, die „mit der sozialistischen Perspektive des BRSD, für die der Name Eckert sinnbildlich steht", unvereinbar sei, dem in der Literatur über den BRSD beliebten „Links-Rechts-Schematismus", der den Kern des Konflikts verfehlt.

7. Mitglieder, Führung und Finanzen

a) *Mitgliederentwicklung*

Die Zahl der im Bund der religiösen Sozialisten organisierten Mitglieder ist nicht genau anzugeben, da im Bund und in den einzelnen Landesverbänden nicht eindeutig geklärt war, wer zu den Mitgliedern zu rechnen war. Darüber hinaus waren die nur vereinzelt in den Organisationsmitteilungen genannten Zahlen vom Wunschdenken oder auch von der Konkurrenz zwischen den einzelnen Regionen und Landesverbänden bestimmt.[685] Seit der Gründung des BRSD im Jahre 1926 war es zwar stets das Ziel der Bundesführung, vor allem des Bundesvorsitzenden Erwin Eckert, den Bund. „durchzuorganisieren", was auch heißen sollte, eine vom Organisationsstatut eindeutig definierte Mitgliederorganisation zu schaffen. Dieses Ziel ist aber nie verwirklicht worden. In pragmatischer Einsicht in die Organisationswirklichkeit beschrieb Erwin Eckert deshalb auf der Mannheimer Bundeskonferenz 1928 die sehr lose Struktur der Organisation. Er nannte in dem Zusammenhang auch vier Kategorien von religiösen Sozialisten, die für ihn zum Bund zu zählen waren:

1. Der „innerste Kreis" war die „Gemeinschaft" von bewährten Vertrauensleuten.
2. Die engere „Mitgliedschaft" bildeten alle für die Ziele des Bundes werbenden und ihn finanziell unterstützenden, aber nur teilweise mit Mitgliedsbüchern ausgestatteten religiösen Sozialisten.
3. Der „Leserkreis des Sonntagsblattes" umfaßte die besonders in Süddeutschland an die Stelle von Ortsgruppen tretenden Lesegruppen der religiös-sozialistischen Wochenzeitung, denen in den Gemeinden aber nicht nur die Abonnenten des Sonntagsblattes angehörten. Die Zahl der Abonnenten gibt daher nur eine Mindestgröße der „Lesekreis-Mitglieder" an.
4. Die „Wählerschaft" religiös-sozialistischer Listen bei Kirchenwahlen umfaßte die viel größere Zahl von Sympathisanten der religiös-sozialistischen Bewegung. Die Wähler mußten sich in den meist überschaubaren Gemeinden oft durch die Eintragung in Wählerlisten auch öffentlich als Anhänger religiös-sozialistischer Ziele bekennen.[686]

Die oft unterschiedlichen Angaben über die Mitgliederzahlen erklären sich daraus, daß diese vier Kategorien von religiös-sozialistischen Parteigängern nicht deutlich auseinandergehalten oder je nach Einschätzung der Bedeutung der religiös-sozialistischen Bewegung in ihrem Gewicht unterschiedlich interpretiert werden. Die „vermuteten" Mitgliederzahlen sind eher bescheiden, wenn bei den Zählversuchen lediglich der „innerste Kreis" und die engere „Mitgliedschaft" zugrunde gelegt wurde. Den Eindruck einer Organisation mit „Massenanhang" gewinnt dagegen, wer mit einem

---

685 Die Mitgliederzahl wird deshalb auch in der Literatur sehr unterschiedlich angegeben, weil die Autoren sich meist für eine der ihnen plausibel erscheinenden differierenden zeitgenössischen Angaben entscheiden, wobei es vereinzelt zu eindeutigen Lesefehlern kommt. Vgl. dazu weiter unten in diesem Kapitel.

686 Vgl. die Berichte *Erwin Eckerts* in: SaV 34, 1928 und 50, 1929.

weit gefaßten Organisationsbegriff neben dem „Leserkreis" auch die „Wählerschaft" mitzählt.

Wilhelm Sollmann sprach auf dem Magdeburger SPD-Parteitag 1929 von 20.000 oder 30.000 organisierten religiösen Sozialisten – diese Angaben können bei allem unterstellten Wohlwollen gegenüber der religiös-sozialistischen Bewegung durchaus realistisch genannt werden.[687] Aber um die Bedeutung der religiös-sozialistischen Bewegung auch über die zahlenmäßige Stärke einschätzen zu können, ist notwendig, die verschiedenen Kategorien von Mitgliedern auseinanderzuhalten, wobei auch die regionalen Unterschiede erneut eine große Rolle spielen.

Der „innerste Kreis" bestand vor allem aus den religiös-sozialistischen Pfarrern und Theologen und den in den (vor allem regionalen und lokalen) Vorständen tätigen Laien. In der „Bruderschaft sozialistischer Theologen" waren zwischen 150 und 180 Pfarrer und Theologen organisiert, die Zahl der aktiven Laien war nicht viel größer: Es ist wohl realistisch, von einem „innersten Kreis" von rund 500 religiösen Sozialisten auszugehen, der für die Organisation Funktionen und Mandate übernahm.[688]

In Norddeutschland, besonders in Berlin, bezogen sich Angaben über die Größe der Organisation auf organisierte „Mitglieder", die Zahlen schwankten zwischen 1.500 bis 2.000 für die ersten Nachkriegsjahre und 600 bis 700 für die Jahre 1926/27. Noch vor der Gründung des BRSD umfaßte die Arbeitsgemeinschaft religiöser Sozialisten Anfang 1925 nach eigenen Angaben „etwa fünftausend Mitglieder und zählte die Genossen, die innerlich zu ihr stehen".[689] In Süddeutschland sind die Kategorien „Mitgliedschaft" und „Leserkreise" in den Organisationsmitteilungen selten getrennt, darüber hinaus werden meist keine absoluten Zahlen genannt. Da aber nicht zuletzt in der religiös-sozialistischen Hochburg Baden der „Leserkreis" als Organisationseinheit eher die Regel war als die Ortsgruppe mit fest organisierten Mitgliedern, ist es wohl richtig, auch für den gesamten Bund beide Kategorien zusammenzufassen und die Auflage des Sonntagsblattes als einen Hinweis auf die Zahl der Mitglieder in den Ortsgruppen und Lesekreisen zu nehmen. Die Auflage des Sonntagsblattes betrug 1928 rund 5.000 und 1931 rund 17.000 Exemplare. Da die Zahl der Leser sicherlich größer war als die Zahl der Abonnenten, kann angenommen werden, daß – wenn Mitglieder mit Mitgliedsbüchern und Angehörige von Lesegruppen zusammengezählt werden – im Jahre 1928 rund 10.000 Mitglieder und 1931 rund 30.000 Mit-

---

687 Vgl. Protokoll Parteitag der SPD 1929, S. 76.

688 Zu der Zahl der Pfarrer und Theologen vgl. die Darstellung der „Bruderschaft sozialistischer Theologen" im Kapitel 6. Zu den aktiven Laien vgl. die verstreuten Angaben über lokale und regionale Vorstände und die Kandidatenlisten zu Kirchenwahlen. Bei den Kandidatenlisten sind die zahlreichen Mehrfach-Kandidaturen zu beachten.

689 Vgl. für die ersten Jahre nach 1918 die Angaben von *Bernhard Göring* in: *Heinrich Dietrich*, a.a.O., S. 59 und von *Günther Dehn* in: Neuwerk 1924/25, S. 346. Dehn spricht von rund 2.000 Mitgliedern, bezieht sich aber eindeutig nur auf Norddeutschland, was in der Literatur später nicht immer beachtet wird. Anfang 1926 spricht Bernhard Göring von „700 zahlenden Mitgliedern" der norddeutschen Gruppe, in dem Zusammenhang spricht er auch von den 5.000 Mitgliedern der Arbeitsgemeinschaft, vgl. seinen Bericht in: SaV 4, 1926 und den Kommentar in: SaV 7, 1926. Die Mitgliederzahl hat in Norddeutschland zwischen 1925 und 1927 nach Angaben Bernhard Görings „nicht wesentlichen zugenommen". Vgl. *Bernhard Göring* in: SaV 48, 1927 und im Vorwärts vom 13.11.1927.

glieder zum Bund gehörten. Die Zahlen sind freilich lediglich Schätzungen, sie erlauben aber immerhin, die steigende Tendenz der Mitgliederentwicklung in der zweiten Hälfte der zwanziger Jahre zu konstatieren.[690]

Die Tendenz wird auch von den steigenden Wählerzahlen für religiös-sozialistische Listen bei Kirchenwahlen bestätigt. Da die religiösen Sozialisten in allen Landeskirchen stets nur eine Minderheit waren, war das – oft auch öffentliche – Bekenntnis zur religiös-sozialistischen Bewegung bei Kirchenwahlen auch eindeutig ein Ausdruck einer engeren Bindung, da in den Gemeinden aus dem offenen Bekennen eher Nachteile erwachsen konnten. Die Zahl der religiös-sozialistischen Wähler kann daher mit gewisser Berechtigung auch als Hinweis auf die zahlenmäßige Stärke der religiös-sozialistischen Bewegung gelten: Während der Kirchenwahlen Mitte der zwanziger Jahre erhielten die religiösen Sozialisten in den verschiedenen Regionen rund 65.000 bis 70.000 Stimmen, zu Beginn der dreißiger Jahre war die Zahl auf rund 120.000 bis 130.000 angewachsen.[691]

b) *Mitgliederstruktur*

Die Wortführer der religiös-sozialistischen Bewegung waren meist Pfarrer und Lehrer, deshalb galt (und gilt) der BRSD auch in der öffentlichen Wahrnehmung vor allem als eine Organisation dieser beiden Berufsgruppen. Das widersprach nicht nur dem Selbstverständnis führender religiöser Sozialisten, die Zugang zu den „Proletariermassen" finden wollten, sondern auch von Anfang an der „Organisations"-Wirklich-

---

690 Die Abonnentenzahl für 1928 in: Christliche Welt 17, 1928 und für 1931: Material Dietrich 1932, zit. nach: *Friedrich-Wilhelm Balzer*, a.a.O., S. 54. Balzer ist mit guten Gründen zurückhaltend bei seinen Schätzungen. Er schreibt: „Die tatsächliche Zahl der eigentlichen Mitglieder des Bundes dürfte um 1930/31 zwischen 10.000 bis 20.000 gelegen haben". Vgl. ebda. Aber auch die Angaben von *Helga Grebing*, Geschichte der deutschen Arbeiterbewegung, München (9. Aufl.) 1979, S. 173 – sie spricht von 25.000 bis 30.000 Mitgliedern - können noch realistisch genannt werden. Die Behauptung von Karl Kupisch dagegen, daß der Bund „insgesamt nicht mehr als 2.000 Mitglieder gehabt" habe, beruht offenbar auf der falschen Wiedergabe von zeitgenössischen Angaben. Vgl. *Karl Kupisch*, Die deutsche Landeskirche, a.a.O., S. 107. Falsch ist sicherlich die Behauptung von Renate Breipohl, die 1926 erreichte Mitgliederzahl habe sich „in den folgenden Jahren nur noch geringfügig" vergrößert und sei dann von 1929 bis 1933 „konstant" geblieben. Vgl. *Renate Breipohl*, a.a.O., S. 19.

691 Eine grobe Zuordnung zu den Regionen ergibt folgendes Bild:

1926/27:		1931/33:	
Baden	28.000	Baden	30.400
Thüringen	20.000	Thüringen	32.400
Pfalz	12.300	Württemberg	50.000
Anhalt	6.700	Berlin/Preußen	9.000
zusammen	67.000	zusammen	121.000

Vgl. für 1926/27: SaV 23, 1927, für 1931/33: Der Religiöse Sozialist 11, 1931 und 2, 1933, für Thüringen: *Reinhard Creuzburg*, a.a.O., S. 38, die Zahlen in SaV 47, 1926 sind zu niedrig. Die geringen Wählerzahlen für Preußen/Berlin stellen nur bedingt eine Aussage über die Stärke der religiös-sozialistischen Bewegung in Norddeutschland dar, da hier die „Veränderung der Kirche" durch die Beteiligung an Kirchenwahlen nicht im Zentrum religiös-sozialistischen Selbstverständnisses und der politischen Praxis lag.

keit in den nach Kriegsende entstehenden religiös-sozialistischen Gruppen. So war die Zusammensetzung einer Chemnitzer Gruppe „eine durchaus proletarische, nur ‚gewürzt' durch ein paar wenige Intellektuelle und Neusozialisten, vorwiegend Lehrer und Lehrerinnen" – und nur der Wortführer der rund 200 Mitglieder umfassenden Gruppe war ein Pfarrer.[692] Viele Gruppen wiesen anfänglich eine ähnliche Zusammensetzung auf. Es gab daher auch von Anfang an – unterschiedlich gelöste – Verständigungsprobleme, da viele Diskussionen sich um die Frage drehten, wie „Kopf- und Handarbeiter zusammen" kommen könnten.[693] Nachdem – nicht zuletzt dieses Problems wegen – die „akademischen" religiös-sozialistischen Gruppen den Weg in den Bund der religiösen Sozialisten nicht mitgegangen waren, beharrte der BRSD in seinen Verlautbarungen darauf, nicht nur treu an der Seite der sozialistischen Arbeiterbewegung zu stehen, sondern als Organisation selbst auch eine proletarische Organisation zu sein. Der Nachweis dafür ist nicht leicht zu führen, da es über die sozialstrukturelle Gliederung der Mitgliederschaft keine eindeutigen Belege gibt. Die Berufe der religiös-sozialistischen Kandidaten bei Kirchenwahlen und der Delegierten auf den religiös-sozialistischen Bundeskonferenzen 1928 und 1930 in Mannheim und Stuttgart erlauben jedoch einige Rückschlüsse.

Für die Wahl zur badischen Landessynode im Juli 1926 gab es rund 56 Kandidaten auf religiös-sozialistischen Listen. Unter den fünf Listenführern waren drei Pfarrer, ein Jugendpfleger und ein Realschuldirektor – die Wortführerschaft war also auch im badischen Volkskirchenbund eindeutig von Pfarrern und Lehrern dominiert, zumal die drei Pfarrer auch alle in die Synode gewählt wurden (neben vier Laien). Aber auf den weiteren Listenplätzen waren auch andere Berufsgruppen zu finden: rund zehn Handwerksmeister/Werkführer u.ä., rund 14 Facharbeiter/Arbeiter und rund zehn Angestellte und Beamte (darunter auch ein Polizeiwachtmeister). Nur ein Bauer und ein „Dreschmaschinenbesitzer" waren zusätzlich auf den Listen zu finden. Auffällig war darüber hinaus die Kandidatur dreier Bürgermeister (ländlicher Gemeinden) und sogar eines Landtagsabgeordneten.[694]

Im November 1926 fanden auch in Thüringen Kirchenwahlen statt. Die thüringischen religiösen Sozialisten beteiligten sich in sechs von sieben Wahlkreisen mit eigenen Pfarrer- und Laienlisten und mit einer Landesliste. Auf den Pfarrerlisten waren immer wieder dieselben sechs thüringischen religiös-sozialistischen Pfarrer zu finden (immerhin drei mehr als in Baden), während die Laienlisten meist von Bürgermeistern oder Lehrern angeführt wurden. Die Berufsangaben der übrigen Kandidaten erlauben aber dennoch auch einige Hinweise, inwieweit die thüringischen religiösen Sozialisten zum (sozialdemokratischen) Arbeitermilieu Zugang gefunden hatten. Von den

692 Vgl. den Bericht von Pfarrer *Schlosser* über die Chemnitzer Gruppe, die sich allerdings nicht dem Bund religiöser Sozialisten anschloß, in: Der Religiöse Sozialist 1, 1922 und die Darstellung der „Vereinigungen für sozialistische Lebensgestaltung" im Kapitel 6.

693 Vgl. den Bericht über die Situation in Rheinland-Westfalen in: Mitteilungen des Bundes religiöser Sozialisten, Köln 1, 1921.

694 Vgl. zu den Berufen der Kandidaten die Angaben bei *Friedrich-Wilhelm Balzer*, a.a.O., S. 41 f. Die Angaben erlauben keinen Rückschluß auf eventuelle Doppelkandidaturen.

23 weltlichen Bewerbern waren immerhin sieben Arbeiter aus meist handwerklichen Berufen und auch bei den sechs (!) Bürgermeistern von Industriedörfern und kleineren Gemeinden handelte es sich oft um Handwerker, die als Sozialdemokraten zum Bürgermeister gewählt worden waren. Die kandidierenden Lehrer waren alle Volksschullehrer, unter den Akademikern war neben den Pfarrern und Theologieprofessoren auch ein promovierter Beamter der Carl-Zeiss-Werke Jena vertreten. Auch in Thüringen also waren die Sprecher der religiös-sozialistischen Bewegung vor allem Pfarrer und Lehrer. Die Arbeiter kandidierten – von den Bürgermeistern unter ihnen abgesehen – meist auf den hinteren Plätzen, allerdings ist auch nicht bekannt, ob sie überhaupt auf aussichtsreicheren Plätzen hätten kandidieren wollen.[695]

In der Pfalz fanden im Mai 1927 Wahlen zur Landessynode statt, an der die religiösen Sozialisten mit einer Pfarrer- und einer Laienliste teilnahmen. Die Liste der Geistlichen wies nur vier Pfarrer auf – sie waren aber im pfälzischen Bund religiöser Sozialisten alle an führender Stelle tätig. Die Liste der 24 weltlichen Kandidaten zeigt ein ähnliches Bild wie in Baden und in Thüringen. Neben dem Listenführer sind sechs weitere Kandidaten von Beruf Lehrer (darunter ein Oberstudienrat). Sechs Kandidaten sind gewählte Bürgermeister oder Gemeindevertreter (ihre Berufe sind: Schneidermeister, Landwirt, Lehrer, Fabrikarbeiter, Tischler). Die Zahl von neun Arbeitern unter den Kandidaten erlaubt den Schluß, daß die Masse der nicht sehr zahlreichen pfälzischen Mitglieder ebenfalls Arbeiter waren. Ihre Berufe lassen freilich erneut erkennen, daß weniger der angelernte/ungelernte Industriearbeiter, sondern die handwerklich ausgebildeten Facharbeiter(innen) oder gar Meister in der Mitgliederschaft überwogen. Die Berufe sind: Fabrikarbeiter (zugleich Bürgermeister!), Schneiderin, Steinhauerpolier, Monteur, Tabakarbeiterin, Tischler, Steinhauer, Bleilöter, Steinzähler.[696]

Die Berufsangaben von religiös-sozialistischen Kandidaten, die im März 1931 zu den Kirchenwahlen in Württemberg kandidierten, bestätigen das Bild aus der Mitte der zwanziger Jahre, auch wenn einige Veränderungen erkennbar sind. Die württembergischen religiösen Sozialisten kandidierten in allen dreißig Kirchenbezirken, die vielen Doppelkandidaturen verdeutlichten aber die Probleme bei der Suche nach einer ausreichenden Zahl von Kandidaten. Die Zahl von sechs Pfarrern und drei Vikaren als Kandidaten verweist auf die Tatsache, daß zu Beginn der dreißiger Jahre sich sehr viel mehr Pfarrer zur religiös-sozialistischen Bewegung bekannten als noch zu Mitte der zwanziger Jahre. Von den (rund 70) weltlichen Kandidaten waren allein 14 Lehrer und Rektoren, 22 Kandidaten waren Arbeiter/Facharbeiter und neun waren Handwerksmeister. Immerhin nannten drei Kandidaten als Beruf Landwirt. Es kandidierten auch mehrere Gemeinderäte und Stadträte, ein Bürgermeister und ein Landtagsabgeordneter. Die zahlreichen Arbeiter/Facharbeiter unter den Kandidaten und die nicht geringe Zahl von kommunalen Funktionsträgern dokumentieren, daß

---

695 Vgl. dazu die ausführlichen Berufsangaben bei *Reinhard Creutzburg*, a.a.O., S. 131 f.
696 Vgl. zu den Berufen der Kandidaten: SaV 14, 1927 und *Karlheinz Lipp*, a.a.O., S. 31 f.

auch in Württemberg die religiösen Sozialisten im (sozialdemokratischen) Arbeiter-milieu verankert waren.[697]

Die Berufsstruktur der Delegierten auf den Bundeskonferenzen 1928 in Mannheim und 1930 in Stuttgart bestätigt den Befund aus den süddeutschen und mitteldeutschen Regionen der religiös-sozialistischen Bewegung.

Von den 167 Teilnehmern des Mannheimer Kongresses waren:

Arbeiter(innen)/Angestellte	96
Pfarrer/Vikare	28
Lehrer/Studienräte	16
Studenten	8
Ärzte/Journalisten/freie Berufe	7
Beamte	6
sozialistische Abgeordnete	6

Von den 215 Delegierten des Stuttgarter Kongresses waren:

Arbeiter(innen)	74
Angestellte	35
Pfarrer	52
Lehrer	21
Beamte	6
Studenten	17
Sozialbeamte	6
freie Berufe	6

Das Bild der Sozialstruktur des Bundes wird mit diesen Zahlen erneut bestätigt: Pfarrer und Lehrer sind eindeutig überrepräsentiert, aber über die Hälfte der Delegierten sind Arbeiter(innen) und Angestellte. Da die Pfarrer – deren Zahl zwischen 1928 und 1930 bemerkenswert größer geworden ist – und die Lehrer in den lokalen und regionalen religiös-sozialistischen Gruppen meist eine führende Rolle spielten und deshalb weitgehend vollzählig bei Bundeskonferenzen anwesend waren, war in den Gemeinden der Anteil der Arbeiter(innen) und Angestellten sicher noch größer und lag zumindest weit über 50 Prozent. Der Bund der religiösen Sozialisten kann daher auch aufgrund seiner sozialstrukturellen Zusammensetzung eine Arbeiterorganisation genannt werden.

Deshalb verwundert es auch kaum, daß der BRSD auch in anderer Hinsicht dem

---

697 Vgl. zu den Berufen der Kandidaten: Der Religiöse Sozialist 9 und 10, 1931. Sozialstrukturelle Daten über die norddeutsche religiös-sozialistische Bewegung sind nicht leicht zu finden. Die Kölner religiösen Sozialisten kandidierten 1928 zur Kirchenwahl mit Listen, die auch Berufsangaben enthielten: Unter den 41 Kandidaten waren ein Pfarrer, vier Lehrer, 19 Arbeiter, die übrigen waren Meister, Angestellte, Amtmänner und Hausfrauen. Vgl. SaV 46, 1928.

498 Vgl. die Angaben über die sozialstrukturelle Zusammensetzung der Teilnehmer auf den Bundeskonferenzen in Mannheim und Stuttgart in: SaV 35, 1928 und 33, 1930.

Bild sozialistischer Arbeiterorganisationen glich: Frauen waren an führender Stelle im Bundesvorstand oder in den Landesverbänden überhaupt nicht oder nur höchst selten zu finden, die Studienrätin Maria Sturm war als Dresdener Ortsgruppenvorsitzende eine große Ausnahme. Dennoch war der BRSD keine reine Männerorganisation: Auf dem Stuttgarter Bundeskongreß waren immerhin 58 von 215 Teilnehmern Frauen. Auch auf den Wahllisten zu den Kirchenwahlen waren ebenfalls zwischen zehn und zwanzig Prozent der Kandidaten Frauen. Sie waren meist Hausfrauen oder Ehefrauen (Schriftleiterehefrau, Regierungsratsehefrau), die berufstätigen Frauen waren meist Lehrerinnen.

So wenig sich der BRSD sozialstrukturell und hinsichtlich des Frauenanteils also von Arbeiterparteien oder gar den freien Gewerkschaften unterschied, die proletarischen Mitglieder des BRSD waren in einer Hinsicht natürlich anders als die Mehrheit der in den sozialistischen Parteien und Gewerkschaften organisierten Arbeiter: Sie waren nicht nur – wie im übrigen die meisten Sozialdemokraten – noch Mitglied einer Kirche, sondern sie waren auch kirchlich gebunden und wollten ihr Verständnis vom Sozialismus religiös begründen. Das war sicherlich in Süd- und Mitteldeutschland, wo viele proletarische religiöse Sozialisten in Industriedörfern wohnten und handwerklichen Facharbeiterschichten angehörten, anders als in den Industriegroßstädten Norddeutschlands. Aber die zahlreichen religiös-sozialistischen SPD-Mandatsträger – von Landtagsabgeordneten über Bürgermeister bis hin zu den zahlreichen Gemeinderatsvertretern – und die vielen religiös-sozialistischen SPD-Funktionsträger – vom Ortsgruppenvorsitzenden bis zum Landesvorsitzenden – in Süd- und Mitteldeutschland sind ein Beleg dafür, daß die Mitgliedschaft im BRSD mit zum Karrieremuster in der Sozialdemokratie gehören konnte. Mit gewissem Recht schrieb deshalb die sozialdemokratische „Eisenacher Volkszeitung" anläßlich des Weggangs „unseres Freundes und Genossen" Emil Fuchs, daß „die religiös-sozialistische Bewegung zu einem Bestandteil der sozialistischen Kulturbewegung geworden ist".[699]

c) *Finanzen*

Der Bund religiöser Sozialisten finanzierte sich stets nur aus den – sehr geringen – Beiträgen und Spenden seiner Mitglieder und Sympathisanten. Er erhielt weder von den sozialistischen Arbeiterparteien noch von den Kirchen irgendwelche Zuwendungen. Die praktische Arbeit der religiösen Sozialisten litt daher stets unter chronischer Geldnot, das Erscheinen der von den Abonnenten finanzierten Zeitungen und Zeit-

---

699 Der Artikel in der „Eisenacher Volkszeitung" vom April 1931 ist hier zit. nach: Der Religiöse Sozialist 17, 1931. Aus der kirchlichen Bindung religiös-sozialistischer Proletarier kann sicher nicht auf das angebliche Kalkül „revisionistischer" Taktiker geschlossen werden, die mit dem BRSD eine „Hilfsorganisation der SPD zur Erschließung des Mittelstandes" gründen wollten, wie das Balzer tut. Balzer nimmt damit offenbar die Austrittsbegründung Erwin Eckerts aus dem Jahre 1931 für bare Münze. Vgl. *Friedrich-Wilhelm Balzer*, a.a.O., S. 17. Vor zu weitreichenden Schlüssen aus der Sozialstruktur des BRSD warnt *Eckehard Lorenz*, a.a.O., S. 113.

schriften war deshalb vor allem in der Anfangszeit oft aus finanziellen Gründen gefährdet. Mit ansteigender Abonnentenzahl der religiös-sozialistischen Zeitungen verbesserte sich seit Mitte der zwanziger Jahre auch die Finanzsituation des BRSD.[700]

8. Presse

Religiös-sozialistische Zeitungen und Zeitschriften hatten für die religiös-sozialistische Bewegung in der Weimarer Republik eine große Bedeutung. Die Diskussion theoretisch-programmatischer Differenzen, der Austausch von politischen Stellungnahmen und die Information über den Stand der Bewegung fand meist in der religiös-sozialistischen Presse statt, da die „Durchorganisierung" der Bewegung auch nach der Gründung des BRSD nie völlig gelang und von vielen religiös-sozialistischen Gruppen innerhalb und außerhalb des BRSD auch nicht gewollt war.

Die Wortführer der religiös-sozialistischen Bewegung waren schon von ihren Berufen her – sie waren meist Pfarrer oder Lehrer(innen) – gewohnt, sich auch schriftlich zu äußern und den Gedankenaustausch zwischen Gleichgesinnten durch Zeitschriften zu pflegen. Sie konnten sich dabei auf die Tradition theologischer und politisch-religiöser Auseinandersetzungen aus der Zeit vor 1914 berufen, deren Protagonisten sich oft als Gruppe um eine Zeitschrift scharten. Vor 1914 gab es darüber hinaus auch schon Zeitschriften im In- und Ausland, die religiös-soziale Probleme diskutierten und nach 1918 die Entwicklung der religiös-sozialistischen Bewegung kritisch aber wohlwollend beobachteten und darüber berichteten. Dazu gehörten vor allem die seit 1906 in der Schweiz von Leonhard Ragaz herausgegebene Zeitschrift der Schweizer Religiös-Sozialen „Neue Wege" und in Deutschland die von Martin Rade als Sprachrohr der liberalen Protestanten seit 1886 herausgegebene Zeitschrift „Christliche Welt" sowie – seit 1913 – die der deutschen Quäkerbewegung nahestehende und von Friedrich Siegmund-Schultze herausgegebene Zeitschrift „Die Eiche". In der sozialistischen Presse wurden vor 1914 die Fragen von Religion und Sozialismus nur selten angesprochen, häufiger erst seit 1910 in der Zeitschrift „Sozialistsche Monatshefte", die im Selbstverständnis der Sozialdemokratie dem sogenannten rechten Flügel der Partei zugerechnet wurde, was wohl auch zu dem Mißverständnis nach 1918 beitrug, die religiös-sozialistischen Sozialdemokraten eher „rechts" einzuordnen.

Die meisten nach 1918 weiter erscheinenden oder neu entstandenen und dem religiös-sozialistischen Denken gegenüber aufgeschlossenen Zeitschriften diskutierten freimütig theologische und politisch-religiöse Probleme, sie standen aber mehrheitlich einer Gründung von religiös-sozialistischen Organisationen oder gar einer einzigen Organisation skeptisch oder sogar ablehnend gegenüber. Auch die Herausgeber und Autoren

---

700 Vgl. als ein Beispiel für die Finanzierung des BRSD: Die württembergischen religiösen Sozialisten erhoben 1928 einen jährlichen Mitgliedsbeitrag von 2 Mark, der auf Antrag für Minderbemittelte ganz oder teilweise erlassen werden konnte. Vgl. SaV 37/1928.

von neu entstandenen Zeitschriften, die der religiös-sozialistischen Bewegung sich zugehörig fühlten, waren gegenüber religiös-sozialistischen Organisationen voller Vorbehalte. Dazu zählten vor allem die von Carl Mennicke herausgegebenen Zeitschriften „Blätter für religiösen Sozialismus" und „Sozialistische Lebensgestaltung", sie waren Sprachrohr des „Berliner Kreises" um Paul Tillich und der „Vereinigung für sozialistische Lebensgestaltung". Die seit 1930 erscheinende Zeitschrift „Neue Blätter für den Sozialismus" – sie war ursprünglich von Carl Mennicke Ende 1927 als Fortsetzung seiner inzwischen eingestellten Zeitschrift gedacht – behielt die skeptische Distanz zum BRSD bei, auch wenn die Herausgeber – zu ihnen gehörten neben August Rathmann auch Eduard Heimann und Paul Tillich – stets auch religiös-sozialistische Autoren zu Wort kommen ließen. Auch die Zeitschrift „Neuwerk" diskutierte häufig Probleme der religiös-sozialistischen Bewegung, sie war aber in erster Linie das theoretische Organ des „Neuwerk-Kreises". Die seit 1923 erscheinende Zeitschrift „Zwischen den Zeiten", von den „dialektischen Theologen" Emil Barth, Friedrich Gogarten und anderen herausgegeben, strafte die religiös-sozialistische Bewegung – von einigen kritischen Beiträgen aus der Feder von Eduard Turneysen abgesehen – sogar mit gänzlicher Mißachtung.[701]

Die – im engeren Sinne – religiös-sozialistische Presse bestand zunächst vor allem aus Mitteilungsblättern und Wochenzeitungen, die der Kommunikation zwischen den Mitgliedern und Sympathisanten der religiös-sozialistischen Gruppen dienten. Die Verbreitung war meist regional beschränkt und die Auflage gering, stets aber war die Tendenz erkennbar, die örtliche Beschränkung zugunsten einer größeren „Vernetzung" religiös-sozialistischer Gruppen aufzugeben. Beispielhaft dafür sind die seit Januar 1921 erscheinenden „Mitteilungen des Bundes religiöser Sozialisten". Sie bezogen sich zunächst nur auf einen von Georg Fritze gegründeten Kölner Bund religiöser Sozialisten, aber bereits im Herbst 1921 änderte das Mitteilungsblatt seinen Titel: es hieß nun „Ihr seid Brüder" und führte den Untertitel: „Religiös-sozialistische Blätter aus dem Rheinland". Als die finanziellen Schwierigkeiten Ende 1922 immer größer geworden waren, vereinigte sich das Kölner Monatsblatt mit der in Berlin von Bernhard Göring und Gotthard Jäschke herausgegebenen Zeitschrift „Der Religiöse Sozialist – Monatsschrift des Bundes religiöser Sozialisten Deutschlands". Mit dem Untertitel war allerdings nur die von Berlin aus organisierte norddeutsche religiös-sozialistische Bewegung gemeint.[702]

Die religiösen Sozialisten in Süddeutschland hatten von Anfang an eine – über ein bloßes Mitteilungsblatt weit hinausgehende – Wochenzeitung zur Verfügung, aus der nach einigen Namensänderungen die wichtigste religiös-sozialistische Publikation der Weimarer Republik hervorgehen sollte: das „Sonntagsblatt des arbeitenden Volkes". Es wurde zunächst vom „Volkskirchenbund evangelischer Sozialisten", später von der „Arbeitsgemeinschaft" bzw. vom „Bund der religiösen Sozialisten Deutschlands"

---

701 Vgl. dazu die Darstellungen der religiös-sozialistischen Gruppen weiter oben im Kapitel 6 und die Darstellung des Verhältnisses der religiösen Sozialisten zur Dialektischen Theologie im Kapitel 2.
702 Vgl. dazu die Darstellung der norddeutschen religiösen Sozialisten im Kapitel 4.

herausgegeben. Ein Vorläufer des „Sonntagsblattes" war der schon im Weltkrieg erscheinende „Bote aus Kurpfalz", aus dem nach Kriegsende das vom badischen Volkskirchenbund herausgegebene Halbmonats- bzw. Monatsblatt „Christliches Volk", später: „Christliches Volksblatt" hervorgehen sollte. Die Verbreitung beschränkte sich zunächst auf Baden, aber bald – verstärkt seit der Namensänderung im Herbst 1924 – wurde das – später wöchentlich erscheinende – Blatt auch in der Pfalz und in Württemberg gelesen, vereinzelt auch nördlich des Mains. Die Zeitung hatte allerdings auch noch nach dem Inflationsjahr 1923 aufgrund der wenigen Abonnenten mit finanziellen Problemen zu kämpfen. Erst Anfang 1925 war die Zahl der Abonnenten so weit gestiegen, daß sich die Zeitung erstmals selber trug und die Herausgeber an einen weiteren „Ausbau" denken konnten. Dennoch war die Zeitung auch zu dieser Zeit noch – trotz der Mitarbeit des Redakteurs der inzwischen eingestellten Berliner Zeitung „Der Religiöse Sozialist" – ein Unternehmen, das vor allem vom Einsatz des Schriftleiters Pfarrer Löffler abhängig war. Er mußte auch schon mal das Nicht-Erscheinen der Zeitung mitteilen, da er für eine Woche verreist sei.[703] Darüber hinaus aber besaß die Zeitung von ihren Anfängen her den Charakter einer besinnlichen Erbauungsschrift, den sie nicht so schnell aufgeben konnte, obwohl sie inzwischen Sprachrohr der politisch entschiedener auftretenden religiös-sozialistischen Bewegung geworden war. Das änderte sich erst, als seit Anfang 1926 Erwin Eckert die Schriftleitung übernahm und aus der Zeitung ein politisches Wochenblatt machte, in dem thematische Schwerpunkte die politische Auseinandersetzung im Bund befördern helfen sollten. Die Auflage stieg und erreichte mit rund 17.000 Exemplaren im Sommer 1931 einen Höhepunkt. Anfang 1931 wurde der Name „Sonntagsblatt" aufgegeben, bis zum Verbot der Zeitung 1933 erschien sie unter dem Titel „Der Religiöse Sozialist". Die Zeitung behielt auch nach dem Ausscheiden Erwin Eckerts als Schriftleiter (nach seinem Austritt aus dem BRSD im Herbt 1931) die kämpferische Haltung bei, auch wenn der neue leitende Redakteur Gotthilf Schenkel nicht mehr so laute Töne anschlug. Die erst seit 1929 erscheinende „Zeitschrift für Religion und Sozialismus" sollte „mittelbarer, das heißt reflektierter Ausdruck der Bewegung sein" und „wissenschaftlichen Charakter tragen". Die Zeitschrift war freilich von Anfang an vor allem Sprachrohr des Herausgebers Georg Wünsch, dessen Verständnis von religiösem Sozialismus im BRSD nicht einhellig geteilt wurde. Vor allem aber zeigte der Herausgeber – und mit ihm die Zeitschrift – schon vor 1933, noch mehr aber in den letzten Ausgaben des Jahres 1933 – eine kaum nachvollziehbare Anpassungsbereitschaft an den nazistischen Zeitgeist.[704]

---

703 Vgl. zu den finanziellen Problemen unter anderem Christliches Volksblatt 8, 1921, zur Konsolidierung: SaV 15, 1925 und zum Einsatz Löfflers: SaV 35, 1925.

704 Vgl. zum Selbstverständnis die Bemerkung des Herausgebers Georg Wünsch in: Zeitschrift für Religion und Sozialismus 1, 1929. Die Anpassung von Wünsch kam besonders in seinem 1935 erschienenen Buch zum Ausdruck, das auch eine deutliche Absage an den religiösen Sozialismus der Weimarer Republik enthielt. Dennoch ist selbst sein antisemitisches Bekenntnis zur „nordischen Rasse" eher Bereitschaft zur Anpassung als Konsequenz aus seinem Denken vor 1933, wie Renate Breipohl unterstellt. Vgl. dazu *Georg Wünsch*, Evangelische Ethik des Politischen, Tübingen 1935, bes. S. 437 ff. Zur Kritik: *Renate Breipohl*, a.a.O., S. 71 f.

Seit Mitte der zwanziger Jahre hatte der Einfluß der religiös-sozialistischen Bewegung in Deutschland an Gewicht zugenommen. Die größer gewordene Zahl von Abonnenten der religiös-sozialistischen Zeitungen und Zeitschriften stellten deshalb nicht nur die religiös-sozialistische Presse auf einen finanziell sicheren Grund – unter anderem war die Herausgabe eines Pressedienstes möglich geworden –, sie dokumentierte auch die „Konsolidierung" der religiös-sozialistischen Organisationen. Ausdruck dafür war auch das wachsende Interesse von Katholiken an der mehrheitlich protestantischen religiös-sozialistischen Bewegung. Für sie gab Heinrich Mertens seit Anfang 1929 „Das Rote Blatt katholischer Sozialisten" heraus. Die Zusammenarbeit mit dem österreichischen katholischen Sozialisten Otto Bauer, der die Zeitschrift „Der Menschheitskämpfer" herausgab, gestaltete sich allerdings nicht konfliktfrei, auch wenn Otto Bauer schon 1930 in die Redaktion des „Roten Blattes" eintrat und nicht zuletzt auf sein Betreiben hin das „Rote Blatt" Anfang 1931 mit dem „Religiösen Sozialisten" fusionierte.[705] Immerhin aber war es auch der Tätigkeit von Heinrich Mertens zu danken, daß die sozialdemokratische Presse häufiger über die religiös-sozialistische Bewegung berichtete. Das galt vor allem für die von Wilhelm Sollmann herausgegebene „Rheinische Zeitung", aber auch für den „Vorwärts", der freilich schon seit 1918 – wenn auch oft nur sporadisch – über religiös-sozialistische Themen berichtet hatte und auch religiöse Sozialisten als Autoren zu Wort kommen ließ. Selbst in dem theoretischen Organ der Sozialdemokratie, der „Neuen Gesellschaft", erschienen seit 1926 einige wenige längere und wohlwollende Beiträge zur religiös-sozialistischen Bewegung.

Als Fazit kann festgehalten werden: Es gab zwischen 1918 und 1933 keine geringe Zahl von zeitweilig sogar auflagenstarken religiös-sozialistischen Zeitungen und Zeitschriften. Hinzu kam eine Vielzahl von Zeitschriften, die kritisch, aber durchaus wohlwollend über die religiös-sozialistische Bewegung berichteten und auch einige regionale und überregionale sozialdemokratische Zeitungen, die gegenüber der religiös-sozialistischen Bewegung ohne Vorbehalte waren. Die Mißerfolge der religiös-sozialistischen Bewegung in der Weimarer Republik hatten viele Ursachen, an einer fehlenden religiös-sozialistischen Presse aber lag es nicht.

---

705 Vgl. die Darstellung der katholischen Sozialisten im Kapitel 6.

Verzeichnis der religiös-sozialistischen Presse im Überblick

Zeitungen und Zeitschriten des Bundes religiöser Sozialisten und seiner Vorläufer

Der Bote aus Kurpfalz

Evangelischer Gemeindebote und Vereinsanzeiger. Freie Stimme für das evangelische Volksrecht, Herausgegeben im Auftrag evangelischer Männer- und Arbeitervereine. Jg. 1 (1916) – Jg. 4 (1918). Die Zeitschrift stellte im Oktober 1918 ihr Erscheinen ein, aber es kündigte sich an, daß die Zeitschrift unter neuem Namen und mit einer neuen Thematik fortgesetzt wird:

Christliches Volk

Halbmonatsblatt des badischen Volkskirchenbundes. Nr. 1 (Juli 1919) – Dezember 1919. Die Zeitschrift wurde von Pfarrer Rohde, Vorsitzender des Volkskirchenbundes mit Unterstützung des Professors Ehrenberg aus Heidelberg, Pfarrer Godelmanns aus Ofterheim und Pfarrer Knobloch aus Mannheim herausgegeben. Ab 1920 änderten sich der Name und die Herausgeberschaft, die Zählung des Jahrganges aber wurde (bis 1933) fortgeschrieben:

Christliches Volksblatt

Sonntagsblatt evangelischer Sozialisten. Herausgegeben vom badischen Volkskirchenbund. Jg. 2 (1920) – Jg. 6 (1924). Die Zeitschrift erschien wöchentlich, ab 1921 ist Dr. Dietrich verantwortlich für die Herausgabe in Verbindung mit Professor Ehrenberg und Georg Wünsch. Ab September 1924 erschien die Zeitung unter neuem Titel:

Sonntagsblatt des arbeitenden Volkes

Herausgegeben vom Volkskirchenbund evangelischer Sozialisten, seit 1924: herausgegeben von der Arbeitsgemeinschaft der religiösen Sozialisten Deutschlands, ab 1926: herausgegeben vom Bund der religiösen Sozialisten Deutschlands. Jg. 6 (1924) – Jg. 12 (1930). Die Zeitschrift wurde zunächst redaktionell betreut von Pfarrer Löffler und ab 1924 in Verbindung mit Pfarrer Schultheiß, ab 1926 von Erwin Eckert. Ab Januar 1931 erschien die Zeitschrift unter neuem Titel:

Der Religiöse Sozialist

Sonntagsblatt des arbeitenden Volkes. Herausgegeben vom Bund der religiösen Sozialisten Deutschlands. Schriftleitung Pfarrer Erwin Eckert, ab Oktober 1931 Pfarrer Gotthilf Schenkel. Jg. 13 (1931) – Jg. 15 (1933).

Mitteilungen des Bundes religiöser Sozialisten, Köln

Nr. 1 (Januar 1921) – Nr. 9 (September 1921), herausgegeben von Georg Fritze, ab Oktober 1921 unter dem Titel:

Ihr seid Brüder

Religiös-sozialistische Blätter aus dem Rheinland. Herausgegeben vom Bund religiöser Sozialisten im Rheinland. Die Zeitschrift mußte aus finanziellen Gründen ihr Erscheinen einstellen. Ab 1922 arbeiteten die Herausgeber aber an einer in Berlin herausgegebenen Zeitschrift mit:

Der Religiöse Sozialist

Monatsschrift des Bundes religiöser Sozialisten Deutschlands. Jg. 1 (1922) – Jg. 2 (1923). Schriftleitung: Gotthard Jäschke, Geschäftsführer: Bernhard Göring. Ab. Nr. 5 (1922) erschien die Zeitschrift mit dem zusätzlichen Untertitel: Ankündigungsblatt der Vereinigung der Freunde für Religion und Völkerfrieden und ab Nr. 11 (1922) mit dem Untertitel: Monatsblatt des Bundes religiöser Sozialisten Deutschlands und der Vereinigung der Freunde für Religion und Völkerfrieden. Die Zusammenarbeit mit der Vereinigung August Bleiers endete mit Nr. 12 (1922). Im Dezember 1923 teilten die Herausgeber ihren Lesern mit, daß ab Januar 1924 die Zeitschrift am Sonntagsblatt des arbeitenden Volkes mit beteiligt sei. Der Schriftleiter Gotthard Jäschke trat in die Redaktion des Sonntagsblattes ein.

Der Weltfrieden

Zeitschrift der Vereinigung für Religion und Völkerfrieden. Herausgegeben von August Bleier.

Das Rote Blatt der katholischen Sozialisten

Herausgegeben von Heinrich Mertens, Köln, ab 1930 war Otto Bauer (Wien) Mitherausgeber. Jg. 1 (1929) – Jg. 2 (1930). Ab 1930 erschien auch eine Flugblattreihe unter dem Titel: Der katholische Sozialist. Blätter für das Arbeitsvolk in Stadt und Land. Zugleich erschien auch eine Schriftenreihe der katholischen Sozialisten: Nr. 1 Heinrich Mertens, Katholische Sozialisten. Programmatische Aufsätze und ein Brief von Leonhard Ragaz.

Zeitschrift für Religion und Sozialismus

Herausgegeben vom Bund der religiösen Sozialisten Deutschlands. Jg. 1 (1929) – Jg. 5 (1933). Die Zeitschrift war als Theorieorgan des Bundes religiöser Sozialisten gedacht und wurde von Georg Wünsch herausgegeben.

Religiös-sozialistische Zeitschriften mit kritischer Distanz zum Bund der religiösen Sozialisten und seiner Vorläufer

Blätter für religiösen Sozialismus

Jg. 1 (1920) – Jg. 8 (1927). Herausgegeben von Carl Mennicke. Im letzten Heft übte Mennicke scharfe Kritik an Erwin Eckert und an der Praxis der religiösen Sozialisten und kündigte zugleich eine neue Zeitschrift an. Sie erschien erst ab 1930 und ohne Beteiligung von Carl Mennicke unter dem Titel:

Neue Blätter für den Sozialismus

Zeitschrift für geistige und politische Gestaltung. Jg. 1 (1930) – Jg. 4 (1933). Herausgegeben von Eduard Heimann, Fritz Klatt, Paul Tillich. Schriftleiter: August Rathmann. Die Auflage betrug zwischen 3.000 und 5.000 Exemplare. Anfang 1933 stieg die Auflage sogar bis auf 10.000. Die Zeitschrift gab ab 1932 auch eine eigene Schriftenreihe heraus unter dem Titel: Die sozialistische Aktion. Bd. 1: Eduard Heimann, Die sozialistische Wirtschaft und Arbeitsordnung (1932), Bd. 2: Paul Tillich. Die sozialistische Entscheidung (1933). Im Beirat der Zeitschrift waren 1930 u.a. Emil Blum, Emil Lederer, Adolf Löwe, Hendrik de Man, Trude Wetz-Mennicke, Heinrich Mertens, Adolf Reichwein, Hugo Sinzheimer und Wilhelm Sollmann vertreten.

Sozialistische Lebensgestaltung

Jg. 1 (1921) – Jg. 3 (1923). Herausgegeben von Carl Mennicke. Die Zeitschrift wurde als Beiblatt der „Blätter für religiösen Sozialismus" bezeichnet.

Neuwerk

Die Zeitschrift Neuwerk ist unter verschiedenen Titeln und mit verschiedenen Herausgebern vom sogenannten „Neuwerk-Kreis" herausgegeben worden. Die Zeitschrift hießt zuerst

Der christliche Demokrat

Jg. 1 (1919), Wochenblatt für das evangelische Haus, Schriftleitung: Otto Härtel, ab 1920:

Der Christ im Volksstaat

Jg. 1 (1919/20) – Jg. 2 (1920/21), herausgegeben von Gerhard Günther und Otto Herpel. Später nur noch von Eberhard Arnold. Die Zeitschrift erhielt ab 1921/22 den Namen:

Das Neue Werk

Dienst am Werdenden. Jg. 3 (1921/22), herausgegeben von Eberhard Arnold und Heinrich Schultheiß. Ab 1922/23:

Neuwerk

Ein Dienst am Werdenden. Jg. 4 (1922/23) – Jg. 16 (1934/35). Herausgegeben von Eberhard Arnold und Heinrich Schultheiß. 1924/25 waren Hermann Schafft, 1928/29 Emil Blum Herausgeber, ab 1931/32 erschien die Zeitschrift in Verbindung mit Paul Tillich und Günther Dehn

Natur und Liebe

Zeitschrift zur Begründung, Verbreitung und Vertiefung der Religion des Sozialismus. Rostock 1920–1925.

Zeitschriften mit kritisch-wohlwollender Distanz zur religiös-sozialistischer Bewegung

Christliche Welt

Herausgegeben von Martin Rade von 1886 bis 1941. Ein ständiger Mitarbeiter der Zeitschrift war der thüringische religiöse Sozialist Emil Fuchs, der auch bis 1933 an der redaktionellen Arbeit beteiligt war.

Die Eiche

Vierteljahresschrift zur Pflege freundschaftlicher Beziehungen zwischen Großbritannien und Deutschland. Schriftleitung: Friedrich Siegmund-Schultze, Jg. 1 (1913) – Jg. 21 (1933). Ab Jahrgang 1915: Vierteljahresschrift für Freundschaftsarbeit der Kirchen. Ein Organ für soziale und internationale Ethik. Herausgegeben von Friedrich Siegmund-Schultze. Ab Jahrgang 1921: Vierteljahresschrift für soziale und internationale Arbeitsgemeinschaft in Verbindung mit (u.a.) Gottfried Naumann, Alice Salomon, Carl Mennicke. Herausgegeben von Friedrich Siegmund-Schultze.

Volkskirche

Halbmonatsblatt für den Aufbau und Ausbau unserer evangelischen Kirchen. Herausgegeben von Otto Everling. Berlin, Jg. 1 (1919 – Jg. 5 (1923). Seit 1923 erscheint die Zeitschrift mit dem Untertitel: Vereinigt mit „Wartburg".

Monatsblatt der sozialen Arbeitsgemeinschaften evangelischer Männer und Frauen Thüringens

Jg. 1 (1926) – Jg. 8 (1933).

Zwischen den Zeiten

In Gemeinschaft mit Karl Barth, Friedrich Gogarten, Eduard Thurneysen, herausgegeben von Georg Merz. Jg. 1 (1923) – Jg. 11 (1933).

Ausländische religiös-sozialistische Zeitschriften

Neue Wege

Zeitschrift der Schweizer Religiös-Sozialen. Jg. 1 (1906) – 1944. Herausgegeben von Leonhard Ragaz.

Der Menschheitskämpfer

Zeitschrift des Bundes der religiösen Sozialisten Österreichs. Herausgegeben von Otto Bauer.

9. Charakterisierung der religiös-sozialistischen Bewegung

Die Charakterisierung von Funktion und Wirkung der religiös-sozialistischen Bewegung innerhalb der sozialistischen Arbeiterbewegung ist nicht leicht. Die Selbsteinschätzung der meisten religiösen Sozialisten, sich als Teil der sozialistischen Arbeiterbewegung zu verstehen, führte oft zu Erfolgsmeldungen, die der Organisationswirklichkeit nicht entsprachen. Die Urteile von sozialdemokratischen und kommunistischen Freidenkern, die den religiösen Sozialisten in der SPD (und in der KPD) unter Verweis auf deren geringe Zahl nur eine bedeutungslose Randexistenz in den Arbeiterorganisationen zuschrieben, waren nicht minder parteiisch geprägt. Die Vielzahl der Gruppen, die sich der religiös-sozialistischen Bewegung auch zugehörig fühlten und die großen Probleme, die die religiösen Sozialisten selbst hatten, einen Begriff des religiösen Sozialismus zu formulieren, vergrößern die Schwierigkeiten.

Dennoch kann festgehalten werden: Der „Bund der religiösen Sozialisten Deutschlands" war zwar stets nur ein Teil der religiös-sozialistischen Bewegung während der Weimarer Republik, aber er war – von den Mitgliedern und von der politischen Praxis her gesehen – die wichtigste Organisation dieser Bewegung. Der BRSD war dennoch nur ein „Dachverband" von einigen regionalen „Zentren", die im programmatischen Selbstverständnis und in der organisatorischen Stärke sehr verschieden waren.

Im BRSD organisierten sich meistens Protestanten, aber auch Katholiken und Juden, die sich nicht nur sozialistischen Ideen verpflichtet fühlten – und mit ihnen die bestehenden Kirchen verändern wollten –, sondern die in den Organisationen der sozialistischen Arbeiterbewegung auch aktiv und gleichberechtigt mitarbeiten wollten: die große Mehrheit in der SPD, einige aber auch in der KPD. Auf beide Parteien wollte der BRSD verändernd einwirken, was bei der SPD nur wenig, in der KPD überhaupt nicht gelang. In der SPD aber erhielten religiöse Sozialisten einen – nicht unbestritten bleibenden – Platz zur Mitarbeit, den sie selbstbewußt auch zur Diskussion über eine „Vertiefung" der sozialdemokratischen Ideen vom Sozialismus nutzten.

Der BRSD war kein kleiner Kreis sozialistisch gesinnter Pfarrer und Theologen, die Mitglieder waren vor allem religiös gebundene und – nicht immer – auch kirchentreue Arbeiter und Angestellte, die – regional in unterschiedlich großem Maße – ohne die Vermittlung des BRSD nie den Weg in die SPD gefunden hätten.

Mit guten Gründen kann der BRSD deshalb eine sozialdemokratische „Vorfeldorganisation der besonderen Art" genannt werden. Die „besondere Art" zeigte sich bereits in der Tatsache, daß der BRSD sicher keine sozialdemokratische „Milieuorganisation" war, die die Parteimitglieder „von der Wiege bis zur Bahre" begleitete. Die soziale Struktur der führenden Personen des BRSD unterschied sich darüber hinaus völlig von der anderer sozialdemokratischer Nebenorganisationen: Die Wortführer und Funktionsträger waren in der Regel Pastoren und Lehrer, die mit ihrem religiös-sozialistischen Selbstverständnis sonst kaum in anderen sozialdemokratischen Nebenorganisationen zu finden waren.

Dennoch kann dem BRSD nicht die Funktion zugeschrieben werden, der SPD bereits vor 1933 die – gewollte – Möglichkeit erleichtert zu haben, sich zu „neuen Mittelschichten" zu öffnen. Schon gar nicht kann die Rede davon sein, daß der BRSD vielleicht sogar Instrument eines „rechten" Flügels der Partei gewesen wäre, der eine solche Öffnung mit Hilfe des BRSD planvoll vorbereitet hätte, um den „proletarischen" Charakter der SPD zu verändern.

Die wenigen religiös-sozialistischen Pfarrer und auch die wenigen religiös-sozialistischen Lehrerinnen und Lehrer spielten sicher eine – schwer meßbare – Rolle, um das Verständnis in diesen „nichtproletarischen" Schichten für die sozialistische Arbeiterbewegung etwas zu verändern. Aber bemerkenswerte – gar zählbare – „Einbrüche" in diese Schichten konnten die Existenz und die praktische Arbeit der religiösen Sozialisten nicht bewirken.

Das Selbstbewußtsein der religiösen Sozialisten, für die Sozialdemokratie eine nützliche „Vorfeldarbeit" zu leisten, speiste sich vor allem aus der Erfahrung, in (süd- und mitteldeutschen) ländlich-kleinstädtischen Gemeinden sozialdemokratische Ideen nicht nur erfolgreich zu propagieren, sondern auch – teilweise erstmals – organisatorische Strukturen für die SPD zu schaffen oder zumindest zu verstärken. Die religiös-sozialistische Bewegung war deshalb gerade nicht der Versuch, in einer Art „Vorlauf" bereits vor 1933 das Konzept einer „Volkspartei" in kleinem Maßstab zu verwirklichen. Die Wirkung als sozialdemokratische Vorfeldorganisation „beschränkte" sich auf den Versuch, auch noch andere Schichten der Arbeiterklasse für die sozialistische Arbeiterbewegung zu entdecken: Die religiös gebundenen, kirchentreuen Arbeiter und Angestellten, die sich auch nach 1918 von der SPD kaum angesprochen fühlten.

Lob und Tadel für die religiös-sozialistische Bewegung während der Weimarer Republik mußten eher davon ausgehen, inwieweit sie dieser – auch selbst gewollten – Funktionszuschreibung gerecht wurde – und gerecht werden konnte. Dem kritischen Betrachter der politischen Praxis des BRSD erschließt sich schnell, daß hier zwischen Anspruch und Wirklichkeit eine große Kluft zu erkennen ist. Die kirchenpolitischen Aktivitäten der religiösen Sozialisten blieben in allen Landeskirchen – trotz unterschiedlich großen Wähleranhangs – ohne Erfolg, und der Einfluß der religiösen Sozialisten in der Sozialdemokratie (von der KPD gar nicht zu reden) war auch Ende der zwanziger Jahre sehr gering.

Aber das programmatische Selbstverständnis und die organisatorische Praxis des BRSD wiesen dennoch einige Besonderheiten auf, die – nicht nur für die Zeit der Weimarer Republik – von beispielhafter Bedeutung waren.

1. Der BRSD war „interkonfessionell". Die meisten Mitglieder waren zwar Protestanten – und die kirchenpolitischen Aktivitäten zielten deshalb vor allem auf eine Veränderung der evangelischen Landeskirchen –, aber im „Bund" arbeiteten auch Katholiken mit: Engstirniger Konfessionalismus hatte deshalb im BRSD keinen Platz.

2. Der BRSD war „interreligiös". Die meisten Mitglieder waren Christen, aber mit im „Bunde" waren auch Juden: Völkischer Nationalismus und Antisemitismus

wurden deshalb nicht nur von allen religiösen Sozialisten abgelehnt, sondern auch mutig bekämpft.

3. Der BRSD war „interfraktionell". Die meisten Mitglieder waren Sozialdemokraten, aber, wenn auch nur wenige, Kommunisten waren auch im „Bunde" zu finden: Alle religiösen Sozialisten beklagten deshalb den „Grabenkrieg" zwischen den „feindlichen Brüdern" und wollten zwischen beiden „Fraktionen" der Arbeiterbewegung vermitteln.

Diese dreifache Charakterisierung bedeutete in keinem Falle, daß bestehende Unterschiede nicht gesehen wurden oder Differenzen nicht kontrovers diskutiert wurden. Die Art und Weise der Auseinandersetzung aber setzte Maßstäbe für einen Stil der politischen Diskussion, der in der sozialistischen Arbeiterbewegung jeglicher Provenienz nur selten zu finden war. Aber der Versuch der religiösen Sozialisten, einer politischen Kommunikation zwischen sonst so verschieden bleibenden gesellschaftlichen Kräften den Weg zu bereiten, war nicht nur wegen des „brüderlichen" Umgangs miteinander von Bedeutung. Dieser Versuch, zwischen gesellschaftlichen Gruppen, die sich „traditionell mit Unverständnis, Mißtrauen oder sogar Feindschaft begegneten", zu vermitteln, besaß eine „Fernwirkung", die – trotz des Scheiterns während der Weimarer Republik – nicht geringgeschätzt werden darf.[706]

Die konservative Orientierung von Pfarrern und ihren Kirchen war nach 1945 noch weit verbreitet, aber sie blieb nicht mehr die Regel: Die „Kirchen von unten" in der katholischen und evangelischen Kirche waren nicht zuletzt durch die Erinnerung an die religiösen Sozialisten der Weimarer Republik möglich geworden.

Die Berührungsangst zwischen Kirchen und Sozialdemokratie war auch nach 1945 noch sehr groß, aber die Kluft war – schon vor 1959 – kleiner geworden: Die „Wiedergründung" der SPD auf dem Gebiet der früheren DDR 1989 unter großer Beteiligung von Pfarrern belegt nachdrücklich den Wandel im Verhältnis zwischen Kirchen und Sozialdemokratie.

Als Otto Braun in seinem Grußwort an die katholischen Sozialisten im Jahre 1929 das Recht der religiösen Sozialisten auf Mitarbeit in der SPD betonte, weil „der Glaube an eine sozialistische Neuordnung der menschlichen Gesellschaft [...] sowohl mit einer religiösen wie mit einer freidenkerischen Weltanschauung vereinbar" ist, sprach er eine Konkurrenz der verschiedenen Begründungen für eine sozialistische Programmatik an, die auszuhalten die Weimarer Sozialdemokratie nur in Ansätzen fähig war.[707]

Die religiös-sozialistische Bewegung der Weimarer Republik – nicht zuletzt der „Bund der religiösen Sozialisten Deutschlands" – hat mit dazu beigetragen, daß der Wille dazu nach 1945 größer geworden ist.

Auch wenn die pathetische Prophezeiung von Leonhard Ragaz, daß die religiös-sozialistische Bewegung nach dem Ende des zweiten Weltkrieges „gewaltig aufstehen" wird, sich als großer Irrtum erwies, seinem Urteil: „[...] aber umsonst ist sie nicht gewesen", ist dennoch zuzustimmen.[708]

---

706 Vgl. *Eckehard Lorenz*, a.a.O., S. 199.
707 *Otto Braun*, zit. n. Das Rote Blatt 1, 1929.
708 Vgl. *Leonhard Ragaz*, Mein Weg, Bd. 2, a.a.O, S. 224.

10. Quellen und Literatur

Die wichtigste Quelle für die Geschichte der religiös-sozialistischen Bewegung in der Weimarer Republik ist eine Fülle von Zeitungen und Zeitschriften, die von den verschiedenen religiös-sozialistischen Gruppen herausgegeben wurden. Sie erschienen besonders in den ersten Jahren nach 1918 oft nur kurze Zeit und sind heute meist nur sehr verstreut zugänglich. Die größte Kontinuität über den gesamten Zeitraum der Weimarer Republik wies das „Sonntagsblatt des arbeitenden Volkes" auf. Die genaue Durchsicht des „Sonntagsblattes" erlaubt es, auch die regionale Entwicklung des „Bundes der religiösen Sozialisten" genauer nachzuzeichnen.[709]

Einige der schreibgewohnten führenden Personen der religiös-sozialistischen Bewegung haben neben einer Vielzahl von Aufsätzen und Büchern auch autobiographische Zeugnisse hinterlassen, die, wie die Erinnerungen von Emil Fuchs, Günther Dehn und Leonhard Ragaz belegen, auch eine Fülle von Details zur organisatorischen Entwicklung und zu den innerorganisatorischen Kontroversen enthalten.[710]

Die Geschichtsschreibung über die religiös-sozialistische Bewegung gilt als ein wenig beackertes Feld, obwohl bereits 1926 eine Darstellung über die Anfänge der religiös-sozialistischen Bewegung von Gerda Soecknick erschien und bald nach dem Ende des zweiten Weltkrieges Ernst-August Suck eine bei Wolfgang Abendroth und Georg Wünsch 1953 in Marburg gefertigte Dissertation vorlegte.[711]

Der Eindruck, daß zum Thema „religiöser Sozialismus" nur wenig Literatur zu finden sei, ist nicht zuletzt deshalb entstanden, weil in Darstellungen zur Kirchengeschichte und zur Geschichte der Arbeiterbewegung die religiös-sozialistische Bewegung meist nur am Rande behandelt, im Detail und in der politischen Einordnung oft falsch gesehen und in ihrer Bedeutung unterschätzt wurde.[712]

Aber selbst zu einigen kleineren religiös-sozialistischen Gruppierungen und auch zum Umfeld der religiös-sozialistischen Bewegung existieren umfassende Darstellungen, so zum Neuwerk-Kreis die Dissertation von Antje Vollmer und zu den Schweizer Religiös-Sozialen die Arbeiten von Markus Mattmüller.[713]

Seit den siebziger Jahren ist darüber hinaus eine Fülle von Darstellungen erschienen, meist freilich Examensarbeiten, Diplomarbeiten und Dissertationen, die sich mit der – im engeren Sinne – religiös-sozialistischen Bewegung befassen, den „Bund der religiösen Sozialisten" als Organisation untersuchen oder Aspekte seiner Programmatik und politischen Praxis analysieren. Die Autoren sind meist Theologen und oft

---

709 Zu den Zeitungen und Zeitschriften vgl. die Darstellungen der religiös-sozialistischen Presse im Kapitel 8. Eine umfangreiche Sammlung von Kopien religiös-sozialistischer Zeitschriften ist – zusammen mit anderen Materialien – im Ragaz-Institut Darmstadt zu finden.

710 Vgl. u.a. *Günther Dehn*, Die alte Zeit. Die vorigen Jahre. Lebenserinnerungen, München 1963; *Emil Fuchs*, Mein Leben, 2 Bände, Leipzig 1959; *Leonhard Ragaz*, Mein Weg, 2 Bände, Zürich 1952.

711 Vgl. *Gerda Soecknick*, Religiöser Sozialismus der neueren Zeit, Jena 1926 und: *Ernst-August Suck*, Der religiöse Sozialismus in der Weimarer Republi, Marburg 1953 (Diss. phil. MS).

712 So gilt zum Beispiel nicht selten der „Berliner Kreis" um Paul Tillich als *die* religiös-sozialistische Bewegung der Weimarer Republik, vgl. dazu die Darstellung des „Berliner Kreises" im Kapitel 6.

713 Vgl. *Antje Vollmer*, Die Neuwerk-Bewegung 1919-1935, Berlin 1973 (Diss. phil. MS); *Markus Mattmüller*, Leonhard Ragaz und der religiöse Sozialismus, 2 Bände, Basel/Stuttgart 1957/1968.

auch – in der Bundesrepublik – in wiederbelebten kleinen religiös-sozialistischen Gruppen aktiv. So verdienstvoll es war, die religiös-sozialistische Bewegung der Vergessenheit zu entreißen, viele Autoren neigten dazu, aufgrund ihres eigenen politischen Vorverständnisses bestimmte Entwicklungslinien zu sehr zu betonen und andere wenig zu beachten. In diesem Zusammenhang gehört vor allem die – von der verarbeiteten Materialfülle als Pionierarbeit anzusehende – Darstellung von Friedrich-Wilhelm Balzer aus dem Jahre 1973. Balzer überschätzt nicht nur die Bedeutung der Person von Erwin Eckert, sondern er beschreibt auch die Entwicklung des BRSD in Programmatik und Organisation sehr einseitig. Vor anderem „ideologischen" Hintergrund kam auch Renate Breipohl schon 1971 zu sehr pauschalen Urteilen über den Charakter der religiös-sozialistischen Bewegung.[714]

Das gilt noch mehr für eine Vielzahl von Darstellungen, die in der DDR zum Thema geschrieben wurden. Die Autoren waren auch meist Theologen. Sie hatten zusätzlich das Problem, ihre Untersuchungen in die „Etappen" der DDR-Geschichtsschreibung einpassen zu müssen. Noch 1983 erschien ein lexikalischer Beitrag über den „Bund der religiösen Sozialisten" in dem von Dieter Fricke herausgegebenen „Lexikon zur Parteiengeschichte", das den „bürgerlichen und kleinbürgerlichen Parteien und Organisationen" gewidmet war.[715]

Auf diese Zwänge, die in der DDR auch die Geschichtsschreibung über die religiös-sozialistische Bewegung belasteten, hat jetzt jüngst Michael Rudloff aus Leipzig hingewiesen, der im Zusammenhang mit anderen „Weltanschauungsorganisationen" der Weimarer Republik auch die religiös-sozialistische Bewegung abgehandelt hat.[716]

Dennoch enthalten alle diese Darstellungen eine Fülle von Informationen, nicht zuletzt auch zur regionalen Entwicklung der religiös-sozialistischen Bewegung, so etwa die Untersuchungen von Reinhard Creutzburg über Thüringen und von Karlheinz Lipp über die Pfalz.[717]

Trotz dieser in den letzten Jahren erstaunlich zahlreichen Veröffentlichungen zur Geschichte der religiös-sozialistischen Bewegung mangelt es weiter an Darstellungen, die den „Bund der religiösen Sozialisten Deutschlands" nicht nur im Zusammenhang mit der religiös-sozialistischen Bewegung charakterisieren, sondern auch als Teil der sozialistischen Arbeiterbewegung untersuchen und würdigen.

Das breite Spektrum religiös-sozialistischen Denkens ist zwar schon 1976 – freilich ohne deutliche Differenzierung – in der Reihe „Dokumente der Weltrevolution"

---

714 Vgl. *Friedrich-Wilhelm Balzer*, Klassengegensätze in der Kirche. Erwin Eckert und der Bund der religiösen Sozialisten Deutschlands, Köln 1973, zu zahlreichen einseitigen Wertungen Balzers vgl. weiter oben im Text. Vgl. auch *Renate Breipohl*, Religiöser Sozialismus und bürgerliches Geschichtsbewußtsein zur Zeit der Weimarer Republik, Zürich 1971.

715 Vgl. *Konrad Breitenborn*, Bund der religiösen Sozialisten Deutschlands, in: Lexikon zur Parteiengeschichte, hrsg. von Dieter Fricke u.a., Bd. 1, Leipzig 1983.

716 *Michael Rudloff*, Weltanschauungsorganisationen innerhalb der Arbeiterbewegung der Weimarer Republik, Frankfurt a.M./u.a. 1991.

717 Vgl. *Reinhard Creutzburg*, Zur Entwicklung der religiös-sozialistischen Bewegung in Thüringen 1918-1933, Halle/Wittenberg 1979 (MS); *Karlheinz Lipp*, Der religiöse Sozialismus in der Pfalz 1922-1933, Mainz 1982 (MS).

von Arnold Pfeiffer vorgestellt worden, eine Organisationsmonographie zum „Bund der religiösen Sozialisten Deutschlands" mit dieser Fragestellung aber fehlt bislang. Einen informativen, wenn auch sehr knappen Überblick bietet lediglich Johannes Kandel mit seiner kurzen Skizze zum religiösen Sozialismus in dem „Lern- und Arbeitsbuch deutsche Arbeiterbewegung".[718]

---

718 Vgl. Religiöse Sozialisten (= Dokumente der Weltrevolution, Bd. 6), hrsg. v. Arnold Pfeiffer, Olten 1976; *Johannes Kandel*, Theorien der Arbeiterbewegung – Religiöser Sozialismus, in: Lern- und Arbeitsbuch deutsche Arbeiterbewegung. Darstellung, Chronik und Dokumente, Bd. 2, hrsg. v. Thomas Meyer u.a., Bonn 1984.

Der Bund der freien Schulgesellschaften
von Franz Walter

1. Überblick

Der „Bund der freien Schulgesellschaften" wurde am 16. Oktober 1920 in Elberfeld gegründet. Er war zunächst ein konföderativer Zusammenschluß von lokalen Elternvereinigungen, die sich seit dem Frühjahr/Sommer 1920 für die Etablierung konfessionsfreier Schulen einsetzten. Dabei standen ihnen allerdings von Beginn an erhebliche verfassungsrechtliche Hindernisse und politische Hürden im Weg. Die Verfassungsberatungen in Weimar hatten in den schulpolitischen Fragen mit einem Kompromiß geendet. In der Koalition zwischen SPD, DDP und dem Zentrum war die Verweltlichung des gesamten Schul- und Erziehungswesens, wie sie die Sozialdemokraten traditionell anstrebten, nicht durchzusetzen. Die drei Parteien einigten sich schließlich darauf, die Simultanschule (Gemeinschaftsschule) zur Regelschule zu erklären. Dort war der Religionsunterricht Pflichtfach; Lehrer und Schüler durften sich jedoch davon auf Antrag dispensieren. Während die Simultanschule den Wunschvorstellungen der Demokraten am nächsten kam, mußten das Zentrum und die SPD zurückstecken: die vom Zentrum verlangte Konfessionsschule sowie die von der SPD postulierte weltliche Schule konnten nur gleichsam als weltanschauliche Antrags- und Sonderschulen auf Wunsch einer ausreichenden Zahl von Eltern eingerichtet werden. Vollends ins Hintertreffen geriet die weltliche Schule in der weiteren politischen Realität allerdings durch einen zusätzlichen Verfassungsartikel, den sogenannten Sperrparagraphen, der bestimmte, daß die überlieferten Schulverhältnisse in den Ländern bis zur Verabschiedung eines Reichsschulgesetzes durch den Reichstag nicht angetastet und verändert werden dürften. Ein solches Reichsschulgesetz kam in der Weimarer Republik, trotz mehrerer Anläufe, nicht zustande. So blieb etwa in Preußen die Volksschule von Gesetz wegen auch in der Weimarer Republik das, was sie bereits im Kaiserreich war: grundsätzlich Bekenntnisschule.

Preußen wurde daher zum Geburtsland der freien Schulgesellschaften und zur Arena erbittert geführter kulturpolitischer Kämpfe um das Schulwesen. Die Schauplätze dieser Konflikte lagen anfangs besonders im Westen des Landes, im Rhein-/Ruhrgebiet, wo eine insgesamt minoritäre sozialistische Arbeiterbewegung auf eine tief in der Bevölkerung verwurzelte katholische Kirche traf. In dieser Region schlossen sich sozialistisch und freidenkerisch orientierte Eltern zusammen, meldeten ihre Kinder vom Religionsunterricht ab und verlangten, unter Berufung auf die Verfassung, die Einrichtung besonderer weltlicher Schulen. Diese Forderung stieß allerdings auf den Widerstand der Kirchen, der Rechtsparteien und der überwiegend konservativ dominierten Schuldeputationen und Bezirksregierungen, die dabei ebenfalls – und zweifelsohne mit größerem Recht – auf die Verfassung, genauer: den Sperrparagraphen, verwiesen. Am Ende der jeweils lokal ausgetragenen Konfrontationen zwischen den beiden weltanschaulichen Gruppierungen stand in der Regel der Schulstreik, zu dem die weltlichen Eltern aufriefen, um die konfessionsfreie Schule zu erzwingen. In dieser hochemotionalisierten Atmosphäre versuchte das preußische Kultusministerium einen pragmatischen Ausweg aus dem von der Verfassung verursachten Dilemma zu finden, um die kulturkämpferische Erregung in den Städten an Rhein und Ruhr allmählich abzubauen. Das Ministerium schuf auf dem Verordnungswege die Möglichkeit, die Kinder weltlich gesinnter Eltern in sogenannten „Sammelklassen für die vom Religionsunterricht befreiten Kinder" zusammenzufassen. Obwohl die Regierung diese Klassen auf keine rechtlich abgesicherte Grundlage stellen konnte und obschon sie die Bezeichnung „weltliche Schule" sorgsam vermied, entwickelten sich die Sammelklassen in den kommenden Jahren faktisch zu gesonderten Schulzügen, denen ihre Befürworter und Unterstützer den Namen „freie" bzw. „weltliche Schulen" gaben. Aber auch in Zukunft mußte besonders in katholischen Hochburgen um jede Sammelklasse und -schule hart gerungen werden; ohne wochen-, gar monatelange Unterrichtsboykotte ging es in den seltensten Fällen ab.

Um diese Aktionen besser koordinieren und die neuen konfessionsfreien Sammelschulen auf eine feste, auch pädagogisch begründete Grundlage stellen zu können, taten sich die verschiedenen örtlichen „freien Elternvereinigungen" auf Initiative des Elberfelder Lehrers Fritz Rübenstrunk Mitte Oktober 1920 zum „Bund der freien Schulgesellschaften" zusammen. Nach Elberfeld legten die Delegierten der konstituierenden Versammlung auch die Zentrale und Geschäftsstelle des neuen „Bundes"; zum 1. Vorsitzenden wählten sie den Organisator des Unternehmens, Rübenstrunk. In den ersten Jahren hofften die Mitglieder des „Bundes" allen verfassungspolitischen Widrigkeiten zum Trotze noch auf die Verweltlichung des gesamten Erziehungswesens; sie wollten sich nicht mit dem Zugeständnis einiger weltlicher Sammelschulen begnügen, sondern strebten die alle Volksschüler umfassende republikanische und weltliche Einheitsschule an. Diese Schule sollte sich im Unterschied zur übergreifenden Konfessionsschule durch weltanschauliche Neutralität, durch unbedingte Glaubens- und Gewissensfreiheit, durch Toleranz und Duldsamkeit auszeichnen. Obwohl die Mehrheit der Mitglieder im „Bund der freien Schulgesellschaften" den proletarischen Linksparteien nahestand und mit der Freidenkerbewegung sympathisierte, grenzte sie sich gleichwohl vehement von freidenkerischen Einseitigkeiten und sozialistischen Dogmen im Unterricht der weltlichen Schule ab. Nur eine kleine Minderheit um den Remscheider Lehrer und kommunistischen Lebensreformer Johannes Resch trat für die Umwandlung der Sammelschulen in proletarisch-sozialistische Gemeinschaftsschulen ein.

Trotz dieser breiten Mehrheitsüberzeugung konnte sich der „Bund der freien Schulgesellschaften" in den ersten eineinhalb Jahren seines Bestehens nicht festigen und zu einer schlagkräftigen Organisation heranwachsen. Im Gegenteil, persönliche Intrigen und Rivalitäten, organisationspolitische Differenzen und lokalpatriotischer Eigensinn lähmten den „Bund" und trieben ihn an den Rand des Ruins. Besonders verheerend wirkte sich die bald haßerfüllte Gegnerschaft zwischen der Elberfelder Bundesleitung und der Führung des Bezirks Arnsberg, des größten Bezirksverbands innerhalb des „Bundes" und Eigentümers der Zeitschrift „Die freie Schule", aus. Die taktischen Winkelzüge von Fritz Rübenstrunk veranlaßten den Bezirk Arnsberg schließlich, Anfang November 1922 aus dem „Bund" auszutreten. Wenige Wochen später nutzte die linke Minderheit um Resch die allgemeine Verwirrung, um auf einem von der Bundesführung willkürlich nach Hagen einberufenen und nicht-repräsentativ zusammengesetzten Bundestag die „proletarische Einheitsschule" als Losung des „Bundes" auszugeben.

Diese linksputschistische Aktion bedeutete den Tod des bisherigen „Bundes", denn die Mehrheit der Bundesmitglieder hielt nach wie vor an der weltlich-neutralen Staatsschule fest und reagierte aufgescheucht und empört auf die Hagener Vorgänge. Die alte Bundesführung kehrte der weltlichen Schulbewegung den Rücken; ihre Gegner aus dem Bezirk Arnsberg legten auf Wunsch zahlreicher Ortsgruppen und einiger Bezirksverbände im Frühjahr 1923 die Fundamente für eine Reorganisation der freien Schulgesellschaften. Am 9./10. Juni 1923 wurde der „Bund der freien Schulgesellschaften" in Hannover neu gegründet. Den künftigen Sitz des Bundesvorstandes und der Redaktion der Bundeszeitschrift legten die Versammlungsteilnehmer nach Magdeburg; beide Organe sollten nicht noch einmal in die inneren Querelen der westlichen Bezirke verwickelt werden.

Doch auch nach der Hannoveraner Reorganisation kam die weltliche Schulbewegung noch nicht zur Ruhe; denn nun verstärkten sich die inhaltlichen Kontroversen. Die Sympathisanten einer proletarisch-sozialistischen Richtungsschule gewannen im „Bund" immer mehr an Boden. Auf dem Bundestag in Dresden Anfang Oktober 1924 konnten ihre Verstöße von den Befürwortern einer weltanschaulich offenen Staatsschule nur noch mit Mühe abgewehrt werden. Seit Anfang 1925 geriet die frühere Majorität, die noch immer den Bundesvorstand stellte, zunehmend in die Defensive. Die linkssozialistisch-linkssozialdemokratische Opposition bereitete durch aufsehenerregende „Pädagogische Tagungen" systematisch den Kurswechsel in der weltlichen Schulbewegung vor. Die Hochburgen der Linken lagen im Bezirk Niederrhein, ihr Ideologe war der linke Austromarxist Max Adler, der in mehreren Referaten auf Versammlungen der freien Schulgesellschaften den Gedanken der „neutralen Erziehung" polemisch attackierte und für eine obligatorische Verwendung der marxistischen Soziologie im Unterricht der weltlichen Schulen eintrat.

Auf dem Bundestag in Dortmund im Oktober 1925 konnte sich die Linke beinahe problem- und widerstandslos durchsetzen. Nach Referaten von Adler und dem linken Sozialdemokraten Kurt Löwenstein, dem Vorsitzenden der „Arbeitsgemeinschaft sozialdemokratischer Lehrer", stellten die Delegierten die freien Schulgesellschaften auf den proletarisch-sozialistischen Standpunkt. Die bis dahin vom Selbstverständnis her plurale und offene Bewegung für die weltliche Schule wandelte sich zu einer sozial exklusiven und normativ einseitig festgelegten Weltanschauungsorganisation zur Förderung sozialistischer Erziehungsstätten. Der Dortmunder Bundestag bedeutete eine entscheidende Zäsur für die Geschichte der weltlichen Schulbewegung in der Weimarer Republik. Die Aktivisten aus der Frühzeit der freien Schulgesellschaften verließen den „Bund"; die neue Generation der Linkssozialisten hingegen trieb einen regelrechten Kult um die Dortmunder Beschlüsse, kanonisierte und dogmatisierte sie schließlich. „Dortmund" wurde in den nächsten Jahren gleichsam ein Mythos der weltlichen Schulbewegung, ähnlich wie „Weimar" für die Sozialistische Arbeiterjugend und „Hofgeismar" oder „Jena" für die Jungsozialisten – nicht nur darin zeigten sich die Affinitäten des „Bundes" zur Jugendbewegung.

Immerhin leitete die Dortmunder Wende eine Zeit der Konsolidierung für die weltliche Schulbewegung ein. Die Jahre 1925–1929 gehörten zu den ruhigsten und innerorganisatorisch erfolgreichsten der Bundesgeschichte. Die Zahl der Mitglieder stieg in dieser Phase von 49.000 auf 60.000; 4% davon waren Lehrer. In einigen Regionen, so etwa in Braunschweig, Berlin, Brandenburg, Thüringen, entstanden neue Bezirksverbände.

1926 gründete der „Bund" einen eigenen Buchverlag; 1927 zogen Redaktion und Bundesleitung nach Berlin, um in die Nähe der wichtigsten Zentralen der Arbeiterorganisationen zu kommen; seit 1928 gab der Vorstand neben dem Mitgliederorgan noch eine monatlich erscheinende erziehungswissenschaftliche Zeitschrift mit dem Titel „Der Aufbau" heraus. Trotz leichter Zentralisierungstendenzen blieb der „Bund" aber alles in allem eine eher konföderativ aufgebaute Organisation; die Autonomie der Ortsvereine war außergewöhnlich groß und der Einfluß der Bezirksvorsitzenden gewiß nicht kleiner als der von Bundesvorstandsmitgliedern.

Der „Bund" fügte sich in diesen Jahren vollständig in das Netzwerk der sozialistischen Arbeiterkultur ein. Dies zementierte allerdings auch die Ghettoisierung der weltlichen Schulbewegung innerhalb des begrenzten Milieus bewußt freidenkerisch und sozialistisch-klassenkämpferisch ausgerichteter Facharbeiterfamilien. 1929, auf dem Höhepunkt in der Geschichte des „Bundes", besuchten nicht mehr als 96.000 Kinder die weltlichen Sammelschulen; über 99% der Eltern und Schulkinder im Reich standen mithin der weltlichen Schulbewegung fern. Einen tiefgreifenden Einbruch in das herkömmliche Volksschulwesen gelang dem „Bund" nur in zwei Hochburgen der sozialdemokratischen Arbeiterbewegung, in Magdeburg und Braunschweig, wo immerhin 25% bzw. 30% der Volksschulkinder an weltlichen Schulen gemeldet waren.

Die Praxis an den weltlichen Schulen und bei den Zusammenkünften der freien Schulgesellschaften lag gewissermaßen im Schnittpunkt von Reformpädagogik, Jugend- und Arbeiterbewegung. Die Prügelstrafe war bei den überdurchschnittlich jungen Lehrern an den weltlichen Schulen weitgehend geächtet; Projektunterricht und Arbeitsgemeinschaften, Fahrten und Wanderungen, Theaterproben und Musik bildeten grundlegende Bestandteile der Erziehung an den Sammelschulen. Als wesentlich galt auch die enge Kooperation zwischen Schule und proletarischer Elternschaft. In Selbsthilfe schufen in der Hauptsache die Arbeitereltern drei dann bundeseigene Landschulheime, die man als naturnahe Stätten einer Lebens-, Kultur- und Arbeitsgemeinschaft der weltlichen Schüler und Lehrer betrachtete. Als Medien der inneren Identitätsstiftung und Foren der Selbstdarstellung nach außen dienten die zahlreichen Feste und Feiern, die die freien Schulgesellschaften veranstalteten; hier wurden sportliche und musische Vorführungen geboten, Hans-Sachs-Stücke gezeigt, proletarische Sprechchöre deklamiert und Reigen getanzt.

Gegenüber den beiden proletarischen Linksparteien, SPD und KPD, stellte der „Bund" bis in die späten 20er Jahre offiziell stets seine Neutralität und Überparteilichkeit heraus. In der Realität aber war das Verhältnis zu den Kommunisten denkbar kühl, die Zusammenarbeit mit den Sozialdemokraten dagegen ausgesprochen eng und spätestens seit 1927 über weite Strecken harmonisch. Besonders dichte Beziehungen hatte der „Bund" zu der „Arbeitsgemeinschaft sozialdemokratischer Lehrer" geknüpft. Beide Organisationen vertraten seit 1925 im Grunde identische Ziele; sie waren personell eng miteinander verflochten und stimmten ihre Aktionen und Handlungsschritte in gemeinsamen Treffen aufeinander ab. Die sozialdemokratische Parteiorganisation unterstützte die weltliche Schulbewegung seit dem Kieler Parteitag 1927. Ein Jahr zuvor hatte der Parteivorstand noch eine eher distanzierende Erklärung zu den weltlichen Schulen herausgegeben, die der Parteitag indessen auf Druck aus dem mittleren Funktionärskörper und der sozialdemokratischen Lehrerschaft revidierte und in der Tendenz umkehrte.

Bei der Kommunistischen Partei stießen die Ziele und Aktivitäten des „Bundes der freien Schulgesellschaften" hingegen auf Ablehnung. Die KPD kritisierte die weltlichen Sammelschulen als reformistische „Isolierschulen" und bezeichnete sie als Hindernisse auf dem Weg zur umfassenden Verweltlichung des Schul- und Erziehungswesens. Bis 1928 allerdings mußte die KPD-Zentrale ihre Kampagne gegen die weltlichen Schulen immer wieder mäßigen, da eine Reihe kommunistischer Eltern, besonders im Westen des Reiches, sich nicht an die Weisungen der Parteispitze hielten und beim Auf- und Ausbau der „freien Schulen" mitwirkten. Seit der ultralinken Wende 1929 aber ließ sich die KPD davon nicht mehr beeindrucken und bekämpfte den „Bund der freien Schulgesellschaften", den sie fortan als „sozialfaschistisch" etikettierte, ohne Rücksicht auf Verluste.

Bei der Suche nach einer gewerkschaftlichen Interessenorganisation für die weltlichen Lehrer fiel die Wahl des „Bundes" nach der Linkswende 1925 auf die „Gewerkschaft Deutscher Volkslehrer", die sich 1929 in „Allgemeine Freie Lehrergewerkschaft Deutschlands" umbenannte. Eine Beteiligung am Deutschen Lehrerverein, dem traditionellen Verband der deutschen Volksschullehrer, der weit über 100.000 Mitglieder umfaßte, kam für die Majorität der Linkssozialdemokraten und Linkssozialisten nicht in Frage; sie hielten ihn für ständisch und liberal, überdies für einen Gegner der weltlichen Sammelschulen. Demgegenüber vertrat die „Gewerkschaft Deutscher Volkslehrer" aus der Perspektive der Verantwortlichen im „Bund" die richtige Linie, auch wenn diese sie Mitglieder und Einfluß gekostet hatte. Die Gewerkschaft hatte in den frühen 20er Jahren als weltanschaulich neutrale Interessenorganisation besonders der Junglehrer begonnen und anfänglich immerhin rund 10.000 Mitglieder gezählt. Dann aber wandelte sie sich nach langen und ruinös geführten inneren Auseinandersetzungen zu einer dogmatisch linkssozialistischen Richtungsorganisation für die weltliche Schule. Das fand das Wohlgefallen des „Bundes der freien Schulgesellschaften", aber nicht die Zustimmung der ursprünglichen Mitglieder: bis 1929 hatte die Gewerkschaft 9/10 der Mitglieder verloren; ihr gehörten nur noch 1.000 Lehrer an, allesamt überzeugte Marxisten und Freidenker, Aktivisten zumeist in der weltlichen Schulbewegung.

Genau diese Gruppe, um ideologische Reinheit bemüht, sich als Avantgarde und revolutionärer Vortrupp der Arbeiterklasse begreifend, gab seit 1925 von Jahr zu Jahr mehr den Ton im „Bund der freien Schulgesellschaften" an. Das ursprüngliche Ziel einer republikanisch-weltlichen Einheitsschule hatte diese radikal-linkssozialistische Fraktion längst aufgegeben. Sie mokierte sich gar über eine solche in die „Breite gehende Verweltlichung", schottete sich ganz in der Exklave der freidenkerisch-sozialistischen Weltanschauungsschulen ab und hoffte im übrigen auf die erlösende Kraft der proletarischen Revolution und Diktatur, für die man tüchtige Kämpfer heranzuziehen sich bemühte. Nur vereinzelt wurden Stimmen laut, die vor einer zu engen sozialen Rekrutierung der Schüler an weltlichen Schulen, gewissermaßen vor einer proletarischen Inzucht und Realitätsverzerrung, warnten; doch solche Besorgnisse fanden zunächst kaum Gehör. Der Durchmarsch der radikalen Linkssozialisten, angeführt von der Düsseldorfer Lehrerin Adelheid Torhorst, zur unangefochtenen Hegemonie, auf Kosten selbst gemäßigt linkssozialdemokratischer Kräfte, schien unaufhaltsam. Der Braunschweiger Bundestag 1929 sah die Linkssozialisten auf dem Höhepunkt innerorganisatorischer Machtstellung; sie setzten ihre Positionen nach Belieben durch. Auch in der Programmkommission, die der „Bund" 1927 eingerichtet hatte und deren Entwurf 1930 auf dem Bundestag in Erfurt verabschiedet werden sollte, hatten die niederrheinischen Linkssozialisten die Feder geführt.

Anfang 1930 aber bildete sich überraschend eine Koalition von Widersachern gegen den Dominanzanspruch der westdeutschen Linkssozialisten. Inspiriert hatte das Bündnis der Landesverband Sachsen. Die sächsischen Lehrer, die seit jeher im Unterschied zur Bundesmehrheit die Säkularisierung der Gemeinschaftsschule in den Mittelpunkt ihrer Aktivitäten stellten, störten sich sowohl an der einseitigen Fixierung auf die weltlichen Sonderschulen wie an der doktrinär-marxistischen Haltung der radikalen Linkssozialisten. Anstoß am elitären Marxismusverständnis der Gruppe um Adelheid Torhorst nahmen auch der einflußreiche Vorsitzende der „Arbeitsgemeinschaft sozialdemokratischer Lehrer", Kurt Löwenstein, und dessen Anhang im Bezirksverband Berlin. Die gemäßigten Linkssozialdemokraten aus Berlin, Sachsen und einigen anderen Unterverbänden schlossen sich auf dem Erfurter Bundestag 1931 zusammen und formulierten programmatische Alternativen zu den Vorschlägen der Linkssozialisten. Die von Kurt Löwenstein angeführte Allianz brachte nach einer leidenschaftlichen und harten Debatte die Mehrheit der Delegierten hinter sich. Der Vormarsch der Linkssozialisten war gestoppt; auch bei den Vorstandswahlen verloren ihre Kandidaten auf ganzer Linie – eine Niederlage, von der sich die niederrheinische Linke nicht mehr erholte.

Die neu aufflackernden Querelen hatten allerdings fatale Folgen für den "Bund": Sie lähmten seine Arbeit und höhlten ihn in den frühen 30er Jahren organisatorisch von innen aus. Bezirksverbände wie Münster, Thüringen und Berlin gingen bis 1932 aufgrund interner Fehden und persönlicher Verfehlungen nahezu zugrunde; Bezirke wie Düsseldorf und Arnsberg überstanden die kommunistischen Zersetzungskampagnen seit 1929 nur mit schwerem Schaden. Die ultralinke kommunistische Katastrophenpolitik hatte die weltliche Schulbewegung außerordentlich diskreditiert. In zahlreichen Streikaktionen an weltlichen Schulen hatten kommunistische Eltern und Schüler sozialdemokratische Lehrer durch individuellen Terror bedroht und ein Klima der Einschüchterung und Angst erzeugt. Viele Eltern wagten daraufhin nicht mehr, ihre Kinder an solchen Schulen anzumelden; entmutigte Lehrer stellten Versetzungsanträge. Selbst und gerade die radikalen Linkssozialisten aus dem Bezirk Düsseldorf wußten sich nicht anders zu helfen, als die Kommunisten, die seit 1929 eine besondere Organisation in der Organisation mit eigener Zeitschrift gebildet hatten, aus dem „Bund der freien Schulgesellschaften" auszuschließen.

Auch aus exogenen Gründen befand sich der „Bund" in den frühen dreißiger Jahren in einer Krise. Die politische Rechtsentwicklung im Reich, die systematische Ausschaltung der Sozialdemokratie von der Macht gefährdeten die Existenz der weltlichen Schulen. Seit 1930 operierte der „Bund" nur noch aus der Defensive; an die Etablierung neuer weltlicher Schulen war nicht mehr zu denken. Der „Bund" verlor erheblich an Mitgliedern; Ende 1932 dürfte er kaum mehr 40.000 Mitglieder gezählt haben. Die finanzielle Lage sah ebenfalls düster aus. Mangels Geld mußte er die Herausgabe der pädagogischen Zeitschrift „Der Aufbau" einstellen; über seinen Bücherverlag verhängte er einen Publikationsstop. Schon vor dem Regierungseintritt der Nationalsozialisten stand die weltliche Schulbewegung mithin nur noch auf einem schwankenden Fundament. Das NS-Regime zerstörte auch das; der nationalsozialistische Kultusminister in Preußen verbot ab Ostern 1933 die Einschulung in den bekenntnisfreien Schulen. Die örtlichen Behörden lösten daraufhin die weltlichen Sammelklassen auf.

2. Programm und Selbstverständnis

In der Entwicklung des programmatisch-ideologischen Selbstverständnisses des „Bundes der freien Schulgesellschaften" kann man zwei Zäsuren feststellen: Die eine lag 1925, die andere 1930. Bis 1925 dominierte im „Bund" eine etwas diffus zusammengesetzte Strömung ethisch-republikanischer Sozialisten, die stark von den lebensphilosophisch-volksgemeinschaftlichen Ideen jener Jahre geprägt war. Mitte der 20er Jahre allerdings verlor diese Strömung immer mehr an Boden. 1925 setzte sich im „Bund" dafür die linkssozialistische Richtung unter der ideologischen Führung des austromarxistischen Soziologen und Philosophen Max Adler durch. Der linkssozialistische Kurs konsolidierte sich in den nächsten Jahren und durchformte den gesamten „Bund", währenddessen die ethischen Sozialisten und republikanischen Laizisten des Bürgertums resigniert und dem „Bund" nahezu ausnahmslos den Rücken gekehrt hatten. In dieser Entwicklung ähnelte der „Bund der freien Schulgesellschaften" auf geradezu verblüffende Weise den Jungsozialisten, bei denen ebenfalls 1925 unter der ideologischen Federführung von Max Adler ein vergleichbarer Richtungswechsel stattgefunden hatte. Wie bei den Jungsozialisten so vollzog sich auch im „Bund der freien Schulgesellschaften" Ende der 20er Jahre eine weitere Radikalisierung nach links. Anders als in der sozialdemokratischen Jugendorganisation formierte sich im „Bund" allerdings eine Koalition gemäßigt linkssozialdemokratischer Kräfte, die sich 1930 überraschend gegen die extreme Linke durchsetzen und die Verbandspolitik in den verbleibenden Jahren der Weimarer Republik etwas moderater gestalten konnten.

a) *In den Anfängen: Weltanschaulich neutral, tolerant und republikanisch*

In den Anfangsjahren gewann der „Bund" seine positive Identität gleichsam aus der Negation, aus der Abgrenzung vom konfessionellen Unterricht. Der doktrinäre Religionsunterricht sollte, so lautete der gemeinsame Nenner bei den Pionieren der weltlichen Schulbewegung, vom Lehrplan gestrichen, die Schule insgesamt von einem konfessionell zerklüfteten Wirkungsbereich der Kirchen zu einer öffentlichen und einheitlichen Stätte des modernen Staates werden.[1] In späteren Jahren, unter der Ägide der Linkssozialisten, machten sich die Aktivisten der freien Schulgesellschaften über diesen Basiskonsens in den frühen Jahren des „Bundes" eher lustig. Anfangs habe der „Bund", so der Vorwurf der Kritiker im Rückblick, keine pädagogisch-politische Alternative entwickelt, sondern einzig die „Substraktionsschule" angestrebt, gleichsam die alte Schule, nur abzüglich des überkommenen Konfessionsunterrichts.[2]

Berechtigt war dieser Vorwurf jedoch nicht: Wohl verfügte die Gründungsgruppe im „Bund der freien Schulgesellschaften" nicht über ein so geschlossenes alternatives Weltbild wie die später dominierenden Linkssozialisten, doch ging es dem „Bund" auch schon in seinen Anfängen um mehr als nur um den Abbau des konfessionellen Unterrichts. Schon damals hatte er die Veränderung der Schule als ganzes im Visier, wie verschwommen seine Vorstellungen dazu auch gewesen sein mögen. Im Mittelpunkt seines pädagogisch-politischen Tugendkataloges für eine neue Schule standen Begriffe wie republikanische Einheitsschule, weltanschauliche Neutralität, Toleranz, Duldsamkeit und „wahre Religiosität", normative Leitziele alles in allem, die sich antithetisch aus der Ablehnung eines indoktrinierenden und konfessionell verengten Religonsunterrichts begründeten und von den frühen Befürwortern der weltlichen Schule in die Tradition des deutschen Idealismus eines Johann Gottlieb Fichte und Immanuel Kant gestellt wurden. Diese Mischung aus sittlichem Idealismus, liberaler Toleranz, republikanischem Bekenntnis und reformpädagogischer Verve verdichteten die Delegierten der konstituierenden Tagung des „Bundes der freien Schulgesellschaften" Mitte Oktober 1920 in Elberfeld zu einem ersten programmatisch verfaßten Appell an die deutsche Öffentlichkeit: Der Bund „fordert die weltliche Schule,

---

1 Vgl. Der freie Lehrer, Jg. 2, 1920, Nr. 31, S. 238, und Nr. 41, S. 317.
2 Vgl. Die Neue Erziehung, Jg. 7, 1925, S. 268 und 366; vgl. auch Schule und Elternhaus, Jg. 5, 1923, Nr. 4, S. 41, und Nr. 6, S. 65.

denn sie allein bietet die Möglichkeit zum Ausbau der wirklichen Einheitsschule; sie allein bietet die Bürgschaft für die republikanische Staatseinheit. Sie allein stellt ein einigendes Moment in den Mittelpunkt des Unterrichts: den Geist der Arbeit und den republikanischen Gedanken; sie allein entspricht der Forderung der Glaubens- und Gewissensfreiheit; sie allein gewährt infolge ihres Aufbaues und des Arbeitsschulgedankens die Möglichkeit zur freien Bahn für alle Tüchtigen; sie allein ist die Trägerin der wahren Sittlichkeit, der Neutralität, der Toleranz, der Gleichberechtigung und des wahren Menschtums."[3]

Die herausragende Bedeutung der Neutralität und der Toleranz für die weltlichen Schulen stellten auch die Referenten der nächsten (Lehrer-)Tagung, die Anfang Januar 1921 in Herne stattfand, in das Zentrum ihrer Ausführungen. So wandte sich der Gelsenkirchener Lehrer Hohmann im Einleitungsreferat der Veranstaltung entschieden gegen alle Dogmen und Konfessionen, da diese die Menschen zu „Engherzigkeit, Unduldsamkeit und zügellosen Fanatismus" verleite. Zwar zielte diese Polemik in erster Linie gegen die religiösen Dogmen der Kirchen, doch richtete sich der „Bund" in seinem frühen Stadium ebenfalls gegen alle übrigen starren weltanschaulichen Lehren, auch diejenigen der Politik. Politik, so der zweite Referent der Tagung, der Bremer Lehrer Fritz Gansberg, habe in der Schule nichts zu suchen; und in keinem Fall wollten die Aktivisten der frühen weltlichen Schulbewegung, obwohl mehrheitlich den Arbeiterparteien zugehörig, ein sozialistisches Gegendogma in der Schule verankern oder gar eine sozialistisch-proletarische Parteischule aufbauen. Für solche Indoktrinationen, so die einhellige Auffassung der Herner Delegierten, seien die Kinder zu schade.[4]

Großen Wert legten Hohmann und Gansberg auch auf die Feststellung, daß die weltliche Schulbewegung keineswegs religionslos sei. Gerade die Freidenker, so Hohmann, seien häufig tiefreligiöse Menschen. Gansberg distanzierte sich überdies von den französischen Laizisten, die mit Erfolg jeglichen Religionsstoff aus dem Unterricht verbannt hatten. An den religiösen Fragen aber dürfe man nicht achtlos vorübergehen, warnte der Bremer Pädagoge, denn ohne sie könne man weder die nationale noch die allgemeine menschliche Kultur begreifen. Gansberg plädierte daher für die Einrichtung einer Religionskunde und Religionsgeschichte, gleichsam als Ersatz für den wegfallenden konfessionellen Unterricht, in den Schulen. Diese Haltung zur Frage der Religion war geradezu ein Charakteristikum der frühen weltlichen Schulbewegung. In den ersten Jahren seiner Existenz stellte der Bund sie in nahezu allen öffentlichen Erklärungen ganz betont heraus. Das galt auch für die Ortsgruppen; auch sie bekräftigten immer wieder, daß sie nicht die Religion als solche, sondern ausschließlich den besonderen konfessionellen Unterricht bekämpften. Die meisten Gruppen gingen gar noch einen Schritt weiter und bezeichneten sich als die wirklichen und unverfälschten Nachfolger des Nazareners: Allein die weltlichen Schulen seien wahrhaft

---

3 Hamburger Echo, 22.10.1920.
4 Vgl. Die Neue Erziehung, Jg. 3, 1921, H. 3, S. 86 ff.; Der freie Lehrer, Jg. 3, 1921, H. 3, S. 20; Hamburger Echo, 13.1.1921.

religiös; nur dort werde die Lehre Jesu praktisch und unverlogen durchgeführt; hier insbesondere bemühe man sich um die Vollendung aller Religion, „nämlich die sittliche Freiheit".

Für diese semi-religiöse Legitimation der weltlichen Schulen, um die sich vor allem die Lehrer innerhalb der freien Schulbewegung bemühten, gab es mehrere Gründe. Zum einen waren die Pädagogen in der Tat davon überzeugt, daß ein Leben nach den sittlichen Geboten des kategorischen Imperativs, der für die meisten von ihnen Fixpunkt aller Erziehung war, den genuin christlichen Geboten mehr entsprach als die zu starren Dogmen geronnenen Glaubensformeln der etablierten Kirchen. Zum anderen waren die Beschwörungen eigener und gar noch tieferer Religiosität gewiß auch eine Reaktion auf die von den Kirchen und den Rechtsparteien vehement vorgetragenen Angriffe auf die „Freidenkerschulen", denen dabei eine allgemeine Gott- und Sittenlosigkeit unterstellt wurde. Solche Attacken zeigten auch in der Arbeiterschaft, selbst in der sozialistischen und besonders bei den Frauen, ihre Wirkung. Auch sozialdemokratische Familien sorgten sich um die sittliche Erziehung ihrer Kinder; nicht wenige waren der Meinung, daß es ganz ohne Religion oder zumindest ohne eine bestimmte Moral und Ethik in der Schule nicht gehen könne. So entstand die allgemeine Überzeugung bei den Verantwortlichen im „Bund der freien Schulgesellschaften", daß man innerhalb der weltlichen Schulen anstelle des Konfessionsunterrichts eine sittliche Lebenskunde bzw. einen Moralunterricht einführen müsse, um den Schülern einen systematischen Überblick über die Religionen und Philosophien der Weltgeschichte, ihre Lehren und Gebräuche, zu vermitteln.[5]

In den frühen 20er Jahren war die Mehrheit im „Bund der freien Schulgesellschaften" jedenfalls von einem freidenkerischen Rigorismus noch weit entfernt. Noch im Juni 1923, als sich der „Bund" in Hannover reorganisierte, verwahrte sich die Majorität der Delegierten nachdrücklich gegen religionsfeindlich begründete Formen weltanschaulicher Diskriminierung. Eine Minderheit hatte in Hannover gefordert, nur solche Männer mit den Ämtern des Vorsitzenden und Schriftführers zu betrauen, die ihre Prinzipienfestigkeit durch den Austritt aus der Kirche unter Beweis gestellt hatten. Das Gros der Bundesvertreter wies dieses Ansinnen indessen empört zurück. Man wende sich gegen jedes Dogma, so der Tenor der Mehrheit, gleichviel ob es nun kirchlich oder freidenkerisch bemäntelt sei.[6] Der gleiche Geist herrschte 6 Wochen später auf der Vertreterversammlung des mitgliederstärksten Bezirks im „Bund", des Bezirks Arnsberg. Beinahe ausnahmslos bekundeten die Redner ihren Abscheu gegen alle Formen ideologischer Dogmen. Sie lehnten es ab, Lehrer, die dies nicht wünschten, zum Kirchenaustritt zu drängen; und auch von der Konstituierung exklusiver Proletarierschulen wollte niemand etwas wissen.[7] Auch die Sachsen, die damals eher links standen und sich hin und wieder mokant über die „Substraktionsschule" äußerten, sprachen sich zur gleichen Zeit wie die Westfalen gegen starre

5 Vgl. Hamburger Echo, 12. und 22.11.1920; Die freie weltliche Schule 1923, S. 97, 105, 111 und 123; 1925, S. 115 und 187.
6 Die freie weltliche Schule 1923, S. 106.
7 Die freie weltliche Schule 1923, S. 99.

weltanschauliche Bindungen und gegen die Einführung weltlich-politischer Dogmen in der Schule aus.[8]

Insgesamt war das Selbstverständnis besonders der meinungsführenden Lehrer in der freien Schulbewegung der frühen 20er Jahre ziemlich eklektisch zusammengesetzt. Es speiste sich aus den damals kursierenden Ideenfetzen einer bewußt irrationalen Lebensphilosophie, einer jugendbewegten Gemeinschaftsmysthik, eines organologisch gefaßten und ethisch begründeten Sozialismusverständnis'. 1924 versuchte der damalige Redakteur des Zeitschriftenorgans des Bundes, der Magdeburger Paul Faulbaum, dieses geistige Konglomerat zu einer Grundsatzbetrachtung über „Sinn und Geist der weltlichen Schule" zu bündeln. Der Artikel war mit dem zeittypischen Pathos lebensreformerischen Unbehagens an der Moderne und der Hoffnung auf baldig erlösende Gemeinschaftsbildung im Zuge einer sich durchsetzenden Reformpädagogik und Jugendbewegung geschrieben. Faulbaum erinnerte schwärmerisch an das Gemeinschaftsleben im Mittelalter und verdammte bitter die Atomisierung und Individualisierung der Menschen in den industriellen Gesellschaften. Von der Ideentrias der französischen Revolution schätzte er in erster Linie die Brüderlichkeit, weniger hingegen die Freiheit und die Gleichheit. Das Streben nach brüderlicher Gemeinsamkeit identifizierte er mit Sozialismus, der „aus dem Innersten eines jeden lebendig, organisch heranwachsen müsse". Einen solch innerlich-organischen Sozialismus hielt er für „deutsche Art", welche besonders in den Gruppen der Jugendbewegung anzufinden sei: „Lebt diese Gesinnung gegenwärtig? Gewiß. Sie ist der Grundzug unserer heutigen Jugendbewegung. Wir finden sie also dort, wo sich Menschen zusammengeschlossen haben, die dies große Gemeinschaftserleben gehabt haben: eben bei unserer Jugend." Hier, so Faulbaum, bilde sich das Verlangen heraus, das Unendliche zu ergründen, mithin: der Drang nach „wahrer Religiosität".[9]

Ein solches eher sozialromantisch-lebensphilosophisches Sozialismusbild war ebenfalls noch bei denjenigen anzutreffen, die als Minderheit im „Bund der freien Schulgesellschaften" schon in den frühen 20er Jahren für eine Abkehr von der weltanschaulich neutralen weltlichen Schule zugunsten der Errichtung proletarisch-sozialistischer Gemeinschaftsschulen eintraten.[10] Angeführt wurde diese Minderheit von dem Remscheider Studienrat Johannes Resch. Resch gehörte zu den schillerndsten Figuren des an extravaganten Charakteren gewiß nicht armen linken Fügels der Arbeiterbewegung in der Frühzeit der Weimarer Republik.[11] Der Sohn eines protestantischen thüringischen Pfarrers war erst Ende 1919, als er sich der USPD anschloß, zur sozialistischen Arbeiterbewegung gestoßen. Zuvor hatte er sich in verschiedenen liberalen Bewegungen engagiert; unmittelbar nach dem Krieg war er der DDP beigetreten. Ende 1920 trat Resch mit der USPD-Mehrheit zur KPD über. In dieser Zeit organisierte er mit anderen geistig autonomen Köpfen vor allem der religiös-sozialisti-

---

8 Schule und Elternhaus, Jg. 5, 1923, Nr. 7, S. 72.

9 Vgl. Die freie weltliche Schule 1924, S. 17 ff.

10 Vgl. Sozialistische Lebensgestaltung, Jg. 5, 1923, Nr. 6, S. 64.

11 Über Resch vgl. auch *Erhard Lucas*, Vom Scheitern der deutschen Arbeiterbewegung, Basel und Frankfurt/M. 1983, S. 143 ff.

schen Richtung eine Reihe von Konferenzen über die Krise des Sozialismus und Fragen einer sozialistischen Lebensform. Überregionales Aufsehen erregte Resch durch die Gründung einer Gruppe für „Sozialistische Lebensgestaltung" im Rahmen der von ihm aufgebauten „Freien Volkshochschule Remscheid". In dieser Gruppe, die aus proletarischen Kindern, Jugendlichen und Erwachsenen bestand – und die man ihrer langen Haare wegen „Resch-Indianer" nannte – versuchte Resch einen kommunitären und genossenschaftlichen Lebens- und Produktionszusammenhang zu entwickeln. Daneben pflegte die Gruppe noch ein kultisches Fest- und Feierritual, das zwar freidenkerisch hergeleitet war, aber doch deutlich religiöse Züge trug. Die KPD schloß Resch 1923 wegen seiner „utopischen Experimente" aus ihren Reihen aus. Gleichwohl betätigte sich Resch auch danach als eifriger Vorkämpfer für die proletarische Klassenkampfschule. Seine Stunde schien gekommen, als der „Bund" durch die Streitigkeiten in der Zeitungsfrage und wegen der persönlichen Animositäten auf der Zentralebene im Herbst 1922 in einen organisatorisch völlig chaotischen Zustand geraten war. Auf der vom „Geschäftsführenden Ausschuß" gegen den Widerstand einiger Bezirke einberufenen Bundeskonferenz Ende November in Hagen, deretwegen der Bezirk Arnsberg den Bund 20 Tage zuvor verlassen hatte, nutzte Resch die Abwesenheit einiger Bezirke und die allgemeine Konfusion und brachte den Antrag ein, die „weltliche Schule" in eine „proletarische Einheitsschule" umzuwandeln. Ehe die Organisationsleitung des Bundes die Tragweite dieser Entschließung überhaupt begriffen hatte, war der Antrag schon mit der Mehrheit der in Hagen versammelten Delegierten im wesentlichen aus den linksstehenden Ortsgruppen des Niederrheins und des Bergischen Landes durchgegangen. Mehr als einen Pyrrhussieg konnte Resch allerdings nicht feiern; und der „Bund" hatte nun neben den personell-organisatorischen Zwistigkeiten noch eine politisch-inhaltliche Kontroverse am Hals, die durch- und auszuhalten er nicht mehr imstande war. Etliche Eltern und Lehrer reagierten außerordentlich geschockt[12] auf die Hagener Maxime von der „proletarischen Einheitsschule", und immer mehr Ortsgruppen und Bezirke traten an den Bezirk Arnsberg mit der Aufforderung heran, die freie Schulbewegung auf der Grundlage des neutralen weltlichen Schulgedankens zu reorganisieren.

Tatsächlich wirkte der Hagener Beschluß wie ein Katalysator im Prozeß der Neubildung der freien Schulbewegung. Während vorher noch viele zögerten, den alten „Bund" verloren zu geben, waren nun die meisten Aktivisten in den freien Schulgesellschaften bereit, einen Neuanfang zu probieren. Dafür trafen sich Vertreter der Bezirke Hannover, Hamburg, Schlesien und Arnsberg Ende April 1923 zu einer Vorbereitungskonferenz in Hannover, zu der auch der provisorische Vorsitzende des alten Bundes, der Düsseldorfer Friedrich Maase, erschienen war. Maase verteidigte als einziger zumindest den Sinngehalt der Hagener Forderung nach einer „proletarischen Schule", wenn er auch eingestand, von der Initiative Reschs überrumpelt

---

12 Vgl. *Adelheid Torhorst*, Die Pädagogischen Fachgruppen des „Bundes der Freien Schulgesellschaften Deutschlands", in: Jahrbuch für Erziehungs- und Schulgeschichte, Jg. 10, 1970, S. 77; vgl. auch den Bericht über die Konferenz der weltlichen Lehrer in Köln, in: Rheinische Zeitung, 23.1.1923.

worden zu sein und die Bezeichnung für die angestrebte Schule selbst nicht für sonderlich glücklich zu halten. Alle übrigen Debattenredner, selbst ein der KPD angehörender Vertreter aus Harburg, distanzierten sich jedoch vehement vom proletarischen Schulgedanken. Niemand ließ einen Zweifel daran, daß hierin das Motiv für die offenkundig unabwendbare Scheidung vom alten „Bund" lag. Die Losung von der „proletarischen Schule", so die Bundesvertreter unisono, entziehe der weltlichen Schulbewegung jede Entwicklungsmöglichkeit und zersplittere die Kräfte; im übrigen wolle man keine wie auch immer geartete Weltanschauungsschule. Am weitesten gingen die Delegierten von Hannover, die sogar jede Diskussion über die „proletarische Schule" in dem projektierten neuen „Bund der freien Schulgesellschaften" strikt unterbinden wollten: „Diejenigen, welche über die ‚proletarische Schule' diskutieren wollen, gehören nicht in den neuen Bund. [...] Wir müssen darauf bestehen, daß die Forderung einer ‚proletarischen Einheitsschule' für immer fallengelassen wird."[13]

b) *Allmähliche Wandlungen: Die Ideologen der „proletarischen Schule"*
   im Vormarsch

Doch schon sechs Wochen später, auf der Gründungsversammlung des neuen „Bundes der freien Schulgesellschaften", wiederum in Hannover, kam die Forderung erneut auf. Dieses Mal waren auch die Repräsentanten des linken Flügels, die die Vorbereitungskonferenz noch boykottiert hatten, erschienen: der unabhängige Alternativ-Kommunist Johannes Resch, der Parteikommunist Fritz Ausländer und die beiden Linkssozialdemokraten August Siemsen und Gustav Hädicke. Die Auseinandersetzungen entzündeten sich an der Frage, mit welchem Begriff man die eigenen schulischen Bestrebungen programmatisch fassen könne. Der Hauptreferent der Tagung, der Dresdner Schulrat und sozialdemokratische Landtagsabgeordnete Arthur Arzt, schlug dafür die Wendung „konfessionsfreie, weltliche Schule" vor, um damit die Kampfstellung gegen die „Herrschgelüste der Kirche" zu demonstrieren. Der linken Gruppierung reichte die anti-kirchliche Stoßrichtung indessen keineswegs aus. Die Entfernung der Kirchen aus der Schule sei zwar, so Hädicke und Siemsen, eine notwendige Voraussetzung, doch entscheidender sei der Blick in die Zukunft, auf das, was werden solle – und dabei könne es sich nur um die Erziehung zur sozialistischen Gesellschaft, mithin um die Orientierung auf das sozialistische Proletariat handeln. Resch brachte abermals seinen Terminus von der „proletarischen Schule" ins Spiel, während sich Hädicke und Siemsen für die Bezeichnung „Schule der werdenden Gesellschaft" stark machten. Ausländer spitzte den proletarisch-sozialistischen Standpunkt am weitesten zu und forderte in einer Resolution, daß alle Lehrer an weltlichen Schulen aus der Landeskirche auszutreten hätten und „auf dem Boden des proletarischen Klassenkampfes stehen" müßten.

---

13 Die freie Schule 1923, S. 95.

Den Entschließungsantrag des Berliner Kommunisten wischten die Hannoveraner Delegierten allerdings ohne lange Aussprache vom Tisch. Schwerer machte es sich die Versammlung mit dem Beitrag von Hädicke und Siemsen; über die „Schule der werdenden Gesellschaft" wurde ausführlich diskutiert. Schließlich lehnte die Mehrheit den Vorschlag der beiden Linkssozialdemokraten ab. Die Argumentation dafür hatten insbesondere der Vorsitzende des Bezirks Arnsberg O.H. Michel und der spätere Bundesvorsitzende Richard Röttscher vorgegeben. Beide wollten die weltliche Schulbewegung möglichst breit und plural zusammengesetzt sehen; der Bund sollte gleichsam eine große Sammlungsbewegung gegen den christlichen Reichselternbund werden, was bei einer einseitigen Ausrichtung auf sozialistische Zielsetzung schlechterdings nicht möglich war. Am Ende einigte sich die Versammlung darauf, die Schule, für die man eintrat, „Freie (weltliche) Schule" zu nennen.[14]

Doch die Anhänger einer sozialistischen Pädagogik gaben auch künftig keine Ruhe, im Gegenteil. Auf der Dresdener Reichstagung des Bundes Anfang Oktober 1924, bei der es ziemlich turbulent und emotionsgeladen zugegangen sein soll[15], brachte die Linksgruppierung aus Düsseldorf und Remscheid erneut eine Entschließung mit der Forderung ein, den Kampf für die Befreiung des Proletariats auch in der Schule zu führen.[16] Zwar schmetterte auch dieses Mal die Mehrheit der Konferenz den Antrag ab, aber die Basis der Sympathie für den proletarisch-sozialistischen Standpunkt war gewachsen: Die Delegierten des schlesischen Bezirks hatten sich der Position der westdeutschen Linken angeschlossen.[17] Die Führungsspitze des „Bundes der freien Schulgesellschaften" wurde allmählich der ständigen Vorstöße von links überdrüssig. Der bisherige Bundesvorsitzende, der Magdeburger Richard Röttscher, warf enerviert das Handtuch und verließ den „Bund". Somit stand der Rektor der damals größten weltlichen Volksschule Deutschlands außerhalb der Lehrer- und Elternorganisation für das weltliche Schulwesen. Dieses Los teilte Röttscher indessen mit einigen anderen ehemaligen Vorkämpfern des „Bundes", etwa Fritz Rübenstrunk und Fritz Länge. Die übrigen Vorstandsmitglieder aber gaben das Rennen gegen die allmählich erstarkende Linke noch nicht auf; in einer Sitzung am 20. Dezember 1924 zeigten sie noch einmal Flagge und faßten eine Entschließung, die sich ganz bewußt gegen die Intentionen der bundesinternen Frondeure von links richtete:

„Der Bund der freien Schulgesellschaften Deutschlands erstrebt die allgemeine Deutsche Einheitsschule für alle Kinder ohne Rücksicht auf Stand, Besitz oder Bekenntnis der Eltern. Der Bund erblickt in der Erziehung zur sittlichen Persönlichkeit im Geiste wahrer Volksgemeinschaft die höchste Aufgabe der Schule. Darum muß sie bekenntnismäßig, weltanschaulich und parteipolitisch neutral sein. Der Bund lehnt das Hineintragen des parteipolitischen Kampfes in die Schule

---

14 Zur Hannoveraner Gründungskonferenz vgl. Die freie weltliche Schule 1923, S. 105 ff.
15 Vgl. Rheinische Zeitung, 23.10. 1925. Ausgaben der „Freien weltlichen Schule" für diesen Zeitraum sind in Archiven leider nicht mehr zu finden.
16 Vgl. Die freie weltliche Schule 1925, S. 1.
17 Sozialistischer Erzieher, Jg. 7, 1926, S. 34.

im Interesse der Kinder ausdrücklich ab. Die Reichsverfassung legt diese Schule im § 149, 1 als Sonderschule fest. Wir erstreben ihre Anerkennung als allgemeine weltliche Staatsschule."[18]

Daß man mit dieser Anerkennung noch nicht vorangekommen war, lag nach Auffassung des Redakteurs des Zeitschriftenorgans, Paul Faulbaum, der die Manifestation des Bundesvorstandes positiv kommentierte und noch polemisch verstärkte, in erster Linie an den Störmanövern der Linken innerhalb des „Bundes". Sie seien es gewesen, die mit ihrer freidenkerisch und proletarisch verengten Ideologie die weltliche Schule in den Geruch der Sonderschule gebracht hätten. Mit ihren Dogmen würden sie die gleichen Fehler begehen wie die Befürworter der konfessionell-kirchlichen Schulen; im Grunde sei die proletarisch-sozialistische Schule das geistig kongeniale Pendant zur Konfessionsschule: eben Weltanschauungsschule und nicht mehr weltliche Schule. „Die weltliche Schule aber, so wie sie uns vorschwebt, ist nicht die Schule für nur eine bestimmte Gesellschaftsklasse, sie ist gedacht für Schüler aller Eltern [...]. Als solche aber muß sie eins vor allem kennzeichnen, das ist die Toleranz."[19]

Die Entschließung des Bundesvorstandes und der Artikel Faulbaums bildeten gewissermaßen das Ende einer Ära; es waren die letzten bundesoffiziellen Dokumente des liberal-toleranten und weltlich-neutralen Schulgedankens. Danach beherrschten die Linkssozialisten und gemäßigten Linkssozialdemokraten mit ihren Vorstellungen von einer sozialistisch-proletarischen Einheitsschule das Feld. An der Spitze stand dabei der Bezirk Düsseldorf, dessen linkssozialistische Führungsriege innerhalb der Lehrerschaft geradezu kadermäßig organisiert war.[20] Sie bereitete die Umorientierung innerhalb des „Bundes der freien Schulgesellschaften" systematisch vor. Am 25. Juni 1925 protestierte der Bezirk in einer außerordentlichen Vertreterversammlung lautstark gegen den Beschluß des Bundesvorstandes und den Artikel Faulbaums.

In die Offensive aber gingen die Linkssozialisten durch zwei pädagogische Tagungen. Die eine fand Anfang Januar 1925 in Düsseldorf statt, die andere – ohne Absprache mit der zuständigen Bezirksleitung von Arnsberg – Anfang Juni in Dortmund. Auf beide Tagungen trugen die gleichen Referenten vor: der österreichische Linkssozialist Max Adler, die thüringische Linkssozialdemokratin Anna Siemsen und der thüringische Kommunist Ernst Hierl. Das Interesse für die beiden Tagungen blieb nicht regional begrenzt.

Der unumstrittene Star der beiden Tagungen war zweifelsohne Max Adler: Er war der Stichwortgeber für den von den linkssozialistischen Lehrern im „Bund" vorangetriebenen neuen Kurs. Das hing sowohl mit der Eigenart seiner Theorie als auch mit seinen außergewöhnlichen rhetorischen Fähigkeiten zusammen. In seiner Theorie verschmolzen sich Elemente eines pädagogischen Idealismus, kultursozialistischen Avantgardismus und einer radikalen Staatskritik zu einem revolutionären Messianismus, der besonders junge Sozialisten und radikalisierte Bildungsbürger, die sich der

---

18 Die freie weltliche Schule 1925, S. 1.
19 Die freie weltliche Schule 1925, S. 1.
20 Vgl. dazu Die freie weltliche Schule 1926, Nr. 5, S. 37.

„Sache des Proletariats" verschrieben hatten, ansprach und begeisterte. Auch als Redner war Adler von einer hin- und mitreißenden Wirkung, fast immer erzeugte er mit seinem ihm eigenen visionären Pathos eine beinahe religiöse Stimmung glühender Hoffnung auf die revolutionär-proletarische Erlösung, der sich kaum einer seiner Zuhörer entziehen konnte.[21]

In seinen Referaten in Düsseldorf und Dortmund setzte sich Adler in der Hauptsache mit dem Postulat der „neutralen Erziehung" auseinander. Für dieses Postulat hatte Adler nur Hohn und Spott übrig; es war ihm ein reines Hirngespinst bürgerlichen Denkens. Denn nach seiner Auffassung gab es nur eine bürgerliche oder sozialistische Erziehung; für eins von beiden mußte sich jeder Lehrer, ob er nun wollte oder nicht, entscheiden. Bisher sei die Pädagogik, so Adler, im wesentlichen nur ein Kunstprodukt gewesen, zur Wissenschaft werde sie erst durch die Verbindung mit der Soziologie, also der Lehre vom Wesen und der Entwicklung der Gesellschaft. Als „allein gültige Soziologie" stand Adler zufolge nur der Marxismus zur Verfügung. Die Pädagogik mußte sich also, wollte sie auf einer tragfähigen Grundlage stehen, in den Klassenkampf einfügen und zum Sozialismus erziehen. Dadurch wurde die schulische Erziehung keineswegs zu einer Parteisache oder weltanschaulichen Sonderbestrebung, denn die Lehre vom Klassenkampf, der Marxismus mithin, war ja, so Adler, reine Wissenschaft. Dagegen war die „neutrale Erziehung", schloß der österreichische Sozialist seinen Gedankengang ab, nichts weiter als „eine schädliche Utopie".

Schließlich warnte Adler sein Publikum noch davor, „über den Sperling in der Hand die Taube auf dem Dach zu vergessen". Die weltlichen Lehrer sollten sich nicht mit dem republikanischen Staat zufrieden geben, sondern mit allem Einsatz um das einzig wirklich solidarische Gemeinwesen, die klassenlose Gesellschaft, kämpfen. Mit Reformen werde das indessen nicht zu bewerkstelligen sein. Adler verlangte die revolutionäre Bereitschaft, und er wies den Pädagogen dabei eine gewichtige Rolle zu: „Der Lehrer unserer Schulen muß ein Klassenkämpfer sein, ein neuer revolutionärer Mensch, voll Glauben an das Ziel und voll Begeisterung; dann wird er wissen, was er in der Schule zu tun hat, und nur dann kann er schaffen, was not tut: Neue Menschen!"

Damit präjudizierte Adler das künftige Selbstverständnis des „Bundes der freien Schulgesellschaften"; er hatte die Stimmung der linksstehenden Lehrer der weltlichen Schulen in eine Begrifflichkeit gefaßt, die sowohl dem idealistischen Schwung als auch dem wissenschaftlichen Legitimationsbedürfnis der Pädagogen Rechnung trug. Adler sprach ihnen aus dem Herzen, und so übernahmen sie auch ganz seine Diktion. Zum Abschluß der erziehungswissenschaftlichen Tagung in Dortmund gaben die Teilnehmer eine Erklärung ab, die in dem Satz kulminierte: „Alle Erziehung im Sinne des gesellschaftlichen Fortschritts und im Sinne einer wahrhaft solidarischen

---

21 Über Max Adler vgl. auch *Franz Walter*, Nationale Romantik und revolutionärer Mythos. Politik und Lebensweisen im frühen Weimarer Jungsozialismus, Berlin 1986, S. 141 ff.

Kultur muß daher Erziehung zum proletarischen Klassenkampf, Erziehung zum Sozialismus sein."[22]

c) *Die Zäsur von 1925: Die weltliche Schulbewegung auf sozialistischem Kurs*

Gerüstet mit der Ideologie des Austromarxisten wollten die linkssozialistischen Lehrer auch mit ihm als Redner in die Auseinandersetzung auf den nächsten Bundestag gehen, der Mitte Oktober 1925 in Dortmund stattfand und von dem sich die Sympathisanten der Klassenkampfposition die entscheidende Wende in der Politik des „Bundes" erhofften. Mitte März 1925 beantragte der Bezirksverband Düsseldorf, Max Adler zum Hauptreferenten der Dortmunder Vertreterversammlung zu bestellen. Der Bundesvorstand erklärte sich damit einverstanden, legte aber noch Wert auf ein weiteres Referat, das der Reichsleiter der Kinderfreundebewegung und Vorsitzende der „Arbeitsgemeinschaft sozialdemokratischer Lehrer", Kurt Löwenstein, halten sollte. Die Option für Löwenstein zeigte, in welcher Defensive sich die Bundeszentrale bereits im Frühjahr/Sommer 1925 befand. Denn Löwenstein, ein Sozialdemokrat des linken Flügels, war ebenfalls ein Kritiker des neutralen Schulgedankens, auch sein Herz schlug für eine Schule der „werdenden Gesellschaft". Allerdings argumentierte er ideologisch nicht so verhärtet und scheinwissenschaftlich kompromißlos wie Adler. Manche Bekenntnisse zum Klassenkampf waren ihm einfach zu hysterisch. Im Mittelpunkt auch der Schule der „werdenden Gesellschaft" mußte nach seiner Überzeugung das Kind – wenn auch das proletarische – stehen, nicht eine weltanschauliche, politische oder ökonomische Doktrin. Im Unterricht sollten Formen der Demokratie, des genossenschaftlichen Zusammenwirkens und nicht die agitatorische Vorbereitung zum revolutionären Kampf, wie es die Kommunisten verlangten, eingeübt werden.[23]

Da aber auch Adler immer wieder versicherte, daß er die marxistische Theorie, nicht aber die klassenkämpferische Praxis in der Schule gelehrt haben wollte, kam es zwischen Löwenstein und Adler zu keinen nennenswerten Reibungen auf der Dortmunder Vertreterversammlung des „Bundes der freien Schulgesellschaften". So wurden beide zu Protagonisten des neuen Kurses in der weltlichen Schulbewegung. Überraschend war, wie leicht und problemlos sich dieser neue Kurs in Dortmund durchsetzen konnte. Die Verfechter der alten Linie um den Bundesvorstand hatten gleichsam kampflos das Feld geräumt; keiner von ihnen trat den Linkssozialisten entgegen. Vorsichtige Bedenken meldete nur der sächsische Vertreter, Walter Kluge, an. Die Sachsen, einst gemäßigt linkssozialdemokratische Kritiker der alten Mehrheitspolitik im „Bund" wurden nun von der neuen linkssozialistischen Majorität an den

---

22 Zur Düsseldorfer und Dortmunder Konferenz vgl. Düsseldorfer Volkszeitung, 3.-7.1.1925; Die freie weltliche Schule 1925, S. 19 f. und 101 f.
23 Zur Position Löwensteins in dieser Zeit vgl. Vorwärts, 30.2.1925, und Die freie weltliche Schule 1925, S. 99 f.

rechten Rand gedrückt. In der Debatte dominierten klar die Vertreter vom Niederrhein, der Hochburg des Linkssozialismus im „Bund". So setzte sich zum Schluß der Bundeskonferenz der proletarisch-sozialistische Standpunkt geradezu selbstverständlich und für niemanden mehr überraschend durch. Die Resolution, in der das festgehalten wurde und die den Beginn eines neuen Abschnitts in der Geschichte des „Bundes der freien Schulgesellschaften" markierte, lautete:

„Die Delegiertentagung des Bundes der freien Schulgesellschaften Deutschlands in Dortmund stimmt den grundsätzlichen Ausführungen der beiden Referenten Professor Dr. Max Adler (Wien) und Dr. Löwenstein (Berlin) zu. Die weltliche Schulbewegung reiht sich danach in den Emanzipationskampf für die zu erkämpfende solidarische Gesellschaft ein, die nur eine klassenlose Gesellschaft sein kann. So sind Richtung und Ziel und damit der Inhalt für unsere Schulbewegung gegeben."[24]

In den ersten Monaten nach der Dortmunder Vertreterversammlung war allerdings die Lage im „Bund" noch unübersichtlich. Es schien keineswegs ausgemacht, daß die Mitglieder den Beschluß der zentralen Bundeskonferenz widerspruchslos akzeptieren würden. Besonders diejenigen Lehrer der weltlichen Schulen, die nicht zu den Aktivisten innerhalb des „Bundes" gehörten, sträubten sich dagegen; sie waren in ihrer Mehrheit eher gemäßigte Reformpädagogen und hingen weiterhin dem alten Ideal einer neutralen weltlichen Staatsschule an. In diesen Kreisen war allein die Erwähnung des Namen „Adler" – den die Linkssozialisten nur mit Entzücken im Munde führten – bereits eine Provokation.[25] Man beruhigte sich dort mit der Annahme, daß die Dortmunder Entscheidung Produkt einer durch die Wahl des Konferenzortes begünstigten Zufallsmehrheit gewesen sei; eine Bundesversammlung, weit weg vom radikalen Westen, hätte womöglich ganz anders votiert.

Jedenfalls versuchten einige dieser politisch gemäßigt eingestellten Lehrer des „Bundes" das Rad der Bundesgeschichte noch einmal zurückzudrehen. Sie wandten sich vor allem dagegen, die marxistische Theorie zur einzig und allgemein gültigen Soziologie und Wissenschaft zu erheben.[26] Ein leidenschaftliches Plädoyer für eine politisch und sozial plural zusammengesetzte weltliche Schule hielt dabei der führende Funktionär der „Gewerkschaft deutscher Volkslehrer" und der „Arbeitsgemeinschaft sozialdemokratischer Lehrer" Otto Faust. Er wollte die weltliche Schule, auch in ihrer aufgezwungenen Existenz als Sonderschule, weiterhin für Kinder der verschiedensten sozialen Schichten und aus Familien mit den unterschiedlichsten ideellen Motiven offenhalten. Wenn man zu dieser Toleranz nicht bereit sei, so Faust, dann sei man „nicht besser als unsere Gegner, die die alten Schulen erhalten wollen, um sich, wie bisher, willfährige Ausbeutungsobjekte zu sichern." In diesem Zusammenhang warnte Faust zugleich davor, die Reichweite und Machbarkeit erzieherischer Zielsetzungen zu überschätzen; er rechnete realistisch mit der antiautoritären Widerborstigkeit, zu-

---

24 Vgl. Die freie weltliche Schule 1925, S. 202 ff.; vgl. auch Rheinische Zeitung, 23.10.1925; Monistische Monatshefte 1927, S. 11 f.
25 Die freie weltliche Schule 1926, Nr. 4, S. 26; Nr. 5, S. 37; Nr. 6, S. 42.
26 Vgl. Die freie weltliche Schule 1925, Nr. 23, S. 193.

mindest aber der inneren Resistenz der Kinder gegen eine allzu frühe, umfassende und penetrante Indoktrination. „Wir alle haben", argumentierte Faust am Beispiel eigener Erfahrungen, „mehr oder weniger streng religiös – also weltanschauliche – patriotische Erziehung genossen. Der Erfolg dieser Erziehung war aber doch, daß wir sehr schnell all die Dinge über Bord warfen, mit denen wir vollgefüttert waren. Genauso könnte es auch uns ergehen, wenn wir die Kinder schon mit den Ideen des Sozialismus völlig vertraut machen wollen, also andersgeartete Glaubenssätze aufstellen würden." Abschließend schlug Faust vor, von der alljährlichen Praxis, Grundsatzbeschlüsse über Sinn und Wesen der weltlichen Schule zu fassen, künftig abzugehen und dafür statt dessen alle Richtungen und Gruppen in friedlicher Gleichberechtigung zu akzeptieren.[27]

Doch dazu war die Majorität der Aktivisten im „Bund der freien Schulgesellschaften" nicht bereit. Tatsächlich hatte innerhalb der Schicht der aktiven Funktionäre des „Bundes" eine Radikalisierung nach links stattgefunden, und die proletarischen Eltern, die nun einmal das Gros des „Bundes" bildeten, waren mit der Begrenzung der Bundesziele auf das sozialistische Arbeitermilieu durchaus einverstanden. Schließlich liefen ihre sozialen und mentalen Erfahrungen mit der Gesellschaft der Weimarer Republik in den vorangegangenen Jahren nicht auf Pluralität, Offenheit oder gar volksgemeinschaftliche Einheit hinaus, sondern auf eine Verschärfung der ideologischen Fragmentierung und sozialen Auseinandersetzungen, angesichts derer der Rückzug in das angestammte sozialmoralische Milieu nur ratsam schien. Insofern entsprang der Dortmunder Beschluß keiner Zufallsmehrheit, sondern war Ausdruck neuer sozialer und mentaler Verhältnisse und Einstellungen innerhalb des „Bundes". Dortmund bedeutete eine wirkliche Zäsur und spielte auch im künftigen Selbstverständnis des nun links eingestellten „Bundes" eine überragende Rolle. Um Dortmund wurde noch Jahre danach ein regelrechter Kult getrieben; Begriffe wie „Dortmunder Geist" und „Dortmunder Beschlüsse" wurden kanonisiert und in späteren Auseinandersetzungen als Instrumente benutzt, um die ideologischen Widersacher des Renegatentums, des Verrats, des Abfalls von der rechten – eben Dortmunder – Linie zu ziehen.[28] Auch insofern trug die Kampforganisation für die weltliche Schule Züge des Gegners, der Kirchen.

Die Kritik von Otto Faust am Dortmunder Beschluß signalisierte nicht mehr als ein letztes schwaches Aufbäumen der Anhänger der neutralen weltlichen Schule. Die Verfechter der neuen Linie ließen sich von den Argumenten des sozialdemokratischen Lehrergewerkschafters nicht im geringsten beeindrucken. Im Grunde begriffen sie dessen Argumente gar nicht, denn für sie waren weder das Proletariat noch die marxistische Soziologie etwas Parteiliches oder Einseitiges. Schließlich war das Proletariat nach Auffassung der Linken die einzige Klasse, „die über sich selbst hinausstrebt, deren Wirken der ganzen Menschheit gilt"[29], und die marxistische Soziologie

---

27 Die freie weltliche Schule 1926, Nr. 5, S. 34.
28 Vgl. als Beispiele den Artikel von *Adelheid Torhorst* in: Klassenkampf, Jg. 3, 1929, Nr. 23, S. 721, und den von *Hädicke* in: Die freie weltliche Schule 1930, Nr. 11/12, S. 77.
29 Die freie weltliche Schule 1926, Nr. 2, S. 10.

war die einzige Lehre, „die über die Interessen einzelner Gesellschaftsklassen hinweg das Glück aller Menschen ins Auge faßt."[30] Auch darin war der Linkssozialismus in der weltlichen Schulbewegung funktionell eine Kopie des kirchlichen Widerparts: Auch er besaß seinen Erlöser und eine Lehre, die ihm sakrosankt war.

Der linke Flügel konnte sich auch deshalb ab 1926 so schnell als Mehrheitsrichtung und bald alleinige Kraft konsolidieren, weil seine beiden zuvor gewichtigsten Gegner nach Dortmund mit fliegenden Fahnen zu ihm übergingen, sich zumindest rasch – vielleicht auch ein bißchen opportunistisch – den neuen Realitäten anpaßten. Das war zum einen der Bezirk Arnsberg mit O.H. Michel an der Spitze und zum anderen der Redakteur Paul Faulbaum. Beide hatten in den frühen 20er Jahren zu den entschiedensten Befürwortern der neutralen weltlichen Schulidee gezählt, beide hatten sie im unmittelbaren Umfeld der Dortmunder Konferenz geschwiegen, und beide stellten sich ab 1926 auf den Boden der neuen, proletarischen Schule. Vielleicht hielten beide den – von vielen ihrer früheren Gesinnungsfreunde gewählten – Austritt aus der Bewegung für keine vernünftige Lösung und machten deshalb, um das Fundament nicht unter den Füßen zu verlieren, den neuen Trend mit. Das geschah durchaus moderat und keineswegs mit dem revolutionären Impetus der Düsseldorfer beispielsweise, so etwa wenn Michel auf der Vertreterversammlung seines Arnsberger Bezirks den Dortmunder Beschluß charakterisierte: „Die neue Schule soll kein Mittel zum Klassenkampf sein; aber sie muß die Kinder so erziehen, daß sie später den ihnen aufgezwungenen Klassenkampf führen können."[31] Michel, Faulbaum und der neu gewählte Bundesvorsitzende Karl Linke aus Magdeburg standen im Organisationszentrum an der Spitze des „Bundes"; sie bekannten sich zu den Dortmunder Beschlüssen, aber als bestenfalls gemäßigt linke Sozialdemokraten bildeten sie einen Hemmfaktor gegen eine allzu forcierte Radikalisierung, wie sie besonders die rheinischen freien Schulgesellschaften betrieben.

d) Weitere Radikalisierung: Der „Bund" auf dem Weg zur linkssozialistischen Avantgarde

Diese waren daher auch voll des Mißtrauens gegen die Bundeszentrale, deren Schwenk auf die neue Linie sie nicht so recht vertrauten. Die Rheinländer führten sich in den nächsten Jahren als die Gralshüter des „Dortmunder Geistes" auf. Einen ersten Anschlag auf diesen Geist vermuteten sie im Sommer 1926. In der Organisation war bekannt geworden, daß der Bundesvorstand für den nächsten Bundestag, der im Oktober 1926 in Breslau stattfinden sollte, eine Debatte über das „religiöse Kulturgut" in der weltlichen Schule anstrebte. Dagegen hatten auch die Düsseldorfer Linkssozialisten keine Einwände. Ihren Zorn erregte allerdings die Entscheidung der Bundesspitze, als Referenten zu diesem Thema neben der Linkssozialdemokratin Anna

---

30 Die freie weltliche Schule 1926, Nr. 1, S. 2.
31 Die freie weltliche Schule 1926, Nr. 2, S. 14.

Siemsen zudem noch den eher liberal-demokratischen Dr. Mockrauer nach Dresden zu laden. Von Mockrauer war innerhalb der weltlichen Schulbewegung der Ausspruch bekannt, daß er den Marxismus zwar als eine wichtige, keineswegs aber allein gültige Richtung der Soziologie anerkenne – für die Linkssozialisten ein unakzeptabler Rückfall „hinter Dortmund". Außerdem ging das Gerücht herum, der Vorstand plane in Breslau ein Votum für die Etablierung eines speziellen religionskundlichen Unterrichts. Um diesen „Angriff gegen den Dortmunder Beschluß"[32] zu parieren, traf sich die Düsseldorfer „Vereinigung der Lehrer der weltlichen Schulen" zusammen mit einigen anderen Pädagogen aus dem Ruhrgebiet während der Sommerferien in Rattlar zu einem Vorbereitungskurs, um „in der klaren und scharfen Luft des Marxismus und der materialistischen Geschichtsauffassung"[33] die Stoßrichtung und das Vorgehen für die Breslauer Tagung untereinander abstimmen zu können. Wie man mit dem religiösen Stoff im Unterricht an der weltlichen Schule verfahren sollte, hat den „Bund" immer stark beschäftigt, nicht nur die Lehrer, sondern auch die Eltern. Viele Eltern verlangten nach einer Art lebenskundlichem bzw. moralischem Ersatzunterricht für ihre Kinder als Ausgleich für die ausfallenden Religionsstunden. In der Praxis hatten ihn etliche Schulen inzwischen auch eingeführt; theoretisch aber forderten ihn 1926 mehrheitlich nur noch die Pädagogen des sächsischen Landesverbandes.[34] Die neue Linksmajorität, in dieser Frage repräsentiert besonders durch Anna und August Siemsen, lehnte einen eigenen „lebenskundlichen" bzw. „Moralunterricht" ab, da sie darin einen Rückfall in den „alten Individualismus" sah. Zwar leugneten auch die Geschwister Siemsen – die selber in einem protestantischen Pfarrhaus aufgewachsen waren – keineswegs die Bedeutung des religiösen Kulturgutes für die menschliche Geschichte und Kultur, doch wollten sie solche Themen nicht in besonderen Stunden, sondern im Kontext eines soziologisch fundierten Geschichts-, Deutsch-, Gegenwartskundeunterrichts abgehandelt wissen.[35]

Auf dem Breslauer Bundestag des „Bundes der freien Schulgesellschaften" nun sprach Mockrauer für die sächsische Richtung, Anna Siemsen vertrat die Mehrheitsposition.[36] Tatsächlich spielte das religiöse Kulturgut im Konzept des Dresdner Pädagogen eine geradezu herausragende Rolle. Es war ihm gleichsam die Achse des gesamten Unterrichts; es sollte in Form einer „autonom sittlichen Erziehung", den Horizont des Schülers bereichern, seine Urteilskraft stärken und ihm zu „tieferen, irrationalen Erlebnis- und Schauenskräften" verhelfen. Dagegen klangen die Ausführungen seiner Kontrahentin aus Thüringen weitaus nüchterner. Sie wollte die Kinder nicht über die Religion, sondern durch die Erkenntnisse der historischen und gesellschaftlichen Entwicklung zur Mündigkeit erziehen. Da Anna Siemsen zum Schluß ihrer Rede noch einmal auf Distanz zum Weimarer „Klassenstaat" ging und sich

32 So noch 45 Jahre später *Adelheid Torhorst*, Die pädagogischen Fachgruppen, S. 90.
33 Die freie weltliche Schule 1926, Nr. 18/19, S. 158.
34 Die freie weltliche Schule 1926, Nr. 18/19, S. 144.
35 Die freie weltliche Schule 1926, Nr. 15, S. 133, und Nr. 18/19, S. 142.
36 Zum Breslauer Bundestag vgl. Breslauer Volkswacht, 11.10.1926, und Die freie weltliche Schule 1926, Nr. 20, S. 163.

für eine Erziehung zur „werdenden Gesellschaft" aussprach, konnte sie sich der Zustimmung der Mehrheit gewiß sein, die sie dann auch ausnahmslos von allen Debattenrednern erhielt. An Mockrauer ließen die Delegierten hingegen kein gutes Haar; seine Darlegungen galten als geeignet, „die klare Linie, die wir seit dem Vorjahr verfolgen, wieder zu verwischen." Aber die bestens präparierten Vertreter des Düsseldorfer Bezirks hatten Vorkehrungen genug getroffen, um diese Abkehr vom Pfad der Dortmunder Tugend zu verhindern. Im übrigen aber wollte sowieso niemand in die von Mockrauer gewiesene Richtung marschieren. Einstimmig beschloß der Breslauer Bundestag:

> „Der Bundestag lehnt religions- und lebenskundlichen Unterricht an weltlichen Schulen als selbständige Fächer ab. Die Behandlung religions- und lebenskundlicher Fragen findet bei der bisher üblichen Unterrichtsgliederung hauptsächlich ihren Platz im Geschichts-, Deutsch- und Naturheilkundeunterricht, darüber hinaus auch in anderen Fächern, da, wo sich Anknüpfungspunkte dafür bieten."

Der Bundesvorstand nahm den Vorschlag von Anna Siemsen, den ganzen Unterricht stärker soziologisch zu fundamentieren und dadurch die einzelnen Fächer miteinander zu verknüpfen, insoweit auf, als er das Thema „Soziologie und Schule" zum Haupttagesordnungspunkt des nächsten Bundestages, Anfang Oktober 1927 in Magdeburg, machte. Auch die Düsseldorfer Linkssozialisten waren von diesem Vorhaben begeistert und bemühten sich sofort darum, Max Adler für den einleitenden Vortrag zu gewinnen; doch der österreichische Sozialist war zu diesem Termin unabkömmlich. So teilten sich der Nürnberger Professor für Pädagogik und Mitbegründer des „Bundes entschiedener Schulreformer", Max Hermann Baege, und der Duisburger Lehrer Paul Nelles die Aufgabe, vor dem Bundestag zu referieren.[37] Dieses Mal waren beide Redner ganz nach dem Geschmack auch der entschiedenen Linkssozialisten. Baeges zentrale These war, daß die bisherige Machtdominanz des Bürgertums in erster Linie auf der geistigen Beeinflussung des Proletariats beruhte. Die schon in der Schule angelegte geistige Prägung der Arbeiterschaft durch die Bourgeoisie und ihre intellektuellen Handlanger hielt der Nürnberger Ordinarius gar für weitaus gefährlicher als das militärisch-repressive Potential der herrschenden Klasse. Diese Erkenntnis, schlußfolgerte Baege, habe die weltliche Schule zu beherzigen und die überkommenen Ideologien durch die soziologische Durchbildung des Unterrichts zu zerstören. Dazu sei das „Studium der beiden Meister Marx und Engels" besonders gut geeignet, denn die beiden hätten den „Verhüllungscharakter der bürgerlichen Ideologien" offengelegt und für eine neue Begrifflichkeit gesorgt.

An diese Anregung Baeges knüpfte sogleich der nachfolgende Referent Paul Nelles an. Auch er plädierte dafür, die überlieferten Begriffe fallenzulassen und sie durch neue, von Marx vorgegebene, wie etwa „Kapital", „Lohn" und „Arbeit", zu ersetzen. Durch solche veränderten Kategorien könne man auch den Unterricht neu strukturieren, statt die Geschichte der Herrschenden nun etwa die Geschichte der Unterdrückten lehren. Jedenfalls dürfe die weltliche Schule, so Nelles, nicht bei einer

---

37 Über den Magdeburger Bundestag vgl. Die freie weltliche Schule 1927, S. 184 f.

bloßen reformpädagogischen Veränderung der Unterrichtsformen stehen bleiben, sie müsse ebenfalls nach Maßgabe der soziologischen Erkenntnisse den stofflichen Inhalt revolutionieren.

Lange Diskussionen, kontroverser Art gar, entspannen sich an solchen Thesen im „Bund der freien Schulgesellschaften" des Jahres 1927 nicht mehr. Die Ausführungen von Baege und Nelles stießen auf den Konsens aller Delegierten. Der Bundestag beschloß schließlich:

> „1. daß die Soziologie nach Inhalt und Methode den gesamten Unterricht und das Leben der Schule durchdringen muß,
> 2. daß die Soziologie ein wesentlicher Bestandteil der Lehrerbildung sein muß,
> 3. daß die Lehrerschaft sich mit der Soziologie nach Inhalt und Methode gründlich vertraut macht,
> 4. daß die Bundesleitung dafür Sorge trägt, daß in allen Gruppen der freien Schulgesellschaften die Frage nach der soziologischen Durchdringung des Unterrichts und der Erziehung eingehend erörtert wird und die Ergebnisse für die Arbeit der Programmkommission verwertet werden."

Ein kleiner Disput kam in Magdeburg nur bei der Behandlung des Tagesordnungspunktes „Reichsschulgesetz" auf. Das hatte sich in den Monaten zuvor schon angedeutet. In der Frage des Reichsschulgesetzes ging die Mehrheit der Düsseldorfer Linkssozialisten Hand in Hand mit dem Bundesvorstand; ihnen gegenüber stand eine kleine, etwas merkwürdig zusammengesetzte Minorität von Kommunisten, reformistischen Sozialdemokraten und zumeist linkssozialdemokratischen Lehrern aus Sachsen.

In seinen Anfängen hatte sich der Bund noch an die Hoffnung geklammert, daß trotz des Weimarer Schulkompromisses der Zug für eine Verweltlichung des gesamten Schul- und Erziehungssystems nicht abgefahren sei. Schon aus diesem Grund achtete man auf die Offenheit und Pluralität der eigenen konfessionsfreien Sammelschulen, um sie gleichsam als Modell und Vorbilder für ein allgemeines republikanischweltliches Schulsystem vorzeigen zu können. Eine Chance jedoch für eine Verweltlichung der Schule gab es nicht, im Laufe der Weimarer Jahre noch weniger als zu Beginn. Die Majorität im „Bund" erkannte das, sprach es aber zunächst nicht aus, sondern richtete sich im Stillen auf eine Zukunft in der Exklave der eigenen Sonderschule ein. Ihr Interesse zielte nun darauf, die eigene Schulparzelle rechtlich abgesichert und mit den konfessionellen Schulen gleichgestellt zu bekommen. Was dazu fehlte, war das vom Reichstag zu verabschiedende Reichsschulgesetz. Und ab 1926 nahm die Majorität, von dem Düsseldorfer Friedrich Maase bis zum Magdeburger Karl Linke gehend, kein Blatt mehr vor den Mund und sprach es frank und frei aus: Besser ein schlechtes als gar kein Reichsschulgesetz. Darüber gab es in den Untergliederungen einige Scharmützel; die rechten Sozialdemokraten und auch die eher linkssozialdemokratischen Lehrer aus Sachsen fürchteten die Preisgabe der alten, auf das gesamte Schulwesen gerichteten Ziele, eine unheilvolle Zersplitterung des Schulwesens; die Kommunisten geißelten das Verhalten der Majorität als verräterisches Zurückweichen vor der schulpolitischen Reaktion.[38]

Die Majorität allerdings wies diese Anwürfe entrüstet zurück. In solchen Auseinandersetzungen konnte sich eine spezifisch gemäßigt linkssozialdemokratische Attitüde entfalten, wie sie vor allem Kurt Löwenstein geradezu meisterhaft beherrschte und die auch der Magdeburger Lehrer Adolf Hauert gekonnt anzuwenden verstand: Man schickte sich mit der Realpolitik der Gegenwart in die Verhältnisse, wie sie nun einmal waren; ornamentierte den Pragmatismus aber mit Treueschwüren zu den alten, weitergehenden Prinzipien und Zielvorstellungen, die nicht aufgegeben, sondern nur vorübergehend zurückgestellt seien. Von dieser rhetorischen Attitüde machte der Bundesvorstand in den späten 20er Jahren ausgiebig Gebrauch, auch und besonders in der Frage des Reichsschulgesetzes. Ein Exempel dafür gab er am 20./21. August, als er die Marschrichtung für den sechs Wochen später gelegenen Bundestag in Magdeburg festlegte. In seiner Erklärung stellte er gleich anfangs demonstrativ und plakativ heraus, daß der „Bund" selbstverständlich nach wie vor an der Verweltlichung des gesamten Schulwesens festhalte. Da aber der geschichtliche Moment zur Realisierung dieser Forderung zunächst leider verpaßt, ein Kampf gegen die entsprechenden Passagen der Reichsverfassung unter den obwaltenden Bedingungen aussichtslos sei, müßten nun alle Energien für die Etablierung und rechtliche Absicherung sowie die Gleichstellung der weltlichen Sonderschulen gebündelt werden. Dazu eben brauche man ein Reichsschulgesetz.[39]

In diesem Sinne sprach auch der Referent dazu auf dem Magdeburger Bundestag, der Vorsitzende des Bezirks Niederrhein, Friedrich Maase. Widerspruch erntete er damit allerdings bei zwei Delegierten seines eigenen Bezirks, bei den beiden Kommunisten Fladung aus Düsseldorf und Rohl aus Solingen, die sich grundsätzlich gegen jedes Reichsschulgesetz, das nicht der Verweltlichung des gesamten Schulwesens entsprach, wendeten. Ihnen trat jedoch sofort der Düsseldorfer Otto Schrank, der zusammen mit Maase und Adelheid Torhorst die Fäden in der linkssozialistischen Gruppierung des Westens zog, entgegen und stellte sich auf den Standpunkt des Bundesvorstandes. Damit ging die Position der Bundeszentrale zum Reichsschulgesetz in der Abstimmung der Magdeburger Vertreterversammlung bei nur wenigen Gegenstimmen durch:

„Der Bund der Freien Schulgesellschaften Deutschlands erstrebt nach wie vor die Vereinheitlichung und Verweltlichung des gesamten Schulwesens. Er hält die in der Reichsverfassung Artikel 146/49 als Folge des Weimarer Schulkompromisses gegebene Regelung des Schul- und Erziehungswesens für verfehlt, da sie die notwendige Einheitlichkeit und Weltlichkeit nicht gewährleistet, und wird die Verweltlichung des gesamten Schulwesens erkämpfen.

Dessenungeachtet hält er unter den gegenwärtigen Verhältnissen ein Reichsschulgesetz zur Ausführung des Artikels 146 für unbedingt notwendig, das der welt-

---

38 Vgl. Die freie weltliche Schule 1925, Nr. 21, S. 178; Nr. 24, S. 202; 1926, Nr. 20, S. 163; Nr. 22, S. 181; 1927, Nr. 7, S. 58; Nr. 16, S. 135; Monistische Monatshefte 1926, S. 415.
39 Vgl. Die freie weltliche Schule 1927, Nr. 17, S. 139.

lichen Schule die bisher fehlende gesetzliche Grundlage gibt und damit einen kulturellen Notstand beseitigt. Ein solches Gesetz sieht er als einen notwendigen Schritt auf dem Wege zu dem von ihm erstrebten Ziel an.

Demgemäß fordert der Bund, daß das Reichsschulgesetz entsprechend der Reichsverfassung der weltlichen Schule dieselbe rechtliche Stellung und Entwicklungsmöglichkeit bietet wie der Bekenntnisschule."[40]

Des gleichen Argumentationsmusters bediente sich der „Bund" in der Frage der Lehrerausbildung in Preußen. Im Unterschied zu Ländern wie Sachsen, Thüringen und Hamburg bildete das Land Preußen seine Lehrer auch nach der Revolution 1918/19 nicht, wie von den Linksparteien und Lehrergewerkschaften gefordert, an den Universitäten, sondern in Lehrerseminaren bzw., seit 1926, pädagogischen Akademien aus. Diese Seminare bzw. Akademien waren konfessionell geprägt; es gab mithin katholische, evangelische und jüdische Seminare bzw. Akademien, die den jeweiligen Konfessionsschulen den Lehrernachwuchs lieferten. Im Grundsatz war der „Bund der freien Schulgesellschaften" ganz gegen die Qualifizierung der Lehrer an besonderen Seminaren und Akademien, da er für eine wissenschaftliche Bildung der Pädagogen im Rahmen der Hochschulen eintrat. Doch auch hier machte sich der „Bund" seit Mitte der 20er Jahre nichts mehr vor; die Einrichtung von pädagogischen Akademien gehörte zu den Lieblingsprojekten des preußischen Kultusministers Becker, und auf eine universitäre und einheitliche Ausbildung der Volksschullehrer war daher auf absehbare Zeit nicht zu hoffen. Wollte der „Bund" überhaupt Einfluß gewinnen auf die Lehrerbildung, dann mußte er sich von seiner Maximalforderung lösen und an die vorgegebenen Bedingungen, wie unangenehm sie ihm auch waren, anknüpfen. Den Weg wies, wie stets in solchen Fällen, Kurt Löwenstein, der erneut demonstrierte, wie man die pragmatische Einpassung in die Gegenwartsmöglichkeiten durch rhetorische Bekenntnisse zu den bleibenden, wenn auch vorerst in die Zukunft verlagerten Grundsatzprinzipien für die kollektive Psyche der Bundesmitglieder erträglicher gestalten konnte. Nach der Devise Löwensteins lehnte der „Bund" Konferenz für Konferenz die pädagogischen Akademien ab und forderte die universitäre Ausbildung der Lehrer. Doch dies blieb nur eine symbolische Deklamation, denn im jeweils gleichen Atemzug fügte sich der „Bund" in das Gegebene und versuchte das Beste daraus zu machen:

„Soweit in einzelnen Ländern zur Zeit pädagogische Akademien für die Zwecke der Lehrerbildung errichtet werden, fordert der Bundestag die beschleunigte Errichtung weltlicher pädagogischer Akademien, die in ihrem inneren Aufbau und ihrer grundsätzlichen Einstellung die Weiterentwicklung der weltlichen Schule gewährleisten."

So wie sich der „Bund" mit der „weltlichen Schule" als Sonderschule abfand und dann schließlich darin wohnlich einrichtete, so gewöhnte er sich auch an den Gedanken der „weltlichen Akademie". Ja, er fand in einer gewissen Weise sogar Gefallen daran, weil er hier eine Möglichkeit zum Aufbau einer Zentralstelle und pädagogischen

---

40 Die freie weltliche Schule 1927, Nr. 20, S. 185.

Experimentieranstalt, möglichst in einem Zentrum der weltlichen Schul- und Arbeiterbewegung wie Düsseldorf oder Berlin gelegen, wachsen sah. Allerdings gerieten die radikalen Linkssozialisten aus Düsseldorf und die eher gemäßigten Linkssozialdemokraten um den Bundesvorstand über die Frage der konkreten Ausgestaltung der – dann im übrigen niemals realisierten – weltlichen Akademie über Kreuz. Der Bundesvorstand hatte Ende 1926 Fritz Karsen, einen der bekanntesten Schulreformer der Weimarer Republik, führendes Mitglied der „Arbeitsgemeinschaft sozialdemokratischer Lehrer" und Leiter der späteren Karl-Marx-Schule in Neukölln, um die Ausarbeitung eines inhaltlichen Konzepts für den Aufbau einer weltlichen Akademie gebeten. Die Linkssozialisten heulten daraufhin auf und verabschiedeten deftige Protestresolutionen; Karsen war ihnen verdächtig, denn er galt nicht als hundertprozentiger Marxist. Tatsächlich konzipierte Karsen seinen Entwurf auch mit Blick auf die „werdende Gesellschaft" und die soziologische Betrachtungsweise, doch war er in erster Linie Reformpädagoge. Es ging ihm zuvorderst um arbeitsgemeinschaftliche Methoden, den Gedanken der Arbeitsschule, im übrigen auch um eine Ausrichtung der Lehrerbildung auf eine weltliche Einheits- und Gemeinschaftsschule. Von der aber hatten die niederrheinischen Linkssozialisten längst Abschied genommen; sie verlangten nach einer „proletarischen Akademie", deren Dozenten zwingend „auf dem Boden des wissenschaftlichen Marxismus" zu stehen hatten – um so weniger Aussicht es für die Durchsetzung einer weltlichen Schule überhaupt gab, um so apodiktischer und radikaler formulierten die Linkssozialisten dieses Postulat.[41]

Seit den späten zwanziger Jahren jedenfalls war der linkssozialistischen Gruppierungen im „Bund der freien Schulgesellschaften" am Projekt einer Einheitsschule auch rhetorisch nicht mehr gelegen. Sie mokierten sich nur noch über diejenigen ihrer Bundesgenossen, die als Ziel ihrer Aktivitäten immer noch die weltliche Einheitsschule nannten. Eine solche „in die Breite gehende Verweltlichung" aber führte nach Auffassung der Linkssozialisten nur zu Inaktivität und Indifferenz.[42] Es war das klassische Argument einer jeden Avantgarde. Und mit dieser Rolle, der des revolutionären Vortrupps an der Spitze des Proletariats, kokettierten die Düsseldorfer Lehrer nun immer mehr, besonders Adelheid Torhorst, aber auch Otto Schrank. Schrank bemühte sich, den avantgardistischen Dünkel theoretisch zu fundamentieren und in den Rang einer geschichtlichen Gesetzmäßigkeit zu heben. Die ideelle und praktische „Verselbständigkeit der proletarischen Schulbewegung" – sowohl vom Bürgertum als auch vom „weniger entwickelten" Teil der Arbeiterschaft – sei ein „historisch notwendiger Prozeß", um die eigenen Ideen und Praxisformen entwickeln und herausstellen zu können.[43] Dem pflichtete auch Gustav Hädicke bei, der 1927 Paul Faulbaum als Redakteur des Bundesorgans abgelöst hatte, wodurch der linke Flügel noch

---

41 Über die Beschäftigung des Bundes mit der Frage der weltlichen Akademie vgl. Rheinische Zeitung, 23.10.1925; Das freie Wort, Jg. 2, 1930, H. 3, S. 11; Aufbau, Jg. 3, 1930, Nr. 6, S. 166 ff.; Die freie weltliche Schule 1926, Nr. 20, S. 165; 1927, Nr. 2, S. 59; Nr. 6, S. 49; Nr. 9, S. 70; 1930, Nr. 11/12, S. 94.
42 Aufbau, Jg. 3, 1930, Nr. 6, S. 166 f.
43 Die freie weltliche Schule 1927, Nr. 22, S. 197.

mehr an Boden gewann. Die weltliche Schulbewegung, so Hädicke, vertrete den „fortschrittlichsten Teil" des Proletariats und verkörpere gewissermaßen den „Vortrupp" der sozialistischen Arbeiterbewegung schlechthin.[44]

Dieser linkssozialistische Avantgardismus mochte einigen im „Bund" etwas zu weit gehen. Insgesamt aber hatten die Bundesmitglieder in der zweiten Hälfte der zwanziger Jahre den Wandel von Dortmund akzeptiert. Der „Bund" hatte sich allmählich im wesentlichen auf der Basis von linkssozialdemokratischen bis linkssozialistischen Anschauungen gefestigt. Daß die weltlichen Sonderschulen Erziehungsstätten für die Kinder des marxistischen Proletariats waren und Kulturmittelpunkte der sozialistischen Arbeiterbewegung bilden sollten, galt inzwischen als Konsens innerhalb der Eltern- und Lehrerorganisation. Schließlich hatten sich wie selbstverständlich auch die Symbole an und in vielen weltlichen Schulen ausgetauscht: Bis 1925 wurde dort noch schwarz-rot-gold geflaggt, danach zogen etliche weltliche Schulen ausschließlich die roten Fahnen hoch; wo früher noch hin und wieder die Nationalhymne zu hören war, konnte man später zumeist nur die Internationale vernehmen; das Porträt von Friedrich Ebert verschwand aus den Klassenzimmern, statt dessen hingen dort Bilder mit Revolutionsmotiven.

Die Dortmunder Wende fand ihren Höhepunkt und Abschluß zugleich – aber das war den Zeitgenossen keineswegs bewußt – auf dem Bundestag in Braunschweig Pfingsten 1929. Dort trat als Referentin die italienische Ex-Sozialistin und anfängliche Sekretärin der Kommunistischen Internationale Angelika Balabanoff auf, eine Galionsfigur der deutschen und europäischen Linkssozialisten seit 1925. Sie sprach über den „Marxismus als Grundlage der modernen Volksbildung". In bedeutungsschweren metaphysischen Sentenzen, die einem Pfarrer zweifelsohne alle Ehre gemacht hätten, deklamierte sie die marxistische Weltanschauung zu einem „Dämon", „dem wir alle unterworfen sind. Es gibt keine Möglichkeit, diesen Dämon aus unseren Hirnen und Herzen auszurotten." Im linkssozialistischen Diskurs wandelte sich so die marxistische Theorie von einem Instrument der rationalen Analyse gesellschaftlicher Verhältnisse zu einer spirituellen und dogmatisierten Weltanschauung. Doch feierten die Linkssozialisten in Braunschweig ihre größten Triumphe. In einer Entschließung faßten die Delegierten ihre seit Dortmund neu herangebildete Identität selbstbewußt zusammen:

> „Die bisherige Geschichte der weltlichen Schulbewegung, gekennzeichnet durch die programmatischen Erklärungen der Bundestage in Dortmund, Breslau und Magdeburg, zeigt in der Organisation der Freien Schulgesellschaften den Vortrupp der klassenbewußten Arbeiterschaft im Kampf gegen die bürgerliche Kulturreaktion. Dieser Kampf wird ideologisch mit der Waffe des natur- und gesellschaftswissenschaftlichen Materialismus für die Herbeiführung der klassenlosen Gesellschaft geführt. Somit tritt die weltliche Schule immer mehr in den Mittelpunkt des kulturellen Ringens der Arbeiterschaft."[45]

---

44 Die freie weltliche Schule 1930, Nr. 15, S. 109.
45 Zum Braunschweiger Bundestag vgl. Volksfreund (Braunschweig), 18., 21., 22.5. 1929, und Die freie weltliche Schule 1929, Nr. 11, S. 81 f.

Eindeutiger denn je zuvor nahm der „Bund" jetzt auch Stellung zur religiösen bzw. freidenkerischen Haltung der Lehrer an weltlichen Schulen. Nun rief er zu einer breiten „Kirchenaustrittsbewegung unter den Lehrern" auf; an weltlichen Schulen sollten auf lange Sicht nur noch bekennende Dissidenten unterrichten dürfen.

Die Linkssozialisten hatten allen Grund, mit den Erfolgen ihrer Strategie zufrieden zu sein; und sie waren es auch. Nach langen Jahren innerer Auseinandersetzung und der Suche nach einem Standort hatte der „Bund" offenkundig zur Ruhe und zu einer eindeutigen Position gefunden. Er schien 1928/29 mit sich und seiner weltlichen Sonderschule im Reinen zu sein. Doch wurde die Behaglichkeit eines selbstgenügsamen und scheinradikalen Linkssozialismus innerhalb kleiner, abgegrenzter Parzellen des Schulsystems im Laufe des Jahres 1929 durch Unkenrufe von verschiedenen Seiten empfindlich gestört. Am Horizont der weltlichen Schulbewegung, soeben noch hell erleuchtet, zogen unverkennbar dunkle Gewitterwolken auf. Die erste entlud sich auf dem Braunschweiger Bundestag selbst. Die Kommunisten, die auf den zentralen Vertreterversammlungen des „Bundes" zuvor meist nur als einzelne hier und da etwas zu kritisieren hatten, traten nun als geschlossene Fronde gegen den Generalkurs der Bundesmehrheit auf. Sie verlangten eine Abkehr von der Orientierung auf den Auf- und Ausbau einzelner weltlicher Sonderschulen und forderten den agitatorischen Einsatz für die Verweltlichung des gesamten Schulwesens innerhalb der konfessionellen Schulen, da wo die wirklichen Massen, auch der Arbeiterklasse, anzutreffen seien. Die existierenden weltlichen Schulen hingegen bezeichneten sie als „Isolierschulen", die die sozialistische Eltern- und Lehrerschaft vom Gros des Proletariats abtrennten, woran in erster Linie die Bourgeoisie ein besonderes Interesse habe. Da die Kommunisten nur wenige Delegierte stellten, konnten die Linkssozialisten und Linkssozialdemokraten den Angriff ohne Mühe abwehren. Die politische Legitimation dazu gab ihnen Kurt Löwenstein, der den Vorwurf der „Isolierschule" zurückwies und die weltlichen Schulen demgegenüber als „Kraftzentren ersten Ranges" qualifizierte, als „Plattformen, von denen aus wir weiterbauen können". So dachten gewiß die meisten. Und doch signalisierte der Vorstoß der Kommunisten auch ein gewisses Unbehagen, leise Zweifel an der exklusiven Sonderexistenz am Rande des öffentlichen Schulwesens, ohne darauf großen Einfluß nehmen zu können.

Unbehagen bereitete dem „Bund" zudem eine Polemik, die zwar nicht aus den Reihen der freien Schulgesellschaften selbst, wohl aber aus dem Kontext der weltlichen Schulen kam. Verfaßt hatte sie der Magdeburger Wilhelm Hubben, Rektor an einer der größten weltlichen Schulen in Preußen.[46] Als Sprachrohr hatte er dafür das sozialdemokratische Diskussionsorgan „Das freie Wort" gewählt, das von Ernst Heilmann redigiert und geleitet wurde. Dies konnte den „Bund der freien Schulgesellschaften" nicht gleichgültig lassen, denn Heilmann, Vorsitzender der preußischen Landtagsfraktion, war wahrscheinlich der einflußreichste Mann der preußischen

---

46 Das freie Wort, Jg. 2, 1930, Nr. 1, S. 20.

Politik jener Jahre überhaupt, auf dessen Wohlwollen die in ihrer Existenz dauerhaft gefährdeten weltlichen Schulen in einem hohen Maße angewiesen waren.[47]

Hubben, selber ein Dissident, beklagte in seinem Beitrag für das „Freie Wort" die zunehmende freidenkerische Enge, mit der inzwischen die Mehrheit der Eltern und Lehrer im „Bund" auf die Minderheit noch religiös eingestellter Lehrerkollegen reagierten. Der Magdeburger Schulleiter sah die weltlichen Schulen dadurch in Mißkredit und in eine Isolation geraten. Statt sich ideologisch auf ein freidenkerisches Dogma zu verengen, sollten die weltlichen Schulen, so Hubbens Ratschlag, ihr Augenmerk auf die Gestaltung eines „streng republikanischen, pazifistischen und arbeitsmethodischen Charakters" des Unterrichts legen.

Nachdenklichkeit oder auch sachlichen Widerspruch erzeugte Hubben mit seinem Anstoß jedoch nicht. Im „Bund" reagierte man auf seinen Artikel mit völligem Unverständnis. Die „Freie weltliche Schule" zweifelte geradezu am Verstand, zumindest aber an der „ideologischen Zielstrebigkeit" des Magdeburger Sozialdemokraten, da sie nicht begreifen konnte, wie sich jemand als Dissident für religiös gesinnte Lehrer einsetzen konnte.[48] Max Sievers trat gar in der Pose des Zensors auf und verlangte, daß die sozialdemokratische Presse solche Pamphlete künftig nicht mehr abdrucken dürfe. Im übrigen begehe man einen „schweren Vertrauensbruch" gegen die weltliche Schule und ihre Elternschaft, wenn man es den Lehrern erlaube, ihre christliche Ideologie in den Unterricht „hineinzuschmuggeln". Max Herklotz wiederum, ein Magdeburger Lehrerkollege von Hubben, sträubte sich gegen eine Festlegung der weltlichen Schulen auf einen republikanischen, pazifistischen und arbeitsmethodischen Charakter. Dann könne man die weltlichen Schulen gleich zumachen, behauptete Herklotz, denn solche Bedingungen „kann jede konfessionelle Schule erfüllen." Daß diese genau das aber nicht taten, schien den Lehrern der inzwischen mehr sozialistischen denn weltlichen Schulen in ihrer isolationistischen Begrenzung auf die marxistische Erziehung des proletarischen Nachwuchses vollauf entrückt zu sein. Ernst Heilmann, der sich wie stets in solchen Fällen einen bissigen Schlußkommentar zu der Kontroverse nicht verkneifen konnte, brachte wenig Verständnis für die Gegner Hubbens auf. „Freidenkerische Unduldsamkeit" und „freidenkerischer Eifer", so der preußische SPD-Führer, hätten der Partei schon genug „schweren Schaden bereitet."[49]

Irritierend auf das seit 1925 neu zusammengefügte Selbstverständnis des „Bundes" mußte vor allem ein Aufsatz des Neuköllners Rudolf Zwetz wirken, der in der erziehungswissenschaftlichen Zeitschrift des Bundes, „Der Aufbau", eine ebenso hellsichtige wie schonungslose Kritik an der isolationistischen Struktur der weltlichen Schulen veröffentlichte.[50] Zwetz beklagte, daß sich die weltlichen Schulen inzwischen fast ausschließlich aus Kindern des Proletariats, und zwar einer bestimmten Schicht des

---

47 Das freie Wort, Jg. 2, 1930, Nr. 1, S. 20.
48 Über Heilmann vgl. *Peter Lösche*, Ernst Heilmann – Sozialdemokratischer parlamentarischer Führer im Preußen der Weimarer Republik, in: Geschichte in Wissenschaft und Unterricht 1982, S. 420 ff.
49 Vgl. die Beiträge von *Sievers, Herklotz* und *Heilmann*, in: Das freie Wort, Jg. 2, 1930, Nr. 3, S. 13 ff.
50 Aufbau, Jg. 2, 1929, Nr. 3, S. 65 ff.

Proletariats, zusammensetzten. So trafen die Kinder im Unterricht nur auf Schulkameraden identischen sozialen Zuschnitts und gleicher geistiger Façon. In dieser Atmosphäre einer sozialen und „geistigen Inzucht" entständen bei den Schülern Urteile über nichtproletarische Angelegenheiten, die Zwetz zufolge nachgerade grotesk wirkten. Im Grunde kannten die Schüler der weltlichen Schulen, so die Erfahrung des Neuköllner Pädagogen, nur den Gegensatz zwischen Proletariat und Bourgeoisie; Schattierungen und Zwischentöne waren ihnen fremd. Über den bürgerlichen Unternehmer besaßen sie nur das Klischeebild „eines im Klubsessel faulenzenden Bauches, der zum Wein seine dicke Zigarre raucht." In kirchen- und religionsgeschichtlichen Gegenwartsfragen waren die Schüler völlig ungebildet und bei einem unvermuteten Aufeinanderprallen mit weltanschaulich anders orientierten Altersgenossen ohne geistiges Rüstzeug. Schließlich erwähnte Zwetz noch das Beispiel eines ehemaligen Schülers, der das Abitur geschafft hatte und zum Studium an die Universität gelangt war. Dieser Schüler hatte sich später bei Zwetz bitter beschwert, wie wenig er in der weltlichen Schule über die Denkweise der bürgerlichen Menschen erfahren habe. Dadurch habe er seinen bürgerlichen Kommilitonen während des Studiums völlig „hilf- und waffenlos" gegenübergestanden. Für Zwetz war das zum Schluß seines Artikels Anlaß genug, sich wieder der Tugenden aus der Frühzeit der weltlichen Schulen zu besinnen und die Öffnung der Schulen für Kinder aus sozial und geistig unterschiedlichen Schichten und Milieus zu postulieren.

Im Grunde war das Zeugnis, das Zwetz den weltlichen Schulen ausstellte, katastrophal. Wenn eine Schule, die mit einem exklusiv soziologischen Anspruch antrat, ihren Schülern durch die soziale und normative Abschottung offenkundig ganze Ausschnitte des gesellschaftlichen Lebens vorenthielt und sie für bestimmte Sektoren des gesellschaftlichen Zusammenhangs lebensuntüchtig entließ, dann hatte sie eklatant versagt.

Der Artikel von Zwetz stellte eine Herausforderung dar, über die man in der weltlichen Schulbewegung nicht schweigend hinweggehen konnte. Er hatte Probleme angesprochen, die ganz offenkundig auch besonnenen Linkssozialdemokraten Sorgen bereiteten. Zumindest druckte das Zeitschriftenorgan der „Arbeitsgemeinschaft sozialdemokratischer Lehrer", die „Sozialistische Erziehung", den Artikel nach. Die Verantwortung dafür trug der Redakteur des Blattes, August Siemsen, der zugleich Vorsitzender des Bezirks Thüringen im „Bund der freien Schulgesellschaften" und bekanntermaßen einer der wesentlichen Förderer der Linkswende von 1925 gewesen war. Allerdings distanzierte sich Siemsen in einer redaktionellen Vorbemerkung von den Wertungen Rudolf Zwetz': „Über die Gefahren der Einseitigkeit und Absonderung darf unseres Erachtens allerdings die des Relativismus und einer ‚volksgemeinschaftlichen' Neutralität keinesfalls vergessen werden. Sie scheint uns sogar die größere zu sein."[51]

Immerhin aber schwang in dieser eher maßvollen Distanzierung auch eine unverkennbare Nachdenklichkeit mit. Das zeichnete Siemsen vor den radikalen Links-

---

51 Sozialistische Erziehung, Jg. 5, 1919, S. 62 f.

sozialisten aus, die davon nicht angekränkelt waren. Sie griffen in ihrer Replik auf Zwetz zum verbalen Holzhammer und scheuten auch nicht die Denunziation. Es waren die üblichen Klischees und Stereotypen der Sympathisanten eines dogmatisch verhärteten Marxismus: Zwetz predige den Burgfrieden mit der Bourgeoisie, er verschleiere die Klassengegensätze, er wolle das Proletariat an das Bürgertum binden. Am radikalsten gerierte sich dabei der Breslauer Schulrektor Max Felsen, wenige Jahre zuvor noch Sekretär in der Zentrumspartei und Lehrer an einer konfessionellen Schule und seit seiner Konversion ein an Eifer nicht mehr zu übertreffender Puritaner der marxistischen Lehre. „Nicht die proletarische Inzucht fürchten wir", schleuderte er dem Abweichler Zwetz entgegen, „sondern die widernatürliche Verbindung mit dem Bürgertum."[52]

Und diese linkssozialistische Gruppierung, die sich von all den Hubbens und Zwetz' in ihrem Weltbild nicht irre machen ließ, schickte sich Ende der zwanziger Jahre immer mehr an, die bisherige Machtteilung mit den gemäßigten Linkssozialdemokraten überwinden und die alleinige Führung im „Bund" übernehmen zu wollen. Sie fühlten sich dazu auch vollauf legitimiert, denn, so argumentierte besonders Adelheid Torhorst, die die linkssozialistische Offensive wie niemand sonst vorantrieb, das „geistige Zentrum" und der Schwerpunkt der Aktivitäten liege nun einmal im Westen bei den Düsseldorfern, auch im Ruhrgebiet, aber nicht in Mitteldeutschland oder Sachsen, wo es überall am revolutionären Elan fehle.[53]

Tatsächlich schien der Durchmarsch der Düsseldorfer beinahe unaufhaltsam. Sie hatten inzwischen den Redakteur des Bundesorgans, Gustav Hädicke, voll auf ihrer Seite. Auch in der „Allgemeinen Freien Lehrergewerkschaft Deutschlands", einem der wichtigsten Bündnispartner des „Bundes", gaben sie seit Ende der 20er Jahre mehr und mehr den Ton an. Adelheid Torhorst diktierte der Lehrergewerkschaft gleichsam im Alleingang ein radikal-marxistisches Programm.[54] Eine solche lange Zeit höchstens von den wenigen Kommunisten in Frage gestellte programmatische Hegemonie übten die Düsseldorfer bzw. wiederum Adelheid Torhorst ebenfalls im „Bund der freien Schulgesellschaften" selbst aus. Der „Bund" hatte seit 1927 eine eigene Programmkommission; eingerichtet hatte sie, auf Antrag des Bezirksverbandes Düsseldorf, der Bundestag in Magdeburg Anfang Oktober.[55] Bis dahin hatte der Bund seine politisch-pädagogische Linie durch alljährlich auf den Bundestagen gefaßte Entschließungen bestimmt und jeweils neu markiert; nun wollten sich die freien Schulgesellschaften auf ein stabiles und etwas dauerhafter angelegtes programmatisches Fundament stützen. Die Federführung und Sprecherrolle im Programmausschuß lag von Beginn an bei Adelheid Torhorst.

Im Januar 1929 hatte der Programmausschuß seine Arbeit endlich abgeschlossen. Der dabei entstandene Programmentwurf gliederte sich nach Art der klassischen sozialdemokratischen Parteiprogramme in einen Teil A) „Grundsätzliche Forde-

---

52 Aufbau, Jg. 2, 1929, Nr. 5, S. 143; vgl. Sozialistische Erziehung, Jg. 5, 1929, S. 87.
53 Vgl. etwa Der Klassenkampf, Jg. 4, 1930, Nr. 6, S. 180.
54 Vgl. Der Volkslehrer, Jg. 12, 1930, Nr. 12, S. 149.
55 Die freie weltliche Schule 1927, Nr. 20, S. 186.

rungen" und einen Teil B) „Praktische Aufgaben". Im Grundsatzteil fügten die Programmgestalter die freien Schulgesellschaften in die „Kampffront des klassenbewußten Proletariats" ein. Gemeinsam mit den anderen Kulturorganisationen der Arbeiterbewegung sollte der „Bund" den „Kampf gegen jede Kulturreaktion" bestreiten. Die „Herstellung der Einheitlichkeit, Weltlichkeit und Öffentlichkeit des gesamten Schulwesens im sozialistischen Sinne" erklärte der Programmausschuß zum Ziel des „Bundes". Im übrigen begriff sich der „Bund", so wollten es zumindest die Verfasser des Entwurfs, als „Stützpunkt für den Aufbau einer proletarischen Klassenideologie auf marxistischer Grundlage" und als „Kulturmittelpunkt der Arbeiterbewegung". Die praktischen Aufgaben, die der Ausschuß dem „Bund" gesetzt hatte, klangen nicht minder kernig proletarisch: In diesem Teil war vorwiegend von sozialistischer Aufklärung, Aktionen, Versammlungen und Demonstrationen, gemeinsam mit den übrigen proletarischen Organisationen, die Rede.[56]

Der Entwurf sollte ursprünglich auf dem Bundestag in Braunschweig Pfingsten 1929 beraten und verabschiedet werden. Eine Reihe von Untergliederungen allerdings stellte sich quer, da die Mitglieder den Programmentwurf erst wenige Wochen vor der Braunschweiger Vertreterversammlung zu Gesicht bekommen hatten. Das Recht auf vorherige Diskussion wollten sich die Ortsgruppen denn nun doch nicht nehmen lassen. Diese Stimmung nahm der Unterverband Köln auf. Er beantragte den Punkt „Programmentwurf" ganz von der Tagesordnung der Braunschweiger Vertreterversammlung zu streichen. Die Kölner bemängelten dabei nicht nur die späte Publikation des Entwurfs, sondern hielten ihn insgesamt für ein „durchaus unfertiges Produkt". Ihnen fehlte die Ablehnung des Weimarer Schulkompromisses und eine positive Aussage über die Agitation an den konfessionellen Schulen. Hierin stimmten sie mit den Kommunisten überein, die für den Braunschweiger Bundestag, über die Ortsgruppe Solingen, einen eigenen Alternativentwurf vorgelegt hatten, der noch etwas martialischer und klassenkämpferischer formuliert war als der der Linkssozialisten: „Revolutionäre Kämpfer" solle die weltliche Schulbewegung heranziehen, die sich zum „Sturz der herrschenden Klasse" aufmachten.[57]

Den Solinger Entwurf ignorierten die Braunschweiger Delegierten indessen, und den Antrag der Kölner lehnten sie ab. Adelheid Torhorst durfte einen Bericht über die Arbeit der Programmkommission geben. Die Versammlung verzichtete jedoch auf eine Aussprache dazu und nahm auch von einer sofortigen Verabschiedung des Entwurfs Abstand. Den Ortsgruppen wurde die Möglichkeit eingeräumt, der Programmdiskussion bis zum Ende des Jahres inhaltliche und formale Abänderungsvorschläge einzureichen. Adelheid Torhorst zeigte sich zwar etwas verdrossen über den Aufschub der Entscheidung, doch insgesamt konnte sie zufrieden sein, denn der Bundestag erklärte ausdrücklich, „Inhalt und Ziel des Programmentwurfs der Programmkommission" zu billigen.[58]

---

56 Vgl. Die freie weltliche Schule 1929, Nr. 7, S. 53.
57 Die freie weltliche Schule 1929, Nr. 7, S. 53.
58 Die freie weltliche Schule 1929, Nr. 11, S. 86.

Somit schien auch weiterhin alles für die Linkssozialisten zu laufen. Sie mußten sich zwar noch etwas gedulden, doch an ihrem letztlichen Erfolg war kaum zu zweifeln. Die Verabschiedung ihrer Programmformeln war aufgeschoben, doch, so sah es aus, keineswegs aufgehoben. Das Gros der Ergänzungs- und Revisionsvorschläge aus den Ortsgruppen zum Programmentwurf bezog sich auf den Teil B „Praktische Aufgaben".

Darin kamen die je besonderen Eigenheiten, Vorlieben und konkreten Interessen der lokalen Organisationen und regionalen Verbände zum Ausdruck; hier lief mehr auseinander, als es zusammenband.[59] Die Programmkommission verzichtete daher ganz auf diesen Abschnitt. Auch den Grundsatzteil kürzte und straffte sie, so daß sich der neue Entwurf, am 21.12.1929 fertiggestellt, auf wenige programmatische Kernaussagen beschränkte; die Option für den Auf- und Ausbau der weltlichen (Sonder-)Schulen fiel (zu Lasten der Zielorientierung auf die Verweltlichung des gesamten Schulwesens) sogar noch deutlicher aus:

„Der Bund der Freien Schulgesellschaften ist der organisatorische Träger der weltlichen Schulbewegung. Er gliedert sich mit seinem Ringen um die weltliche Schule in die Kampffront des klassenbewußten Proletariats ein und erkennt die Forderungen des Sozialismus für verbindlich an. Im Kampfe um diese Forderungen sieht er seine Aufgabe in der Festigung und dem Ausbau der weltlichen Schule, deren Erziehungs- und Unterrichtsarbeit nach Inhalt und Methode auf materialistisch-wissenschaftlicher Grundlage aufzubauen ist. Als proletarische Kulturorganisation führt der Bund in engster Zusammenarbeit mit den übigen Kulturorganisationen der Arbeiterschaft den Kampf gegen jede Kulturreaktion."[60]

e) *Überraschende Wende 1930: Niederlage und Scheitern der dogmatischen Linken*

Der neue Entwurf war zumindest nicht radikaler formuliert worden; in gewisser Weise enthielt er jetzt nicht mehr als die Summe der Entschließungen der zurückliegenden Bundestage in Dortmund, Magdeburg und Braunschweig. Und doch formierte sich nun, seit Anfang 1930, überraschend eine heterogene Oppositionsfront gegen den Dominanzanspruch der Linkssozialisten. Motor dieser anti-westlichen Bewegung im „Bund der freien Schulgesellschaften" waren die Lehrer aus Sachsen.

Die Sachsen waren im „Bund" schon immer einen eigenen Weg gegangen, den sie als „sächsischen" bezeichneten und dem der „Preußen" selbstbewußt gegenüberstellten.[61] Während die in Preußen gelegenen Bezirksverbände die Errichtung weltlicher Sonderschulen anstrebten, hielten die Sachsen an ihren allgemeinen und weitgehend weltlichen Gemeinschaftsschulen fest. Das lag zuallererst in den schulpolitischen Verhältnissen begründet, die im Freistaat Sachsen seit der Revolution 1918/19

---

59 Die freie weltliche Schule 1930, Nr. 4, S. 25.
60 Die freie weltliche Schule 1930, Nr. 2, S. 12.
61 Vgl. Die freie weltliche Schule 1926, Nr. 11, S. 85 ff.; 1927, Nr. 3, S. 26.

herrschten. Anders als die preußische Revolutionsregierung hatten die Vertreter der MSPD und USPD in Sachsen die konfessionelle Vorkriegsschule durch ein Übergangsgesetz abgeschafft und dafür eine einheitliche weltliche Gemeinschaftsschule errichtet. Die Schulen bekamen – was der „Bund" während der gesamten Weimarer Republik auch für Preußen, aber stets vergeblich, forderte – kollegiale Schulleitungen; die Prügelstrafe wurde verboten. Für einen Wermutstropfen sorgte dann indessen die Verabschiedung der Weimarer Verfassung. Danach mußten die sächsischen Schulen auch einen Religionsunterricht anbieten. Allerdings war der Religionsunterricht, sowohl für die Lehrer als auch für die Schüler, freiwillig und dem Unterricht insgesamt eher „angepäppt"; als ganzes blieben die Schulstunden entkonfessionalisiert. Der sächsische „Bund der freien Schulgesellschaften" sah die Schulreform von 1918/19 immer als einen Erfolg an und verteidigte, gemeinsam mit der sozialdemokratischen Landespartei, das damals geschaffene Gemeinschaftsschulwesen gegen alle Angriffe von rechts, vor allem auch gegen die Attacken der christlichen Elternvereine, denen an einer „preußischen Lösung" der Schulfrage gelegen war. Der sächsische „Bund" wußte, daß die weltliche Schule im offenen Wettstreit mit der konfessionellen Schule um die Gunst der Eltern den Kürzeren ziehen würde. Er hielt daher an der Gemeinschaftsschule fest und konzentrierte sich darauf, möglichst viele Schüler und Lehrer zum Dispens vom Religionsunterricht zu bewegen.

Aus dieser Haltung heraus hatten die Sachsen in den zurückliegenden Jahren immer mal wieder gegen die Mehrheitsauffassung im „Bund", sich in erster Linie für die Gründung weltlicher Sonderschulen einzusetzen, aufbegehrt. Zu einer entschlossenen und scharfen Opposition dagegen konnten sie sich indessen während der 20er Jahre nicht entschließen; es reichte ihnen, daß der „Bund den sächsischen Sonderstatus – wenngleich etwas widerstrebend – anerkannte und tolerierte. Der linkssozialistische Durchmarsch aber schien das Faß zum Überlaufen gebracht zu haben; nun setzten die Sachsen alle Hebel, sprich, die mit ihnen sympathisierende Parteipresse, auch die Organe des Deutschen Lehrervereins, in Bewegung, um die drohende Übermacht der radikalen westdeutschen Linken zu verhindern. Besonders verärgert reagierten die Sachsen auf den Versuch der Linkssozialisten, die Bundestagsbeschlüsse seit Dortmund 1925 gleichsam zu kanonisieren, um dadurch ihren in der Tradition dieser Beschlüsse stehenden Programmentwurf gegen jede Kritik immunisieren zu können. Beschlüsse seien keine „unantastbaren Glaubensartikel", sondern wandlungsfähig und überdenkenswert, gab der Cheftheoretiker der sächsischen Fronde, der Dresdner Lehrer Robert Forbrig, der westlichen Linken daraufhin zur Antwort. Deshalb habe man sich schließlich gegen die Zumutungen der Kirchen und Konfessionen gewehrt, so Forbrig weiter, weil sie die Menschen „zwangen, starre Formeln zu bekennen und jede aus der Relativität der Vorstellungsinhalte und Begriffsabgrenzungen geborene freie Meinungsäußerung zu unterdrücken."[62]

In erster Linie aber wandten sich die Sachsen gegen die Passage des offiziellen Programmentwurfs, mit der die „Festigung und der Ausbau der weltlichen Schule" als

---

62 Die freie weltliche Schule 1930, Nr. 9/10, S. 71 f.

Aufgabe der freien Schulbewegung schlechthin festgeschrieben und jede andere Strategie und Vorgehensweise, wie etwa diejenige der Verweltlichung über die bisherigen Gemeinschaftsschulen, unmöglich gemacht werden sollte. Für die Sachsen war das gänzlich unannehmbar. Denn dadurch würden sie, so die Argumentation des dortigen Bezirksverbandes, den Einfluß über mindestens 80% der Eltern und Schüler verlieren, denn selbst in Großstädten würden bestenfalls 20% der Schulkinder an weltlichen Schulen angemeldet werden. Und da das in den anderen Ländern des Reichs erst recht nicht besser aussah als in der sozialdemokratisch/kommunistischen und freidenkerischen Hochburg Sachsen, konfrontierte der sächsische Bezirksverband die Losung der Programmkommission mit dem eigenen Motto von der „allgemeinen, einheitlichen und weltlichen Staatsschule". Daß eine solche Schule angesichts der gegebenen politischen Kräfteverhältnisse schwer durchzusetzen war, gestanden auch die Sachsen ein. Für möglich hielten sie es nur, wenn man mit der eigenen Praxis und Programmatik über den engen Kreis des überzeugten sozialistischen Proletariats hinausgelangen könne. Gerade hier aber machten sie Schwachstellen und Defizite sowohl im Selbstverständnis der weltlichen (Sonder-)Schulen als auch im offiziellen Programmentwurf aus. Die weltlichen Sonderschulen, so die Kritik der Sachsen, müßten in ihrer Gestaltung mehr als bisher darauf achten, daß sie das „Vor- und Urbild der allgemeinen weltlichen Staatsschule" repräsentierten; sie müßten daher ihren politischen Kampfgedanken aufgeben und jede „politische Verhetzung" streng unterbinden.

Schließlich kam es nach Auffassung des sächsischen Bezirksverbandes darauf an, in neue Kreise der Eltern- und Lehrerschaft einzudringen; dabei aber versagte ihnen der Programmentwurf der Torhorst-Kommission vollkommen. In einer gewissen Weise vertraten die Sachsen das sozialdemokratische Prinzip der Massenorganisation gegenüber den linkssozialistischen Avantgardevorstellungen. Die linkssozialistische Kaderpolitik legte den Hauptwert auf die Reinheit der Ideologie, die Sachsen pochten auf Öffnung und Breite der Bewegung für ein weltliches Schulsystem. So lehnten die Sachsen den häufigen Gebrauch des Begriffs „proletarisch" im Text der Programmkommission ab; auch außerhalb des Proletariats gebe es Menschen, die man für die weltliche Schule gewinnen könne. Auch mit dem Bekenntnis zur zwingenden Notwendigkeit eines „materialistisch-wissenschaftlichen" Unterrichts, wie ihn der Programmausschuß forderte, mochten sich die Sachsen nicht anfreunden. Immerhin gebe es, so ihre plausible Begründung, selbst in der sozialistischen Bewegung ernstzunehmende Leute genug, die die materialistische Betrachtungsweise nicht teilten. Daher solle man die materialistische Theorie „nicht zum Dogma erheben, solange sie nicht allgemeine Anerkennung gefunden hat", zumal man eine „große Organisation" und nicht eine kleine Sekte bilden wolle.

In ihrem eigenen Programmentwurf machten die Sachsen indessen auch einige Zugeständnisse an das verbreitete proletarisch-sozialistische Schuldenken im „Bund". Von der „klassenlosen Gesellschaft" und der „sozialistischen Kultur" war auch in ihrem Alternativkonzept die Rede. Der „preußische Weg" zur Errichtung von weltlichen Sonderschulen wurde ausdrücklich als legitimer, allerdings nicht mehr als einzig richtiger anerkannt:

1. „Der Bund der Freien Schulgesellschaften ist der organisatorische Träger der weltlichen Elternbewegung.
2. Er kämpft für die allgemeine, freie, weltliche Staats- und Einheitsschule, für die alle notwendigen sozialen, unterrichtlichen und erzieherischen Einrichtungen vom Staate sicherzustellen sind.
3. Erziehung und Unterricht gründen sich auf die Erkenntnisse der Wissenschaft, insbesondere der Soziologie und Pädagogik.
4. Die Erziehung durch die freie Schule dient der Herbeiführung der klassenlosen Gesellschaft. Sie ist ein Teil des Ringens um die sozialistische Kultur.
5. Auf Grund der bestehenden staatlichen und gesellschaftlichen Verhältnisse versucht der Bund in Ländern mit fortschrittlicher Schulgesetzgebung den weiteren Ausbau des Schulwesens nach seinen Grundsätzen durchzuführen. In Ländern mit konfessionell gebundenen, allgemeinen Volksschulen ist die Errichtung weltlicher Sammelschulen gesetzlich und organisatorisch zu erkämpfen."[63]

Die westdeutschen Linkssozialisten, von der Opposition der Sachsen völlig unvorbereitet getroffen, reagierten im Stile einer Kardinalskongregation zur Überwachung der christlichen – in diesem Falle marxistischen – Lehre. Ihr Bedauern darüber, daß ihnen kein der Exkommunikation vergleichbares Mittel gegen die Verbreiter ketzerischer Ansichten zur Verfügung stand, konnten die radikalen Linken kaum verbergen. Besonders aggressiv reagierte in den Frühjahrsmonaten 1930 Adelheid Torhorst; wo immer sie in dieser Zeit sprach und schrieb, bemühte sie sich, den im wesentlichen von ihr zu verantwortenden offiziellen Programmentwurf zur einzig richtigen Interpretation der marxistischen Theorie zu erklären und Kritiker daran als Agenten bürgerlicher Organisationen und Ideologien zu denunzieren. Den Sachsen, die Torhorst immer wieder als Marionetten des Deutschen Lehrervereins darstellte, passe die „eindeutig marxistische Linie der bisherigen Bundestagsbeschlüsse" nicht. „Man versucht daher", deduzierte die Düsseldorfer Linke weiter, „diese eindeutige Terminologie, die unveräußerlicher Bestand der marxistischen Wissenschaft und damit unveräußerlicher Besitz der proletarischen Klasse ist, durch Begriffe abzuschwächen, die bereits offensichtlich zur bürgerlichen Ideologie herüberleiten." Eine Ablehnung oder auch nur inhaltliche Änderung des Programmentwurfs, sprach Torhorst ex cathedra, werde ein Abweichen von dieser Linie bedeuten. Das sei „in der heutigen Zeit verschärften Kulturkampfes gegen uns, des verschärften Kampfes gegen das Proletariat vor der Geschichte niemals zu verantworten."[64]

Durch die sächsische Provokation legten die westdeutschen Linkssozialisten erstmals auch ihre Haltung zur Forderung nach der Verweltlichung des gesamten Schulwesens – wozu sich der Bund ja ebenfalls nach Dortmund rhetorisch weiterhin bekannte – unmißverständlich, kompromißlos, gleichsam ohne falsche Scham und taktische Rücksichtnahmen offen. An einer Verweltlichung der Schule, so nun die Linken, war

---

63 Zur Position des sächsischen Bezirksverbandes vgl. Aufbau, Jg. 3, 1930, Nr. 2, S. 35 ff.; Die freie weltliche Schule 1930, Nr. 9/10, S. 71 ff.; Nr. 13, S. 99.
64 Die freie weltliche Schule 1930, Nr. 4, S. 25; vgl. auch Der Volkslehrer, Jg. 12, 1930, Nr. 12, S. 148; Der Klassenkampf, Jg. 3, 1929, Nr. 23, S. 724.

im Kapitalismus nicht zu denken; insofern gab es für sie auch keinen Grund, der sächsischen Empfehlung zu folgen und die weltlichen Sonderschulen als Ausgangspunkt und Vorbilder einer allgemeinen, staatlichen Schule in der Republik auszugestalten. „Zwischen den Akt der allgemeinen Verweltlichung und die Zeit unseres Sonderschuldaseins wird sich", so Otto Schrank, „die politische Machtergreifung durch die Arbeiterklasse, vielleicht auch erst die sozialistische ökonomische Umgestaltung durch das Proletariat einschieben müssen."[65] Und dann werde der Marxismus nicht mehr nur der Unterrichtsstoff einiger weltlicher Sonderschulen, sekundierte ihm der Redakteur Gustav Hädicke, sondern die Grundlage des gesamten Unterrichts an allen Schulen sein.[66] Aus dieser Perspektive gesehen, gab es keinen Grund, die weltlichen Schulen normativ zu öffnen und von der sozialistischen Kampfstellung abzurücken.

Die Entscheidung in der Auseinandersetzung zwischen den westdeutschen Linkssozialisten und dem Bezirksverband Sachsen mußte auf dem Bundestag Pfingsten 1930 in Erfurt fallen. Wie schon vor den Vertreterversammlungen 1925 in Dortmund und 1926 in Breslau, so gingen die Düsseldorfer Lehrer auch dieses Mal eigens in Klausur. In den Osterferien 1930 trafen sie sich in Radevormwald, um das marxistische Staatsverständnis zu schärfen, vor allem aber um die Strategie für Erfurt festzulegen.[67] Die Sachsen allein waren für die Linkssozialisten noch keine Gefahr; sie hätte man ohne Probleme majorisieren können. Was indessen die westliche Linke irritierte und zunehmend unsicherer machte, war das Verhalten der Berliner, die in ihrer Bezirksgruppe eine eigene Programmkommission gebildet hatten, über die Resultate ihrer Beratungen dort aber strenges Stillschweigen bewahrten und es bei der Ankündigung beließen, auf dem Bundestag Position beziehen zu wollen.[68] Nervös waren die Düsseldorfer deshalb, weil eine der großen Autoritäten der freien Schulgesellschaften in der Berliner Programmkommission mitgearbeitet hatte: Kurt Löwenstein. Sein außerordentliches Renommee, das er als Theoretiker der weltlichen Schulbewegung, Vorsitzender der AsL sowie der Kinderfreunde und als Reichstagsabgeordneter der SPD besaß, konnte in Erfurt den Ausschlag geben. Im Vorfeld der Bundesversammlung aber war nicht ganz klar, wo der eher gemäßigte Linkssozialdemokrat im Konflikt zwischen den Sachsen und den Düsseldorfern stand.

Als der Erfurter Bundestag endlich Anfang Juni 1930 stattfand, war die Spannung groß wie schon lange nicht mehr auf einer zentralen Vertreterversammlung; fast schien den „Bund" die Zeit der frühen 20er Jahre wieder eingeholt zu haben.[69] Die Atmosphäre war emotionsgeladen; die Debatte wurde stürmisch geführt, die Redner nicht minder leidenschaftlich unterbrochen. Den Anfang setzte Adelheid Torhorst, die über den Entwurf der Programmkommission referierte. Sie zeigte sich außerordentlich intransigent, geradezu verstockt, womit sie die Position der Linkssozialisten indessen enorm verschlechterte. Von Anfang an weigerte sie sich strikt, auch nur die geringste

---

65 Aufbau, Jg. 3, 1930, Nr. 3, S. 67; vgl. auch Der Volkslehrer, Jg. 12, 1930, Nr. 13, S. 158.
66 Die freie weltliche Schule 1930, Nr. 6, S. 41.
67 Vgl. Der Volkslehrer, Jg. 12, 1930, Nr. 12, S. 148; *Torhorst*, Die pädagogischen Fachgruppen, S. 90.
68 Die freie weltliche Schule 1930, Nr. 4, S. 25.
69 Über den Erfurter Bundestag vgl. Allgemeine Deutsche Lehrerzeitung 1930, Nr. 27, S. 528 f.

Änderung und Korrektur an ihrem Entwurf durch die Versammlung zu akzeptieren. Der Marxismus erfordere „unerbittliche, kompromißlose Klarheit", sonst verliere er seine Wissenschaftlichkeit. Für sie, so rief sie trotzig aus, sei das Bekenntnis zu Marx und Engels eben keine „Sonntagsbeschäftigung" und „Sonntagsangelegenheit". Doch diese selbstgerechte Pose stieß die Delegierten eher ab. Dagegen verhielten sich die Sachsen, wie sich zeigen sollte, sehr viel flexibler.

Im Laufe der Tagung hatte, wie erwartet, Kurt Löwenstein die Initiative ergriffen. Auch ihm war die Attitüde Adelheid Torhorsts, sich als einzig berufene Interpretin der marxistischen Theorie aufzuspielen, ziemlich auf die Nerven gegangen.[70] Aber er hatte auch prinzipielle Einwände gegen das programmatische Selbstverständnis der Linkssozialisten. Nach Auffassung von Löwenstein mußte ein sozialistisches Programm zwei Aufgaben erfüllen: Es sollte die Massen gewinnen und sammeln, und es sollte die charakteristischen Ziele der Bewegung definieren. Der Vorschlag der Programmkommission konnte nach Überzeugung Löwensteins die erste Aufgabe nicht realisieren; er war zu eng formuliert, legte der Bewegung Schranken auf, kurz: er war ausgerichtet auf die Pioniere, nicht aber auf die Arbeiterklasse als Ganzes – die aber brauchte die sozialistische Bewegung. Am Alternativentwurf der Sachsen mißfiel Löwenstein zwar die, wie er meinte, allzu ängstliche Distanz zum sozialistischen Klassenkampf, doch hielt er ihn als Plattform für ausbaufähig; und im übrigen kam er mit den sächsischen Vertretern besser ins Gespräch als mit den starrsinnig auf ihrer Position beharrenden Linkssozialisten. Er überarbeitete den Entwurf der Sachsen, strich einige Stellen, ergänzte und erneuerte, machte ihn ein wenig, aber nicht sehr viel radikaler. Dann stimmte er sich mit den Vertretern der Unterverbände Köln, Waldenburg, der Provinz Sachsen und den Landesverbänden Braunschweig und Sachsen ab. Die Sachsen zogen ihren ursprünglichen Text zurück, und gemeinsam brachte man nun den Löwenstein-Entwurf ein. Die Linkssozialisten waren endgültig in die Defensive geraten und boten nun ihre letzte Waffe auf: den Ideologen des „Dortmunder Geistes", Max Adler. Der Austromarxist hatte eingangs der Tagung einen Vortrag über „Nationale und internationale Erziehung" gehalten. Nun unterbrach die Tagungsleitung den Fluß der Rednerliste, um Adler die Gelegenheit einzuräumen, zur Programmfrage Stellung zu beziehen. Im Grundsatz setzte sich Adler zwar für die Düsseldorfer ein, aber auch er, der marxistische Kantianer, wandte sich gegen eine weltanschauliche Dogmatisierung des Materialismus. So bahnte sich das an, womit wenige Monate zuvor niemand im „Bund" gerechnet hatte, nämlich die Niederlage der Linkssozialisten. Am Ende stimmten 196 Delegierte für den Löwenstein-Entwurf; dagegen votierten nur 119 für den Vorschlag der Programmkommission. Dadurch gab sich der „Bund der freien Schulgesellschaften" im Juni 1930 folgendes Programm:

„1. Der Bund der Freien Schulgesellschaften Deutschlands ist der organisierte Träger der weltlichen Schulbewegung.

---

70 Zur Haltung Löwensteins vgl. Sozialistische Erziehung, Jg. 6, 1930, H. 7, S. 49 ff.; Die freie weltliche Schule 1930, Nr. 15, S. 110 ff.

2. Er kämpft für die weltliche Schule als öffentliche, allgemeine und soziale Einheits-schule.

3. Er reiht sich mit seinem Ringen um die Verweltlichung des Schulwesens in den Kampf um die klassenlose Gesellschaft.

4. Der Aufbau und die Arbeit der weltlichen Schule haben sich nach den gesellschaft-lichen Notwendigkeiten für das heranwachsende Geschlecht zu richten, deren Fest-stellung nach den Methoden der materialistischen Geschichtsauffassung zu erfol-gen hat.

5. Je nach der Lage der bestehenden politischen und gesellschaftlichen Verhältnisse versucht der Bund, den weiteren Ausbau des Gesamtschulwesens nach seinen Grundsätzen durchzuführen oder die Einrichtung weltlicher Sammelschulen ge-setzlich und organisatorisch zu erkämpfen."

Die Ereignisse des Erfurter Bundestages überraschten und faszinierten auch solche Lehrer an weltlichen Schulen, die dem „Bund" längst den Rücken gekehrt hatten. Besonders euphorisch kommentierte der Kölner Fritz Länge, in den frühen 20er Jah-ren eine der Spitzenpersönlichkeiten des „Bundes" und eher rechts stehender Sozial-demokrat, das Resultat von Erfurt. Er sprach jubilierend von einem Sieg der „Revi-sionisten" und begrüßte, daß sich im „Bund" endlich eine „nüchterne, wirklich-keitsnähere Auffassung" durchgesetzt habe.[71] Zufrieden äußerten sich verständli-cherweise auch die Vertreter der Mehrheitsrichtung. Sie werteten das verabschiedete Programm als einen gesunden Mittelweg zwischen den Extremen; es öffne die Tore des Bundes, aber es setze ihm gleichwohl auch eindeutige und klar umrissene Ziele.[72] Gefühle der Enttäuschung, ja der Frustration hatten sich dagegen bei den Linkssozialisten breit gemacht. Ihre Hegemonialkraft war gebrochen; von dem Schlag, den sie in Erfurt erhalten hatten, sollten sie sich nicht mehr erholen. Verstärkt wurde diese Paralysierung der Linkssozialisten auch noch durch die parteipolitisch verur-sachte Zerfaserung dieser Gruppierung. Im Sommer 1931 trat Adelheid Torhorst, die bis dahin für die SPD im Reichstag saß, zur KPD über und entfremdete sich vie-len ihrer Freunde, die zunächst in der SPD blieben, zumindest aber nicht mit der KPD gehen wollten. Im Oktober 1931 gründeten eine Reihe linkssozialistischer Lehrer dann die SAP mit; andere hielten an der Zugehörigkeit zur Sozialdemokratie fest. All das sprengte in den frühen 30er Jahren den Zusammenhalt der linkssozialisti-schen Gruppierung.

Unmittelbar nach Erfurt hatte sich diese Gruppe ganz in ihre westdeutsche Hoch- und Wagenburg zurückgezogen und ein etwas selbstgerechtes und larmoyantes Pathos gepflegt. Auf einer Tagung der Bezirksverbände Münster, Arnsberg und Düsseldorf in Essen sprach Adelheid Torhorst mit bitteren Worten über das Erfurter Desaster, hoffte aber, in der historischen Perspektive das Recht zu bekommen, was sie auf einer Versammlung der profanen Gegenwart nicht erhalten hatte: Die Leistungen der Links-sozialisten würden, so Torhorst, von der Geschichte einmal „besser bewertet als von

---

71 Rheinische Zeitung, 16.7.1930; vgl. Der Volkslehrer 1930, Nr. 15, S. 188.
72 Vgl. Sozialistische Erziehung, Jg. 6, 1930, H. 7, S. 50.

der Mehrheit des Bundestages." Es bleibe allein dem Westen überlassen, so die Düsseldorferin, den geraden Weg von Dortmund, den die Bundesmehrheit und die Bundesleitung verlassen hätten, konsequent weiterzugehen.[73]

Zumindest aber der Ideologe der Bundesmehrheit, Kurt Löwenstein, hatte sich – und darin unterschied er sich gewiß von den Sachsen – niemals vom Dortmunder Kurs abgewendet; er hatte nur nicht die Radikalisierung dieses Kurses, wie sie sich seit dem Bundestag in Braunschweig 1929 abzuzeichnen schien, mit- oder auch nur nachvollziehen wollen. Er blieb so den Dortmunder Beschlüssen gewissermaßen sogar treuer als die Linkssozialisten. Wo die Linkssozialisten revolutionäre Speerspitzen schaffen wollten, die sich auf den gewalttätigen Kampf mit der Bourgeoisie vorbereiteten, und die Verweltlichung des Schulwesens selbst in das Jenseits einer nachrevolutionären, vollständig sozialistisch durchgestalteten Gesellschaft verlegten, hoffte Löwenstein weiterhin auf den sukzessiven Ausbau weltlich-solidarischer Bildungs- und Energiezentren, die die Gesellschaft auch ohne den revolutionären Bruch schon möglichst weit durchdringen und im Sinne sozialer und demokratischer Prinzipien kontinuierlich umformen sollten. Die Bundesmehrheit folgte diesem Verständnis; der Führer der sozialdemokratischen Lehrerbewegung war so zugleich Vordenker der weltlichen Schulbewegung.

Es war daher nur folgerichtig, daß der Referent zum Haupttagesordnungspunkt „Die schulpolitische Lage" auf dem Bundestag in Bad Salzelmen, Pfingsten 1931, Kurt Löwenstein hieß. Auch dieser Vortrag bewies, daß Löwenstein seine Auffassung seit dem Dortmunder Bundestag 1925 keineswegs geändert hatte. Er bezeichnete die weltlichen Schulen weiterhin als Kulturgüter der „werdenden sozialistischen Gesellschaft" und „Arbeitsstätten kollektivistischen Lebenswillens"; dort hätten die Kinder „ein Stück neuer Welt" mit der Möglichkeit zur freien demokratischen und sozialistischen Entfaltung.

f) *Defensive zum Ende der Republik: Gegen die „Schulreaktion"*

Doch nahm in Bad Salzelmen erstmals auf einem Bundestag der freien Schulgesellschaften die binnenperspektivische Auslegung der weltlichen Schulidee nicht den größten Raum des Referats und der anschließenden Debatte ein. Die Existenz der „kollektivistischen Arbeitsstätten" war durch die Rechtsentwicklung im Reich seit dem Frühjahr 1930, verstärkt noch seit den Reichstagswahlen im September mehr denn je in Frage gestellt. Die freien Schulgesellschaften hatten nun ganz andere Sorgen, als sich um reformistische oder revolutionäre Perspektiven ihrer Schulen zu zanken; es ging allein darum, diese Schulen zu erhalten. Die weltliche Schulbewegung operierte aus der Defensive – und das schlug sich auf das Selbstverständnis nieder. Während die Referenten früherer Tagungen Zukunftsmodelle über die Aufgaben und innere Entwicklung der weltlichen Schulen entwarfen, steckte Löwenstein im wesentlichen die

---

73 Die freie weltliche Schule 1931, Nr. 3, S. 30 f.

Linien für die Verteidigungsstellung der freien Schulgesellschaften im Kampf gegen die „Schulreaktion" ab. Auch die Resolution, die die Delegierten abschließend verabschiedeten, hatte nichts mehr mit dem unbefangenen Optimismus und der apolitischen Selbstabkapselung in dem inneren Betrieb der weltlichen Sonderschulen auf den vorangegangenen Vertreterversammlungen des „Bundes" zu tun:

„Die weltwirtschaftliche Krise wird von der bürgerlich-kapitalistischen Gesellschaft mißbraucht, um die sozialen und kulturpolitischen Errungenschaften der Arbeiterschaft abzubauen und die Arbeiterklasse in ihrem Emanzipationskampf zu hindern. Lohnabbau, Abbau der sozialen Gesetzgebung, Notverordnung, Konkordate und mechanische Sparmaßnahmen auf dem Gebiete der öffentlichen Wirtschaft wirken sich als systematische Schädigungen der Arbeiterklasse aus, wenn es nicht gelingt, die Arbeiter zum Abwehrkampf und zum Aufbau einheitlich zusammenzufassen.

Vor allen Dingen aber leidet unter diesen reaktionären Maßnahmen die heranwachsende Jugend und ihre öffentliche Erziehungsanstalt, die Schule. Die Möglichkeiten des Ausbaues einer weltlichen Schule aus gesellschaftlicher Notwendigkeit heraus werden von den Sparmaßnahmen erstickt.

Die kulturpolitische Reaktion hemmt die weltliche Schulbewegung durch Verwaltungsschikane und durch bewußte politische Förderung konfessioneller Schulentwicklung.

Die Bundestagung der Freien Schulgesellschaften bekämpft diese wirtschaftlich kulturelle Reaktion. Sie fordert die Aufhebung aller kulturreaktionären Maßnahmen und Bestimmungen und den Ausbau des Lebensraumes der weltlichen Schule als der einheitlichen sozialen Aufbauschule des arbeitenden Volkes. Sie stellt die Forderung an die politischen Vertreter, an die politischen und kulturellen Organisationen der Arbeiterklasse, sich mit aller Energie für den Ausbau der weltlichen Schulbewegung einzusetzen, der weltlichen Schule die rechtlichen Unterlagen zu schaffen und ihr wirtschaftliche Möglichkeiten zu sichern."[74]

An dieser eher defensiven Ausrichtung der eigenen Zielsetzung und politischen Forderungen sollte sich bis zum Ende der Republik nichts mehr ändern. Im Gegenteil. 1932 ging es dem Bund in erster Linie nur noch um die Konservierung, nicht mehr um den Ausbau des Bestehenden; es galt die Angriffe zu parieren, die Organisation zusammenzuhalten.[75] Bezeichnenderweise verzichtete 1932 die Bundesleitung auch für den ursprünglich Pfingsten 1933 vorgesehenen Bundestag in Dernau darauf, einen wissenschaftlichen Vortrag, wie er bis 1930 auf allen Vertreterversammlungen noch üblich war, auf die Tagesordnung zu setzen.[76] „Was helfen uns großartige Pläne und schöne Programme", hatte der Bundesvorsitzende Karl Linke schon 1931 erklärt, wenn der Bestand des „Bundes" und der weltlichen Schulen insgesamt durch

---

74 Über den Bundestag in Bad Salzelmen vgl. Vorwärts, 27.5.1931; Der Volkslehrer 1931, Nr. 12, S. 152; Die freie weltliche Schule 1931, Nr. 7, S. 68.
75 Die freie weltliche Schule, Jg. 12, 1932, Nr. 6, S. 42.
76 Die freie weltliche Schule, Jg. 12, 1932, Nr. 11, S. 83.

die Offensive der politischen und kulturellen Reaktion auf dem Spiel stand.[77] Von der „werdenden Gesellschaft", aber auch von reformpädagogischen Absichten war kaum mehr die Rede. Die weltlichen Schulen kämpften um das nackte Überleben, und so traten materielle und sozialpolitische Postulate immer mehr in den Vordergrund. Der „Bund" forderte nun vom Staat die finanzielle Unterstützung von Schul- und Mütterspeisungen und die Gewährung der Lernmittel- und Schulgeldfreiheit, besonders für Kinder der Arbeiterklasse.

Allerdings kamen 1932 auch wieder Zweifel am „preußischen Weg" der Gründung weltlicher Sonderschulen auf. Erneut wurde die Frage gestellt, ob es nicht besser sei, für die Idee der Weltlichkeit und der Trennung vom Religionsunterricht an den Simultan- bzw. Konfessionsschulen zu werben. Die Bundesleitung befürwortete jedoch nach wie vor den „preußischen Weg", wobei sie allerdings nicht immer besonders seriös und überzeugend argumentierte. So trat Adolf Hauert, seit dem Erfurter Bundestag 1930 Schriftleiter des „Bundes", den Kritikern der Sammelschulen mit dem Hinweis entgegen, daß durch die weltlichen Sonderschulen in Preußen rund 90.000 Kinder „dem schulischen Einfluß der Reaktion entzogen" worden seien, während sich im Freistaat Sachsen, wo der „Bund" für die Gemeinschaftsschule eintrat, nur 80.000 vom Religionsunterricht gelöst hätten.[78]

Doch was Hauert als Pluspunkt für die preußischen Sonderschulen ausgab, sprach beim näheren Hinsehen in eklatantem Maße gegen sie, denn prozentual war der sächsische Weg ganz offenkundig weitaus erfolgreicher als der preußische: Schließlich übertraf die Einwohnerzahl Preußens die des sächsischen Freistaats beinahe um das Achtfache.

Der sächsische Weg fand im „Bund der freien Schulgesellschaften" erst Anerkennung, als alles zu spät und er nicht mehr zu begehen war. Die Nationalsozialisten verboten, kaum daß sie an die Macht gekommen waren, die Einschulung an weltlichen Sammelschulen von Ostern 1933 an. Der Bundesvorstand, der sich deswegen Ende Februar 1933 zu einer Krisensitzung traf, versuchte zu retten, was nicht mehr zu retten war, und gab die Parole aus, die Kinder an den Konfessionsschulen vom Religionsunterricht abzumelden und dort im übrigen für den weltlichen Schulgedanken zu fechten. In der Not besann man sich der bis dahin hartnäckig geleugneten sächsischen Tugend: „Und es gibt nicht wenige unter uns, die diese Arbeit immer für die richtige angesehen haben. Die freien Schulgesellschaften im Freistaat Sachsen haben damit prozentual größere Erfolge erzielt als wir in Preußen."[79] Doch solche Überlegungen kamen zu spät und waren wohl eher Produkt der Ausweglosigkeit oder der Illusion. Die Nationalsozialisten zerstörten die weltliche Schulbewegung insgesamt, gleichviel ob preußisch oder sächsisch.

---

77 Die freie weltliche Schule, Jg. 11, 1931, Nr. 6, S. 52.
78 Aufbau, Jg. 5, 1932, Nr. 4, S. 123 f.
79 Die freie weltliche Schule, Jg. 13, 1933, Nr. 3, S. 18.

3. Praxis

a) *Der Schulboykott*

In der Konstituierungsphase zielten die Aktivisten der ersten, im Westen des Reiches gelegenen Gruppen des „Bundes" vornehmlich auf die Durchsetzung freier weltlicher Schulzweige. Das lief in den Jahren 1920/21/22 in keiner Stadt des Rhein- und Ruhrgebietes konfliktlos ab. Überall traf der Bund auf eine breite Phalanx von Gegnern aus Verwaltung, Parteien, Presse und Kirchen. In aller Regel kulminierten die Auseinandersetzungen in monatelangen, erbittert geführten Schulstreiks. Die Streiks bildeten für die Gruppen im Westen eine elementare, dauerhaft identitätsstiftende Basiserfahrung, aus der sie ihre Stärke, ihren Zusammenhalt und vor allem ihr Selbstbewußtsein bezogen. Um die Erfahrung des Streiks waren die westlichen Ortsgruppen ihren bundesinternen Gegnern aus Sachsen, Magdeburg und Berlin – wo ein schulpolitisch milderes Klima herrschte als in den katholischen Hochburgen an Rhein und Ruhr – voraus, und schon deshalb hielten sich die Bezirksorganisationen Düsseldorf und Arnsberg für die eigentlichen Pioniere und legitimierten Speerspitzen der weltlichen Schulbewegung. Tatsächlich hatten die Streiks die Mitglieder eng zusammengeschweißt. Ortsgruppen, die einen langen und erfolgreichen Schulboykott zur Errichtung weltlicher Schulen durchstanden hatten, gehörten zweifelsohne bis zum Ende der Republik zu den stärksten und vitalsten im „Bund"; hingegen gingen Lokalorganisationen, die sich als nicht streikfähig erwiesen, bald wieder ein. Die Streiks banden zudem insbesondere die Arbeitereltern an die Schule. Denn während das bundesinterne Ringen um die theoretische Formel und die programmatische Ausrichtung in erster Linie eine Sache der Lehrer war, blieb der primäre Kampf um die Ausgliederung in eigens gebildete weltliche Schulen im wesentlichen den proletarischen Erziehungsberechtigten überlassen.

Die Auseinandersetzungen um den Aufbau weltlicher Sammelschulen verlief in den frühen 20er Jahren nach einem ziemlich einheitlichen Grundmuster. Die Ortsgruppe des „Bundes" sammelte zunächst Unterschriften bei Eltern, die ihre Kinder in konfessionslosen Schulen unterrichtet haben wollten. Die lokale bzw. bezirkliche Kommunal-/Schulverwaltung stellte sich daraufhin meist stur und versuchte die Initiative der „freien Schulgesellschaft" unter Heranziehung juristischer Argumente verwaltungstechnisch zu vereiteln. Die rechtsbürgerliche Presse und die evangelischen und katholischen Elternorganisationen flankierten den Widerstand der Bürokratie ideologisch durch religiöse Kampagnen gegen die drohenden „gottlosen Freidenkerschulen". Der „Bund" reagierte nun mit dem Schulstreik.

Meist dauerte der Ausstand mehrere Wochen, teilweise auch Monate, während der sich die Fronten außerordentlich verhärteten. Eine Lösung konnte dann im Regelfall nur durch das Eingreifen des preußischen Kultusministeriums herbeigeführt werden, das in den meisten Fällen die Genehmigung für den Aufbau einiger „Sammelschulen ohne Religionsunterricht" – wie die offizielle Bezeichnung lautete – erteilte.

Die Konfliktkonstellation um die weltliche Schule soll im folgenden am Beispiel der Stadt Köln näher illustriert werden. Dort hatte sich schon Anfang 1920 unter der Führung des sozialdemokratischen Lehrers Fritz Länge ein „Bund der freien Schule" gegründet.[80] Doch erst ein Jahr später fühlte sich der Kölner „Bund", der etwa 300 Mitglieder umfaßte, stark genug, eine Kampagne für die Errichtung weltlicher Schulsysteme aufzunehmen. Im Januar 1921 gingen die Bundesmitglieder mit Listen herum, in denen sich diejenigen Erziehungsberechtigten mit Namen eintragen konnten, die ihre Kinder auf „bekenntnisfreie (weltliche) Schulen" schicken wollten. Innerhalb weniger Wochen bekam der Bund auf diese Weise 4.500 Unterschriften zusammen. Die Schulbehörde allerdings weigerte sich, das Listenverfahren anzuerkennen; sie verlangte von den Eltern jeweils individuelle Willenserklärungen über die Abmeldung ihrer Kinder vom Religionsunterricht.[81] Der „Bund" fügte sich dieser Anordnung, und seine Aktivisten machten sich erneut auf den Weg. Das Ergebnis ihrer Bemühungen fiel indessen dieses Mal ungleich magerer aus: 2.000 Eltern hatten inzwischen Angst vor der eigenen Courage bekommen und waren wieder abgesprungen; insgesamt konnte der „Bund" Mitte März nur noch 2.537 Einzelerklärungen präsentieren.

Doch selbst diese bescheidene Zahl war den klerikalen Kräften in Köln, dem Zentrum des (politischen) Katholizismus im Deutschen Reich, noch entschieden zu hoch. Etliche Schulleiter, die die Adressaten der Erklärungen waren, weigerten sich, die Manifestation der Eltern überhaupt anzunehmen, wozu sie rechtlich durchaus verpflichtet waren. Andere Rektoren nahmen die Unterlagen zwar in Empfang, gaben aber das Material, das amtlichen Charakter besaß und vertraulich behandelt werden mußte, ohne Erlaubnis im Lehrerkollegium weiter und gewährten sogar den Geistlichen der katholischen Kirche Einsicht. Diese notierten sich die Adressen der Abtrünnigen, und schon bald setzte, wie die „Rheinische Zeitung" schrieb, „eine Jagd auf die Frauen" ein. Tagsüber, als die meisten Männer zur Arbeit waren, schwärmten katholische Lehrer, Pfarrer und Ordensschwestern aus, um die Mütter der vom Religionsunterricht abgemeldeten Kinder in ihren Wohnungen aufzusuchen. Die Besuchsaktion blieb nicht ohne Erfolg; eine Reihe von Müttern unterschrieb eine Gegenerklärung. Sie hatten sich von der Drohung beeindrucken lassen, daß ihre Kinder andernfalls nicht zur Kommunion zugelassen würden.[82] Der „Bund" brauchte sich also keine Illusionen über die Hindernisse und Widerstände zu machen, die sich seinem Ziel, nach den Osterferien am 13. April mit dem Unterricht in den neuen weltlichen Schulen zu beginnen, entgegenstellten. Vertreter des „Bundes" gewannen in Gesprächen mit Repräsentanten der Stadtverwaltung überdies den Eindruck, daß die städtische Administration das Verfahren sabotierte und hintertrieb. Die Kölner Anhänger der weltlichen Schule verließen daraufhin allmählich den bis dahin von ihnen

---

80 Vgl. Rheinische Zeitung, 17.2.1920.
81 Rheinische Zeitung, 26.6.1921.
82 Vgl. Rheinische Zeitung, 26.3. und 4.4.1921; vgl. auch Die Glocke 7, 1924, S. 662 ff.

verfolgten gemäßigten Kurs und drohten auf einer Versammlung am 1. April erstmals mit möglichen Streikaktionen.[83] Doch dann schien es, als wären die Besorgnisse der Befürworter einer freien Schule unbegründet gewesen. Der „Bund" konnte innerhalb weniger Tage zwei große Erfolge feiern: Am 5. April verabschiedete die Kölner Schuldeputation mit neun zu acht Stimmen denkbar knapp einen von der Sozialdemokratischen Partei eingebrachten Antrag, am 1. Mai auf Elternwunsch „Schulen ohne Religionsunterricht" zu errichten. Zwei Tage später schloß sich die Kölner Stadtverordnetenversammlung nach hitziger Diskussion mit einem Votum von 56:51 dieser Entscheidung an. Überraschend hatten nicht nur die Sozialdemokraten und Kommunisten, sondern auch die Demokraten und sogar die halbe Fraktion der DVP offenkundig aus alter antiklerikaler Tradition für den Antrag gestimmt.[84]

Selbstbewußt geworden durch diese unverhofften Erfolge, meldeten die Mitglieder des „Bundes" ihre nächsten Ansprüche an. Von der Schulbehörde verlangten die weltlich gesinnten Eltern, daß ihre Kinder vom 13. April, dem Schulbeginn nach den Osterferien, bis zum 1. Mai, den in Aussicht gestellten Eröffnungstag der Sammelschulen, vom Unterricht im konfessionellen Klassenverband beurlaubt werden sollten. Man lehne es ab, so mehrere Stadtteilgruppen des Kölner „Bundes der freien Schule" am 9. und 10. April, die Kinder „auch nur eine Stunde" in konfessionelle Schulen zu schicken, „und sie dem Terror und der Drangsalierung der Geistlichkeit und der ihr geistesverwandten Lehrerschaft preiszugeben."[85] Das war kein starker Tobak, denn die Kirche gab das Ringen um die Seelen der Abtrünnigen in der Tat noch nicht verloren. In Köln ging nun der Kulturkampf um die Schule in die nächste Runde. Den Auftakt dazu setzten 53 Straf- und Vormundschaftsrichter, die am 11. April mit einer Erklärung gegen die „religionslosen Schulen" an die Öffentlichkeit traten:

„Gerade in der heutigen Zeit, wo die Verrohung und Verwilderung der Jugend das höchste Maß erreicht hat und die Kriminalität der Jugend einen erschreckenden Umfang aufweist, ist es notwendig, die Jugend, die die Trägerin der Zukunft des deutschen Volkes ist, zur Autorität und zum Recht zu erziehen. Die Erfahrung lehrt, daß eine solche Erziehung nur an Hand des Sittengesetzes und religiöser Wahrheiten möglich ist. Eine Schule, die sich aufbaut auf den Ausschluß der Kinder vom Religionsunterricht, wie er in der Schule herkömmlich ist, bedeutet eine Gefahr für die Erziehung der Jugend und für den sittlichen Wiederaufbau des Vaterlandes."[86]

Zwei Tage später fuhr der rheinische Klerus sein schwerstes Geschütz auf: die Autorität des soeben zum Kardinal ernannten Kölner Erzbischofs Schulte. Schulte hatte sich mit einer Kundgebung an das katholische Volk gewandt. Das erzbischöfliche Manifest gipfelte in den zwei Sätzen: „Es ist keinem katholischen Vater und keiner katholischen Mutter erlaubt, das Kind der katholischen Kirche zu entziehen, um es

---

83 Rheinische Zeitung, 2.4.1921.
84 Rheinische Zeitung, 6. und 8.4.1921.
85 Rheinische Zeitung, 9. und 11.4.1921.
86 Rheinische Zeitung, 12.4.1921.

einer weltlichen Schule anzuvertrauen. Handelt jemand anders, dann macht er sich selbstverständlich unwürdig des Empfangs der heiligen Sakramente, weil er sich treulos gegen die heiligen Interessen Christi und seiner Kirche erweist."[87] Eine ähnliche Erklärung gaben zudem noch alle katholischen Pfarrer der Diözese Köln ab, und für den 15. April war eine große Protestveranstaltung der katholischen Elternorganisation im Großen Saal des Gürzenich angekündigt.

Die Befürchtungen der weltlichen Eltern, daß ihre Kinder in der verbleibenden Zeit an den konfessionellen Schulen Einschüchterungsversuchen oder gar Schikanen ausgesetzt sein könnten, waren mithin keineswegs ganz abwegig. Die schulpolitische Atmosphäre zumindest war ziemlich vergiftet. Da die Kölner Schulbehörde dem Begehren der Eltern auf Schulbefreiung ihrer Kinder nicht stattgegeben hatte, beschlossen einige Sektionen des Kölner „Bundes der freien Schule", ernst zu machen und ihre Mitglieder und Anhänger zum Schulstreik aufzufordern. Die Führung des Kölner „Bundes" hingegen hatte bis zum letzten Augenblick versucht, den Schulboykott zu verhindern, doch vergeblich: Am 13. April hielten in mehreren Stadtteilen Kölns die Eltern, obwohl ihnen die Schulbehörde mit Strafen drohte, ihre an den weltlichen Sammelschulen gemeldeten Kinder vom Unterricht in den alten Konfessionsschulen fern.[88]

Den Kölner „Bund der freien Schule" warf das zu einem denkbar ungünstigen Zeitpunkt in eine heftige Krise. Anfangs versuchte der „Bund" noch, die internen Konflikte nicht nach außen dringen zu lassen, doch dann ging der Vorsitzende des „Bundes", Fritz Länge, am 19. April selbst an die Öffentlichkeit. Dabei legte sich Länge keinerlei taktische Rücksichten auf. In aller Schärfe distanzierte er sich vom Schulstreik einiger Sektionen, die er, der zum ethisch-reformistischen Flügel der Sozialdemokratie gehörte, in den Griff „parteifanatischer Hetzer" wähnte. Den Schulstreik dürfe man, so Länge, nur als allerletztes Mittel anwenden, wenn sonst keine andere Möglichkeit zur Durchsetzung der weltlichen Schule mehr existiere. In Köln aber sei die weltliche Schule bereits auf den Weg gebracht, und die Terminierung des Schulbeginns auf den 1. Mai sei Teil des von Sozialdemokraten, Kommunisten und Liberalen befürworteten Antrags in der Schuldeputation und der Stadtverordnetenversammlung gewesen. Insofern gebe es, führte Länge aus, für den Streik keine politische Grundlage; der „Bund" müsse sich vielmehr um eine „positive Einwirkung auf die Schulverwaltung" bemühen.[89]

Allerdings mußte Länge rasch erfahren, daß er die positiven Gestaltungsmöglichkeiten über den institutionellen Weg überschätzt, die Blockaden im Verwaltungsapparat gegen reformistisch-weltliche Neuerungen hingegen unterschätzt hatte. Die Kölner Bezirksregierung, die in schulpolitischen Fragen die Geistlichkeit regelmäßig konsultierte, stellte sich allen Vorschlägen und Anregungen des „Bundes der freien Schule" gegenüber taub, ja sie ließ Vertreter des „Bundes" nicht einmal vor. Allmäh-

---

87 Rheinische Zeitung, 14.4.1921.
88 Rheinische Zeitung, 13.4.1921.
89 Rheinische Zeitung, 19.4.1921.

lich festigte sich bei den Verantwortlichen im „Bund" der Eindruck, daß die Kölner Regierung das Projekt der weltlichen Sammelschule gezielt sabotierte. Am 28. April, 4 Tage also vor der geplanten Schuleröffnung in den weltlichen Schulzügen, bestätigte sich der Verdacht. Das städtische Nachrichtenamt gab an diesem Tag die lakonische Information heraus, daß die Regierung die Genehmigung zur Errichtung von Sammelschulen noch nicht erteilt habe und daß damit auch in den nächsten Tagen nicht zu rechnen sei. Am 1. Mai, so viel war jetzt klar, würden die weltlichen Schulen nicht mit dem Unterricht beginnen können.[90]

Nun schlug auch bei den gemäßigten Kräften im „Bund der freien Schulen" die Stimmung um. Vom 1. Mai an streikten nicht mehr nur einige Stadtteilgruppen, sondern der gesamte „Bund" und die gesamte weltliche Schul- und Elternschaft. Auch Fritz Länge stellte sich nicht mehr gegen den Boykott. Schließlich wurde ausgerechnet er gleichsam ein Opfer der vermittelnden Kooperationsstrategie. Am 2. Mai hatte er gemeinsam mit dem Fraktionssekretär der Kölner SPD, Robert Görlinger, den Kölner Regierungspräsidenten und Zentrumsmann Brugger aufgesucht, um mit ihm über die weiterhin ungeklärte Zukunft der weltlichen Schulen in Köln zu reden. Brugger aber kanzelte den Vorsitzenden des „Bundes der freien Schule" mit einer offenkundig beispiellosen Unhöflichkeit und Arroganz ab; als Gesprächspartner wollte er Länge nicht akzeptieren. Gegenüber Görlinger machte Brugger dann deutlich, daß er keineswegs gewillt war, den Beschluß der Kölner Stadtverordnetenversammlung anzuerkennen und zu befolgen.[91]

Das schroffe und politisch instinktlose Auftreten Bruggers rief unter den Bundesmitgliedern und weltlichen Eltern große Empörung hervor und löste innerhalb der sozialistischen Arbeiterbewegung eine Welle der Solidarität aus. Als der „Bund" am 4. Mai eine Protestveranstaltung gegen das Verhalten der Kölner Bezirksregierung durchführte, war der Versammlungsort, das Kölner Volkshaus, restlos besetzt. In zahlreichen Kölner Betrieben sammelten Arbeiter Spenden für den Streikfond des „Bundes". Die sozialistischen Studenten boten sich für die pädagogische Betreuung der streikenden Kinder an. Die Kinder trafen sich jeden Morgen am gleichen Ort, um mit einigen Müttern und Studenten Ausflüge zu unternehmen, den Zoo zu besuchen oder auf Spielplätzen zu spielen.[92] Zugleich aber polarisierte sich die Situation, und die entschlossene Konsequenz des Streiks trieb die darüber erschrockenen Liberalen aller Schattierungen wieder in die Arme des Zentrums und der Deutschnationalen. Als die Ratsfraktion der Kölner SPD in der Stadtverordnetenversammlung am 6. Mai einen Antrag einbrachte, der sich gegen die Politik des Regierungspräsidenten wandte, stimmten sowohl die Links- als auch die Rechtsliberalen zusammen mit dem Zentrum und der DNVP dagegen; der sozialdemokratische Antrag – der im Grunde nur die politische Linie der am 7. April von der Stadtverordnetenmehrheit verabschiedeten Entschließung fortschrieb – wurde abgelehnt.[93]

90 Vgl. Rheinische Zeitung, 29. und 30.4.1921.
91 Rheinische Zeitung, 7. und 9.5.1921.
92 Rheinische Zeitung 7. und 9.5.1921.
93 Rheinische Zeitung, 7.5.1921.

Der „Bund" ließ sich aber davon nicht irritieren und setzte den Streik mit unverminderter Entschlossenheit fort. Die Fronten in der Stadt waren inzwischen dermaßen verhärtet, daß eine eigene Kölner Lösung nicht mehr vorstellbar war. Es hing mithin alles von der Haltung des preußischen Ministeriums für Kunst, Wissenschaft und Volksbildung ab. Doch der Streik mußte erst in die sechste Woche gehen, bevor das Ministerium seine bisherige Zurückhaltung und Distanz zu den Kölner Vorgängen aufgab und einen Vertreter an den Rhein schickte. Der Abgesandte des Kultusministeriums traf am Morgen des 25. Mai mit Repräsentanten des „Bundes der freien Schule" und der Kölner Bezirksregierung zusammen. Noch im Laufe des Tages verbreitete der „Bund" triumphierend die Meldung, daß der Berliner Regierungsvertreter die Position des „Bundes" unterstützt und durchgesetzt hatte. Ebenfalls am gleichen Tag erklärte der Vorstand des Kölner „Bundes" den Schulstreik für beendet.[94] Doch dann mußten die Eltern und Schüler noch weitere 14 Tage zittern, da die schriftliche Bestätigung der Vereinbarung vom 25. Mai durch den Minister selbst unerklärlicherweise ausblieb. Zumindest lautete so die Angabe der Kölner Schulbehörde und Regierung noch am 8. Juni. Erst als sich sozialdemokratische Landtagsabgeordnete um die Sache kümmerten und im Ministerium erfuhren, daß das Telegramm des Ministers bereits Ende Mai als Eilsendung nach Köln abgegangen war, bestätigte die Bezirksregierung am 9. Juni den Eingang des Schreibens.[95] Am 14. Juni hatten die weltlichen Eltern ihr Ziel endlich erreicht: Die Kölner Schuldeputation hatte in fünf Stadtteilen Sammelklassen ohne Religionsunterricht eingerichtet.[96]

Doch wer geglaubt hatte, daß damit der Kölner Schul- und Kulturkampf beendet sei, sah sich schon eine Woche später eines Besseren belehrt. Denn da, am 21. Juni, riefen die katholischen Elternorganisationen ihrerseits den Schulstreik aus.[97] Die Schuldeputation nämlich hatte einige Sammelklassen in Schulräumen untergebracht, die zu den Gebäuden katholischer – wenngleich natürlich städtisch unterhaltener – Konfessionsschulen gehörten. Ihre Kinder aber in unmittelbarer Nähe von den gottlosen Freidenkern – das wollten die katholischen Eltern in keinem Fall hinnehmen. Auch der katholische Schulstreik zog sich über 5 Wochen hin. Erfolg hatte er jedoch nur im Stadtteil Mülheim, wo die weltlichen Lehrer und Eltern dem Druck der katholischen Gegenseite wichen und in das veraltete und auf die Dauer auch zu kleine Gebäude einer früheren Fortbildungsschule umzogen. Die übrigen Sammelklassen blieben, wohin sie die Schuldeputation gewiesen hatte, wobei sie allerdings hinnehmen mußten, daß um ihre Gelände auf Veranlassung der katholischen Schulleiter Mauern und Zäune hochgezogen wurden. Den christlichen Kindern sollte dadurch der Anblick des sündhaften Treibens jenseits der Mauern erspart bleiben.[98] Ein Jahr später brach in Köln – genauer: in Mülheim – der dritte Schulstreik aus. Die Fortbildungsschule, die die weltlichen Lehrer und Eltern Mülheims im Juli 1921 als vorüberge-

94 Rheinische Zeitung, 24.5.1921.
95 Rheinische Zeitung, 8. und 9.6.1921.
96 Rheinische Zeitung, 15.6.1921.
97 Rheinische Zeitung, 21.6.1921.
98 Rheinische Zeitung, 18.7.1921 und 18.2.1922.

henden Notbehelf akzeptiert hatten, bot für die neuen Klassen im Juni 1922 nicht mehr Platz genug. Die Eltern forderten daher von der Schulbehörde, ihren Kindern Platz in ordentlichen Volksschulen zu verschaffen. Doch die Schulverwaltung verwies die Mülheimer weltlichen Sammelklassen in eine Hilfsschule. Der „Bund" empfand das als Schmach und eklatante „Zurückweisung der Kinder der freien Schulen gegenüber den konfessionellen Schulen" und propagierte in einer Vorständekonferenz am 8. Juni den „schärfsten Abwehrkampf".[99] Fünf Tage später blieben die weltlichen Schüler Mülheims dem Unterricht fern.[100] Am 19. Juni traten auch die übrigen Schüler der weltlichen Sammelschulen Kölns für einige Tage in den Solidaritätsstreik.[101] Wie ein Jahr zuvor, so ging auch dieser Boykott über sechs Wochen; und auch dieses Mal konnte er erst durch das Eingreifen des preußischen Kultusministeriums beendet werden. Am 24. Juli 1922 trafen sich Vertreter der Stadt- und Schulverwaltung, der Stadtverordnetenfraktionen, der Bezirksregierung, des „Bundes" und eben des Kultusministeriums zu einer Besprechung, um eine Lösung des Mülheimer Schulkonflikts zu finden. Die Verhandlungen endeten mit einem Kompromiß: Die weltlichen Eltern Mülheims erhielten die Zusage, daß ihre Kinder ab dem 1. April 1923 in Volksschulgebäuden untergebracht würden. Am 18. Juli 1922 brachen die Mülheimer Sammelschüler daraufhin ihren Schulstreik ab.[102]

Was in Köln geschah, ereignete sich 1920-22 noch in zahlreichen anderen Orten Im Westen des Deutschen Reichs. Teilweise gingen die Anstöße zur Gründung weltlicher Schulen von freigeistigen Vereinen aus, so etwa in Düsseldorf, teilweise kam der Impuls auch direkt von den sozialistischen Parteien, in Dortmund besonders von der USPD, der KPD und den Syndikalisten, in Elberfeld dagegen im wesentlichen von der MSDP. Mal liefen die Konflikte in milderen, mal aber auch in noch ungleich schärferen Formen als in Köln ab. Besonders erbittert wurden die Auseinandersetzungen in solchen Städten ausgetragen, in denen sich auch die Schuldeputationen mehrheitlich den Anliegen der weltlichen Eltern widersetzten. Das war beispielsweise in Dortmund und Düsseldorf der Fall, wo die Streiks 7 bzw. 14 Monate anhielten. Am schnellsten regelten sich die Dinge im Wuppertal; dort konnte die lokale Schulgesellschaft den Boykott bereits nach 5 Tagen erfolgreichen Ringens einstellen. Doch selbst hier – und in Düsseldorf und Dortmund war es nicht anders – fiel die Entscheidung erst, als zwei Geheimräte des preußischen Kultusministeriums zur Schlichtung des Streiks angereist kamen und eine Einigung herbeiführten.[103]

Im Laufe des Jahres 1922 flauten die schulpolitischen Kämpfe an Rhein und Ruhr allmählich ab. Im Mai 1924 flackerten sie in der entgegengesetzten Region des deutschen Reiches, im schlesischen Kohlenrevier, wieder auf.[104] Hier, in der Gegend um

---

99 Rheinische Zeitung, 9.6.1922.
100 Rheinische Zeitung, 13.6.1922.
101 Rheinische Zeitung, 17.6.1922.
102 Rheinische Zeitung, 27.7.1922.
103 Vgl. Der freie Lehrer, Jg. 2, 1920, Nr. 42/43, S. 329; Monistische Monatshefte 1920, S. 408 ff.; als Überblick vgl. auch *Luise Wagner-Winterhagen*, Schule und Eltern in der Weimarer Republik, Weinheim und Basel 1979, S. 212 ff.
104 Vgl. Hamburger Echo, 31.5.1924.

Waldenburg, herrschte eine dem rheinisch-westfälischen Industriegebiet vergleichbare Konstellation, die Kultur- und Schulkämpfe offenkundig begünstigte: eine kämpferische, aber minoritäre Arbeiterbewegung stieß auf eine tief in der Bevölkerung verankerte katholische Kirche.

Doch auch im Westen hatte sich die schulpolitische Atmosphäre noch keineswegs beruhigt. Mitte der zwanziger Jahre durchflutete eine neue Welle von Schulstreiks besonders das Rheinland. In Hamborn, Walsum, Haan, Wülfrath, Velbert, Solingen, Oberhausen, Sterkrade und Karnap hielten 1926 die weltlich orientierten Eltern ihre Kinder vom Unterricht an den Konfessionsschulen fern, um die Errichtung religionsloser Sammelklassen zu erzwingen. In Sterkrade mußten die Eltern dafür empfindliche Strafen hinnehmen. Auf eine besonders feste Mauer intoleranter Einstellungen aber stießen die Anhänger der weltlichen Schule in Walsum. Bereits 1922 hatte die Düsseldorfer Bezirksregierung den Aufbau einer weltlichen Sammelschule zugesagt. Dreieinhalb Jahre warteten die Eltern vergebens auf die Erfüllung des Versprechens, dann wurde es ihnen zu bunt: Ostern 1926 verkündeten sie den Schulboykott. Die Eltern stellten schließlich Lehrer auf eigene Kosten ein, doch konnten sie diese bald nicht mehr bezahlen, weil die Polizei die streikenden Familien mit rigiden Strafen überzog. Auf die Spitze aber trieb es die rechtsbürgerliche Mehrheit der Walsumer Schuldeputation, an deren christlich-dogmatischem Sendungsbewußtsein alle Willensäußerungen und Handlungen der weltlichen Eltern wirkungslos abprallten. Nachdem die Streiks bereits mehrere Monate dauerten, faßte die Majorität der Schuldeputation den ethisch unverantwortlichen, politisch jedenfalls eindeutig verfassungswidrigen Beschluß: „Als Vertreter der christlichen Weltanschauung ist es den unterzeichnenden Mitgliedern Gewissenspflicht, dafür einzutreten, daß jedes Kind in einer der beiden Konfessionen erzogen wird. Eine Erziehung der Jugend ohne religiöse Fundamentierung betrachten sie als eine Versündigung am Volkswohl."[105]

Seit den späten 20er Jahren minderte sich die Zahl der Boykottkämpfe für die weltliche Schule. 1929 brachen noch ein Streik im schlesischen Grünberg, im thüringischen Schmölln und ein weiterer im westfälischen Recklinghausen aus. Insgesamt aber vermied der „Bund" nun allzu aufsehenerregende Aktionen. Die weltlichen Schulen standen mit dem Rücken zur Wand, da vor dem Staatsgerichtshof eine Klage der preußischen Landtagsfraktion der DNVP auf Feststellung der Verfassungswidrigkeit der weltlichen Sammelschulen anhängig war.[106] In den frühen 30er Jahren hörten die Aktivitäten für den Aufbau neuer weltlicher Schulen dann ganz auf. Auch die neugebildeten Ortsgruppen des „Bundes" beschränkten sich darauf, für die vom Religionsunterricht abgemeldeten – gleichwohl an den Konfessions- bzw. Simultanschulen verbliebenen – Schüler einen besonderen Lebenskundeunterricht zu fordern und dann pädagogisch auszugestalten.[107] Ein solch besonderer Lebenskundeunterricht widersprach zwar den Beschlüssen des Breslauer Bundestages von 1926, aber das spielte

---

105 Vgl. Monistische Monatshefte 1926, S. 415, und Die freie weltliche Schule 1926, Nr. 13, S. 102; Nr. 24, S. 196 f. (Nr. 20, S. 165).
106 Die freie weltliche Schule 1929, Nr. 11, S. 83.
107 Die freie weltliche Schule 1933, Nr. 1, S. 3.

in der Defensivsituation des „Bundes" am Vorabend der nationalsozialistischen Macht-übernahme keine Rolle mehr.

b) *Probleme und Obstruktionen*

Ein erfolgreicher Streik und die Etablierung der weltlichen Sammelschule bedeute-ten für die Ortsgruppen aber nicht das Ende der Probleme. Mit bürokratischen Ob-struktionen, mit Vorurteilen und Ressentiments hatten sich die lokalen Vereine der freien Schulgesellschaften über die gesamten Jahre der Weimarer Republik ausein-anderzusetzen. Die meisten Schuldeputationen, Kreisschulleiter und Bezirksregierun-gen beobachteten die weltlichen Schulen mit großem Mißtrauen und kaum verhüll-ter Antipathie. Allein die Bezeichnung „weltliche Schule" war für die Behörden tabu; man hielt sich dort mit pedantischer Genauigkeit an den umständlichen, aber offi-ziellen Titel „Sammelklassen und Sammelschulen für die am Religionsunterricht nicht teilnehmenden Kinder".[108]

Mancherorts beteiligte sich sogar die Polizei an den Schikanen gegen die weltli-chen Schulen und den „Bund der freien Schulgesellschaften"; jedenfalls klagte 1926 der Bezirksverband Düsseldorf über polizeiliche Überwachungen der Versammlun-gen und der Flugblattagitation.[109]

Für die Verbreitung von Ressentiments, ja Ängsten über die weltliche Schule tru-gen insbesondere die Kirchen Verantwortung. In unzähligen Handzetteln, Faltblät-tern, Gemeindebriefen, Sonntags- und Schwesternzeitungen beschrieben sie in dü-steren Farben den Verfall der Sittlichkeit durch den areligiösen Unterricht und klag-ten die Versündigung an der Seele des Kindes durch die weltlichen Lehrer an. Einige Kreise des Protestantismus bedienten sich bei der Suche nach wirksamer propagan-distischer Munition auch aus der Giftkammer des völkischen Antisemitismus. So wur-den die Gründer der weltlichen Schulen auf einer Veranstaltung des „Evangelischen Elternbundes" in Berlin als „Galizier, Ausländer und Juden", die man mitsamt ih-rer „Heidenkinder" besser in Hammelställen und Baracken statt in ordentlichen deut-schen Schulräumen unterbringen solle, zu diskreditieren versucht. Die Elternorgani-sationen des Katholizismus appellierten dagegen weniger an die deutschnationalen Gefühle, um so mehr dafür an die sittlich-moralischen Sorgen und Ängste der Eltern. Glaubte man den Darstellungen der katholischen Verbände, dann herrschte an den weltlichen Schulen Zügellosigkeit und sexuelle Libertinage, ein Schulbetrieb alles in allem wo weder Autorität, noch Zucht und erst recht kein Glaube herrschte.

Das Problem Nummer 1 aber war für den „Bund" der Mangel an Lehrern, die bereit waren, den Unterricht an den weltlichen Schulen zu übernehmen. Kaum etwas beschäftigte die Lokalorganisationen des Bundes in all den Weimarer Jahren mehr als die Frage „Wo kriegen wir die Lehrer her?" Es passierte nicht selten, daß eine

---

108 Vgl. Die freie Schule 1923, S. 18; Die freie weltliche Schule 1927, Nr. 11, S. 86.
109 Die freie weltliche Schule 1926, Nr. 9, S. 70.

Ortsgruppe genügend Eltern zur Abmeldung ihrer Kinder am Religionsunterricht bewegen und der Administration die Zusage zum Aufbau weltlicher Schulzweige abringen konnte, dann aber doch kurz vor dem Ziel scheiterte – weil man keine Lehrkräfte aufzutreiben vermochte. Das galt schon für die unmittelbare Konstituierungsphase der weltlichen Schulen Ostern 1921; in Städten wie Solingen, Wald und Wattenscheid fand sich unter den örtlichen Volksschullehrern nicht ein einziger, der seinen Dienst an der weltlichen Schule antreten wollte, so daß diese nicht errichtet werden konnten. In Dortmund gab es zum gleichen Zeitpunkt 3.067 Schülerbewerbungen für die weltliche Schule, doch statt der erforderlichen 60–70 Schulklassen konnten nur acht eingerichtet werden; mehr Pädagogen standen nicht zur Verfügung.[110]

Daran änderte sich auch in den darauffolgenden Jahren nicht viel. Ostern 1923 lagen etwa in Breslau Anmeldungen für beinahe 50 Schulklassen vor. Doch für nur sieben Klassen ließ sich der Unterricht organisieren, denn von 1.250 Breslauer Volksschullehrern bekannten sich allein sieben zur weltlichen Schulidee. Noch schwärzer sah es vier Jahre später, Ostern 1927, in Erfurt und Stettin aus; dort reagierte kein einziger Lehrer auf die Stellenausschreibung für die weltliche Schule.[111]

c) *Reformpädagogik*

Diese Zurückhaltung der Volksschullehrer – auch wenn sie mit dem Gedanken der Weltlichkeit sympathisierten – gegenüber den konfessionsfreien Sammelschulen hing gewiß mit dem Fehlen der gesetzlichen Fundierung dieser Schulen zusammen. Besonders ältere Lehrer, die sich an die Sekurität ihrer beruflichen Stellung gewöhnt hatten und sie keinesfalls auf's Spiel setzen wollten, scheuten das zwar pädagogisch reizvolle, aber nicht risikolose Engagement in den weltlichen Schulen. Im Laufe der 20er Jahre ging man daher immer mehr dazu über, die Lücken im Lehrerkollegium durch Schulamtsbewerber, die angesichts der Lehrerarbeitslosigkeit zunächst einmal über jede Stelle froh waren, zu schließen.[112] Das brachte Nachteile mit sich, schloß aber auch Vorzüge ein. Negativ wirkte sich auf den Schulbetrieb der häufige Wechsel der Schulamtsbewerber aus. Auf der Habenseite aber konnte man den ungewöhnlich großen Idealismus und die unverbrauchte Einsatzbereitschaft vieler Junglehrer verbuchen. Der reformpädagogische Elan, der die meisten weltlichen Schulen gegenüber anderen Schularten auszeichnete und der sie auch in gewisser Weise attraktiv machte, hatte seine Ursache nicht zuletzt in der dafür günstigen Altersstruktur des Lehrkörpers. Gerade die Junglehrer engagierten sich noch über den vorgegebenen Unterricht hinaus. An den Nachmittagen boten sie für interessierte Schüler Projektunterricht und Arbeitsgemeinschaften an. An etlichen Schulen gab es daher Arbeitsgruppen für Sport und Tanz, für Esperanto und Stenographie, für Sprechchor und

---

110 Vgl. Der freie Lehrer, Jg. 3, 1921, Nr. 24, S. 182.
111 Die freie weltliche Schule 1926, Nr. 18/19, S. 138; 1927, Nr. 18/19, S. 150.
112 Die freie weltliche Schule 1923, S. 96 und 107.

Theaterstücke, die Schüler konnten besondere Kurse in Nähen, Flicken, Buchbinden und gärungsloser Früchteverwertung belegen, sie konnten in Schulkapellen und in Schulzeitungen mitwirken.[113] Zum reformpädagogischen Ethos der meisten an den weltlichen Schulen unterrichtenden Junglehrer gehörte im übrigen auch, daß sie – was in der schulpolitischen Landschaft der Weimarer Republik durchaus nicht die Regel war – auf die Prügelstrafe verzichteten.

Schwieriger indessen gestaltete sich für die Lehrer im „Bund der freien Schulgesellschaften" die Reform des Unterrichtsstoffs. In den Anfängen der weltlichen Schulen hatten die Lehrkräfte mangels Alternativen noch mit Ausnahme des Religionsbuches auf die Unterrichtsmaterialien der konfessionellen Schulen zurückgegriffen. Doch das empfanden sowohl die Eltern als auch die Pädagogen als unbefriedigend. Schließlich waren die Geschichts- und Lesebücher der christlichen Schulen ebenfalls gefüllt mit religiösen Metaphern und Abbildungen, nicht selten zudem mit monarchistischem und nationalistischem Gedankengut. Da vom Kultusministerium weltliches oder streng republikanisches Lehrmaterial nicht zu erwarten war, mußten sich die Lehrer im „Bund" wohl oder übel gleichsam am eigenen Schopf aus dem Sumpf religiöser und vordemokratischer Stoffülle herausziehen. Die Suche nach neuen Unterrichtsmethoden verlief dabei nicht ohne den Charme eines zwar zuversichtlichen, aber doch recht naiven Dilettantismus. So setzte ein Lehrer 1923 kurzerhand eine Anzeige in die Zeitschrift des „Bundes", um auf diese Weise einen belletristisch begabten Autor für das an den weltlichen Schulen allseits und sehnsüchtig erwartete Lesebuch zu fordern: „Wer von den Kollegen an weltlichen Schulen ist fähig und bereit an dem Lesebuch für das 2.–4. Schuljahr mitzuarbeiten [...] Wer Lehrer und Dichter zugleich ist, den möchte ich herzlich bitten, mir einige Versuche einzuschicken."[114]

Doch mittels einer solchen willkürlichen und zufälligen Autorenauswahl ließ sich, wie auch die Lehrer rasch einsahen, eine grundlegende und systematische Verweltlichung und Reform des Unterrichts nicht bewerkstelligen. Die westlichen Bezirke Niederrhein und Arnsberg richteten nicht zuletzt deshalb „Pädagogische Fachgruppen" ein, um dadurch eine stringente Kommissionsarbeit für die Unterrichtsreform mit klarer Aufgabenverteilung und Zielsetzung voranzutreiben. 1926 erkannte der Breslauer Bundestag diese „Pädagogischen Fachgruppen" als reichsweite Organisation der Lehrer an und mahnte die restlichen Bezirke dringend, dem westlichen Beispiel zu folgen. Allerdings fand dieser Appell kein Gehör; mit Ausnahme der Bezirke Niederrhein und Arnsberg bestanden die „Pädagogischen Fachgruppen" in den anderen Regionen bestenfalls auf dem Papier.[115]

So lag die Arbeit in den Kommissionen zur Unterrichtsreform ganz in den Händen der westdeutschen Linkssozialisten, ergänzt um den Breslauer Rektor Max Felsen, der die Verantwortung für die Reform des Geschichtsunterrichts trug. Es zeigte sich, daß es nicht so einfach war, die proletarisch-sozialistischen Zielsetzungen des „Bun-

---

113 Vgl. dazu Die Neue Erziehung, Jg. 7, 1925, S. 272.
114 Die freie Schule 1923, S. 11.
115 Vgl. Die freie weltliche Schule 1926, Nr. 20, S. 164; 1927, Nr. 4, S. 33 f.; 1929, Nr. 6, S. 46.

des" seit 1925 auf die konkreten Unterrichtsinhalte und -methoden der weltlichen Schulen zu übertragen. Die Zeitgenossen in der weltlichen Schulbewegung gestanden sich das zwar nicht offen ein, aber stillschweigend fanden sich die Aktivisten in den Kommissionen für Literatur, Gesang, Geschichte und Rechnen damit ab, daß all ihre Konzeptionen bestenfalls für die älteren Schüler in der siebten oder achten Klasse taugten. Aus diesem Grund konzentrierten sich die weltanschaulich ehrgeizigen Kommissionsmitglieder in ihren Ausarbeitungen seit 1928 auch nur noch auf diese Altersstufen. So empfahl die Literaturkommission, das herkömmliche Lesebuch abzuschaffen und statt dessen Lesebögen mit locker zusammengefügten Auszügen aus Romanen und Gedichten sozialistischer Schriftsteller im Deutschunterricht einzuführen. Für noch besser hielt sie die Lektüre von „Einzelschriften mit proletarischem Inhalt". Doch war zumindest der letzte Vorschlag nicht so einfach in die Realität umzusetzen. Die Anschaffung der Einzelschriften kostete viel Geld, und darüber verfügten weder die Schulen noch die Eltern in ausreichendem Maße. Aber vielleicht noch hinderlicher war, daß das literarische Angebot nicht gerade mit einer Vielzahl empfehlenswerter Bücher sozialistischer Machart gesegnet war. Die Lehrer an den weltlichen Schulen hatten ihre liebe Mühe damit, halbwegs genießbare proletarisch-sozialistische Prosa und Poesie ausfindig zu machen. Immerhin hatte es die Literaturkommission bis zum Ende der 20er Jahre geschafft, eine mehrere hundert Seiten umfassende Stoffsammlung zusammenzustellen, die von den örtlichen Gruppen und Schulen zentral bezogen werden konnten. Darunter waren Auszüge aus Jack Londons „König Alkohol", Upton Sinclairs „Jimmy Higgins", Georg Engelbert Grafs „Der Kampf um das Erdöl", aber auch Ludwig Thomas „Drei lustige Geschichten". Alles in allem aber löste die Literatursammlung an den Schulen keine allzu große Begeisterung aus, da sich selbst die Schüler der 7. und 8. Klassen, für die sie gedacht war, von einigen Texten überfordert fühlten. Den unteren Klassen konnte die Literaturkommission sowieso nichts Brauchbares bieten. Hier hielt man sich, besonders in den ersten Schulklassen, weiterhin an die eigentlich verpönten Fibeln, die von einigen Lehrern auf eigene Initiative hin verfaßt und herausgegeben worden waren. Diese Fibeln waren zwar weltlich, im übrigen aber ohne große weltanschauliche Ambitionen geschrieben.[116]

Auch der von Max Felsen entworfene Geschichtsunterricht orientierte sich in erster Linie am Lernvermögen der älteren Jahrgänge der weltlichen Schüler. Insgesamt hatte Felsen sein Konzept am gründlichsten von allen Unterrichtsreformern auf marxistische Grundlage gestellt; wahrscheinlich war es in diesem Fach auch am leichtesten. Doch selbst die vom Wermelskirchner Lehrer Bockemühl geleitete Rechenkommission gab sich Mühe, den zukünftigen Rechenunterricht an den weltlichen Schulen aus der Perspektive des sozialistischen Proletariats zu entwickeln. „Der Zweck des Rechenunterrichts ist", faßte Bockemühl das ebenfalls auf die 7. und 8. Klasse zugeschnittene Vorhaben seiner Kommission zusammen, „das rechnerische Begreifen des

---

116 Zur Literaturkommission vgl. Die freie weltliche Schule 1926, Nr. 3, S. 21; Nr. 9, S. 71; Nr. 11, S. 91; 1930, Nr. 1, S. 6.

Wirtschafts- und Gesellschaftslebens vom proletarischen Standpunkt aus. Wichtig ist die Beantwortung der Fragen: Was verdient er? Wie lange arbeitet er? Wie kann das geändert werden? Die Stoffe müssen aus dem Leben des Proletariats gewählt werden."[117] Vergleichsweise leichte Arbeit hatte die Gesangskommission, die das Liedgut in der Schule von christlicher Erbauung und militärisch-chauvinistischer Begeisterung entschlacken sollte. Sie konnte schließlich auf probate Vorbilder zurückgreifen, auf den Gesang der Arbeiterbewegung und die Volkslieder der Jugendbewegung. Doch auch diese Kommission war ganz auf die älteren Schüler fixiert; das Liederbuch, das sie kompilierte, war allein dem 7. und 8. Schuljahr zugedacht.[118]

d) *Kulturarbeit*

Im Schnittpunkt von Jugend- und Arbeiterbewegung lag zudem die Kulturarbeit des „Bundes der freien Schulgesellschaften", was sich besonders in den beiden Liedern, die man mit Abstand am meisten auf Fest- und Feierveranstaltungen des „Bundes" hören konnte, dokumentierte. Das war zum einen das alte Lied der sozialistischen Arbeiterbewegung „Brüder zur Sonne, zur Freiheit"; und das war zum anderen die zumindest in den frühen 20er Jahren allseits anerkannte Hymne der Jugendbewegung „Wann wir schreiten Seit' an Seit'". Wenn man morgens mit dem einen Lied zum Festplatz zog, dann kehrte man abends von dort mit ziemlicher Sicherheit mit dem Gesang des anderen Liedes wieder zurück. Die weltliche Schulbewegung feierte Sonnenwendfeste, Wald- und Frühlingsfeste, sie zelebrierte eine weltliche Weihnacht und veranstaltete Kulturabende für die Eltern; den Höhepunkt bildeten regionale Jugend- und Elterntreffen, zu denen sich Tausende von Bundesmitgliedern eines Bezirks zumeist in größeren Stadien zu einem umfangreichen Kultur- und Sportprogramm trafen. Bei den Darbietungen dieser Feste schmolzen nicht nur im Liedgut Elemente der Arbeiter- und Jugendbewegung zusammen, auch bei den Aufführungen der Laientheater und den Tanzgruppen koexistierte schwärmerische Naturromantik mit revolutionär-proletarischem Pathos und Ausdrucksformen der „neuen Sachlichkeit" friedlich nebeneinander. Zumeist liefen die Feste nach einem ähnlichen Grundmuster ab. Die Teilnehmer sammelten sich morgens an einem zentralen Platz und marschierten dann in einem Demonstrationszug, dem auch Trommlerkorps und Mandolinenspieler angehörten, durch die Stadt zum Festplatz, der in der Regel außerhalb des Orts in einem Wald oder auf einer Wiese lag. Die offizielle Veranstaltung begann dann gewöhnlich mit dem Gesang des Sprechchors und der Eröffnungsansprache des jeweiligen Vorsitzenden des „Bundes". Danach zeigten die Klassen und Arbeitsgemeinschaften der weltlichen Schulen, was sie im Unterricht bzw. in den Sonderkursen alles an kulturellen und sportlichen Aktivitäten gelernt hatten: Freiübungen, Ball- und Laufspiele, Volkstänze und Radfahrreigen, rhythmische Tänze, Lauten-

---

117 Die freie weltliche Schule 1930, Nr. 1, S. 6.
118 Die freie Schule 1923, S. 168, und Die freie weltliche Schule 1927, Nr. 13, S. 106.

spiele, klassenkämpferische Sprech- und Bewegungschöre, aber auch romantische und humoreske Märchen- und Fastnachtsspiele von Hans Sachs und Emil Reinhard Müller, jenem „Vater" des schon damals legendären „Weimarer Geists" der Arbeiterjugendbewegung. Manchmal wurden auch „rote Kasperlestücke" inszeniert, und auf Sonnenwendfeiern hängten die Teilnehmer mitunter einen selbst gezimmerten „alten Geist" über den Scheiterhaufen und zündeten ihn dann an. Am Abend formierten sich die Eltern und Schüler schließlich zu einem Fackelzug, um mit Gesang zu ihren Wohnquartieren zurückzukehren.

Auf den weltlichen Weihnachtsfeiern ging es unterschiedlich zu, mal proletarisch, mal bieder kleinbürgerlich. In den einen Fällen standen wuchtige Sprechchoraufführungen in großen Hallen mit antimilitaristischen und sozialistischen Botschaften im Vordergrund; in den anderen, häufigeren Fällen verlief das Spektakel indes kaum anders als vergleichbare Feiern in konfessionellen Schulen, nur das christliche Credo fehlte: Die Klassenräume der weltlichen Schulen waren ebenfalls mit Weihnachtsbäumen und Kerzen geschmückt, die Schüler der höheren Klassen spielten den Kleineren Märchenstücke vor, dann kam ein Knecht Rupprecht, der Spekulatius und Nüsse verteilte.[119]

Zur kulturellen Praxis des „Bundes" und der weltlichen Schulen gehörten auch vergleichsweise häufige Wanderungen und Ferienfahrten. Auch darin wird die Affinität zur Jugend- und Lebensreformbewegung der damaligen Jahre deutlich; die Schüler sollten sich durch die Fahrten und Wanderungen wenigstens für einige Tage und Wochen der hektischen und ungesunden Zivilisation entziehen dürfen und in „freier Waldesluft und in sonniger Heide" zu sich selbst finden und neue Kräfte sammeln dürfen.[120] Die reformpädagogisch-lebensreformerischen Aspirationen besonders der Lehrer gipfelten in den Bestrebungen einiger Bundesgruppen, abseits der großen Städte (Schul-)Landheime zu errichten. Dadurch wollte man den großstädtischen Schulkindern eine zumindest zeitweilige Alternative zu den „engen Straßen mit Autoverkehr und Benzingestank" ermöglichen und ihnen das Erlebnis „innigster Berührung mit der Natur" verschaffen. In den Landschulheimen sollten nicht der Intellekt geschult und der Geist gedrillt, sondern die körperlichen, manuellen, kreativen und sozialen Fähigkeiten entwickelt und verfeinert werden; kurz, man strebte pädagogische Stätten einer „Lebens-, Arbeits- und Kulturgemeinschaft" an.

---

119 Zu den Festen und Feiern der weltlichen Schulbewegung vgl. u.a. Rheinische Zeitung, 10.12.1923; Die freie Schule 1923, S. 143; Die freie weltliche Schule 1925, S. 47, 78 und 119; 1927, Nr. 1, S. 7; Nr. 13, S. 107.
120 Die freie weltliche Schule 1926, Nr. 12, S. 91 und 95 f.; 1923, Nr. 8, S. 60.

e) *Landschulheime*

Im Netzwerk der sozialistischen Arbeiterkultur war der „Bund der freien Schulgesellschaften" nicht die einzige Organisation, die in den Weimarer Jahren die Absicht verfolgte, eine Reihe eigener Häuser und Hütten irgendwo in der freien Natur aufzubauen. Doch oftmals scheiterten diese Organisationen an ihrer chronischen Finanzknappheit. Und auch dem „Bund" setzten geringe finanzielle Ressourcen enge Grenzen für die allzu gewagten und expansiven Landheimprojekte. So mußte er sich schließlich alles in allem mit dem Besitz von insgesamt drei Häusern begnügen; das erste lag in der Nähe von Köln, das zweite bei Remscheid und das dritte im Harz nahe Goslar.

Die wenigste Arbeit und die geringsten finanziellen Belastungen bereitete noch das zweite Haus, das sogenannte Kinderheim in Remscheid. Denn hier übernahm der Düsseldorfer Bezirksverband nur das, was andere bereits errichtet und ausgebaut hatten. Die Gründung des Kinderheims ging zurück auf das Jahr 1923 und auf eine Initiative der Freien Volkshochschule Remscheid, die unter der Führung von Johannes Resch stand. Ende 1925 bot Resch dem Bezirksvorstand des Düsseldorfer „Bundes" an, das Haus zu übernehmen. Anfangs zögerte der Bezirksvorstand noch, da er sich nicht sicher war, ob er für den Unterhalt des Hauses genügend Geld zur Verfügung hatte, doch dann griff er zu. Am 25. Juli 1926 konnte er die Neueröffnung feiern. Eine rote Fahne wurde gehißt und ein breit gestreutes Kulturprogramm geboten: rhythmisch-gymnastische Bewegungschöre, Turnübungen, Rezitationen, Kabaretts; aber es gab auch Musikkapellen, Glücks- und Moritatenbuden.[121]

Etwa zwei Monate zuvor hatten die Mitglieder des Kölner „Bundes der freien Schulgesellschaften" ihr Heim, eine sogenannte „Schulfarm", eingeweiht. Sie hatten dabei ungleich mehr an Vorarbeiten und Mühen auf sich nehmen müssen als ihre Bundesgenossen aus Düsseldorf. Über etliche Monate hatten die Eltern der Schulkinder, auch eine Reihe von Mitgliedern der sozialistischen Jugendgruppen, wohl ebenfalls der eine oder andere Lehrer am Gebäude gezimmert und das Gelände beackert, bis endlich alles fertig war. Die Kosten für Baustoffe und Geräte hatten teils die Eltern aufgebracht, teils hatten Betriebsräte in den Betrieben dafür gesammelt, und schließlich hatten auch einige sozialistische Organisationen gespendet.

Das Werk konnte sich sehen lassen. Die Kölner „Schulfarm" war vielleicht von allen drei Landheimen des „Bundes der freien Schulgesellschaften" das beeindruckendste. Die Farm war in der Form eines Bumerangs angelegt. In der Mitte lag das Gebäude mit einem Schulzimmer, mit einem Aufenthalts- und Werkraum, mit Schlafgelegenheiten und schließlich einer Küche, die etwa 50 Kinder und Erwachsene versorgen konnte. Auf beiden Seiten davon befanden sich Schulgärten mit unterschiedlich verteilten Pflanzungen. Zur Farm gehörten noch eine Imkerei, Werkstätten für „Handwerk und Volkskunst" und Schuppen für die Verwertung der Früchte aus den Obstgärten. Das Gelände war umgeben von einem Kiefern-, Eichen- und Buchenwald; es

---

121 Vgl. Die freie weltliche Schule 1926, Nr. 2, S. 22; Nr. 9, S. 70; Nr. 15, S. 119.

gab reichlich Spielwiesen, und unmittelbar an die Farm angrenzend hatte das Arbeitersportkartell des Städtchens Dünnwald ein großes Schwimmbassin errichtet, das die Besucher der Farm mitbenutzen durften. Kurzum: das Kölner Landschulheim am Rande des Bergischen Landes war eine rechte Idylle. Die Farm wurde so in den letzten sechs Jahren der Weimarer Republik zu einem der beliebtesten Ausflugsziele der sozialistischen Arbeiterfamilien aus Köln und Umgebung. An Sonntagen besonders und während der großen Ferien war das Gelände oftmals regelrecht von Menschen überflutet. Das Landschulheim war außerdem ein Ort sozialistischer Jugendtreffen, und es wurde zum Platz zahlreicher Waldfeste der verschiedenen sozialistischen Kulturorganisationen.[122]

Drei Jahre später entstand das dritte und letzte Landschulheim des „Bundes der freien Schulgesellschaften". Es lag bei Wolfshagen, einem kleinen Harzer Ort in der Nähe von Goslar, und gehörte dem „Weltlichen Elternbund Braunschweig". Durch seine zentrale Lage in der Mitte des Reiches wurde das Landschulheim Wolfshagen in den letzten Jahren der Republik auch zur Stätte von Sitzungen der Leitungsgremien der „freien Schulgesellschaften". Das Haus selbst war größer als das Gebäude in Köln; allerdings hatte die Kölner ‚Farm' durch ihre Garten- und Freizeitanlagen und die Werkstätten eine attraktivere Umgebung zu bieten als das Harzer Pendant. Das Wolfshagener Haus verfügte über einen Schlafraum mit insgesamt 120 Betten, es besaß einen Tages- und Schulraum, ein Lehrerzimmer, eine Verwalterwohnung, eine Badeeinrichtung und einen äußerst geräumigen Speisesaal. Vor dem Haus lag eine große Wiese; an die andere Seite grenzte ein Tannenwald. Die Nähe des Harzer Mittelgebirges lud zu ausgiebigen Wanderungen ein. In den Ferien mieteten sich auch Schulklassen und Bundesmitglieder aus Orten jenseits des Braunschweiger Bezirks in dem Harzer Schullandheim ein.[123]

Wie die Kölner Farm so wäre auch das Wolfshagener Landschulheim ohne die proletarischen Eltern der weltlichen Kinder nicht entstanden. Hier wie dort hatten im wesentlichen die Eltern die Finanzen aufgebracht und schließlich die Häuser in Eigenarbeit an den Feierabenden und Wochenenden hochgezogen. Die Mitarbeit der Eltern an den Belangen der weltlichen Schulen, die solidarische Kooperation zwischen Eltern und Lehrern bildeten eines der Grundprinzipien der Bewegung, waren ein Stück zentraler Identität der freien Schulgesellschaften. Ohne die proletarische Selbsthilfe im „Bund der freien Schulgesellschaften" hätten die weltlichen Schulen auch nicht überleben können, da ihnen die Behörden Zuwendungen und dringend erforderliche Sachleistungen verweigerten. Die Eltern organisierten schon deshalb Wald- und Sommerfeste, um mit den dadurch erzielten Überschüssen die Schulbibliothek ausstatten und Lehrmittel anschaffen zu können. Die Väter halfen bei der Anlage von Schulgärten und beim Bau von Schulwerkstätten mit; sie tischlerten Stühle und Tische für die Klassenräume und strichen deren Wände an. Die Mütter über-

---

122 Vgl. Rheinische Zeitung, 26.9.1925; 11.2. und 11.5.1926; Die freie weltliche Schule 1927, Nr. 13, S. 105.
123 Die freie weltliche Schule 1929, Nr. 9/10, S. 74; 1932, Nr. 6, S. 48.

nahmen die Vorbereitung und Ausgabe des Frühstücks und der Mittagsspeisung, für die die meisten weltlichen Schulen auf Initiative der Eltern und dank deren Spenden sorgten. Institutionell war die Mitwirkung der Eltern am Geschehen der weltlichen Schulen oftmals schließlich noch durch die Existenz sogenannter Elternausschüsse geregelt, in die jede Klasse zwei Elternteile delegierte und die regelmäßig mit den Lehrern zu Beratungen zusammenkamen. Nur auf den Bezirks- und Reichskonferenzen des Bundes sah man die Eltern vergleichsweise wenig; hier, wo es um Richtungsstreitigkeiten und weltanschauliche Fragen ging, beherrschten die Lehrer das Feld.[124]

f) *Agitationsbemühungen*

Natürlich gehörten in das Aktivitätsfeld des „Bundes" auch die beiden klassischen Praxisbereiche der sozialistischen Arbeiterorganisationen: der Vortrags- und Diskussionsabend und die Agitation. Die Referate und Aussprachen handelten dabei meist über pädagogische Themen; aber auch religiöse und religionsgeschichtliche Fragen standen häufig auf der Tagesordnung. In seiner Agitationsarbeit war der „Bund" nur auf der lokalen Ebene handlungsfähig und im begrenzten Maße erfolgreich. Alle überlokalen, gar reichsweiten Agitationsmethoden scheiterten hingegen mehr oder weniger kläglich. Gegenüber den christlichen Elternorganisationen geriet der Bund dadurch ins Hintertreffen. Insbesondere die katholischen Elterngruppen zeigten sich, im Verbund mit dem Klerus, der Zentrumspartei und -presse, außerordentlich schlagkräftig und überdies regional gut organisiert und koordiniert. Als die katholischen Elternvereinigungen Anfang 1923 eine große Unterschriftenaktion im Norden Deutschlands für die konfessionelle Bekenntnisschule durchführten, konnte der „Bund" nur mit dem rhetorisch markigen, politisch allerdings ohnmächtigen und kraftlosen Appell an seine Mitglieder reagieren, den Unterschriftensammlern bei ihrem etwaigen Erscheinen die Türe zu weisen."[125] Ein Gegenunternehmen für die bekenntnisfreie weltliche Schule, wie es der Arnsberger Bezirksvorsitzende Michel vorschlug, bekam der „Bund" dagegen nicht auf die Beine.

Das Startzeichen für die agitatorische Offensive wollten dann endlich die Delegierten auf der Reichskonferenz in Dresden Anfang Oktober 1924 geben. Sie faßten den Beschluß, daß der Bund Anfang 1925 eine Stimmenzählung für die weltliche Schule im ganzen Reich organisieren solle. Doch schon bei den ersten Schritten zur Umsetzung des Konferenzbeschlusses und bei der Suche nach dringend benötigten Bündnispartnern stieß die Bundesleitung auf enorme Schwierigkeiten, und es dämmerte ihren Mitgliedern bereits nach wenigen Wochen, daß die ganze Aktion zu einem großen Fiasko ausarten könnte. Die Vertreter der Linksparteien zeigten sich deutlich des-

---

124 Vgl. Sozialistische Erziehung, Jg. 2, 1926, Nr. 2, S. 5; Die freie weltliche Schule 1926, Nr. 20, S. 167; 1930, Nr. 9/10, S. 68.
125 Die freie Schule 1923, S. 9.

interessiert, die „Arbeitsgemeinschaft freigeistiger Verbände" hielt sich nicht an die getroffenen Absprachen und schuf durch eigenwillige Manöver ein heilloses Durcheinander, und eine erste Probeabstimmung in Düsseldorf bewies, welch riesiger Aufwand dafür nötig war und wie wenig dabei letztlich herauskam. Der Bundesvorstand dämpfte daher ganz rasch den Elan und bremste die Aktivitäten erst einmal ab. Am 13. Februar 1925 blies er gewissermaßen zum halben Rückzug. Er entschied, die geplante reichsweite Stimmenzählung aufzugeben und es bei Stichproben in einigen Orten zu belassen. Es sollten sich dabei nur solche Lokalorganisationen beteiligen, die mit ihrer Aktion in etwa das Ergebnis der republikanischen Parteien bei den letzten Wahlen zu erreichen versprachen. Doch das war angesichts der in den letzten Jahren deutlich gewordenen mangelnden Verankerung der weltlichen Schule selbst in breiten Kreisen des sozialistisch wählenden Proletariats eine absolut unrealistische Zielvorgabe. Abgesehen davon ging der politische Überzeugungswert der Aktion verloren, wenn man die vermeintliche Zustimmung der Bevölkerungsmehrheit zur weltlichen Schule allein mit günstigen Ergebnissen in einigen wenigen roten und weltlichen Hochburgen belegen wollte. Doch selbst in solchen Zentren der weltlich gesinnten Arbeiterschaft scheint nicht viel gelaufen zu sein; zumindest hüllten sich der „Bund" und sein Publikationsorgan über den weiteren Fortgang der anfangs noch groß angekündigten Aktion in Schweigen.[126]

Vollends verlor der „Bund" seine Kampagnefähigkeit in den frühen dreißiger Jahren. Aus seiner Ohnmacht produzierte er dafür um so mehr Entschließungen, in denen er seine helle Empörung und strikte Kampfbereitschaft gegen Schul- und Sozialabbau, gegen Unterdrückung freigeistiger Ideen und Organisationen und gegen die Entlassung dissidentischer Lehrer aus dem Schuldienst bekundete. Doch bei diesem papierenen Protest blieb es, reale Kampfmaßnahmen folgten daraus nicht. In keiner Phase seiner Geschichte hatte der „Bund" wohl gleichermaßen viele Protestresolutionen verfaßt und verbreitet; nie zuvor aber war zugleich auch in dem Maße deutlich geworden, daß es sich dabei allein um rein rhetorische Drohgebärden handelte.[127]

Der Bund bezog seine Stärke mithin aus dem engen Spektrum der sozialdemokratischen Solidargemeinschaft und Selbsthilfe. Die Agitation, die Überzeugungs- und Werbearbeit über diesen Kreis hinaus bereiteten ihm schon in den dafür günstigen Jahren der Republik erhebliche Schwierigkeiten. Als die sozialdemokratische Solidargemeinschaft Anfang der 30er Jahre in die Krise und in die gesellschaftliche Defensive geraten war, besaß auch der „Bund" für eigene Kampagnen weder ausreichend soziale Kraft noch hinreichend politischen Rückhalt.

---

126 Vgl. Die freie weltliche Schule 1925, S. 16 und 41.
127 Vgl. Die freie weltliche Schule 1931, Nr. 7, S. 69; 1932, Nr. 2, S. 13; Nr. 7, S. 69.

4. Organisation

Der „Bund" mußte erst drei Jahre heftiger organisatorischer Auseinandersetzungen, Krisen und Zusammenbrüche durchlaufen, bis er zu einem einigermaßen stabilen Fundament und einer dann allseits akzeptierten organisatorischen Gestalt fand. Von 1920-1924 verschliß der „Bund" so allein fünf erste Bundesvorsitzende; erst danach wurde es besser: In den verbleibenden acht Jahren der Republik stand mit Karl Linke dann stets ein und derselbe Mann an der Spitze der Organisation. Es waren die üblichen Kinderkrankheiten fast aller jungen Organisationen; die klassische Organisationskontroverse „Zentralismus versus Lokalismus" vermengte sich mit Problemen persönlicher Art: Machtansprüche, Ehrgeiz, Eifersüchteleien und Intrigen, gepaart mit einer gehörigen Portion lokalpatriotischen Eigensinns. In dieser Gemengelage überlappten sich mithin die verschiedenartigen Faktoren, wirkten so aufeinander ein und verschärften dadurch die organisatorischen Aufbauprobleme des „Bundes der freien Schulgesellschaften" in den frühen 20er Jahren.

a) *Streitereien und Intrigen: Die Anfangsjahre*

Die Konstituierung des „Bundes" erfolgte am 16. Oktober 1920 in Elberfeld. Von dort kam der 1. Bundesvorsitzende, der Lehrer Fritz Rübenstrunk, und dort errichtete der „Bund" auch seine Geschäftsstelle.[128] Doch trotz der Vereinigung zur Zentralorganisation blieben die lokalen Vereine zunächst weitgehend autonom. Als die Elberfelder Bundesführung am 28. Mai 1921 offiziell die vom sozialdemokratischen Gelsenkirchner Stadtverordneten und Lehrer Hohmann herausgegebene Wochenzeitschrift „Die freie Schule" zum Bundesorgan deklarierte, kümmerte sich eine große Anzahl der örtlichen Gruppen nicht um diesen Beschluß. Statt nun die „Freie Schule" zu abonnieren, hielten sie sich als Presseorgane weiterhin etwa „Die Neue Erziehung", den „Freien Lehrer" oder auch die „Monistischen Monatshefte"; einige gaben gar eigene Zeitschriften heraus. Die Zeitungs- und Organisationsfrage verklammerte sich dadurch in den nächsten Monaten immer mehr. Der Reichsvorsitzende Rübenstrunk, ein außerordentlich ambitiöser, zugleich aber auch ausgesprochen mimosenhaft reagierender Mann, versuchte nun in den Sommermonaten 1921 der weltlichen Schulbewegung eine straffe zentralistische Struktur zu verpassen. Dazu zählten auch die feste Besoldung von Mitgliedern der Bundesleitung und die Übernahme der Gelsenkirchner Zeitschrift in den Besitz und das Kontrollrecht der Bundesführung. Dagegen sträubte sich allerdings der Gelsenkirchner Redakteur Hohmann, der sich sein Organ nicht nehmen lassen wollte und in den nächsten Monaten zum schärfsten Kritiker der Zentralisierungspläne von Rübenstrunk wurde. Seit dem August 1921 ging kaum noch eine Sitzung der Bundesspitze ohne Krach ab; Rüben-

---

128 Hamburger Echo, 22.10.1920

strunk und Hohmann hatten sich menschlich zutiefst miteinander überworfen; beiden fehlte die Fähigkeit zum Kompromiß und zum Ausgleich.[129]

Der im Führungszirkel schwelende Streit mußte auf dem Bundestag in Köln am 15. und 16. Oktober 1921 offen zum Austrag kommen. Die Kölner Tagung ging dadurch als die mit Abstand chaotischste in die Geschichte der Vertreterversammlungen des „Bundes" ein.[130] Nichts schien danach mehr zu gehen. Eine rein sachliche Bestandsaufnahme der organisatorischen Entwicklung war nur zu Beginn der Konferenz möglich: Der Bund zählte nun 200 Ortsgruppen, in seinem Einzugsbereich hatten sich 39 weltliche Schulen etablieren können. Doch dann prallten die Gegensätze voll aufeinander, und es entstand ein solches Tohuwabohu, daß zum Schluß kaum noch einer durchblickte. Um zwei Fragen ging es im wesentlichen: 1) um die Umwandlung der „Freien Schule" in eine der Bundesführung unterstellte Monatszeitschrift und 2) um ein nach den Wünschen von Rübenstrunk zentralistisch ausgerichtetes Organisationsstatut.

Der Widerstand gegen die Pläne der Bundesleitung allerdings war ebenso vehement wie lautstark. An der Spitze der Rübenstrunk-Gegner standen neben Hohmann noch der Vorsitzende der Kölner Ortsgruppe, Fritz Länge, und der Vorsitzende des Bezirks Arnsberg, O.H. Michel. Diese Gruppe genoß deutlich die Unterstützung der Konferenzmehrheit. Dennoch war in der Zeitungsfrage ein vernünftiges Meinungsbild nicht zu erzielen, da beide Parteien die Abstimmungsprozedur chaotisch gestalteten. Die Verhandlungsführung des Bundestages wußte schließlich nicht mehr, wie sie verfahren sollte. Der Fortgang der Konferenz war nur dadurch zu retten, daß die Bundesleitung einlenkte und die Zeitungsfrage dem nächsten ordentlichen Bundestag zur Entscheidung überwies. Dadurch blieb die „Freie Schule" weiterhin eine von der Ortsgruppe Gelsenkirchen in eigener Regie und Verantwortung herausgegebene Wochenzeitschrift, die gleichwohl den Status des offiziell anerkannten Bundesorgans der weltlichen Schulbewegung besaß.

Ebenfalls mit einer Niederlage endete der Vorstoß Rübenstrunks in der Statutenfrage. Die Majorität widersetzte sich allen Zentralisierungsplänen und beharrte auf dem bisherigen System einer eher losen Föderation weitgehend selbständig fungierender Lokalvereine. Doch auch hier konnten sich die Delegierten nicht zu einer verbindlichen und langfristigen Entscheidung durchringen. Sie verabschiedeten lediglich eine „vorläufig gültige Satzung"; das letzte Wort sollte in dieser Angelegenheit ebenfalls erst der nächste ordentliche nach Hannover gelegte Bundestag behalten. In der vorläufigen Satzung bildeten die Ortsvereine den Mittelpunkt des Organisationslebens im „Bund der freien Schulgesellschaften". Sie regelten danach ihre Angelegenheiten selbst, sie durften sich eigene Satzungen geben, sie allein konnten Mitglieder, die den „Bestrebungen des Bundes der freien Schulgesellschaften zuwiderhandelten", ausschließen, und es blieb ausschließlich ihnen überlassen, ob sie über-

---

129 Vgl. hierzu Die freie Schule 1922, S. 90.
130 Vgl. Rheinische Zeitung, 17.10.1921; Die freie Schule 1921, Nr. 44, S. 267; Nr. 45, S. 267; Der freie Lehrer, Jg. 3, 1921, Nr. 31, S. 143.

geordnete Vertretungsorgane, wie Kreis-, Bezirks-, Provinzial- und Landesverbände, installierten oder nicht. Die Richtlinien für die Politik und Arbeit des „Bundes" als ganzen bestimmte allerdings der alljährlich stattfindende Bundestag. In dessen Kompetenzbereich fiel zudem noch die Wahl des Vorsitzenden und 8 weiterer Mitglieder in den sogenannten „Geschäftsführenden Ausschuß", das Leitungsgremium des „Bundes". Die provisorische Kölner Satzung gestattete jedem Zweigverein, auf je 8.000 seiner Mitglieder einen Vertreter zu den Bundestagen zu entsenden. Zwischen den Bundestagen hatte der „Hauptausschuß" dafür zu sorgen, daß die Beziehungen zwischen den „leitenden Persönlichkeiten" und den Zweigvereinen des „Bundes" nicht abbrachen.

Der „Hauptausschuß" sollte jährlich zweimal zusammentreten; ihm gehörten der 1. Vorsitzende, die übrigen Mitglieder des „Geschäftsführenden Ausschusses", allerdings ohne Stimmrecht, und Vertreter der Zweigvereine an. Die Vorbereitung der Verhandlungen im Hauptausschuß und auf den Bundestagen oblag dem „Geschäftsführenden Ausschuß"; er hatte überdies deren Beschlüsse auszuführen und die laufenden Vereinsgeschäfte zu erledigen. Seine Mitglieder sollten aus Elberfeld, dem Sitz des „Bundes", oder benachbarten Ortsvereinen kommen.[131]

Alles in allem hatte die Kölner Konferenz indessen nicht dazu beigetragen, die Lage im „Bund" zu entkrampfen. Im Gegenteil, das vertagte Zeitungsproblem und das statutarische Provisorium nährten die Spannungen auch weiterhin, zumal sich die Rübenstrunk-Führung keineswegs mit der Kölner Schlappe abzufinden gedachte. Rübenstrunk versuchte nun mit aller Macht, seine Gegner aus Gelsenkirchen und Herne auszuschalten. Der Redakteur Hohmann, obwohl in Köln gerade erst erneut von der Delegiertenmehrheit in den „Geschäftsführenden Ausschuß" gewählt, erhielt von nun an keine Einladungen mehr zu den Sitzungen des Leitungsgremiums. Sein Organ, „Die freie Schule", wurde, wenngleich in Köln ausdrücklich als Bundesorgan bestätigt, von der Elberfelder Führung systematisch boykottiert; seit Ende Oktober 1921 gab es in der Gelsenkirchner Zeitschrift keine offizielle Verlautbarung des „Geschäftsführenden Ausschusses" mehr zu lesen. Die Entfremdung zwischen der Leitung des „Bundes" und dem offiziellen Zeitschriftenorgan war komplett, die Verhältnisse in der weltlichen Schulbewegung nunmehr unerträglich geworden. Seit Ende 1921 ertönte der Ruf nach einem außerordentlichen Bundestag, auf dem die Dissonanzen geklärt und aus der Welt geschafft werden sollten, immer lauter.[132] Der „Geschäftsführende Ausschuß" machte sich das Verlangen nach einem außerordentlichen Bundestag zu eigen, doch das Verfahren, das er dafür in Gang setzte, war denkbar ungeeignet, die bestehenden Konflikte zu mildern oder gar zu beseitigen. Weder konsultierte er sein Gelsenkirchner Mitglied Hohmann, noch informierte er ihn als Schriftleiter über den schließlich anberaumten Termin. So erfuhr der Redakteur des Bundesorgans erst aus der sozialdemokratischen Tagespresse den Tag der außerordentlichen Vertreterversammlung.[133]

---

131 Zur Satzung vgl. Die freie Schule 1921, S. 256 ff., und 1922, S. 10 f.
132 Vgl. Die freie Schule 1922, S. 29.
133 Die freie Schule 1922, S. 37.

Die fand am 12. Februar 1922 in Hagen statt. Auch die Zeitgenossen hatten den Eindruck, daß in Hagen die Existenz des „Bundes" auf dem Spiel stehe, daß es um Einheit oder Bruch der weltlichen Schulbewegung gehe. Um so gereizter und nervöser war die Stimmung zu Beginn der Konferenz; ein Geschäftsordnungsantrag jagte den nächsten. Doch dann legte sich überraschenderweise die Spannung; insgesamt verlief, so ein damals oft geäußertes Aperçu, der „außerordentliche" Bundestag in Hagen weitaus ordentlicher als der vorangegangene „ordentliche" in Köln. Im Mittelpunkt der Beratungen stand die Neubildung des „Geschäftsführenden Ausschusses", der in seiner bisherigen Zusammensetzung den nötigen Konsens der Organisation nicht herstellen konnte. Anfangs erhielten sowohl Rübenstrunk als auch Hohmann die Gelegenheit, aus ihrer Perspektive die Ursachen für die Entzweiung zwischen der Elberfelder Führung und der Gelsenkirchner Redaktionsleitung darzustellen. Dann machten sich die Delegierten an die Neuwahl des Führungsgremiums, wobei sie sichtbare Veränderungen in der Leitung der Organisation mit einer bewußten Integration beider Parteien verbinden wollten. Rübenstrunk verlor das Amt des 1. Vorsitzenden, doch wollten die Delegierten nicht auf seine von niemandem bezweifelte Tatkraft verzichten; sie betrauten ihn daher mit dem Amt des Geschäftsführers. An die Spitze der Organisation rückte für ihn nun der Lehrer Specht aus Ohligs, der gleichsam zwischen den Fronten vermitteln sollte. Sein Stellvertreter wurde der Vorsitzende des Bezirks Arnsberg, Michel, der zusammen mit Hohmann die Fronde gegenüber der bisherigen Elberfelder Führung repräsentiert hatte.

Für die Erörterung des Zeitungsproblems stand der Hagener Konferenz schließlich nicht mehr genügend Zeit zur Verfügung. Wie in solchen Fällen üblich, setzten die Delegierten noch kurz vor ihrem Aufbruch eiligst eine spezielle Kommission ein, die gemeinsam mit dem „Geschäftsführenden Ausschuß" nach einer alle Seiten befriedigenden Lösung des Zeitschriftproblems Ausschau halten sollte.[134]

Doch zu solchen Beratungen kam es erst gar nicht; die ungelöste Zeitungsfrage erwies sich als der Sprengsatz, der den „Bund" zerbrechen ließ. Nur in den allerersten Tagen nach Hagen konnten sich die Bundesmitglieder in der Hoffnung wiegen, daß die schwerste Krise im „Bund" bereits überstanden sei. Der neue Bundesvorsitzende Specht sprach gar überschwenglich von einer neuen „Einmütigkeit", „die zu den schönsten Aussichten berechtigt".[135] Allerdings hatte Specht die Rechnung ohne seinen Geschäftsführer gemacht. Rübenstrunk war trotz seiner Degradierung weiterhin der eigentliche starke Mann im „Geschäftsführenden Ausschuß", und er hielt an seiner Politik trotz aller Rück- und Nackenschläge, die er in den vorangegangenen Monaten hatte einstecken müssen, unbeirrt fest. Der gutmütige, als Bundesvorsitzende aber eher schwache Specht hatte der zielgerichteten Energie Rübenstrunks nicht viel entgegenzusetzen. Überdies hatte Rübenstrunk inzwischen aus seinen Fehlern gelernt; er ging nun taktisch sehr viel umsichtiger vor. Als erstes versuchte er, seine Gegner aus Herne und Gelsenkirchen innerhalb des „Bundes" zu isolieren. Diese Stra-

---

134 Die freie Schule 1922, S. 58 und 90.
135 Die freie Schule 1922, S. 74.

tegie trug in der Tat bald Früchte: Der Kölner Vorsitzende Fritz Länge schwenkte in das Lager des Elberfelder um, und der Bezirksverband Düsseldorf signalisierte wohlwollend Tolerierung der Aktivitäten Rübenstrunks in der Zeitungsfrage. Und hier landeten Rübenstrunk und Länge ihren ersten Coup, der die Widersacher aus dem Bezirk Arnsberg völlig unvorbereitet traf. Am 20. Mai lag in den Briefkästen der Ortsfunktionäre des „Bundes der freien Schulgesellschaften" eine neue Monatszeitschrift mit dem Titel „Die weltliche Schule". Schriftleiter dieser Zeitschrift war Fritz Länge. Trotz des heftigen Vetos von Michel erkannte die Mehrheit des „Geschäftsführenden Ausschusses" „Die weltliche Schule" als Organ des „Bundes" an, obwohl dies einen glatten Verstoß gegen den Beschluß des Kölner Bundestages bedeutete.[136]

Von nun an waren die Gräben im „Bund" nicht mehr zuzuschütten; innerhalb der freien Schulgesellschaften brach ein regelrechter, zumindest rhetorischer Kleinkrieg aus. Sein erstes Opfer war der bisherige Schriftleiter der „Freien Schule", Hohmann, der sich den Strapazen der letzten Monate weder physisch noch psychisch gewachsen zeigte und über Monate schwer erkrankte. Die Zeitung ging daraufhin sofort in den Besitz des Bezirks Arnsberg über, der Bezirksvorsitzende Michel übernahm selbst die Redaktion. So waren in gewisser Weise im „Bund" zwei Machtzentren erwachsen, die beide über ein eigenes Publikationsorgan verfügten und sich gegenseitig nicht anerkannten. Die Rübenstrunk-Führung stützte sich dabei auf die freien Schulgesellschaften im Bergischen Land, Düsseldorf und Köln, während Arnsberg als größter Bezirk im „Bund" auf Sympathieerklärungen von weltlichen Elternvereinen außerhalb des Rhein-/Ruhrgebiets verweisen konnte. Insgesamt aber befand sich der „Bund" in den Sommermonaten 1922 in einem katastrophalen Zustand. Beide Seiten überhäuften sich mit Vorwürfen und Anschuldigungen, mit Denunziationen und Invektiven. Die weltliche Schulbewegung, die schon Gegner genug hatte, drohte an den Rivalitäten in den eigenen Reihen zugrunde zu gehen.

Im Herbst 1922 schien sich dann das Blatt doch noch zum Besseren zu wenden. Am 29. September trafen sich je drei Vertreter der beiden größten Bezirksverbände, Arnsberg und Düsseldorf, im Beisein des Bundesvorsitzenden Specht, um den nächsten Bundestag vorzubereiten, der gemäß den Beschlüssen von Köln und Hagen Mitte November in Hannover stattfinden sollte, um den Karren der freien Schulgesellschaften aus dem Dreck von Intrigen und Gegensätzen herauszuziehen. Am Ende der Beratungen hatten die Verhandlungsführer ein Kompromißpaket geschnürt: Die beiden Zeitungen sollten unter dem neuen Namen „Die freie weltliche Schule" fusionieren und der Bundesleitung direkt unterstellt werden; die Wahl des Redakteurs allerdings sollte dem Bundestag obliegen; der Sitz des „Bundes" sollte in „neutrales Gebiet", nach Hannover, verlegt werden. Der Bundesvorsitzende Specht zeigte sich hocherfreut über die gütliche Einigung der sechs Bezirksvertreter, stimmte den Verhandlungsergebnissen zu und versprach, sich für ihre Annahme im „Geschäftsführenden Ausschuß" stark zu machen. Schließlich gab er Michel noch die Zusicherung, daß die Einladung für den Hannoveraner Bundestag sowohl in der „Weltlichen Schu-

---

136 Die freie Schule 1922, S. 202 f.

le" als auch in der „Freien Schule" publiziert werde.[137] Allerdings konnte Specht sein Versprechen nicht erfüllen. Rübenstrunk und seine Anhänger im „Geschäftsführenden Ausschuß" durchkreuzten sofort das Oberhausener Abkommen. Weder setzten sie die Einladung für den nächsten Bundestag in die „Freie Schule", noch luden sie überhaupt nach Hannover ein. Ohne sich um die Beschlüsse der beiden vorangegangenen Bundestage zu kümmern, plazierten sie den Bundestag erneut nach Hagen und informierten darüber ausschließlich die Leserschaft der „Weltlichen Schule".

Damit aber war das Maß für die Arnsberger Opposition voll. Ende Oktober 1922 legte Michel sein Amt als stellvertretender Bundesvorsitzender nieder; am 6. November trat der gesamte Bezirksverband Arnsberg aus dem „Bund der freien Schulgesellschaften" aus.[138]

Diesen Triumph konnte Rübenstrunk indessen nicht mehr genießen. Er hatte sich in den Fallstricken seiner taktischen Mätzchen selbst verfangen und fiel bitter auf die Nase. Zwar hatte er (vorübergehend) seine Arnsberger Kontrahenten ausgeschaltet, doch in diese Lücke drangen, ohne daß er und auch Länge damit überhaupt gerechnet hätten, die bislang im Hintergrund gebliebenen Linkssozialisten und Kommunisten. Geschickt nutzten diese die allgemeine Konfusion und das Fortbleiben gewichtiger Teile der weltlichen Schulbewegung aus, um auf dem Hagener Bundestag am 26. November 1922 ihre Losung von der „proletarischen Einheitsschule" zum Programm zu erheben. Für die erklärten Reformisten Rübenstrunk, Länge und Specht blieb da nur noch der Rücktritt von ihren Vorstandsposten und schließlich der Austritt aus dem „Bund". Das Führungspersonal aus der Aufbauphase des „Bundes" hatte sich mithin selbst ins Abseits und Aus manövriert. Die provisorische Bundesleitung übernahm nun der Düsseldorfer Rechtsanwalt und Linkssozialist Friedrich Maase.

b) *Dezentrale Konsolidierung*

Obwohl mit Rübenstrunk die hauptverantwortliche Figur für die Ärgernisse des letzten Jahres aus dem „Bund" verschwunden war, kehrten die Arnsberger dennoch nicht in die alte Organisation zurück. Die Parole von der „proletarischen Weltanschauungsschule" war auch ihnen damals noch ein Greuel, darin unterschieden sie sich keineswegs von dem sonst so verachteten Elberfelder Strategen. Das Zentralisierungs- und Zeitungsproblem und die persönlichen Differenzen hatten das organisatorische Gehäuse des „Bundes der freien Schulgesellschaften" erschüttert, die programmatische Revolte der Linkssozialisten brachte es dann zum Einsturz. Der Hagener Beschluß hatte etliche Lokalvereine zutiefst erschreckt und verunsichert; erst die proletarischen Töne auf dem Bundestag lösten eine Absetzbewegung der meisten Untergliederungen von der alten Organisation in Richtung Arnsberg aus. Anfang 1923 erhielt der

---

137 Die freie Schule 1922, S. 301.
138 Die freie Schule 1922, S. 319 und 327.

Vorsitzende des Bezirks Arnsberg, Michel, eine Fülle von Briefen, in denen er um die Reorganisation der weltlichen Schulbewegung gebeten wurde. Michel nahm den Ball auf und lud, in Absprache mit dem Bezirksverband Hannover, die Repräsentanten der bestehenden Bezirksorganisationen für den 28. April zu einem Gedankenaustausch über die Bildung eines neuen Bundes nach Hannover ein. In ihren Antwortschreiben machten nur der Kreisverband Köln und der Bezirk Düsseldorf deutlich, daß sie die Initiative von Michel nicht billigten, da nach ihrer Auffassung der alte „Bund" lebensfähig genug sei, „es sich also erübrige, einen neuen Bund zu gründen und die Kräfte zu zersplittern."[139] Alle übrigen von Michel angeschriebenen Bezirksvertreter aber unterstützten das Projekt. Immerhin hatte die Bezirksorganisation Düsseldorf ihren 1. Vorsitzenden, Friedrich Maase, als Beobachter nach Hannover gesandt, während der Kreisverband Köln das Treffen demonstrativ boykottierte. Maase unternahm in der Diskussion auch mehrere Versuche, die Anwesenden zu einer Rückkehr zum alten, von ihm provisorisch geleiteten „Bund" zu bewegen. Doch fiel der Appell des Düsseldorfers nicht bei einem einzigen der Teilnehmer auf fruchtbaren Boden. Sie alle wollten damals mit einem Bund, der die proletarisch-sozialistische Ideologie auf sein Panier geschrieben hatte, nichts mehr zu schaffen haben. Einig war sich die Runde auch darin, daß die Zentrale des projektierten „Bundes" aus dem unruhigen Ruhrgebiet weg und nach Mitteldeutschland hin verlegt werden sollte. Bevor die Bezirksrepräsentanten kurz nach Mitternacht auseinandergingen, faßten sie noch den Beschluß, daß die Ortsgruppe Hannover für Pfingsten 1923 zu einer Vertreterversammlung „zwecks Wiederaufbau einer einheitlichen Organisation zur Erreichung der bekenntnisfreien (weltlichen) Schule" einladen möge.[140]

Tatsächlich war das, was Pfingsten 1923 in Hannover geschah, mehr ein Wiederaufbau auf altem Fundament denn eine regelrechte Neugründung des „Bundes der freien Schulgesellschaften". In den sechs Wochen, die seit der ersten Hannoveraner Konferenz vergangen waren, hatten auch die weltlichen Eltern und Lehrer in Köln und Düsseldorf eingesehen, daß angesichts des übergroßen Mehrheitswillens in der weltlichen Schulbewegung an einer Reorganisation des „Bundes" kein Weg vorbeiführte. So schickten nun auch die Kölner einen Vertreter zu der konstituierenden Versammlung, und weder sie noch die Düsseldorfer widersetzten sich nunmehr länger dem Neuanfang auf – wohlgemerkt – alter Grundlage, freilich ohne Rübenstrunk und ohne das Ziel der „proletarischen Schule". Auch die Satzung, die die Hannoveraner Versammlung dem „neuen Bund" gab, lehnte sich in ihrem formalen Aufbau und einigen ihrer Bestimmungen unverkennbar am vorläufigen Kölner Statut von 1921 an. Die Ortsgruppen behielten ihre weitreichende Autonomie. Ein Mitglied, das von der Ortsgruppe ausgeschlossen wurde, erhielt nun allerdings das Recht, dagegen beim Bundesvorstand Einspruch zu erheben, worüber dann letztendlich die Bundesversammlung zu entscheiden hatte. Doch das bedeutete keine Erweiterung der Befugnisse der zentralen Institutionen, sondern eine stärkere Garantie der Schutzrechte

---

139 Die freie Schule 1923, S. 73.
140 Die freie Schule 1923, S. 94.

des einzelnen Mitgliedes gegen mögliche Willkürmaßnahmen einer wie auch immer zusammengesetzten Ortsvereinsmehrheit.

Einige Änderungen gab es in der Struktur der Organe des „Bundes". Die Zentrale hieß nun nicht mehr „Geschäftsführender Ausschuß", sondern „Bundesvorstand", und ihr Sitz lag ab jetzt in Magdeburg. Der Vorstand bestand aus elf Personen, „Lehrer und Nichtlehrer", wie es – umstrittenermaßen – im Text der Satzung hieß. Die Wahl des 1. Vorsitzenden mußte geheim, die der restlichen Vorstandsmitglieder konnte auf Zuruf erfolgen. Zuständig für die Wahl der Bundesleitung war weiterhin der Bundestag. Er setzte sich aus Vertretern der Ortsgruppen, den Vorsitzenden der Unterverbände und den Mitgliedern des Bundesvorstandes zusammen. Jede Ortsgruppe konnte bei einer Mitgliederzahl von bis zu 500 einen Vertreter, bis zu 1.500 zwei Vertreter und bis zu 3.000 drei Delegierte zu den Bundestagen entsenden. Die Bundestage hatten wie zuvor alljährlich stattzufinden; auf Antrag von mindestens einem Drittel aller Ortsgruppen mußte der Bundesvorstand eine außerordentliche Vertreterversammlung einberufen. Fortgefallen war die Institution des Hauptausschusses. In einem eigenen Paragraphen wurde dagegen das Zeitschriftenorgan erwähnt. Es sollte wöchentlich erscheinen und war von nun an Eigentum des „Bundes"; den Schriftleiter wählte der Bundestag.[141]

Einen sichtbaren Neubeginn markierte auf der Hannoveraner Pfingstkonferenz dann besonders die Wahl zum Bundesvorstand. Von der alten Garde der Jahre 1920-1922 war, mit Ausnahme von Michel, niemand mehr vertreten. Michel mußte dabei eine bittere persönliche Niederlage schlucken. In einer Kampfabstimmung um den 1. Vorsitz des „Bundes" unterlag der Herner Lehrer seinem Gegenkandidaten Röttscher mit 25 zu 95 Stimmen. Doch das Votum sprach im Grunde nicht gegen Michel, dessen Fähigkeiten und Erfahrungen außer Zweifel standen, aber die Delegierten wollten die Führung in keinem Fall mehr im Ruhrgebiet, sondern im mittleren Deutschland angesiedelt haben. Genau das und wohl nicht mehr sprach für Röttscher, der aus Magdeburg kam und dort eine weltliche Schule leitete. Die übrigen zehn Vorstandsposten verteilten sich auf sieben Eltern- und drei Lehrervertreter. Diese Proportionen sollten sich allerdings in den nächsten Jahren gehörig umkehren: 1929 befand sich nur noch ein Repräsentant der Eltern im Bundesvorstand; die restlichen Posten hatten die Lehrer inne.[141a]

Tatsächlich verlief die Entwicklung des „Bundes" seit der Hannoveraner Reorganisation in etwas ruhigeren Bahnen. Gleichwohl konsolidierte sich die Vereinigung der weltlichen Lehrer und Eltern erst allmählich; zu einer straffen, gut koordinierten und schlagkräftigen Organisation wuchs sie eigentlich nie heran. Dafür war die Autonomie der Ortsgruppen und Bezirksorganisationen zu groß. So hatten sich in den ersten Monaten nach der Pfingsttagung in Hannover etliche Ortsgruppen dem „Bund" aus schlichter Indifferenz nicht angeschlossen; die Arbeit geschah vor Ort, und für so wichtig hielt man den zentralen Zusammenschluß nicht. Besonders frustriert reagierte

---

141 Zur Satzung vgl. Die freie Schule 1923, S. 116 ff.
141a Die freie Schule 1923, S. 116, und Die freie weltliche Schule 1929, Nr. 12, S. 95.

der Schriftführer des Bundesvorstandes; seine Aktenordner mit der Aufschrift „Schriftenverkehr mit den Ortsgruppen/Antworten" enthielten kaum einen Brief; seine Bemühungen, aus den Untergliederungen statistisches Material zu erhalten, blieb ohne Erfolg. Noch im Herbst 1923 kannte die Bundeszentrale nicht einmal die Namen aller Bezirksvorsitzenden, geschweige denn die der übrigen Mitglieder der Bezirksvorstände oder gar der Ortsgruppenleiter. Auch in der unmittelbaren Spitze des „Bundes" kehrte noch keine Ruhe ein. Nach dem Dresdner Bundestag Anfang Oktober 1924 trat Röttscher von seinem Posten ab und kehrte dem „Bund", wie vor ihm schon Rübenstrunk und Specht, ganz den Rücken. Von Dezember 1924 ab übernahm Michel provisorisch die Bundesleitung. Erst seit dem Dortmunder Bundestag 1925 hatte der dauernde Führungswechsel ein Ende; von da an bis zum Ende der Republik sorgte der Magdeburger Karl Linke für Stetigkeit und Kontinuität im Führungsgremium des „Bundes der freien Schulgesellschaften". Insgesamt hatte der „Bund" in seiner zwölfjährigen Geschichte somit sechs erste Bundesvorsitzende:

1) Rübenstrunk (Okt. 1920 – Febr. 1922)
2) Specht (Febr. 1922 – Nov. 1922)
3) Maase (Nov. 1922 – Juni 1923)
4) Röttscher (Juni 1923 – Okt. 1924)
5) Michel (Dez. 1924 – Okt. 1925)
6) Linke (Okt. 1925 – 1933).

Die Jahre 1925 – 1928/29 bedeuteten für den „Bund" Jahre der organisatorischen Festigung. In diesem Zeitraum blieb der „Bund" weitgehend von internen Querelen, Krisen und Spaltungen verschont. Doch expandierte und zentralisierte sich der „Bund" auch in diesen Jahren nicht in dem gleichen Maße wie viele andere Organisationen der sozialistischen Arbeiterkultur. Am meisten profitierten noch die Bezirksorganisationen von der Konsolidierungsphase; die Vorsitzenden der großen Bezirksverbände waren in der zweiten Hälfte der zwanziger Jahre gewiß nicht einflußloser als der 1. Bundesvorsitzende. Für die relativ große Selbständigkeit der Bezirksverbände sprachen allerdings auch gewichtige Gründe; die schulpolitischen Verhältnisse unterschieden sich von Region zu Region, ja von Ort zu Ort, sowohl hinsichtlich der konfessionellen Struktur als auch in bezug auf die politischen Machtverhältnisse in den jeweiligen Kommunen bzw. Regierungspräsidien. Hinzu kam noch die je besondere Kultuspolitik der Länder. Eine allzu zentralistische Politik seitens der Bundeszentrale wäre mithin angesichts dieser heterogenen Konstellationen vor Ort gar nicht durchführbar gewesen.

c) *Differenzierung und Zentralisierung*

Bei alledem artikulierten sich aber auch im „Bund der freien Schulgesellschaften" gewisse, auch schwache Tendenzen der organisatorischen Differenzierung, Professionalisierung und Zentralisierung. Als Moment der Differenzierung kann man gewiß die Bildung der „Pädagogischen Fachgruppen" durch die weltlichen Lehrer

1925/26 ansehen. Dazu sind in diesem Zusammenhang auch die pädagogischen Fachkommissionen für Literatur, Geschichte, Gesang und Rechnen zu zählen. Schließlich konstituierten sich seit Mitte des Jahrzehnts auch einige sogenannte „Unterverbände" als intermediäre Instanzen zwischen den Ortsgruppen und den Bezirksvertretungen.

Auf eine stärkere Professionalisierung der Arbeit im Bundesvorstand drang seit 1926 der Bundesvorsitzende Karl Linke. Zwar erhielten einige Bundesvorstandsmitglieder seit Ende 1926 eine geringe Aufwandsentschädigung, doch das konnte das fehlende vollbesoldete Personal in der Geschäftsführung des Bundes nicht wettmachen.[142] In seinem Geschäftsbericht auf dem Bundestag 1926 machte Linke deutlich, in welchem Maße die Arbeit und die Aufgaben in der Bundeszentrale inzwischen angewachsen waren. So hatte Linke, der noch zu Beginn seiner Vorstandskarriere kaum etwas zu tun hatte, nun täglich 30 – 50 Briefausgänge zu erledigen, wozu Drucksachen, Pakete, Zeitungssendungen und Rundschreiben nicht einmal zählten. Für einen hauptberuflichen Lehrer war das alles im Nebenamt nur schwer zu schaffen. Am meisten aber beklagte Linke die geringen Kontakte zu den Ortsgruppen und besonders zu solchen Bundesmitgliedern, die einen Lokalverein erst gründen wollten und die Unterstützung von oben brauchten.[143] Solange es dem „Bund" jedoch an hauptamtlichen Funktionären fehlte, war diesem Defizit kaum beizukommen.

Die Einstellung eines besoldeten Geschäftsführers ging dann mit der Zentralisierung der Bundesarbeit in Berlin einher. Um diese Verlegung des Bundessitzes in die Reichshauptstadt wurde im „Bund" 1927 hart gerungen. Für einen Umzug nach Berlin sprach, daß dadurch die Bundeszentrale engere Beziehungen zu vielen anderen Zentralen der Arbeiterorganisationen knüpfen konnte und vor allem auch eine größere persönliche Einflußnahme auf die Landes- und Kultuspolitik der preußischen Regierung möglich war. Die Einwände der Kritiker eines solchen Umzugs waren unterschiedlich motiviert. Einige ängstigten sich, daß der „Bund der freien Schulgesellschaften" wie eine Reihe anderer Arbeiterkulturorganisationen, die ihren Sitz in Berlin hatten, zu sehr in den Strudel fraktioneller Auseinandersetzungen zwischen Kommunisten und Sozialdemokraten geraten werde. Andere sorgten sich über den möglichen Machtzuwachs der Zentrale auf Kosten der Bezirke. Die Linkssozialisten wiederum befürchteten, daß sich die Bundesführung in Berlin rasch und ungehindert in das Fahrwasser der offiziellen sozialdemokratischen Schulpolitik begeben könnte.

Eine erste Kontroverse darüber lief auf einer gemeinsamen Sitzung des Bundesvorstandes und der Vorsitzenden der Pädagogischen Fachgruppen am 12. Juni 1927 noch vergleichsweise friedlich ab. In der Debatte sprachen sich nur die Vorsitzenden der Bezirke Braunschweig und Berlin, Voigt und Schröter, gegen die Verlegung des Bundessitzes nach Berlin aus; doch sie blieben mit ihrem Einspruch, auch in der abschließenden Abstimmung, klar in der Minderheit.[144] Sehr viel turbulenter ging es

---

142 Vgl. Die freie weltliche Schule 1925, S. 3.
143 Vgl. Die freie weltliche Schule 1926, Nr. 13, S. 103; Nr. 20, S. 162 f.
144 Die freie weltliche Schule, 1927, Nr. 13, S. 106.

3 1/2 Monate später auf einer Hauptvorstandssitzung zu, die am Vorabend des Magdeburger Bundestages stattfand. Die vier westlichen Bezirke, Düsseldorf, Arnsberg, Münster und Köln, warteten mit einem Ultimatum auf. Inzwischen mißtrauten sie den Plänen von Karl Linke. Im Grunde hielten sie den Westen sowieso für das eigentliche Zentrum der weltlichen Schulbewegung, und daraus leiteten sie immer selbstbewußter vorgetragene Forderungen ab; daß die Bundesführung in Berlin möglicherweise an Statur, Einfluß und organisatorischer Stärke gewinnen könnte, behagte ihnen deshalb nicht. Außerdem witterten sie eine zu starke Verbrüderung zwischen Mitgliedern der Bundesführung und Repräsentanten der sozialdemokratischen Land- und Reichstagsfraktionen. Die Bezirksvorsitzenden der westlichen Bezirke machten daher ihre Zustimmung zum Umzug des Bundesvorstandes auf der Hauptvorstandssitzung am 1. Oktober 1927 von zwei personellen Konzessionen abhängig: Der stellvertretende Bundesvorsitzende müsse aus dem Westen kommen und solle Michel heißen; anstelle des von der Bundesführung vorgeschlagenen Magdeburgers Hauert solle Fricke aus Barmen die Schriftleitung der „Freien weltlichen Schule" übernehmen.

Einige der übrigen Mitglieder des Vorstandes empfanden die von Friedrich Maase in die Sitzung eingebrachte Forderung als das, was sie war: als ein Instrument politischer Erpressung und beinharter Machtpolitik. Der Schuß der westlichen Bezirke schien jedoch nach hinten loszugehen: Die unerträglich anmaßende Pose des westlichen Ultimatums machte die übrigen Teilnehmer trotzig, mit 6:5 lehnten sie Michel, mit 7:3 gar Fricke ab. Was danach geschah, darüber hüllen sich die Quellen in Schweigen; wahrscheinlich ist, daß die westlichen Bezirke ihre ultimative Politik fortsetzten und verschärften. Sie dürften mit dem Auszug aus dem Magdeburger Bundestag gedroht, vielleicht sogar die Organisationsfrage gestellt haben. Denn plötzlich verhandelte der Hauptvorstand nach einer kurzen Unterbrechung die Bedingungen noch einmal neu. Und nun fiel das Ergebnis ganz anders aus: Der Hauptvorstand beschloß, dem Bundestag zu raten, Berlin zum Vorort des „Bundes" zu machen, Michel zum 2. Vorsitzenden und Fricke zum Redakteur zu wählen. Der Bundestag folgte der Empfehlung des Vorstandes. Allerdings hatte Fricke inzwischen selbst zurückgezogen; es gab für ihn Umsiedlungsschwierigkeiten. So schickten die Linkssozialisten Gustav Hädicke ins Rennen, der dann auch gewählt wurde.[145]

Durch die Verlegung des Bundessitzes nach Berlin veränderte sich die personelle Zusammensetzung des Bundesvorstandes erneut radikal. Die zuvor mehrheitlich aus Magdeburg stammenden Mitglieder der Bundesführung konnten den Umzug der Zentrale schon aus beruflichen Gründen nicht mitmachen. Allerdings hatte sich der „Bund" bemüht, Karl Linke als Lehrer an einer Berliner Schule unterzubringen, um ihn auch künftig an der Spitze der Organisation halten zu können. Das Vorhaben gelang, der Bundesvorsitzende erhielt eine Stelle an einer weltlichen Schule in Neukölln. Zum Geschäftsführer der Organisation wählte der Magdeburger Bundestag den Berliner Zitscher.

---

145 Die freie weltliche Schule 1927, Nr. 20, S. 183 und 186.

Am Anfang der Wiederaufbauphase, 1923, hatte sich der „Bund" im wesentlichen auf die Bezirksorganisationen Arnsberg, Hannover, Schlesien, Düsseldorf und Köln gestützt; am Ende dieser Periode, in den späten 20er Jahren, war er noch um die Bezirks- bzw. Unterverbände Provinz und Freistaat Sachsen, Braunschweig, Münster, Berlin, Brandenburg, Erfurt und Thüringen angewachsen. 1929 zählte er 250 Ortsgruppen; davon hatten 120 Lokalvereine etwa 240 weltliche Schulen etablieren können. An diesen Schulen unterrichteten ca. 2.500 Lehrer rund 96.000 Kinder[146] – eine im Grunde trostlose Bilanz, da über 99% der Eltern andere Schulsysteme für ihre Kinder bevorzugten. Wie auch die nachstehende Karte illustriert, hatte der „Bund" seine Hochburgen in Rheinland-Westfalen, in der Provinz Sachsen, in Thüringen, im Freistaat Sachsen, in Schlesien und in Berlin. In Nord- und Ostdeutschland war er nur in wenigen Großstädten präsent; auf dem flachen Land hatte er nicht Fuß fassen können. Völlig ohne Einfluß blieb der „Bund" südlich der Mainlinie; hier hatte er nicht einen einzigen Ortsverein bilden können. In klassischen Simultanschulländern wie Baden, das schon in den achtziger Jahren des 19. Jahrhunderts die geistliche Schulaufsicht abgeschafft hatte, stand die Einführung der weltlichen Sonderschule selbst für Sozialdemokraten nicht zur Debatte. In Bayern wiederum gab es an der Institution der Konfessionsschule nichts zu rütteln; hier war die Arbeiterbewegung zu schwach, die katholische Kirche zu tief im Volk verwurzelt, um Bewegungen für die weltliche Schule mit Aussicht auf Erfolg ins Leben rufen zu können.

Am Ende der Konsolidierungsphase, die dem „Bund" trotz der bleibenden und weiterhin dominanten dezentralen Struktur einen leichten Schub in Richtung einer etwas zentralistischer aufgebauten, professioneller geführten Organisation gebracht hatte, stand die Novellierung der Satzung, die auf dem Bundestag 1929 in Braunschweig erfolgte.[147] Im Kern änderte sich kaum etwas, aber das, was an moderaten organisatorischen Wandlungen in den letzten Jahren stattgefunden hatte, schlug sich auch in einigen Regelungen und in gewisser Weise auch im Jargon des Statutentextes nieder; er war juristisch präziser, ein bißchen auch bürokratischer gefaßt. Die Bundesleitung sollte nun aus dem Vorsitzenden und sechs weiteren Mitgliedern bestehen, die allesamt am Ort des Bundessitzes zu wohnen hatten. Ziel also war, eine möglichst weitgehende administrative Effizienz, nicht aber eine weit gestreute (regionale) Repräsentativität an der Spitze der Organisation herzustellen. Das Repräsentativorgan war vielmehr – nach einem Gewohnheitsrecht – der „Gesamtvorstand", der aus je einem Vertreter der Bezirke bestand und im Unterschied zur Bundesleitung mehr die politische Linie diskutierte und festlegte.

Neu fixiert wurde ebenfalls der Delegiertenschlüssel; nun hatte jede Ortsgruppe, gleich wie viele Mitglieder sie zählte, automatisch einen Vertreter. Bei mehr als 200 Mitgliedern konnte sie für jede weiteren 200 einen zusätzlichen Delegierten beanspruchen, „für angefangene 200 Mitglieder aber nur dann, wenn wenigstens die Zahl 100 er-

---

146 Die freie weltliche Schule 1929, Nr. 11, S. 86.
147 Die freie weltliche Schule 1929, Nr. 7, S. 54.

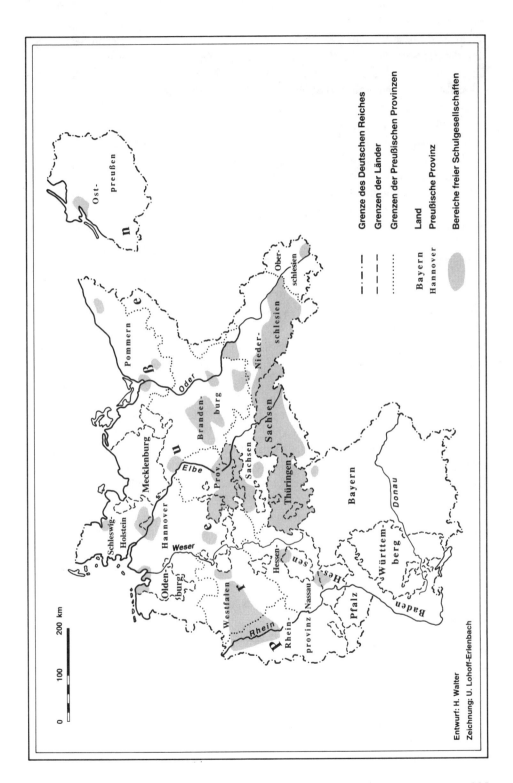

Entwurf: H. Walter
Zeichnung: U. Lohoff-Erlenbach

—·—·—	Grenze des Deutschen Reiches
— — —	Grenzen der Länder
·········	Grenzen der Preußischen Provinzen
Bayern	Land
Hannover	Preußische Provinz
⬬	Bereiche freier Schulgesellschaften

335

reicht ist." Diese Regelung hatte den Zorn des Bezirksverbandes Berlin hervorgerufen, der der Satzung deshalb auch schließlich die Zustimmung verweigerte. Den Berlinern schien es „undemokratisch", daß eine „Ortsgruppe von 25 Mitgliedern dasselbe Recht hat wie eine Ortsgruppe von 299 Mitgliedern".[148]

Am auffälligsten am novellierten Statut war, wie sehr sich die Bestimmungen zum „Ausschluß eines Mitglieds" aufgebläht hatten. Im Kölner Statut hatte dafür noch ein Satz ausgereicht; die Hannoveraner Satzung hatte ihn um zwei weitere ergänzt; das Elaborat von Braunschweig nun regelte die Angelegenheit in mehreren Kapiteln. Die ersten organisatorischen Konflikte mit den fraktionell zusammengefaßten Kommunisten warfen ganz offenkundig ihre Schatten voraus. Das Ausschlußverfahren, das noch 1921 allein in der Kompetenz der Ortsgruppen lag, wurde den Lokalorganisationen beinahe ganz entzogen. Es befand sich jetzt in erster Linie in den Händen der Unterverbände und des Bundesvorstandes. Das Statut räumte den Betroffenen allerdings Einspruchs- und Berufungsmöglichkeiten ein und setzte den Bundestag als letztinstanzliches Entscheidungsorgan in diesem Zusammenhang fest. Mit dem neuen Statut hatte der Bundesvorstand größere Rechte, auch in politische Auseinandersetzungen der Lokalvereine einzugreifen. Andererseits genossen Ortsgruppenminderheiten auch einen gewissen Schutz gegen Ausgrenzungsbestrebungen ihrer lokalen Majoritäten. Das neue Verfahren erweiterte die Zugriffsmöglichkeiten und Handlungsfähigkeiten der Bezirks- und Bundeszentralen, schützte aber auch vor Willkürmaßnahmen. Es verrechtlichte den Konflikt, machte ihn transparent und kontrollierbar.

Schon zwei Jahre später, auf dem Bundestag in Bad Salzelmen Pfingsten 1931, änderte der „Bund" seine Satzung erneut in einigen Punkten. Rein statutarisch schritt dadurch der Prozeß der Zentralisierung weiter voran. Den Gewinn daraus zogen allerdings in erster Linie die Bezirksorganisationen, weniger der Bundesvorstand. So konnten sich die Ortsgruppen ihre Satzungen zwar auch weiterhin selbständig geben, doch bedurfte der Text der vorherigen Genehmigung durch den Bundes- bzw. Landes- und Bezirksverband. Dorthin, auf die Bezirks- und Landesebene, verlagerte das reformierte Statut auch die künftigen Wahlen der Delegierten für den Bundestag – sicher die einschneidendste, wenn auch durch das Scheitern der Republik letztendlich folgenlos gebliebene Veränderung im Willensbildungsprozeß der Organisation. Während bislang die Ortsvereine ihre Delegierten selbst und unmittelbar zu den Bundestagen entsandten, hatten sie jetzt nur das Recht, den Vorständen der Bezirks- und Landesorganisationen Kandidatenvorschläge zu unterbreiten. Die Wahl erfolgte dann auf der Vertreterversammlung der Bezirks- und Landesverbände. Jeder Bezirksverband erhielt auf 500 Mitglieder je einen Delegierten. So hielt man die Zahl der Vertreter kleiner als zuvor; in der Wirtschaftskrise mußte der „Bund" sparen. Ebenfalls aus Kostengründen, so lautete zumindest die offizielle, im übrigen auch glaubhafte Begründung, sollten die Bundestage in Zukunft nur noch alle zwei Jahre abgehalten werden.[149]

---

148 Die freie weltliche Schule 1929, Nr. 12, S. 95.
149 Zur Satzung vgl. Die freie weltliche Schule 1931, Nr. 7, S. 70; 1932, Nr. 1, S. 3 f.

d) *Erneute Krisen und Querelen: Erosion zum Ende der Republik*

Bei aller Abkehr vom Lokalismus der frühen Zeit wurde der „Bund" gleichwohl auch in den letzten Jahren der Republik nicht zu einer zentralistischen, an der Spitze gar personell verkrusteten Organisation. Im Gegenteil. Nach der Konsolidierungsphase 1924/25 – 1929 gerieten die freien Schulgesellschaften in der Endphase der Weimarer Demokratie gleichsam in die Turbulenzen der Frühzeit zurück. Die Jahre 1929/30 bis 1932 waren für den „Bund" trotz aller statutarischen Bemühungen keine Jahre der organisatorischen Straffung und Stärkung, sondern der politischen Krisen und personellen Auseinandersetzungen, mehr noch: der inneren Zersetzung und Auflösung.

Eine verfestigte Oligarchie bildete sich an der Spitze des „Bundes" auch nach dem Umzug des Bundesvorstandes nach Berlin nicht. Dafür sorgte schon der politische Konflikt zwischen den eher gemäßigten Linkssozialdemokraten mitteldeutscher und Berliner Observanz und den radikalen Linkssozialisten westdeutscher Provenienz, der 1930 seinen Höhepunkt erreichte. Auf dem Erfurter Bundestag 1930 spitzte sich nicht nur der programmatische Gegensatz zu, sondern nach Jahren einvernehmlicher Wahlen zum Bundesvorstand kam es erstmals auch wieder zu Kampfabstimmungen bei der Besetzung der Führungspositionen. Auch hier verloren die Linkssozialisten auf ganzer Linie; drei von ihnen, die bislang dem Bundesvorstand angehörten, hatten gegenüber ihren eher gemäßigten Gegenkandidaten das Nachsehen und mußten aus dem Leitungsgremium ausscheiden. Der große Verlierer der Erfurter Tagung war dabei eindeutig Gustav Hädicke, der als Mitglied der Bundesleitung und Schriftleiter des Bundesorgans noch wenige Wochen zuvor gewiß einer der einflußreichsten Männer in der Organisation war und deshalb auch den 1. Bundesvorsitz anstrebte. Bei der Wahl um dieses Amt unterlag er Karl Linke jedoch mit 89 zu 214 Stimmen. Hädicke hatte zu hoch gepokert; seine allzu eindeutige Parteinahme für die radikalen Linkssozialisten in den Monaten vor der Erfurter Vertreterversammlung hatten ihn als Schriftleiter bei der Bundesmehrheit in Mißkredit gebracht. So verlor er auch seinen Posten als Redakteur, den er an seinen 1927 von ihm noch erfolgreich aus dem Rennen geworfenen Kontrahenten Adolf Hauert abtreten mußte.[150] Hädicke reagierte auf diese Schlappe wie vor ihm schon viele, die im „Bund" eine Niederlage erlitten hatten; er machte nicht mehr weiter mit und beschimpfte von außen die Politik und Praxis seiner früheren Bundesfreunde.[151]

Weitaus zerstörerischer als der Streit zwischen radikalen Linkssozialisten und gemäßigten Linkssozialdemokraten wirkte seit 1929 die Fraktionsarbeit der Kommunisten. Hieran gingen etliche Ortsgruppen zugrunde, und nicht wenige Bezirksverbände trugen erheblichen Schaden davon. Die größten Probleme mit den Kommunisten hatte seit jeher der Bezirksverband Düsseldorf. 1927 hatte die Dauerfehde zwischen den radikalen Linkssozialisten und den Kommunisten die Versammlungen

---

150 Vgl. dazu Rheinische Zeitung, 16.7.1930; Die freie weltliche Schule 1930, Nr. 13, S. 97.
151 Vgl. dazu die Notiz in: Die freie weltliche Schule 1931, Nr. 2, S. 14.

etlicher Ortsvereine leergefegt; der Bezirk machte in diesem Jahr seine bis dahin schwerste Krise durch. Bei den Vorstandswahlen auf der Vertreterversammlung des Bezirks 1928 präsentierten die Kommunisten erstmals eine umfassende Kandidaten-alternative zu den auch reichsweit bekannten Matadoren des Linkssozialismus, Maase, Torhorst, Fricke und Schrank. Das gleiche wiederholte sich ein Jahr später auf der Jahresversammlung im Juni 1929. In beiden Fällen scheiterte der Vorstoß der kommunistischen Eltern und Lehrer, doch immerhin hatten sie rund ein Drittel der Delegierten für ihre Personalvorschläge gewinnen können.[152]

Nun war gegen personelle Gegenkandidaturen und die Verfechtung politisch alternativer Strategien gewiß nichts einzuwenden. Und bis Anfang 1929 hielten sich die kommunistischen Aktivitäten, trotz ihrer oftmals denunziatorischen und rüpelhaften Machart, auch noch einigermaßen an den von der Satzung und den programmatischen Beschlüssen abgesteckten Organisationsrahmen des „Bundes". Im wesentlichen ging es den Kommunisten darum, die Agitation des „Bundes" schwerpunktmäßig an die konfessionellen Schulen zu verlegen. Die Beschränkung der gesamten Arbeit auf den Auf- und Ausbau der weltlichen Sonderschulen bezeichneten die KP-Aktivisten als „Ghettoisierung" der Politik. Das widersprach zwar den Traditionen und der auch aktuell weiterhin gültigen Programmatik des „Bundes" besonders im Westen des Reiches, aber es war eine Position, die der „Bund" tolerieren und diskutieren mußte, zumal auch andere Kräfte, wie etwa die sächsischen Bundesmitglieder, ähnliche Auffassungen vertraten.

Bis Anfang 1929 war die kommunistische Politik für den „Bund" auch noch kein Gegenstand administrativer Entscheidungen und organisatorischer Ausschlußbestimmungen. Das änderte sich allerdings mit der ultralinken Wende der Kommunistischen Internationale. Nun schlossen sich die Kommunisten reichsweit zu einer straff geführten Schulorganisation zusammen, deren Verbleiben im „Bund" allein dem Ziele diente, die programmatischen und organisatorischen Fundamente des „Bundes der freien Schulgesellschaften" zu unterminieren und schließlich zu zerstören. Im Zuge dieses Prozesses erhoffte man sich die Radikalisierung der Mitgliedschaft und deren Hinwendung zu den (schul-)politischen Zielen der Kommunistischen Partei.

Die kommunistischen Zusammenschlüsse nannten sich „Proletarische Schulkampforganisation", manchmal auch „Proletarische Schulkampfkomitees"; bei den Elternbeiratswahlen traten sie als „Liste proletarischer Schulkampf" an. Seit Ende 1929 gaben sie eine eigene Zeitschrift heraus, die den Titel „Proletarische Schulpolitik" trug. Eine Reihe von kommunistischen Ortsgruppen bestellte daraufhin das offizielle Zeitschriftenorgan des „Bundes", „Die freie weltliche Schule", ab und abonnierte statt dessen das neue KP-Blatt. Der schon seit Jahren kommunistisch dominierte Ortsverein Solingen stellte einen Großteil seiner Finanzen Vorfeldorganisationen der KPD, wie etwa der „Roten Hilfe" oder der „Internationalen Arbeiterhilfe", zur Verfügung. Andere Lokalorganisationen aus dem Bergischen Land, der kommunistischen Hochburg zahlreicher Arbeiterkulturorganisationen schlechthin, unterstützten das Solinger

---

152 Die freie weltliche Schule 1928, Nr. 12, S. 87, und 1929, Nr. 17, S. 135.

Vorgehen. Die weltlichen Schulen wurden jetzt nicht mehr einfach nur als „Isolier"-oder „Ghettoschulen" kritisiert, sondern ihres „besonders ausgeprägten sozialfaschistischen Charakters" wegen als schulpolitischer Hauptfeind bekämpft.[153] Da, wo die Kommunisten aus einer starken Minderheit heraus operierten, ging ab Mitte 1929 kaum mehr eine örtliche Generalversammlung friedlich über die Bühne; Schlägereien zwischen sozialdemokratischen und kommunistischen Bundesmitgliedern und der Einsatz der Polizei desavouierten den „Bund" und die weltlichen Schulen in großen Teilen einer der weltlichen Schulidee gegenüber sowieso schon recht skeptisch eingestellten Öffentlichkeit.[154]

Spätestens seit 1930 konnten die verantwortlichen Instanzen diesem fatalen Treiben nicht mehr tatenlos zusehen. Die Kommunisten hatten eine Organisation in der Organisation gebildet, mit der unverhüllten Absicht, die Ziele der ursprünglichen Organisation zu diskreditieren und deren Basis zu zerschlagen. Wenn der „Bund" sich nicht selbst aufgeben wollte, dann mußten seine gewählten Vertreter mit dem Instrument der Ausschlußbestimmungen handeln. Genau das taten sie in den Jahren 1930/31; zahlreiche Kommunisten aus Städten am Niederrhein, im Bergischen Land und im Ruhrgebiet sowie aus Berlin wurden aus dem „Bund der freien Schulgesellschaften" ausgeschlossen. Zu den gravierendsten Eingriffen kam es im Bezirk Düsseldorf; dort mußten ganze Ortsvereinsvorstände abgesetzt werden. Dabei handelte es sich keineswegs um eine „Repressionsmaßnahme" des „reformistischen" Bundesvorstandes gegen die „revolutionäre Linksopposition" – um auf eine gern gebrauchte Interpretationsstereotype einzugehen –, sondern um eine administrative Lösung, zu der die radikalen Linkssozialisten aus dem Vorstand des Bezirks Düsseldorf griffen, um die kommunistischen Attacken auf die weltlichen Schulen und die Bundesorganisation abzuwehren. Die meisten Ausschlüsse leiteten in diesen Jahren Friedrich Maase und Otto Schrank ein, zwei Sozialisten mithin, die unzweifelhaft revolutionär gesinnt waren und die „Diktatur des Proletariats" anstrebten.

Der Bundesvorstand war dagegen bei den Ausschlußverfahren durchaus nicht die treibende Kraft. In einem Fall erwies er sich gar – und hier zeigten sich die Vorzüge der neuen Ausschlußbestimmungen – als Schutzinstanz für einen zu Unrecht Ausgeschlossenen und als Instanz zur Aufdeckung skandalöser und willkürlicher Machenschaften eines selbstherrlichen Bezirksfürsten.

Der Fall ereignete sich im Bezirk Münster. An der Spitze des Bezirks stand seit dessen Gründung der Lehrer Heinrich Buschfort, ein Mann des linken SPD-Flügels, später Mitglied der SAP. Es ging in Kreisen der Mitgliedschaft um, daß sich Buschfort für seine Aktivitäten großzügig aus der Bezirkskasse bezahlen ließ. Bei der Revision der Kassengeschäfte 1929 beanstandete der Ortsgruppenvorsitzende von Buer-Scholven, Hanke, erstmals die Ausgaben und das Finanzgebaren des Bezirksvorsitzenden. Buschfort fackelte nicht lange und schloß Hanke prompt aus dem „Bund"

---

153 Vgl. Proletarische Schulpolitik, Jg. 3, 1931, Nr. 3/4, S. 1; Nr.8, S. 10.
154 Vgl. dazu die eindrucksvollen Belege bei *Heidi Behrens-Cobet/Ernst Schmidt/Frank Bajohr*, Freie Schulen. Eine vergessene Bildungsintiative, Essen 1986, S. 134 ff.

aus. Daraufhin solidarisierten sich Mitglieder mehrerer Ortsgruppen mit Hanke; auch diese Kritiker warf Buschfort kurzentschlossen aus der Organisation. Im Unterschied zu Hanke, der seine Mitgliedschaft im „Bund" nicht aufgeben wollte und deshalb Einspruch beim Bundesvorstand erhob, traten diese Ausgeschlossenen mehrheitlich zum kommunistischen „Bund proletarischer Schulkampf" über. Dadurch gingen dem „Bund" ganze Ortsgruppen wie Bottrop, Gelsenkirchen und Buer verloren.

Am 24. Januar 1931 beschäftigte sich der Bundesvorstand mit den Vorgängen im Bezirk Münster. Als erstes hob er den Ausschluß von Hanke auf, machte aber seine letztgültige Entscheidung in diesem Fall vom Ausgang einer erneuten Kassenrevision abhängig, die zwei seiner Mitglieder vornehmen sollten. Diese Kassenüberprüfung erfolgte am 12. und 13. April durch den Bundesgeschäftsführer Zitscher und den Vorsitzenden des Bezirks Braunschweig, Voigt. Zu sehen bekamen beide nur noch die Belege für das Jahr 1929; alle Unterlagen aus den vorangegangenen Jahren waren bereits verbrannt worden. Doch auch das vorhandene Material reichte aus, um die Selbstbedienungsmentalität des Münsteraner Bezirksvorsitzenden enthüllen zu können. Für den Unterhalt seiner Wohnung, in der er einige Büroarbeiten für den „Bund" erledigte, hatte er sich eine unverhältnismäßig hohe Summe aus der Bundeskasse bezahlen lassen. Für Unterredungen und Gespräche über Bundesangelegenheiten liquidierte er stets Spesen. Zu einem lukrativen Geschäft wurden für ihn vor allem die Reisen nach Berlin zu den Sitzungen des Bundesvorstandes, dem er als Vertreter des Bezirks Münsters angehörte. Für Reisekosten und Spesen kassierte er gleich zweimal, einmal aus der Berliner Bundeskasse, beim zweiten Mal aus dem Haushaltstopf des heimischen Bezirks.

Für die Revisoren Zitscher und Voigt stand fest: Buschfort hatte das „Bundesvermögen gröblich geschädigt" und eine unerhörte „Verschwendung mit den mühsam erarbeiteten Arbeitergroschen getrieben".

Der Bundesvorstand beantragte nun den Ausschluß von Buschfort aus dem „Bund der freien Schulgesellschaften". Dazu setzte er, zur nochmaligen Überprüfung der Anklagepunkte, einen sechsköpfigen Untersuchungsausschuß ein, der je zur Hälfte aus Mitgliedern des Bundesvorstandes und aus Personen des Vertrauens Buschforts bestand. Der Ausschuß sprach den Münsteraner Bezirksvorsitzenden in allen Punkten schuldig und gab dieses Ergebnis dem Bundestag in Salzelmen Pfingsten 1931 bekannt. Den Delegierten blieb nur, den Ausschluß Buschforts letztinstanzlich zu bestätigen und dadurch zu vollziehen.[155]

So lagen 1931 weite Teile der Bezirke Düsseldorf, Münster, auch einige Ortsgruppen im Bezirk Arnsberg am Boden. Doch der Prozeß der Erosion im „Bund der freien Schulgesellschaften" war damit noch nicht zu Ende; er schritt im Gegenteil weiter voran. Seit Ende 1931 paralysierten innere Kämpfe den Bezirk Thüringen.[156] Wüste Szenen spielten sich seit dem Sommer 1932 ebenfalls in Berlin ab. Hier standen sich,

---

155 Zum Fall Buschfort vgl. Proletarische Schulpolitik, Jg. 3, 1931, Nr. 6, S. 7; Die freie weltliche Schule 1931, Nr. 2, S. 12; Nr. 7, S. 68 und 70.
156 Vgl. Die freie weltliche Schule 1932, Nr. 2, S. 12.

wie die Tageszeitung der SAP mit genüßlicher Häme schrieb, „Sozialdemokraten gegen Sozialdemokraten" in erbitterter persönlicher Feindschaft gegenüber. Das Zeitschriftenorgan des „Bundes der freien Schulgesellschaften" selbst vermied es, über die Hintergründe der Berliner Ereignisse aufzuklären. Doch es handelte sich ganz offenkundig um einen Konflikt zwischen der Berliner Bezirksleitung um Richard Schröter auf der einen Seite und der Bundesleitung auf der anderen Seite. Schröter und auch der Ortsgruppenvorsitzende von Prenzlauer Berg, Wilhelm Miethke, beide gewiß zwei ausgesprochen sture und rechthaberische Charaktere, kritisierten die damals in der Tat verheerend dilettantische Kassenführung des Bundesvorstandes. Ihre Polemik bekam dabei allerdings eine solche persönliche Schärfe, daß ein Ausgleich zwischen ihnen und den attackierten Mitgliedern der Bundesleitung nicht mehr möglich war. Am 29. November 1932 führte Schröter gar den Bruch mit der Mutterorganisation herbei. Auf einer Funktionärsversammlung des Berliner „Bundes" setzte er, wenngleich nur mit knapper Mehrheit, den Austritt des Bezirksverbandes aus der Bundesorganisation durch und gründete eine eigenständige freie Schulgesellschaft. Im Eilverfahren schloß der Bundesvorstand nun seinerseits die Gefolgsleute Schröters, Wilhelm Miethke und das Mitglied der Bundesleitung Hermann Laasch, die den „Bund" noch nicht verlassen hatten, aus der Organisation aus. Zum Ende des Jahres 1932 lag der Bezirksverband Berlin des „Bundes der freien Schulgesellschaften" in Trümmern.[157]

Die weltliche Schulbewegung war mithin in der Endphase der Weimarer Republik sowohl aus exogenen als auch aus endogenen Gründen in die Krise geraten. Die Niederlagen der sozialdemokratischen Arbeiterbewegung seit 1930 hatten auch die Stellung der weltlichen Schulen gefährdet und den „Bund" in die Defensive gedrängt. Zugleich zersetzten sich die freien Schulgesellschaften aber auch von innen, durch die politischen Gegensätze zwischen Kommunisten und Sozialdemokraten und wegen persönlicher Eitelkeiten und Rivalitäten. Die weltliche Schulbewegung befand sich zwar nicht auf dem Weg in den unaufhaltsamen Niedergang, doch sie trug Keime der Auflösung, zumindest der Schwäche und Selbstlähmung in sich – diese bereits, bevor ihr die Nationalsozialisten endgültig den Garaus bereiteten.

5. Mitglieder

Einen Überblick über die Mitgliederbewegung des „Bundes der freien Schulgesellschaften" zu geben, fällt ausgesprochen schwer, da die vorliegenden Angaben darüber weit auseinandergehen. Auffällig häufig wird die Zahl 100.000 genannt. Schon in der unmittelbaren Gründungsphase soll der „Bund", so jedenfalls sozialdemokratische und freidenkerische Zeitungen jener Jahre, „weit über", zumindest aber „fast"

---

157 Zu den Berliner Vorgängen vgl. Sozialistische Arbeiter-Zeitung, 6.12.1932; Die freie weltliche Schule 1933, Nr. 1, S. 2.

100.000 Mitglieder umfaßt haben.[158] Von dem gleichen Mitgliederbestand ging die Zeitschrift der freigewerkschaftlichen Volksschullehrer, „Der Volkslehrer", noch 1929 aus[159]; und ein Jahr später taxierte Adelheid Torhorst im Organ der SPD-Linken, „Der Klassenkampf", die Zahl der im „Bund" organisierten Mitglieder ebenfalls wieder mit „annähernd 100.000".[160] Die wissenschaftliche Literatur über die weltliche Schulbewegung hat diese Schätzungen übernommen.[161]

Doch die Zahl 100.000 diente ganz offenkundig allein propagandistischen Zwecken; mit ihr wollte man illustrieren, welch große Massen bereits hinter der weltlichen Schulidee stünden. In Wirklichkeit aber verfügte der „Bund der freien Schulgesellschaften" über sehr viel weniger fest organisierte, beitragspflichtige Mitglieder. Das zeigte sich schon auf dem Kölner Bundestag 1921, als der Geschäftsführende Ausschuß einen Haushaltsplan aufstellen mußte: Der Etat gründete sich auf gerade 20.000 zahlende Mitglieder.[162]

Einigermaßen realistisch dürften die Angaben in den Geschäftsberichten gewesen sein, die der Bundesvorsitzende auf den jeweiligen Bundestagen vortrug. Allerdings wurde auch hierüber in den Zeitschriftenorganen nur lückenhaft und zudem noch widersprüchlich berichtet. Im Jahr der Dortmunder Linkswende, 1925 also, gehörten dem „Bund" demnach etwa 49.000 Mitglieder an.[163] 2 Jahre später, auf dem Magdeburger Bundestag, war, hält man sich an die Zeitschrift „Der Volkslehrer", von 41.000 Mitgliedern die Rede; die „Freie weltliche Schule" gab dagegen die Zahl 60.000 an.[164] Für das Jahr der Braunschweiger Vertreterversammlung, 1929, scheint ein Mitgliederbestand von 60.000 verbürgt zu sein.[165] Dann aber setzte ein rapider Mitgliederrückgang ein. 1931, auf dem Bundestag in Salzelmen, musterten die freien Schulgesellschaften nur noch 46.000 organisierte weltliche Schulfreunde.[166] Die inneren Kämpfe hatten sichtbar ihren Tribut gefordert – ein Trend, der sich 1932 gewiß fortgesetzt und weitere Mitgliederverluste zur Folge gehabt haben dürfte.

Alles in allem: der „Bund der freien Schulgesellschaften" kam auch in seiner besten Zeit, in den Jahren 1928/29, nicht über 60.000 Mitglieder hinaus; auf dem Tiefpunkt seiner Geschichte, im Krisenjahr 1932, zählte er vermutlich nur noch 40.000 organisierte Anhänger des weltlichen Schulgedankens.

Auch über die Sozialstruktur und regionale Verteilung der Mitgliedschaft liegen nur wenige, eher vage Hinweise vor. Der „Bund" war eine Lehrer- und Elternorganisation; die Eltern gehörten offenkundig fast ausnahmslos der Arbeiterklasse an; welche Berufsgruppen hierbei dominierten, ist unbekannt. Die Eltern stellten immerhin

---

158 Vgl. Der freie Lehrer, Jg. 2, 1920, Nr. 42/43, S. 331; Hamburger Echo, 22.10.1920; Monistische Monatshefte 1921, S. 23.
159 Der Volkslehrer 1929, Nr. 11, S. 127.
160 Der Klassenkampf, Jg. 4, 1930, Nr. 6, S. 180.
161 Vgl. *Wagner-Winterhagen*, Schule und Eltern, S. 203; *Behrens-Cobet u.a.*, Freie Schulen, S. 32.
162 Die freie weltliche Schule 1921, S. 247.
163 Sozialistische Erziehung, Jg. 1, 1925, Nr. 9, S. 87; Nr. 10, S. 91.
164 Der Volkslehrer 1927, Nr. 41/42, S. 226; Die freie weltliche Schule 1927, Nr. 11, S. 88.
165 Proletarische Schulpolitik, Jg. 3, 1931, Nr. 6, S. 6.
166 Ebda.

ca. 96% der Gesamtmitgliedschaft im „Bund der freien Schulgesellschaften". Die Lehrer prägten dafür die Debatten auf den Vertreterversammlungen, bestimmten die politische Linie und bildeten fast ausnahmslos die Führung der Organisation. Insgesamt sollen 9/10 der Mitglieder im „Bund" organisierte Sozialdemokraten gewesen sein; die Kommunisten hatten einen größeren Anhang nur im Bezirk Düsseldorf zu verzeichnen.[167] Die mitgliederstärksten Bezirke waren Arnsberg und Düsseldorf; über den größten Ortsverein verfügte 1930, mit 3.000 Mitgliedern, die Stadt Wuppertal.[168]

Doch auch in diesen Hochburgen der freien Schulgesellschaften besuchte nur ein vergleichsweise geringer Teil der Volksschulkinder die weltlichen Schulen: Mitte der 20er Jahre waren es in Gelsenkirchen 3,8%, in Essen 4,7%, in Gladbeck 5,1%, in Dortmund 6,1%, in Herne 8,2%, in Remscheid und in Elberfeld immerhin 14,6% bzw. 15.7%. Zu einer beachtlichen Größe hatte es die weltliche Schule nur in Magdeburg und Braunschweig, zwei Zentren der sozialdemokratischen Arbeiterbewegung in der Weimarer Republik, gebracht. In Magdeburg gingen 25% der dort ansässigen Volksschulkinder zur weltlichen Schule, in Braunschweig waren es sogar 30%.[169] Mit vergleichbaren Erfolgen im Ringen um die Verweltlichung der Schule konnten nur die Bundesmitglieder in Leipzig renommieren. Allerdings setzten die Sachsen dabei bekanntlich nicht auf die Etablierung weltlicher Sonderschulen, sondern auf eine zunehmende Verweltlichung der bestehenden Gemeinschaftsschulen infolge eines massenhaften Dispenses sowohl der Schüler als auch der Lehrer vom Religionsunterricht. Zumindest in der westsächsischen Kernstadt der sozialistischen Arbeiterbewegung hatte diese Strategie einige Früchte getragen: Anfang der 30er Jahre waren in Leipzig immerhin 31% der Volksschüler vom Religionsunterricht abgemeldet worden, und nicht weniger als 60% aller dort unterrichtenden Lehrer hatten den Religionsunterricht niedergelegt.[170]

In Sachsen insgesamt gab es zu dieser Zeit etwa 917 dissidentische Lehrer. Damit unterrichteten an den Volksschulen des mitteldeutschen Freistaats beinahe doppelt soviel Freidenker wie an sämtlichen weltlichen Sonderschulen des übrigen Reichs zusammen. Denn von den 2.585 Lehrern, die 1930 an einer der bis dahin existierenden weltlichen Schulen Unterricht gaben, waren nur 512 aus der Kirche ausgetreten. 80% aller Lehrer an weltlichen Schulen – die das Etikett der Freidenkerschulen trugen – gehörten mithin weiter einer Religionsgemeinschaft an. Freigewerkschaftlich organisiert waren von den Lehrern an weltlichen Schulen, die der „Bund" gern der sozialistischen Arbeiterbewegung einverleibt hätte, ebenfalls nur 312, also nicht mehr als 12%. Dem „Bund der freien Schulgesellschaften" selbst hatten sich auch keineswegs

---

167 Vgl. Sozialistische Erziehung, Jg. 6, 1930, S. 49.
168 Die freie weltliche Schule 1930, Nr. 4, S. 31.
169 Vgl. Sozialistische Erziehung, Jg. 2, 1926, Nr. 1, S. 1 f.; Jg. 1, 1925, Nr. 9, S. 87; Die freie weltliche Schule 1929, Nr. 11, S. 86; 1926, Nr. 5, S. 37; Proletarische Schulpolitik, Jg. 3, 1931, Nr. 3/4, S. 4.
170 Vorwärts, 20.10.1932; Die freie weltliche Schule 1932, S. 85; 1933, S. 18.

alle Lehrer der weltlichen Schulen, sondern gerade 48% von ihnen angeschlossen.[171] Der „Bund" war gewiß der entscheidende Träger der weltlichen Schulbewegung, aber beides verschmolz nicht miteinander, ging nicht ineinander auf. Große Teile der Eltern und noch größere Teile der Lehrer hatten sich nicht im „Bund" organisiert. Insofern dürfte vieles von dem, was der „Bund" an rigiden sozialistischen Prinzipien aufgestellt und an dogmatischen freidenkerischen Bekenntnissen verlangt hatte – Bundestagsdelegierte etwa durften keiner Konfession angehören[172] –, in der alltäglichen Unterrichtsrealität an den weltlichen Schulen viel milder umgesetzt worden sein oder am Ende gar keine Rolle gespielt haben.

6. Finanzen

Spärlich sind ebenfalls die Informationen, die wir über das Finanzgebaren der freien Schulgesellschaften besitzen. Weder über die Einnahmen noch über die Ausgaben des „Bundes" in den jeweiligen Geschäftsjahren liegen Daten vor. Bekannt ist, daß die Reorganisation der weltlichen Schulbewegung im Jahr 1923 allein deshalb große Schwierigkeiten bereitete, weil sie sich auf dem Höhepunkt der Hyperinflation ereignete. Hier spielte sich das Drama ab, das in diesen Monaten ausnahmslos alle sozialistischen Arbeitervereine durchlitten: Bis die sowieso zögerlich überwiesenen Mitgliederbeiträge endlich auf den Geschäftskonten der Organisation verbucht waren, hatte die täglich rasant voranschreitende Inflation sie bereits restlos entwertet. Dem „Bund" half da weder die Anhebung der Beiträge auf monatlich 2.000.000 Mark seit November 1923 noch der beschwörende Appell der Führung, die Beiträge nicht nur bald, sondern „vielmehr umgehend" zu überweisen – im Wettrennen dieser Zeit nahmen sämtliche Arbeiterorganisationen den Part des Hasen ein, der gegen den Igel Inflation allemal verlor.[173]

Den Grundstein für etwas geordnetere und solidere Kassenverhältnisse legte der „Bund" am 1. Juli 1924, als er Mitgliederkarten und Beitragsmarken für damals noch 2 Pfennig das Stück einführte. Die Zahlungs- und Abrechnungsprozedur verlief etwas umständlich von unten nach oben. Zuerst kassierte der Ortsgruppenkassierer bei den Mitgliedern der Lokalorganisationen ab. Dann überwies er das Geld an seinen Kollegen vom Bezirk- bzw. Landesverband. Der wiederum führte den größeren Teil an den Bezirksvorstand ab; der verbliebene Rest wurde dem Budget des Unterverbandes gutgeschrieben.[174]

Wie in den meisten Arbeitervereinen, so klagten auch die Kassierer im „Bund der freien Schulgesellschaften" über die schlechte Zahlungsmoral der Mitglieder. Die

---

171 Proletarische Schulpolitik, Jg. 3, 1931, Nr. 2, o.S.; Ifa-Rundschau 1931, S. 19; Der Volkslehrer 1930, Nr. 13, S. 160; vgl. für 1925 Sozialistische Erziehung, Jg. 1, 1925, Nr. 9, S. 78.
172 Die freie weltliche Schule 1932, Nr. 1, S. 4.
173 Vgl. Die freie weltliche Schule 1923, S. 161, 170, 173 und 178.
174 Die freie weltliche Schule 1925, S. 14.

Kassenberichte gehörten immer zu den unerfreulichsten Kapiteln der Vertreterversammlung; fast immer endeten sie mit einem Lamento über Nachlässigkeiten und Saumseligkeiten bei der Abrechnung der Lokal- und Bezirksorganisationen. Jahr für Jahr wiederholte sich der Appell, den Beitragsverpflichtungen pünktlich und regelmäßig nachzukommen.

Nachdem der „Bund" 1925 die Folgen der Hyperinflation einigermaßen überwunden hatte, hinterließ der Bundestag 1926 erneut ein großes Haushaltsloch. Die Reise der meist im Westen des Reiches wohnenden Delegierten an die östliche Peripherie, nach Breslau, hatte den „Bund" außerordentlich viel Geld gekostet.[175] Künftig hütete sich der Bundesvorstand, die Bundestage in eine Grenzregion zu legen; er suchte nur noch Orte in der geographischen Mitte Deutschlands aus: Magdeburg, Braunschweig, Erfurt und Bad Salzelmen.

In den frühen 30er Jahren war der „Bund" auch in finanzieller Hinsicht wieder auf dem Tiefpunkt angelangt. Ende 1931 war gut die Hälfte der Mitglieder ohne Arbeit und materiell nicht fähig, die Beiträge zu bezahlen. Der Bundesvorstand sah sich in einem Dilemma; er mußte sowohl die finanziellen Notwendigkeiten der Organisation beachten, als auch die soziale Lage der Mitglieder berücksichtigen. Anfang Januar 1932 beschloß er daher, eine Art Kompromißweg zu gehen. Die Erwerbslosen sollten ihre Marken unentgeltlich erhalten, für den Bezug der Bundeszeitschrift aber 15 Pfennig bezahlen. Den Einnahmeverlust hoffte der Bundesvorstand durch die Einführung einer sogenannten Fördermarke, die monatlich 10 Pfennig kostete, kompensieren zu können. Eine solche Fördermarke sollten, so die dringliche Mahnung der Bundesführung, die beschäftigten Arbeiter und vor allem die fest angestellten Lehrer an den weltlichen Schulen neben ihren monatlichen Mitgliedsmarken kleben. Ob dieser Appell gefruchtet hat und welche Wirkungen diese Beitragsmaßnahmen auf die Finanzsituation des „Bundes" hatten, ist allerdings unbekannt.[176]

7. Kooperation und Spaltung

a) *Fest verwurzelt im sozialistischen Milieu*

Die weltliche Schulbewegung war von Anfang an, auch wenn der Anspruch zunächst noch anders aussah, eine Sache des sozialistischen Proletariats; die „freien Schulen" waren über die gesamte Weimarer Jahre hinweg Erziehungsnischen für die Kinder des besonders aktiven Teils der sozialistisch organisierten Arbeiterschaft. Auch die Außenkontakte, Beziehungen und Bündnisaktivitäten des „Bundes der freien Schulgesellschaften" beschränkten sich ausschließlich auf das sozialistische Milieu. Der „Bund" gehörte somit zu den Organisationen, die noch am deutlichsten und unge-

---

175 Die freie weltliche Schule 1926, Nr. 20, S. 164.
176 Die freie weltliche Schule 1932, Nr. 2, S. 13; Nr. 6, S. 42 f.; Nr. 11, S. 83.

brochensten das Bedürfnis nach gegenkultureller Abschottung in einem eigenen, sozial, kulturell und ideologisch eng umrissenen Teilmilieu repräsentierten. Eine Reihe anderer Organisationen der sozialdemokratischen Arbeiterkultur verkehrte seit der Revolution 1918/19 mit ihren bürgerlichen und konfessionellen Parallelvereinen in staatlich alimentierten Dachverbänden und Reichsgremien. Daraus entsprangen – auch wenn man dies in ihren Ausmaßen keineswegs überschätzen darf – gewisse Formen einer personellen Verflechtung, der punktuellen Zusammenarbeit, manchmal auch der begrenzten politischen Kooperation zwischen Vertretern sozialistischer und bürgerlicher Organisationen. Zwischen dem „Bund" und den christlichen Elternvereinen hingegen existierten nicht die geringsten Berührungspunkte; es gab keine Gespräche, erst recht keine gemeinsame Handlungsbasis. Im Gegenteil, jeder der schulpolitischen Elternvereine, von links bis rechts, setzte seine Ziele absolut, hielt den Gegner für des Teufels und hätte ihn am liebsten vernichtet, zumindest aus der politischen Kultur ausgeschaltet – hier standen sich die Lager noch klar identifizierbar gegenüber, frontal, schroff und haßerfüllt.

Der „Bund der freien Schulgesellschaften" wandte sich daher bei der Suche nach Unterstützung nur an die Organisationen der sozialistisch-kommunistischen Arbeiterbewegung, an die Freidenkerverbände, die Arbeitersportvereine, die Kinderfreunde, die sozialistischen Jugendgruppen und besonders an die „beiden proletarischen Parteien", die SPD und die KPD. Alle Resolutionen und politischen Initiativen, die der parlamentarischen Vermittlung bedurften, richteten sich immer an die Sozialdemokratische und die Kommunistische Partei zugleich. Der „Bund" legte viel rhetorischen Wert auf die Feststellung, daß er sich im „Bruderkampf" zwischen KPD und SPD neutral zeige; unermüdlich kehrte er seine überparteiliche Linie heraus.[177] Das geschah zweifellos aus Rücksicht auf diejenigen kommunistischen Eltern, die seit den frühen 20er Jahren trotz der andersgearteten Weisung ihrer Parteileitung am Auf- und Ausbau der weltlichen Schulen beteiligt waren, ihre Kinder dort anmeldeten und, bis etwa 1928/29, einigermaßen verträglich mit den sozialdemokratischen Eltern auskamen. Im übrigen aber mußte dem „Bund" die Neutralität und formelle Äquidistanz gegenüber den beiden proletarischen Linksparteien schwerfallen. Denn während die Sozialdemokraten der weltlichen Schule mit wachsender Sympathie gegenüberstanden, wuchs die Distanz der Kommunisten von Jahr zu Jahr und steigerte sich schließlich in eine offene Feindschaft hinein. Das gab den Geschäftsberichten des Bundesvorstandes auf den Vertreterversammlungen eine etwas groteske Note; auf das Bekenntnis zur Überparteilichkeit folgte die parteipolitische Bilanz: einerseits Förderung und Unterstützung der weltlichen Schulbewegung durch zahlreiche Bezirke, seit 1927 auch durch den Parteivorstand, der SPD; andererseits eine zunächst gleichgültige, dann polemisch ablehnende und schließlich militant gegnerische Haltung der KPD gegenüber der Einrichtung „freier Schulen".[178]

177 Vgl. Die freie weltliche Schule 1927, Nr. 20, S. 182; Nr. 22, S. 198; 1930, Nr. 1, Nr. 6, S. 41.
178 Vgl. Die freie weltliche Schule 1925, Nr. 21, S. 178; 1926, Nr. 20, S. 164; 1927, Nr. 20, S. 185; Nr. 11, S. 85; 1930, Nr. 13, S. 96.

b) *Eng verknüpft: Der „Bund" und die Sozialdemokratische Partei*

Am entschiedensten wurde der „Bund der freien Schulgesellschaften" durch die „Arbeitsgemeinschaft sozialdemokratischer Lehrer" (AsL), die offizielle Lehrerorganisation der SPD, unterstützt. Allerdings war das nicht zu allen Zeiten und auch nicht überall der Fall. In den Anfangsjahren der Republik setzten sich mit Vehemenz nur die westdeutschen, teils auch die schlesischen Untergruppen der AsL für die Gründung weltlicher Sammelschulen ein. Die sozialdemokratischen Lehrer anderer Bezirke, etwa in Sachsen, Thüringen, Hamburg, Südwestdeutschland und Hessen, strebten dagegen die sukzessive Verweltlichung der Simultan- bzw. Gemeinschaftsschulen an.

Der herausragende Exponent dieser Richtung war der Reichsgeschäftsführer der AsL Richard Lohmann. Lohmann gehörte zu den geistigen Vätern des späteren „sächsischen Weges" der freien Schulgesellschaften. Die Schaffung „weltlicher Splitter" lehnte er ab. Er verurteilte das als fatale Neigung zur Abkapselung; die Sozialdemokraten müßten als Ferment in der Masse, auch unter den Andersdenkenden, wirken. Überdies trage, so Lohmanns Sorge, die Errichtung weltlicher „Weltanschauungsschulen" zur Zerschlagung des öffentlichen Einheitsschulsystems bei. In der Kritik an den weltlichen Sonderschulen schnitten sich die Einwände des dezidierten Reformisten Lohmann und seiner Freunde mit der Polemik der Kommunisten. Diese beiden Gruppierungen der Arbeiterbewegung hatten sich in einer gewissen Weise – wenn auch unterschiedlich begründet und mit ganz anderen Methoden und Zielen – einen Begriff von der Veränderung der Gesellschaft bewahrt, während sich die Linkssozialisten dagegen in der Tat in ihrer Selbstisolierung eingerichtet hatten und sich darin mit chiliastischen Zukunftsvisionen begnügten und beruhigten.

Lohmann hatte deswegen das Ziel einer schrittweisen Verweltlichung des Schulwesens noch in der gegebenen Republik nicht aufgegeen. Als Instrument dazu wollte er die Simultanschulen benutzen. Dort sollte, so Lohmanns Vorstellung, der angehängte Religionsunterricht allmählich verkümmern. Die Schüler sollten sich vom Konfessionsunterricht abmelden, die Lehrer ihn nicht mehr erteilen – dann, so hoffte Lohmann, werde sich die Simultanschule von selbst zur weltlichen Schule wandeln und ausgestalten.[179]

1920 dürfte Lohmann damit die Mehrheitsposition in der AsL formuliert haben. Auch in seinem eigenen Bezirk Berlin setzte er diese Auffassung durch. Allerdings regte sich dagegen Widerspruch und Widerstand; die Anhänger der weltlichen Sonderschule waren bereits damals keine kleine und unbedeutende Minderheit in der sozialdemokratischen Lehrerorganisation. Schon zwei Jahre später, auf dem 2. Sozialdemokratischen Lehrertag in Hamburg, Ostern 1922, hatten sie weiter an Boden gewonnen. Zumindest machte sich der Lehrertag den Protest der freien Schulgesellschaften gegen die schikanöse Behandlung der weltlichen Schulen durch Behörden und einige Parteien zu eigen. Die Delegierten forderten von der Regierung, „sich

---

179 Vgl. Der freie Lehrer, Jg. 2, 1920, Nr. 45, S. 346; Jg. 3, 1921, Nr. 8/9, S. 58.

einer weiteren Verschleppung der gesetzmäßigen Anerkennung der weltlichen Schule mit allen Mitteln" zu widersetzen. Außerdem verlangten die sozialdemokratischen Lehrervertreter die „sofortige Vorlage eines Notgesetzes, das die verfassungsmäßig gewährleistete Anerkennung der weltlichen Schule in die Wirklichkeit" überführen solle.[180]

Den nahtlosen Schulterschluß mit dem „Bund der freien Schulgesellschaften" stellte rund 3 1/2 Jahre später die Reichskonferenz der AsL in Jena, am 30. August 1925, her. Die Delegierten erklärten den Kampf für die weltliche Schule zur wichtigsten Aufgabe der Organisation.[181] Allerdings verzichtete die neue Majorität an der AsL auch künftig darauf, die nun in die Minderheit geratenen Sympathisanten der Simultanschule apodiktisch auf die neue schulpolitische Linie zu verpflichten. In Ländern wie Hessen und Baden traten die Bezirksverbände der sozialdemokratischen Lehrer auch weiterhin für den Erhalt und die Fortentwicklung der Gemeinschaftsschulen ein.

Verantwortlich für den Kurswechsel in der AsL war in erster Linie die Wiedervereinigung der Mehrheitssozialdemokraten mit der Rest-USPD Ende September 1922. In die „Arbeitsgemeinschaft sozialdemokratischer Lehrer" strömte eine Reihe linkssozialdemokratischer Pädagogen, die rasch die alte Führung verdrängten und das Ruder in die Hand nahmen. Die früheren Verantwortlichen an der Spitze der sozialdemokratischen Lehrerbewegung, Heinrich Schulz und Richard Lohmann, spielten dort ab 1923 keine Rolle mehr. An ihre Stelle traten Kurt Löwenstein und August Siemsen, die in diesen Jahren zu den treibenden Kräften der Linkswende im „Bund der freien Schulgesellschaften" gehörten. Von Anfang 1925 bis zum Ende der Republik organisierte Kurt Löwenstein als Vorsitzender der AsL regelmäßige Treffen zwischen der AsL, den Kinderfreunden, den sozialdemokratischen Reichstags- und Landtagsfraktionen und Repräsentanten des „Bundes der freien Schulgesellschaften". Man beriet dort die jeweilige schulpolitische Lage, verabschiedete Willenskundgebungen, formulierte politische Adressen und bereitete konkrete Aktionsschritte zur Aufklärung über die weltliche Schule vor. Die Zeitschrift der AsL, „Die sozialistische Erziehung", richtete nun eine eigene Sparte für die „weltliche Schulbewegung" ein. Auf der Dortmunder Vertreterversammlung des „Bundes" Mitte Oktober 1925 konnte der Redakteur des AsL-Organs, August Siemsen, die AsL und die Kinderfreunde in einem Grußwort stolz als „engste Waffenbrüder" des „Bundes der freien Schulgesellschaften" bezeichnen.[182]

Der Vorstand des „Bundes" lobte in seinen Rechenschaftsberichten seinerseits die außergewöhnlich dichte Zusammenarbeit mit der sozialdemokratischen Lehrerorganisation.[183] Die enge personelle Verflechtung zwischen dem „Bund" und der AsL spiegelte sich vor allem in der Zusammensetzung des Reichsvorstandes der sozialdemokratischen Lehrerorganisationen in den späten 20er Jahren wider. Ihm gehörten

---

180 Hamburger Echo, 18.4.1922.
181 Sozialistische Erziehung, Jg. 1, 1925, Nr. 9, S. 78.
182 Sozialistische Erziehung, Jg. 1, 1925, Nr. 9, S. 86 f.
183 Die freie weltliche Schule 1926, Nr. 20, S. 164.

vier Personen an: Kurt Löwenstein, August Siemsen, Richard Schröter und Karl Linke. Linke war bekanntlich der 1. Vorsitzende des „Bundes der freien Schulgesellschaften"; Schröter stand an der Spitze von dessen Berliner Bezirksorganisation, Siemsen war Vorsitzender des Bezirksverbandes Thüringen, und Löwenstein mag man mit guten Gründen als Cheftheoretiker der weltlichen Schulbewegung bezeichnen.

Das Verhältnis zwischen den freien Schulgesellschaften und der Sozialdemokratischen Partei schien mithin bestens zu sein. Doch war die AsL nicht die Sozialdemokratische Partei; auch in schulpolitischer Hinsicht übernahm die Partei keineswegs alle Positionen der von ihr offiziell anerkannten Lehrerorganisation. Die AsL konnte ihre Auffassungen ideologisch rigider formulieren, allein aus der Perspektive ihrer 7.000 Lehrermitglieder und nach Maßgabe dessen, was man als Freidenker und klassenkämpferischer Sozialist für richtig hielt. Die Partei hatte ganz andere Rücksichten zu nehmen und auch bei der Vertretung schul- und kulturpolitischer Ziele die politischen Rahmenbedingungen und Durchsetzungsmöglichkeiten mitzureflektieren: Sie mußte an ihre Wähler denken, auch an viele ihrer Mitglieder, die keineswegs allesamt Dissidenten waren, und sie durfte ihren wichtigsten wirklichen oder zumindest potentiellen Koalitionspartner, das Zentrum, das gerade in Erziehungs- und Kirchenfragen besonders empfindlich reagierte, nicht verprellen. Aus dieser Haltung heraus nahm der Parteivorstand 1926 Stellung zu den weltlichen Schulen. Auf die Verantwortlichen im „Bund der freien Schulgesellschaften" und auch in der AsL wirkte die Erklärung der Parteispitze wie eine kalte Dusche. Dabei hatten die Aktivisten der weltlichen Schulbewegung die für sie unangenehme Manifestation des Parteivorstandes selbst provoziert. Unter Berufung auf das Parteiprogramm hatten einige weltliche Lehrer und Erziehungsberechtigte besonders im Westen Deutschlands Druck auf diejenigen sozialdemokratischen Eltern auszuüben versucht, die ihre Kinder nicht auf weltliche Schulen schicken wollten. In einigen Ortsvereinen im Ruhrgebiet und am Niederrhein galt die Anmeldung der Kinder an freien Schulen gleichsam als der Lackmustest für korrekte proletarisch-sozialistische Gesinnung: Nur wer ihn bestand, durfte sich bei innerparteilichen Wahlen Chancen auf ein Vorstandsamt ausrechnen.

Der Parteivorstand zeigte sich über diesen weltlichen Übereifer äußerst verärgert und machte deutlich, daß solche Verhaltensweisen mit dem Parteiprogramm nicht zu legitimieren waren. Die existierenden weltlichen Sammelschulen, so die Erklärung des Führungsgremiums der SPD, seien nicht als Verwirklichung der Forderung des sozialdemokratischen Programms auf Weltlichkeit des Schulwesens zu betrachten. „Es kann daher auch von sozialdemokratischen Eltern und Erziehungsberechtigten nicht als Parteiverpflichtung verlangt werden, ihre Kinder in jedem Falle einer weltlichen Schule zu überführen." Der Parteivorstand machte auch keinen Hehl daraus, daß ihm die konkrete Gestalt der weltlichen Sammelschulen eher mißfiel. Sie hätten, wenn auch in erster Linie aufgrund des Drucks der Behörden und der bürgerlichen Gegner, einen Kampfcharakter und ein weltanschauliches Gepräge bekommen, was nicht zum Wesen einer weltlichen Schule gehören dürfe. Auch ängstigte sich die SPD-Spitze wegen des religionsfeindlichen Charakters einiger „freier Schulen". Dies, so schloß die Erklärung des Parteivorstandes, verstoße „gegen den sozialdemokratischen Grundsatz der Glaubensfreiheit"[184].

Die Verlautbarung des Parteivorstandes löste in den nächsten Wochen und Monaten einen wahren Sturm der Entrüstung unter den sozialdemokratischen Sympathisanten der weltlichen Schulbewegung aus. So klein deren Anhang in der Weimarer Gesellschaft als Ganzes war, in der aktiven Mitgliedschaft der Sozialdemokratischen Partei besaßen die „freien Schulen" einen beträchtlichen Rückhalt. Der Parteivorstand sah sich regelrecht in die Ecke gedrängt, und seine Vertreter begriffen, daß sie ihre Erklärung überdenken und wohl auch revidieren mußten. (Ein Musterbeispiel dafür, daß in der Sozialdemokratie die Meinungsbildung keineswegs problemlos autoritär von oben nach unten verlief.) Um einen erneuten innerparteilichen Aufstand zu vermeiden und um auf dem kommenden Parteitag in Kiel, Ende Mai 1927, keine schulpolitischen Grabenkämpfe zu riskieren, setzte sich der Parteivorstand im Vorfeld des Parteitages mit den wichtigsten kulturpolitischen Vertretern der Fraktionen, der AsL und des „Bundes der freien Schulgesellschaften" zusammen[185]. Die Parteispitze wollte so einen breit getragenen Konsens herstellen, den man den Kieler Parteitagsdelegierten gefahrlos präsentieren konnte. Für die Aktivisten der weltlichen Schulbewegung endete die Besprechung mit einem vollen Erfolg. Zwar mußten sie die üblichen Konzessionen an die Sozialdemokraten der klassischen Simultanschulländer im Südwesten Deutschlands machen, auch das Prinzip der religiösen Toleranz anerkennen, doch schon dabei setzten sie Formulierungen durch, die deutlich machten, daß die Sozialdemokraten an der eigentlichen Überlegenheit der freidenkerisch-materialistischen Weltanschauung keinen Zweifel hegten und religiöse Denkart letztlich für anarchronistischen Mummenschanz hielten. Im übrigen blieb von der Stoßrichtung der Parteivorstandserklärung aus dem Jahre 1926 nicht mehr viel übrig; der Parteivorstand hatte im wesentlichen klein beigeben müssen – ein Indiz dafür, wie stark die weltliche Schulbewegung im aktiven und meinungsbildenden Funktionärskörper der Sozialdemokratie verankert war.

Der Kieler Parteitag erhob dann das Ergebnis der Besprechung zum Beschluß der Gesamtpartei. Seit 1927 genossen die weltlichen Schulen somit ganz parteioffiziell die Unterstützung der Sozialdemokratie. Die Partei bezeichnete die weltlichen Sammelschulen von nun an als ein „wertvolles Teilziel" auf dem Weg zur Verweltlichung des *gesamten* Erziehungswesens. Vom Standpunkt der „werdenden sozialistischen Gesellschaft" aus seien sie allen anderen gegebenen Schularten eindeutig vorzuziehen. Die sozialistischen Erziehungsberechtigten sollten sie daher, so die Empfehlung des Kieler Parteitages, durch freiwilligen Zusammenschluß „mit allen Mitteln erstreben und fördern." Auf die Freiwilligkeit legte die Partei indessen großen Wert. Ausdrücklich betonte sie, daß auf Mitglieder, die aus Gewissensgründen sich nicht entschließen mochten, ihre Kinder in die weltlichen Schulen zu schicken, kein Zwang ausgeübt

---

184 Der Volkslehrer 1926, Nr. 27/28, S. 166 f.
185 Der Volkslehrer 1927, Nr. 21/22, S. 124. An der Besprechung nahmen teil: Hermann Müller, Crispien, Adolf Braun, Hilferding, Heinrich Schulz, Wegscheider-Ziegler, Haebler, Löwenstein, Mennicke, Schröter, August Siemsen, Hohmann, Kreutzinger, Michel und Linke.

werden dürfe. Im Unterschied zur Parteivorstandserklärung von 1926 aber machte die Kieler Parteitagsentschließung von 1927 im gleichen Atemzug deutlich, daß sie die Motive der Eltern im Grunde nicht billigte: „Es muß aber angestrebt werden, die in solchem Verhalten zum Ausdruck kommenden überlieferten und künstlich erzeugten Vorurteile gegen die weltliche Schule [...] zu überwinden." Den Anhängern der Simultanschule erleichterte der Kieler Parteitag die Zustimmung zur „weltlichen Schule" durch den Zusatz, daß in „Ländern und Gebieten, in denen die Simultanschule gesetzlich oder durch Überlieferung die herrschende Schulform ist, die Simultanschule im Sinne der Reichsverfassung zu unterstützen und vor der Konfessionalisierung zu schützen [ist]".[186]

Im „Bund der freien Schulgesellschaften" nahm man den Kieler Beschluß mit großem Beifall auf. Im ganzen war man auch in den kommenden Jahren mit der Haltung der Sozialdemokraten zufrieden. Nur die radikalen Linkssozialisten polemisierten, obgleich ebenfalls zumeist in der SPD organisiert, immer wieder gegen die „schulpolitischen Lauheiten" der Partei. Adelheid Torhorst nannte den Kieler Beschluß eine „platonische Erklärung"; in der Realität aber stehe die Sozialdemokratie der weltlichen Schulbewegung „kühl und skeptisch" gegenüber.[187] Dem pflichtete besonders der damalige Redakteur des Bundesorgans, Gustav Hädicke, bei, der ebenfalls eine Diskrepanz zwischen theoretischer Bekundung und praktischem Verhalten in der SPD ausmachte. Allerdings trug gerade Hädicke, auch er Mitglied der SPD, in seiner Tätigkeit als Redakteur wenig dazu bei, die Vertrauensbasis zwischen „Bund" und SPD zu stärken. Seine höhnischen und dogmatisch freidenkerischen Kritiken an andersdenkenden Sozialdemokraten stieß auch etliche Linkssozialdemokraten im „Bund der freien Schulgesellschaften" ab. Besonders verächtlich urteilte Hädicke über die sozialdemokratischen Lehrer in Hamburg und Sachsen, die er als „Flaue und Unentschiedene" beschimpfte und für deren Sorge um den Erhalt eines allgemeinen staatlichen Schulsystems er nur Häme und Spott übrig hatte. Völlig unverständlich war ihm, daß man als Sozialist auf die religiösen Gefühle anderer Menschen Rücksicht nehmen sollte.[188]

Verantwortlich für die zumindest partielle Unzufriedenheit im „Bund" mit der Sozialdemokratischen Partei war in erster Linie die Schulpolitik der preußischen Landesregierung. Viele weltliche Eltern und Lehrer waren der Meinung, daß das sozialdemokratisch geführte Kabinett mehr für die weltlichen Schulen hätte tun können. Nach Auffassung zahlreicher Bundesmitglieder kümmerte sich die SPD zu sehr um die Polizei und zu wenig um die Kultur- und Schulpolitik. Ministerpräsident Otto Braun mache dem Zentrum im Erziehungssektor, so eine verbreitete Stimmung in den freien Schulgesellschaften, zu viele Konzessionen. Andererseits wußten gerade die Verantwortlichen im „Bund", daß die weltlichen Schulen ohne den Schutz der sozialdemokratischen Landespolitiker nicht überleben konnten. Jede schulpolitische

---

186 Vgl. Protokoll über die Verhandlungen des Parteitages der Sozialdemokratischen Partei Deutschlands, Kiel, 22.-27. Mai 1927, Berlin 1927, S. 148 f. und 261.
187 Der Klassenkampf, Jg. 4, 1930, Nr. 6, S. 182.
188 Die freie weltliche Schule 1929, Nr. 9/10, S. 65, Nr. 14, S. 105.

Debatte im preußischen Landtag führe ihnen das erneut drastisch vor Augen: Einen Fürsprecher besaßen die weltlichen Schulen nur in der SPD; alle anderen Parteien, von der DNVP bis zur KPD, traten als entschiedene Gegner der freien Schulen auf.

Nach dem Erfurter Bundestag 1930, der die Linksdrift des „Bundes" zum Stoppen gebracht hatte, rückten die Sozialdemokratische Partei und der „Bund" immer mehr zusammen. Auch die frühere Rücksichtnahme auf die KPD gab keinen Sinn mehr, seitdem die Kommunisten den „Bund" zum Gegner, den es mit allen Mitteln zu bekämpfen gelte, erklärt hatten. Schon die Auswahl des Ortes für die Vertreterversammlung 1931 und der Ablauf des Bundestages zeigten, daß die freien Schulgesellschaften sich bewußt in das Milieu der reformistischen Solidargemeinschaft einfügten. Das in der Nähe von Magdeburg gelegene Bad Salzelmen war eine Hochburg der reformistischen Arbeiterbewegung; die Kommunisten spielten dagegen dort, verglichen mit den Sozialdemokraten, eine „ganz untergeordnete Rolle".[189] Das Eröffnungsszenarium der Vertreterversammlung verlief ganz im Stil einer Reichskonferenz der Sozialistischen Arbeiter-Jugend oder eines Parteitags der SPD. Zur Begrüßung der weltlichen Schulfreunde marschierten der Reihe nach die reformistischen Kultur- und Freizeitorganisationen aus Salzelmen und dem benachbarten Industriestädtchen Schönebeck auf. Danach führten die Mitglieder der SAJ ein Sprechchorstück auf. Daran schlossen sich drei Begrüßungsansprachen an, die den Bundestag eröffneten: Alle drei Redner gehörten der Sozialdemokratischen Partei an.

c) *Als „Sozialfaschisten" denunziert: Der „Bund" und die Kommunistische Partei*

Kommunistische Eltern und Lehrer gehörten 1920 zu jenen, die im Westen Deutschlands gegen erhebliche Widerstände die Einrichtung der ersten weltlichen Sammelschulen durchsetzten. Mehrheitssozialdemokraten, Unabhängige und eben Kommunisten kämpften damals noch einträchtig zusammen. Ärger mit der Berliner Parteileitung bekamen die örtlichen Kommunisten deswegen nicht, denn die KP-Zentrale hatte sich bis Ende 1920 mit den weltlichen Schulen nicht befaßt. Größere Aufmerksamkeit schenkte die KPD den weltlichen Schulen erst, als im Dezember 1920 mehrere Lehrer der USPD den Anschluß ihrer Parteimajorität an die Kommunistische Internationale nachvollzogen hatten und der KPD beigetreten waren. Diese Lehrer, die unter der Führung des Berliner Studienrats Fritz Ausländer standen, übernahmen bald das kultur- und schulpolitische Ressort der Partei und knüpften dort zunächst an der positiven Haltung zur weltlichen Schule aus ihrer USPD-Zeit an. Ihre schulpolitische Einstellung kleideten sie in eine sogenannte „Breschen-Theorie": Danach schlugen die weltlichen Schulen eine erste proletarische Bresche in die Phalanx bürgerlichkonfessioneller Klassenschulen. Doch von dieser Breschen-Ideologie rückte die KPD im Laufe des Jahres 1922 ab. Das Zentralorgan der Partei, die „Rote Fahne", widmete

---

189 Die freie weltliche Schule 1931, Nr. 6, S. 50.

sich in mehreren Ausgaben den weltlichen Schulen und qualifizierte sie dabei als „zweckwidrige Isolierschulen"; die kommunistischen Eltern wurden aufgefordert, die Schulkämpfe künftig an den konfessionellen Schulen auszufechten. Allerdings hatte sich die Bolschewisierung der KPD nach Maßgabe einer straff geführten leninistischen Kaderpartei noch keineswegs vollständig durchgesetzt, auf den Befehl von oben folgte nicht automatisch der Gehorsam an der Basis. Zumindest kümmerte sich das Gros der kommunistischen Eltern und Lehrer, die ihre Kinder an weltlichen Schulen angemeldet hatten bzw. dort unterrichteten, nicht im geringsten um die Order der Parteileitung. „Die Wirklichkeit geht", mokierte sich der damalige Kommunist und der linke Flügelmann des „Bundes" Johannes Resch über die Direktive der KP-Zentrale, „über den Parteidogmatismus lächelnd und souverän hinweg". Selbst hauptamtliche Sekretäre der KPD im Rhein-/Ruhrgebiet mißachteten die Weisungen aus Berlin und arbeiteten weiterhin in der weltlichen Schulbewegung mit.[190] Die KPD-Führung konnte in diesen Jahren eine schärfere Gangart gegen die weltlichen Schulen in der Mitgliedschaft nicht durchsetzen; sie mußte wohl oder übel ihre polemischen Attacken mäßigen und dämpfen. Die damalige Position der Parteispitze umschrieb Mitte Mai 1924 das Solinger KP-Blatt „Bergische Arbeiterstimme": Die Partei unterstütze keine Neugründungen von weltlichen Schulen, bekämpfe die bestehenden aber auch nicht ausdrücklich; dort, wo die weltlichen Schulen unter kommunistischem Einfluß stünden, sei gar „wohlwollende Neutralität" angesagt.[191]

Die Linkswende des „Bundes der freien Schulgesellschaften" auf dem Dortmunder Bundestag 1925 ließ auch die Kommunisten aufhorchen. Eine Zeitlang schien es, als könne sich die KPD nun wieder mit den weltlichen Schulen anfreunden. Der Leiter der kommunistischen Kulturzentrale, Fritz Ausländer, kommentierte die Beschlüsse von Dortmund erwartungsvoll als ein „Zeichen für die Radikalisierung der Massen".[192] Ein Jahr später nahm Ausländer als Beobachter der KPD an der Vertreterversammlung des „Bundes" in Breslau teil; es war das erste Mal überhaupt, daß die Kommunisten einen offiziellen Abgesandten zu einem Bundestag der freien Schulgesellschaften schickten. In den Beziehungen zur KPD, so hofften jetzt die verantwortlichen Funktionäre im „Bund", bahnte sich allmählich eine Entspannung an.

Doch solche Hoffnungen trogen. Der Bericht, den Ausländer für seine Partei über die Breslauer Tagung verfaßte, fiel ganz und gar negativ aus; seine Position gegenüber der Institution „weltliche Sonderschule" blieb weiterhin ablehnend. Anstoß hatte Ausländer besonders an dem Vortrag von Mockrauer über das „religiöse Kulturgut an der weltlichen Schule" genommen; daß ein solches Referat überhaupt gehalten werden durfte, nahm der KP-Beobachter als ein deutliches Indiz für die Abkehr des „Bundes" von der in Dortmund beschlossenen proletarischen Linie. Auch an seiner Skepsis gegenüber der Einrichtung weltlicher Sammelschulen hatte sich nichts geändert. Er hielt diesen schulpolitischen Weg nach wie vor für eine „Sackgasse" und

---

190 Vgl. hierzu Sozialistische Lebensgestaltung, Jg. 2, 1922, Nr. 12, S. 45.
191 Zit. in: Rheinische Zeitung, 19.6. 1924.
192 Die freie weltliche Schule 1926, Nr. 21, S. 172.

plädierte abermals dafür, die Kräfte, die man zum Aufbau der weltlichen Sonderschulen verwandte, besser für die Agitation an den Konfessionsschulen zu gebrauchen. Dabei könne man selbst in der aktuellen Phase des revolutionären Wellentals eine Zahl von ca. 10-20% vom Religionsunterricht abgemeldeter Kinder erreichen. „So würden wir dadurch", versprach der kommunistische Schulstratege, „die Festung eher sturmreif machen als durch die Gründung von noch einigen hundert isolierten weltlichen Sonderschulen.

Allerdings verkannte Ausländer nicht, daß selbst kommunistische Arbeiter dieser Empfehlung nicht zu folgen bereit waren. Ausländer gab freimütig zu, daß die Kommunisten in einer gewissen Weise nur mit „leeren Händen" dastanden. Sie konnten allein mit der fernen Taube einer künftigen, revolutionär durchzusetzenden proletarisch-weltlichen Einheitsschule locken; viele sozialistisch-kommunistische Arbeiter entschieden sich aber lieber für den nahen Spatzen in der Hand: die bereits real existierenden weltlichen Sammelschulen.[193]

Ganz überraschend kam das negative Gutachten Ausländers für den Bundesvorstand der freien Schulgesellschaften nicht. Das Führungsgremium des „Bundes" hatte bereits kurz zuvor einen Informationsbrief des Jung-Spartakusbundes in die Hände bekommen. Dieses Zirkular enthielt klare Anweisungen für die kommunistischen Funktionäre, wie sie die weltlichen Schulen zu sehen und zu beurteilen hatten. Das Papier, das schon vier Wochen vor der Breslauer Vertreterversammlung umging, nahm die Position Ausländers, die dieser mit seinen Erfahrungen auf eben jener Tagung begründete, bereits vorweg.

Gleich mit dem ersten Satz wurde den kommunistischen Eltern eingeschärft, daß es für sie „keine Ehrenpflicht" sei, ihre Kinder zur weltlichen Schule zu schicken. Die weltlichen Schulen seien im Gegenteil ein Hindernis auf dem Weg zur Einheitlichkeit und Weltlichkeit des Schulwesens; sie isolierten den fortgeschrittensten Teil der Eltern und Lehrer vom Rest des Proletariats, das so zu über 95% der ungestörten Schulreaktion anheimfalle. Wann immer sich sozialdemokratische Propaganda für die Errichtung weltlicher Schulen rege, hätten Kommunisten die Pflicht, sie im Keime zu ersticken. Wo die Massen dennoch zum Aufbau solcher Sammelschulen schritten, sei es die Aufgabe der Kommunisten, deren „kleinbürgerlich-unproletarischen Charakter" zu enthüllen. Dies geschehe dadurch, daß man von den Lehrern den Austritt aus der Landeskirche und die Absolvierung des Unterrichts im „proletarischen Geiste" verlange, wozu die meisten wohl kaum bereit sein dürften. Überdies hätten die kommunistischen Elternbeiräte „als Fraktion daran zu arbeiten", daß die Schulen einen proletarischen Klassenkampfcharakter erhielten. Dadurch, so hofften die Verfasser des KP-Zirkulars, könne man die „sozialdemokratischen Neutralitätsapostel" von den klassenbewußten Eltern und Lehrern isolieren und die SPD schließlich dazu bewegen, die weltlichen Schulen „im Stich" zu lassen.[194]

Diese Mischung aus einer gewiß nicht unberechtigten, auch von manchen Sozial-

---

193 Zur Position Ausländers vgl. Die freie weltliche Schule 1926, Nr. 22, S. 178 ff.
194 Das Zirkular ist dokumentiert in: Die freie weltliche Schule 1926, Nr. 22, S. 180 f.

demokraten geteilten Kritik am Isolationsstatus der weltlichen Schule auf der einen und der denunziatorischen Entlarvungsstrategie zur Bekämpfung der SPD auf der anderen Seite bestimmte auch die Stellungnahmen der kommunistischen Lehrer auf deren Reichskonferenzen 1926 und 1928 und auf dem KPD-Parteitag 1927 in Essen. Verglichen mit den wüsten Beschimpfungen, mit denen die KPD den weltlichen Schulen ab 1929 begegnete, argumentierten die Kommunisten in den Jahren 1926–1928 jedenfalls noch vergleichsweise differenziert und moderat, auch wenn die Kennzeichnung der weltlichen Schulen als „pazifistische, den Klassenkampf verschleiernde und deshalb gefährliche" Erziehungsstätten in diesen Jahren ebenfalls schon zum Pflichtvokabular revolutionärer Schmähungen gehörte.[195] Gleichwohl konnte die KPD zu dieser Zeit die weltlichen Schulen nicht in Bausch und Bogen verdammen; noch hielten zu viele kommunistische Eltern und Lehrer an den von ihnen miterkämpften und aufgebauten Schulen fest. Zwar galten die weltlichen Schulen weiterhin als Blockade auf dem Weg zur weltlichen Einheitsschule, und noch immer orientierten die Kommunisten primär auf den Kampf an den Konfessionsschulen, doch räumten der Essener Parteitag und die zentralen Lehrerkonferenzen der KPD die, wenn auch seltene, Möglichkeit ein, daß einzelne weltliche Schulen unter kommunistischem Einfluß zu konsequent proletarischen Versuchsschulen „vorwärts getrieben" werden könnten.[196]

Ab 1929 aber leugnete die KPD solche Möglichkeiten. Schlagartig hatte sich der Ton der Kommunisten verändert; nicht mehr Kritik, wie polemisch auch immer, sondern blanke Denunziation prägte den Stil ihres Umgangs mit den Anhängern der weltlichen Schulen. Früher bezeichneten sie diese Schule noch abschätzig als pazifistisch-reformistische Erziehungsstätten und als eine Sackgasse auf dem Welt zur weltlichen Einheitsschule; nun brandmarkten sie die Sammelschulen – und machten dabei keine Ausnahme mehr – als Wegbereiter des Faschismus oder gleich als Drillanstalten der „sozialfaschistischen Arbeiterverräter und Kapitalistenknechte", als den Hauptfeind der revolutionären Eltern im Schulwesen schlechthin.[197] Rund zwei Jahre versuchte die KPD, die Basis des „Bundes der freien Schulgesellschaften" gegen die „Panzerkreuzersozialisten" an der Spitze des „Bundes" aufzuwiegeln, die Organisation so zu revolutionieren und schließlich zu zerschlagen. 1931 schritt sie dann zur Spaltung; die kommunistische Minderheit gründete den „Bund proletarischer Schulkämpfe".[198] Der propagierte in alter kommunistischer Tradition die Zellenbildung an den konfessionellen Schulen – und scheiterte damit ebenso wie schon alle früheren kommunistischen Versuche, an den Konfessionsschulen mit „revolutionärer Politik" und Kirchenaustrittsbewegungen Fuß zu fassen. Das Mißverhältnis zwischen Rhetorik und Realität in der kommunistischen Politik zeigte sich besonders deutlich in den Sommer- und Herbstmonaten 1931, als die KPD und der „Bund proletarischer Schulkampf" zu Schulstreiks gegen Schulabbau und Sozialreaktion aufriefen. Nicht eine konfes-

---

195 Vgl. Der Volkslehrer 1927, Nr. 3/4, S. 19.
196 Der Volkslehrer 1928, Nr. 23, S. 244; Proletarische Schulpolitik 1931, Nr. 2, o. S.
197 Ifa-Rundschau 1931, S. 19; Proletarische Schulpolitik, Jg. 3, 1931.
198 Proletarische Schulpolitik, Jg. 3, 1931, Nr. 2, o. S.

fesionelle Schule im Deutschen Reich ist bekannt, an der die Eltern und Schüler den kommunistischen Boykottaufruf befolgt hätten. Erfolg konnte die KPD nur an solchen Schulen verbuchen, die sie parteioffiziell als „sozialfaschistisch" zu desavouieren versucht hatte, die aber als proletarische Schulexklaven den Humus abgaben, auf dem selbst die nirgends sonst anschlagenden radikalen Aktionen der Kommunisten zumindest teilweise, wenn auch nur regional begrenzt, gedeihen konnten: an den weltlichen Schulen etwa in Berlin-Neukölln, im Bergischen Land oder in einigen Städten des Ruhrgebiets.

So wurden die „weltlichen Isolierschulen" zu Schauplätzen kommunistischer Aktivitäten. Die weltliche Schulbewegung überstand dies nicht ohne Schaden, denn die kommunistischen Streikaktionen richteten sich weniger gegen die Politik der Regierung Brüning, sie zielten in erster Linie darauf, die „sozialfaschistischen Verräter" an der Arbeiterklasse zu entlarven. Kurz: Die KPD zerrte ihren Kampf gegen die SPD in die weltlichen Schulen, entzweite dadurch die Eltern-, Lehrer- und Schülerschaft, entfachte dabei ein scheinrevolutionäres Spektakel, über das die bürgerlich-konfessionelle Presse mit hämischem Genuß berichtete, um die weltliche Schule als Ganze der Lächerlichkeit preiszugeben.

Die Kommunisten inszenierten ihre Streiks, wo immer sie auch stattfanden, nach einem ziemlich einheitlichen Muster. Zunächst suchten sie sich für ihre Aktionen eine Schule aus, in der eine gut organisierte Gruppe kommunistischer Elternbeiräte und Lehrer bestand. An der Spitze der Schule mußte ein sozialdemokratischer Rektor stehen, den man im Zuge des Streiks als „Bourgeoisknecht" in die Ecke treiben und mitsamt seiner Partei an den Pranger stellen konnte. Ein Mißstand an der Schule ließ sich schnell finden und zu einem großen sozialen Skandal aufbauschen: Mal reichte dafür die Maus im Klassenzimmer, mal auch ein Abort im Schulhof aus – Probleme oftmals, die beim Gros der weltlichen Schulen in der besonnenen Atmosphäre eines vernünftig zusammenarbeitenden Elternbeirats rasch und einvernehmlich gelöst wurden. Die Kommunisten aber mobilisierten den revolutionären Volkszorn und leiteten Streikmaßnahmen zwecks Beseitigung des sozialfaschistischen Schulleiters, der an allem Übel natürlich die Schuld trug, ein. Den Auftakt dazu bildete eine von der KPD planmäßig vorbereitete „spontane Elternversammlung", in der sich Eltern ihre Empörung durch die Verabschiedung ultimativer Forderungen, die seit Tagen bereits in der KP-Presse zu lesen waren, Luft verschafften. Das örtliche KP-Blatt und die „Rote Fahne" schrieben nun täglich von dem wachsenden Unmut der Massen über die Zustände in den „sozialfaschistischen Isolierschulen". Schließlich rief eine Versammlung von Elterndelegierten, von niemandem gewählt, von keinem legitimiert, den Streik aus. „Kampfausschüsse" wurden gebildet, die – darauf legte die KPD größten Wert – nicht nur aus Kommunisten, sondern auch aus „Parteilosen" und „Sozialdemokraten" bestanden. Am ersten Streiktag marschierten dann die Bataillone der kommunistischen Berufsrevolutionäre vor den Schultoren auf: Jungspartakus, Kommunistischer Jugendverband, Internationale Arbeiterhilfe, Rote Hilfe etc. – für Kinder sozialdemokratischer Eltern, die den kommunistischen Zirkus ablehnten, gab es da kein Durchkommen. Es folgte das obligatorische revolutionäre Schultribunal des Jungspartakus; ein 12jähriger Jungspartakist zog Sprüche gegen den „Verrat der SPD" und die „Young-Versklavung" vom Leder, entschleierte den Rektor als Büttel der Kapitalisten und verlangte im Namen des revolutionären Proletariats seine Entlassung. In den nächsten Tagen erhielt der Rektor mehrere Drohbriefe; und bei seinen täglichen Heimwegen von der Schule mußte er damit rechnen, daß ihm die „im verständlichen Zorn aufgebrachten" Schüler auflauerten und ihn bedrohten. Nicht wenige Lehrer bekamen es dann mit der Angst zu tun und stellten Versetzungsanträge.

Die Kommunisten erzeugten somit in den frühen 30er Jahren an zahlreichen weltlichen Schulen ein Klima des Terrors und der Einschüchterung. Den Schulabbau und die Sozialreaktion verhinderten sie dadurch selbstverständlich nicht; aber daran waren sie sowieso, wenn überhaupt, nur sekundär interessiert, gleichsam nur als Vehikel ihrer Entlarvungsstrategien. Das Resultat der kommunistischen Repressalien war allein, daß viele weltliche Schulen gänzlich in Mißkredit gerieten, noch mehr Eltern Angst davor bekamen, ihre Kinder dort einzuschulen. Auch das trug zur inneren Zersetzung der weltlichen Schulen schon vor 1933 bei.[199]

d) Bundesgenossen: Die linken Splitterparteien

Die beiden wohl gewichtigsten linken Splittergruppierungen, die Kommunistische Partei-Opposition (KPO) und die Sozialistische Arbeiterpartei (SAP), konnten in ihren Stellungnahmen zur weltlichen Schule ihre ursprüngliche parteipolitische Herkunft nicht verleugnen: Die KPO teilte im Grundsatz die Kritik der KPD an den Sammelschulen aus den Jahren 1922 bis 1928, verteidigte diese Schulen aber realpolitisch gegen die Angriffe der Kirche und des Bürgertums; die SAP setzte in dieser Frage die Tradition der Linkssozialdemokratie fort und trat entschieden und kompromißlos wie keine andere Partei sonst, auch nicht die SPD, für die weltliche Schulbewegung ein.

Die KPO war sich mit der KPD einig in dem Vorwurf, daß die freien Schulgesellschaften auf den Kampf um die Verweltlichung des gesamten Schulwesens verzichtet hätten. Allerdings erkannten die Rechtskommunisten im Unterschied zur Mutterpartei, in welchem Maße die politische Rechte und die klerikalen Kräfte in der Weimarer Gesellschaft die weltlichen Sonderschulen befehdeten. Die KPO gestand ein, daß die Sammelschulen so immer stärker zu einem „Brennpunkt des Kulturkampfes" würden und daß diese Entwicklung die Haltung auch der Kommunisten nicht unbeeinflußt lassen dürfe. Das Organ der KPO, die Zeitung „Arbeiterpolitik", empfahl daher der ihr zugeneigten Arbeiterschaft, „entgegen den Parolen der KPD für die weltlichen Schulen einzutreten, ihre Kinder dorthin zu schicken."[200]

---

199 Am Beispiel Essen vgl. *Behrens u.a.*, Freie Schulen, S. 136 ff.; am Beispiel Berlin vgl. Sozialistische Erziehung, Jg. 6, 1930, S. 35 ff.; allgemein: Die freie weltliche Schule 1929, Nr. 22, S. 174.
200 Zit. in: Die freie weltliche Schule 1931, Nr. 3, S. 27.

Eine noch schärfere Kritikerin der kommunistischen Strategie, weltliche Zellen an den Konfessionsschulen zu bilden, war die SAP. Die Linkssozialisten hielten die kommunistische Aufgabenstellung für unverantwortlich; die Kinder seien dem nicht gewachsen, würden vielmehr in den Sog bürgerlich-konfessioneller Einflüsse geraten. Die SAP identifizierte sich wie keine zweite Partei mit der weltlichen Schulbewegung. Viele ihrer Mitglieder gehörten schließlich zu den Protagonisten der freien Schulgesellschaften; prominente Beispiele sind etwa die Geschwister Siemsen und Max Felsen. In gewisser Weise verkörperte die SAP politisch am reinsten die Prinzipien, das Selbstverständnis und die gesellschaftliche Rolle der weltlichen Schulbewegung. Gerade diese Partei begriff sich als Vortrupp der proletarischen Elite, als Vertreter eines marxistischen Avantgardismus; so fristete auch sie nur eine Randexistenz, nicht nur in der Gesellschaft, sondern auch im proletarischen Milieu; wie der linke Flügel im „Bund" so kompensierte auch die SAP die Ohnmacht in der Isolation durch Revolutionsphantasien.

Anders als die SPD gestattet die SAP ihren Mitgliedern nicht, die Entscheidung über den Schulbesuch der Kinder nach eigenem Gewissen zu treffen. Die SAP *verpflichtete* ihre Mitglieder, die Kinder vom Religionsunterricht abzumelden und sie, soweit vorhanden, auf weltliche Schulen zu schicken. Die Mitgliedschaft in einer Ortsgruppe der Freien Schulgesellschaften war für die „parteigenössischen Eltern" der SAP „dringend erwünscht". Die Parteimitglieder insgesamt besaßen schließlich zudem die Pflicht, gleichviel ob sie nun Kinder hatten oder nicht, „ihren ganzen Einfluß aufzubieten zur Förderung der weltlichen Schulbewegung, zur Gründung und zum Ausbau weltlicher Schulen und zum Schutz dissidentischer Lehrer."[201]

e) *Geistesverwandte: Die Freidenkerorganisationen*

Als die „natürlichen Bundesgenossen" der freien Schulgesellschaften galten die Freidenkerorganisationen. Schließlich hatten diese das größte Interesse an einer entkonfessionalisierten Schule; und die Spitzenfunktionäre des „Bundes", die Ortsgruppenvorsitzenden, die Bezirks- und Bundesvorstandsmitglieder, dürften wohl, zumindest ab 1925, organisierte Freidenker gewesen sein. Oftmals kam der Impuls zur Bildung örtlicher Gruppen der freien Schulgesellschaften direkt aus der Freidenkerbewegung, wie in Düsseldorf beispielsweise. Dort gab es während der gesamten Weimarer Jahre eine sehr enge Allianz zwischen Freidenkern und weltlicher Schulbewegung; den institutionellen Rahmen dafür bot eine „Arbeitsgemeinschaft der Freigeistigen Verbände", welcher die Freigeistige Gemeinschaft für Rheinland und Westfalen, der Verband für Freidenkertum und Feuerbestattung, der Deutsche Monistenbund, der Volksbund für Geistesfreiheit, der Bund der Freidenker-Jugend und eben die Freien Schulgesellschaften angehörten.[202]

---

201 Dokumentiert in: Die freie weltliche Schule 1932, Nr. 3, S. 19.
202 Vgl. dazu Die freie weltliche Schule 1928, Nr. 24, S. 183.

Als Reichsorganisationen taten sich die Freidenkergruppen indessen schwer damit, dem „Bund" in seiner Arbeit offiziell den Rücken zu stärken. Der Einfluß der Kommunisten innerhalb der Freidenkerbewegung war beträchtlich, und sie nutzten ihn, um Konferenzbeschlüsse zugunsten des „Bundes" bzw. des Aufbaus weltlicher Sammelschulen zu verhindern. Erst 1928 brachen die sozialdemokratischen Delegierten den Widerstand der KP-Mitglieder und setzten auf der Frankfurter Generalversammlung des „Verbandes für Freidenkertum und Feuerbestattung" eine Resolution im Sinne der weltlichen Schulbewegung durch. Die Generalversammlung verpflichtete die Ortsgruppen, die Gründung weltlicher Sammelschulen weitestgehend zu fördern und dabei in Verbindung mit denjenigen proletarischen Organisationen zu treten, die sich zum gleichen Ziel bekannten – mit anderen Worten: die Kooperation mit dem „Bund der freien Schulgesellschaften" zu suchen.[203]

Vier Jahre später stellte die „Gemeinschaft proletarischer Freidenker" (GpFD) ihre schulpolitischen Richtlinien auf. Als langfristiges Ziel setzte sich die GpFD die Verweltlichung des gesamten Schulwesens; als Ausgangspunkt für den Weg dorthin betrachtete sie die weltlichen Sammelschulen. Für den Unterricht darin schlug sie im Einklang mit dem „Bund" die Anwendung soziologischer Methoden und Betrachtungsweisen vor; wie die freien Schulgesellschaften erhoffte sich auch die GpFD eine Erziehung zur „klassenlosen Gesellschaft".[204]

1928 war der „Bund der freien Schulgesellschaften" bei einem Projekt der Zusammenarbeit mit freigeistigen Verbänden auf die Nase gefallen. Das Bein hatten ihm wiederum die Kommunisten gestellt. Es ging damals um die Gründung eines „Reichsverbandes der freien dissidentischen Fürsorge". Im Rheinland und in Westfalen bestanden schon seit Jahren lokale freidenkerische Fürsorgegruppen, die ein Gegengewicht zu den konfessionellen Wohlfahrtsvereinen bilden sollten. Mehrere dieser dissidentischen Wohlfahrtseinrichtungen gingen zurück auf die Initiative der örtlichen Gruppen der freien Schulgesellschaften; in anderen Gemeinden hatten sich die Ortsgruppen des „Bundes" der Wohlfahrtsinitiative, der insgesamt 14 sozialdemokratische und kommunistische Kulturorganisastionen angehörten, zumindest korporativ angeschlossen. Mit den kirchlichen Verbänden konnten die Dissidenten allerdings nicht konkurrieren; es fehlte ihnen die staatliche Anerkennung und Zuwendung, mithin das Geld. Aus diesem Grund entstand der Plan, die Ortsgruppen reichsweit zusammenzuschließen, denn nur Reichsverbände hatten ein Anrecht auf öffentliche Unterstützung. Der Bundesverband der freien Schulgesellschaften erteilte dem Vorhaben auf einer Sitzung am 14. Juni 1928 seinen Segen. 5 Wochen später trafen sich 67 Delegierte im westfälischen Hagen zur konstituierenden Versammlung des „Reichsverbandes der dissidentischen Fürsorge". Für den „Bund" und die sozial-demokratischen Teilnehmer wurde das Treffen zu einem einzigen Reinfall; für sie endete das Fürsorgeunternehmen mit einem kompletten Fiasko.

Im Unterschied zu den Sozialdemokraten hatten sich nämlich die kommunistischen

---

203 Sozialistische Erziehung, Jg. 4, 1928, Nr. 10, S. 44.
204 Die freie weltliche Schule 1932, Nr. 8, S. 63.

Freidenker bestens für die Hagener Konferenz präpariert; schon bei der Delegierten-auswahl hatten sie sich eine, wenn auch knappe Mehrheit gesichert. Sie stellten den Referenten und dominierten die Aussprache. Der Referent grenzte die neu zu schaffende Fürsorgeorganisation in aller Schärfe von der „Arbeiterwohlfahrt" ab. Die Sozialdemokratie erklärte er zum weltanschaulichen Gegner und sagte ihr den Kampf an. Die Kommunisten hingegen umwarb er als Bündnispartner. In der nachfolgenden Diskussion pflichteten ihm alle Redner bei; der neue Reichsverband sollte den Konflikt mit der Arbeiterwohlfahrt und die enge Zusammenarbeit mit der Roten Hilfe und der Internationalen Arbeiter-Hilfe suchen.

Erst allmählich lösten sich die nicht-kommunistischen Delegierten aus ihrer Erstarrung. Als die KP-Mitglieder einen Satzungsentwurf der ganz auf der Linie des Referats lag, einreichten, protestierten der Geschäftsführer des „Verbandes für Freidenkertum und Feuerbestattung", Max Sievers, und die Vertreter der bayerischen und württembergischen Landesverbände der dissidentischen Fürsorge gegen den Kurs, der hier eingeschlagen werden sollte. Doch davon ließen sich die Kommunisten nicht beirren; mit 31 zu 28 Stimmen peitschten sie ihren Vorschlag durch. Auch den Vorstand besetzten sie allein mit Sympathisanten ihrer Richtung.

Für den neuen Reichsverband, mehr noch: für die dissidentische Fürsorge als solche bedeutete das den Tod. Die Süddeutschen verließen unter Protest den Saal und etliche Delegierten distanzierten sich von der Entscheidung der Hagener Konferenz. Auch der Vertreter des „Bundes der freien Schulgesellschaften", der Vorsitzende des Unterverbandes Köln, Johannes Müller, machte deutlich, daß seine Organisation sich nicht auf die von der Hagener Versammlung geschaffene Basis stellen werde. Der „Bund" betrachtete den Reichsverband daraufhin als „kommunistisches Anhängsel" und riet seinen Ortsgruppen, künftig jegliche Verbindung zur dissidentischen Fürsorge zu lösen.[205]

f) Lieber Sekte als Masse: Der „Bund" und die Lehrergewerkschaften

Die Politik des „Bundes der freien Schulgesellschaften" in der Gewerkschaftsfrage war ein Musterbeispiel dafür, wie sehr sich die weltliche Schulbewegung spätestens seit 1925 auf die Aktivität im kleinen Kreis Gleichgesinnter zurückzog, vom Bedürfnis nach nahtloser ideologischer Übereinstimmung treiben ließ, die Pflege einer unveränderten Prinzipienfestigkeit kultivierte – kurz: den linkssozialistisch/linkssozialdemokratischen Kader-Isolationismus einer sozialdemokratischen Kompromißpolitik, normativen Pluralität und Massenorientierung vorzog.

Die Pioniere der weltlichen Schulbewegung zu Beginn der Weimarer Republik gehörten fast ausnahmslos dem traditionellen Verband der Volksschullehrer, dem Deutschen Lehrerverein (DLV) an, der in den zwanziger Jahren weit über hunderttausend

---

205 Vgl. Die freie weltliche Schule 1928, Nr. 14, S. 103; Nr. 17, S. 123 f.

Mitglieder zählte.[206] Ein Mann wie O.H. Michel, Vorsitzender des mitgliederstärksten Bezirks im „Bund" und wohl der einzige Funktionär von Rang, der in der weltlichen Schulbewegung von den Anfängen bis zum unfreiwilligen Ende mitmachte, hatte sich schon vor der Jahrhundertwende dem DLV angeschlossen und den Vorsitz von zwei seiner lokalen Gruppen über viele Jahre übernommen. Unmittelbar nach dem Krieg gab sich der DLV, jedenfalls formal, ein gewerkschaftliches Profil; programmatisch schrieb er die allgemeine weltliche Staatsschule auf sein Panier. In der Realität aber verhielten sich die meisten Landes- und Provinzialverbände des DLV weiterhin ständisch. Im politischen Alltag sympathisierte die Majorität der DLV-Mitglieder mit der christlichen Simultanschule; einige Landesverbände machten sich gar für den Erhalt der Konfessionsschule stark. Mit Mißtrauen begegnete der DLV dagegen den weltlichen Sammelschulen; man betrachtete sie, gewiß nicht ganz zu Unrecht, als „Weltanschauungs-" und „Parteischulen", die nicht zur Verweltlichung und Einheitlichkeit, sondern zur weiteren Ideologisierung und Zersplitterung des Schulwesens führten.

Doch es existierten auch andere Strömungen; der DLV war kein monolithischer Block. In einigen Ländern und Städten, in denen sozialdemokratisch orientierte Lehrer schon seit der Vorkriegszeit dominierten, fuhren die Verbände des DLV einen strikt gewerkschaftlichen Kurs und trieben auch auf ihre Weise die Verweltlichung des Erziehungswesens voran, nicht durch Etablierung besonderer Sammelklassen, sondern durch die systematische Entkonfessionalisierung der Gemeinschaftsschule. Das geschah etwa in Hamburg, Bremen und vor allem in Sachsen, wo die Organisationen des DLV gleichsam als Hilfstruppen sozialdemokratischer und weltlicher Schulpolitik agierten. In manchen sächsischen Städten waren DLV und „Bund der freien Schulgesellschaften" eins; die sächsischen freien Schulgesellschaften insgesamt lebten zu einem großen Teil von den finanziellen Zuwendungen des Lehrervereins ihrer Region.

Die Mehrheit der Lehrer im DLV, zumindest an dessen Spitze, aber stand nicht der SPD, sondern der Demokratischen Partei nahe und hielt die Simultanschule mit angehängtem Religionsunterricht für eine vernünftige Lösung der schulpolitischen Probleme und Konflikte. Im „Bund der freien Schulgesellschaften" regte sich daher ein immer größerer Unwillen gegen die Mitarbeit im DLV. Vor allem die jüngeren radikal-linkssozialistischen Aktivisten, die lebensgeschichtlich kein so inniges, traditionsbeladenes Verhältnis zum DLV besaßen wie manche älteren Funktionäre im „Bund", wetterten ungeduldig gegen die Standespolitik und das marode „bürgerlich-liberale Erziehungs- und Bildungsideal"[207] des Lehrervereins. Unterstützung fanden sie besonders in solchen Bezirken, in denen die Provinzialverbände des DLV ausgesprochen konservativ ausgerichtet waren, so etwa in Berlin, teilweise im Rheinland, besonders aber in Thüringen und Braunschweig. Auf Widerspruch stießen sie bei freien Schulgesellschaften in Sachsen, die eine wirklich durchgreifende Verweltlichung

---

206 Zum DLV vgl. *Rainer Bölling*, Volksschullehrer und Politik. Der Deutsche Lehrerverein 1918–1933, Göttingen 1978.
207 Vgl. dazu Der Volkslehrer 1929, S. 56.

des Schulsystems nur im Verbund mit der „stärksten Lehrerorganisation"[208], also dem DLV, für möglich hielten.

Doch unter den meinungsführenden Funktionären im „Bund" standen die Sachsen mit ihrer Position ziemlich allein auf weiter Flur. Seit Ende 1928 war die Absetzbewegung der Aktivisten im „Bund" vom Deutschen Lehrerverein nicht mehr aufzuhalten. Am 10. Feburar 1929 stellte eine der einflußreichsten Ortsgruppen der weltlichen Schulbewegung, der Lokalverein Magdeburg, in einer Entschließung mit Bedauern fest, daß weiterhin noch die Mehrheit der Lehrer an weltlichen Schulen dem DLV angehörte. Von den weltlichen Lehrern Magdeburgs erwartete die Ortsversammlung, daß sie sich, soweit noch nicht geschehen, alsbald der kleinen, aber dezidiert freigewerkschaftlichen „Gewerkschaft Deutscher Volkslehrer" (GDV), die sich auf ihrem Verbandstag im Dezember 1928 auf den Boden der weltlichen Schulen gestellt hatte, anschließen werde. Andere Lokal- und Bezirksorganisationen, allen voran die Düsseldorfer, verabschiedeten ähnliche Resolutionen. Der Bundesvorsitzende Karl Linke trat zu dieser Zeit demonstrativ der GDV bei.[209] Etwas zurückhaltender und verklausulierter äußerte sich am 10. März 1929 der Bundesvorstand. Er nannte die GDV als gewerkschaftliche Organisation der weltlichen Lehrer nicht beim Namen, sprach aber von der Notwendigkeit einer weiteren Verankerung des „freigewerkschaftlichen Gedankens innerhalb der Lehrerschaft" und der „Schaffung einer umfassenden Lehrerbewegung, die gemeinsam mit der Arbeiterschaft für den Aufstieg der proletarischen Klasse kämpft."[210] Deutlicher wurde der Bundestag in Braunschweig am 19. und 20. Mai. Sowohl der Berichterstatter des Bundesvorstandes, Otto Faust, als auch der Referent der Tagung, Kurt Löwenstein, rechneten in scharfen Worten mit der Mehrheitsrichtung im DLV – die sie mit dem DLV als ganzem gleichsetzten – ab[211]. Löwenstein kennzeichnete den Lehrerverein als „Antithese liberalisierter Opposition". Schließlich legte die Braunschweiger Vertreterversammlung den Mitgliedern des „Bundes" nahe, sich künftig in der „Allgemeinen Freien Lehrergewerkschaft Deutschlands" (AFLD) – wie die frühere GDV seit dem 1. April offiziell hieß – zu organisieren.[212]

Die weltliche Schulbewegung orientierte damit auf einen Gewerkschaftsverband, der sich zwar organisatorisch in die freigewerkschaftliche Richtung eingefügt hatte, der aber alles andere als ein Träger der vom Bundesvorstand gewünschten „umfassenden Lehrerbewegung" war. Und nichts gab im Grunde Anlaß zu der Hoffnung, daß die AFLD das jemals werden würde. Im Gegenteil. Zu dem Zeitpunkt, als der „Bund" das Bündnis mit der AFLD herstellte, hatte dieser Lehrerverband gerade den Wandel von einer zumindest in Ansätzen gewerkschaftlich ausgerichteten, sozialen und wirtschaftlichen Interessenorganisation der Volksschullehrer zu einem weltanschaulich rigiden Vortrupp, man mag auch sagen, zu einer freidenkerisch-links-

---

208 Der Aufbau, Jg. 3, 1930, Nr. 2, S. 38.
209 Der Volkslehrer 1929, S. 81; Die freie weltliche Schule 1929, Nr. 6, S. 38.
210 Der Volkslehrer 1929, S. 81; Die freie weltliche Schule 1929, Nr. 6, S. 46.
211 Die freie weltliche Schule 1929, Nr. 11, S. 85.
212 Die freie weltliche Schule 1929, Nr. 6, S. 46.

sozialistischen Sekte abgeschlossen. Insofern allerdings hatten die marxistischen Avantgardisten in der weltlichen Schulbewegung gewiß einen kongenialen Partner gefunden.

Gegründet hatte sich die „Gewerkschaft Deutscher Volkslehrer" im April 1921.[213] An der Bildung der Organisation waren die Mitglieder von vier politisch sehr verschiedenartig gelagerten Lehrerverbänden beteiligt; die meisten kamen dabei aus der Junglehrerbewegung. Insgesamt umfaßte die GDV in den ersten Monaten ihres Bestehens etwa 10.000 Mitglieder. Sie beschränkte sich in ihrer Arbeit anfangs, nicht zuletzt aufgrund ihrer weltanschaulich heterogenen Zusammensetzung, auf die Vertretung ökonomischer und sozialer Interessen; in politischen und religiösen Fragen achtete der Verband hingegen auf strenge Neutralität und Zurückhaltung.

Im Januar 1923 fusionierte die GDV mit der „Freien Lehrergewerkschaft Deutschlands" (FLGD), ein, wie sich später herausstellen sollte, geschichtswendendes Ereignis für die „Gewerkschaft Deutscher Volkslehrer". Die FLGD war aus dem linkssozialistisch-kommunistischen „Verband sozialistischer Lehrer" hervorgegangen und hatte sich im Oktober 1920 konstituiert. Die Allianz zwischen der GDV und der etwa 2.000 Mitglieder starken FLGD war keineswegs eine Liebes- sondern allenfalls eine Vernunftheirat. Beide Partner fanden im Grunde wenig Gefallen aneinander, doch sie mußten auf Anordnung des Reichsvorstandes des „Allgemeinen Deutschen Beamtenbundes", dem sich sowohl die GDV als auch die FLGD anschließen wollten, zusammengehen. In Folge dieser Vereinigung fand die erste Umschichtung in der Mitgliedschaft des Lehrerverbandes statt; etliche Mitglieder aus der Gründungszeit der GDV verließen die Organisation – mit den radikalen Klassenkämpfern aus der früheren FLGD mochten sie nichts zu schaffen haben.

Zweieinhalb Jahre später verlor die GDV erneut einen Teil ihrer Mitglieder. Die aus dem Verband ausgeschiedenen Lehrer weigerten sich, den freigewerkschaftlichen Kurs der GDV nach- und mitzuvollziehen. Diese freigewerkschaftliche Linie hatte sich nach heftigen Diskussionen und Redeschlachten auf dem Verbandstag in Minden am 4./5. Juni 1925 durchgesetzt. Die GDV hielt seitdem die „grundsätzliche Verständigung zwischen Kapital und Arbeit nicht für möglich" und verlangte von ihren Mitgliedern den „restlosen Einsatz für die unabhängige Gewerkschaftsbewegung" – Formeln, die vielen Lehrern, die die GDV noch mitbegründet hatten, zu weit gingen. Am Ende des Jahres 1925 zählte die GDV nur noch halb so viele Mitglieder wie Anfang 1923, nämlich 6.000. Die GDV war jetzt fest in den Händen sozialdemokratischer Lehrer: Alle drei Mitglieder des engeren Gewerkschaftsvorstandes, Karl August Quer, Richard Schallock und Johannes Maaß, gehörten der SPD an.

---

213 Zur Geschichte der GDV bzw. der AFLD vgl. die Jahrgänge der Verbandszeitschrift „Der Volkslehrer" und die Sekundärliteratur: *Wolfgang Stöhr*, Lehrer und Arbeiterbewegung. Entstehung und Politik der ersten Gewerkschaftsorganisation der Lehrer in Deutschland von 1920–1923, Marburg 1978, passim; *Hildegard Feidel-Merz* (Hrsg.), Schulen im Exil. Die verdrängte Pädagogik nach 1933, Reinbek 1983, S. 440 ff.; *Rainer Bölling*, Lehrerschaft, Schulpolitik und Arbeiterbewegung in der Weimarer Republik, in: AfS XXI, 1981, S. 602 ff.; *ders.*, Volksschullehrer und Politik, S. 46 ff.

Indessen bedeutete die Mindener Programmkonferenz nur eine Zwischenetappe auf dem Weg der GDV zur linkssozialistischen Weltanschauungsorganisation. Nachdem die freigewerkschaftliche Orientierung abgesichert war, gingen insbesondere die ehemaligen FLGD-Mitglieder aus Berlin, Thüringen und Braunschweig dazu über, ihre Ausrichtung allein auf die weltliche Schule in den Mittelpunkt der innerverbandlichen Debatten zu rücken, kurz: Sie wollten die GDV zu einer Organisation für die weltliche Schule umwandeln. Darüber entbrannte 1926 und Anfang 1927 innerhalb des Verbandes ein erregt geführter Streit. Besonders die Vertreter des Provinzialverbandes Rheinland, der mit Abstand stärksten Regionalorganisation der GDV, setzten sich gegen eine einseitige Option für die weltlichen Sammelschulen emphatisch zur Wehr. Sie stellten gewissermaßen den Gewerkschaftsstandpunkt gegen die weltanschauliche Fixierung. Eine Lehrerorganisation, so die Rheinländer, habe die Berufsinteressen der Lehrer aller Schularten zu vertreten. Jedenfalls lasse es sich mit dem Wesen einer Lehrergewerkschaft nicht vereinbaren, ihre Mitglieder ausschließlich auf eine Schule zu verpflichten, die von nicht einmal 1% aller Volksschüler und von bestenfalls 2% aller Kinder von ADGB-Mitgliedern besucht werde.

Ihren wichtigsten Fürsprecher hatte diese Gruppe im Redakteur des Verbandsorgans, Johannes Maaß, der die Zeitschrift „Der Volkslehrer" außergewöhnlich argumentativ und inhaltsreich gestaltete, keinem Konflikt aus dem Weg ging und den immer offensiver operierenden Linkssozialisten einen offenen Schlagabtausch bot. Der Sozialdemokrat Maaß lehnte sich innerhalb seiner Partei an die politische Theorie und Strategie Rudolf Hilferdings an; als Republikaner und Gewerkschafter warb er für eine dauerhafte Allianz zwischen koalitionsbewußten Sozialdemokraten und dem linken Zentrum um Joseph Wirth und deren beider Zusammenwirken mit liberal-demokratischen Gruppierungen, wie sie geistig die „Frankfurter Zeitung" repräsentierte.

Doch ein solch entschiedener Republikanismus hatte inzwischen auch im GDV keinen guten Leumund mehr. Die Radikalisierung schritt dort weiter voran. Auf dem Verbandstag der der Lehrergewerkschaft am 10. April 1927 in Friedrichroda beherrschten die Linkssozialisten und Kommunisten ungefährdet das Geld. Allerdings blockierten sie sich gegenseitig. Die Linkssozialisten strebten ein Bekenntnis zu den weltlichen Sonderschulen an; die Kommunisten forderten wie gehabt die Weltlichkeit des gesamten Schulwesens. Schließlich sprach sich der Verbandstag in etwas verwaschener Form für die Unabhängigkeit der Schule von kirchlichen Einflüssen aus. Zu anderen Problemen eher gewerkschaftlicher Art, wie Fragen des Rechtsschutzes, der Besoldung, der kollegialen Schulleitung, der Junglehrernot oder gar der Pädagogik, hatte der Verbandstag keine Zeit, Stellung zu beziehen. Dies alles war dem Primat der weltanschaulichen Orientierung untergeordnet.

Bei den Vorstandswahlen reüssierten, mit einer Ausnahme, nur noch ehemalige Mitglieder der FLGD. Die Ausnahme war der Schriftleiter Johannes Maaß, zu dessen Kontrolle die Delegierten allerdings eine dreiköpfige Pressekommission wählten, die ausschließlich aus Gegnern des Redakteurs bestand: Aus den beiden Linkssozialisten vom „Bund der freien Schulgesellschaften", Gustav Hädicke und Otto Faust und dem Kommunisten Fritz Ausländer. Der Konflikt war mithin vorprogrammiert, zumal sich Maaß nicht opportunistisch verhielt. Den Friedrichrodaer Verbandstag kommentierte er negativ; für ihn befand sich die GDV auf dem Marsch weg von der Lehrergewerkschaft hin zu einem freidenkerischen Kulturverein. Dieser Kommentar löste ein Kesseltreiben gegen Maaß in der GDV aus, das im Juni 1927 mit einem Wechsel in der Redaktion endete. An die Stelle von Maaß trat Helmuth von Bracken, ebenfalls ein ehemaliges FLGD-Mitglied und ein Sozialdemokrat des linken Flügels.

Infolge von Friedrichroda war im übrigen auch der Provinzialverband Rheinland, einst die Zierde der GDV, zerbrochen. In der GDV blieben dort nur noch eine Handvoll Aktivisten aus der weltlichen Schulbewegung; neuer Vorsitzender wurde im Rheinland Paul Nelles, Leiter der Literaturkommission im „Bund der freien Schulgesellschaften", frühes FLGD-Mitglied und linker Sozialdemokrat.

Die Entwicklung der GDV zur linkssozialistisch-weltlichen Richtungsorganisation schloß der Braunschweiger Verbandstag im Dezember 1928 ab. Die Delegierten schrieben sowohl die Forderung nach Weltlichkeit des gesamten Schulwesens als auch die Unterstützung der weltlichen Sammelschulen in das Programm ihrer Organisation. Der Braunschweiger Bundestag gab dann den letzten Schub für die Verantwortlichen im „Bund der freien Schulgesellschaften", den Mitgliedern den Beitritt in die GDV – bald danach: AFLD – anzuraten. Dabei war die GDV/AFLD nicht wirklich ein relevanter, schlagkräftiger Bündnispartner für die weltliche Schulbewegung; die Lehrergewerkschaft war gewissermaßen nur ein Elitezirkel von Aktivisten und Spitzenfunktionären des „Bundes der freien Schulgesellschaften" und der linkssozialdemokratischen AsL. Zur Zeit des Braunschweiger Verbandstages hatte die GDV gerade 1.000 Mitglieder organisiert – allesamt Lehrer, die überzeugte Marxisten und dezidierte Freidenker waren.[214] Neue Sympathisanten für die weltliche Schule hatte die GDV in ihrer Geschichte nicht hinzugewonnen, sondern nur die sowieso schon Überzeugten auf ideologisch enger Grundlage erfaßt, die Zaudernden und Zweifelnden dagegen durch Rigidität und Dogmatismus eher abgeschreckt denn angezogen.

1929 schloß die AFLD die kleine Gruppe kommunistischer Lehrer aus; seitdem war die Gewerkschaft endgültig ein rein linkssozialdemokratischer Verband. Auf dem Bundestag in Görlitz 1930 eignete sich die AFLD nun auch die Sprachregelung des „Bundes der freien Schulgesellschaften" und der AsL an: In einer Resolution sprach der Verbandstag von der „vom Proletariat erkämpften weltlichen Schule, die ein Teil der proletarischen Bewegung ist." Den Görlitzer Verbandstag, der am 22. Juni stattfand, versuchten insbesondere die radikalen Linkssozialisten um Adelheid Torhorst zu nutzen, um ihre Scharte vom Erfurter Bundestag, zwei Wochen zuvor, wieder wettzumachen. Torhorst stellte die neue Mehrheit im „Bund" als eine vom Deutschen Lehrerverein unterwanderte Gruppierung dar und zeigte sich bemüht, zumindest die AFLD auf einem kompromißlos marxistischen Kurs zu halten. Erfolglos blieb ihr

---

214 Aus der Perspektive linker Gesinnungshistoriker ist das durchaus positiv zu werten; danach war die GDV seit dem Braunschweiger Verbandstag endlich personell und organisatorisch gefestigt; so *Feidel-Mertz*, Schulen im Exil, S. 48.

Eifer nicht. Die Delegierten wählten sie gemeinsam mit dem nicht minder radikalen Breslauer Rektor Max Felsen in eine dreiköpfige Programmkommission.

In den frühen 30er Jahren waren AFLD, „Bund" und AsL gewissermaßen ein Dreiergestirn. Sie besprachen die schulpolitische Situation, gaben gemeinsame Erklärungen ab und koordinierten ihre Aktionen. Ungewöhnlich an dieser Koalition war, daß ausgerechnet der Gewerkschaftsverband sehr viel weniger Mitglieder umfaßte als die eigentlichen Weltanschauungsorganisationen. Und ungewöhnlich war sicher auch, daß nicht der Gewerkschaftsverband, sondern die explizit politische Richtungsgruppierung, die AsL, zumindest ein Minimum an innerer Pluralität, Meinungsvielfalt und schulpolitischer Offenheit gewahrt hatte. Die Gewerkschaft, die der „Bund" empfahl, was die Mehrheit der Lehrer an den weltlichen Schulen jedoch keineswegs befolgte, war demgegenüber ein dogmatischer Kadertrupp beinahe leninistischen Zuschnitts.

8. Medien

Bis 1923 erschienen in der weltlichen Schulbewegung drei Zeitschriften, die zumindest zeitweise den Anspruch erhoben, reichsweite Organe der freien Schulgesellschaften zu sein:

1) Die Monatszeitschrift *„Schule und Elternhaus"*.
Diese Zeitschrift erschien seit 1918 und war die älteste unter den drei Publikationsorganen der freien und weltlichen Elternvereinigungen. Als Herausgeber zeichnete der Leipziger Lehrerverein verantwortlich; die Redaktion leitete Walther Kluge. Der Wirkungsbereich dieser Zeitschrift blieb letztlich regional begrenzt; er beschränkte sich auf die weltlich orientierten Eltern und Lehrer Thüringens und – vor allem – Sachsens.[215]

2) Das wöchentliche Mitteilungsblatt *„Die freie Schule"*.
1921 begründet und anfänglich geleitet von dem Gelsenkirchner Lehrer Hohmann. Seine Funktion übernahm Mitte 1922 der Herner Schulrektor Michel, der sie Anfang 1923 wiederum an den Dortmunder Paul Dey weitergab.
„Die freie Schule" hatte ohne Zweifel das größte Recht, sich als *das* Organ der weltlichen Schulbewegung zu deklarieren. Schließlich konnte sie sich auf den Beschluß des Kölner Bundestages vom Oktober 1921 berufen. Überdies war ihr Einzugsbereich von allen drei Zeitungen am größten. Zwar wohnten die Leser der Zeitung vorwiegend im Westen des Reiches, besonders im Ruhrgebiet, doch bezogen auch die Elternvereinigungen in Norddeutschland, der Provinz Sachsen, Schlesien, wenn sie überhaupt ein überregionales Periodikum hielten, am ehesten noch Exemplare der „Freien Schule".

---

215 Die Region allein sagt allerdings noch nichts über den politischen Kurs. Jedenfalls war „Schule und Elternhaus" keineswegs ein wie auch immer geartetes linksoppositionelles Organ, wie *Wolfgang Stöhr* (Lehrer und Arbeiterbewegung, S. 133) schreibt.

3) Die Monatszeitschrift „*Die weltliche Schule*".

Dieses Organ ging seit dem 20. Mai 1922 an die Ortsgruppen des „Bundes der freien Schulgesellschaften"; die redaktionelle Leitung lag beim Kölner Lehrer Fritz Länge. „Die weltliche Schule" wurde unmittelbar vom „Geschäftsführenden Ausschuß" herausgegeben und diente in erster Linie als Instrument im Konflikt mit dem Bezirksvorstand Arnsberg (vgl. dazu die Ausführungen im Kapitel 3 – Organisation). Insgesamt war diese Zeitschrift an der Basis der weltlichen Schulbewegung am wenigsten verankert und stand nicht zuletzt deshalb schon nach wenigen Monaten vor dem finanziellen Bankrott.

Als sich der „Bund" im Juni 1923 nach Jahren der innerer Konflikte in Hannover reorganisierte, mußte er auch in der Zeitungsfrage eine Klärung herbeizuführen versuchen. Dies ging zu diesem Zeitpunkt noch nicht ohne Kompromisse ab. Nach längerer Aussprache einigten sich die Vertreter auf der Hannoveraner Versammlung, das Angebot des Bezirks Arnsberg, die „Freie Schule" unentgeltlich und bedingungslos in den Besitz des „Bundes" zu übergeben, anzunehmen. Trotz des schwachen Protests von Michel wandelten die Delegierten allerdings den Namen der Zeitschrift in „Die freie weltliche Schule" um. Das Organ sollte künftig nicht mehr im Ruhrgebiet, wo die Auslieferung von Druckerzeugnissen durch die französischen Besatzer oftmals behindert wurde, sondern in Mitteldeutschland hergestellt werden und im zweiwöchigen Turnus erscheinen. Die Mehrheit der Teilnehmer auf der Hannoveraner Konferenz hatte sich überdies den Pflichtbezug des Bundesorgans gewünscht. Dagegen aber hatte der Bezirksverband Sachsen sofort Protest erhoben, da er um die Existenz seiner Zeitschrift „Schule und Elternhaus" fürchtete, die er für das bessere Publikationsorgan hielt und keinesfalls aufgeben wollte. Um die eigenwilligen Sachsen nicht zu verprellen, begnügte sich die Mehrheit mit der Annahme der Entschließung, die die Ortsgruppen nur zur Abnahme gerade eines Exemplars der „Freien weltlichen Schule" verpflichtete und sie im übrigen lediglich ermahnte, den Zwangsbezug des Bundesorgans für alle Mitglieder „anzustreben".[216]

Etliche Lokalvereine nahmen diese Mahnung ernst und setzten bei ihren Mitgliedern das Pflichtabonnement der „Freien weltlichen Schule", die seit dem 7. Oktober 1923 unter der Redaktionsführung von Paul Faulbaum in Magdeburg erschien, durch.[217] Drei Jahre später galt der Pflichtbezug der Bundeszeitschrift dann für alle Mitglieder des „Bundes der freien Schulgesellschaften"; die Vertreterversammlung in Breslau hatte dies zum Beschluß erhoben. Zuvor hatte die Auflage der „Freien weltlichen Schule" bei etwa 20.000 gelegen; über die Hälfte der Bundesmitglieder hatte mithin das Organ nicht bezogen.[218] „Schule und Elternhaus" übrigens war inzwischen längst verschieden; die Zeitung hatte die Hyperinflation – die auch die „Freie Schule" mächtig gebeutelt hatte – nicht überlebt.

Im Herbst 1927 wechselten erneut der Redakteur und der Verlagsort. Paul Faul-

---

216 Vgl. Die freie Schule 1923, S. 115; Schule und Elternhaus, Jg. 5, 1923, Nr. 4, S. 41.
217 Die freie weltliche Schule 1924, S. 67.
218 Sozialistische Erziehung, Jg. 1, 1925, Nr. 9, S. 87.

baum legte die Schriftleitung nieder; seinen Posten übernahm der Berliner Schulrektor Gustav Hädicke.[219] Doch auch der blieb nicht lange im Amt; auf dem Bundestag in Erfurt 1930 entzogen die Delegierten ihm, der zuvor durch seine einseitige Parteinahme für die radikalen Linkssozialisten Ärger hervorgerufen hatte, explizit das Vertrauen. In der anschließenden Wahl zum Redakteur unterlag Hädicke seinem Gegenkandidaten Adolf Hauert deutlich mit 97:197 Stimmen.[220]

Wie in der Bundesleitung, so hatte sich auch an der Spitze der Redaktion keine alles beherrschende Führungsfigur, die dauerhaft die politische Linie geprägt oder bestimmt hätte, herausbilden können. Den „Bund" kennzeichnete die Fluktuation, nicht die personelle Verkrustung. In den zwölf Jahren, die das Bundesorgan bestand, übten insgesamt sechs Schriftführer, die politisch keineswegs auf der gleichen Wellenlänge lagen, die Verantwortung für den redaktionellen Kurs der „Freien (weltlichen) Schule" aus:

1) E. Hohmann
2) O.H. Michel
3) P. Dey
4) P. Faulbaum
5) G. Hädicke
6) A. Hauert

Eine immer wiederkehrende Klage der Redakteure lautete, daß sich die Eltern zu wenig mit eigenen Artikeln und Zuschriften an der Gestaltung der „Freien (weltlichen) Schule" beteiligten. Umgekehrt beschwerten sich viele Eltern über den schwierigen Sprachstil, in dem vor allem die Lehrer ihre Beiträge für das Bundesorgan verfaßten. Um dieses Spannungsverhältnis in den publizistischen Erwartungen und Bedürfnissen zwischen Eltern und Lehrern zu lösen, entschied sich der „Bund" 1928, ein eigenes Lehrerorgan zu schaffen und die „Freie weltliche Schule" als Elternblatt weiterlaufen zu lassen. Das Organ der Lehrer erhielt den Titel *„Der Aufbau"* und sollte als erziehungswissenschaftliche Zeitschrift der theoretischen Vertiefung auf konsequent marxistischer Grundlage dienen. Tatsächlich kam im „Aufbau" der linkssozialistische Standpunkt noch deutlicher zum Ausdruck als in der „Freien weltlichen Schule". Der Bundesvorstand wollte den Bezug auch des „Aufbau" zur Pflicht aller Lehrermitglieder machen, doch scheiterte er damit auf dem Bundestag in Bad Salzelmen 1931. Jede Ortsgruppe und jedes Lehrerkollegium an einer weltlichen Schule brauchte, so der Beschluß der Vertreterversammlung, nur je ein Exemplar der erziehungswissenschaftlichen Zeitschrift zu abonnieren. Als 1932 eine Reihe von Lesern aus offenbar wirtschaftlichen Gründen ihr „Aufbau"-Abonnement kündigten, bedeutete das das Ende der Pädagogenzeitschrift. Am 29. Dezember 1932 entschied der Bundesvorstand der freien Schulgesellschaften, den „Aufbau" eingehen zu lassen.[222]

Seit 1926 unterhielten die freien Schulgesellschaften zudem einen in Berlin gelegenen

219 Die freie weltliche Schule 1927, Nr. 17, S. 140; Nr. 20, S. 181.
220 Die freie weltliche Schule 1930, Nr. 13, S. 96.
221 Die freie weltliche Schule 1931, Nr. 7, S. 70.
222 Die freie weltliche Schule 1933, Nr. 1, S. 3.

„Freien Schulverlag" mit einer dazugehörigen Buchhandlung. Hier erschienen die Materialien, die die Fachkommissionen des „Bundes" für den Unterricht an den weltlichen Schulen erstellt hatten. Einen geradezu reißenden Absatz fand dabei die Gedichtsammlung „Unsere Welt". Vergleichsweise gut verkauften sich auch die beiden von Max Felsen vorgelegten „Geschichtlichen Handbücher". Die historische Handbuchreihe war ursprünglich auf achte Bände konzipiert; doch konnte Felsen bis zum Ende der Republik nur die beiden ersten fertigstellen. Band 1 trug den Titel „Die Naturalwirtschaft"; der zweite Band handelte über „Die einfache Warenproduktion und der Handelskapitalismus". In beiden Schriften bemühte sich der Autor sichtlich um eine streng marxistisch-materialistische Diktion und Begründung. Auf ein unerwartet geringes Interesse trafen dagegen die Hefte der vom Verlag herausgegebenen „Neuen Jugendbücherei", obwohl hier immerhin Autoren wie Jack London, Maxim Gorki, Martin Anderson-Nexö, Upton Sinclair und Ernst Toller, die man sonst in Kreisen der sozialistischen Jugendlichen mit großer Begeisterung las, vertreten waren. Doch Nachfrage danach gab es in erster Linie bei den weltlichen Schülern und jungen Sozialisten Berlins; von den freien Schulen des übrigen Reichs wurden die Jugendschriften hingegen kaum angefordert.[223]

Schließlich gab der Verlag noch kleinere Heftchen und Broschüren zur Vorbereitung und Gestaltung der alljährlichen Jugendweihen und weltlichen Weihnachtsfeiern heraus. Dazu zählten Sprechchorwerke von Bruno Schönlank, Max Bartel und Herman Claudius, Vorbereitungsschriften von Walther Kluge und Jürgen Brand, Geschenkbücher von Anna Siemsen und Richard Lohmann. Für die Durchführung von Weihnachtsfeiern publizierte der „Freie Schulverlag" überdies noch „rote Kasperlestücke", geschrieben etwa von Lobo Frank und Anton Tesarek.[224]

Im Herbst 1932 sah sich der Bundesvorstand gezwungen, einen Publikationsstop über den „Freien Schulverlag" zu verhängen. Verlag und Buchhandlung schrieben seit Monaten schon rote Zahlen, da zu wenig Bestellungen aus den weltlichen Schulen eintrafen. Es blieb Ende 1932 nur die Hoffnung auf spätere und bessere Zeiten, um dann „im Interesse unserer Schulen die notwendige Herausgabe von geeigneten Schriften fortzusetzen."[225]

9. Gesamtinterpretation

In der weltlichen Schulbewegung bildete sich besonders ausdrucksstark die gesamte Problematik der sozialdemokratischen Arbeiterkultur in der Weimarer Republik ab: Sie vergemeinschafte und isolierte zugleich; sie produzierte solidarische Kräfte und Energien, aber als gesellschaftlicher Veränderungsfaktor fiel sie aus; sie entwickelte

223 Vgl. Sozialistische Bildung, Jg. 2, 1930, H. 2., S. 42 f.; Die freie weltliche Schule 1931, Nr. 6, S. 56; Nr. 7, S. 67.
224 Vgl. Die freie weltliche Schule 1932, Nr. 2, S. 16.
225 Die freie weltliche Schule 1932, Nr. 11, S. 83; Nr. 1, S. 3.

Alternativen und Gegenmacht, fragmentierte dadurch aber zugleich weiter die politische Kultur, schuf Feindbilder und nährte Lagerdenken. Sie war ein Nischengewächs, entstanden zuvörderst aus der Abwehr oder gar der Ohnmacht, keine Pflanze gesellschaftlicher Hegemonie oder prägender kultureller Offensive.

Die weltliche Schulbewegung war ein Indikator für Schwächen und Stärken der sozialdemokratischen Solidargemeinschaft; sie verkörperte dieses Milieu in einer umfassenden Art wie sonst nur wenige Organisationen. Hier engagierten sich ganz überwiegend Eltern der Facharbeiterschaft, die der Partei und der Gewerkschaft angehörten, entschiedene Marxisten und dezidierte Freidenker waren und die ihre Kinder in der Tat von der Wiege ab in die freidenkerisch-sozialistische Lebensgemeinschaft integriert sehen wollten, auch wenn die Entscheidung für die weltliche Schule von den Kindern Opfer verlangte, soziale Ächtung hervorrief, später Nachteile bei der Lehrstellensuche brachte. In *dieser* Gruppe ging der Kreislauf noch auf, riß die Entwicklungskette nicht ab: Kinderfreunde – weltliche Schule – Esperantounterricht/ Sprechchorproben/marxistische Geschichtsauffassung – Jugendweihe – SAJ – Arbeitersport – Partei. An den weltlichen Schulen konnten sich die überzeugten und aktiven sozialdemokratischen Freidenker, die sich an den Konfessions- oder christlichen Simultanschulen als *vereinzelte* Individuen einer konservativen Pädagogik (und Übermacht) hätten beugen müssen, nach eigenen Grundsätzen, Vorstellungen und Prinzipien *vergemeinschaften*. Insofern waren die weltlichen Schulen für die aktive Schicht der sozialdemokratischen Solidargemeinschaft ein Stück freies Land, eine Insel des autonomen pädagogischen Experiments, zudem Kraft-, Energie- und Reproduktionszentren für das sozialistische Milieu und schließlich ein lokaler Fokus für die Zusammenkünfte der verschiedenen Arbeiterkulturorganisationen.

Doch insgesamt war die sozialistisch-proletarische Kollektivität in den weltlichen Schulen eine Form der *isolierten* Vergemeinschaftung. Die weltliche Schulbewegung isolierte sich dabei nicht nur vom Erziehungseinfluß des Bürgertums, was der „Bund der freien Schulgesellschaften" bewußt als Ziel verfolgte, sondern auch vom realen Schulverhalten der großen Majorität der Arbeiterklasse. Über 99% der proletarischen Eltern schickten ihre Kinder auf Konfessions- und Simultanschulen; daran konnten weder der SPD-Parteitagsbeschluß von Kiel 1927 noch die Agitation der Kinderfreunde, SAJ, der Arbeitsgemeinschaft sozialdemokratischer Lehrer, der Freidenkerverbände mit ihren über 500.000 Mitgliedern für die weltliche Schule etwas ändern. Mit der Etablierung der weltlichen Sonderschulen trennte sich der selbsternannte Vortrupp der Arbeiterklasse von der proletarischen Gefolgschaft; Teile der solidargemeinschaftlichen Elite überließen die Arbeitermassen kampflos der kulturellen Sozialisation der Kirchen und des Bürgertums. Und es war ein Abschied von der gesellschaftlichen Veränderung, auch wenn man sich mit revolutionären Zukunftsvisionen tröstete; das hatten sowohl die rechten Reformisten in der SPD als auch die Kommunisten richtig erkannt. Die Gesellschaft konnte man umwandeln oder transformieren, indem man sie durchdrang, wie die Reformisten vorschlugen, oder indem man sie revolutionär attackierte, wie es die Kommunisten beabsichtigten. Abkapselung allerdings, wie es die weltliche Schulbewegung betrieb, bedeutete den Verzicht auf gesellschaftliche Intervention und Wirkung. Die Entscheidung für oder gegen die weltlich-sozialistischen Sonderschulen in der Arbeiterschaft zeigten ein weiteres: wie sehr sich die Werte, Normen und Verhaltensweisen eines Teils der organisierten Elite der sozialdemokratischen Solidargemeinschaft von den kollektiven Mentalitäten und Einstellungen der proletarischen Mehrheit unterschied, wie sehr die Kultur der Aktivisten in der Arbeiterbewegung und die Lebensweisen der Arbeiterschaft auseinanderfielen, ja, wie schmal, eng und klein im Grunde das Milieu derjenigen war, die ihren Alltag von der Wiege bis zur Bahre nach den puritanischen Geboten einer sozialistischen Lebensgestaltung ausrichteten.

Für die Etablierung der weltlichen Schulen sprach gewiß, daß die Alternativen dazu wenig realistisch waren. Die kommunistische Parole von der Zellenbildung an konfessionellen Schulen blieb letztlich großmäulige Rhetorik; mit praktischen Erfolgen jedenfalls konnten die Schulstrategen der KPD bis zum Ende der Republik nicht aufwarten. Aber auch die von einigen Sozialdemokraten entwickelte Fermentstrategie, die darauf zielte, die Gemeinschaftsschule sukzessive mit einem sozial-republikanischen Personal und Ideenhaushalt zu durchdringen und systematisch zu entkonfessionalisieren, funktionierte nur dort, wo die Volksschullehrerschaft schon zu Kaiser Wilhelms Zeiten mehr oder weniger offen mit sozialdemokratischen Gedankengut sympathisierte und wo der SPD im Laufe der 20er Jahre ihre durch die Revolution gewonnenen Machtpositionen zumindest nicht gänzlich verlorengingen. Das traf in der Hauptsache indessen nur auf Hamburg und Sachsen zu.

Musterbeispiele für eine gegenläufige Entwicklung war Thüringen und Braunschweig. Dort hatten die Politiker der SPD mit Unterstützung der sozialdemokratischen Eltern ebenfalls eine systematische Verweltlichung der Simultanschulen betrieben und auf die Errichtung weltlicher Sonderschulen bewußt verzichtet. Doch landeten die Sozialdemokraten 1924 sowohl in Thüringen als auch in Braunschweig auf den Bänken der Opposition, und die neuen Rechtsregierungen rekonfessionalisierten die Schulen geradezu in Windeseile: Das Schulgebet wurde wieder Pflicht, dissidentischen Lehrern entzog man das Recht, Deutsch-, Geschichts- und Gesangunterricht zu erteilen; nicht selten suspendierte man sie auch ganz vom Dienst. In beiden Ländern bedeutete das schulpolitische Rollback die Geburtsstunde der weltlichen Schulbewegung; bald konstituierten sich Bezirksverbände des „Bundes der freien Schulgesellschaften". Gewiß also: die weltlichen Schulen waren Produkt schwerer politischer Niederlagen und nicht Ausdruck souveräner politischer Gestaltungskraft. Aber immerhin, sie hielten das Milieu überzeugter freidenkerischer Sozialisten zusammen, gaben ihnen Selbstbewußtsein und Identität, die sie unter der Knute dogmatisch religiöser Bekenntnisschulen wohl weitgehend verloren hätten.

Andererseits aber verstärkte die weltliche Sonderschule den Zug zur Fragmentierung und Zerklüftung der politischen Kultur in Weimar. Im Grunde war die weltliche Schule, wie sie sich der „Bund" aber 1925 vorstellte, nur ein rotes Äquivalent zu den Konfessionsschulen: Beide setzten ihre weltanschaulichen Botschaften absolut und beide boten Heilsvisionen zur Erlösung der gesamten Menschheit; Liberalität, Toleranz, Offenheit, Pluralität, auch der ideologische Zweifel ging beiden ab. Die linkssozialistische Proletarierschule war nicht weniger dogmatisch und intransigent als die katholische Bekenntnisschule. Und für die demokratische Republik mußte es verheerend sein, daß sich die normativ homogenen Großgruppen der Öffentlichkeit entzogen und sich bereits im Schulwesen sozial und weltanschaulich gewissermaßen autonom reproduzierten, sich in Ghettos einmauerten, von wo aus sie die soziale und gesellschaftliche Realität nur noch verzerrt aus der eigenen egozentrischen Binnenperspektive wahrnahmen, alles in allem: die Segmentierung der Gesellschft fort- und festschrieben. Eine Mentalität des Ausgleichs, der Zusammenarbeit, des Kompromisses, der Lernfähigkeit, der Entideologisierung, auf die ein republikanisches Staatswesen unbedingt angewiesen ist, konnte so nicht entstehen, jedenfalls nicht heimisch werden.

Daß die weltliche Schulbewegung, die ja zunächst Neutralität und Öffentlichkeit auf ihre Fahnen geschrieben hatte, so eindeutig im Segment der linkssozialdemokratischen Arbeiterbewegung aufging und dogmatisierte, hatte aber auch etwas mit der Schwäche des laizistischen Bürgertums in Deutschland zu tun. Unterstützung hatte der „Bund der freien Schulgesellschaften" schließlich nur in der Arbeiterbewegung, vornehmlich durch die Sozialdemokratie, gefunden; das demokratische und liberale Bürgertum präferierte die christliche Simultanschule und stand bei den örtlichen Auseinandersetzungen um die Einrichtung weltlicher Sammelklassen in den meisten Fällen auf Seiten der Gegner. Zu beachten aber bleibt, daß die weltliche Schulbewegung in der organisierten Form des „Bundes der freien Schulgesellschaften" nicht mit der Realität der weltlichen Schulbewegung gleichgesetzt werden darf. Die Mehrheit der Lehrer an weltlichen Schulen gehörte dem „Bund" nicht an; kaum mehr als 10% von ihnen waren freigewerkschaftlich organisiert, und nur 20% hatten den Kirchenaustritt vollzogen. Es wird daher an den „freien Schulen" sehr viel weniger dogmatisch freidenkerisch und sozialistisch zugegangen sein, als man nach der Lektüre der programmatischen Manifestationen der freien Schulgesellschaften meinen könnte. Wahrscheinlich verkörperten auch nach 1925 noch einige oder mehrere weltliche Schulen die ursprünglich postulierte Toleranz und Offenheit. Aufschluß darüber mögen lokalgeschichtliche Studien geben.

10. Literatur

Eine Organisationsmonographie über den „Bund der freien Schulgesellschaften" lag bislang nicht vor. Überblicksdarstellungen zu den Aktivitäten und Zielsetzungen der weltlichen Schulbewegung sind: *Frank Bajohr/Heidi Behrens-Cobet/Ernst Schmidt*, Freie Schulen. Eine vergessene Bildungsalternative, Essen 1986; *Heidi Behrens-Cobet/ Norbert Reichling*, Wir fordern die freie Schule, weil sie die Schule des Sozialismus ist. Die Bewegung für die freien weltlichen Schulen in der Weimarer Republik, in: IWK 23, 1987, H. 4, S. 485-505. *Reichling* hat zudem eine instruktive Lokalstudie vorgelegt: „... absolute Trennung der beiden System durch Aufstellung von Bretterwänden...": Der Kampf um die freie weltliche Schule in Holsterhausen und Hervest-Dorsten 1920–1933, in: Vestische Zeitschrift 84/85, 1985/86, S. 317-336. Weitere Lokalstudien sind: *Maria Margareta Sollbach*, Weltliche Schulen. Eine Untersuchung zur Schulpolitik in der Weimarer Republik am Beispiel der Stadt Hagen i.W., in: Jahrbuch für westfälische Kirchengeschichte 78, 1985, S. 135 ff.; *Heinrich Schulz*, Die „Weltliche Schule" und ihre Geschichte, hrsg. vom Arbeitskreis Arbeitende Jugend Bochums vor 1933, Bochum, Heft 4; „Weltliche Schule Fröbelstraße", hrsg. vom Freizeitheim Linden, Hannover 1987.

Die vorliegende Monographie fußt im wesentlichen auf Informationen aus den zeitgenössischen Periodika, insbesondere des „Bundes der freien Schulgesellschaften" sowie der Tageszeitungen und Kulturzeitschriften der SPD, der kommunistischen Eltern- und Lehrerzeitschrift „Proletarische Schulpolitik" und des Organs der freigewerkschaftlichen Lehrerzeitung „Der Volkslehrer".

III. Anhang

1. *Personenregister*

(Mit * versehene Seitenziffern beziehen sich auf Anmerkungen)

2. Ortsregister

3. Organisationsregister

4. Presseregister

5. *Abkürzungsverzeichnis*

ADGB	Allgemeiner Deutscher Gewerkschaftsbund
AEG	Allgemeine Elektricitäts-Gesellschaft
ADW	Archiv des Diakonischen Werkes
AFLD	Allgemeine Freie Lehrergewerkschaft Deutschlands
AsL	Arbeitsgemeinschaft sozialdemokratischer Lehrer
BES	Bund Evangelischer Sozialisten
BRS	Bund religiöser Sozialisten
BRSD	Bund der religiösen Sozialisten Deutschlands
CDU	Christlich Demokratische Union
DDP	Deutsche Demokratische Partei
DDR	Deutsche Demokratische Republik
DGB	Deutscher Gewerkschaftsbund
DLV	Deutscher Lehrerverein
DNVP	Deutschnationale Volkspartei
DVP	Deutsche Volkspartei
EKD	Evangelische Kirche Deutschlands
EZA	Evangelisches Zentralarchiv
FLGD	Freie Lehrergewerkschaft Deutschlands
GDV	Gewerkschaft Deutscher Volkslehrer
GpFD	Gemeinschaft proletarischer Freidenker Deutschlands
GWU	Geschichte in Wissenschaft und Unterricht
IfA	Interessengemeinschaft für Arbeiterkultur
IWK	Internationale wissenschaftliche Korrespondenz zur Geschichte der deutschen Arbeiterbewegung
KAPD	Kommunistische Arbeiterpartei Deutschlands
KPD	Kommunistische Partei Deutschlands
KP	Kommunistische Partei
KPO	Kommunistische Partei-Opposition
KZ	Konzentrationslager
LDPD	Liberaldemokratische Partei Deutschlands
MSPD	Mehrheitssozialdemokratische Partei Deutschlands
NS	Nationalsozialismus
NSDAP	Nationalsozialistische Deutsche Arbeiterpartei
SA	Sturmabteilung
SAG	Soziale Arbeitsgemeinschaft
SAJ	Sozialistische Arbeiterjugend
SAP	Sozialistische Arbeiterpartei
SaV	Sonntagsblatt des arbeitenden Volkes
SBZ	Sowjetische Besatzungszone
SED	Sozialistische Einheitspartei Deutschlands
SPD	Sozialdemokratische Partei Deutschlands
SPS	Sozialdemokratische Partei der Schweiz
USPD	Unabhängige Sozialdemokratische Partei Deutschlands
WDR	Westdeutscher Rundfunk

386

Über die Autoren

Peter Lösche, geb. 1939; Dr. phil., Professor für Politikwissenschaft an der Universität Göttingen; Promotion und Habilitation an der Freien Universität Berlin; John F. Kennedy Memorial Fellow an der Harvard University, Cambridge, USA, 1969–1971; weitere Forschungsaufenthalte in den USA.
Veröffentlichungen u.a.: Der Bolschewismus im Urteil der deutschen Sozialdemokratie 1903–1920, Berlin 1967; Industriegewerkschaften im organisierten Kapitalismus. Der CIO in der Roosevelt-Ära, Opladen 1974; Politik in den USA, Opladen 1977; Anarchismus, Darmstadt 1977; Wovon leben die Parteien? Über das Geld in der Politik, Frankfurt a.M. 1984; (Hrsg. mit Christian Graf von Krockow) Parteien in der Krise, München 1986; (Hrsg. mit Michael Scholing und Franz Walter) Vor dem Vergessen bewahren, Berlin 1988; Amerika in Perspektive. Politik und Gesellschaft der Vereinigten Staaten, Darmstadt 1989; (mit Franz Walter) Die SPD. Klassenpartei – Volkspartei – Quotenpartei. Zur Entwicklung der Sozialdemokratie von Weimar bis zur deutschen Vereinigung, Darmstadt 1992.

Franz Walter, geb. 1956; Studium der Sozialwissenschaften und Geschichte in Berlin und Bielefeld; 1985 Promotion in Göttingen; 1985–1988 wiss. Mitarbeiter bei der Historischen Kommission zu Berlin; seit 1988 Akademischer Rat am Seminar für Politikwissenschaft der Universität Göttingen.
Veröffentlichungen: Jungsozialisten in der Weimarer Republik, Göttingen 1983; (mit Gerd Storm) Weimarer Linkssozialismus und Austromarxismus, Berlin 1984; Nationale Romantik und revolutionärer Mythos, Berlin 1986; (Hrsg. mit Peter Lösche und Michael Scholing), Vor dem Vergessen bewahren. Lebenswege Weimarer Sozialdemokraten, Berlin 1988; Sozialistische Akademiker- und Intellektuellenorganisationen in der Weimarer Republik, Bonn 1990; (mit Viola Denecke und Cornelia Regin), Sozialistische Gesundheits- und Lebensreform-Verbände, Bonn 1991; (mit Dietmar Klenke und Peter Lilje), Arbeitersänger und Volksbühnen in der Weimarer Republik, Bonn 1992; (mit Peter Lösche), Die SPD. Klassenpartei – Volkspartei – Quotenpartei. Zur Entwicklung der Sozialdemokratie von Weimar bis zur deutschen Vereinigung, Darmstadt 1992; (mit Tobias Dürr und Klaus Schmidtke), Die SPD in Sachsen und Thüringen zwischen Hochburg und Diaspora, Bonn 1993.

Siegfried Heimann, geb. 1939, Dr. phil., ist Historiker und Publizist in Berlin.
Veröffentlichungen: SPD und Friedensbewegung vor und während des ersten Weltkrieges, in: Wie souverän ist die Bundesrepublik? Hrsg. von Dieter Hoffmann-Axthelm u.a., Berlin 1982; Die Arbeiterpartei (AP), Die Deutsche Kommunistische Partei (DKP), in: Parteien-Handbuch. Die Parteien der Bundesrepublik Deutschland 1945-1980, Bd. 1, Opladen 1983; Die Gesamtdeutsche Volkspartei (GVP), Die Sozial-

demokratische Partei Deutschlands (SPD), Die Unabhängige Sozialdemokratische Partei Deutschlands, (USPD) in: ebda., Bd. 2, Opladen 1984; Zum Scheitern linker Sammlungsbewegungen zwischen SPD und KPD/SED nach 1945. Die Beispiele USPD und UAPD, in: Das Ende der Arbeiterbewegung in Deutschland? Ein Diskussionsband zum 60. Geburtstag von Theo Pirker, Hrsg. von Rolf Ebbighausen und Friedrich Tiemann, Opladen 1984; Das Überleben organisieren. Berliner Jugend und Berliner Jugendbanden in den vierziger Jahren, in: Vom Lagerfeuer zur Musikbox. Jugendkulturen 1900-1960, Berlin 1985; Kriegsalltag. Polizeiberichte aus Berlin-Schöneberg, in: Die Metropole. Industriekultur in Berlin, München 1986; Roter Wedding und Bruderkampf, in: Der Wedding – hart an der Grenze. Weiterleben in Berlin nach dem Krieg, Berlin 1987; Die Falken in Berlin. Erziehungsgemeinschaft oder Kampforganisation? Die Jahre 1945-1950, Berlin 1990; Zwischen Aufbruchstimmung und Resignation. Die SPD in den achtziger Jahren in: Werner Süß (Hrsg.), Die Bundesrepublik in den achtziger Jahren. Innenpolitik, politische Kultur, Außenpolitik, Leverkusen 1991; Politisches Leben in Schöneberg / Friedenau in den ersten Jahren nach Kriegsende, in: Weiterleben nach dem Krieg. Schöneberg/Friedenau 1945/46, Berlin 1992; Die Vereinigung der Freunde für Religion und Völkerfrieden, (August Bleier 1892-1958), in: IWK 1992, Heft 1; Die Sozialdemokratie – Forschungsstand und offene Fragen, in: Oskar Niedermeyer/Richard Stöss (Hrsg.), Stand und Perspektiven der Parteienforschung in Deutschland, Opladen 1993.

Die Deutsche Bibliothek – CIP-Einheitsaufnahme

Solidargemeinschaft und Milieu: sozialistische Kultur- und Freizeitorganisationen in der Weimarer Republik / [Forschungsinstitut der Friedrich-Ebert-Stiftung]. Im Auftr. der Historischen Kommission zu Berlin hrsg. und eingeleitet von Peter Lösche. – Bonn : Dietz.
  (Reihe: Politik- und Gesellschaftsgeschichte; …)
  ISBN 3-8012-4013-4
NE: Lösche, Peter [Hrsg.]; Friedrich-Ebert-Stiftung / Forschungsinstitut

Bd. 4. Religiöse Sozialisten und Freidenker in der Weimarer Republik. – 1993

Religiöse Sozialisten und Freidenker in der Weimarer Republik / [Forschungsinstitut der Friedrich-Ebert-Stiftung]. Siegfried Heimann; Franz Walter. Im Auftr. der Historischen Kommission zu Berlin hrsg. und eingeleitet von Peter Lösche. – Bonn: Dietz, 1993
  (Solidargemeinschaft und Milieu; Bd. 4)
  (Reihe: Politik- und Gesellschaftsgeschichte; Bd. 31)
  ISBN 3-8012-4012-6
NE: Heimann, Siegfried; Walter, Franz; Lösche, Peter [Hrsg.]; 2. GT

Sozialistische Kultur- und Freizeit-organisationen in der Weimarer Republik

Reihe: Solidargemeinschaft und Milieu
in vier Bänden

Band 1

1990, 212 S., Hardcover
ISBN 3-8012-4009-6

Band 2

1991, 432 S., Hardcover
ISBN 3-8012-4010-X

Band 3

1992, 348 S., Hardcover
ISBN 3-8012-4011-8

Band 4

1993, 392 S., Hardcover
ISBN 3-8012-4012-6

BEWEGEND

Jürgen Kocka
Weder Stand noch Klasse
Unterschichten um 1800
320 S. mit zahlr. Abb.,
Hardcover, DM 48,00

Jürgen Kocka
**Arbeitsverhältnisse und
Arbeiterexistenzen**
*Grundlagen der Klassen-
bildung im 19. Jahrhundert*
736 S. mit zahlr. Abb.,
Hardcover, DM 98,00

Gerhard A. Ritter, Klaus Tenfelde
**Arbeiter im
Deutschen Kaiserreich
1871 – 1914**
904 S. mit zahlr. Abb. und Tab.,
Hardcover, DM 118,00

Heinrich August Winkler
**Von der Revolution zur
Stabilisierung**
*Arbeiter und Arbeiterbewegung
in der Weimarer Republik
1918 bis 1924*
2. Aufl., 788 S. mit zahlr. Abb.,
Ln., DM 75,00

Heinrich August Winkler
Der Schein der Normalität
*Arbeiter und Arbeiterbewegung
in der Weimarer Republik
1924 bis 1930*
2. Aufl., 896 S. mit zahlr. Abb.,
Ln., DM 80,00

Heinrich August Winkler
Der Weg in die Katastrophe
*Arbeiter und Arbeiterbewegung
in der Weimarer Republik
1930 bis 1933*
2. Aufl., 1028 S. mit zahlr. Abb.,
Ln., DM 118,00

Verlag J.H.W. Dietz Nachf., Bonn